FUNDAMENTOS DE PROGRAMAÇÃO
Algoritmos, estruturas de dados e objetos

Tradução da terceira edição

FUNDAMENTOS DE PROGRAMAÇÃO
Algoritmos, estruturas de dados e objetos

Tradução da terceira edição

Luis Joyanes Aguilar
Diretor do Departamento de Linguagens e Sistemas
Informáticos e Engenharia de Software
Faculdade de Informática/Escola Universitária de Informática
Universidade Pontifícia de Salamanca, campus Madrid

Tradução
Paulo Heraldo Costa do Valle

Revisão Técnica
Flávio Soares Corrêa da Silva
Docente do Instituto de Matemática e Estatística da
Universidade de São Paulo

McGraw Hill

Bangcoc   Beijing   Bogotá   Caracas   Cidade do México
Cingapura   Londres   Madri   Milão   Montreal   Nova Delhi   Nova York
Santiago   São Paulo   Seul   Sydney   Taipé   Toronto

The McGraw·Hill Companies

Fundamentos de Programação – Algoritmos, estruturas de dados e objetos
Tradução da terceira edição em espanhol
ISBN 978-85-86804-96-0

A reprodução total ou parcial deste volume por quaisquer formas ou meios, sem o consentimento, por escrito, da editora é ilegal e configura apropriação indevida dos direitos intelectuais e patrimoniais dos autores.

Copyright© 2008 de McGraw-Hill Interamericana do Brasil Ltda
Todos os direitos reservados.
Av. Brigadeiro Faria Lima, 201, 17º andar
São Paulo – SP – CEP 05426-100

Todos os direitos reservados.© 2008 de McGraw-Hill Interamericana Editores, S.A. de C.V. Prol. Paseo de la Reforma 1015 Torre A Piso 17, Col. Desarrollo Santa Fé, Delegación Alvaro Obregón
México 01376, D.F., México

Tradução da edição em espanhol de Fundamentos de Programación: algoritmos, estructura de datos y objetos, Tercera edición
Copyright© 2003 de McGraw-Hill/ Interamericana de España, S. A.U.
Edificio Valrealty, 1ª Planta
Basauri, 17
28023 Aravaca (Madrid)
ISBN: 84-481-3664-0

Diretor: *Adilson Pereira*
Editora de Desenvolvimento: *Marileide Gomes*
Produção Editorial: *ERJ Composição Editorial*
Supervisora de Produção: *Guacira Simonelli*
Preparação de Texto: *Carla Montagner*
Design de Capa: *Design Master DIMA*
Editoração Eletrônica: *Formato Comunicação Ltda.*

Impresso sob demanda na Meta Brasil a pedido de Grupo A Educação.

Dados Internacionais de Catalogação na Publicação (CIP)
(Câmara Brasileira do Livro, SP, Brasil)

> Joyanes Aguilar, Luis
>   Fundamentos de programação : algoritmos, estruturas de dados e objetos / Luis Joyanes Aguilar ; tradução Paulo Heraldo Costa do Valle; revisão técnica Flávio Soares Corrêa da Silva. -- São Paulo : McGraw-Hill, 2008.
>
>   Título original: Fundamentos de programación : algoritmos, estructura de datos y objetos
>   'Tradução da terceira edição em espanhol'
>   ISBN 978-85-86804-96-0
>
>   1. Algoritmos 2. Computadores - Programação 3. Estrutura de dados (Ciência da computação) 4. Programação orientada a objeto (Ciência da computação) I. Silva, Flávio Soares Corrêa da. II. Título.
>
> 07-6845   CDD-005.1

Índices para catálogo sistemático:
1. Computadores : Programação : Processamento de dados 005.1
2. Programação de computadores : Processamento de dados 005.1

A McGraw-Hill tem forte compromisso com a qualidade e procura manter laços estreitos com seus leitores. Nosso principal objetivo é oferecer obras de qualidade a preços justos, e um dos caminhos para atingir essa meta é ouvir o que os leitores têm a dizer. Portanto, se você tem dúvidas, críticas ou sugestões, entre em contato conosco — preferencialmente por correio eletrônico (mh_brasil@mcgraw-hill.com) — e nos ajude a aprimorar nosso trabalho. Teremos prazer em conversar com você. Em Portugal use o endereço servico_clientes@mcgraw-hill.com.

SUMÁRIO

Prefácio à 3ª edição xiii
Prefácio à 2ª edição xxv

PARTE I
Algoritmos e Ferramentas de Programação

Capítulo 1   **Computadores e linguagens de programação** 3

     1.1   Organização de um computador 4
     1.2   Hardware 5
     1.3   Dispositivos de armazenamento de informação 13
     1.4   O computador pessoal ideal para programação 17
     1.5   O Software (os programas) 18
     1.6   As linguagens de programação 19
     1.7   Tradutores de linguagens 22
     1.8   História das linguagens de programação 25
     ATIVIDADES DE PROGRAMAÇÃO RESOLVIDAS 31
     REVISÃO DO CAPÍTULO 32
         Conceitos-chave 32
         Resumo 33
     EXERCÍCIOS 33

Capítulo 2   **Resolução de problemas com o computador e ferramentas de programação** 35

     2.1   Fases na resolução de problema 36
     2.2   Programação modular 43
     2.3   Programação estruturada 44
     2.4   Conceito e características de algoritmos 46
     2.5   Escrevendo algoritmos 50
     ATIVIDADES DE PROGRAMAÇÃO RESOLVIDAS 64
     REVISÃO DO CAPÍTULO 72
         Conceitos-chave 72
         Resumo 72
     EXERCÍCIOS 72

Capítulo 3	Estrutura geral de um programa	75
	3.1 Conceito de programa	76
	3.2 Partes de um programa	76
	3.3 Instruções e tipos de instruções	77
	3.4 Elementos básicos de um programa	80
	3.5 Dados, tipos de dados e operações primitivas	82
	3.6 Constantes e variáveis	84
	3.7 Expressões	86
	3.8 Funções internas	93
	3.9 A operação de atribuição	94
	3.10 Entrada e saída de informação	97
	3.11 Escrevendo algoritmos/programas	98
	ATIVIDADES DE PROGRAMAÇÃO RESOLVIDAS	103
	REVISÃO DO CAPÍTULO	114
	Conceitos-chave	114
	Resumo	114
	EXERCÍCIOS	115

PARTE II
Programação estruturada: Algoritmos e estruturas de dados

Capítulo 4	Fluxo de controle I: Estruturas seletivas	121
	4.1 O fluxo de controle de um programa	122
	4.2 Estrutura seqüencial	122
	4.3 Estruturas seletivas	125
	4.4 Alternativa simples (`se-então/if-then`)	125
	4.5 Alternativa múltipla (`conforme_seja, caso de/case`)	131
	4.6 Estruturas de decisão aninhadas (em escada)	138
	4.7 A sentença `ir-a (goto)`	142
	ATIVIDADES DE PROGRAMAÇÃO RESOLVIDAS	144
	REVISÃO DO CAPÍTULO	148
	Conceitos-chave	148
	Resumo	148
	EXERCÍCIOS	149

Capítulo 5	Fluxo de controle II: Estruturas repetitivas	151
	5.1 Estruturas repetitivas	152
	5.2 Estruturas `enquanto (while)`	154
	5.3 Estrutura `fazer-enquanto (do-while)`	159
	5.4 Estrutura `repetir (repeat)`	161
	5.5 Estrutura `desde/para (for)`	164
	5.6 Saídas internas dos laços	168
	5.7 Sentenças de salto `interromper (break)` e `continuar (continue)`	169
	5.8 Estruturas repetitivas aninhadas	171
	ATIVIDADES DE PROGRAMAÇÃO RESOLVIDAS	173
	REVISÃO DO CAPÍTULO	185
	Conceitos-chave	185
	Resumo	185
	EXERCÍCIOS	186
	REFERÊNCIAS	187

Capítulo 6	**Subprogramas (subalgoritmos): Procedimentos e funções**	**189**
	6.1 Introdução aos subalgoritmos ou subprogramas	190
	6.2 Funções	191
	6.3 Procedimentos (sub-rotinas)	198
	6.4 Escopo: variáveis locais e globais	202
	6.5 Comunicação com subprogramas: passagem de parâmetros	206
	6.6 Funções e procedimentos como parâmetros	213
	6.7 Os efeitos colaterais	215
	6.8 Recursão (recursividade)	217
	ATIVIDADES DE PROGRAMAÇÃO RESOLVIDAS	219
	REVISÃO DO CAPÍTULO	224
	Conceitos-chave	224
	Resumo	224
	EXERCÍCIOS	225
Capítulo 7	**Estruturas de dados I: Arrays e estruturas**	**227**
	7.1 Introdução às estruturas de dados	228
	7.2 Arrays unidimensionais: os vetores	228
	7.3 Operações com vetores	231
	7.4 Arrays de várias dimensões	237
	7.5 Arrays multidimensionais	240
	7.6 Armazenamento de arrays na memória	242
	7.7 Estrutura *versus* registros	244
	7.8 Arrays de estruturas	246
	ATIVIDADES DE PROGRAMAÇÃO RESOLVIDAS	248
	REVISÃO DO CAPÍTULO	259
	Conceitos-chave	259
	Resumo	259
	EXERCÍCIOS	260
Capítulo 8	**As cadeias de caracteres**	**263**
	8.1 Introdução	264
	8.2 O conjunto de caracteres	264
	8.3 Cadeia de caracteres	268
	8.4 Dados tipo caractere	269
	8.5 Operações com cadeias	272
	8.6 Outras funções de cadeias	276
	ATIVIDADES DE PROGRAMAÇÃO RESOLVIDAS	279
	REVISÃO DO CAPÍTULO	285
	Conceitos-chave	285
	Resumo	285
	EXERCÍCIOS	285
Capítulo 9	**Arquivos**	**287**
	9.1 Noção de arquivo: estrutura hierárquica	288
	9.2 Conceitos e definições = terminologia	290
	9.3 Meios seqüenciais e endereçáveis	292
	9.4 Organização de arquivos	293
	9.5 Operações sobre arquivos	296
	9.6 Administração de arquivos	300
	9.7 Apagar arquivos	304
	9.8 Fluxos	304
	9.9 Manutenção de arquivos	305

9.10 Processamento de arquivos seqüenciais (algoritmos) 306
9.11 Arquivos de texto 313
9.12 Processamento de arquivos diretos (algoritmos) 313
9.13 Processamento de arquivos seqüenciais indexados 322
ATIVIDADES DE PROGRAMAÇÃO RESOLVIDAS 322
REVISÃO DO CAPÍTULO 329
    Conceitos-chave 329
    Resumo 329
EXERCÍCIOS 330

Capítulo 10 Ordenação, busca e intercalação 331

10.1 Introdução 332
10.2 Ordenação 333
10.3 Busca 350
10.4 Intercalação 365
ATIVIDADES DE PROGRAMAÇÃO RESOLVIDAS 368
REVISÃO DO CAPÍTULO 380
    Conceitos-chave 380
    Resumo 380
EXERCÍCIOS 381

Capítulo 11 Ordenação, busca e fusão externa (arquivos) 383

11.1 Introdução 384
11.2 Arquivos ordenados 384
11.3 Fusão de arquivos 384
11.4 Partição de arquivos 388
11.5 Classificação de arquivos 392
ATIVIDADES DE PROGRAMAÇÃO RESOLVIDAS 400
REVISÃO DO CAPÍTULO 404
    Conceitos-chave 404
    Resumo 404
EXERCÍCIOS 405

Capítulo 12 Estruturas dinâmicas lineares de dados (pilhas, filas e listas ligadas) 407

12.1 Introdução às estruturas de dados 408
12.2 Listas 409
12.3 Listas ligadas 411
12.4 Processamento de listas ligadas 414
12.5 Listas circulares 428
12.6 Listas duplamente ligadas 429
12.7 Pilhas 432
12.8 Filas 440
12.9 Fila dupla 449
ATIVIDADES DE PROGRAMAÇÃO RESOLVIDAS 449
REVISÃO DO CAPÍTULO 457
    Conceitos-chave 457
    Resumo 458
EXERCÍCIOS 458

Capítulo 13 Estrutura de dados não-lineares (árvores e grafos) 459

13.1 Introdução 460
13.2 Árvores 460
13.3 Árvore binária 462
13.4 Árvore binária de busca 475

13.5	Grafos	487
	ATIVIDADES DE PROGRAMAÇÃO RESOLVIDAS	493
	REVISÃO DO CAPÍTULO	497
	Conceitos-chave	497
	Resumo	498
	EXERCÍCIOS	498

Capítulo 14 Recursividade **501**

- 14.1 A natureza da recursividade 502
- 14.2 Recursividade direta e indireta 506
- 14.3 Recursão *versus* iteração 510
- 14.4 Recursão infinita 512
- 14.5 Resolução de problemas complexos com recursividade 516
- REVISÃO DO CAPÍTULO 530
    - Conceitos-chave 530
    - Resumo 530
- EXERCÍCIOS 531

Parte III
Programação Orientada a Objetos

Capítulo 15 Conceitos fundamentais de orientação a objetos **537**

- 15.1 O que é programação orientada a objetos? 538
- 15.2 Um mundo de objetos 542
- 15.3 Comunicação entre objetos: as mensagens 548
- 15.4 Estrutura interna de um objeto 551
- 15.5 Classes 552
- 15.6 Herança 554
- 15.7 Sobrecarga 560
- 15.8 Ligação dinâmica 561
- 15.9 Objetos compostos 563
- 15.10 Reutilização com orientação a objetos 567
- 15.11 Polimorfismo 567
- 15.12 Terminologia de orientação a objetos 568
- REVISÃO DO CAPÍTULO 569
    - Conceitos-chave 569
    - Resumo 569
- EXERCÍCIOS 570

Capítulo 16 Projeto de classes e objetos: Representações gráficas em UML **571**

- 16.1 Projeto e representação gráfica de objetos em UML 572
- 16.2 Projeto e representação gráfica de classes em UML 580
- 16.3 Declaração de objetos de classes 589
- 16.4 Construtores 598
- 16.5 Destrutores 602
- 16.6 Implementação de classes em C++ 603
- 16.7 Coleta de lixo 606
- REVISÃO DO CAPÍTULO 607
    - Conceitos-chave 607
    - Resumo 607
- EXERCÍCIOS 609
- LEITURAS RECOMENDADAS 610

Capítulo 17 Relações: Associação, generalização e herança **611**

    17.1 Relações entre classes 612
    17.2 Associações 612
    17.3 Agregações 614
    17.4 Hierarquia de classes: generalização e especialização (relação é-um) 616
    17.5 Herança: classes derivadas 620
    17.6 Tipos de herança 627
    17.7 Herança múltipla 632
    17.8 Ligação 636
    17.9 Polimorfismo 637
    17.10 Ligação dinâmica e ligação estática 641
    REVISÃO DO CAPÍTULO 642
        Conceitos-chave 642
        Resumo 642
    EXERCÍCIOS 642

PARTE IV
Metodologia da programação e desenvolvimento de software

Capítulo 18 Resolução de problemas e desenvolvimento de software: Metodologia da programação **647**

    18.1 Abstração e resolução de problemas 648
    18.2 O ciclo de vida do software 651
    18.3 Fase de análise: requisitos e especificações 653
    18.4 Projeto 654
    18.5 Implementação (codificação) 655
    18.6 Testes e integração 655
    18.7 Manutenção 656
    18.8 Princípios de projeto de sistemas de software 657
    18.9 Estilo de programação 662
    18.10 A documentação 667
    18.11 Depuração 669
    18.12 Projeto de algoritmos 672
    18.13 Testes 672
    18.14 Eficiência 675
    18.15 Portabilidade 677
    REVISÃO DO CAPÍTULO 678
        Conceitos-chave 678
        Resumo 678

Índice **681**

Apêndices

Apêndices (Disponíveis no site)

A. **Especificações da linguagem algorítmica UPSAM 2.0**

B. **Prioridade de operadores**

C. **Códigos ASCII e Unicode**

D.   Manual de sintaxe da linguagem C

E.   Manual de sintaxe da linguagem C++

F.   Manual de sintaxe da linguagem Java 2

G.   Manual de sintaxe da linguagem C#

H.   Palavras reservadas: C++, Java, C#

I.   Codificação de algoritmos em linguagens de programação: Pascal, Fortran e Modula-2

J.   Manual de sintaxe de Pascal (Borland Turbo Pascal 7.0 e Delphi)

K.   Recursos de programação: Livros, revistas, Web, leituras recomendadas

Prefácio à 3ª edição

A informática e as ciências da computação nos primeiros anos do século XXI são marcadas pelos avanços tecnológicos da década anterior. Os mais de 20 anos de vida do computador pessoal (PC) e mais de 50 anos de informática/computação tradicional vêm acompanhados de mudanças rápidas e evolutivas nas disciplinas clássicas. O rápido crescimento do mundo das redes e, em conseqüência, a World Wide Web, tornam revolucionárias essas mudanças e afetam todo o conhecimento dos processos educativos e profissionais.

Como a ACM — Association for Computering Machinery — declarou em seu informe final (15 de dezembro de 2001) *CC2001 Computer Science*, a formação nas carreiras de informática, ciências da computação ou engenharia de sistemas deverá prestar especial importância a temas como:

- Algoritmos e estruturas de dados.
- A World Wide Web e suas aplicações.
- As tecnologias de rede e em especial aquelas baseadas em TCP/IP.
- Gráficos e multimídia.
- Sistemas embutidos.
- Bases de dados relacionais.
- Interoperabilidade.
- Programação orientada a objetos.
- Interação Homem-Máquina.
- ...

A ACM, zelando para que seus membros — afinal de contas, representantes da comunidade de informática mundial — sigam os progressos científicos e, em conseqüência, culturais e sociais derivados das inovações tecnológicas, trabalhou durante muitos anos em um novo modelo curricular da carreira de engenheiro de computação ou engenheiro de sistemas (*computer sciences*) e no final de 2001, publicou seu antiprojeto de currículo profissional (informe CC2001). O conhecimento contido nesse informe abrange uma estrutura com 14 grupos de conhecimento, que vão das Estruturas Discretas à Engenharia de Software, passando por Fundamentos de Programação (*Programming Fundamentals*, **PF**). No nosso caso, e para reconhecimento das palavras citadas, cabe-nos a honra de que nossa obra, que cumpriu recentemente quinze anos de vida, tenha o mesmo título em espanhol de um dos 14 grupos de conhecimento agora recomendados como disciplina fundamental pela ACM dentro do seu currículo de *Computer Science*. Assim, no citado currículo, há descrições como: *construções de programação fundamentais, algoritmos e resolução de problemas, estruturas de dados fundamentais e recursividade ou recursão*.

Inclui também planos de estudo de engenharia informática da Espanha (superior e técnica de sistemas ou de gestão), de outras engenharias (telecomunicações, industrial etc.) e de engenharia de sistemas na América Latina (inclusive no Brasil), além de disciplinas como *Metodologia da Programação, Fundamentos de Programação* ou *Introdução à Programação*.

Do estudo comparado das citadas recomendações curriculares, assim como dos planos de estudos conhecidos de carreiras de engenharia de sistemas e licenciaturas em informática de universidades latino-americanas (inclusive brasileiras) chegamos à conclusão de que, a iniciação de um estudante de engenharia da computação ou de engenharia de sistemas nas técnicas de programação do século XXI, não requer somente a aprendizagem clássica do projeto de algoritmos e da compreensão das técnicas orientadas a objetos, mas também um método de transição até tecnologias da Internet. Por sua vez, um livro dirigido aos primeiros cursos de introdução à programação exige não apenas escolher uma linguagem de programação adequada, mas também, e sobretudo, "proporcionar ao leitor as ferramentas para desenvolver programas corretos, eficientes, bem estruturados e com estilo, que sirvam de base para a construção de fundamentos teóricos e práticos que lhe permitam continuar com êxito os estudos dos cursos superiores de sua carreira, assim como sua futura especialização em ciências e engenharia". Em conseqüência e de modo global, a obra pretende ensinar técnicas de **análises, projeto e construção de algoritmos, estruturas de dados e objetos**, assim como regras para escrita de **programas eficientes, tanto estruturados, fundamentalmente, como orientados a objetos**. De modo complementar, e não menos importante, busca-se também ensinar ao aluno técnicas de abstração que permitam resolver os problemas de programação do modo mais simples e racional, pensando não somente na aprendizagem das regras de sintaxe e construção de problemas, mas inclusive, e em especial, aprender a pensar para conseguir a resolução do problema em questão de forma clara, eficaz e fácil de implementar em uma linguagem de programação, e sua execução posterior em um computador.

OBJETIVOS DO LIVRO

O livro pretende ensinar a programar utilizando conceitos fundamentais, como:

1. *Algoritmos* (conjunto de instruções programadas para resolver uma tarefa específica).

2. *Dados* (uma coleção de dados que são proporcionados aos algoritmos executados para encontrar uma solução: os dados se organizarão em estruturas de dados).

3. *Objetos* (conjunto de dados e algoritmos que os manipulam, encapsulados em um tipo de dado conhecido como objeto).

4. *Classes* (tipos de objetos com igual estado e comportamento, ou seja, os mesmos atributos e operações).

5. *Estruturas de dados* (conjunto de organização de dados para tratar e manipular eficazmente dados homogêneos e heterogêneos).

6. *Temas avançados* (recursividade, métodos avançados de ordenação e busca, relações entre classes etc.).

Os dois primeiros aspectos, algoritmos e dados, têm permanecido invariáveis ao longo da curta história da informática/computação, mas a *inter-relação* entre eles tem variado e assim continuará. Essa inter-relação é conhecida como *paradigma de programação*.

No paradigma de programação *procedimental (por procedimentos)*, um problema é modelado diretamente mediante um conjunto de algoritmos. Por exemplo, a folha de pagamentos de uma empresa ou a administração de vendas do almoxarifado são representadas como uma série de procedimentos que manipulam dados. Os dados se armazenam separadamente e são acessados mediante uma posição global ou parâmetros dos procedimentos. Três linguagens da programação clássica, FORTRAN, Pascal e C, representaram o arquétipo da programação *procedimental*, também relacionada estreitamente com a — e normalmente conhecida como — **programação estruturada**. A programação com suporte em C e Pascal proporciona o paradigma *procedimental* tradicional com ênfase em funções, declaração de funções e algoritmos genéricos.

Na década de 1980, o enfoque do projeto de programas foi do paradigma *procedimental* ao *orientado a objetos* apoiado nos tipos abstratos de dados (TAD). Neste paradigma, um problema se ajusta a um conjunto de abstrações de dados/tipos de dados, conhecidos como *classes*. As classes contêm um conjunto de instâncias ou exemplares que se denominam *objetos*, de modo que um programa atua como um conjunto de objetos que se relacionam entre si. A grande diferença entre esses paradigmas reside no fato de que os algoritmos associados a cada classe são conhecidos como *interface pública* da classe e os dados são armazenados privadamente dentro de cada objeto, de modo que o acesso aos dados está oculto ao programa geral e é administrado pela interface.

Resumindo, os objetivos fundamentais desta obra são: aprendizagem e formação em *algoritmos e programação estruturada, estrutura de dados e programação orientada a objetos*. Evidentemente, a melhor maneira de aprender a programar é com a ajuda de uma linguagem de programação. Com base na experiência de nossas duas primeiras edições e nos resultados conseguidos com nossos alunos e leitores, continuamos apostando em utilizar uma linguagem algorítmica — pseudolinguagem — que, apoiada em um *pseudocódigo* permitiu-nos ensinar ao aluno as técnicas e regras de programação, com uma aprendizagem rápida e gradual. Naturalmente, além do pseudocódigo, temos utilizado as outras ferramentas de programação clássicas e comprovadas, como os diagramas de fluxo ou os diagramas N-S.

Nesta 3ª edição, utilizamos a mesma linguagem algorítmica e acrescentamos construções e estruturas necessárias para incorporar em suas especificações as técnicas orientadas a objetos. Assim, utilizamos nossa linguagem inspirada nas linguagens estruturadas por excelência, C, Pascal e FORTRAN, e somamos as propriedades das linguagens orientadas a objetos, como: C++, Java e C#, na melhor harmonia possível e com especificações incluídas no Apêndice A (disponível no site da Editora).

O LIVRO COMO FERRAMENTA DOCENTE

No conteúdo da obra, temos levado em conta não somente as diretrizes dos planos de estudo de engenharia informática (antiga licenciatura em informática), engenharia técnica em informática e licenciatura em ciências da computação, mas também de engenharias como industrial, de telecomunicações, agronôma ou de minas, ou as mais recentes incorporadas, na Espanha, como engenharia geodésica, engenharia química ou engenharia telemática. Nosso conhecimento do mundo educacional (ibero-americano) nos levou a pensar também nas carreiras de engenharia de sistemas de computação e nas licenciaturas em informática e em sistemas de informação, como as conhecemos na América Latina (incluindo o Brasil).

O conteúdo do livro foi escrito pensando em um possível desenvolvimento em dois quadrimestres ou semestres ou em um ano completo, e seguindo as ementas (temas centrais) recomendadas pelo Conselho de Universidades da Espanha para os planos de estudo da *Engenharia em Informática, Engenharia Técnica em Informática* e os planos de estudos de **Engenharia de Sistemas** e **Licenciatura em Informática**, com o objetivo de poder ser utilizado também pelos estudantes dos primeiros semestres dessas carreiras. Do ponto de vista das disciplinas, pretendemos que o livro possa servir para disciplinas *como Introdução à Programação, Fundamentos de Programação* e *Metodologia da Programação*, e também, se o leitor ou o professor considerarem oportuno, para cursos de *Introdução às Estruturas de Dados* e/ou à *Programação Orientada a Objetos*.

Não podíamos deixar de lado as recomendações da mais prestigiada organização de informática do mundo, ACM, já citada. Estudaram-se os *Currículos* de *Computer Science* vigentes durante o longo período de elaboração desta obra (68, 78 e 91), mas seguindo a evolução do último currículo, que passamos a estudar após sua publicação em 15 de dezembro de 2001 do *Computing Curricula 2001 Computer Science*. Durante a preparação de nossa terceira edição consideramos introduzir também suas diretrizes mais destacadas; como, logicamente, não se poderia seguir todas as diretrizes de seu conhecimento ao pé da letra, analisamos a fundo as unidades mais de acordo com nossos planos de estudo: *Programming Fundamentals (PF), Algorithms and Complexity (AL)* e *Programming Languages (PL)*. Por sorte nossa obra incorporava a maioria dos temas importantes recomendados nas três citadas unidades de conhecimento, em grande parte da unidade PF, e temas específicos de programação orientada a objetos e de análise de algoritmos das unidades PL e AL.

O conteúdo do livro engloba os programas citados e começa com a introdução dos algoritmos e da programação, para chegar a estruturas de dados e programação orientada a objetos. Assim, a estrutura do curso não tem de ser seqüencial em sua totalidade e o professor e o aluno/leitor poderão estudar suas matérias na ordem que considerarem mais oportuna. Essa é a razão principal pela qual o livro está organizado em quatro partes e em seis apêndices (disponíveis no site da Editora).

Descrevemos os *dois paradigmas* mais populares no mundo da programação: *o procedimental* e o *orientado a objetos*. Os cursos de programação em seus níveis inicial e médio estão evoluindo para aproveitar as vantagens de novas e futuras tendências em engenharia de software e em projeto de linguagens de programação, especificamente projeto e programação orientada a objetos. Inúmeras faculdades de engenharia, junto com a **nova formação profissional** (*ciclos formativos de nível superior*) na Espanha e na América Latina, (incluindo o Brasil), estão introduzindo seus alunos na programação orientada a objetos, imediatamente depois do conhecimento da programação estruturada, e por vezes até antes da programação estruturada. Por essa razão, uma metodologia que podia ser seguida seria dar um curso *de algoritmos e introdução à programação* (parte I) seguido de *estruturas de dados* (parte II) e logo depois com um segundo nível de *programação avançada e programação orientada a objetos* (partes II, III e IV), que constituem as quatro partes do livro. De modo complementar, se o aluno ou o professor desejarem, podem praticar com alguma linguagem de programação estruturada e orientada a objetos, já que, pensando nessa possibilidade, é fornecido um grande número de apêndices que inclui manuais de sintaxe das linguagens de programação mais populares hoje em dia: C, Pascal, C++, Java e C#, inclusive foram mantidos resumos de manuais de sintaxe de FORTRAN e Modula-2. Esses apêndices estão disponíveis no site da editora.

Um dos temas mais debatidos na educação em informática ou em ciência da computação (*Computer Sciences*) é o papel da programação no currículo introdutório. Na história da disciplina — como fielmente reconhece, na introdução do capítulo 7 relativo a cursos de introdução, ACM em seu Computing Currículo 2001 [ACM 91] —, a maioria dos cursos de introdução à informática tem-se centrado sobretudo no desenvolvimento de habilidades ou destrezas de programação. A adoção de um curso de introdução à programação provém de uma série de fatores práticos e históricos, incluindo:

- A programação é uma técnica essencial que deve ser dominada por todo estudante de informática. Sua inserção nos primeiros cursos assegura que os estudantes tenham a facilidade necessária com a programação quando se matricularem nos cursos de nível intermediário e avançado.

- A informática não se converteu em uma disciplina acadêmica mesmo depois que a maioria das instituições desenvolveu um conjunto de cursos de programação introdutórios que servem a um grande público.

- O modelo de aprendizagem em programação seguiu desde o princípio as primeiras recomendações do Currículo 68 [ACM 68], que começava com um curso denominado "Introdução à Computação", no qual a maioria dos temas estava relacionada com a programação. Posteriormente e no Currículo de 78 da ACM [ACM 78], esses cursos foram definidos como "Introdução à Programação" e denominados CS1 e CS2; hoje em dia continuam assim denominados pela maioria dos professores e universidades que seguem critérios provenientes da ACM.

A fluência em uma linguagem de programação é pré-requisito para o estudo das ciências da computação. Já em 1991 o informe CC1991 da ACM reconhecia a exigência do conhecimento de uma linguagem de programação.

- Os programas de informática devem ensinar aos estudantes como usar ao menos uma linguagem de programação. Também recomendamos que os programas em informática devem ensinar aos estudantes a ser competentes em linguagem e que usem pelo menos dois paradigmas de programação. Em conseqüência dessas idéias, o Currículo 2001 da ACM contempla a necessidade de conceitos e habilidades que são fundamentais na prática da programação independentemente do paradigma subjacente. Como resultado desse pensamento, a área de Fundamentos de Programação inclui unidades sobre conceitos de programação, estrutura de dados básicos e processos de algoritmos. Além dessas unidades fundamentais, são necessários conceitos básicos pertencentes a outras áreas, como Linguagens de Programação (**PL**, *Programming Languages*) e de Engenharia de Software (**SE**, *Software Engineering*).

Os temas fundamentais considerados no Currículo 2001 são:

- Construções fundamentais de programação.
- Algoritmos e resolução de problemas.
- Estruturas de dados fundamentais.
- Recursão ou recursividade.
- Programação controlada por eventos.

De outras áreas, Linguagens de Programação (PL), destacam-se:

- Revisão de linguagens de programação.
- Declarações e tipos.
- Mecanismos de abstração.
- Programação orientada a objetos.

E de Engenharia de Software (SE):

- Projeto de Software.
- Ferramentas e ambientes de software.
- Requisitos e especificações de software.

Este livro foi escrito para servir de referência e guia de estudo para um primeiro curso *de introdução à programação*, com uma segunda parte que, por sua vez, servisse como continuação e para um possível segundo curso, de *introdução às estruturas de dados* e à *programação orientada a objetos*. O objetivo final que buscamos é não apenas descrever a sintaxe de uma linguagem de programação, mas mostrar as características mais destacadas da linguagem algorítmica e ensinar as técnicas de programação estruturada e orientada a objetos. Portanto, os objetivos fundamentais são:

- Ênfase na análise, construção e no projeto de programas.
- Um meio de resolução de problemas mediante técnicas de programação.
- Uma introdução à informática e às ciências da computação usando uma ferramenta de programação denominada pseudocódigo.
- Aprendizagem de técnicas de construção de programas estruturados e uma iniciação aos programas orientados a objetos.

Assim se tratará de ensinar as técnicas clássicas e avançadas de programação estruturada, juntamente com técnicas orientadas a objetos. A programação orientada a objetos não é a panacéia universal de um programador do século XXI, mas ajudará a realizar tarefas que, de outra forma, seriam complexas e cansativas.

O conteúdo do livro é material para um ano acadêmico completo (dois semestres ou quadrimestres), por volta de 24 a 32 semanas, dependendo, logicamente, do seu calendário e planejamento. Os dez primeiros capítulos podem compreender o primeiro semestre e os outros capítulos podem ser dados no segundo semestre. Logicamente, a seqüência e o planejamento real dependerão do professor, que marcará e apontará semana a semana o ritmo de desenvolvimento que considere lógico. Se você é um estudante autodidata, seu próprio ritmo virá marcado pelas horas dedicadas ao estudo e à aprendizagem com o computador, porém não deverá variar muito do ritmo citado no início deste parágrafo.

A LINGUAGEM ALGORÍTMICA DE PROGRAMAÇÃO UPSAM 2.0

Os cursos de introdução à programação se apóiam sempre em uma linguagem de programação ou em uma pseudolinguagem sustentada sobre um pseudocódigo. Em nosso caso optamos por essa segunda opção: a pseudolinguagem com a ferramenta do pseudocódigo. Desde a 1ª edição, por volta da década de 1980, apostamos fundamentalmente no pseudocódigo para, juntamente com os diagramas de fluxo e diagrama N-S, nos ajudar a explicar as técnicas de programação a nossos alunos. Com a 2ª edição (ano de 1996), não apenas seguimos apostando no pseudocódigo, como juntamos os trabalhos de todos os professores do Departamento de Linguagens e Sistemas Informáticos e Engenharia de Software da Faculdade de Informática e Escola Universitária de Informática da Universidad Pontifícia de Salamanca no *campus* de Madrid e demos forma à versão 1.0 da linguagem UPSAM[1].

A versão 1.0 da UPSAM se apoiava fundamentalmente nas linguagens de programação Pascal (Turbo Pascal) e C, com referências a FORTRAN, COBOL e Basic, e algumas idéias da linguagem C++ que começava já a ser um padrão no mundo da programação. Java nasceu em 1995, enquanto este livro estava sendo impresso, embora a edição de nossa obra tenha sido publicada em 1996. Nela a linguagem algorítmica somente continha regras de sintaxe e técnicas de programação estruturada. Entretanto, na segunda metade da década de 1990, C++ se impôs como padrão no mundo da programação e Java surgiu como linguagem de programação para a Web e Internet, pelo que a nova especificação algorítmica deveria observar essas linguagens emergentes, consolidadas no caso de C++.

Até 2003, Java não somente se constituiu como a linguagem universal para Internet, mas também é utilizada para cursos de introdução à programação e, em especial, para cursos de programação orientada a objetos. Também no início do ano 2000, a Microsoft colocou no mercado C#, que se difundiu muito rapidamente. Por tudo isso, a nova edição da linguagem algorítmica, a 2.0, foi inspirada fundamentalmente em C e C++, assim como em Java e C#, embora tenhamos tentado não esquecer suas velhas origens em Pascal e um pouco em FORTRAN e COBOL.

---

[1] No prefácio da 2ª edição (incluído também nesta 3ª edição) mencionamos os nomes de todos os professores que inervieram na redação da especificação da versão 1.0 e, por conseguinte, figuravam como autores dessa especificação.

Assim, a versão 2.0 da linguagem UPSAM, que apresentamos no ano de 2003, baseia-se em seus 15 anos de vida (originalmente era conhecida como versão UPS) e foi construída como uma aperfeiçoamento da versão 1.0, à qual acrescentamos um manual de especificações e sintaxes para programação orientada a objetos, cuja base foram — fundamentalmente — as linguagens C++ e Java.

Nesta nova versão participaram novamente todos os professores da área de programação da Universidad Pontifícia de Salamanca no *campus* de Madri, mas, de uma maneira especial, os professores compiladores de todas as propostas de nossos companheiros também são autores desta obra, especialmente os professores **Luis Rodríguez Baena**, **Victor Martín García** e **Matilde Fernández Azuela**. Destacamos também, por ter contribuído com a revisão desta edição, o trabalho dos sempre presentes professores **Joaquín Sánchez Abeger**, **Lucas Sánchez García**, **Ángel Hermoso** e **Ignacio Zahonero Martínez**. Agradecemos também aos demais companheiros do departamento de Linguagem e Sistemas Informáticos e Engenharia de Software da Faculdade de Informática e Escola Universitária de Informática do *campus* de Madri, que deram importantes contribuições para esta nova edição.

Desejamos destacar de maneira especial a grande contribuição prática e de investigação à UPSAM 1.0 e a nossa nova versão UPSAM 2.0 dos professores **María Luisa Díez Plata** e **Enrique Torres Franco** — professores de Processadores de Linguagens (Compiladores) de nossa Faculdade de Informática — que durante inúmeros cursos acadêmicos vêm implementando partes da linguagem em um tradutor de linguagem nas práticas e nos projetos de compiladores dos alunos da citada disciplina do quarto ano (sétimo e oitavo semestres). Em alguns casos, já funcionando como protótipos. Por fim, agradeço ao professor Oscar Sanjuan por seus desenhos gráficos em UML.

CARACTERÍSTICAS IMPORTANTES DO LIVRO

Fundamentos de Programação, 3ª edição, utiliza em cada capítulo os seguintes elementos-chave para obter o maior rendimento do material incluído:

- **Objetivos.** Enumera os conceitos e técnicas que o leitor e os estudantes aprenderão no capítulo. Sua leitura ajudará os estudantes a determinar se cumpriram esses objetivos ao final do capítulo.

- **Conteúdo.** Índice completo do capítulo que facilita a leitura, a correta progressão na leitura e a compreensão dos diferentes temas expostos posteriormente.

- **Introdução.** Abre o capítulo com uma breve revisão dos pontos e objetivos mais importantes tratados e de tudo o que é esperado.

- **Descrição do capítulo.** Explicação usual dos temas correspondentes do capítulo. Em cada capítulo estão incluídos exemplos e exercícios resolvidos. As inscrições dos programas completos ou parciais estão escritas com letra "courier" com a finalidade principal de que possam ser identificadas facilmente pelo leitor. Todas elas foram testadas para facilitar a prática do leitor/aluno.

- **Conceitos-chave.** Enumera os termos da computação, informática e de programas mais notáveis descritos ou tratados no capítulo.

- **Resumo do capítulo.** Revisa os temas importantes que os estudantes e leitores devem compreender e recordar. Busca também ajudar a reforçar os conceitos-chave estudados no capítulo.

- **Exercícios.** Ao final de cada capítulo é fornecida aos leitores uma lista de exercícios simples para que possam medir o avanço experimentado enquanto lêem e seguem as explicações do professor relativas ao capítulo.

- **Problemas.** Em muitos capítulos, estão incluídos enunciados de problemas propostos ao aluno e que apresentam uma maior dificuldade que os exercícios antes esboçados. Consta também em alguns capítulos uma série de atividades e projetos de programação proposta ao leitor como tarefa complementar dos exercícios.

Em todo o livro há uma série de retângulos — sombreados ou não — que oferecem ao leitor conselhos, advertências e regras de uso da linguagem e de técnicas de programação, com a finalidade de que possam assimilar conceitos práticos de interesse que os ajudem na aprendizagem e construção de programas eficientes e de fácil leitura.

- **Retângulos.** Conceitos importantes que o leitor deve considerar durante o desenvolvimento do capítulo.

- **Lembrete.** Idéias, sugestões, recomendações... ao leitor, com o objetivo de obter o maior rendimento possível da linguagem e da programação.
- **Precaução ou Prevenção.** Advertência ao leitor de que tenha cuidado ao fazer uso dos conceitos incluídos no retângulo adjunto.
- **Nota.** Normas ou idéias que o leitor deve seguir preferencialmente no projeto e na construção de seus programas.

ORGANIZAÇÃO DO LIVRO

O livro está dividido em quatro partes organizadas para sua leitura e seu estudo gradual. Dado que o conhecimento é acumulativo, nos primeiros capítulos os temas são conceituais e práticos, progredindo até as técnicas avançadas e a uma introdução da engenharia de software que tenta preparar o leitor/estudante para seus estudos posteriores. Como complemento e ajuda ao leitor durante seus estudos e para sua posterior formação profissional há uma grande quantidade de apêndices, (disponíveis no site da editora), com manuais de sintaxes de linguagens de programação mais populares, com o objetivo de facilitar a implementação dos algoritmos na linguagem de programação escolhida para "dialogar" com o computador. Para ajudar na aprendizagem e em leituras e estudos futuros, esses apêndices incluem ainda uma ampla seleção de recursos de programação (livros, revistas e sites Web) consultados na elaboração de nossa obra, como também em nossa vida profissional.

PARTE I. ALGORITMOS E FERRAMENTAS DE PROGRAMAÇÃO

Esta parte é um primeiro curso de programação para alunos iniciantes em disciplinas de introdução à programação em linguagens estruturadas e serve também para cursos de introdução de caráter semestral, tais como *Introdução à Programação, Metodologia da Programação* ou *Fundamentos de Programação,* em primeiros cursos de carreiras de engenharia informática, engenharia de sistemas e licenciatura em informática ou em sistemas de informação, e disciplinas de programação de engenharia e de ciências. Contém os fundamentos teóricos e práticos relativos à organização de um computador e às linguagens de programação, assim como a descrição das ferramentas de programação mais utilizadas no campo da programação. Incluem-se também os elementos básicos que constituem um programa e as ferramentas de programação utilizadas, como algoritmos, diagramas de fluxo etc. A segunda metade dessa primeira parte é uma descrição teórico-prática das estruturas utilizadas para controlar o fluxo de instruções de um programa e uma descrição detalhada do importante conceito de subprograma (procedimento/função), pedra angular da programação modular e estruturada.

Capítulo 1. *Computadores e linguagens de programação.* Os computadores são ferramentas essenciais em muitas áreas da vida: profissional, industrial, empresarial, acadêmica... na realidade, em quase todos os campos da sociedade. Os computadores funcionam corretamente com a ajuda dos programas, os quais são escritos mediante linguagens de programação previamente escritas em algoritmos ou outras ferramentas, como diagramas de fluxo. Este capítulo de introdução descreve a organização de um computador e suas diferentes partes, juntamente com o conceito de programas e de linguagem de programação. Para que o leitor possa entender os fundamentos teóricos da programação, foi incluída uma breve história das linguagens de programação mais influentes e que, no caso da 3ª edição, tem servido de inspiração para a nova versão do pseudocódigo **UPSAM 2.0**: C, C++, Java e C# com referências lógicas ao histórico Pascal.

Capítulo 2. *Resolução de problemas com computador e ferramentas de programação.* Neste capítulo são descritos métodos para a resolução de problemas com computador e com uma linguagem de programação (em nosso caso, a pseudolinguagem ou linguagem algorítmica UPSAM 2.0). Explicam-se as fases da resolução de um problema, juntamente com as técnicas de programação modular e estruturada. Inicia-se a descrição de conceito, função e uso de algoritmo. Um dos objetivos mais importantes deste livro é a aprendizagem e construção de algoritmos.

Capítulo 3. *Estrutura geral de um programa.* Ensina a organização e estrutura geral de um programa, assim como sua criação e seu processo de execução. Descrevem-se os elementos básicos de um programa: tipos de dados, constantes, variáveis e entrada/saídas de dados. Também se introduz o leitor na operação de tarefa e no conceito de função interna. Estudam-se os importantes conceitos de expressões, operações e seus diferentes tipos.

PARTE II. PROGRAMAÇÃO ESTRUTURADA: ALGORITMOS E ESTRUTURA DE DADOS

Esta parte é a chave na aprendizagem de técnicas de programação. Sua importância é tal que os planos de estudo de qualquer curso de engenharia de informática ou de ciências da computação incluem uma disciplina denominada *Estruturas de Dados*.

Capítulo 4. *Fluxo de controle I: Estruturas seletivas.* Introduz o conceito de estrutura de controle e, em particular, estruturas de seleção, como **se-então ("if-then"), segundo_seja/como é o caso_de ("switch/case")**. Descrevem-se também as estruturas de decisão aninhadas. Explica-se também a "mal considerada" sentença **ir_a (goto)**, cujo uso não se recomenda, mas, sim, o conhecimento do seu funcionamento.

Capítulo 5. *Fluxo de controle II: Estruturas repetitivas.* O capítulo introduz as estruturas repetitivas [**(enquanto ("while"), fazer-enquanto ("do_while"), repetir ("repeat"), de/para ("for")**]. Examina a repetição (*iteração*) de sentenças em detalhes e compara os laços, marcadores etc. Explica precauções e regras de uso de projeto de laços. Compara os três diferentes tipos de laços, assim como o conceito de laços aninhados.

Capítulo 6. *Subprogramas (subalgoritmos): procedimentos e funções.* A resolução de problemas complexos é facilitada ao se dividir o problema em problemas menores (subproblemas). A resolução destes problemas é feita com *subalgoritmos* (subprogramas), que, por sua vez, se dividem em duas grandes categorias: *funções* e *procedimentos*.

Capítulo 7. *Estruturas de dados I (arrays e estruturas).* Examina a estruturação dos dados em *arrays* ou grupos de elementos de dados do mesmo tipo. O capítulo apresenta inúmeros exemplos de *arrays* de um, dois ou múltiplos índices. Também se explicam os outros tipos de estruturas de dados básicas: estruturas e registros. Estas estruturas de dados permitem encapsular, em um tipo de dado definido pelo usuário, outros dados heterogêneos. São também descritos os conceitos de *arrays* de estruturas e *arrays* de registros.

Capítulo 8. *As cadeias de caracteres.* Examina-se o conceito de caractere e de cadeia (**String**), juntamente com sua declaração e inicialização. Introduzem-se conceitos básicos de manipulação de cadeias: leitura e atribuição, juntamente com operações básicas, como comprimento, concatenação, comparação, conversão, busca de caracteres e cadeias. As operações de tratamento de caracteres e cadeias são muito usuais em programação.

Capítulo 9. *Arquivos.* O conceito de arquivo, suas definição e implementação, é motivo de estudo neste capítulo. Os tipos de arquivos mais usados e as operações básicas de manipulação são estudados em detalhe.

Capítulo 10. *Ordenação, busca e intercalação.* Os computadores empregam uma grande parte de seu tempo em operações de busca, classificação e combinação de dados. Os arquivos situam-se adequadamente em dispositivos de armazenamento externo que são mais lentos que a memória central, mas que têm a vantagem de armazenamento permanente depois de desligado o computador. Descrevem-se os algoritmos dos métodos mais utilizados no projeto e na implementação de programas.

Capítulo 11. *Ordenação, busca e fusão externa (arquivos).* Normalmente, os dados armazenados de modo permanente em dispositivos externos requerem para seu processamento o armazenamento na memória central. É por isso que as técnicas de ordenação e busca sobre matrizes e vetores comentadas no capítulo anterior necessitam de um aprofundamento quanto a técnicas e métodos. Uma das técnicas mais importantes é a fusão ou mistura. Neste capítulo descrevem-se as técnicas de manipulação externa de arquivos.

Capítulo 12. *Estruturas dinâmicas lineares de dados (pilhas, filas e listas ligadas).* Uma lista ligada é uma estrutura de dados que mantém uma coleção de elementos, mas não se sabe o número deles por antecipação, ou varia em uma ampla gama. A lista ligada compõe-se de elementos que contêm um valor e um ponteiro. O capítulo descreve os fundamentos teóricos e as operações que podem ser realizadas na lista ligada. Também se descrevem os tipos distintos de listas ligadas, como duplamente ligadas e circulares. As idéias abstratas de pilha e fila também são descritas. Pilhas e filas podem ser implementadas de diferentes maneiras, como vetores (matrizes) ou listas ligadas.

Capítulo 13. *Estruturas de dados não-lineares (árvores e grafos).* As árvores são outro tipo de estrutura de dados dinâmica e não-linear. São estudadas as operações básicas nas árvores e suas operações fundamentais.

Capítulo 14. *Recursividade.* O importante conceito de recursividade (propriedade de uma função de chamar-se a si mesma) é introduzido no capítulo, além de algoritmos complexos de ordenação e busca, e também é estudada a eficiência destes.

PARTE III. PROGRAMAÇÃO ORIENTADA A OBJETOS

Nossa experiência no ensino da programação orientada a objetos a estudantes universitários data do final da década de 1980. Nesse longo período, os primitivos e básicos conceitos de orientação a objetos têm persistido, do ponto de vista conceitual e prático, como há 30 anos. Hoje a programação orientada a objetos é uma clara realidade. E é recomendado que seja incluído em qualquer curso de introdução à programação pelo menos um pequeno curso de orientação a objetos que pode ser dado como um curso independente, como complemento da Parte II, ou como parte de um curso completo de introdução à programação que começa no Capítulo 1.

Capítulo 15. *Conceitos fundamentais de orientação a objetos.* Este capítulo descreve os conceitos fundamentais da orientação a objetos: classes, objetos e herança. A definição e a declaração de uma classe, sua organização e sua estrutura são explicadas detalhadamente. Também são descritos outros conceitos importantes, como polimorfismo, união dinâmica e sobrecarga, e faz-se um resumo da terminologia orientada a objetos.

Capítulo 16. *Projeto de classes e objetos: representações gráficas em UML.* Uma das tarefas fundamentais de um programador é o projeto e posteriormente a implementação de uma classe e de um objeto em uma linguagem de programação. Para realizar essa tarefa com eficiência, é exigido o uso de uma ferramenta gráfica. UML é uma linguagem de modelo unificado padrão no campo da engenharia de software e neste capítulo descrevem-se as anotações gráficas básicas de classes e objetos.

Capítulo 17. *Relações: Associação, generalização e herança.* Neste capítulo introduzem-se os conceitos fundamentais das relações entre classes: associação, agregação e generalização/especialização. São descritas todas essas relações, assim como as anotações gráficas que as representam na linguagem de modelagem UML.

PARTE IV. METODOLOGIA DA PROGRAMAÇÃO E DO DESENVOLVIMENTO DE SOFTWARE

Nesta parte descrevem-se regras práticas para a resolução de problemas mediante programação e desenvolvimentos de software. Essas regras buscam ensinar ao leitor como preparar programas e diretrizes de metodologia de programação que facilitam a tarefa de projetar e construir programas com qualidade e eficiência, além de se fazer uma introdução à engenharia de software.

Capítulo 18. *Resolução de problemas e desenvolvimento de software: Metodologia da programação.* O capítulo analisa o desenvolvimento de um programa e suas diferentes fases: análises, projeto, codificação, depuração, testes e manutenção. Esses princípios básicos configuram a engenharia de software como ciência que tem como objetivo a concepção, o projeto e a construção de programas eficientes.

APÊNDICES DISPONÍVEIS NO SITE

Em todos os livros dedicados ao ensino e aprendizagem de técnicas de programação é freqüente a inclusão de apêndices de temas complementares aos explicados nos capítulos anteriores. Esses apêndices servem de referência para o estudo de elementos importantes da linguagem e da programação de computadores. Nesta edição, os apêndices estão disponíveis no site da editora, para que o leitor possa fazer download quando achar necessário, de acordo com sua leitura e aprendizagem.

Para fazer o download desses apêndices, entre no site da editora em www.mcgraw-hill.com.br, vá até a página do livro e clique no link *Apêndices.zip*.

Apêndice A. *Especificações da linguagem algorítmica UPSAM 2.0.* Descrevem-se os elementos básicos da linguagem algorítmica em sua versão 2.0 e a sintaxe de todos os componentes de um programa. Especificam-se as palavras reservadas e os símbolos reservados. Com relação à versão 1.0 da UPSAM, deve-se destacar um novo manual de especificações de programação orientada a objetos, novidade nesta versão, e que permitirá a tradução do pseudocódigo para linguagens orientada a objetos como C++, Java ou C#.

Apêndice B. *Prioridade de operadores.* Tabela que contém todos os operadores e a ordem de prioridade e associatividade nas operações quando aparecem em expressões.

Apêndice C. *Código ASCII e Unicode.* Tabelas dos códigos de caracteres que se utilizam em programas de computador. O código ASCII, universal, é empregado em massa pelos programadores de todo o mundo e, naturalmente, é utilizado na maioria dos computadores atuais. Unicode é uma linguagem muito mais ampla que os computadores pessoais utilizam para realizar programas e aplicações em qualquer tipo de computador e na Internet. Unicode proporciona um número único para cada caractere, independentemente da plataforma, do programa, do idioma. A importância do Unicode reside, entre outras coisas, no fato de que ele é apoiado por líderes da indústria, como Apple, HP, IBM, Microsoft, Oracle, Sun, entre outros. Também é um requisito para os padrões modernos, como XML, Java, C# etc.

Apêndice D. *Manual de sintaxe da linguagem C.* Especificações, normas de uso e regras de sintaxe da linguagem de programação C em sua versão padrão ANSI/ISSO.

Apêndice E. *Manual de sintaxe da linguagem C++.* Especificações, normas de uso e regras de sintaxe da linguagem de programação C++ em sua versão-padrão ANSI/ISSO.

Apêndice F. *Manual de sintaxe da linguagem Java 2.* Descrição detalhada dos elementos fundamentais do padrão Java: especificações, regras de uso e de sintaxe.

Apêndice G. *Manual de sintaxe da linguagem C#.* Descrição detalhada dos elementos fundamentais da linguagem C#: especificações, regras de uso e de sintaxe.

Apêndice H. *Palavras reservadas: C++, Java e C#.* Lista de palavras reservadas (chave) das linguagens de programação C++, Java e C#. Inclui também uma tabela comparativa das palavras reservadas das três linguagens de programação.

Apêndice I. *Codificação de algoritmos em linguagens de programação: Pascal, Fortran e Modula-2.*

Apêndice J. *Manual de sintaxe de Pascal (Borland Turbo Pascal 7.0 e Delphi).*

Apêndice K. *Recursos de programação: Livros, Revistas, Web, Leituras recomendadas.* Enumeração dos livros mais notáveis empregados pelo autor desta obra, assim como outras obras importantes de referência que ajudam o leitor que deseja aprofundar ou ampliar os conceitos que considera necessário conhecer minuciosamente. Lista de endereços Web de interesse para a formação em Java, tanto profissionais como meios de comunicação, especialmente revistas especializadas.

AGRADECIMENTOS

Um livro nunca é fruto único do autor, sobretudo se for concebido como livro-texto e de auto-aprendizagem, e se pretende atingir leitores e estudantes de informática e de computação e, em geral, de ciências e engenharia, assim como autodidatas em disciplina como programação (introdução, fundamentos, avançada etc.). Esta obra não é uma exceção à regra e são muitas as pessoas que nos ajudaram a terminá-la. Em primeiro lugar, desejamos agradecer a meus colegas da Universidad Pontificia de Salamanca no *campus* de Madri, e em particular do seu Departamento de Linguagens e Sistemas Informáticos e Engenharia de Software, que há muitos anos nos ajudam e colaboram na divisão das diferentes disciplinas do departamento e sobretudo na elaboração dos programas e planos de estudo. A todos eles agradeço publicamente por seu apoio e ajuda.

Além de todos os professores citados no prefácio da 1ª edição que contribuíram com a criação da versão 2.0 em suas respectivas aulas, queremos somar novos professores que apresentam disciplinas relacionadas com programação e que seguem a linguagem algorítmica em suas aulas e nos proporcionaram críticas, comentários, reflexões, sugestões e conselhos para melhorar a linguagem. Entre os professores, e com o risco de esquecer algum colega e amigo – a quem pedimos desculpas –, destacamos esses:

- Daniel Zapico

- Elisa García
- Francisco Jiménez
- Francisco Pérez Sorrosal
- Gloria García
- Héctor Castán
- María del Pilar Dorrego
- Marta Fernández
- Mónica Vázquez
- Oscar Sanjuán
- Salvador Sánchez
- Virginia Sierra
- Cristina Sequeira

Esta 3ª edição foi lida e revisada com toda minúcia e – fundamentalmente – todo rigor pelos seguintes professores da Universidad Pontificia de Salamanca no *campus* de Madri: Luis Rodríguez Baena, Matilde Fernández Azuela, Víctor Martín García, Lucas Sánchez e Ignacio Zahomero Martínez (meu eterno agradecimento).

Muitos outros professores espanhóis e latino-americanos ajudaram na concepção e realização desta obra, de uma maneira ou outra, apoiando-me com sua contínua colaboração e sugestão de idéias usadas em disciplinas da área de programação, em temas tão variados como *Fundamentos de programação, Linguagens de programação* como *BASIC, Visual Basic, Pascal C, C++, Java* ou *Delphi*. Citar todos eles exigiria várias páginas. Pelo menos, e como reconhecimento silencioso, devo dizer que, além da Espanha, estão incluídos todos os países latino-americanos indo do México à Argentina e ao Chile no Cone Sul, passando pela América Central, Guatemala e República Dominicana. De qualquer maneira, queria destacar de modo especial a professora Maria Eugenia Vallesany da Universidad Nacional do Nordeste de Corrientes na Argentina, pelo trabalho de rigorosa revisão que realizou sobre a 2ª edição e pela grande quantidade de sugestões e propostas que fez para esta nova edição, motivada fundamentalmente por sua extraordinária e valiosa investigação do mundo dos algoritmos e da programação. **A todos eles e a todos os nossos leitores e alunos da Espanha e da América Latina, nosso agradecimento eterno.**

Além de companheiros na docência e alunos, não posso deixar de agradecer, uma vez mais, a minha editora – e amiga – Concha Fernández, pelas constantes demonstrações de afeto e compreensão para com minhas obras. Esta ocasião não foi uma exceção. Desejo ressaltar essa grande amizade que nos une. A elaboração desta obra envolveu talvez mais dificuldades. De novo e com muita paciência, ela nos ajudou, compreendeu e tolerou nossas mil e uma dúvidas, sugestões, atrasos etc. Não podemos deixar de expressar nosso infinito reconhecimento e agradecimento. Sem essa compreensão e esse apoio contínuos, possivelmente hoje não haveria esta obra, em razão de meus grandes atrasos na entrega do original e posteriores revisões. De todo o coração, meu eterno agradecimento. Mas também desejo agradecer as muitas atenções que Mely da McGraw-Hill, da Espanha, deu a esta edição. Seus conselhos, idéias e sugestões, unidos à sua grande paciência e compreensão com o autor por seus muitos atrasos na entrega dos originais, fizeram com que o livro melhorasse consideravelmente no processo de edição.

Naturalmente – e mesmo que já tenha sido citado –, não posso deixar de agradecer aos numerosos alunos, estudantes e leitores, em geral, espanhóis e latino-americanos, pelos seus conselhos, críticas e pelas idéias para o aperfeiçoamento contínuo de meus livros. Apesar do que já aprendi, continuo e continuarei aprendendo com eles, e sem seu alento contínuo seria praticamente impossível terminar minhas novas obras e, em especial, este livro.De modo muito especial desejo reiterar meu agradecimento a tantos e tantos colegas de universidade espanholas e latino-americanas que apóiam nosso trabalho docente e editorial. Meus mais sinceros reconhecimento e agradecimento, uma vez mais, a todos: alunos, leitores, colegas, professores, monitores e editores. Sei muito bem que sempre estarei em dívida com vocês. Meu único consolo é que seu apoio segue dando-me força neste trabalho acadêmico e que por onde meus cursos profissionais me levam sempre está presente esse imenso e impagável agradecimento a essa enorme ajuda prestada. **Obrigado, mais uma vez, por sua ajuda.**

Em Carchelejo (Jaén) e em Madri, Natal de 2002.
O autor

Prefácio à 2ª edição

O primeiro curso de programação de um currículo de Ciências e Engenharia é provavelmente um dos mais importantes. Para a maioria dos estudantes, o aprendizado inicial eficiente de conceitos básicos, como algoritmos e estruturas de dados, assim como o modo de aprender a resolver problemas utilizando computadores, costuma ser vital em decorrência da longa retenção que uma aprendizagem gradual e correta poderá trazer para sua carreira e sobretudo para seus primeiros cursos na universidade (faculdades, escolas ou institutos tecnológicos na América Latina). Por essa causa fundamental, a maioria dos currículos inclui disciplinas de caráter central ou obrigatório, como *Metodologia da Programação*, *Introdução à Programação* ou *Fundamentos de Programação*, cujo objetivo é ensinar aos alunos os conceitos fundamentais da programação, especialmente a *programação estruturada*, que lhes permitam adquirir uma orientação específica, básica e fundamental e enfrentar com êxito o estudo das outras disciplinas do currículo, como Tecnologia da Programação, Sistemas Operacionais, Programação Avançada, Estruturas de Dados etc., ou puramente científicos, como Cálculo Numérico, Algoritmos Avançados etc.

Para conseguir os objetivos citados, publicamos em 1988 a 1ª edição do livro *Fundamentos de Programación – Algoritmos y estructuras de datos*[1], que foi a continuação de um anterior — *Metodología de la Programación* — publicado em 1986 e que se centrou fundamentalmente no projeto básico de algoritmos. No presente livro nos centramos nos conceitos e projeto de algoritmos, juntamente com os fundamentos teórico-práticos de estruturas de dados e de programação estruturada; por essa razão nos apoiamos em ferramentas clássicas de programação, como diagramas de fluxo, diagramas N-S e sobretudo pseudocódigo. Naqueles anos, o uso do pseudocódigo em inglês era comum, mas não em outro idioma, daí pensamos que seria muito interessante o seu emprego para que nossos leitores pudessem iniciar de um modo mais fácil a aprendizagem da programação. A partir de então, nossas obras e muitas outras passaram a utilizar o pseudocódigo, tanto na Espanha como na América Latina, como uma ferramenta decisiva, empregada tanto nos cursos de introdução à programação como em cursos avançados e em outros similares.

Esses fatos e numerosas sugestões, recomendações, conselhos e críticas de colegas e alunos, espanhóis e latino-americanos nos levaram a escrever a 2ª edição deste livro[2], apoiando-nos fundamentalmente no pseudocódigo como linguagem algorítmica por excelência.

Nos oito anos transcorridos desde a 1ª edição, o livro foi utilizado em inúmeras universidades, faculdades de engenharia e institutos tecnológicos, e a disciplina informática — em geral — e a programação — em particular — continuaram a evoluir e a amadurecer. Novos conceitos e novas linguagens de programação conduziram a novas técnicas de programação e ao projeto de novos currículos em Engenharia e Ciência da Computação e Sistemas de Informação. Em meados da década de 1980, três linguagens de programação predominavam nos ambientes de informática: BASIC, Pascal e COBOL, juntamente com a clássica FORTRAN e as linguagens emergentes C, Modula-2 e Ada. Na atualidade, Pascal e COBOL continuam sendo clássicas como primeira linguagem de programação e como linguagem profissional, por excelência, mantendo-se a clássica FORTRAN para aplicações científicas, em especial as aplicações legadas, e estão sendo implantadas cada vez com maior intensidade linguagens como C/C++ e Ada-95, e outras linguagens como Visual BASIC ou Delphi começando a adquirir uma notável influência.

O uso da linguagem de programação é uma parte importante de qualquer curso de introdução à programação, mas isso não deve obscurecer outros conceitos importantes. Este livro tem por base a premissa de que o estudante/leitor deve aprender a programar com a filosofia de usar a sintaxe e a estrutura de uma linguagem de programação, mas não de uma *linguagem de programação específica*. Por esse motivo, e tendo presente a experiência com

---

[1] NE: Edição em espanhol, publicada pela McGraw-Hill/Interamericana de España S.A.U.
[2] NE: Edição em espanhol, publicada pela McGraw-Hill/Interamericana de España S.A.U.

grande número de alunos de nossa universidade e das muitas outras onde foi utilizada a 1ª edição como texto básico, decidimos utilizar como linguagem de programação algorítmica o pseudocódigo em espanhol ou castelhano **UPSAM** (Universidad Pontificia de Salamanca em Madri), fruto da experiência acumulada no Departamento de Linguagem e Sistemas Informáticos e Engenharia de Software da Faculdade e Escola Universitária de Informática da Universidad Pontificia de Salamanca em Madri, durante os dez últimos anos.

A LINGUAGEM ALGORÍTMICA DE PROGRAMAÇÃO UPSAM

A linguagem algorítmica **UPSAM** ou pseudocódigo espanhol utilizado como referência básica no texto foi criada, projetada e testada por todos os professores das disciplinas de *Fundamentos de Programação* na Universidad Pontificia de Salamanca em Madri e em seu Departamento de Linguagens e Sistemas Informáticos e Engenharia de Software.

O manual de sintaxe da linguagem algorítmica **UPSAM** encontra-se no Apêndice A. Ele foi redigido pelos professores Matilde Fernández, Luis Rodríguez e Luis Joyanes, e revisado e corrigido pelos professores Luis Villar, Joaquín Abeger, Ángel Hermoso, Antonio Muñoz, Lucas Sánchez, Víctor Martín e Rafael Ojeda, que contribuíram com sugestões e melhorias ao esboço original. Contribuíram também para a redação final com sugestões e contribuições, e pertencem à equipe criadora da linguagem **UPSAM**, os seguintes professores da citada universidade:

- Ángela Carrasco
- Francisco Oliva
- Isabel Torralvo
- Maria del Mar García
- Mercedes Vargas
- Miguel Sánchez

Professores de disciplinas como Programação I e II, Estruturas de Dados, Programação de Sistemas, Metodologia da Programação, Programação de Gestão, Sistemas Operacionais e outras utilizaram o pseudocódigo UPSAM de uma ou outra maneira e deram sugestões que foram incorporadas na redação final. Assim, e com o risco de esquecer algum colega e amigo — a quem pedimos desculpas antecipadamente — destacamos:

- Amalia Oñate
- Andrés Castillo
- Ángel González
- Antonio Reus
- Daniel García
- David Juanes
- Enrique Torres
- Fernando Davara
- Francisco Agüera
- Francisco Mata
- Jesús Pérez
- José González
- José Luis Andrés
- Juan Ignacio Pérez
- Juan Manuel Dodero
- Juan Sanz
- Julián Margolles

- Luis Doreste
- Maria Luisa Díez
- Manuel Redón
- Manuel Riquelme
- Paloma Centenera
- Rosa Hernández
- Virgilio Yagüe

OBJETIVO DO LIVRO

O objetivo principal deste livro é servir como material de leitura e estudo para um curso de introdução à programação em uma cadeira universitária de Ciências e Engenharia, preferencialmente *Ciências da Computação, Engenharia Informática* ou em *Sistemas Computacionais, Bacharelado* e *Licenciatura em Informática*.

O livro segue as diretrizes fundamentais de disciplinas centrais dos planos de estudo espanhóis **Introdução à Programação** e **Metodologia da Programação**, assim como os temas principais dos cursos **CS1** e **CS2** da ACM (Association for Computing Machinery).

São apresentadas as regras clássicas da construção de projeto de programas estruturados, com ênfase especial em algoritmos e estruturas de dados. O livro conservou a organização da 1ª edição, incluindo grande quantidade de exemplos e exercícios resolvidos para que o aluno possa comprovar seu progresso. Inclui também, em cada capítulo, Atividades de Programação que contêm numerosos exercícios e problemas resolvidos de complexidade crescente.

A atualização das novas linguagens de programação nos levou a incluir manuais de sintaxe das linguagens Pascal, Turbo Pascal, C e C++, assim como regras de conversão da linguagem algorítmica a essas linguagens, para que o leitor possa utilizar após a leitura do livro ou em paralelo alguma das linguagens anteriores e construir programas sem nenhuma dificuldade.

Dessa forma, são tratados especialmente os seguintes tópicos:

1. Escrita de código modular.
2. Utilização de abstração no processo de desenvolvimento de software.
3. Documentação do código-fonte.
4. Legibilidade e clareza no código-fonte.
5. Semântica coerente para todos os processos de um programa.
6. Utilização estrita das regras da programação estruturada.

LIVRO COMPLEMENTAR

Todos os cursos de programação devem apoiar-se na resolução de grande número de problemas que permitam ao aluno/leitor adquirir prática que lhe facilite a aprendizagem. Por isso incluímos grande quantidade de exercícios, problemas e atividades de programação no texto. Nossa experiência educacional e os pedidos de numerosos alunos e colegas nos levaram a considerar escrever um livro de problemas que resolveria um bom número de exercícios propostos e outros novos, de modo que o aluno pudesse comprovar seus avanços por meio do livro com atividades de programação, e com a ajuda de um livro clássico de problemas, mas também com a contribuição e a experiência metodológica da nossa universidade. Assim, meus colegas Matilde Fernández, Luis Rodríguez e eu escrevemos o livro ***Fundamentos de Programación – Libro de problemas***[3], também publicado pela McGraw-Hill, que pode ser utilizado de modo complementar a este livro ou de modo totalmente independente, já que foi projetado para ser usado de qualquer uma das duas formas e especialmente para facilitar a aprendizagem da programação.

---

[3] NE: A edição deste livro é em espanhol e foi publicada pela McGraw-Hill/Interamericana de España S.A.U.

ORGANIZAÇÃO DO LIVRO

O livro está estruturado em 14 capítulos e oito apêndices com uma organização similar em todos eles, que incluem de conceitos teóricos a regras e conceitos práticos, juntamente com atividades de programação e exercícios propostos ao leitor para que possa comprovar e medir seu progresso no mundo da programação.

O Capítulo 1 apresenta uma breve descrição do conceito de sistemas de processamento de informação, introduz o conceito de algoritmo e as primeiras construções e elementos de uma linguagem de programação, e descreve os tipos de dados e as operações básicas que se realizam em qualquer programa.

O Capítulo 2 analisa os métodos para resolver problemas com computadores e as ferramentas de programação necessárias. Descreve as etapas clássicas utilizadas na resolução de problemas, assim como as ferramentas clássicas utilizadas para sua descrição, como pseudocódigo, diagramas de fluxo e diagramas N-S.

O Capítulo 3 descreve o conceito de programa e seus elementos básicos, com as instruções e os tipos de instruções mais usuais; introduz o conceito de *fluxo de controle* e inclui os primeiros problemas planejados de certa complexidade e sua resolução com alguma das ferramentas descritas no Capítulo 2.

A programação estruturada e suas técnicas é um dos conceitos-chave descritos e utilizados no texto. O Capítulo 4 explica as técnicas de programação empregadas na programação modular e estruturada; amplia o conceito de fluxo de controle desenvolvido no Capítulo 3 e descreve com grande quantidade de exemplos e exercícios as estruturas clássicas empregadas na programação estruturada: seqüenciais, seletivas e repetitivas.

O Capítulo 5 trata dos subprogramas (subalgoritmos): procedimentos e funções. Os temas descritos incluem a correspondência de argumentos e parâmetros, assim como a comunicação entre o programa principal e os subprogramas e a comunicação destes entre si. O método de chamada de um subprograma, com os valores devolvidos no caso das funções, é outro tema considerado no capítulo. Os problemas esboçados pelo uso inadequado de variáveis globais conhecidos como *efeitos colaterais* são também analisados. O conceito de *recursão* ou *recursividade* é apresentado neste capítulo como técnica fundamental de projeto de alguns problemas de natureza recursiva.

O conceito de **estrutura** (*tabela*, *matriz* ou *vetor*, "**estrutura**" ou "**matriz**" na América Latina) é o tema central do Capítulo 6. As estruturas de uma dimensão (vetores) são estudadas em primeiro lugar. Descrevem-se algumas aplicações típicas com vetores. Em seguida, são estudadas as estruturas multidimensionais, com especial atenção para as estruturas bidimensionais ou tabelas.

O processamento de dados tipo caractere e as cadeias de caracteres são vistos no Capítulo 7. Algumas operações básicas com cadeias e funções intrínsecas para tratamento de cadeias são analisadas também neste capítulo.

O Capítulo 8 descreve o conceito de arquivo externo, sua organização, seu armazenamento e sua recuperação em dispositivos externos como discos e fitas. Os diferentes tipos de arquivos e as operações típicas que se realizam com eles são tema central do capítulo. As organizações seqüenciais, aleatórias ou de acesso direto e as indexadas são analisadas e descritas juntamente com os algoritmos de manipulação dos arquivos.

As aplicações mais importantes e freqüentes em qualquer algoritmo são a ordenação, a busca e a combinação ou intercalação de informação. Os algoritmos mais populares e reconhecidos relativos a estruturas unidimensionais são vistos no Capítulo 9. Esses algoritmos são considerados internos, dado que seu processamento se realiza na memória central, para diferenciá-los da manipulação dos arquivos considerados externos e que são armazenados em dispositivos de armazenamento externo. A ordenação, a busca e a fusão externas são descritas no Capítulo 10, enquanto as operações internas correspondentes são vistas no Capítulo 9.

O Capítulo 11 apresenta uma introdução ao estudo das estruturas de dados lineares. Estruturas de dados simples, como listas encadeadas, pilha e filas, são examinadas no capítulo. São apresentadas diversas operações importantes e suas implementações com base em estruturas e ponteiros ou apontadores.

O Capítulo 12 estuda as estruturas de dados não-lineares: árvores e grafos. O tipo de árvore mais usual é a árvore binária, que é vista com profundidade; assim como os grafos. A terminologia empregada nas árvores e nos grafos, juntamente com algoritmos simples, é vista no capítulo.

O Capítulo 13 apresenta as regras para realizar um projeto eficaz e eficiente de programas. O estilo de programação é, sem dúvida, um tema-chave na construção moderna de programas. O elevado tamanho da memória central dos computadores e sua grande capacidade de armazenamento em discos externos levaram a considerar o estilo de programação como um dos fatores-chave no desenvolvimento de programas. As regras para obter um programa de qualidade são analisadas no capítulo.

Uma das ferramentas clássicas empregadas na análise de um problema é a tabela de decisão. No Capítulo 14 são analisados o conceito, os tipos e a construção de tabelas de decisão, e a sua conversão em programas. A tabela de decisão é uma ferramenta de gestão eficaz que complementa de forma excelente o projeto de algoritmos para a resolução de problemas, especialmente no campo de gestão.

O Apêndice A descreve as especificações da linguagem algorítmica **UPSAM** (Universidad Pontificia de Salamanca em Madri) que se apóia fundamentalmente em pseudocódigo e que é utilizada em todo o texto. O Apêndice B é um guia de usuário da linguagem Pascal padrão, tal como foi concebida por seu inventor, Niklaus Wirth; essa é a linguagem-chave utilizada em universidades de todo o mundo para ensinar programação aos alunos dos primeiros anos. Hoje em dia ela não é utilizada com profusão, mas seu conhecimento é essencial para qualquer pessoa que deseja aprender técnicas de programação estruturada. O Apêndice C é outro manual de usuário ou de sintaxe do Turbo/Borland Pascal, a versão mais popular da linguagem usada nos computadores pessoais tipo PC ou Macintosh e em sistemas operacionais como DOS, Windows 3.1 ou Windows 95.

Os Apêndices D e E descrevem as linguagens de programação mais utilizadas na atualidade no mundo profissional: C e C++ (essa última como base da programação orientada a objetos). A estrutura da linguagem C ANSI desenvolvida por Kernighan e Ritchie é descrita no Apêndice D, enquanto no Apêndice E são descritas as diferenças entre C e C++ e as características específicas de C++.

O Apêndice F mostra regras para converter algoritmos escritos em pseudocódigo — ou melhor, em linguagem UPSAM — para linguagens de programação clássicas como Pascal, FORTRAN e Modula-2. Os Apêndices A e E devem permitir ao aluno a conversão de qualquer programa para as linguagens Pascal/Turbo Pascal ou C/C++.

O Apêndice G é um breve glossário de termos de programação utilizados no livro que facilitarão ao leitor entender a terminologia clássica de programação. O Apêndice H inclui tabelas com os códigos de caracteres-padrão ASCII, empregados pela maioria dos computadores fabricados na atualidade. O livro termina com uma ampla bibliografia relativa a técnicas de programação, programação estruturada e às linguagens de programação citadas no texto, como Pascal, COBOL, C, C++, Ada etc.

AGRADECIMENTOS

Os professores citados contribuíram de uma ou outra maneira para a criação da linguagem algorítmica UPSAM e, por conseguinte, devemos agradecer novamente sua contribuição, assim como pelas numerosas sugestões e conselhos para melhorar a 1ª edição. Para esta 2ª edição nos deram uma especial contribuição, na forma de revisões e correções, alguns professores aos quais desejamos expressar nosso reconhecimento e agradecimento especial. Estes professores são: Antonio Muñoz, Ángel Hermoso, Luis Villar, Luis Rodríguez e Matilde Fernández, pertencentes ao Departamento de Linguagens e Sistemas Informáticos e Engenharia de Software da Faculdade e Escola Universitária de Informática da Universidad Pontificia de Salamanca em Madri.

Inúmeros professores de universidades e institutos tecnológicos da América Latina nos sugeriram idéias, contribuições e sugestões, que levamos em conta nesta 2ª edição. Desejamos destacar, de modo especial, a revisão e correção completa da 1ª edição realizada por Óscar Manuel Arango Jaramillo, professor titular da Universidade Eant do Departamento de Engenharia de Sistemas de Medelim (Colômbia).

Por último, expressamos nosso agradecimento mais especial aos numerosos alunos da Espanha e da América Latina que têm estudado com este livro e se iniciado na programação com ele: muitas de suas críticas, sugestões e propostas foram um grande incentivo para que esta 2ª edição se tornasse realidade. O reconhecimento mais sincero é para todos os leitores e alunos cujos alento e ânimo nunca nos faltaram.

Majadahonda (Madri), verão de 1996.
O autor

PARTE I

ALGORITMOS E FERRAMENTAS DE PROGRAMAÇÃO

COMPUTADORES E LINGUAGENS DE PROGRAMAÇÃO

SUMÁRIO

1.1 Organização de um computador
1.2 Hardware
1.3 Dispositivos de armazenamento de informação
1.4 O computador pessoal ideal para programação
1.5 O software (os programas)
1.6 As linguagens de programação
1.7 Tradutores de linguagem
1.8 História das linguagens de programação
ATIVIDADES DE PROGRAMAÇÃO RESOLVIDAS
REVISÃO DO CAPÍTULO
   Conceitos-chave
   Resumo
EXERCÍCIOS

Os computadores são ferramentas essenciais em muitas áreas: indústria, governo, ciência, educação... na realidade, em quase todos os campos de nossa vida. O papel do programa de computador é essencial; sem uma lista de instruções a seguir, o computador é quase inútil. As linguagens de programação nos permitem escrever esses programas e, por conseguinte, nos comunicarmos com os computadores.

O computador processa dados e os converte em informação significativa. Para conseguir esses resultados, um programador necessita de conhecimentos tanto de *hardware* como de *software*, a despeito de ser no mundo do *software* onde, normalmente, realizará sua aprendizagem e carreira profissional.

Neste capítulo é feita uma introdução aos computadores e às linguagens de programação como ferramentas de comunicação entre a máquina e o usuário. Uma vez conseguida essa comunicação, os computadores são uma das ferramentas mais eficientes e potentes para resolver problemas de qualquer nível de complexidade.

1.1 ORGANIZAÇÃO DE UM COMPUTADOR

Desde a criação, na década de 1940, dos primeiros computadores com nomes tão míticos como: computador de Atanasoff-Berry, UNIVAC, ENIAC (talvez o mais conhecido) ou EDVAC, a computação mudou muito e sua história foi marcada por datas e modelos concretos. Podemos recordar o APPLE construído por Steve Jobs e Stephen Wozniac, em 1976, e a criação da empresa Apple; outra data histórica é 1981, quando a IBM apresentou em âmbito mundial o PC (*Personal Computer*), Computador Pessoal. A aparição da IBM foi o ponto de partida da moderna informática. Seu software original, criado por uma jovem companhia conhecida como Microsoft, constituiu também a origem da moderna indústria de software. Hoje o termo PC é amplamente utilizado para referir-se a qualquer computador pessoal ou de trabalho, embora outros termos em inglês, como desktop (computador de escritório), também sejam utilizados.

De um ponto de vista simples, um computador processa dados e os converte em informação significativa. Ainda que à primeira vista "dados" e "informação" possam parecer sinônimos, existe uma grande diferença entre eles. Os *dados* são valores brutos e números. A *informação*, por sua vez, são dados processados. A informação contém dados significativos; os dados em sua forma original não o são. A Figura 1.1 mostra o modelo fundamental de dados: os dados entram no computador (por uma parte chamada *entrada*), o computador processa esses dados, e a informação significativa é o resultado (que se apresenta em uma parte denominada *saída*).

Os dados, por si mesmos, não servem para nada e não são úteis para as pessoas que os manipulam e necessitam tomar decisões com eles. Por exemplo, o presidente de uma empresa não necessita de um informe detalhado da folha de pagamento dos 2.000 empregados para estudar as tendências ou projeções da folha de pagamento ou dos salários. O presidente necessitará de mais informação significativa, como folha de pagamento total por departamento, aumentos da folha de pagamento durante o ano passado, pagamento médio do empregado comparado com o de outras empresas do mesmo tipo de negócios etc. Um computador com um programa adequado pode produzir rapidamente a informação de que o presidente necessita dos dados em bruto da folha de pagamento.

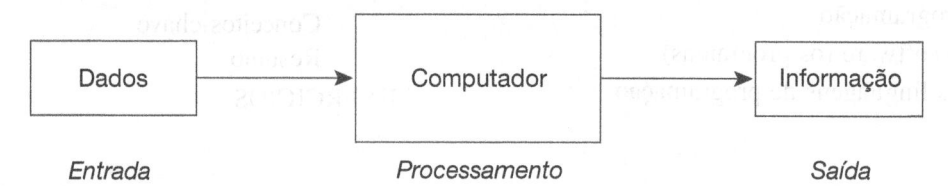

```
  Dados    →    Computador    →    Informação
 Entrada       Processamento          Saída
```

Figura 1.1 Os dados de entrada são convertidos em informação significativa.

O programa é a força condutora de qualquer tarefa que um computador faz. Um *programa* é uma lista de instruções detalhadas que indicam ao computador o que fazer. O computador não pode fazer nada sem um programa. É tarefa do programador escrever programas, o que faz o computador transformar dados brutos em informação significativa para o usuário final, como, por exemplo, o presidente da empresa.

Os programas modernos produzem informação em muitos formatos. Esses programas reproduzem música, "falam" com outros computadores pelas linhas telefônicas (mediante dispositivos denominados *modems*) ou telefones celulares (*móveis*) e outros dispositivos externos. A saída é enviada a uma tela e à impressora, que constituem os dispositivos mais usuais para acesso ao computador; ou seja, os dados de entrada e os dados de saída podem ser, realmente, qualquer coisa — texto, desenhos, sons...

Um computador é composto por duas partes bem-diferenciadas, *hardware e software*. O **hardware** é composto pelas partes físicas, tangíveis do computador. O **software** é composto pelos programas, também chamados *aplicações*, que contêm instruções que o computador "executa"[1].

Um computador necessita tanto do hardware como do software para poder ser usado de maneira real e prática. O hardware do computador sem o software que o acompanha é como se tivéssemos um livro com páginas em branco. A capa, a contracapa e as páginas interiores constituem o hardware do livro, mas o livro não é útil sem nenhum texto, o software.

---

[1] Em inglês, *execute* ou *run*.

1.2 HARDWARE

Quando um usuário interage com um computador, proporciona uma *entrada*; em resposta, o computador processa a entrada devolvendo uma *saída* valiosa para o usuário. A entrada pode ser em formato de ordens ou instruções dadas, texto, números ou imagens digitalizadas. A saída pode ser o resultado: cálculos em uma folha de cálculo, uma carta impressa em uma impressora ou um carro movendo-se por uma tela em um jogo de corrida de carros. Um computador necessita dispor de um conjunto de funcionalidades e proporcionar a capacidade de:

1. Aceitar a entrada.
2. Visualizar ou apresentar saída.
3. Armazenar a informação em um formato logicamente coerente (tradicionalmente binário).
4. Executar operações aritméticas ou lógicas sobre dados de entrada ou sobre dados de saída.
5. Monitorar, controlar e dirigir as operações globais e de seqüência do sistema.

A Figura 1.2 representa os componentes mais importantes que suportam essas propriedades ou capacidades.

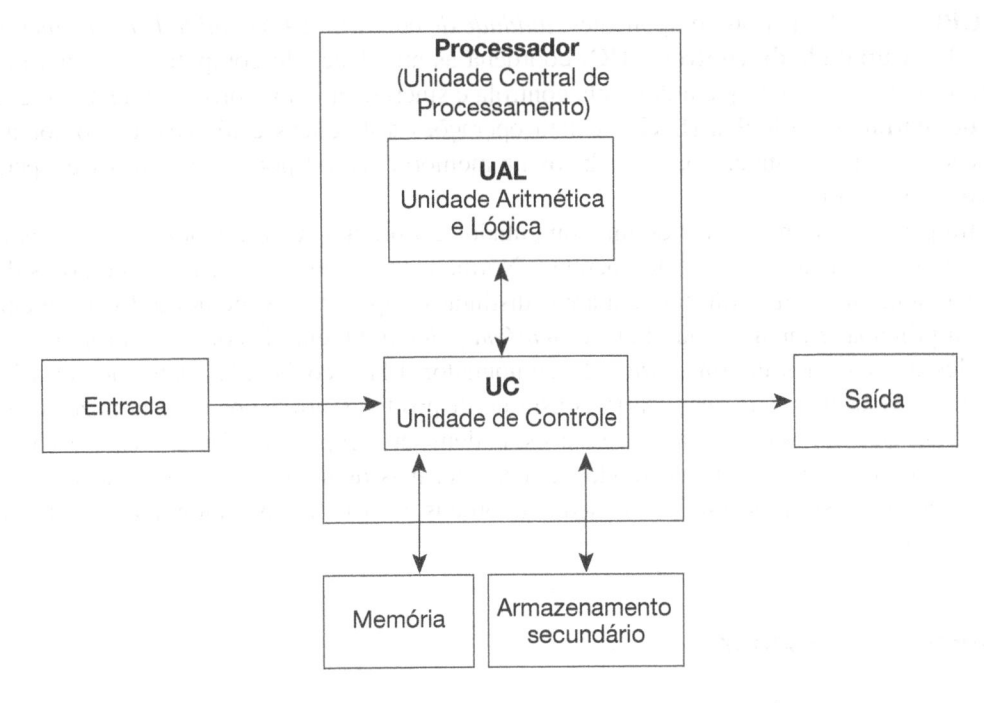

Figura 1.2 Unidades fundamentais de um computador.

1.2.1 O processador

O processador é um dispositivo interno do computador que executa as instruções do programa. Outros sinônimos utilizados para o processador são **UCP** (**U**nidade **C**entral de **P**rocessamento), em inglês **CPU**, (**C**entral **P**rocessing **U**nit) ou chip. No mercado existem muitos *chips* disponíveis (Pentium, Athlon etc.). O processador somente pode executar instruções simples, como cálculos aritméticos simples ou deslocamentos de números por diferentes posições. Entretanto, a velocidade com a qual se realizam esses cálculos é muito grande e essa característica permite executar instruções que realizam cálculos complexos.

A **CPU** dirige e controla o processamento de informação realizado pelo computador. A CPU processa ou manipula a informação armazenada na memória; pode recuperar informação dessa memória (essa informação são dados ou instruções: programas). Também pode armazenar os resultados desses processamentos na memória para uso posterior.

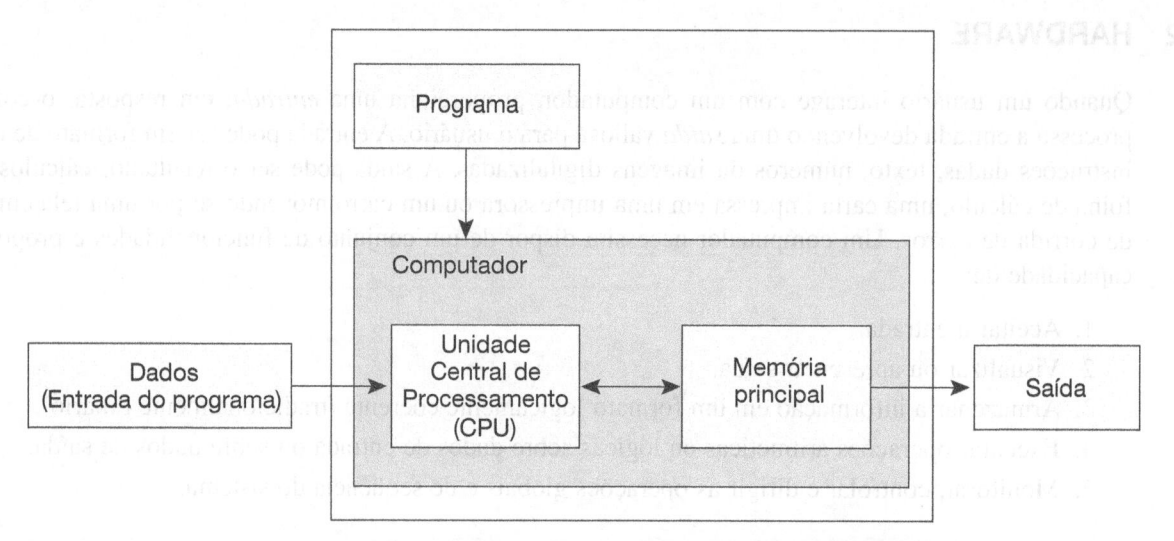

Figura 1.3 Execução de um programa no computador.

A **CPU** se divide em dois componentes: *unidade de controle* (**UC**) e *unidade de aritmética e lógica* (**UAL**) (Fig. 1.3). A **unidade de controle** (**UC**) coordena as atividades do computador e determina que operações devem ser realizadas e em que ordem; ela controla e sincroniza todo o processamento no computador. A **unidade de aritmética e lógica** (**UAL**) realiza operações aritméticas e lógicas, como soma, subtração, multiplicação, divisão e comparações. Os dados na memória central podem ser *lidos* (recuperados) ou *escritos* (alterados) pela CPU.

Outra parte muito importante de um computador é a **memória**. A *unidade de memória* armazena a informação em um formato logicamente coerente. Normalmente, tanto as instruções como os dados são armazenados na memória, com freqüência em áreas distintas e separadas. A memória divide-se em duas categorias: memória principal e memória auxiliar. A *memória principal* (central) contém o programa em execução e os resultados dos cálculos intermediários do computador. Ela é conhecida como memória RAM. A *memória auxiliar* ou armazenamento secundário consta de dispositivos utilizados para armazenar os dados de modo permanente. Quando os dados são necessários, podem ser recuperados desses dispositivos. O programa é armazenado na memória externa de modo permanente, mas quando é executado, deve ser transferido para a memória central. Esse processo se faz mediante ordens ao sistema operacional, que realiza as operações correspondentes.

1.2.2 O microprocessador

O microprocessador é um *chip* (circuito integrado) que controla e realiza as funções e operações com os dados. Na realidade, o microprocessador representa a Unidade Central de Processamento ou processador — quando se fala popularmente de um computador, o termo que se utiliza nas características técnicas para referir-se à Unidade Central de Processamento é processador ou microprocessador, e com esse nome o modelo e a marca correspondente de um computador são identificados nos catálogos do fabricante.

A velocidade dos microprocessadores se mede em megahertz (MHz) e manipulam palavras de 4 a 64 bits. Os microprocessadores históricos vão do 8080 até o 80486/80586, passando pelo 8086, 8088, 80286 e 80386, todos eles do fabricante Intel. Os fabricantes mais populares são Intel, AMD, Cyrix e Transmeta, com modelos similares. Os microprocessadores de segunda geração da Intel são os Pentium, Pentium MMX, Pentium II, III e IV com velocidades de 233, 266, 300 e 450 MHz. Os microprocessadores de terceira geração são os Pentium III, com freqüências de 450 e 500 MHz até 933 MHz e 1 GHz (modelo-padrão em computadores domésticos). O Athlon, do fabricante AMD, comercializa micros de até 1,1 GHz, e a Intel fabrica uma série econômica denominada *Celeron* que oferece processadores de 500 a 677 MHz.

A Intel lançou no mercado no ano 2000 a geração *Pentium 4*, com uma nova microarquitetura projetada para ser mais rápida e *escalar* melhor os processadores atuais; na época do lançamento desses processadores eram fabricados microprocessadores com freqüências de 1,3, 1,4, 1,5, 1,6 e 1,7 GHz, e em agosto de 2001 foi lançado o Pentium 4 a 2 GHz, que imediatamente começou a ser incorporado aos computadores por marcas como Dell, Fujitsu e Compaq. AMD lançou em julho de 2001 um modelo Duron a 1 GHz para PC de escritório e o modelo Athlon a 1,4 GHz (segundo seus fabricantes, superam a Intel de 1,7 GHz) e apresentou no início do quarto trimestre de 2001 sua última versão de 1,5 GHz (para competir com o Pentium de 2 GHz); e anunciou o Clawhammer de 64 bits a 2 GHz para 2003. Ao final de 2002, a Intel apresentou o Pentium 4 de 3 GHz e a AMD apresentou em outubro de 2002 o AMD XP 2800+a.

Tabela 1.1 Relação de microprocessadores comerciais (janeiro de 2003)

Intel		AMD	
Pentium MMX	233 MHz	Duron	900 MHz
Celeron	1,7 GHz	Duron	1,1 GHz
Celeron	1,8 GHz	Duron	1,3 GHz
Celeron	2,0 GHz		
Celeron	2,1 GHz		
Celeron	2,2 GHz		
Pentium 4	1,8 GHz	Athlon XP 1800+	1,53 GHz
Pentium 4	2,0 GHz	Athlon XP 2000+	1,66 GHz
Pentium 4	2,4 GHz	Athlon XP 2100+	1,73 GHz
Pentium 4	2,53 GHz	Athlon XP 2200+	1,8 GHz
Pentium 4	2,66 GHz	Athlon XP 2400+	2,0 GHz
Pentium 4	2,8 GHz	Athlon XP 2600+	2,08 GHz
Pentium 4	3,08 GHz	Athlon XP 2700+	2,16 GHz
		Athlon XP 2800+	2,25 GHz

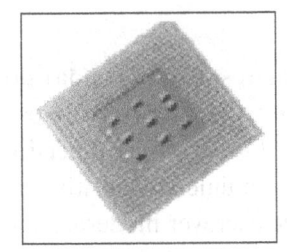

Figura 1.4 Microprocessadores Intel Pentium 4 a 3,06 GHz e Athlon XP 2800+.

Convém recordar que o PC tal como o conhecemos na atualidade foi apresentado pela IBM em 12 de agosto de 1981, em Nova York e outras cidades norte-americanas, ou seja, já tem mais de 20 anos. Entretanto, o PC não foi o primeiro computador pessoal, já que o precederam outras máquinas com microprocessadores de 8 bits, muito populares no seu tempo, como *Apple II, PET CBM*, *Atari, TRS-80* etc., e o mítico *ZX Spectrum*.

1.2.3 Dispositivos de Entrada/Saída (E/S)

Para que o usuário possa introduzir a entrada, o computador tem vários *dispositivos de entrada* como parte de seu hardware, o teclado e o mouse são os mais populares. A saída ao usuário ocorre mediante *dispositivos de saída*, como impressora ou tela. Posteriormente serão vistos outros dispositivos de entrada e/ou saída.

Os dispositivos de *Entrada/Saída* (E/S) [*imput/output*] (**I/O**, em inglês) permitem a comunicação entre o computador e o usuário. *Os dispositivos de entrada,* como seu nome indica, servem para introduzir dados (informação) no computador para seu processamento. Os dados são *lidos* dos dispositivos de entrada e armazenados na memória central ou interna. Os dispositivos de entrada convertem a informação de entrada em sinais elétricos que são armazenados na memória central ou interna. Dispositivos de entrada típicos são os **teclados**; outros são **leitores de cartão** — já em desuso —, **canetas ópticas**, *joystick*, **leitores de códigos de** barra, **scanners**, **microfones** etc. Hoje em dia, provavelmente o dispositivo de entrada mais popular é o **mouse**, que move um ponteiro eletrônico sobre a tela que facilita a *interação usuário-máquina*[2].

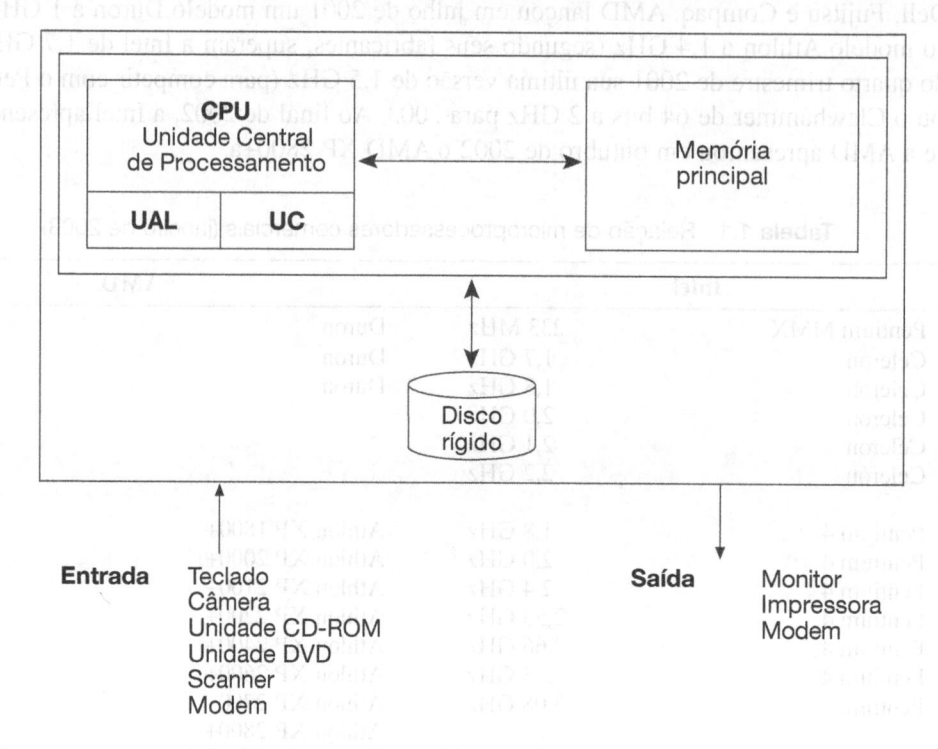

Figura 1.5 Diagrama de um computador.

Os *dispositivos de saída* permitem representar os resultados (saída) do processamento dos dados. O dispositivo de saída típico é a **tela (CRT)**[3] ou **monitor**. Outros dispositivos de saída são **impressoras** (imprimem resultados em papel), **traçadores gráficos** (*plotters*), **reconhecedores de voz**, **alto-falantes** etc.

O teclado e a tela constituem, em muitas ocasiões, um único dispositivo denominado **terminal**. Um teclado de terminal é similar ao teclado de uma máquina de escrever moderna, com a diferença de algumas teclas extras para funções especiais. Em um computador pessoal, o teclado e o monitor são dispositivos independentes conectados ao computador por cabos. A impressora pode ser conhecida como **dispositivo de cópia dura** (*hard copy*), em razão de a escrita na impressora ser uma cópia permanente (dura) da saída, e a tela denomina-se, em contrapartida, **dispositivo de cópia branda** (*soft copy*), já que a tela atual é perdida quando se visualiza a seguinte.

Os dispositivos de entrada/saída e os dispositivos de armazenamento secundário ou auxiliar (memória externa) são conhecidos também com o nome de *dispositivos periféricos* ou simplesmente **periféricos**, uma vez que geralmente são externos ao computador. Esses dispositivos são unidades de discos (*disquetes, CD-ROM, DVDs,* fitas etc.), videocâmeras etc.

---

[2] Todas as ações do usuário são realizadas com o mouse, com exceção das que necessitam da escrita de dados por teclado. O nome do *mouse* parece vir da semelhança do cabo de conexão com o rabo de um rato. Hoje em dia, entretanto, este raciocínio não tem sentido, já que existem mouses sem fios, que não usam cabo e se comunicam entre si por meio de raios infravermelhos por ondas de rádio.

[3] *Cathode Ray Tube:* tubo de raios catódicos.

Figura 1.6 Dispositivo de saída (impressora).

1.2.4 A memória central (interna)

Com o propósito de armazenar dados, um computador é uma grande coleção de pequenos circuitos eletrônicos capazes de armazenar um **bit**. Esses circuitos são como pequenos interruptores de luz que podem estar nos estados: um para "ligado" (*on*) e outro para "desligado" (*off*).

> **Nota**
>
> Um bit é um circuito ou um dígito que pode ter exatamente dois valores: zero ou um.

A **memória central** ou simplesmente **memória** (*interna ou principal*) é utilizada para armazenar informação. Divide-se em memória RAM e memória ROM. A memória **RAM** (**R**amdom, **A**ccess **M**emory) é normalmente volátil, o que significa que tudo o que é armazenado ou guardado nela é "perdido" quando se desliga o computador. Em geral, a informação armazenada em memória pode ser de dois tipos: as *instruções* de um programa e os *dados* sobre os quais operam as instruções. Por exemplo, para que um programa possa ser *executado* (rodar, funcionar... em inglês *run*), deve estar situado na memória central, em uma operação denominada *carga* (*load*) do programa. Depois, quando o programa é executado, *qualquer dado a ser processado pelo programa deve ser levado à memória* mediante as instruções do programa. Na memória central há também diversos dados e espaço de armazenamento temporário de que o programa necessita para poder funcionar. Os programas e os dados são armazenados na RAM enquanto se utiliza o computador. A memória **RAM** pode ser *estática* ou *dinâmica* de acordo com o processo de fabricação. As memórias atuais são classificadas em **DRAM, SDRAM, EDRAM** etc.

Para que o processador possa obter os dados da memória central mais rapidamente, a maioria dos processadores atuais (muito rápidos) utiliza, com freqüência, uma *memória* denominada *cache*, que serve para armazenamento intermediário de dados entre o processador e a memória principal. A memória *cache* — na atualidade — é incorporada quase sempre ao processador.

A memória central de um computador é uma zona de armazenamento organizado em centenas ou milhares de unidades de armazenamento individual, ou células. A memória central é um conjunto de *células de memória* (essas células ou posições de memória são denominadas também *palavras*, mesmo não "guardando" analogia com as palavras da linguagem). O número de células de memória da memória central depende do tipo e do modelo do computador; hoje em dia o número costuma ser milhões (32, 64, 128 etc.). Cada célula de memória é um certo número de bits (geralmente 8, um *byte*).

A unidade elementar da memória se chama *byte* (octeto). Um *byte* tem a capacidade de armazenar um caractere de informação, e é formado por um conjunto de unidades menores de armazenamento denominadas *bits*, que são dígitos binários (0 ou 1).

O tamanho da RAM de um computador normalmente se especifica em bytes disponíveis ao usuário. A memória em um PC varia em torno de 64/128 milhões de bytes a 256/512 milhões de bytes.

A memória **ROM** (**R**ead **O**nly **M**emory), *memória somente de leitura*, contém instruções fundamentais que não podem ser modificadas ou perdidas de modo acidental pelo usuário. Essa memória inclui aquelas instruções necessárias para carregar inicialmente o software quando se liga a máquina e quaisquer outras instruções que o fabricante queira que sejam acessíveis quando o computador está funcionando. A ROM não é volátil, seu conteúdo não é perdido quando a energia é cortada. Sendo essa memória somente de leitura, os programas armazenados nos chips ROM não podem ser modificados e são, em geral, utilizados para armazenar os programas do sistema que servem para iniciar o uso do computador.

1.2.5 Endereços de memória

Existem dois conceitos importantes associados a cada célula ou posição de memória: seu *endereço* e seu *conteúdo*. Cada célula ou byte tem um único *endereço* que indica sua posição relativa na memória e que permite identificar a posição para armazenar ou recuperar informação. A informação armazenada em uma posição de memória é seu *conteúdo*. A Figura 1.7 mostra uma memória de computador com 1.000 posições na memória com endereços de 0 a 999. O conteúdo desses endereços ou posições de memória é denominado *palavras*, e existem palavras de 8, 16, 32 e 64 bits. Conseqüentemente, ao usar uma máquina de 32 bits, cada posição de memória de seu computador pode alojar 32 bits, ou seja, 32 dígitos, que podem ser zero ou um.

Sempre que uma nova informação é armazenada em uma posição, qualquer informação que nela havia é destruída (desaparece) de forma irrecuperável. O endereço é permanente e único, o conteúdo pode trocar enquanto se executa um programa.

A memória central de um computador pode ter de centenas de milhares a milhões de bytes. Como o byte é uma unidade elementar de armazenamento, utilizam-se múltiplos termos para definir o tamanho da memória central: *Kilo*-byte (**KB**) igual a 1.024 bytes (2^{10}) — praticamente considerados 1.000; *Megabyte* (**MG**) igual a 1.024 × 1.024 bytes (2^{20}) — praticamente considerados 1.000.000; e *Gigabyte* (**GB**) igual a 1.024 MB.

Tabela 1.2 Unidades de medida de armazenamento

Byte	**Byte (B)**	*equivale a*	8 bits
Kilobyte	**Kbyte (KB)**	*equivale a*	1.024 bytes (2^{10})
Megabyte	**Mbyte (MB)**	*equivale a*	1.024 Kbytes (2^{20})
Gigabyte	**Gbyte (GB)**	*equivale a*	1.024 Mbytes (2^{30})
Terabyte	**Tbyte (TB)**	*equivale a*	1.024 Gbytes (2^{40})
Petabyte	**Pbyte (PB)**	*equivale a*	1.024 Tbytes (2^{50})
Exabyte	**Ebyte (EB)**	*equivale a*	1.024 Pbyte (2^{60})
Zetabyte	**Zbyte (ZB)**	*equivale a*	1.024 Ebytes (2^{70})
Yota	**Ybyte (YB)**	*equivale a*	1.024 Ybytes (2^{80})

```
1 Tb = 1.024Gb   Gb = 1.024Mb   Mb = 1.048.576b   Kb = 1.073.741.824 b
```

Atualmente os computadores pessoais domésticos tipo PC costumam ter memórias centrais entre 128 e 256 MB a 512 MB.

Bytes e endereços

A memória principal é dividida em posições numeradas denominadas *bytes*. O número associado a um byte é seu *endereço*, uma alusão à técnica de identificar as casas de uma cidade por seu endereço. Um grupo de bytes consecutivos é utilizado como a posição de um elemento de dados, tal como um número ou letra. O endereço do primeiro byte do grupo é o endereço da posição de memória mais alta.

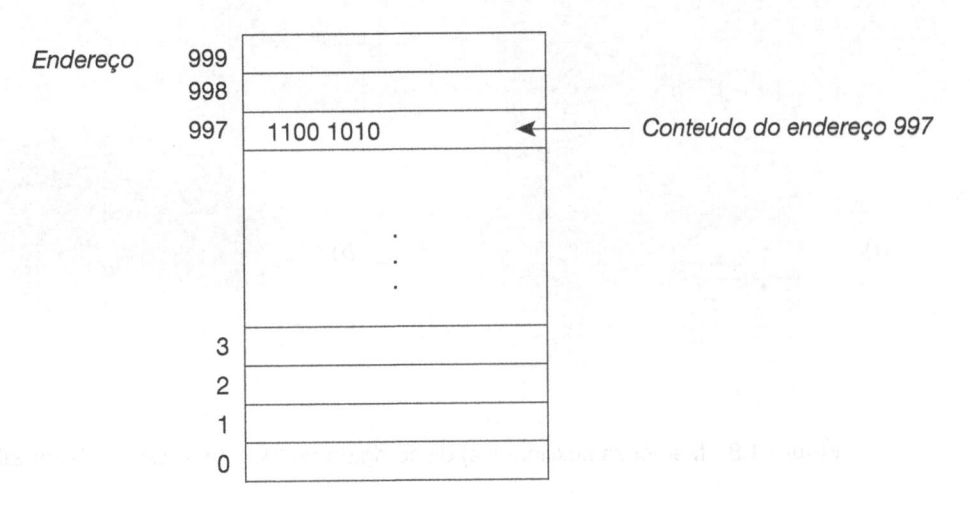

```
Endereço   999
           998
           997  | 1100 1010 |  ◄──── Conteúdo do endereço 997

             3
             2
             1
             0
```

Figura 1.7 Memória central de um computador.

A memória principal é a encarregada de armazenar os programas e dados que estão sendo executados e sua principal característica é que o acesso aos dados ou instruções é muito rápido.

> Na memória principal são armazenados:
> - Os dados enviados para processamento dos dispositivos de entrada.
> - Os programas que realizarão os processos.
> - Os resultados obtidos preparados para envio a um dispositivo de saída.

1.2.6 Memória auxiliar (externa)

Quando um programa é executado, deve estar na memória central assim como os dados. Entretanto, a informação armazenada na memória é perdida (apagada) quando se *desliga* (desliga da rede elétrica) o computador, e. por outro lado, a memória central é limitada em sua capacidade. Por essa razão, para podermos dispor de armazenamento permanente, tanto para programas como para dados, são necessários *dispositivos de armazenamento secundário, auxiliar ou em massa* (*mass storages,* ou *secondy storages*).

Os **dispositivos de armazenamento** ou **memórias auxiliares** (*externas* ou *secundárias*) mais utilizados são: *fitas magnéticas, discos magnéticos, discos compactos* (**CD-ROM**, **C**ompact **D**isk **R**ead **O**nly **M**emory), e *videodiscos digitais* ou *discos versáteis digitais* (**DVD**, **D**igital **V**ersatile **D**isc). As fitas são utilizadas principalmente por sistemas de computadores grandes similares aos utilizados nos equipamentos de áudio. Os discos e disquetes magnéticos são utilizados por todos os computadores, especialmente os de tamanho médio e pequeno — os computadores pessoais. Os discos podem ser rígidos, de grande capacidade de armazenamento (sua capacidade atual pode variar de 20-30 GB a cerca de 100 GB), **disquetes** ou *discos flexíveis* (*floppy disk*) (360 KB a 1,44 MB). O tamanho físico dos disquetes, que os identifica, é de 5¼ polegadas (5,25") (já em desuso total) e de 3½ (3,5") (em poucos anos, cairá também em desuso). Os dois lados dos discos são usados para armazenar informação. A capacidade de armazenamento varia em função da intensidade de sua capa de ferro magnética e pode ser de dupla densidade (**DD**) ou de alta densidade (**HD**). O disquete usual costuma ser de 3,5" e de 1,44 MB de capacidade.

Os discos rígidos costumam estar fixos nos sistemas e normalmente não podem ser extraídos de suas unidades, mas é cada vez mais freqüente encontrar *discos rígidos removíveis,* em geral com a finalidade de preparar discos para cópias de segurança.

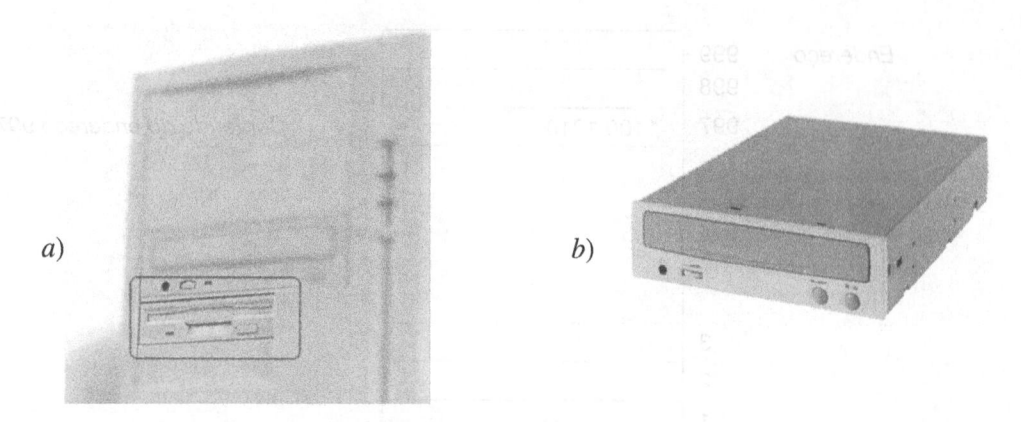

Figura 1.8 Memórias auxiliares: a) disco rígido de 3½"; b) unidade e leitor ZIP.

Há outros tipos de dispositivos de armazenamento usados em unidades especiais, denominadas *zip* e que têm grande capacidade de armazenamento comparados com os disquetes tradicionais de 1,44 MB. Esses dispositivos são capazes de armazenar 100 MB, e já são comercializadas unidades de discos *zip* de 250 MB sendo lançadas no último trimestre de 2002 as unidades de 750 MB.

A informação armazenada na memória central é *volátil* (desaparece quando se desliga o computador) e a informação armazenada na memória auxiliar é *permanente*. Esta informação é organizada em unidades independentes chamadas **arquivos** (*file*, em inglês). Os resultados dos programas podem ser guardados como *arquivos de dados* e os programas, como *arquivos de programas*, ambos na memória auxiliar. Qualquer tipo de arquivo pode ser transferido facilmente da memória auxiliar para a memória central para processamento posterior.

A memória auxiliar permanente armazena grande quantidade de arquivos nos diferentes dispositivos mencionados (discos flexíveis, disquetes etc.). Cada arquivo, em geral, tem um nome arbitrário (por exemplo, `MeusDocumentos, Cidade`) e uma extensão que indica o tipo de arquivo que está sendo tratado (como `.doc`, que indica um arquivo de um processador de textos, Word). Assim, o arquivo Word citado anteriormente seria `MeusDocumentos.doc`.

Os arquivos podem conter qualquer tipo de dados. Como exemplos, podem ser uma imagem, um arquivo de som, um programa de computador, uma letra ou apenas uma lista de números. Há diversas notações para codificar e interpretar os conteúdos de um arquivo. Assim, temos arquivos multimídia `MPEG` (extensão `.mpg`), arquivos `.JPEG` para armazenar imagens (extensão `.jpg`) etc.

Um tipo específico de arquivo é usado quando se escreve o programa em uma linguagem de programação. Por exemplo, no caso de C a extensão é `.c` e se estamos em C# a extensão será `cs` (*c sharp*). Então, um arquivo escrito no código C poderia ter o nome de `MeuPrograma.c`. Os arquivos são dispostos normalmente em grupos de arquivos denominados pastas (*folders*) ou diretórios.

Em computação é freqüente utilizar os termos memória e armazenamento ou memória externa indistintamente. Neste livro — e recomendamos seu uso — será empregado o termo memória apenas para referir-se à memória central.

> **Comparação da memória central com a memória auxiliar**
>
> A memória central ou principal é muito mais rápida e cara que a memória auxiliar. Os dados da memória auxiliar devem ser transferidos para a memória central antes que possam ser processados. Os dados na memória central são: *voláteis* e desaparecem quando se desliga o computador. Os dados na memória auxiliar são *permanentes* e não desaparecem quando se desliga o computador.

Os computadores modernos necessitam comunicar-se com outros computadores. Se o computador se conecta com *um cartão de rede,* pode-se conectar a uma rede de dados locais (*rede de área local*). Deste modo, as memórias de disco e outros dispositivos de entrada e saída podem ser acessadas e compartilhadas. Se o computador tem um *modem*, pode se comunicar com computadores distantes, conectar-se a uma rede de dados ou *enviar correio eletrônico* por meio das redes corporativas *Intranet/Extranet* ou pela própria *Internet*. Também é possível enviar e receber mensagens de fax.

1.3 DISPOSITIVOS DE ARMAZENAMENTO DE INFORMAÇÃO

As unidades, os periféricos ou dispositivos de armazenamento são dispositivos periféricos que atuam como meio de suporte para armazenar dados – temporários ou permanentes — que a CPU deve manipular e que não podem estar contidos na memória principal. As tecnologias têm evoluído muito rapidamente e há dispositivos de armazenamento em massa de dados. Existe uma grande variedade de dispositivos de armazenamento classificados em dois grandes grupos: *discos* e *fitas magnéticas*.

1.3.1 Discos

Os discos são dispositivos formados por componentes eletromagnéticos ou por componentes ópticos que permitem um acesso rápido a blocos físicos de dados. A informação é registrada na superfície do disco e acessada por meio do cabeçote de *leitura/escrita* que se move sobre a superfície. Sua principal característica é o acesso direto à informação. Outro nome dado a essas unidades é *unidades de armazenamento em massa* ou *memória em massa*. Os discos magnéticos — já citados — são classificados em **disquetes** e **discos rígidos**, e os discos ópticos, em **CD-ROM** e **DVD**.

Disquetes

Os **disquetes** ou discos flexíveis (*floppy disks*) são discos de material flexível que são transportados de um computador a outro. As principais vantagens desses discos, além de *portabilidade*, são seu preço e a compatibilidade (universalidade) com qualquer computador. São utilizados para armazenar programas e arquivos usados com pouca freqüência, para transferir arquivos de um PC a outro e como meio de segurança dos dados contidos nos discos rígidos. Entretanto, não têm grande capacidade, nem velocidade e confiabilidade, comparados com os discos rígidos ou os discos ópticos.

Os primeiros disquetes, antes do advento do PC, eram de 8 polegadas (″); depois apareceram os de tamanho de 5¼ de 360 KB de capacidade que chegaram a alcançar 1,2 MB (já praticamente em desuso). A última inovação foi os de 3,5″ e capacidade de 1,44 Megabytes. Hoje em dia é o formato mais utilizado, embora sofra uma grande competição dos discos ópticos do tipo CD-ROM.

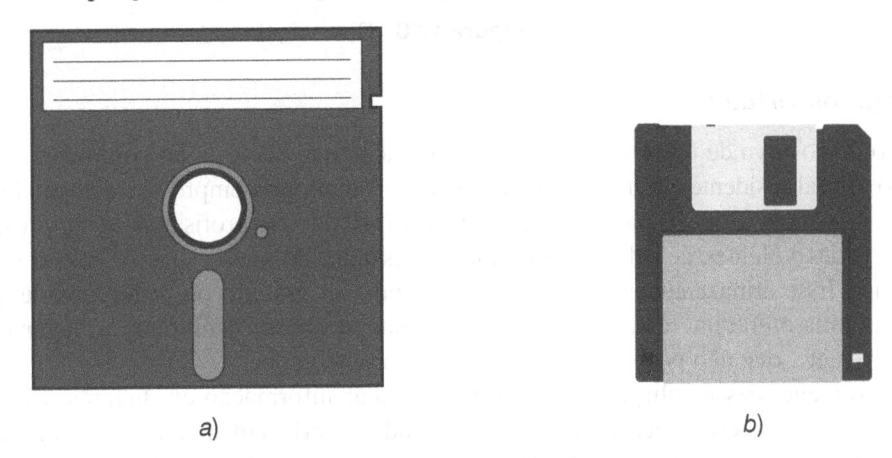

Figura 1.9 Disquetes: *a)* 5,25″; *b)* 3,5″.

Discos rígidos

No começo da década de 1980, surgiram os primeiros discos rígidos ou fixos e com uma capacidade de 10 MB, que naquela época era mais que suficiente para alojar o sistema operacional e as aplicações mais utilizadas[4]. Os **discos rígidos** são construídos com material rígido sobre o qual se deposita uma película de material magnetizado que permite a gravação de dados. Esses discos permitem maiores densidades de armazenamento, e tempos de acesso aos dados armazenados neles muito inferiores aos dos disquetes. Os discos rígidos estão constituídos em seu interior por uns pratos nos quais a informação é armazenada. Os modelos de discos rígidos são de tamanho pequeno, como de um cartão de crédito ou uma caixa de fósforos, mas têm grande capacidade de armazenamento (20, 30, 40,... gigas).

> Os discos rígidos oferecem uma boa relação capacidade de armazenamento/custo e tempos de acesso muito rápidos.

Há dois tipos de discos rígidos: *fixos* (são fabricados no interior de uma carcaça vedada da qual não podem ser extraídos) e *removíveis* (são fabricados também em uma carcaça, também vedada, mas podem ser introduzidos na unidade de processamento do computador, em entradas adequadas ou mediante cabos especiais) — costumam ser utilizados para o transporte de grande quantidade de informação de um computador para outro.

Figura 1.10 Disco rígido.

Discos rígidos virtuais

É um novo dispositivo de armazenamento de informação que não está no computador do usuário, mas, sim, um espaço virtual residente em um sita da Internet (de sua própria empresa, ou de qualquer outra que ofereça o serviço). É uma boa opção para o usuário médio (estudantes, profissionais, empresas...) e empresas que utilizam grandes volumes de informação e que necessitam de mais espaço e não o têm disponível em seu equipamento. Esse armazenamento ou alojamento pode ser gratuito ou pago, mas de qualquer maneira não deixa de ser uma oferta interessante para os programadores, que encontram um lugar onde depositar aplicações, arquivos etc. que não podem armazenar em seu computador.

O inconveniente dessa solução é o risco de depositar informação em lugares não controlados por você mesmo. Essa situação cria a necessidade de um estudo da privacidade e da segurança que os dados depositados nesses discos virtuais terão. A Tabela 1.3 mostra alguns endereços de armazenamento virtual na Internet que no momento em que esta obra foi escrita eram gratuitos, pelo menos durante um período de testes.

---

[4] Tamanhos como esses são hoje em dia normais para simples arquivos musicais tipo MP3 ou arquivos tipo processador de textos Word ou planilha Excel.

Tabela 1.3 Endereços de sites para armazenamento virtual de dados
(visitados em novembro de 2002)

Nome da empresa	Endereço na Internet (URL)	Observações
Xdrive	www.xdrive.com	
FreeDrive	www.xdrive.com	Foi comprado por Xdrive
FreeMailGuide	www.fremailguide.com	Correio eletrônico gratuito
Go Daddy	www.sharenation.com	
Yahoo! Briefcase	briefcase.yahoo.com	Site gratuito do Yahoo

1.3.2 Discos ópticos: CD-ROM e DVD

Os **discos ópticos** diferem dos tradicionais discos rígidos ou discos magnéticos, pois utilizam um *laser* para gravar a informação. São dispositivos de armazenamento que empregam a mesma tecnologia que os dispositivos compactos de áudio para armazenar informação digital. Por essa razão costumam ter as mesmas características que os discos de música: resistem ao passar do tempo e possuem grande capacidade de armazenamento. Esses discos costumam ser utilizados para armazenar informação histórica (que não vai sofrer modificações freqüentes), arquivos gráficos complexos, imagens digitais etc. Assim como os disquetes, são transportáveis e compatíveis entre computadores.

O CD-ROM

O **CD-ROM** (*Compact Disk-Read Only Memory, Disco Compacto-Memória Somente Leitura*) é o meio ideal para armazenar informação de forma maciça que não necessita ser atualizada com freqüência (desenhos, fotografia, enciclopédias...). A chegada desses discos ao mercado possibilitou o desenvolvimento da *multimídia*, ou seja, a capacidade de integrar meios de todo tipo (texto, imagens, som). Permitem armazenar 650 ou 700 Mb de informação. Esses discos são somente de leitura, e apenas podem ser gravados uma vez; conhecidos como **CD-R**, são cada dia mais populares, e o normal será substituírem totalmente os disquetes rígidos de 3,5".

CD-RW (Recordable e ReWritable)

Existem discos ópticos que permitem gravação de dados, além de leitura, e são conhecidos como discos **CD-RW** (CD-*Recordable e ReWritable*). Há alguns anos é possível encontrar no mercado esses discos ópticos CD nos quais se pode ler e escrever informação do usuário quantas vezes se desejar. É o modelo *regravável* por excelência. Costuma ser utilizado para a realização de cópias de segurança do disco rígido ou da informação mais sensível, para poder atualizar-se continuamente. Foi criado para ser empregado em servidores, estações de trabalho etc., mas hoje em dia é um disco utilizado em computadores pessoais. As unidades leitoras e gravadoras de discos[5] desse tipo já têm preços acessíveis e são muitos os usuários, inclusive domésticos, que incorporaram tais unidades a seus equipamentos.

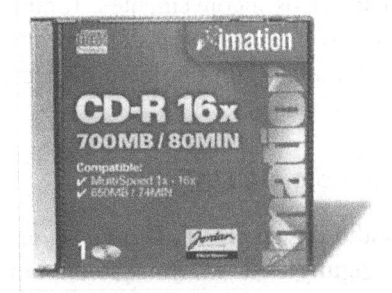

Figura 1.11 Discos CD-R.

---

[5] Na América Latina se conhecem também essas unidades como unidades "queimadoras" de disco, tradução fiel do termo anglo-saxão.

DVD (Digital Versátil Disk): Videodisco digital

Esse disco óptico nasceu em 1995 graças a um acordo entre os grandes fabricantes de eletrônica de consumo, estúdios de cinema e de música (Toshiba, Philips, Hitachi, JVC...). São dispositivos de alta capacidade de armazenamento, interativos e com total compatibilidade com os meios existentes. Tem, além disso, uma grande vantagem: seu formato serve tanto para os computadores como para os dispositivos de eletrônica de consumo. É capaz de armazenar até 26 CDs com uma qualidade muito alta e com uma capacidade variável: de 4,7 GB do tipo de uma face e uma capa até os 17 GB do de duas faces e duas capas; ou seja, equivale à capacidade de 7 a 26 CDs convencionais. Esses números significam que um desses discos pode armazenar um filme completo em diferentes idiomas, incluindo as legendas.

Existem três formatos de DVD graváveis: **DVD-R** (pode ser gravado somente uma vez); **DVD-RAM** (admite *reescrita*, mas com funcionamento similar ao disco rígido); **DVD-RW** (leitura e escrita, regravável). Assim como no caso dos discos compactos, requerem uma unidade especial de leitura e reprodução. Tais unidades estão no mercado, mas seus preços, na época da impressão deste livro, não eram ainda muito acessíveis (Philips, por exemplo, é um fabricante que comercializa unidades leitoras/gravadoras de discos DVD).

Figura 1.12 Unidade de discos DVD.

Fitas

As fitas magnéticas são os primeiros dispositivos de armazenamento de dados utilizados e, até há pouco tempo — e ainda hoje — eram os mais empregados para armazenar cópias de segurança. Possuem uma grande capacidade de armazenamento, mas têm uma grande inconveniência: são *dispositivos de armazenamento de acesso seqüencial*, ou seja, não permitem o acesso direto (aleatório) aos dados, pois sua unidade de leitura deve explorar a fita até encontrar a informação específica. Por essa razão, a rapidez de acesso aos dados nas fitas é menor que nos discos. Para uma maior capacidade de armazenamento, é preciso maior comprimento da fita, em conseqüência, maior tempo de acesso.

Por tais motivos, a informação que não requer acesso instantâneo pode ser armazenada em fitas. Elas podem ser utilizadas como recurso para a realização de cópias de segurança de discos rígidos e para o armazenamento de grandes bases de dados. Geralmente, as fitas são meios removíveis, confiáveis e econômicos e proporcionam altas capacidades de armazenamento.

Para compensar os inconvenientes, foram desenvolvidos cartuchos de fitas (*streamers*) que realizam as mesmas funções que as fitas, mas em um espaço menor e com custo mais baixo, facilidade de uso e segurança, mesmo que ainda sejam um meio de acesso seqüencial. São muito similares aos cassetes de áudio, mas com diferentes tamanhos.

Fitas de áudio digital: DAT

As fitas de áudio digital (**DAT**, **D**igital **A**udio **T**ape) são unidades de armazenamento com capacidade para gravar vários **gigabytes** de informação em um único cartucho. São dispositivos de pequenas dimensões, econômicos e rápidos, entretanto, suas unidades leitoras são caras. Essas fitas são utilizadas nas mesmas aplicações que as fitas de cartucho (*streamer*) como meio de cópia de segurança (*backup*), mas com características que permitem dispor de maiores capacidades de armazenamento tanto para estações de trabalho como para servidores. As fitas DAT oferecem maiores capacidades de armazenamento, mas seu preço é mais elevado.

Entretanto, para os usuários com necessidades de armazenamento de cópias de segurança grandes, são uma solução adequada.

Disco Flash

Um **disco** *flash* (*flash disk*) é um pequeno dispositivo de armazenamento de memória móvel de um tamanho um pouco maior que um isqueiro ou uma microlanterna, e pode ser transportado como um chaveiro. Esse disco pode ser utilizado em qualquer computador que disponha de uma conexão (porta) USB. Não necessita de abastecimento de corrente adicional. É comercializado por inúmeros fabricantes (entre eles, Fujitsu) e pode armazenar de 16 a 256 MB, com preços acessíveis, conforme a capacidade.

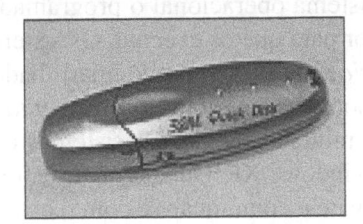

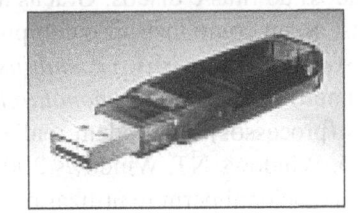

Figura 1.13 Pen-drive.

1.4 O COMPUTADOR PESSOAL IDEAL PARA PROGRAMAÇÃO

Hoje em dia, o estudante de informática ou de computação e também o profissional dispõem de um amplo leque de computadores a preços acessíveis e de alta confiabilidade. No último trimestre do ano de 2002, um PC de escritório típico para aprender a programar e posteriormente utilizar de modo profissional era encontrado com preços que dependiam da capacidade e do fabricante. A Tabela 1.4 resume nossa proposta e recomendação de características médias em um PC, com base no final de 2002.

Tabela 1.4 Características de um PC ideal

Processador	Microprocessador da marca Intel, AMD ou Transmeta (nesse último caso, somente para computadores portáteis, *laptop*). Um mínimo de freqüência de 1,5 GHz, recomendável Pentium 4, mínimo 2,4/2,53 GHz ou Athlon de 1,53 GHz. Em ambientes profissionais, já é uma realidade o Pentium 4 de 3 GHz.
Memória	128 MB mínima e recomendável para aplicações profissionais 256 a 512 MB.
Cache	Memória especial que o processador usa para acelerar suas operações — 256 a 512 KB.
Disco rígido	30 a 60 GB. Para fins profissionais, um mínimo de 80 GB.
Internet	Preparado para Internet (preferencialmente com modem instalado de 56 KB). Conexão por cabo ou linha telefônica de cobre com tecnologia ADSL. Cartão de Rede. Possibilidade para conexão à Internet sem fio e tecnologia *Bluetooth*.
Vídeo (RAM instalado)	Memória de vídeo, com um mínimo de 64 MB.
Monitor	15", 17", 19", 21". O tamanho mais popular é o de 15", mas a tendência atual é a de monitores de 17". As telas planas são cada vez mais populares, à medida que seus preços ficam mais baratos; 15" é o tamanho ideal, 17" melhora consideravelmente a visão.
Armazenamento	CD-ROM, DVD-ROM. Preferencialmente, deveria incorporar uma unidade gravadora (queimadora) de discos CD; quer dizer, uma unidade de discos CD-RW (velocidade recomendável, 32x12x40).
Cartão gráfico	Recomendável Nvidia GeForce 2 4Mx400 com 64 MB de SDRAM ou similar.
Portas	Série, paralelo e USB.
Marcas	HP, Compaq, Dell, IBM, Fujitsu Siemens, El System, Jump, ADL, Gateway etc.
Sistema Operacional	Windows 98/Me/NT/2000; Windows XP; Linux; Solaris; Macintosh (preferencialmente Windows XP Home/Professional).

1.5 O SOFTWARE (OS PROGRAMAS)

As operações que o *hardware* deve realizar são especificadas por uma lista de instruções, chamadas programas ou *software*. O software divide-se em dois grandes grupos: *software do sistema* e *software de aplicações*.

O **software do sistema** é o conjunto de programas indispensáveis para que a máquina funcione; denomina-se também *programas do sistema*. Esses programas são, basicamente, o *sistema operacional*, os *editores de texto*, os *compiladores/interpretadores* (linguagens de programação) e os *programas utilitários*.

Um dos programas mais importantes é o **sistema operacional**, que serve, essencialmente, para facilitar a escrita e o uso de seus próprios programas. O sistema operacional dirige as operações globais do computador, instrui o computador a executar outros programas e controla o armazenamento e a recuperação de arquivos (programas e dados) de fitas e discos. Graças ao sistema operacional o programador pode introduzir e gravar novos programas, assim como instruir o computador para que os execute. Os sistemas operacionais podem ser *monousuários* (somente um usuário) e *multiusuários*, ou de tempo compartilhado (diferentes usuários), dependendo do número de usuários, e *monotarefa* (somente uma tarefa) ou *multitarefa* (múltiplas tarefas), segundo as tarefas (processos) que podem realizar simultaneamente. Os sistemas operacionais mais populares são: Windows 95, Windows NT, Windows 2000, Windows XP, Unix, Linux, entre outros.

Um sistema operacional permite utilizar o hardware e comunicar-se com o restante do software do sistema. Ele possui vários componentes importantes: o *kernel* do sistema, componente central do sistema; *sistema de administração de memória*, determina uma área de memória para cada programa que está sendo executado; *administrador do sistema de arquivos*, que organiza e controla o uso dos discos; *controladores de dispositivos*, que controlam os dispositivos de hardware conectados ao computador, e *bibliotecas do sistema*, que contêm todos os tipos de programas utilitários que podem ser chamados programas do usuário.

Um programa é um conjunto de instruções que controlam (dirigem) um computador; mais formalmente, *um programa de computador* é um conjunto de instruções internas utilizadas em um computador e que produz um resultado concreto. Outro termo para um programa ou conjunto de programas é *software*; ambos os termos são utilizados indistintamente. O processo de escrever um programa, ou *software*, denomina-se **programação** e o conjunto de instruções que podem ser utilizadas para construir um programa denomina-se *linguagem de programação*. Assim, as linguagens utilizadas para escrever programas de computadores são as *linguagens de programação*, e *programadores* são os escritores e projetistas de programas.

Quando um programa é **executado** (*run*), normalmente há dois tipos de entrada no computador. O **programa** é um tipo de entrada (contém instruções que o computador deve realizar e seguir). O outro tipo de entrada são os **dados** para o programa. É a informação que o computador processará. Por exemplo, se é um programa de correção de textos, os dados, como o próprio programa, são entradas. A saída é o resultado (ou resultados) produzido quando o computador segue as instruções do programa. Se o programa é de correção de sintaxe de um texto, a saída do programa é uma lista de palavras que estão mal escritas (contêm erros de ortografia). Quando são proporcionados ao computador um programa e dados e diz-se ao computador que siga as instruções do programa, realiza-se uma operação que se denomina **execução** (*running*) do programa com os dados e diz-se que o computador executa o programa com os dados.

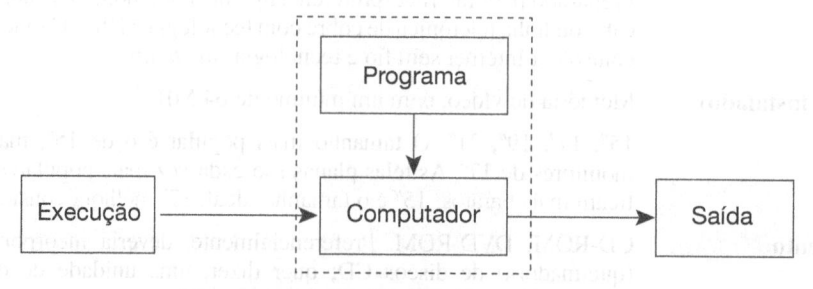

Figura 1.14 Execução de um programa.

Programa

A palavra *software* significa simplesmente programas. Conseqüentemente, uma empresa de software é aquela que produz ou "fabrica" programas. O software em seu computador é a coleção de programas de seu computador.

1.6 AS LINGUAGENS DE PROGRAMAÇÃO

As *linguagens de programação* servem para escrever programas que permitem a comunicação entre usuário e máquina. Programas especiais chamados *tradutores* (**compiladores** ou **interpretadores**) convertem as instruções escritas em linguagens de programação em instruções escritas em linguagens de máquina (0 e 1, *bits*) que a máquina pode entender.

Os *programas utilitários* facilitam o uso do computador. Um bom exemplo é um *editor de textos* que permite a escrita e a edição de documentos. Este livro foi escrito usando um editor de textos.

Os programas que realizam tarefas concretas, folha de pagamento, contabilidade, análises estatísticas etc. são denominados *programas aplicativos*. No livro veremos pequenos aplicativos que mostram os princípios de uma boa programação de computador (ver a Figura 1.15).

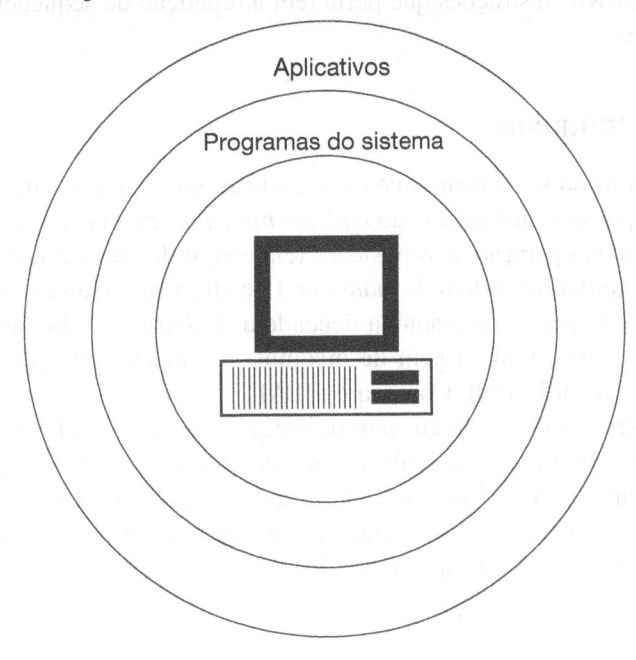

Figura 1.15 Relação entre aplicativos e programas do sistema.

Deve ser feita a diferenciação entre o ato de criar um programa e a ação do computador quando executa as instruções do programa. A criação de um programa é feita inicialmente em papel para posteriormente o programa ser introduzido no computador e convertido em linguagem compreensível pelo computador.

O propósito de uma linguagem de computador é permitir as pessoas comunicarem-se com um computador. As linguagens dos seres humanos e as linguagens de máquina são muito diferentes, já que as características e possibilidades das pessoas e das máquinas são muito diferentes. As linguagens de computadores permitem que as pessoas escrevam em uma linguagem que seja mais apropriada às características humanas e possa ser traduzida para a linguagem de máquinas de diferentes tipos.

Os principais tipos de linguagens utilizados na atualidade são três:

- *linguagem de máquina,*
- *linguagem de baixo nível (montadora),*
- *linguagens de alto nível.*

1.6.1 Instruções ao computador

Os diferentes passos (*ações*) de um algoritmo são expressos nos programas como *instruções*, *sentenças, ou proposições* (normalmente o termo **instrução** refere-se às linguagens de máquina e de baixo nível, reservando-se **sentença** ou **proposição** para as linguagens de alto nível). Conseqüentemente, um programa é uma seqüência de instruções, cada uma das quais especifica certas operações que o computador deve executar.

A elaboração de um programa requer conhecer o repertório de instruções da linguagem. No Capítulo 3 as instruções serão analisadas com mais detalhes, e aqui adiantaremos os tipos fundamentais de instruções que um computador é capaz de manipular e executar. As instruções básicas e comuns a quase todas as linguagens de programação podem ser resumidas em quatro grupos:

- *Instruções de entrada/saída*. Instruções de transferência de informação e dados entre dispositivos periféricos (teclado, impressora, unidade de disco etc.) e a memória central.
- *Instruções aritméticas e lógicas*. Instruções que executam operações aritméticas (soma, subtração, multiplicação, divisão, potenciação), lógicas (operações and, or, not etc.).
- *Instruções seletivas*. Instruções que permitem a seleção de tarefas alternativas em função dos resultados de diferentes expressões condicionadas.
- *Instruções repetitivas*. Instruções que permitem a repetição de seqüência de instruções um determinado número de vezes.

1.6.2 Linguagem de máquina

As **linguagens de máquina** são aquelas que estão escritas em linguagens diretamente inteligíveis pela máquina (computador), já que suas instruções são *cadeias binárias* (cadeias ou séries de caracteres — dígitos — 0 e 1) que especificam uma operação, e as posições (endereço) de memória implicadas na operação se denominam *instruções de máquina* ou *código de máquina*. O código de máquina é o conhecido código binário.

As instruções em linguagem de máquina dependem do *hardware* do computador e, portanto, mudam de um computador para outro. A linguagem de máquina de um PC (computador pessoal) é diferente em um sistema HP (Hewlett-Packard), Dell, Compaq ou IBM.

As *vantagens* de programar em linguagem de máquina se referem, fundamentalmente, à possibilidade de carregar (transferir um programa na memória) sem necessidade de tradução posterior, o que supõe uma velocidade de execução superior a qualquer outra linguagem de programação.

Os *inconvenientes* — atualmente — superam as vantagens, o que torna quase não-recomendáveis as linguagens de máquina ao programador de aplicações. Estes inconvenientes são:

- dificuldade e lentidão na codificação,
- pouca confiabilidade,
- grande dificuldade de verificar e colocar em uso os programas,
- os programas são executáveis somente no mesmo processador (CPU, *Unidade Central de Processamento*).

Para evitar as linguagens de máquina, do ponto de vista do usuário foram criadas outras linguagens que permitem escrever programas com instruções similares à linguagem humana (quase sempre em inglês, embora existam raras exceções, como é o caso das antigas versões espanholas da linguagem LOGO). Essas linguagens denominam-se *alto* e *baixo níveis*.

1.6.3 Linguagens de baixo nível

As **linguagens de baixo nível** são mais fáceis de utilizar que as linguagens de máquina, mas também dependem da máquina em particular. A linguagem de baixo nível por excelência é a *montadora* (*assembly language*). As instruções em linguagem montadora são instruções conhecidas como **mnemônicas** (*mnemonics*). Por exemplo, mnemônicas típicas de operações aritméticas são: em inglês, ADD, SUB, DIV etc.; em espanhol, SUM, RES, DIV etc.

Uma instrução típica de soma seria:

```
ADD, M, N, P
```

Essa instrução poderia significar *"some o número contido na posição de memória M ao número armazenado na posição de memória N e coloque o resultado na posição de memória P"*. Evidentemente, é muito mais simples recordar a instrução anterior com um mnemônico que sua equivalente em código de máquina:

```
0110    1001    1010    1011
```

Um programa escrito em linguagem montadora não pode ser executado diretamente pelo computador — o que, essencialmente, é a diferença entre essa e a linguagem de máquina —, e requer uma fase de *tradução* para a linguagem de máquina.

O programa original escrito em linguagem montadora é denominado *programa-fonte*, e o programa traduzido em linguagem de máquina é conhecido como *programa-objeto*, já diretamente inteligível pelo computador.

O tradutor de programas-fonte para objeto é um programa chamado *montador* (*assembler*), existente em quase todos os computadores (Figura 1.16).

Não confundir *o programa de montagem* (*assembler*), encarregado de efetuar a tradução do programa-fonte escrito em linguagem de máquina,

Programa-fonte em montador (assembly) → Programa DE MONTAGEM (assembler) → Programa-objeto em código de máquina

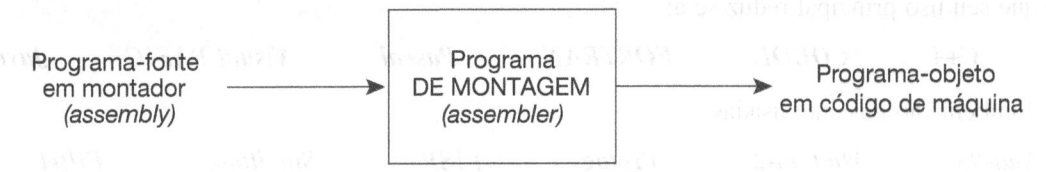

Figura 1.16 Programa de montagem.

com a *linguagem montadora* (*assembly language*), uma linguagem de programação com uma estrutura e uma gramática definidas.

As linguagens de montagem apresentam a *vantagem* em comparação com as linguagens de máquina de sua maior facilidade de codificação e, em geral, sua velocidade de cálculo.

Os *inconvenientes* mais notados das linguagens montadoras são:

- Dependência total da máquina, o que impede a portabilidade dos programas (possibilidade de executar um programa em diferentes máquinas). A linguagem montadora do PC é diferente da linguagem montadora do Apple Macintosh.
- A formação dos programadores é mais complexa que a correspondente aos programadores de alto nível, já que exige não somente as técnicas de programação, mas também o conhecimento interno da máquina.

Hoje em dia, as linguagens montadoras têm suas aplicações muito reduzidas na programação de aplicações e se concentram em aplicações de tempo real, controle de processos e de dispositivos eletrônicos etc.

1.6.4 Linguagens de alto nível

As *linguagens de alto nível* são as mais utilizadas pelos programadores. São projetadas para que as pessoas escrevam e entendam os programas de um modo muito mais fácil que as linguagens de máquina e montadoras. Outra razão é que um programa escrito em linguagem de alto nível é independente da máquina; isto é, as instruções do programa do computador não dependem do projeto do hardware ou de um computador em particular. Conseqüentemente, os programas escritos em linguagem de alto nível são *portáteis* ou *transportáveis*, o que significa a possibilidade de poderem ser executados com pouca ou nenhuma modificação em diferentes tipos de computadores, ao contrário dos programas em linguagens de máquina ou montadora, que só podem ser executados em um determinado tipo de computador. As linguagens de alto nível apresentam as seguintes *vantagens:*

- O tempo de formação dos programadores é relativamente curto comparado com o de outras linguagens.
- A escrita de programas tem como base regras sintáticas similares às da linguagem humana. Nomes de instruções podem ser READ, WRITE, PRINT, OPEN etc.
- As modificações e a colocação em uso dos programas são mais fáceis.
- Redução do custo dos programas.
- Transportabilidade.

Os *inconvenientes* são:

- Aumento do tempo para serem colocados em uso, por necessitarem de diferentes traduções do programa-fonte para conseguir o programa definitivo.
- Não são aproveitados os recursos internos da máquina, que são mais bem explorados em linguagens de máquina e montadoras.
- Aumento da ocupação de memória.
- O tempo de execução dos programas é muito maior.

Como acontece com as linguagens montadoras, os programas-fonte têm de ser traduzidos pelos programas tradutores, chamados, nesse caso, *compiladores* e *interpretadores*.

As linguagens de programação de alto nível existentes hoje são numerosas, mesmo que a prática demonstre que seu uso principal reduz-se a:

C   *C++*   *COBOL*   *FORTRAN*   *Pascal*   *Visual BASIC*   *Java*   *C#*

Também são bastante usadas:

Ada-95   *Modula-2*   *Prolog*   *LISP*   *Smalltalk*   *Eiffel*

São de grande uso no mundo profissional:

Borland Delphi   **SQL**   **Power Builder**

Hoje em dia, o mundo Internet consome grande quantidade de recursos em forma de linguagens de programação, como **Java**, **HTML**, **XML**, **JavaScript**, **Visual J**, **C#** e **PHP**.

1.7 TRADUTORES DE LINGUAGEM

Os *tradutores de linguagem* são programas que traduzem os programas-fonte escritos em linguagens de alto nível para código de máquina. Os tradutores dividem-se em:

- *compiladores,*
- *interpretadores.*

1.7.1 Interpretadores

Um *interpretador* é um tradutor que pega um programa-fonte, o traduz e depois o executa. Os programas interpretadores clássicos, como BASIC, praticamente já não são utilizados, embora ainda possamos encontrar um velho computador que funcione com a versão QBasic sob o Sistema Operacional DOS dos computadores pessoais. Entretanto, é bastante usada a versão interpretada da linguagem Smalltalk, uma linguagem orientada a objetos pura (ver Figuras 1.17 e 1.18). Os interpretadores renasceram com a aparição de Java, já que, para se entender o código em bytes *(bytecode)* que resulta de um compilador Java, é necessário um interpretador.

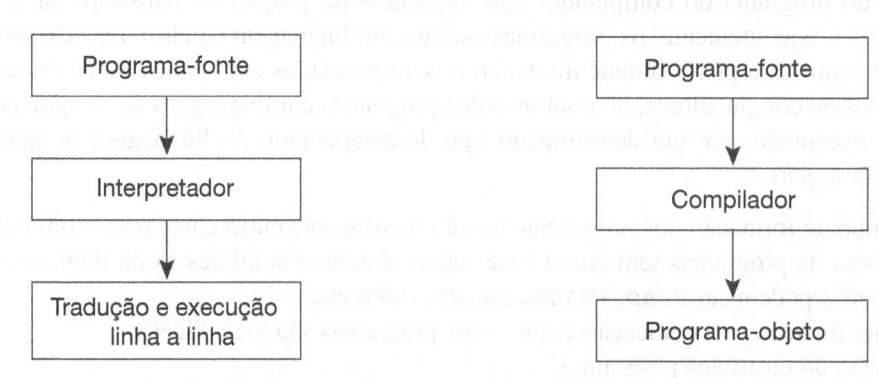

Figura 1.17 Interpretador.

Figura 1.18 A compilação de programas.

1. Os dados são a entrada do programa.
2. A saída é o que o programa gera como resultado da entrada dos dados.

1.7.2 Compiladores

Uma vez projetado o algoritmo e escrito o programa em um papel, deve-se começar o processo de introduzir o programa em um arquivo no disco rígido do computador. A introdução e a modificação do programa em um arquivo são feitas utilizando-se um *editor de texto*, um programa que vem com seu computador, normalmente, e que permite o armazenamento e a recuperação do que foi escrito no disco. A aprendizagem de como utilizar um editor de texto torna muito mais fácil a tarefa de introduzir um programa.

O programa introduzido está escrito em C ou em Java, mas nem C nem Java são linguagens de máquina de seu computador, são na verdade linguagens de alto nível projetadas para facilitar a programação se comparadas com a linguagem de máquina. Um computador não entende as linguagens de alto nível. Portanto, um programa escrito em uma linguagem de alto nível deve ser traduzido em uma linguagem que a máquina possa compreender. As linguagens que o computador pode compreender (mais ou menos diretamente) são chamadas **linguagens de baixo nível**. A tradução de um programa escrito em uma linguagem de alto nível, como C++ ou Java, para uma linguagem que o computador possa entender faz-se mediante outro programa conhecido como **compilador**.

As linguagens de baixo nível que o computador pode entender diretamente são conhecidas como linguagens montadoras ou linguagens de máquina. Na realidade, mesmo que sejam muito similares e às vezes consideradas sinônimos, existem algumas pequenas diferenças. A linguagem que o computador pode compreender diretamente é denominada linguagem de máquina. A linguagem montadora é quase a mesma coisa, mas necessita de um passo adicional para que a tradução possa ser entendida pela máquina. Se um compilador traduz seu programa de alto nível para uma linguagem de baixo nível, não é exatamente linguagem de máquina, é necessária, portanto, uma pequena tradução adicional antes de o programa ser executado no computador — mas normalmente esse processo costuma ser automático e não é problemático. Vejamos na prática como é executado o programa pelo compilador.

Quando é executado um programa em linguagem de alto nível, tal como C, C++ ou Java, está sendo executada realmente uma tradução desse programa para uma linguagem de baixo nível. Conseqüentemente, antes que se execute um programa escrito na linguagem de alto nível, o compilador deve ser executado em primeiro lugar no programa. Quando é executado um compilador sobre seus programas, diz-se que se **compila** o programa.

Uma desvantagem do processo de tradução descrito é que é necessário um compilador diferente para cada tipo de computador e de sistema operacional. Para executar seu programa em linguagem de alto nível em três máquinas diferentes, serão necessários três diferentes compiladores e o programa deve ser compilado três vezes. Inclusive, se um fabricante constrói um novo computador, deverá contratar alguém para que escreva um novo compilador para esse computador. Isso é um problema, já que os compiladores são programas muito grandes e caros, que levam muito tempo para ser feitos. Apesar dos custos, esse é o método com que trabalha a maioria dos compiladores de linguagens de alto nível, C, C++ e outras. Java, entretanto, não utiliza esse método, pois usa um enfoque ligeiramente diferente e mais versátil para compilar.

A terminologia é confusa, dado que um compilador, a entrada ao programa compilador e a saída do programa compilador são também programas. Para evitar a confusão, o programa escrito em uma linguagem de programação (C++ ou Java — se tivéssemos um compilador de pseudocódigo, a linguagem algorítmica que explicaremos mais adiante, em nosso caso, UPSAM) denomina-se programa-fonte ou código-fonte. O programa traduzido para a linguagem de baixo nível produzido pelo compilador denomina-se normalmente programa-objeto ou código-objeto. A palavra código significa simplesmente isso: um programa ou uma parte de programa. O arquivo-objeto pode ser carregado na memória principal do computador e executado pela CPU.

> **Lembrete**
>
> O programa escrito em uma linguagem de alto nível é introduzido na máquina com o editor de texto e se chama código-fonte; o compilador o traduz em linguagem de máquina e armazena o resultado em outro arquivo chamado código-objeto.
> O código-objeto pode ser carregado na memória principal do computador e executado pela CPU.

> **Nota**
>
> Um compilador é um programa que traduz um programa em linguagem de alto nível, como um programa C / C++ / Java, em um programa de uma linguagem mais simples que o computador pode compreender mais ou menos diretamente.

Em resumo, para criar e executar um programa em uma linguagem como C, C++ ou Java, é necessário introduzir o programa utilizando um editor de texto; executar um programa especial denominado compilador, traduzir a linguagem de alto nível para a linguagem de máquina e, em seguida, carregar a linguagem de máquina na memória principal e executá-la.

A compilação e suas fases

A *compilação* é o processo de tradução de programas-fonte a programas-objeto. O programa-objeto obtido da compilação é traduzido normalmente para código de máquina.

Para conseguir o programa de máquina real, devemos utilizar um programa chamado *montador* (*linker*). O processo de montagem conduz a um programa em linguagem de máquina diretamente executável (Figura 1.19).

O processo de execução de um programa escrito em uma linguagem de programação (por exemplo, C) e mediante um compilador costuma ter os seguintes passos:

1. Escrever o *programa-fonte* com um *editor de texto* (programa que permite a um computador atuar de modo similar a uma máquina de escrever eletrônica) e armazená-lo em um dispositivo apropriado (por exemplo, um disco).
2. Introduzir o programa-fonte na memória.
3. *Compilar* o programa com o compilador C.
4. *Verificar e corrigir erros de compilação* (lista de erros).
5. Obter o programa-*objeto*.
6. O montador (*linker*) obtém o *programa executável*.
7. Executar o programa e, se não existem erros, há a saída do programa.

O processo de execução é o mostrado nas Figuras 1.20 e 1.21.

```
Programa-fonte
      ↓
Compilador (tradutor)
      ↓
Programa-objeto
      ↓
   Montador
      ↓
Programa executável
em linguagem de máquina
```

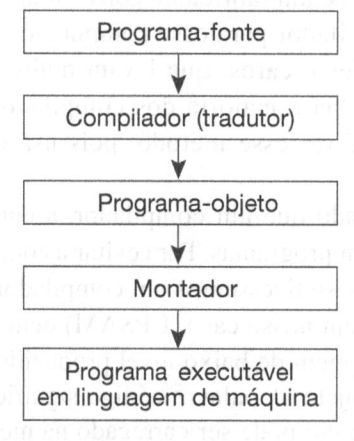

Figura 1.19 Fases da compilação.

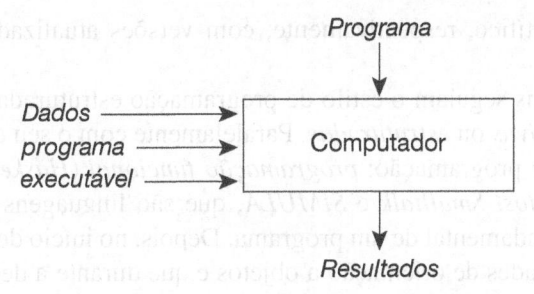

Figura 1.20 Execução de um programa.

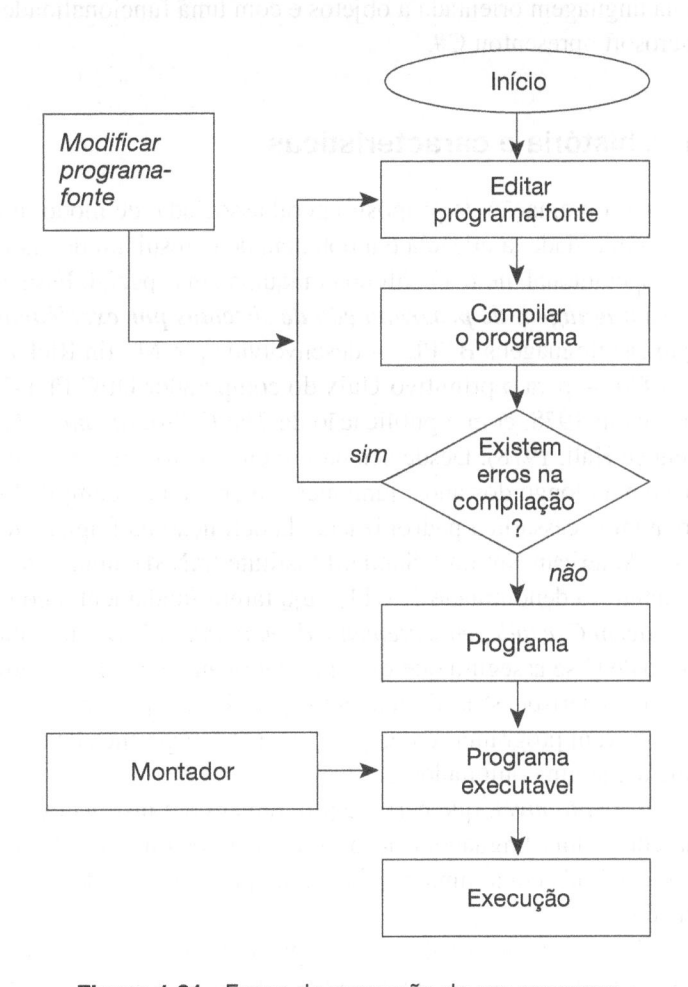

Figura 1.21 Fases de execução de um programa.

1.8 HISTÓRIA DAS LINGUAGENS DE PROGRAMAÇÃO

A história da informática e da computação tem sido caracterizada fundamentalmente pela existência de centenas de linguagens de programação, de forma que sempre se tem falado da "Babel das linguagens", mas apenas umas dezenas de linguagens tiveram um impacto significativo, e umas poucas são utilizadas na indústria, nos negócios e na ciência.

Muitas das linguagens de programação atual têm suas raízes nas linguagens que nasceram no final da década de 1950 e início da de 1960, como *COBOL* (1960), *FORTRAN IV* (1961), *BASIC* (1964), *LOGO* (1967). Essas linguagens representaram a primeira alternativa às linguagens montadoras. Na década de 1970 e nos primeiros anos de 1980, emergiram novas linguagens como *Pascal* (1971), *C* (1972) e *Ada* (1979), que se converteram em dominantes, substituindo, por exemplo, outras como ALGOL e BASIC. Outras linguagens, como COBOL e FORTRAN, conseguiram adaptar-se e mantiveram-se como referência no mundo dos negócios e no campo científico, respectivamente, com versões atualizadas e padronizadas por organizações, como ANSI.

Todas essas linguagens seguiam o estilo de programação estruturada e eram conhecidas como *linguagens de programação imperativas* ou *estruturadas*. Paralelamente com o seu desenvolvimento, surgiram dois novos estilos ou paradigmas de programação: *programação funcional* (*Haskell* é um exemplo moderno) e *programação orientada a objetos*. *Smalltalk* e *SIMULA*, que são linguagens antigas, apoiaram-se no conceito de classe como elemento fundamental de um programa. Depois, no início de 1980 apareceu **C++** como linguagem imperativa com propriedades de orientação a objetos e que durante a década de 1990 foi a linguagem de programação orientada a objetos por excelência. Em 1995 foi apresentada oficialmente pela fabricante Sun a linguagem **Java**, uma linguagem orientada a objetos e com uma funcionalidade muito dirigida à rede Internet. No ano 2000, a Microsoft apresentou C#.

1.8.1 A linguagem C: história e características

C é uma linguagem de programação de propósito geral associada, de modo universal, ao sistema operacional Unix. Entretanto, a popularidade, a eficácia e a potência de C resultam de ela não estar praticamente associada a nenhum sistema operacional, nem a nenhuma máquina em especial. Essa é a razão fundamental pela qual C é conhecida como a ***linguagem de programação de sistemas por excelência***.

C é uma evolução das linguagens BCPL — desenvolvida por Martin Richards — e B — desenvolvida por Ken Thompson em 1970 — para o primitivo Unix do computador DEC PDP-7.

C nasceu realmente em 1978, com a publicação de *The C Programming Languaje*, de Brian Kernighan e Dennis Ritchie (Prentice Hall, 1978). Desde seu nascimento, C foi crescendo em popularidade e as sucessivas mudanças na linguagem ao longo dos anos, juntamente a criação de compiladores por grupos não envolvidos em seu projeto, tornaram necessária a padronização da definição da linguagem C.

Assim, em 1983, o American National Sandard Institute (ANSI), uma organização internacional de padronização, criou um comitê (o denominado X3J11) cuja tarefa fundamental consistia em fazer *"uma definição não ambígua da linguagem C, e independentemente da máquina"*. Havia nascido o padrão ANSI da linguagem C. Com essa definição de C se assegura que qualquer fabricante de software que vende um compilador ANSI C incorpora todas as características da linguagem especificadas pelo padrão. Isso significa também que os programadores que escrevem programas em C padrão terão a segurança de que rodarão suas modificações em qualquer sistema que tenha um compilador C.

C é uma *linguagem de alto nível*, que permite programar com instruções de linguagem de propósito geral. Também é definida como uma linguagem de programação estruturada de propósito geral, embora em seu projeto tenha sido especificada como uma linguagem de programação de Sistemas, o que proporciona grande potência e flexibilidade.

O padrão ANSI C formaliza construções não propostas na primeira versão de C, em especial alocação de estruturas e enumerações. Entre outras contribuições, definiu-se essencialmente uma nova forma de declaração de funções (protótipos). Mas é essencialmente a biblioteca-padrão de funções outra das grandes contribuições.

Hoje, no século XXI, C continua sendo uma das linguagens de programação mais utilizadas na indústria do software, assim como em institutos tecnológicos, faculdades de engenharia e universidades. Praticamente todos os fabricantes de sistemas operacionais, Unix, Linux, MacOS, Solaris... suportam diferentes tipos de compiladores de linguagem C.

Vantagens de C

A linguagem C tem uma grande quantidade de vantagens sobre outras linguagens. Essas vantagens são precisamente a razão fundamental pela qual depois de quase duas décadas de uso C ainda é uma das linguagens mais populares, utilizadas em empresas, organizações e fábricas de software de todo o mundo.

Algumas vantagens que justificam o uso ainda crescente da linguagem C na programação de computadores são:

- A linguagem C é poderosa e flexível, com comandos, operações e funções de biblioteca que podem ser utilizados para escrever a maioria dos programas que rodam no computador.
- C é utilizada por programadores profissionais para desenvolver software na maioria dos modernos sistemas de computador.
- Pode-se utilizar C para desenvolver sistemas operacionais, compiladores, sistemas de tempo real e aplicações de comunicações.
- Um programa C pode ser escrito para um tipo de computador e ser transposto para outro com pouca ou nenhuma modificação — propriedade conhecida como *portabilidade*. O fato de C ser **portátil** é importante, já que a maioria dos modernos computadores tem um compilador C. Uma vez que se aprende C, não é preciso aprender uma nova linguagem quando se escreve um programa para outro tipo de computador. Não é necessário *reescrever* um problema para ser executado em outro computador.

C caracteriza-se por sua velocidade de execução. Nos primeiros dias da informática, os problemas de tempo de execução eram resolvidos escrevendo-se tudo ou parte de uma aplicação em linguagem montadora (linguagem muito próxima da linguagem de máquina). Como existem muitos programas escritos em C, foram criadas numerosas bibliotecas C para programadores profissionais que dão suporte a uma grande variedade de aplicações. Há bibliotecas da linguagem C que dão suporte a aplicações de bases de dados, gráficos, edição de texto, comunicações etc.

Características técnicas de C

Existem inúmeras características que diferenciam C de outras linguagens e a tornam eficiente e potente:

- Uma nova sintaxe para declarar funções. Uma declaração de função pode acrescentar uma descrição aos argumentos da função. Essa informação adicional serve para que os compiladores detectem mais facilmente os erros causados por argumentos que não coincidem.
- Alocação de estruturas (registros) e enumerações.
- *Pré-processador* mais sofisticado.
- Uma nova definição da biblioteca que acompanha C. Entre outras funções, incluem-se: acesso ao sistema operacional (por exemplo, leitura e escrita de arquivos), entrada e saída com formato, alocação dinâmica de memória, manipulação de cadeias de caracteres.
- Uma coleção de cabeçalhos-padrão que proporciona acesso uniforme às declarações de funções e tipos de dados.

Versões atuais de C

Atualmente são muitos os fabricantes de compiladores C, e entre os mais populares estão: Microsoft, Borland, HP... .

Uma evolução de C é a linguagem **C++** (C com classes) que contém, entre outras, todas as características de ANSI C. Os compiladores mais empregados: Visual C++ da Microsoft, Builder C++ da Borland, C++ para Unix e Linux.

No verão de 2000, a Microsoft apresentou e patenteou uma nova versão de C++, a C#, uma evolução do C++ padrão.

1.8.2 Uma breve história de C++

C++ é herdeira direta da linguagem C, que por sua vez deriva da linguagem B [Richards, 1980]. C mantém-se como um subconjunto de C++. Outra fonte de inspiração de C++, como assinala seu autor Bjarne Stroustrup, foi Simula 67, da qual tomou o conceito de classe (com classes derivadas e funções virtuais).

A linguagem de programação C foi desenvolvida por **Dennis Ritchie** da AT&T Bell Laboratories que a utilizou para escrever e manter o sistema operacional Unix (antes do surgimento de C, o sistema operacional Unix foi desenvolvido por **Ken Thompson** na AT&T Bell Laboratories mediante a linguagem montadora ou a linguagem B). C é uma linguagem de propósito geral que pode ser utilizada para escrever qualquer tipo de programa, mas seu êxito e sua popularidade estão especialmente relacionados com o sistema operacional Unix. Foi desenvolvida como *linguagem de programação de sistemas*; ou seja, uma linguagem de programação para escrever *sistemas operacionais* e utilitários (programas) do sistema. Os sistemas operacionais são os programas que gerenciam (administram) os *recursos do computador*. Exemplos bem conhecidos de sistemas operacionais além de Unix são os já citados MS/DOS, OS/2, MVS; Linux, Windows 95/98, Windows NT, Windows 2000, OS Mac etc.

A especificação formal da linguagem C é um documento escrito por Ritchie intitulado *The C Reference Manual*. Em 1997 **Ritchie** e **Brian Kernighan** ampliaram esse documento e publicaram um livro referência da linguagem, *The C Programming Language* (também conhecido como **K&R**).

Ainda que C seja uma linguagem muito potente, duas características a fazem inapropriada como uma introdução moderna à programação. Primeira, C requer um nível de sofisticação de seus usuários que obriga a uma difícil aprendizagem para os programadores principiantes, já que é de compreensão difícil. Segunda, C foi projetada no princípio dos anos 1970, e a natureza da programação mudou de modo significativo nas décadas de 1980 e 1990.

Para sanar essas "deficiências", Bjarne Stroustrup da AT&T Bell Laboratories desenvolveu **C++** no início da década de 1980. Stroustrup desenhou **C++ como um C**. Em geral, o padrão C é um subconjunto de C++ e a maioria dos programas C é também programas C++ (a afirmação inversa não é verdadeira). C++, além de acrescentar propriedades a C, apresenta características e propriedades de *programação orientada a objetos*, que é uma técnica de programação muito potente e que será vista na última parte deste livro.

Foram apresentadas várias versões de C++ e sua evolução continua. As características mais notáveis que foram incorporadas a C++ são: herança múltipla, generalização, esquemas, funções virtuais, exceções etc. C++ evoluiu ano a ano e, como seu autor explica, *"evoluirá sempre para resolver problemas encontrados pelos usuários e como conseqüência de conversações entre o autor, seus amigos e seus colegas"*[6].

C++ começou seu projeto de padronização com o comitê ANSI e sua primeira referência é *The Annotated C++ Reference Manual*. Em dezembro de 1989 reuniu-se o comitê X3J16 da ANSI por iniciativa da Hewlett Packard. Em junho de 1991, a padronização da ANSI passou a fazer parte de um esforço de padronização ISO.

Em 1995, publicou-se um documento preliminar de padrão para exame e em 1998 foi aprovado o padrão C++ internacional. Stroustrup publicou em 1998 a terceira edição de seu livro *The C++ Programming Language*, e no ano 2000, uma edição especial. Este livro segue o padrão ANSI/ISO C++.

1.8.3 Breve história de Java

Oito anos depois de seu lançamento, **Java** se converteu em um padrão da indústria, em uma linguagem de programação para desenvolvimento de aplicações tanto de propósito geral como de Internet, e também em uma linguagem para começar a formação em programação, com características excelentes para a aprendizagem.

Java foi desenvolvida pela Sun Microsystems em 1995; é uma magnífica e completa linguagem de programação orientada a objetos projetada para distribuir conteúdos por uma rede. Uma de suas principais características é que permite operar de forma independente da plataforma e do sistema operacional utilizado. Isso significa que permite criar uma aplicação que poderá descarregar-se da rede e funcionar posteriormente em qualquer tipo de plataforma de hardware ou software. Geralmente, todo programa ou aplicação está ligado a duas coisas: ao *hardware* e ao sistema operacional. Assim, por exemplo, uma aplicação Windows apenas funcionará em plataforma Wintel (equipada com processadores Intel e sistema operacional Windows), e uma versão criada para Mac só funciona para Power PC, Imac ou Mac OS; e a mesma aplicação desenvolvida para Unix somente funciona sobre plataformas Unix e não há possibilidade de rodar em outra máquina.

---

[6] Stroustrup, *The C++ Programming Language*, Addison-Wesley, 1998, p. 12.

A idéia de Java, ao contrário, é pôr uma capa sobre qualquer plataforma de *hardware* e sobre qualquer sistema operacional para permitir que qualquer aplicação desenvolvida em Java fique ligada unicamente a Java — independente, portanto, da plataforma. Essa concepção se apóia no conceito de máquina virtual **JVM** (*Java Virtual Machine*), um software que interpreta instruções para qualquer máquina sobre a qual esteja rodando, e que permite, uma vez instalada, que uma mesma aplicação possa funcionar em um PC ou em um Mac. Hoje em dia, qualquer sistema operacional moderno (Windows, Macintosh, Linux, Unix, Solaris etc.) conta com uma JVM. Assim, o que Java faz em combinação com essa "máquina" é funcionar como hardware e como sistema operacional virtual simulando em software uma CPU universal. Ao ser instalada, Java atuará como uma capa de abstração entre o programa e o sistema operacional, dando total independência do que está por baixo, ou seja, qualquer aplicação funcionará em qualquer máquina e em qualquer dispositivo.

Outra grande vantagem é que os programadores não terão de desenvolver várias versões da mesma aplicação, visto que o modelo de desenvolvimento é o mesmo para o dispositivo menor ou o maior dos servidores. Outra grande vantagem é que permite que todas as máquinas, plataformas e aplicações se comuniquem entre si acessando de qualquer equipamento, onde quer que esteja, as aplicações que residam em uma rede, quer seja Internet quer uma intranet ou extranet.

Definitivamente, pode-se dizer que Java é o mais próximo de uma linguagem de computação universal que existe hoje em dia, o que significa que pode rodar em qualquer plataforma sempre e quando uma máquina virtual foi escrita para ela.

A genealogia de Java

Java é descendente de C++, que por sua vez é descendente direto de C. Muitas características de Java são herdadas dessas linguagens. De C, Java herdou sua sintaxe, e de C++, as características fundamentais de programação orientada a objetos.

O projeto original de Java foi concebido por James Gosling, Patrick Naughton, Chris Warth, Ed Frank e Mike Sheridan, engenheiros e idealizadores da Sun Microsysistems em 1991 e que demoraram 18 meses para terminar a primeira versão de trabalho. Essa linguagem se chamou inicialmente "Oak", e mudou para Java na primavera de 1995.

Surpreendentemente, as preocupações originais para a criação de "Oak" não eram a Internet. Na realidade, buscava-se uma linguagem independente das plataformas (ou seja, de arquitetura neutra), que pudesse ser utilizada para criar software instalado em dispositivos eletrônicos diversos, como controle remoto ou fornos de microondas. O modelo de linguagem escolhido foi C++, mas os criadores descobriram que podiam compilar um programa C++ em qualquer tipo de CPU (Unidade Central de Processamento), exigindo-se, entretanto, um compilador C++ completo que rodasse nessa CPU. O problema, em conseqüência, convertia-se em compiladores caros e grande consumo de tempo para a criação dos programas. Gosling e seus colegas começaram a pensar em uma linguagem *portátil*, independente da plataforma; que podia ser utilizada para produzir código que rodasse (executasse) em uma ampla variedade de CPUs e em diferentes ambientes. Surgiu, então, o novo projeto, e chamou-se Java.

Por que Java é importante para a Internet?

A Internet ajudou consideravelmente a "catapultar" Java para o zênite do mundo da programação de computadores e Java, por sua vez, criou um profundo impacto na Internet. A razão é muito simples: Java estende o universo dos objetos que se movem livremente no ciberespaço que forma a rede Internet. Em uma rede existem duas grandes categorias de objetos que são transmitidos entre os computadores conectados (o servidor e o computador pessoal): informação passiva e dinâmica, e programas interativos. Um exemplo fácil de dados passivos é o correio eletrônico que você recebe em seu computador ou uma página Web que é baixada da rede. Inclusive quem descarrega um programa está recebendo dados passivos não-executáveis desse programa. Entretanto, existem outros tipos de objetos que são transmitidos pela rede: programas dinâmicos auto-executáveis que são agentes ativos no computador cliente.

Esses programas na rede dinâmicos apresentam graves problemas de segurança e *portabilidade*. Java resolveu muitos problemas com um novo modelo de programa: a *applet*.

Java pode ser utilizada para criar dois tipos de programas: aplicações e *applets*. Uma *aplicação* é um programa que é executado em seu computador sob o sistema operacional de seu computador; na essência, é um programa similar ao criado utilizando-se C, C++ ou Pascal. Quando é utilizada para criar aplicações, Java é uma linguagem de propósito geral similar a qualquer outra e com características que a fazem ideal para programação orientada a objetos. Java tem uma característica notável que não existe em outras linguagens: a possibilidade de criar *applets*. Applet é uma aplicação projetada para ser transmitida pela Internet e executada por um navegador Web compatível com Java. Uma *applet* é realmente um pequeno programa Java, descarregado dinamicamente pela rede, como uma imagem, um arquivo de som, um arquivo musical ou um videoclipe, mas com uma notável propriedade: é um programa inteligente que pode reagir dinamicamente a entradas e mudanças de usuário.

Java é uma linguagem ideal para resolver os problemas de segurança e portabilidade inerentes aos sistemas que trabalham na rede. A razão fundamental desse acerto está no fato de que a saída de um compilador Java não é um código executável, mas, sim, códigos de bytes (*bytecode*). Um *bytecode* é um conjunto de instruções muito otimizadas projetado para ser executado por um sistema em tempo de execução Java, denominado máquina virtual Java (*Java Virtual Machine, JVM*) que atua como um interpretador para os *bytecodes*. A tradução de um programa de códigos de bytes facilita a execução do programa em uma ampla variedade de ambientes e plataformas. A razão é simples: é preciso apenas implementar JVM em cada plataforma.

1.8.4 C#, a mais jovem

Apesar do êxito de Java, a linguagem ainda tem suas lacunas. Entre elas, a dificuldade para a *interoperabilidade de linguagens cruzadas* ou *programação de linguagens mescladas*, ou seja, a capacidade para que o código produzido por uma linguagem funcione facilmente com o código produzido por outra. A interoperabilidade de linguagens cruzadas é necessária para a criação de sistemas de software grandes e distribuídos, assim como para a construção de componentes de software.

Outra carência notável de Java é a não-integração completa da plataforma Java, ainda que os programas Java possam ser executados em um ambiente Windows (supondo que a Máquina Virtual Java tenha sido instalada). Em resposta a essas necessidades a Microsoft criou C# dentro de sua estratégia global .NET e nomeou arquiteto-chefe do projeto Anders Hejlsberg, um dos grandes especialistas mundiais na linguagem de programação (entre outros projetos, criou na década de 1980 o popular Turbo Pascal).

C# está relacionada diretamente com C, C++ e Java. De C herdou sua sintaxe, muitas das palavras reservadas e seus operadores. De C++ herdou seu modelo de objetos. A relação com Java está mais para "amor/ódio". C++ e Java são da mesma família, ou melhor, primo-irmãos, entretanto C# não é descendente de Java, ainda que compartilhem descendentes comuns, C e C++. Por exemplo, ambas suportam programação distribuída e ambas utilizam código intermediário para conseguir portabilidade, mas diferem nos detalhes. C# acrescenta importantes inovações na arte da programação. Por exemplo, C# inclui delegados, propriedades, indexadores e eventos como elementos da linguagem.

C# acrescenta sintaxe com suporte a atributos. Além disso, racionaliza a criação de componentes eliminando os problemas associados a COM. Também, e nesse caso como em Java, oferece uma quantidade significativa de verificação de erros em tempo de execução, segurança e gerenciamento da execução. Em resumo, C# reúne a potência de C++ com a segurança de tipos de Java.

C# representa, na primeira década do século XXI, uma linguagem de programação com a maioria das grandes propriedades que toda boa linguagem deve possuir. Por essa razão é uma linguagem que nenhum programador profissional pode ignorar se deseja realizar desenvolvimentos elegantes e eficientes.

ATIVIDADES DE PROGRAMAÇÃO RESOLVIDAS

1.1 Indique as partes fundamentais de um computador

Em sua configuração mais básica, um computador é constituído pela Unidade Central de Processamento (CPU), Memória Principal e Unidades de Entrada e Saída ou periféricos. As funções desempenhadas por cada uma dessas partes são as seguintes:

As unidades de entrada/saída se encarregam dos intercâmbios de informações com o exterior.

A memória principal armazena tanto as instruções que constituem os programas como os dados e resultados obtidos.

A CPU é a encarregada da execução dos programas armazenados na memória. Na CPU destacam-se a Unidade de Controle (UC), que se encarrega de executar as instruções, e a Unidade de Aritmética e Lógica (UAL), que efetua as operações.

1.2 O que é o barramento do sistema de um PC?

O barramento do sistema é uma rota elétrica de múltiplas linhas — classificáveis como linhas de direções, dados e controle — que conecta a CPU, a memória e os dispositivos de entrada/saída. Os dispositivos de entrada/saída se conectam ao barramento por meio de controladores, que geram microordens para governar os periféricos.

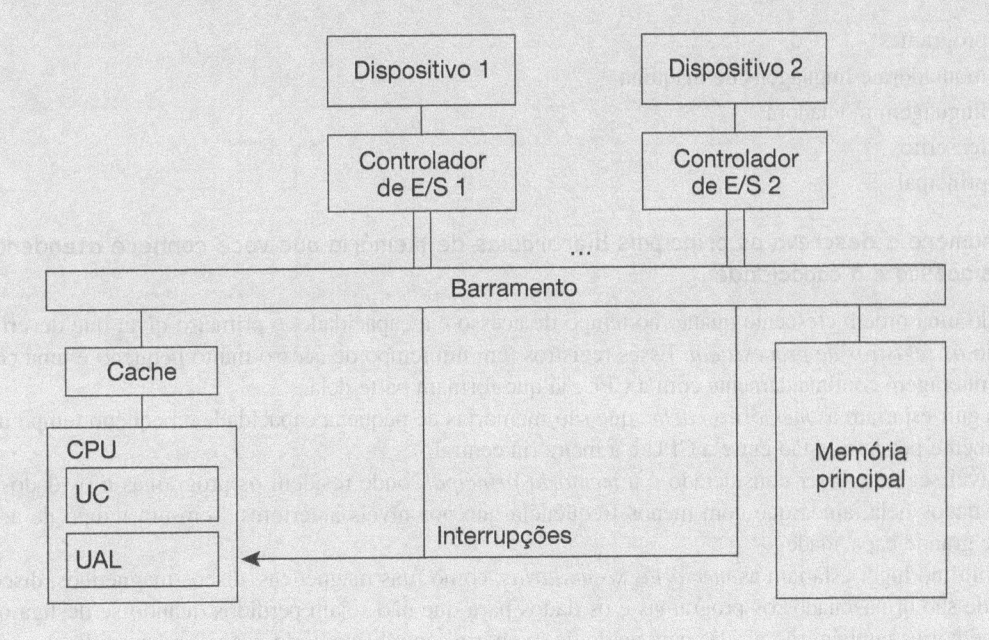

1.3 Defina os seguintes conceitos:

CPU
Programa
Linguagem de alto nível
Compilador
Interpretador
Linguagem de máquina
Bit

A CPU pode ser definida como a parte ativa do computador que contém a UAL e a UC e pode somar números, compará-los, ativar dispositivos de entrada/saída etc.

Um programa é um conjunto de instruções com uma determinada sintaxe, que podem ser interpretadas e executadas pela CPU.

As linguagens de programação de alto nível são aquelas em que as instruções ou sentenças para o computador são escritas com palavras similares à linguagem humana.

Compilador é o programa que traduz uma linguagem de alto nível para o código de máquina. Os compiladores traduzem todo o código-fonte e produzem um programa executável independente.

O interpretador traduz um programa escrito em uma linguagem de alto nível para código de máquina conforme vai sendo executado.

As linguagens de máquina são aquelas cujas instruções são diretamente entendidas pelo computador e não necessitam de tradução posterior para que a CPU possa compreender e executar o programa. As instruções na linguagem de máquina são uma seqüência de bits que especificam a operação e as células de memória implicadas em uma operação.

Bit é um dígito numérico em base 2.

1.4 Complete os espaços em branco nas seguintes afirmações:

a) Os computadores processam dados controlados por séries de instruções que são denominadas..........................

b) As linguagens de programação podem ser divididas nos seguintes tipos gerais: de alto nível..........................

c) Um montador traduz um programa em .... para código de máquina.

d) Os programas escritos em linguagem montadora devem ser .... se forem executados em um computador de arquitetura distinta.

e) A memória .... é usada para armazenar os programas enquanto se executa, diferentemente da memória secundária, que é memória não-volátil usada para armazenar programas e dados entre execuções.

a) programas
b) montadora e linguagens de máquina
c) linguagem montadora
d) reescritos
e) principal

1.5 Enumere e descreva as principais hierarquias de memória que você conhece atendendo ao tempo de acesso e à capacidade:

Seguindo uma ordem crescente quanto ao tempo de acesso e à capacidade, o primeiro nível que deveria ser mencionado são *os registros de processador*. Esses registros têm um tempo de acesso muito pequeno e uma capacidade mínima e interagem continuadamente com a CPU, já que formam parte dela.

A seguir estariam as *memórias cache*, que são memórias de pequena capacidade e pequeno tempo de acesso que, precisamente por isso, estão entre a CPU e a memória central.

O nível seguinte a ser considerado é a *memória principal*, onde residem os programas e os dados. A CPU lê e escreve dados nela, ainda que com menos freqüência que nos níveis anteriores. Tem um tempo de acesso bastante rápido e grande capacidade.

Em último lugar estariam as *memórias secundárias*, como fitas magnéticas, discos magnéticos, discos compactos etc., onde são armazenados os programas e os dados para que não sejam perdidos quando se desliga o computador. Essas memórias também são usadas para apoio da memória central (memória virtual) no caso de que esta seja insuficiente. São memórias de grande capacidade, mas cujo tempo de acesso é mais lento.

REVISÃO DO CAPÍTULO

Conceitos-chave

- Armazenamento secundário
- CD-RW
- Compilação independente
- Compilador
- Computador
- CPU
- Disco
- Disquete
- DVD
- DVD-RW
- Entrada/Saída
- Hardware
- Interpretador
- Linguagem de alto nível
- Linguagem de baixo nível
- Linguagem de programação
- Linguagem montadora
- Linguagem de máquina
- Máquina virtual Java
- Memória

- Memória auxiliar
- Memória central
- Microprocessador
- Montador
- Portabilidade
- Processador
- Programa de computador
- RAM
- ROM
- Sistema operacional
- Software de aplicações
- Software do sistema
- Unidade Central de Processamento

Resumo

Um computador é uma máquina para processar informação e obter resultados em função de dados de entrada.

Hardware: parte física de um computador (dispositivos eletrônicos).

Software: parte lógica de um computador (programas).

Os computadores são compostos de:

- Dispositivos de Entrada/Saída (E/S).
- Unidade Central de Processamento (Unidade de Controle e Unidade Lógica e Aritmética).
- Memória central.
- Dispositivos de armazenamento de massa de informação (memória auxiliar ou externa).

O *software do sistema* compreende, entre outros, o *sistema operacional* (Windows 98/XP ou Linux em computadores pessoais) e os compiladores e interpretadores das linguagens de programação.

As *linguagens de programação* de alto nível são projetadas para tornar mais fácil a escrita dos programas que as linguagens de baixo nível. Há inúmeras linguagens de programação, cada uma com suas próprias características e especialidades. Os programas escritos em linguagens de alto nível são, normalmente, mais fáceis de transportar para máquinas diferentes que os escritos em linguagens de baixo nível.

Os programas escritos em linguagens de alto nível devem ser traduzidos por um compilador antes que possam ser executados em uma máquina específica. A maioria das linguagens de programação requer um compilador para cada máquina na qual se deseja executar programas escritos em uma linguagem específica. As linguagens de programação são classificadas em:

- *Alto nível*: Pascal, C, C++, C#, Java, Visual Basic, VB.NET, FORTRAN, Ada, Modula-2, Delphi etc.
- *Baixo nível*: Montadora.
- *Máquina*: Código de máquina.

Os programas tradutores de linguagem são:

- *Compiladores*.
- *Interpretadores*.

EXERCÍCIOS

1.1 Defina os seguintes termos:

a) programa de computador
b) programação
c) linguagem de programação
d) linguagem de alto nível
e) linguagem de máquina
f) linguagem montadora
g) compilador
h) interpretador

1.2 Enumere os diferentes tipos de linguagens de programação utilizados ao longo das diferentes gerações de computadores. Quais você tem previsão de utilizar em sua aprendizagem? Por quê?

1.3 Descreva as características mais evidentes das linguagens de programação Pascal, C, C++, Java, C#. Qual você acredita ser a melhor para o ensino da programação no nível iniciante? Por quê?

1.4 O armazenamento de dados em dispositivos externos de memória é uma necessidade vital tanto durante sua aprendizagem como em sua vida profissional. Qual pensa utilizar em sua aprendizagem em sua casa e em seu centro de ensino? Explique suas características e compare-as com as dos outros dispositivos explicados neste capítulo. Se puder, indique quais acredita que serão os melhores no processo de aprendizagem.

1.5 Como o conhecimento do hardware influencia na formação da aprendizagem da programação?

1.6 Explique as características e os tipos de software do sistema e software de aplicações que conhece.

1.7 Enumere os sistemas operacionais que conhece e explique as razões pelas quais vai usar um deles concretamente.

1.8 Por que o processador é uma parte tão importante do computador?

1.9 Que funções a Unidade Central de Processamento realiza?

1.10 Explique as missões de uma memória RAM, assim como seus diferentes tipos. Qual seu computador de trabalho possui? Explique as diferenças entre as memórias RAM que conhece, indique suas vantagens e seus inconvenientes.

1.11 Qual seria a configuração ideal de um computador para você aprender a programar no momento em que está lendo este livro?

1.12 Quais são os dispositivos de armazenamento em massa mais usuais do tipo CD-ROM, DVD?

2
RESOLUÇÃO DE PROBLEMAS COM COMPUTADOR E FERRAMENTAS DE PROGRAMAÇÃO

SUMÁRIO

2.1   Fases na resolução de problemas
2.2   Programação modular
2.3   Programação estruturada
2.4   Conceito e características de algoritmos
2.5   Escrevendo algoritmos
ATIVIDADES DE PROGRAMAÇÃO
   RESOLVIDAS

REVISÃO DO CAPÍTULO
   Conceitos-chave
   Resumo
EXERCÍCIOS

Este capítulo introduz a metodologia para a resolução de problemas com computadores e com uma linguagem de programação como C.

A resolução de um problema com um computador é feita escrevendo-se um programa, que exige pelo menos os seguintes passos:

1. Definição ou análise do problema.
2. Projeto do algoritmo.
3. Transformação do algoritmo em um programa.
4. Execução e validação do programa.

Entre os objetivos fundamentais deste livro estão a *aprendizagem* e o *projeto dos algoritmos*. Este capítulo introduz o conceito de algoritmo e de programa, assim como as ferramentas que permitem ao usuário "dialogar" com a máquina: *as linguagens de programação*.

2.1 FASES NA RESOLUÇÃO DE PROBLEMAS

O processo de resolução de um problema com um computador leva à escrita de um programa e à sua execução. Ainda que o processo de projetar programas seja — essencialmente — um processo criativo, pode-se considerar uma série de fases ou passos comuns que todos os programadores geralmente devem seguir.

As fases de resolução de um problema com computador são:

- Análise do problema
- Projeto do algoritmo
- Codificação
- Compilação e execução
- Verificação
- Depuração
- Manutenção
- Documentação

Constituem o ciclo de vida do software e as fases ou etapas usuais:

- *Análise.* O problema é analisado tendo presente a especificação dos requisitos dados pelo cliente da empresa ou pela pessoa responsável pelo programa.
- *Projeto.* Uma vez analisado o problema, projeta-se uma solução que conduzirá a um algoritmo que resolva o problema.
- *Codificação (implementação).* A solução é escrita na sintaxe da linguagem de alto nível (por exemplo, C) e se obtém um programa.
- *Compilação, execução e verificação.* O programa é executado, testado rigorosamente e são eliminados todos os erros (denominados *bugs*, em inglês) que possam aparecer.
- *Depuração e manutenção.* O programa é atualizado e modificado sempre que necessário de modo que sejam cumpridas todas as necessidades de mudança de seus usuários.
- *Documentação.* Escrita das diferentes fases do ciclo de vida do software, essencialmente a análise, o projeto e a codificação, com manuais do usuário e de referência, assim como normas para a manutenção.

As duas primeiras fases levam a um projeto detalhado escrito em forma de algoritmo. Durante a terceira etapa (*codificação*) é implementado[1] o algoritmo em um código escrito em uma linguagem de programação, refletindo as idéias desenvolvidas nas fases de análise e projeto.

A fase de *compilação e execução* traduz e executa o programa. Nas fases de *verificação* e *depuração* o programador busca erros das etapas anteriores e os elimina. Está comprovado que, quanto mais tempo se gasta na fase de análise e projeto, menos se gastará na depuração do programa. Por último, deve ser realizada a *documentação do programa*.

Antes de conhecer as tarefas realizadas em cada fase, vamos considerar o conceito e o significado da palavra **algoritmo**. A palavra *algoritmo* deriva da tradução do latim da palavra Alkhôwarizmi[2], nome de um matemático e astrônomo árabe que escreveu um tratado sobre manipulação de números e equações no século IX. Um **algoritmo** é um método para resolver um problema mediante uma série de passos precisos, definidos e finitos.

> **Característica de um algoritmo**
>
> - *preciso* (indicar a ordem de realização em cada passo),
> - *definido* (se seguido duas vezes, obtém-se o mesmo resultado toda vez),
> - *finito* (tem fim: um número determinado de passos).

---

[1] Na penúltima edição (21ª) do DRAE (Dicionário da Real Academia Espanhola) se acertou o termo implementar: (Informática) "Pôr em funcionamento, aplicar métodos e medidas, etc. para levar algo a cabo".

[2] Foi escrito um tratado matemático famoso sobre a manipulação de números e equações intitulado *Kitab al-jabr w' almugabala*. A palavra álgebra derivou da sua semelhança sonora com *al-jabr*.

Um algoritmo deve produzir um resultado em um tempo finito. Os métodos que utilizam algoritmos são denominados *métodos algorítmicos*, em oposição aos métodos que implicam algum juízo ou interpretação, que são denominados *métodos heurísticos*. Os métodos algorítmicos podem ser *implementados* em computadores, entretanto, os processos *heurísticos* não foram convertidos facilmente nos computadores. Nos últimos anos, as técnicas de inteligência artificial têm possibilitado a *implementação* do processo heurístico em computadores.

Exemplos de algoritmos são: instruções para montar uma bicicleta, fazer uma receita culinária, obter o máximo divisor comum de dois números etc. Os algoritmos podem ser expressos por *fórmulas, diagramas de fluxo* ou **N-S** e *pseudocódigos*. Essa última representação é a mais utilizada em linguagens estruturadas como C.

2.1.1 Análise do problema

A primeira fase da resolução de um problema com computador é a *análise do problema*. Ela requer uma clara definição, na qual sejam observados exatamente o que deve fazer o programa e o resultado ou solução desejada.

Dado que se busca uma solução pelo computador, são necessárias especificações detalhadas de entrada e saída. A Figura 2.1 mostra os requisitos que devem ser definidos na análise.

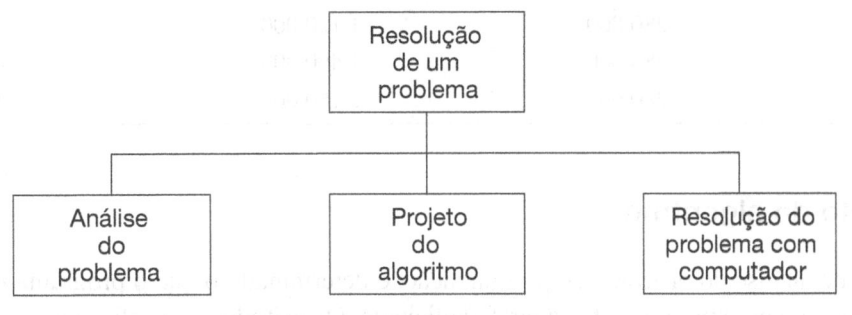

Figura 2.1 Análise do problema.

Para poder definir bem um problema, é conveniente responder as seguintes perguntas:

- Que entrada se requer? (tipo e quantidade).
- Qual é a saída desejada? (tipo e quantidade).
- Que método produz a saída desejada?

Problema 2.1

Desejamos obter uma tabela com as depreciações acumuladas e dois valores reais de cada ano de um automóvel comprado por 1.800.000 pesetas no ano de 1996, durante os seis anos seguintes, supondo um valor de recuperação ou resgate de 120.000. Realizar a análise do problema, conhecendo a fórmula da depreciação anual constante D para cada ano de vida útil.

$$D = \frac{custo - valor\ de\ recuperação}{vida\ útil}$$

$$D = \frac{1.800.000 - 120.000}{6} = \frac{1.680.000}{6} = 280.000$$

Entrada $\begin{cases} \text{custo original} \\ \text{vida útil} \\ \text{valor de recuperação} \end{cases}$

Saída { depreciação anual por ano
depreciação acumulada em cada ano
valor do automóvel em cada ano

Processo { depreciação acumulada
cálculo da depreciação acumulada a cada ano
cálculo do valor do automóvel em cada ano

A Tabela 2.1 mostra a saída solicitada.

Tabela 2.1

Ano	Depreciação	Depreciação acumulada	Valor anual
1 (1996)	280.000	280.000	1.520.000
2 (1997)	280.000	560.000	1.240.000
3 (1998)	280.000	840.000	960.000
4 (1999)	280.000	1.120.000	680.000
5 (2000)	280.000	1.400.000	400.000
6 (2001)	280.000	2.180.000	120.000

2.1.2 Projeto do algoritmo

Na etapa de análise do processo de programação, é determinado o que o programa faz. Na etapa do projeto é determinado como o programa faz a tarefa solicitada. Os métodos mais eficazes para o processo de projeto se baseiam no conhecido por *dividir* e *conquistar*, ou seja, a resolução de um problema complexo é obtida dividindo-se o problema em subproblemas e esses subproblemas em outros de nível mais baixo, até que possa ser *implementada* uma solução no computador. Esse método é conhecido tecnicamente como **projeto descendente** (*top-down*) ou **modular**. O processo de quebrar o problema em cada etapa e expressar cada passo em forma mais detalhada é denominado *refinamento sucessivo*.

Cada subprograma é resolvido mediante um **módulo** (*subprograma*) que tem somente um ponto de entrada e um ponto de saída.

Qualquer programa bem projetado contém um *programa principal* (o módulo de nível mais alto) que chama subprogramas (módulos de nível mais baixo), que por sua vez podem chamar outros subprogramas. Para os programas estruturados dessa forma, dizemos que possuem um *projeto modular*, e o método de quebrar o programa em módulos menores denomina-se *programação modular*. Os módulos podem ser planejados, codificados, testados e depurados independentemente (inclusive por diferentes programadores) e depois combinados entre si. O processo implica a execução dos seguintes passos até que o programa termine:

1. Programar um módulo.
2. Testar o módulo.
3. Se for necessário, depurar o módulo.
4. Combinar o módulo com os módulos anteriores.

O processo que converte os resultados de análise do problema em um projeto-modular com refinamentos sucessivos que permitam uma tradução posterior para uma linguagem é denominado **projeto de algoritmo**.

O projeto de algoritmo é independente da linguagem de programação usada para posterior codificação.

2.1.3 Ferramentas de programação

As duas ferramentas mais utilizadas para projetar algoritmos são: *diagramas de fluxo* e *pseudocódigo*.

Diagramas de fluxo

Um **diagrama de fluxo** (*flowchart*) é uma representação gráfica de um algoritmo. Os símbolos utilizados foram padronizados pelo Instituto Norte-americano de Padronização (ANSI), e os mais empregados estão na Figura 2.2, junto com uma planilha utilizada para o projeto dos diagramas de fluxo (Figura 2.3). A Figura 2.4 representa o diagrama de fluxo que resolve o Problema 2.1.

Pseudocódigo

O **pseudocódigo** é uma ferramenta de programação na qual as instruções são escritas em palavras similares ao inglês ou português, que facilitam tanto a escrita como a leitura de programas. Essencialmente, o pseudocódigo pode ser definido como uma *linguagem de especificações de algoritmos*.

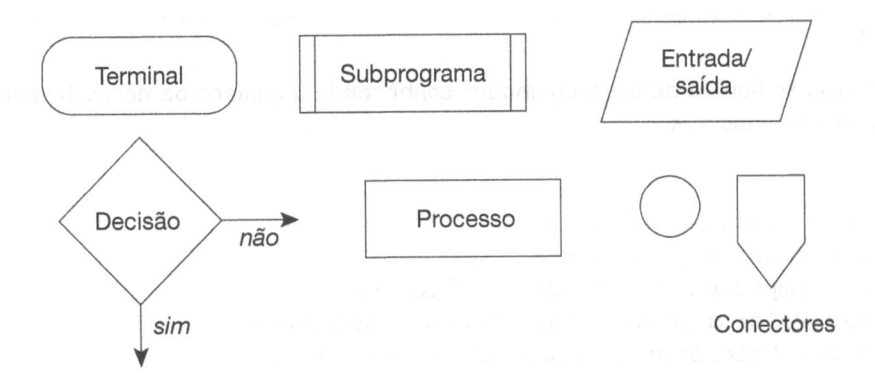

Figura 2.2 Símbolos mais utilizados nos diagramas de fluxo.

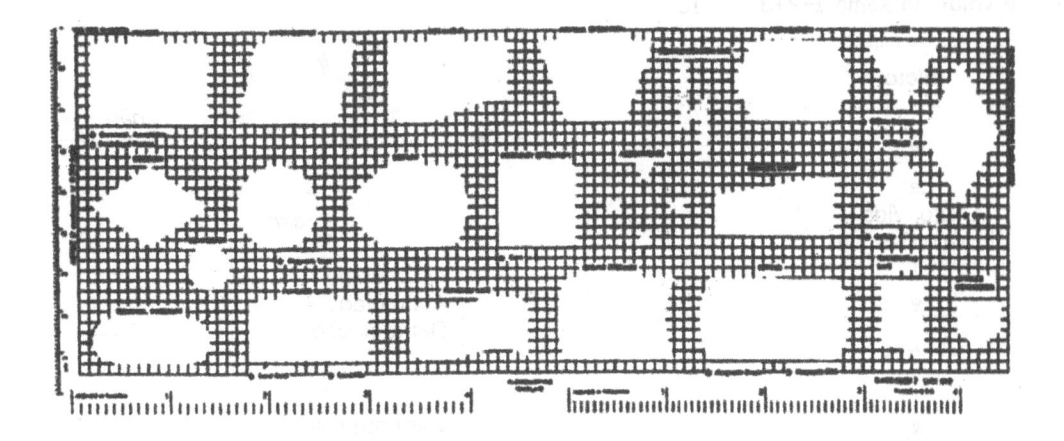

Figura 2.3 Planilha para projeto de diagramas de fluxo.

Mesmo não existindo regras para se escrever o pseudocódigo em português, é comum usar uma notação-padrão que será utilizada no livro e que é muito empregada nos livros de programação em português. As palavras reservadas basicamente são representadas por letras minúsculas em negrito. Essas palavras são traduções livres de palavras reservadas de linguagens como C, Pascal etc. Mais adiante serão indicados os pseudocódigos fundamentais que serão utilizados nesta obra.

O pseudocódigo que resolve o Problema 2.1 é:

```
Previsões de depreciação
Introduzir custo
   vida útil
   valor final de resgate (recuperação)
imprimir cabeçalhos
Estabelecer o valor inicial do Ano
Calcular depreciação
enquanto valor ano =< vida útil fazer
   calcular depreciação acumulada
   calcular valor atual
   imprimir uma linha na tabela
   incrementar o valor do ano
fim do enquanto
```

e seu diagrama de fluxo aparece na Figura 2.4.

Exemplo 2.1

Calcular o pagamento líquido de um trabalhador conhecendo o número de horas trabalhadas, a tarifa horária e a alíquota de impostos.

Algoritmo

1. Ler Horas, Tarifa, alíquota
2. Calcular ValorBruto = Horas * Tarifa
3. Calcular impostos = ValorBruto * Alíquota
4. Calcular ValorLíquido = ValorBruto — Impostos
5. Visualizar ValorBruto, Impostos, ValorLíquido

Exemplo 2.2

Calcular o valor da soma 1+2+3 ... + 100.

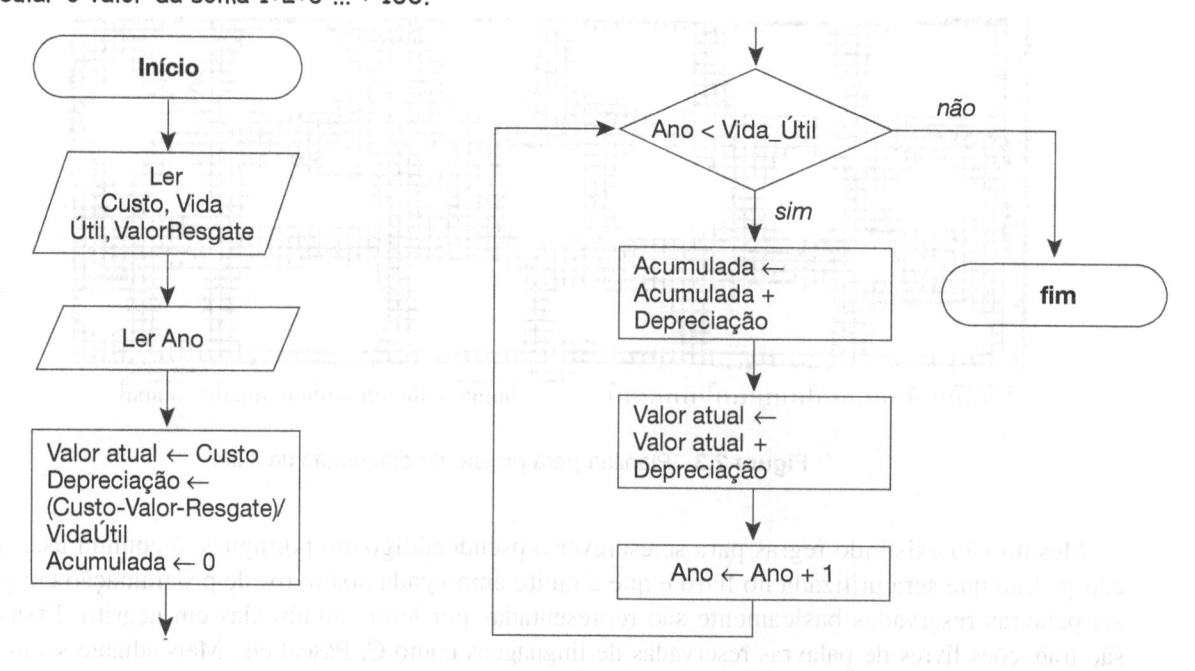

Figura 2.4 Diagrama de fluxo (Problema 2.1).

Algoritmo

Utiliza-se uma variável `Contador` como um contador que gere os sucessivos números inteiros, e Soma para armazenar as somas parciais 1, 1+2, 1+2+3...

1. Estabelecer *Contador* a 1
2. Estabelecer *Soma* a 0
3. **enquanto** *Contador* < = 100 **fazer**
   Somar *Contador* a *Soma*
   Incrementar *Contador* em 1
   fim-enquanto
4. Visualizar *Soma*

2.1.4 Codificação de um programa

Codificação é a escrita, em uma linguagem de representação da programação, do algoritmo desenvolvido nas etapas precedentes. Dado que o projeto de um algoritmo é independente da linguagem de programação utilizada para sua implementação, o código pode ser escrito com igual facilidade em uma linguagem ou em outra.

Para realizar a conversão do algoritmo em programas, devemos substituir as palavras reservadas em português por seus homônimos em inglês, e as operações/instruções indicadas em linguagem natural devem ser expressas na linguagem de programação correspondente.

```c
/*
Este programa escrito em "C" obtém uma tabela de depreciações acumuladas e
valores reais de cada ano de um determinado produto
*/
# include <stdio.h> void main()
{
    double    Custo, Depreciação,
       Valor_Recuperação,
       Valor_Atual,
       Acumulado
       Valor_Anual;
    int Ano, Vida_Útil;
    puts ("Introduza custo, valor recuperação e vida útil");
    scanf ("%lf %lf %lf", &Custo, &Valor_Recuperação, &Vida_Útil);
    puts ("Introduza ano atual");
    scanf ("%d", &Ano);
    Valor_Atual = Custo;
    Depreciação = (Custo-Valor_Recuperação)/Vida_Útil;
    Acumulado = 0;
    puts ("Ano Depreciação Dep. Acumulada");
    while (Ano < Vida_Útil)
    {
       Acumulado = Acumulado + Depreciação;
       Valor_Atual = Valor_Atual — Depreciação;
       printf ("Ano: %d, Depreciação:%.2lf, 2lf Acumulada",
          Ano, Depreciação, Acumulado);
       Ano = Ano + 1;
    }
}
```

Documentação interna

Como veremos mais adiante, a documentação de um programa é classificada em *interna e externa*. A *documentação interna* é a que se inclui dentro do código do programa-fonte mediante comentários que ajudam na compreensão do código. Todas as linhas de programas que comecem com um símbolo /* são *comentários*. O programa não necessita deles e o computador os ignora. Essas linhas de comentários servem apenas para fazer os programas mais fáceis de compreender. O objetivo do programador deve ser escrever códigos simples e limpos.

Como as máquinas atuais suportam grande memória (256 MB ou 512 MB de memória central mínima em computadores pessoais), não é necessário recorrer a técnicas de economia de memória, portanto é recomendável que seja incluído o maior número de comentários possível, desde que significativos.

2.1.5 Compilação e execução de um programa

Uma vez que o algoritmo foi convertido em um programa-fonte, é preciso introduzi-lo na memória por meio do teclado e armazená-lo posteriormente em um disco. Essa operação é realizada com um programa editor, e em seguida o programa-fonte é convertido em um *arquivo de programa* que é guardado (*gravado*) em disco.

O **programa-fonte** deve ser traduzido para linguagem de máquina, processo realizado com o compilador e o sistema operacional, que se encarrega, na prática, da compilação.

Se a compilação apresenta erros (*erros de compilação*) no programa-fonte, é preciso voltar a editar o programa, corrigir os erros e compilar de novo. Esse processo se repete até que não se produzam erros, obtendo-se o **programa-objeto**, que ainda não é executável diretamente. Supondo que não existam erros no programa-fonte, deve-se instruir o sistema operacional para que realize a fase de **montagem ou enlace** (*link*), carga, do programa-objeto com as bibliotecas do programa do compilador. O processo de montagem produz um **programa executável**. A Figura 2.5 descreve o processo completo de compilação/execução de um programa.

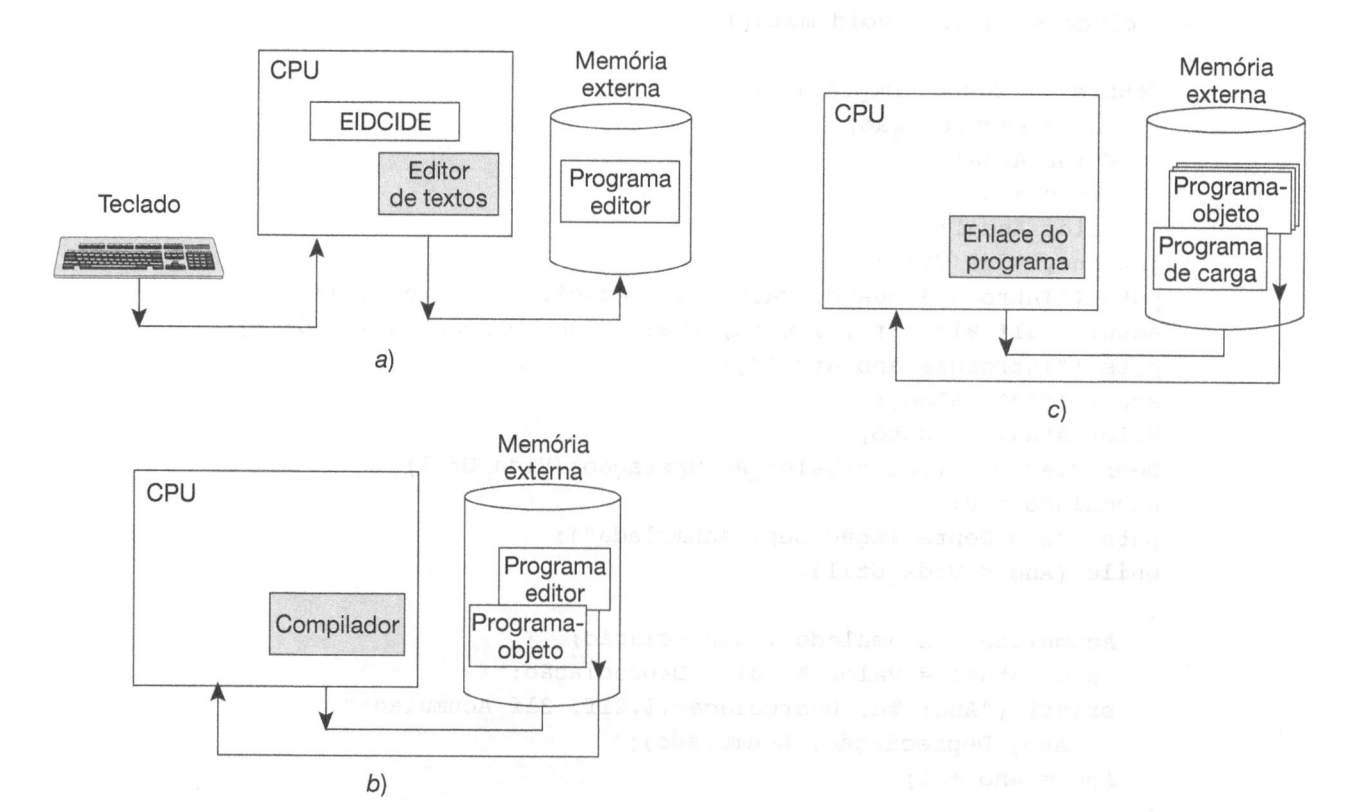

Figura 2.5 Fases da compilação/execução de um programa: *a)* edição; *b)* compilação; *c)* montagem ou enlace.

Quando o programa executável tiver sido criado, podemos executar (rodar) do sistema operacional por exemplo escrevendo seu nome (no caso de DOS). Supondo-se que não existem erros durante a execução (chamados **erros de tempo de execução**), será obtida uma saída de resultados do programa.

As instruções ou ordens para compilar e executar um programa em C podem variar segundo o tipo de compilador. Deve-se observar que o processo de Visual C++ 6 é diferente de C no Unix ou no Linux.

2.1.6 Verificação e depuração de um programa

A *verificação* de um programa é o processo de execução do programa com uma ampla variedade de dados de entrada, chamados *dados de teste ou prova*, que determinarão se o programa tem erros (*bugs*). Para realizar a verificação devemos desenvolver uma ampla gama de dados de teste: valores de entrada normais que testem aspectos especiais do programa.

A *depuração* é o processo de encontrar os erros do programa e corrigir ou eliminar esses erros.

Quando se executa um programa, podem ser produzidos três tipos de erros:

1. *Erros de compilação*. São produzidos normalmente pelo uso incorreto das regras da linguagem de programação e costumam ser *erros de sintaxe*. Se existe um erro de sintaxe, o computador não pode compreender a instrução, não será obtido o programa-objeto e o compilador imprimirá uma lista de todos os erros encontrados durante a compilação.
2. *Erros de execução*. São produzidos por instruções que o computador pode compreender mas não executar. Exemplos: divisão por zero e raízes quadradas de números negativos. Nestes casos a execução do programa é interrompida e uma mensagem de erro é impressa.
3. *Erros lógicos*. São produzidos na lógica do programa e a fonte do erro costuma ser o projeto do algoritmo. Estes erros são os mais difíceis de detectar, já que o programa pode funcionar e não produzir erros de compilação nem de execução, e somente podemos perceber o erro pela obtenção de resultados incorretos. Nesse caso, deve-se voltar à fase de projeto do algoritmo, modificar o algoritmo, mudar o programa-fonte e compilar e executar mais uma vez.

2.1.7 Documentação e manutenção

A documentação de um problema são descrições dos passos a serem dados no processo de resolução de um problema. A importância da documentação deve ser destacada pela sua influência decisiva no produto final. Programas mal documentados são difíceis de ler, mais difíceis de depurar e quase impossíveis de manter e modificar.

A documentação de um programa pode ser *interna* e *externa*. A *documentação* interna é a contida nas linhas de comentários. A *documentação externa* inclui análise, diagramas de fluxo e/ou pseudocódigos, manuais de usuário com instruções para executar o programa e para interpretar os resultados.

A documentação é vital quando se deseja corrigir possíveis erros futuros ou mudar o programa. Tais mudanças são denominadas *manutenção do programa*. Depois de cada mudança, a documentação deve ser atualizada para facilitar mudanças posteriores. Uma prática freqüente é enumerar as sucessivas versões dos programas **1.0, 1.1, 2.0, 2.1** etc. (Se as mudanças introduzidas são importantes, varia o primeiro dígito [**1.0, 2.0**,...]; no caso de pequenas mudanças, somente varia o segundo dígito [**2.0, 2.1**,...].)

2.2 PROGRAMAÇÃO MODULAR

A *programação modular* é um dos métodos de projeto mais flexíveis e potentes para melhorar a produtividade de um programa. Em programação modular, o programa é dividido em *módulos* (partes independentes), cada um dos quais executa uma atividade ou tarefa e é codificado independentemente de outros módulos. Cada um desses módulos é analisado, codificado e colocado em uso separadamente.

Cada programa contém um módulo denominado *programa principal*, que controla tudo o que acontece; transfere-se o controle para *subprodutos* (posteriormente denominados *subprogramas*), de modo que eles possam executar suas funções; entretanto, cada submódulo devolve o controle ao módulo principal quando completa sua tarefa. Se a tarefa alocada a cada submódulo é muito complexa, ele deverá ser quebrado em outros módulos menores. O processo sucessivo de subdivisão de módulos continua até que cada módulo tenha apenas uma tarefa específica para executar. Essa tarefa pode ser *entrada, saída, manipulação de dados, controle de outros módulos* ou alguma *combinação destes*. Um módulo pode transferir temporariamente (*ir para*) o controle para outro módulo, entretanto, cada módulo deve eventualmente devolver o controle ao módulo do qual recebeu originalmente o controle.

Os módulos são independentes no sentido de que nenhum módulo pode ter acesso direto a qualquer outro módulo exceto ao módulo que chama e a seus próprios submódulos. Entretanto, os resultados produzidos por um módulo podem ser utilizados por quaisquer outros módulos quando lhes é transferido o controle.

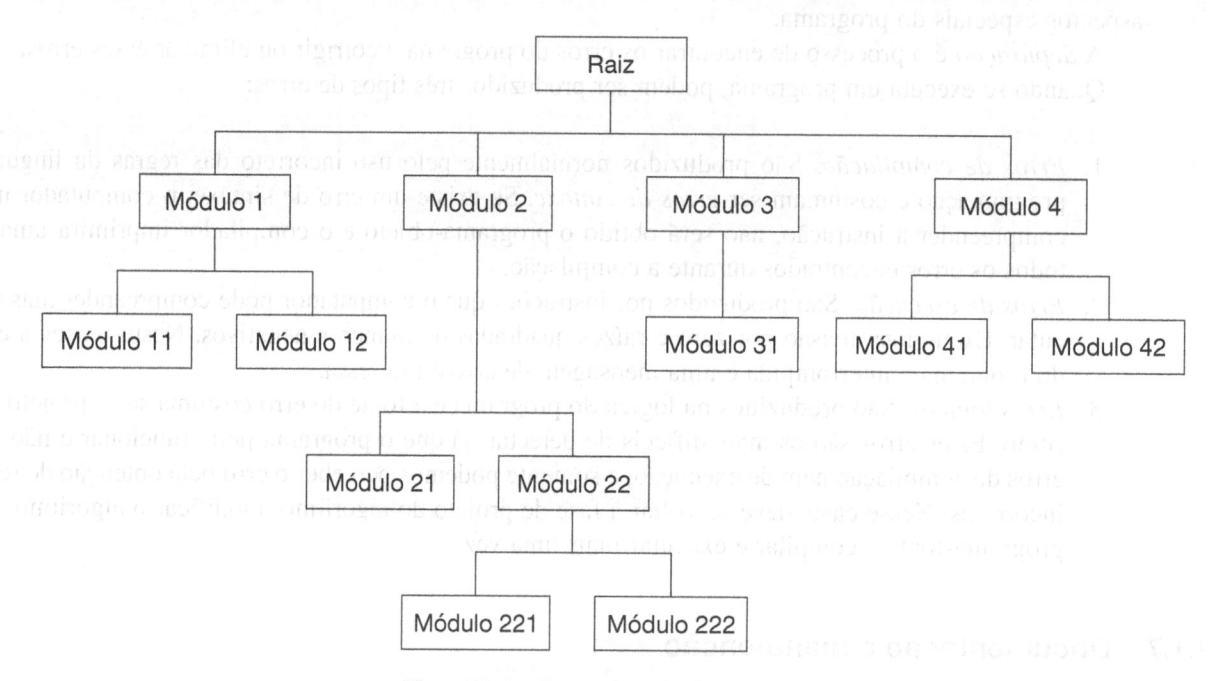

Figura 2.6 Programação modular.

Dado que os módulos são independentes, diferentes programadores podem trabalhar simultaneamente em diferentes partes do mesmo programa. Isso reduzirá o tempo do projeto do algoritmo e posteriores codificações do programa. Além disso, um módulo pode ser modificado radicalmente sem afetar os outros módulos, inclusive sem alterar sua função principal.

A decomposição de um programa em módulos independentes mas simples é conhecida também como o método de "**dividir para conquistar**" (*divide and conquer*). Projetando-se cada módulo com independência dos demais e seguindo um método ascendente ou descendente, se chegará até a decomposição final do problema em módulos de maneira hierárquica.

2.3 PROGRAMAÇÃO ESTRUTURADA

Os termos *programação modular, programação descendente* e *programação estruturada* foram introduzidos na segunda metade da década de 1960 e costumam ser usados como sinônimos, embora não signifiquem a mesma coisa. As programações modular e descendente já foram examinadas. A *programação estruturada* significa escrever um programa conforme as seguintes regras:

- O programa tem um projeto modular.
- Os módulos são projetados de modo descendente.
- Cada módulo é codificado utilizando-se as três estruturas de controle básicas: *seqüência, seleção* e *repetição*.

Para quem está familiarizado com linguagens como BASIC, Pascal, FORTRAN ou C, a programação estruturada significa também *programação sem* **GOTO** (C não requer o uso da sentença **GOTO**).

A expressao *programação estruturada* se refere a um conjunto de técnicas desenvolvidas dos trabalhos fundamentais de Edgar Dijkstra. Essas técnicas ampliam consideravelmente a produtividade do programa, reduzindo em alto grau o tempo necessário para escrever, verificar, depurar e manter os programas. A programação estruturada utiliza um número limitado de estruturas de controle que minimizam a complexidade dos programa e, portanto, reduzem os erros; os programas ficam mais fáceis de escrever, verificar, ler e manter. Os programas devem ser dotados de uma estrutura.

A **programação estruturada** é o conjunto de técnicas que incorporam:

- *recursos abstratos,*
- *projeto descendente (top-down),*
- *estruturas básicas.*

2.3.1 Recursos abstratos

A programação estruturada faz uso de recursos abstratos em vez de recursos concretos que uma determinada linguagem de programação dispõe.

Decompor um programa em termos de recursos abstratos — segundo Dijkstra — consiste em decompor uma determinada ação complexa em termos de ações mais simples que podem ser executadas ou que constituam instruções disponíveis de computador.

2.3.2 Projeto descendente (*top-down*)

O projeto descendente (*top-down*) é o processo mediante o qual um problema é decomposto em uma série de níveis ou passos sucessivos de refinamento (*stepwise*). A metodologia descendente consiste em efetuar um relacionamento entre as sucessivas etapas de estruturação de modo a se relacionarem mediante entradas e saídas de informação, ou seja, decomposição do problema em etapas ou estruturas hierárquicas, de maneira a se poder considerar cada estrutura dos pontos de vista do *que fazer?* e *como fazer?*

Para um nível *n* de refinamento, as estruturas são consideradas da seguinte maneira:

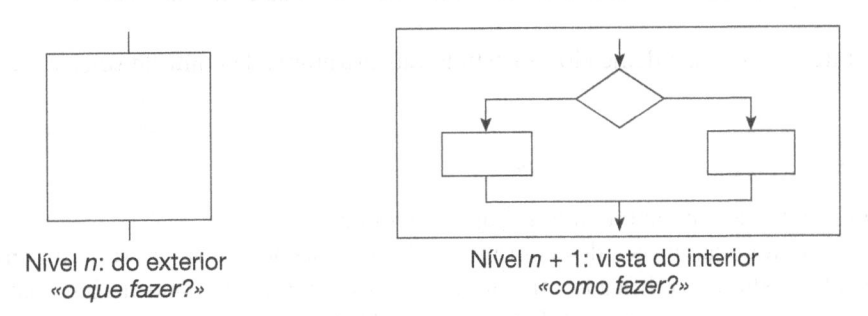

Nível *n*: do exterior
«o que fazer?»

Nível *n* + 1: vista do interior
«como fazer?»

O projeto descendente pode ser visto na Figura 2.7.

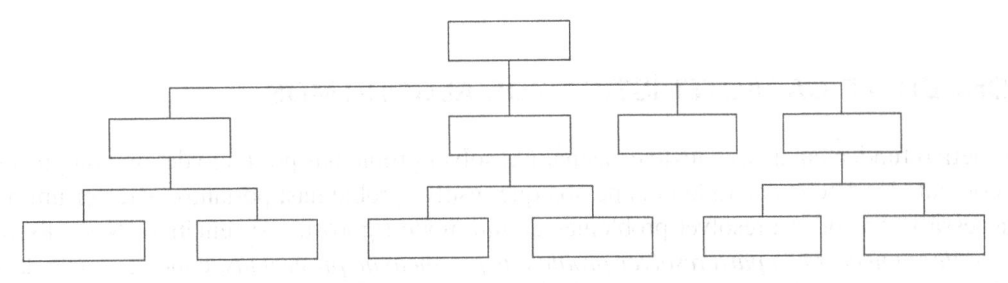

Figura 2.7 Projeto descendente.

2.3.3 Estruturas de controle

As *estruturas de controle* de uma linguagem de programação são métodos de especificar a ordem em que as instruções de um algoritmo são executadas. A ordem de execução das sentenças (linguagem) ou instruções determinam o *fluxo de controle*. Essas estruturas de controle são, conseqüentemente, fundamentais nas linguagens de programação e nos projetos de algoritmos, especialmente os pseudocódigos.

As três estruturas de controle básico são:

- *seqüência,*
- *seleção,*
- *repetição.*

e serão estudadas nos Capítulos 4 e 5.

A programação estruturada torna os programas mais fáceis de escrever, verificar, ler e manter; utiliza um número limitado de estruturas de controle, o que minimiza a complexidade dos problemas.

2.3.4 Teorema de programação estruturada: estruturas básicas

Em maio de 1966, Böhm e Jacopini demonstraram que um *programa próprio* pode ser escrito utilizando-se somente três tipos de estruturas de controle.

- *seqüenciais,*
- *seletivas,*
- *repetitivas.*

Um programa é definido como **próprio** se apresenta as seguintes características:

- *Possui somente um ponto de entrada e um de saída ou fim para controle de programa.*
- *Existem caminhos da entrada até a saída que podem ser seguidos e que passam por todas as partes do programa.*
- *Todas as instruções são executáveis e não existem laços infinitos (sem fim).*

Os Capítulos 4 e 5 são dedicados ao estudo das estruturas de controle seletivas e repetitivas.

> *A programação estruturada significa:*
> - O programa completo tem um projeto modular.
> - Os módulos são projetados com metodologia descendente (pode ser também ascendente).
> - Cada módulo é codificado utilizando as três estruturas de controle básicas: seqüenciais, seletivas e repetitivas (ausência total de sentenças **GOTO**).
> - *Estruturação e modulação* são conceitos complementares.

2.4 CONCEITO E CARACTERÍSTICAS DE ALGORITMOS

O objetivo fundamental deste texto é ensinar a resolver problemas por meio de um computador. O programador de computador é acima de tudo uma pessoa que resolve problemas; portanto, para ser um programador eficaz, é necessário aprender a resolver problemas de um modo rigoroso e sistemático. Neste livro nos referiremos à *metodologia necessária para resolver problemas por meio de programas*, conceito que é denominado **metodologia da programação**, cujo ponto central é o conceito de algoritmo, já tratado.

Um algoritmo é um método para resolver um problema. Ainda que a popularização do termo tenha chegado com o advento da era da informática, **algoritmo** provém de *Mohammed al-Khowârizmi,* matemático persa que viveu durante o século IX e alcançou grande nome pelo enunciado das regras passo-a-passo para somar, subtrair, multiplicar e dividir números decimais; a tradução para o latim do sobrenome na palavra *algorismus* derivou posteriormente em algoritmo. Euclides, o grande matemático grego (do século IV a.C.) que inventou um método para encontrar o maior divisor comum de dois números, é considerado, ao lado de Al-Khowârizmi, o outro grande pai da ciência que trata dos algoritmos.

O professor Niklaus Wirth — inventor de Pascal, Modula-2 e Oberon — intitulou um de seus mais famosos livros como *Algoritmos + Estruturas de Dados = Programas,* significando que somente se pode realizar um bom programa com o projeto de um algoritmo e uma correta estrutura de dados. Essa equação será uma das hipóteses fundamentais consideradas nesta obra.

A resolução de um problema exige o projeto de um algoritmo que resolva o problema proposto.

```
┌───────────┐     ┌───────────────┐     ┌──────────────┐
│ Problema  │ ──► │   Projeto     │ ──► │  Programa    │
│           │     │ do algoritmo  │     │ de computador│
└───────────┘     └───────────────┘     └──────────────┘
```

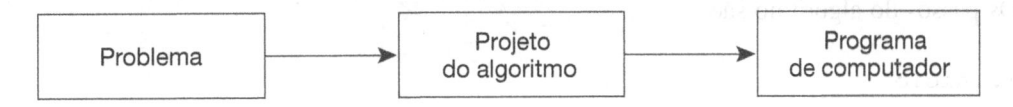

Figura 2.8 Resolução de um problema.

Os passos para a resolução de um problema são:

1. *Projeto do algoritmo*, que descreve a seqüência ordenada de passos — sem ambigüidades — que leva à solução de um problema dado. (*Análise do problema e desenvolvimento do algoritmo.*)
2. Expressar o algoritmo como um *programa* em uma linguagem de programação adequada. (*Fase de codificação.*)
3. *Execução e validação* do programa pelo computador.

Para chegarmos à realização de um programa, é necessário o projeto prévio de um algoritmo, pois sem algoritmo não pode existir um programa.

Os algoritmos são independentes tanto da linguagem de programação em que se expressam como do computador que os executa. Em cada problema o algoritmo pode ser expresso em uma linguagem de programação diferente e executado em um computador distinto; entretanto, o algoritmo será sempre o mesmo. Assim, por exemplo, em uma analogia com a vida diária, uma receita culinária pode ser expressa em espanhol, inglês ou francês, mas, qualquer que seja a linguagem, os passos para a sua elaboração serão realizados sem que importe o idioma do cozinheiro.

Na ciência da computação e na programação, os algoritmos são mais importantes que as linguagens de programação ou os computadores. Uma linguagem de programação é tão somente um meio para expressar um algoritmo e um computador é apenas um processador para executá-lo. Tanto a linguagem de programação como o computador são os meios para obter um fim: conseguir que o algoritmo seja executado e que seja efetuado o processo correspondente.

Dada a importância do algoritmo na ciência da computação, um aspecto muito importante será *o projeto de algoritmos.* Ao ensinamento e à prática dessa tarefa dedicamos grande parte deste livro.

O projeto da maioria dos algoritmos requer criatividade e conhecimentos profundos da técnica da programação. Essencialmente, *a solução de um problema pode ser expressa por meio de um algoritmo.*

2.4.1 Características dos algoritmos

As características fundamentais de todo algoritmo são:

- Um algoritmo deve ser *preciso* e indicar a ordem de realização de cada passo.
- Um algoritmo deve estar *definido*. Seguindo um algoritmo duas vezes, devemos obter o mesmo resultado toda vez.
- Um algoritmo deve ser *finito*. Seguindo um algoritmo, devemos terminar em algum momento; ou seja, deve ter um número finito de passos.

A definição de um algoritmo deve descrever três partes: *Entrada, Processamento* e *Saída*. No algoritmo da receita citado anteriormente teremos:

Entrada: ingredientes e utensílios empregados.
Processamento: elaboração da receita na cozinha.
Saída: nome do prato (por exemplo, carneiro).

Exemplo 2.3

Um cliente efetua um pedido a uma fábrica. A fábrica examina em seu banco de dados a ficha do cliente, se o cliente é bom a empresa aceita o pedido; caso contrário, recusa o pedido. Redigir o algoritmo correspondente.

Os passos do algoritmo são:

```
1. Início.
2. Ler o pedido.
3. Examinar a ficha do cliente.
4. Se o cliente é solvente, aceitar pedido; caso contrário, recusar pedido.
5. Fim.
```

Exemplo 2.4

Projetar um algoritmo para saber se um número é primo ou não.

Um número é primo se somente pode ser dividido por ele mesmo e pela unidade (ou seja, não possui mais divisores que ele mesmo e a unidade). Por exemplo, 9, 8, 6, 4, 12, 16, 20 etc. não são primos, já que são divisíveis por números distintos deles mesmos e da unidade. Assim, 9 é divisível por 3, 8 é por 2 etc. O algoritmo de resolução do problema passa por dividir sucessivamente o número por 2, 3, 4... etc.

```
1. Início.
2. X igual a 2 (X = 2, X variável que representa os divisores do número que se
   busca N).
3. Dividir N por X (N/X).
4. Se o resultado de N/X é inteiro, então N não é um número primo e ir para o
   ponto 7; caso contrário, continuar o processamento.
5. Soma 1 a X (X ← X + 1).
6. Se X é igual a N, então N é um número primo; caso contrário, ir para o
   ponto 3.
7. Fim.
```

Por exemplo, se N é 131, os passos anteriores seriam:

```
1. Início.
2. X = 2.
3. 131/X. Como o resultado não é inteiro, continua o processamento.
5. X ← 2 + 1, logo X = 3.
6. Como X não é 131, continua o processamento.
3. 131/X resultado não é inteiro.
5. X ← 3 + 1, X = 4.
6. Como X não é 131, continua o processamento.
3. 131/X... etc.
7. Fim.
```

Exemplo 2.5

Realizar a soma de todos os números pares entre 2 e 1.000.

O problema consiste em somar 2 + 4 + 6 + 8 ... + 1.000. Utilizaremos as palavras SOMA e NÚMERO (*variáveis,* serão denominadas depois) para representar as somas sucessivas (2 + 4), (2 + 4 + 6), (2 + 4 + 6 + 8) etc. A solução pode ser escrita com o seguinte algoritmo:

1. Início.
2. Estabelecer SOMA em 0.
3. Estabelecer NÚMERO em 2.
4. Somar NÚMERO a SOMA. O resultado será o novo valor da soma (SOMA).
5. Incrementar NÚMERO em 2 unidades.
6. Se NÚMERO =< 1.000 ir para o passo 4; caso contrário, escrever o último valor da SOMA e terminar o processamento.
7. Fim.

2.4.2 Projeto do algoritmo

Um computador não tem capacidade para solucionar problemas quando não lhe são proporcionados passos sucessivos para realizar. Esses passos sucessivos que indicam as instruções a serem executadas pela máquina são, como já conhecemos, o *algoritmo.*

A informação proporcionada ao algoritmo constitui sua *entrada* e a informação produzida pelo algoritmo constitui sua *saída.*

Os problemas complexos podem ser resolvidos mais eficazmente com o computador quando são quebrados em subproblemas mais fáceis de solucionar que o original. Esse método é denominado *dividir para conquistar (divide and conquer)* e consiste em dividir um problema complexo em outros mais simples. Assim, o problema de encontrar a superfície e o comprimento de um círculo pode ser dividido em três problemas mais simples ou *subproblemas (*Figura 2.9).

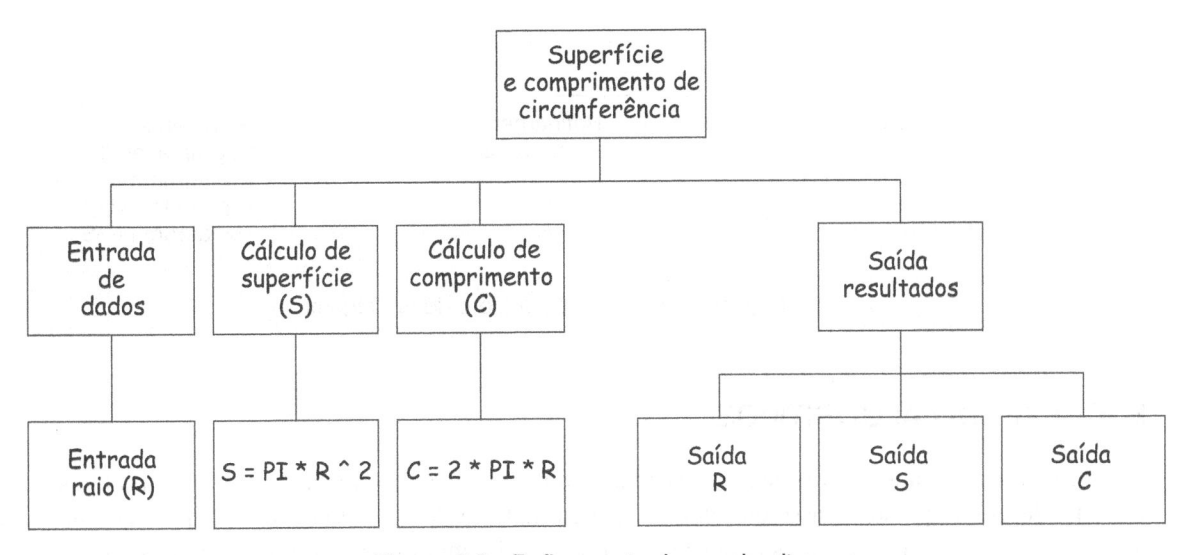

Figura 2.9 Refinamento de um algoritmo.

A decomposição do problema original em subproblemas mais simples e esses em outros ainda mais simples que podem ser implementados para sua solução no computador denomina-se *projeto descendente (top-down design).* Normalmente os passos projetados no primeiro esboço do algoritmo são incompletos e indicarão apenas uns poucos passos (máximo de 12 aproximadamente). Após essa primeira descrição, esses passos se ampliam em uma descrição mais detalhada com mais passos específicos. O processo é denominado *refinamento do algoritmo* (*stepwise refinement*). Problemas complexos necessitam com freqüência de diferentes *níveis de refinamento* antes que possa ser obtido um algoritmo claro, preciso e completo.

O problema de cálculo da circunferência e superfície de um círculo pode ser decomposto em subproblemas mais simples: (1) ler dados de entrada, (2) calcular superfície e comprimento da circunferência e (3) escrever resultados (dados de saída).

Subproblemas	Refinamento
ler raio	ler raio
calcular superfície	superfície = 3,141592 * raio ^ 2
calcular circunferência	circunferência = 2 * 3,141592 * raio
escrever resultados	*escrever* raio, circunferência, superfície

As *vantagens* mais importantes do projeto descendente são:

- O problema é compreendido mais facilmente ao ser dividido em partes mais simples denominadas *módulos*.
- As modificações nos módulos são mais fáceis.
- A verificação do problema pode ser feita com maior facilidade.

Após os passos anteriores (*projeto descendente e refinamento por passos*), é preciso representar o algoritmo por meio de uma determinada ferramenta de programação: *diagrama de fluxo, pseudocódigo* ou *diagrama N-S*.

Assim, o projeto do algoritmo se decompõe nas fases vistas na Figura 2.10.

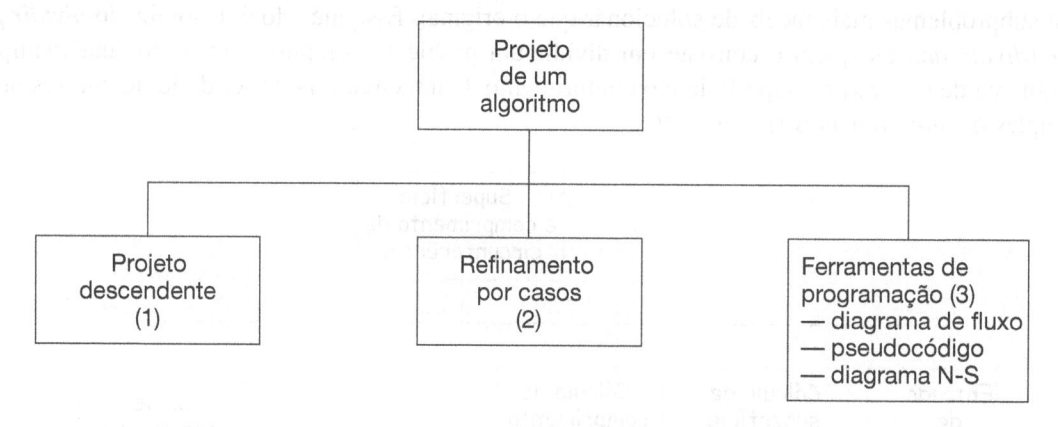

Figura 2.10 Fases do projeto de um algoritmo.

2.5 ESCREVENDO ALGORITMOS

Conforme comentamos anteriormente, o sistema para descrever ("escrever") um algoritmo consiste em realizar uma descrição passo-a-passo em uma linguagem natural do algoritmo. Recordemos que um algoritmo é um método ou conjunto de regras para solucionar um problema. Em cálculos elementares, essas regras têm as seguintes propriedades:

- deve ser seguida uma seqüência definida de passos até que se obtenha um resultado coerente,
- somente pode ser executada uma operação por vez.

O fluxo de controle usual de um algoritmo é seqüencial: consideremos o algoritmo que responde a pergunta:

O que fazer para ver o filme O Homem Aranha?

A resposta é muito simples e pode ser descrita em forma de algoritmo geral de modo similar a:

```
ir ao cinema
comprar uma entrada
ver o filme
voltar para casa
```

O algoritmo são quatro ações básicas, cada uma das quais deve ser executada antes da seguinte. Em termos de computador, cada ação será codificada em uma ou várias sentenças que executam uma tarefa particular.

O algoritmo descrito é muito simples, entretanto, como indicado em parágrafos anteriores, o algoritmo geral será decomposto em passos mais simples em um procedimento denominado *refinamento sucessivo,* já que cada ação pode ser decomposta por sua vez em outras ações simples. Assim, por exemplo, um primeiro refinamento do algoritmo ir ao cinema pode ser descrito da seguinte maneira:

```
1. início
2. ver os filmes que estão em cartaz pelo jornal
3. se não projetam "O Homem Aranha" então
    3.1 decidir outra atividade
    3.2 ir para o passo 7
   se não
    3.3 ir ao cinema
   fim_se
4. se tem fila então
    4.1 entrar nela
    4.2 enquanto há pessoas à frente fazer
        4.2.1. avançar na fila
        fim_enquanto
   fim_se
5. se há lugares então
    5.1 comprar uma entrada
    5.2 passar para a sala
    5.3 localizar a poltrona
    5.4 enquanto projetam o filme fazer
        5.4.1. ver o filme
        fim_enquanto
    5.5 sair do cinema
   se_não
    5.6 reclamar
   fim_se
6. voltar para casa
7. fim.
```

No algoritmo anterior, há diferentes aspectos a considerar. Em primeiro lugar, certas palavras reservadas são escritas deliberadamente em negrito (**enquanto, senão** etc.). Essas palavras descrevem as estruturas de controle fundamentais e os processos de tomada de decisão no algoritmo, que incluem os conceitos importantes de *seleção* (expressos pelo **se-então-senão,** *if-then-else*) e de *repetição* (expressos com **enquanto_fazer** ou às vezes **repetir-até** e **iterar-fim_iterar**, em inglês *while-do* e *repeat-until*) que se encontram em quase todos os algoritmos, especialmente os do processamento de dados. A capacidade de decisão permite selecionar alternativas de ações a serem seguidas ou a repetição de operações básicas.

```
se projetam o filme selecionado ir ao cinema
   senão assistir à televisão, ir ao futebol ou ler o jornal

enquanto há pessoas na fila, ir avançando repetidamente
   até chegar à bilheteria
```

Outro aspecto a ser considerado é o método escolhido para descrever os algoritmos: emprego de *indentação* na escrita de algoritmo. Atualmente é tão importante a escrita do programa como sua posterior leitura. Ele é facilitado pela *indentação* das ações interiores às estruturas fundamentais citadas: seletivas e repetitivas. Em todo o livro, a indentação dos algoritmos será norma constante.

Para terminar essas considerações iniciais sobre algoritmos, descreveremos as ações necessárias para refinar o algoritmo de nosso estudo; para isso analisaremos a ação

```
Localizar a(s) poltrona(s)
```

Se os números dos assentos estão impressos na entrada, a ação composta é resolvida com o seguinte algoritmo:

```
1. início // algoritmo para encontrar a poltrona do espectador
2. caminhar até chegar à primeira fileira de poltronas
3. repetir
      comparar o número da fileira com o número impresso na entrada
      se não são iguais, então passar para a fileira seguinte
   até_que se localize a fileira correta
4. enquanto número de poltrona não coincidir com número de entrada
      fazer avançar pela fileira à poltrona seguinte
   fim_enquanto
5. sentar-se na poltrona
6. fim
```

Nesse algoritmo a repetição é mostrada de dois modos, utilizando ambas as notações, **repetir... até_que** e **enquanto...fim_enquanto**. Considerou-se também, como usual, que os números do assento e da fileira coincidem com os números marcados na entrada.

2.5.1 Representação gráfica dos algoritmos

Para representar um algoritmo, devemos utilizar algum método que permita tornar independente o algoritmo da linguagem de programação escolhida. Ele permitirá que um algoritmo possa ser codificado indistintamente em qualquer linguagem. Para conseguir esse objetivo, é preciso que o algoritmo seja representado gráfica ou numericamente, de modo que as sucessivas ações não dependam da sintaxe de nenhuma linguagem de programação, mas que a descrição possa servir facilmente para sua transformação em um programa, ou seja, *sua codificação*.

Os métodos usuais para representar um algoritmo são:

1. *Diagrama de fluxo.*
2. *Diagrama N-S* (Nassi-Schneiderman).
3. *Linguagem de especificação de algoritmos: pseudocódigo.*
4. *Linguagem em espanhol, inglês...*
5. *Fórmulas.*

Os métodos 4 e 5 não costumam ser fáceis de transformar em programas. Uma descrição em *espanhol narrativo* não é satisfatória, já que é demasiado prolixa e geralmente ambígua. Uma *fórmula,* entretanto, é um bom sistema de representação. Por exemplo, as fórmulas para a solução de uma equação de 2º grau são um meio sucinto de expressar o procedimento algorítmico que deve ser executado para a obtenção das raízes da equação.

$$x1 = (-b + \sqrt{b^2 - 4ac})/2a \qquad x2 = (-b - \sqrt{b^2 - 4ac})/2a$$

e significa o seguinte:

1. *Eleve b ao quadrado.*
2. *Tomar a; multiplicar por c; multiplicar por 4.*
3. *Subtrair o resultado obtido de 2 do resultado de 1 etc.*

Entretanto, não é freqüente que um algoritmo possa ser expresso por meio de uma simples fórmula.

2.5.2 Diagramas de fluxo

Um **diagrama de fluxo** (*flowchart*) é uma das técnicas de representação de algoritmos mais antigas e a mais utilizada, mesmo que seu uso tenha diminuído consideravelmente, sobretudo depois da aparição de linguagens de programação estruturadas. Um diagrama de fluxo é um diagrama que utiliza os símbolos (caixas) padrão mostrados na Tabela 2.2 e que tem os passos de algoritmos escritos nessas caixas unidas por setas, denominadas *linhas de fluxo,* que indicam a seqüência que deve ser executada.

A Figura 2.11 é um diagrama de fluxo básico. Esse diagrama representa a resolução de um programa que deduz o salário líquido de um trabalhador partindo da leitura do nome, das horas trabalhadas, do valor da hora e sabendo que os impostos aplicados são 25% sobre o salário bruto.

Os símbolos-padrão padronizados pela **ANSI** (abreviatura de American National Standars Institute) são muito variados. A Figura 2.3 representa uma planilha de desenho típica na qual se observa a maioria dos símbolos utilizados no diagrama. Os símbolos mais empregados estão explicados a seguir.

Símbolos de diagramas de fluxo

Cada símbolo visto anteriormente indica o *tipo de operação a ser executado* e o diagrama de fluxo ilustra graficamente a *seqüência na qual as operações são executadas.*

As *linhas de fluxo* (→) representam o fluxo seqüencial da lógica do programa.

Um retângulo (☐) significa algum tipo de *processamento* no computador, ou seja, ações a serem realizadas (somar dois números, calcular a raiz quadrada de um número etc.).

Tabela 2.2 Símbolos de diagrama de fluxo

Símbolos principais	Função
⬭	Terminal (representa o começo, "início", e o final, "fim" de um programa. Pode representar também uma parada ou interrupção programada que seja necessária em um programa.
▱	Entrada/Saída (qualquer tipo de introdução de dados na memória dos periféricos, "entrada", ou registro da informação processada em um periférico, "saída".
▭	Processamento (qualquer tipo de operação que possa originar mudança de valor, formato ou posição da informação armazenada na memória, operações aritméticas de transferência etc.).

◇ NÃO / SIM	Decisão (indica operações lógicas ou de comparação entre dados — normalmente dois — e, em função do resultado, determina qual dos diferentes caminhos alternativos do programa seguir; normalmente tem duas saídas — respostas Sim ou Não — mas pode ter três ou mais, de acordo com o caso).
◇ (múltipla)	Decisão múltipla (em função do resultado da comparação se seguirá um dos diferentes caminhos de acordo com o resultado).
○	Conector (serve para ligar duas partes quaisquer de um organograma por meio de um conector na saída e outro conector na entrada. Refere-se à conexão na mesma página do diagrama).
→	Indicador de sentido ou linha de fluxo (indica o sentido de execução das operações).
	Linha conectora (serve de união entre os símbolos).
⬠	Conector (conexão entre os pontos do organograma situados em páginas diferentes).
⎕	Chamada de sub-rotina ou de um processo predeterminado (sub-rotina é um módulo independente do programa principal, que recebe uma entrada procedente do programa, realiza uma tarefa determinada e regressa, ao terminar, ao programa principal).
⌒	Tela (utiliza-se em casos específicos no lugar do símbolo de E/S).
⎍	Impressora (utiliza-se em casos específicos no lugar do símbolo E/S).
⎕	Teclado (utiliza-se em casos específicos no lugar do símbolo E/S).
⊣	Comentários (utiliza-se para acrescentar comentários classificadores a outros símbolos do diagrama de fluxo. Pode ser desenhado em qualquer lado do símbolo).

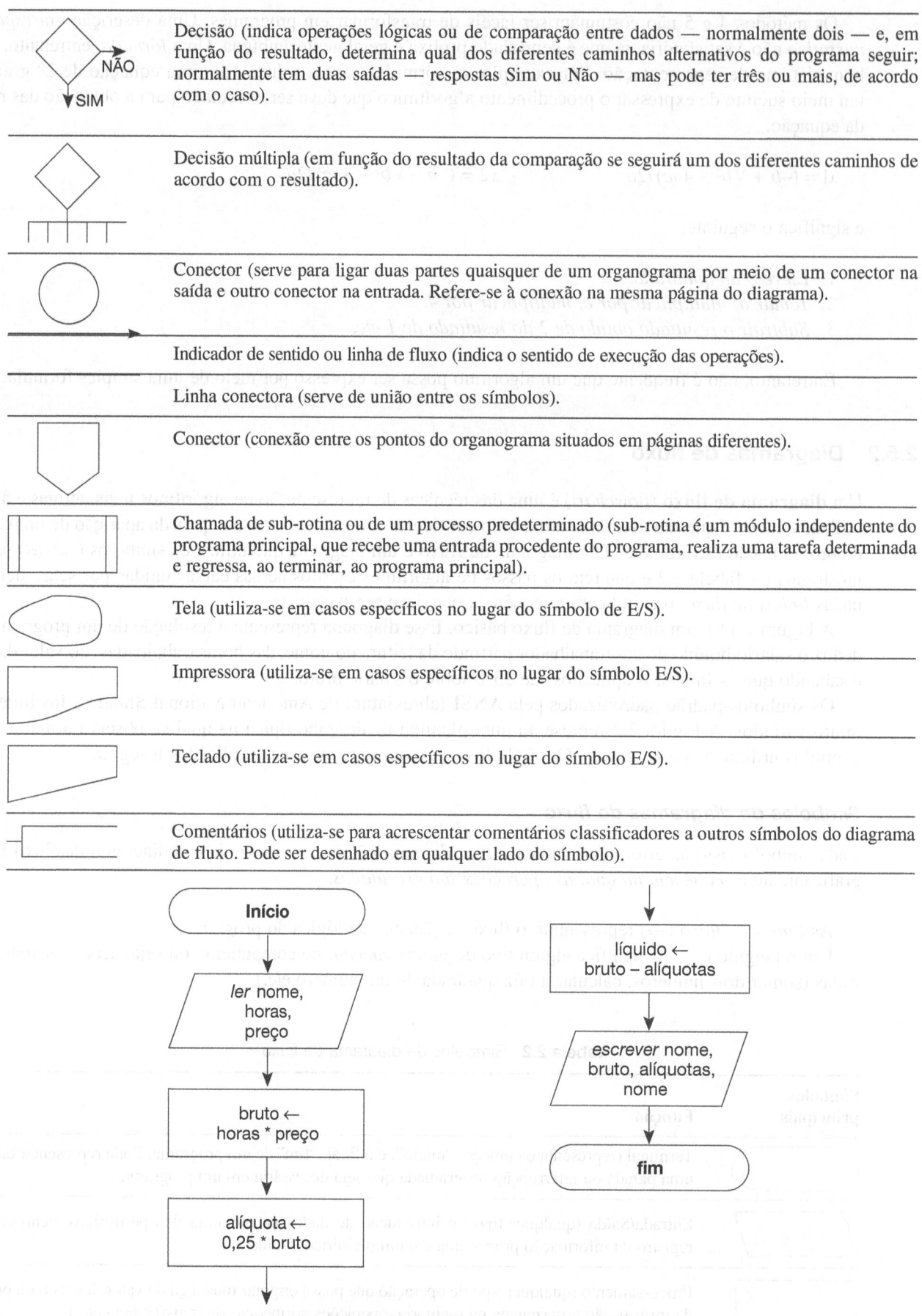

```
        Início
           │
           ▼
    ┌─────────────┐
    │  ler nome,  │
    │   horas,    │
    │   preço     │
    └─────────────┘
           │
           ▼
    ┌─────────────┐
    │   bruto ←   │
    │ horas * preço│
    └─────────────┘
           │
           ▼
    ┌─────────────┐
    │  alíquota ← │
    │ 0,25 * bruto│
    └─────────────┘
           │
           ▼
```

```
           ▼
    ┌─────────────┐
    │  líquido ←  │
    │bruto - alíquotas│
    └─────────────┘
           │
           ▼
    ┌─────────────┐
    │escrever nome,│
    │bruto, alíquotas,│
    │    nome     │
    └─────────────┘
           │
           ▼
          fim
```

Figura 2.11 Diagrama de fluxo.

O paralelogramo (▱) é um símbolo de entrada/saída que representa qualquer tipo de *entrada* ou *saída* do programa ou sistema; por exemplo, entrada do teclado, saída na impressora ou tela etc.

O símbolo losango (◇) é uma caixa de decisão que representa respostas sim/não ou diferentes alternativas 1, 2, 3, 4... etc.

Cada diagrama de fluxo começa e termina com um símbolo terminal (⬭).

Figura 2.12 Símbolos mais utilizados em um diagrama de fluxo.

Um pequeno círculo (○) é um *conector* utilizado para conectar caminhos, seguindo rotas prévias do fluxo de algoritmos.

Outros símbolos de diagramas menos utilizados de mais detalhes que os anteriores são:

Um trapézio (⏢) indica que um *processo manual* vai ser executado em contraste com o retângulo que indica processo automático.

O símbolo geral de entrada/saída pode ser subdividido em outros símbolos: *teclado* (⌨), *tela* (⬭), *impressora* (🖨), *disco magnético* (🗄), *disquete* ou *disco flexível* (💾), *cassete* (📼).

O refinamento do algoritmo leva aos passos sucessivos necessários para a realização das operações de leitura, verificação do último dado, soma e média dos dados.

Se o primeiro dado lido é 0, a divisão S/C produzirá um erro no computador, já que não é permitida a divisão por zero.

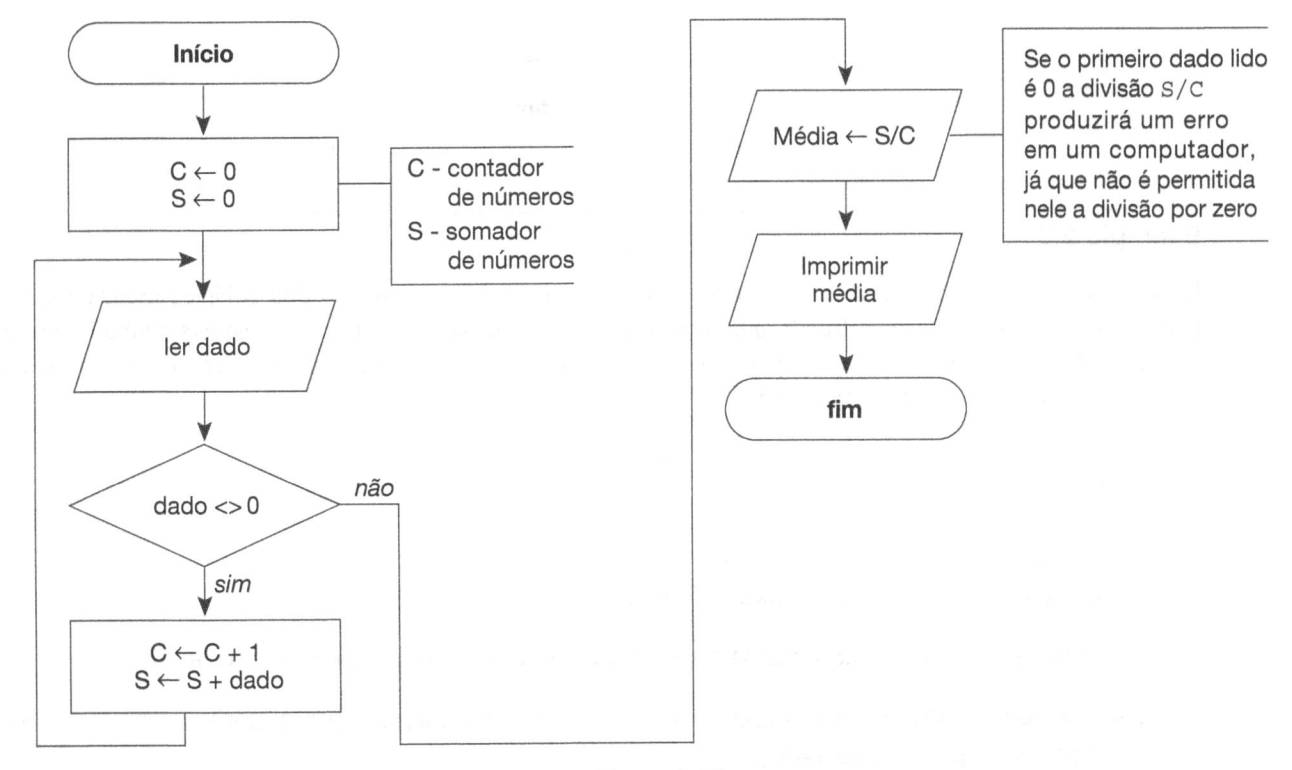

Figura 2.13

Exemplo 2.6

Soma dos números pares compreendidos entre 2 e 100.

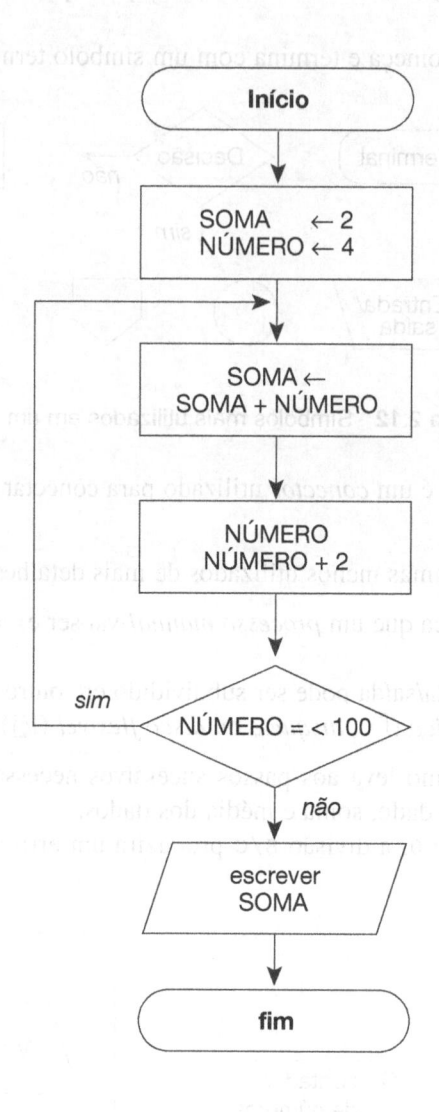

```
         Início
           │
           ▼
    ┌──────────────┐
    │ SOMA   ← 2   │
    │ NÚMERO ← 4   │
    └──────────────┘
           │
           ▼
    ┌──────────────┐
    │   SOMA ←     │◄─────┐
    │ SOMA + NÚMERO│      │
    └──────────────┘      │
           │              │
           ▼              │
    ┌──────────────┐      │
    │   NÚMERO     │      │
    │  NÚMERO + 2  │      │
    └──────────────┘      │
           │              │
           ▼              │
      ╱NÚMERO=<100╲  sim  │
      ╲           ╱───────┘
           │ não
           ▼
     ╱ escrever ╱
    ╱   SOMA   ╱
           │
           ▼
          fim
```

Exemplo 2.7

Desejamos construir o algoritmo que resolva o seguinte problema: cálculo dos salários mensais dos empregados de uma empresa, sabendo que são calculados com base nas horas semanais trabalhadas e de acordo com um preço especificado por hora. Se passarem de 40 horas semanais, as horas extras serão pagas na razão de 1,5 vez a hora normal.

Os cálculos são:

1. Ler dados do arquivo da empresa, até que se encontre a ficha final do arquivo (HORAS, PREÇO_HORA, NOME).

2. Se HORAS <= 40, então SALÁRIO é o produto de horas por PREÇO_HORA.

3. Se HORAS > 40, então SALÁRIO é a soma de 40 vezes PREÇO_HORA mais 1,5 vez PREÇO_HORA por (HORAS-40).

O diagrama de fluxo completo do algoritmo é apresentado a seguir:

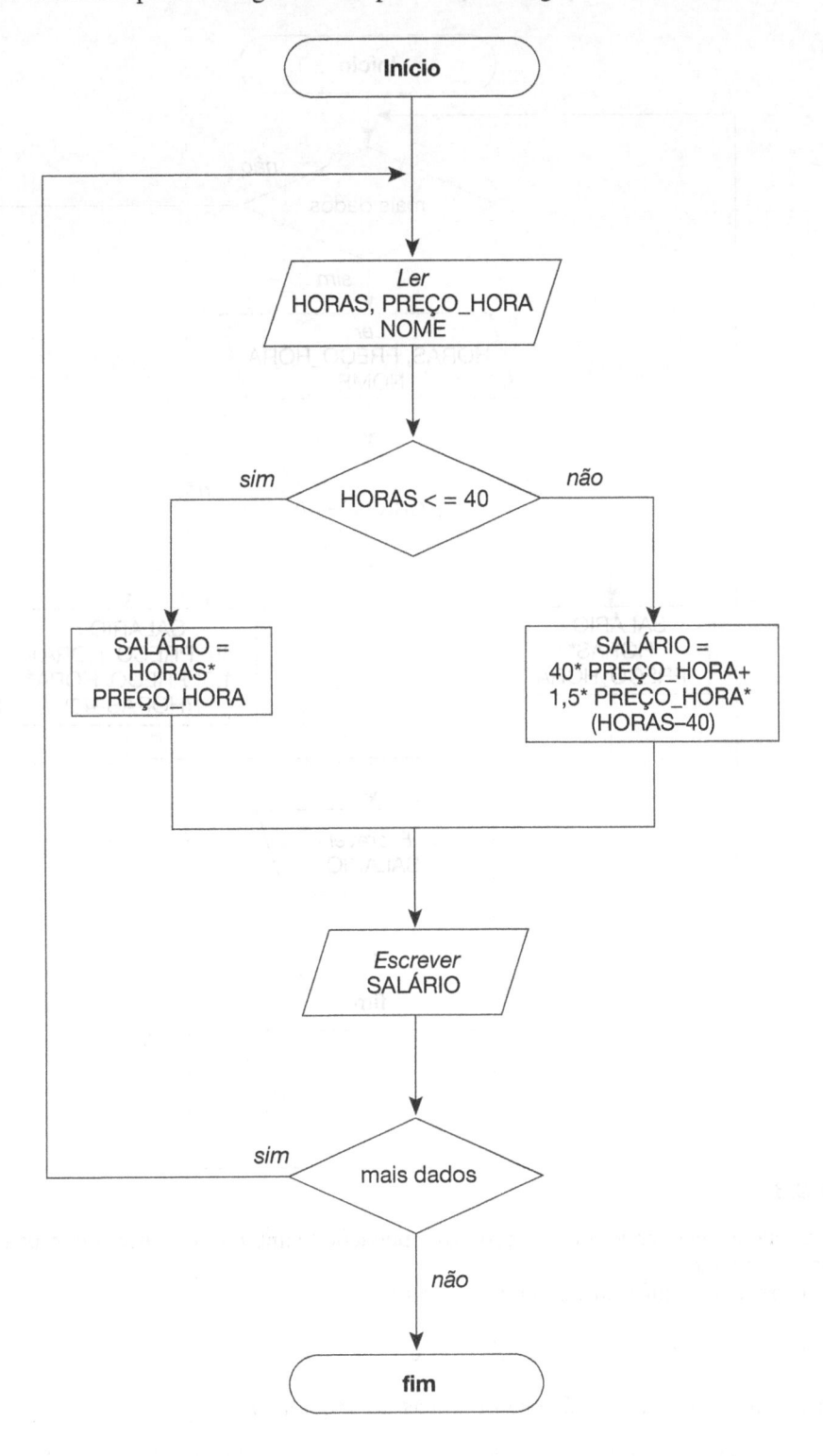

```
                    Início
                      │
      ┌───────────────┤
      │               ▼
      │            Ler
      │       HORAS, PREÇO_HORA
      │            NOME
      │               │
      │               ▼
      │      sim  ╱ HORAS  ╲  não
      │      ┌───< <= 40    >───┐
      │      │    ╲         ╱   │
      │      ▼                  ▼
      │  SALÁRIO =         SALÁRIO =
      │   HORAS*         40* PREÇO_HORA+
      │  PREÇO_HORA      1,5* PREÇO_HORA*
      │                    (HORAS–40)
      │      │                  │
      │      └────────┬─────────┘
      │               ▼
      │           Escrever
      │           SALÁRIO
      │               │
      │               ▼
      │   sim   ╱          ╲
      └───────< mais dados  >
                ╲          ╱
                     │ não
                     ▼
                    fim
```

Uma variante também válida para o diagrama de fluxo anterior é:

```
                    ┌─────────┐
                    │  Início │
                    └────┬────┘
                         │
          ┌──────────────▼──────────────┐
          │                   não
          │         ◇ mais dados ──────────┐
          │                                │
          │           │ sim                │
          │           ▼                    │
          │    ┌─────────────┐             │
          │    │    Ler      │             │
          │    │ HORAS,      │             │
          │    │ PREÇO_HORA  │             │
          │    │    NOME     │             │
          │    └──────┬──────┘             │
          │           │                    │
          │     sim   ▼   não              │
          │     ┌─ HORAS <= 40 ─┐          │
          │     │               │          │
          │     ▼               ▼          │
          │ ┌────────┐    ┌──────────────┐ │
          │ │SALÁRIO=│    │  SALÁRIO =   │ │
          │ │HORAS*  │    │40* PREÇO_HORA│ │
          │ │PREÇO_  │    │+1,5*PREÇO_   │ │
          │ │HORA    │    │HORA*         │ │
          │ │        │    │(HORAS-40)    │ │
          │ └────┬───┘    └──────┬───────┘ │
          │      │               │         │
          │      └───────┬───────┘         │
          │              ▼                 │
          │       ┌────────────┐           │
          │       │  Escrever  │           │
          │       │  SALÁRIO   │           │
          │       └──────┬─────┘           │
          └──────────────┘                 │
                                           ▼
                                     ┌─────────┐
                                     │   fim   │
                                     └─────────┘
```

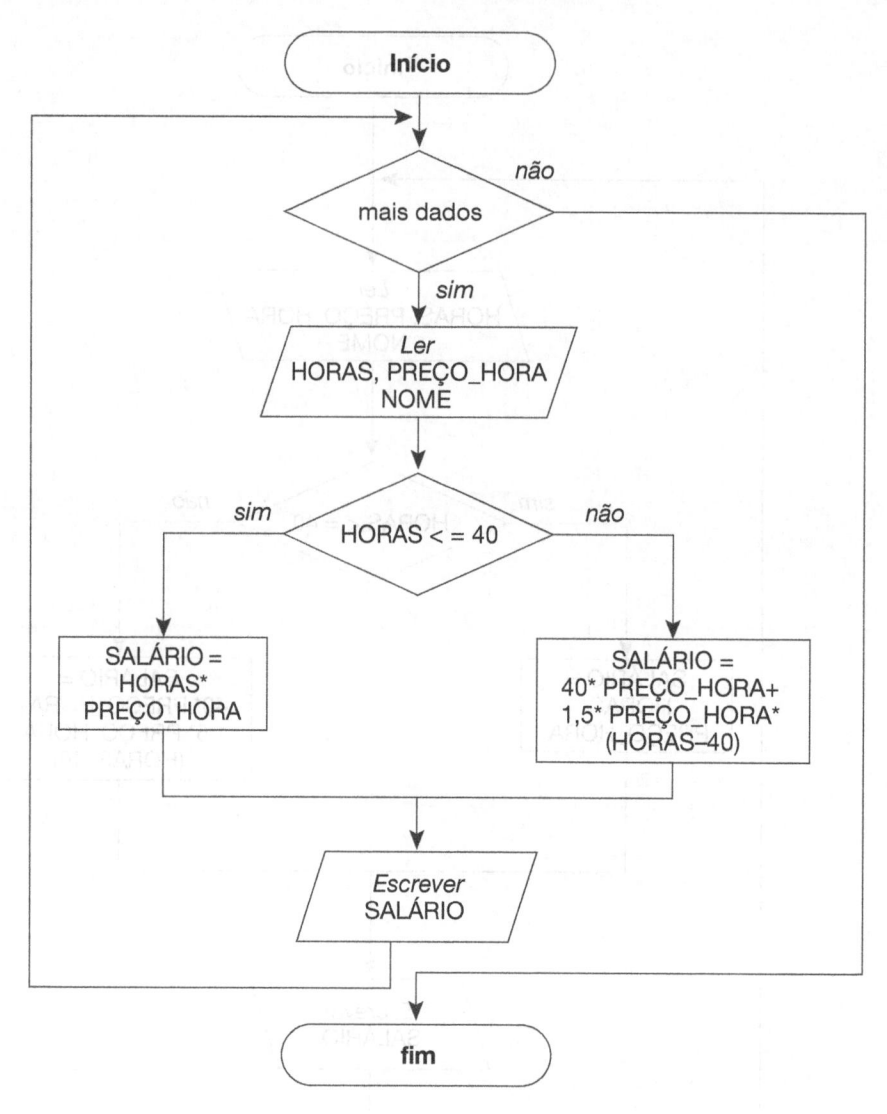

Exemplo 2.8

A escrita de algoritmos para a realização de operações simples de contagem é uma das primeiras coisas que se pode aprender.

Suponhamos uma seqüência de números, como:

5 3 0 2 4 4 0 0 2 3 6 0 2

Deseja-se contar e imprimir o número de zeros da seqüência.

O algoritmo é muito simples, já que basta ler os números da esquerda para a direita, enquanto se contam os zeros. Utiliza como variável a palavra NÚMERO para os números examinados e TOTAL para o número de zeros encontrados. Os passos são:

1. Estabelecer TOTAL em zero.
2. Ficam mais números para examinar?
3. Se não ficam números, imprimir o valor do TOTAL e fim.

4. Se existem mais números, executar os passos 5 a 8.
5. Ler o seguinte número e dar seu valor à variável NÚMERO.
6. Se NÚMERO = 0, incrementar TOTAL em 1.
7. Se NÚMERO < > 0, não modificar TOTAL.
8. Retornar ao passo 2.

O diagrama de fluxo correspondente é:

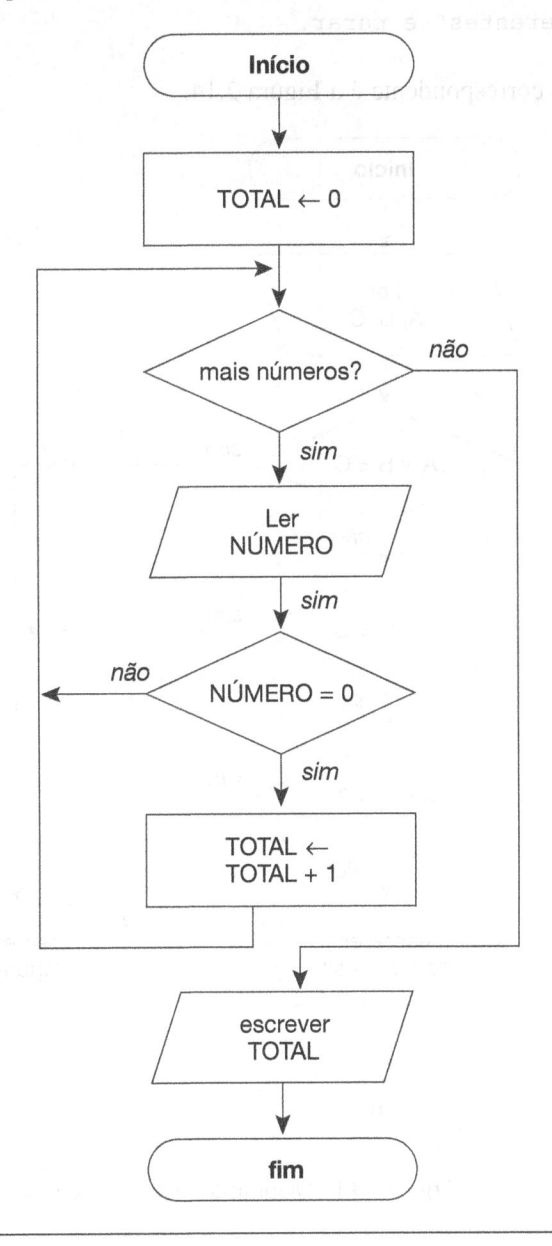

```
                    Início
                      │
                      ▼
                 TOTAL ← 0
                      │
      ┌───────────────┤
      │               ▼
      │        ┌─────────────┐   não
      │        │mais números?├──────┐
      │        └─────────────┘      │
      │               │sim          │
      │               ▼             │
      │             Ler             │
      │           NÚMERO            │
      │               │sim          │
      │               ▼             │
não   │        ┌─────────────┐      │
◄─────┤        │ NÚMERO = 0  │      │
      │        └─────────────┘      │
      │               │sim          │
      │               ▼             │
      │          TOTAL ←            │
      │         TOTAL + 1           │
      │               │             │
      └───────────────┘             │
                                    ▼
                                escrever
                                 TOTAL
                                    │
                                    ▼
                                   fim
```

Exemplo 2.9

Dados três números, determinar se a soma de algum par é igual ao terceiro número. Se for cumprida essa condição, escrever "Iguais", caso contrário, escrever "Diferentes".

No caso de os números serem: 3   9   6

a resposta é "Iguais", já que 3 + 6 = 9. Entretanto, se os números forem:

2   3   4

o resultado será "Diferentes".

Para resolver esse problema, podemos comparar a soma de cada par com o terceiro número. Com três números somente existem três pares diferentes, e o algoritmo de resolução do problema será fácil.

```
1. Ler os três valores, A, B e C.
2. Se A + B = C escrever "Iguais" e parar.
3. Se A + C = B escrever "Iguais" e parar.
4. Se B + C = A escrever "Iguais" e parar.
5. Escrever "Diferentes" e parar.
```

O diagrama de fluxo correspondente é a Figura 2.14.

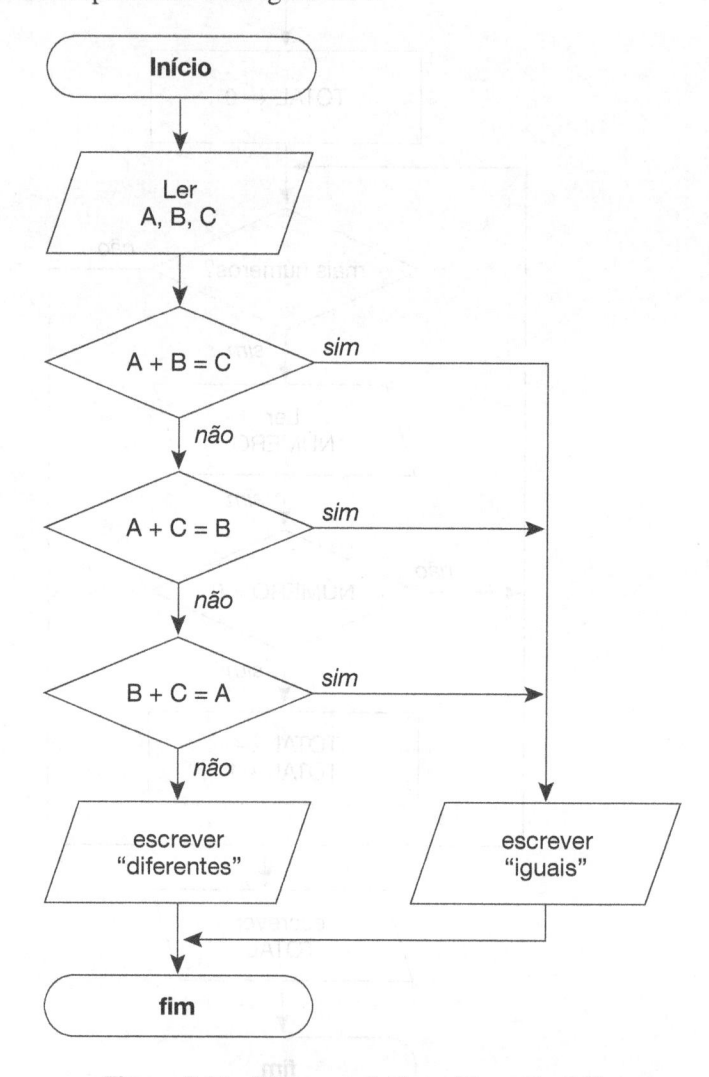

Figura 2.14 Diagrama de fluxo (Exemplo 2.9).

Exemplo 2.10

Desejamos calcular o salário líquido semanal de um trabalhador em função do número de horas trabalhadas e da alíquota de impostos.

- as primeiras 35 horas são pagas em tarifa normal;
- as horas que passam de 35 horas são pagas 1,5 vez a tarifa normal;
- as alíquotas de impostos são:
    a) os primeiros 60.000 reais são livres de impostos;

b) os seguintes 40.000 reais têm 25% de imposto;
   c) os restantes, 45% de imposto;
   - a tarifa horária é 800 reais.

Desejamos também escrever o nome, o salário bruto, as alíquotas e o salário líquido (*este exemplo é um exercício para o aluno*).

2.5.3 Pseudocódigo

O pseudocódigo é *uma linguagem de especificação (descrição) de algoritmos*. O uso dessa linguagem torna a codificação final (isto é, a tradução para uma linguagem de programação) relativamente fácil. As linguagens APL, Pascal e Ada são utilizadas às vezes como linguagem de especificação de algoritmos.

O pseudocódigo nasceu como uma linguagem similar ao inglês e era um meio de representar basicamente as estruturas de controle de programação estruturada que serão vistas em capítulos posteriores. É considerado um *primeiro rascunho*, dado que o pseudocódigo tem de ser traduzido depois para uma linguagem de programação. O pseudocódigo não pode ser executado por um computador. A *vantagem do pseudocódigo* é que em seu uso, no planejamento de um programa, o programador pode concentrar-se na lógica e nas estruturas de controle e não se preocupar com as regras de uma linguagem específica. É também fácil modificar o pseudocódigo quando são descobertos erros ou anomalias na lógica do programa, enquanto em muitas ocasiões pode ser difícil a mudança na lógica depois da codificação em uma linguagem de programação. Outra vantagem do pseudocódigo é que pode ser traduzido facilmente para linguagens estruturadas como Pascal, C, FORTRAN 77/90, C++, Java, C# etc.

O pseudocódigo original utiliza palavras reservadas em inglês para representar as ações sucessivas — similares a seus homônimos nas linguagens de programação —, como **start**, **end**, **stop**, **if-then-else**, **while-end**, **repeat-until** etc. A escrita do pseudocódigo exige normalmente a *indentação* de diferentes linhas.

A representação em pseudocódigo do diagrama de fluxo da Figura 2.11 é a seguinte:

```
start
   // cálculo de imposto e salários
   read nome, horas, preço_hora
   salário_bruto ← horas * preço_hora
   alíquotas ← 0,25 * salário_bruto
   salário_líquido ← salário_bruto − alíquotas
   write nome, salário_bruto, alíquotas, salário_líquido
end
```

O algoritmo começa com a palavra `start` e finaliza com a palavra `end`, em inglês (em português `início`, `fim`). Entre essas palavras, somente se escreve uma instrução ou ação por linha.

A linha precedida por `//` é denominada *comentário*. É uma informação para o leitor do programa e não realiza nenhuma instrução executável, apenas tem efeito de documentação interna do programa. Alguns autores costumam utilizar colchetes ou chaves.

Não é recomendável o uso de apóstrofos ou aspas simples para os comentários como no BASIC da Microsoft, já que esse caractere é representativo de abertura ou encerramento de cadeias de caracteres em linguagens como Pascal ou FORTRAN, e daria lugar a confusão.

Outro exemplo que deixa claro o uso do pseudocódigo poderia ser um simples algoritmo de partida matinal de um carro.

```
início
   // partida matinal de um carro
   introduzir a chave de contato
   girar a chave de contato
   pisar no acelerador
   ouvir o ruído do motor
   pisar de novo no acelerador
   esperar uns instantes para que o motor esquente
fim
```

Embora o pseudocódigo tenha nascido como um substituto da linguagem de programação e, conseqüentemente, suas palavras reservadas se tenham conservado muito similares às dessas linguagens, praticamente o inglês, o uso do pseudocódigo estendeu-se na comunidade de língua portuguesa com termos em português como **início**, **fim**, **parada**, **ler**, **escrever**, **sim-então-sim_não**, **enquanto**, **fim_enquanto**, **repetir**, **até_que** etc. Sem dúvida, o uso da terminologia do pseudocódigo em português facilitou e facilitará consideravelmente a aprendizagem e o uso diário da programação. Nesta obra, assim como em outras nossas, utilizaremos o pseudocódigo em português e daremos a cada momento as estruturas equivalentes em inglês, para facilitar a tradução do pseudocódigo para a linguagem de programação selecionada.

Assim, nos pseudocódigos citados deveriam ser substituídas as palavras **start**, **end**, **read**, **write** por **início**, **fim**, **ler**, **escrever**, respectivamente.

```
início        start        ler          read
  .
  .
  .
fim           end          escrever     write
```

2.5.4 Diagramas de Nassi-Schneiderman (N-S)

O diagrama **N-S** de Nassi-Schneiderman — também conhecido como diagrama de Chapin — é como um diagrama de fluxo no qual são omitidas as setas de união e as caixas são contínuas. As ações sucessivas são escritas em caixas sucessivas e, como nos diagramas de fluxo, podemos escrever diferentes ações em uma caixa.

Um algoritmo é representado com um retângulo em que cada lado é uma ação a ser realizada:

ler
nome, horas, preço
calcular
salário ← horas * preço
calcular
alíquotas ← 0,25 * salário
calcular
líquido ← salário − impostos
escrever
nome, salário, impostos, líquido

```
            nome do algoritmo
              <ação 1>
              <ação 2>
              <ação 3>
                 ...
                 fim
```

Figura 2.15 Representação gráfica N-S de um algoritmo.

Outro exemplo é a representação da estrutura condicional (Figura 2.16).

a)

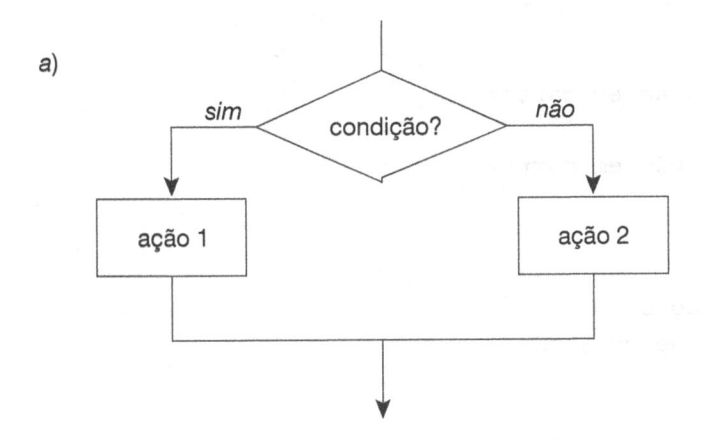

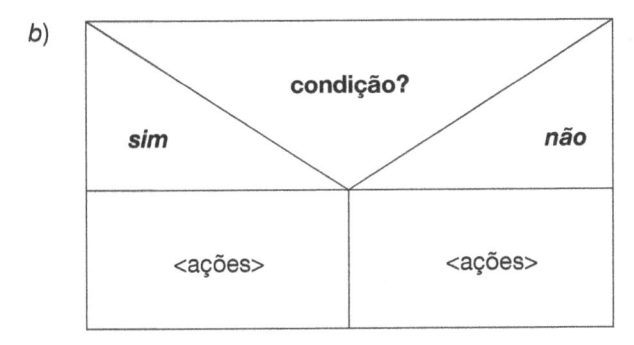

b)

Figura 2.16 Estrutura condicional ou seletiva: *a)* diagrama de fluxo; *b)* diagrama N-S.

ATIVIDADES DE PROGRAMAÇÃO RESOLVIDAS

Desenvolva os algoritmos que resolvam os seguintes problemas:

2.1 Ir ao cinema.

Análise do problema

DADOS DE SAÍDA: ver o filme
DADOS DE ENTRADA: nome do filme, endereço da sala, hora da projeção
DADOS AUXILIARES: entrada, número de poltronas

Para solucionar o problema, devemos selecionar um filme em cartaz no jornal, ir à sala e comprar a entrada para, finalmente, poder assistir ao filme.

Projeto do algoritmo

```
início
   < selecionar o filme >
   ver o jornal
   enquanto não chegamos à programação em cartaz
      virar a folha
   enquanto não se acabe a programação em cartaz
      ler sobre o filme
   se gostamos, recordá-lo
   fim enquanto
   escolher um dos filmes selecionados
   ler o endereço da sala e a hora de projeção
   < comprar a entrada >
   dirigir-se à sala
   se não há entradas, ir ao fim
   se há fila então
    ser o último
    enquanto não chegamos à bilheteria
       avançar
       se não há entradas, ir ao fim
   fim enquanto
   comprar a entrada
   < ver o filme >
   ler o número de poltrona na entrada
   buscar a poltrona
   sentar-se
   ver o filme
fim.
```

2.2 Comprar uma entrada para ir à tourada.

Análise do problema

DADOS DE SAÍDA: a entrada
DADOS DE ENTRADA: tipo de entrada (sol, sombra, arquibancada...)
DADOS AUXILIARES: disponibilidade da entrada

Tem de ir à bilheteria e escolher a entrada desejada. Se há entradas, comprar (na bilheteria ou em postos de revenda). Se não há, podemos selecionar outro tipo de entrada ou desistir, repetindo essa ação até que se tenha conseguido a entrada ou o possível comprador tenha desistido.

Projeto de algoritmo

```
início
ir à bilheteria
se não há entradas na bilheteria
se nos interessa comprá-la em postos de revenda
   ir comprar a entrada
se não ir ao fim
< comprar a entrada >
selecionar sol ou sombra
selecionar geral, arquibancada, ou palco
selecionar número do assento
solicitar a entrada
se não há disponibilidade então
   adquirir a entrada
   se não
      se queremos outro tipo de entrada então
      ir comprar a entrada
fim.
```

2.3 Fazer uma xícara de chá.

Análise do problema

DADOS DE SAÍDA: xícara de chá
DADOS DE ENTRADA: saquinho de chá, água
DADOS AUXILIARES: apito da chaleira, aspecto da infusão

Depois de despejar a água na chaleira, levamos ao fogo e esperamos que a água ferva (até que soe o apito da chaleira). Introduzimos o chá e deixamos um tempo até que fique pronto.

Projeto do algoritmo

```
início
   pegar a chaleira
   colocar água
   acender o fogo
   colocar a chaleira no fogo
   enquanto não ferve a água
      esperar
   fim enquanto
   pegar o saquinho de chá
   introduzi-lo na chaleira
   enquanto não está pronto o chá
      esperar
   fim enquanto
   despejar o chá na xícara
fim.
```

2.4 Fazer uma chamada telefônica. Considerar os casos: *a*) chamada manual com operador; *b*) chamada automática; *c*) chamada a cobrar.

Análise do problema

Para decidir o tipo de chamada que será efetuado, primeiro devemos considerar se dispomos de dinheiro ou não — para realizar a chamada a cobrar. Tendo o dinheiro, devemos ver se o lugar para onde vamos fazer a chamada está conectado à rede automática ou não.

Para uma chamada com operador, temos de chamar a central e solicitar a chamada, esperando até que a comunicação seja estabelecida. Para uma chamada automática, lemos os prefixos do país e cidade se for necessário e realizamos a chamada, esperando até que atendam ao telefone. Para chamar a cobrar, devemos chamar a central, solicitar a chamada e esperar que o proprietário do telefone chamado dê sua autorização, com isso a comunicação será estabelecida.

Como dados de entrada, teríamos as variáveis que condicionam o tipo de chamada, o número de telefone e, em caso de chamada automática, os prefixos. Como dado auxiliar, poderíamos considerar os casos *a*) e *c*) o contato com a central.

Projeto do algoritmo

```
início
   se temos dinheiro então
      se podemos fazer uma chamada automática então
         ler o prefixo do país e localidade
         marcar o número
      se não
         < chamada manual >
         chamar a central
         solicitar a comunicação
      fim enquanto não atendem fazer
         esperar
         fim enquanto
      estabelecer comunicação
   se não
      < realizar uma chamada a cobrar >
      chamar a central
      solicitar a chamada
      esperar até ter a autorização
      estabelecer comunicação
      fim se
fim.
```

2.5 Averiguar se uma palavra é um palíndromo. Um palíndromo é uma palavra lida da mesma maneira da esquerda para a direita e da direita para a esquerda, por exemplo, "radar".

Análise do problema

DADOS DE SAÍDA: a mensagem que nos diz se é ou não um palíndromo
DADOS DE ENTRADA: palavra
DADOS AUXILIARES: cada caractere da palavra, palavra ao contrário

Para comprovar se uma palavra é um palíndromo, podemos formar uma palavra com os caracteres invertidos com respeito à original e comprovar se a palavra ao contrário é igual à original. Para se obter essa palavra ao contrário, serão lidos em sentido inverso os caracteres da palavra inicial e os juntaremos sucessivamente até chegar ao primeiro caractere.

Projeto do algoritmo

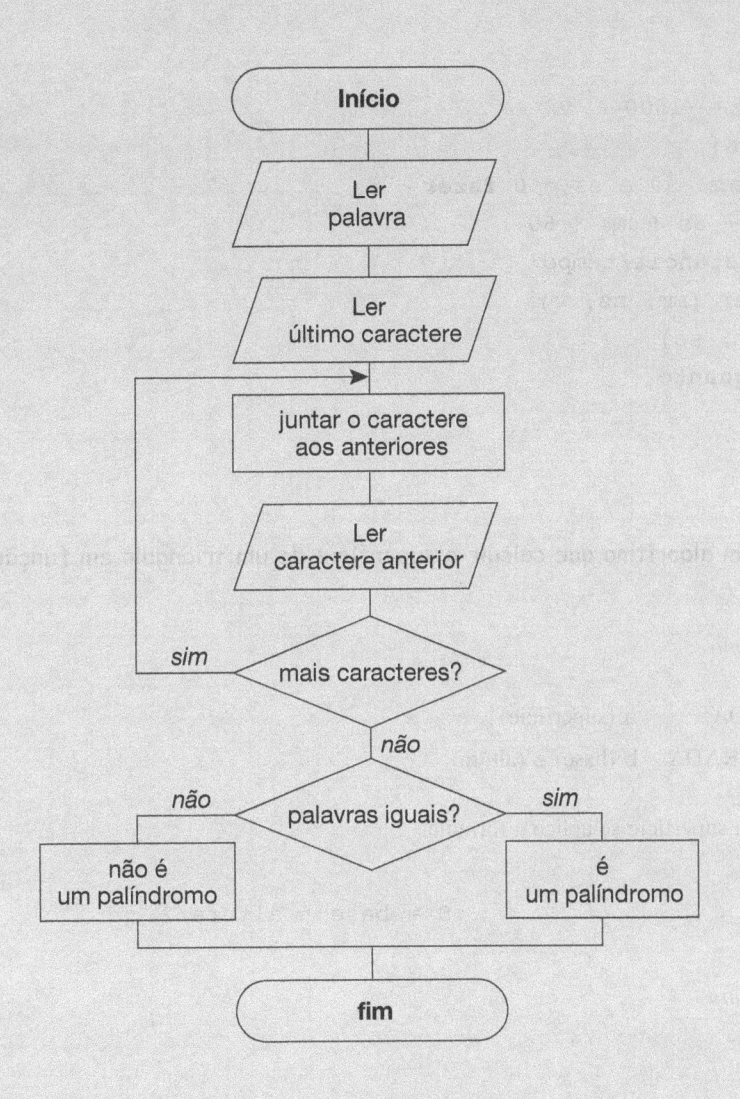

```
            ┌─────────┐
            │  Início │
            └────┬────┘
                 │
           ╱─────────╲
          ╱    Ler    ╲
          ╲  palavra  ╱
           ╲─────────╱
                 │
           ╱──────────────╲
          ╱     Ler        ╲
          ╲ último caractere╱
           ╲──────────────╱
                 │
    ┌───────────▼────────────┐
    │  juntar o caractere    │
    │    aos anteriores      │
    └───────────┬────────────┘
                 │
           ╱──────────────╲
          ╱     Ler        ╲
          ╲ caractere anterior╱
           ╲──────────────╱
                 │
      sim  ◇ mais caracteres? ◇
       ←────                    
                 │ não
                 ▼
    não  ◇ palavras iguais? ◇  sim
    ←────                    ────→
    ┌──────────┐        ┌──────────┐
    │  não é   │        │    é     │
    │um palíndromo│    │um palíndromo│
    └──────────┘        └──────────┘
                 │
            ┌─────────┐
            │   fim   │
            └─────────┘
```

2.6 Projetar um algoritmo para calcular a velocidade (em metros/segundo) dos corredores de uma corrida de 1.500 metros. A entrada serão pares de números (minutos, segundos) que darão o tempo de cada corredor. Para cada corredor, usaremos o tempo em minutos e segundos, assim como a velocidade média. O laço será executado até que tenhamos uma entrada de 0,0 que será a marca de fim de entrada de dados.

Análise do problema

DADOS DE SAÍDA: `v` (velocidade média)
DADOS DE ENTRADA: `mm,ss` (minutos e segundos)
DADOS AUXILIARES: `distância` (distância percorrida, que no exemplo é de 1.500 metros) e `tempo` (os minutos e os segundos gastos no percurso)

Devemos efetuar um laço até que mm seja 0 e ss seja 0. Dentro do laço calculamos o tempo em segundos com a fórmula tempo = ss + mm * 60. A velocidade será encontrada com a fórmula.

$$\text{velocidade} = \text{distância}/\text{tempo}$$

Projeto do algoritmo

```
início
   distância ← 1500
   ler (mm,ss)
   enquanto mm = 0 e ss = 0 fazer
      tempo ← ss + mm * 60
      v ← distância/tempo
      escrever (mm, ss, v)
      ler (mm, ss)
   fim enquanto
fim
```

2.7 Escrever um algoritmo que calcule a superfície de um triângulo em função da base e da altura.

Análise do problema

DADOS DE SAÍDA: s (superfície)
DADOS DE ENTRADA: b (base) a (altura)

Para calcular a superfície se aplica a fórmula:

$$S = base * altura/2$$

Projeto do algoritmo

```
início
   ler (b, a)
   s = b * a/2
   escrever (s)
fim
```

2.8 Construir um algoritmo que calcule a soma dos inteiros entre 1 e 10, ou seja, 1 + 2 + 3 + ... + 10.

Análise do problema

DADOS DE SAÍDA: soma (contém a soma requerida)
DADOS AUXILIARES: núm (será uma variável que recebe valores entre 1 e 10 e se acumulará em soma)

Devemos executar um laço que se realize dez vezes. Nele será incrementado em 1 a variável núm, e será acumulado seu valor na variável soma. Uma vez fora do laço, se visualizará o valor da variável soma.

Projeto do algoritmo

TABELA DE VARIÁVEIS

`inteiro:` soma, núm

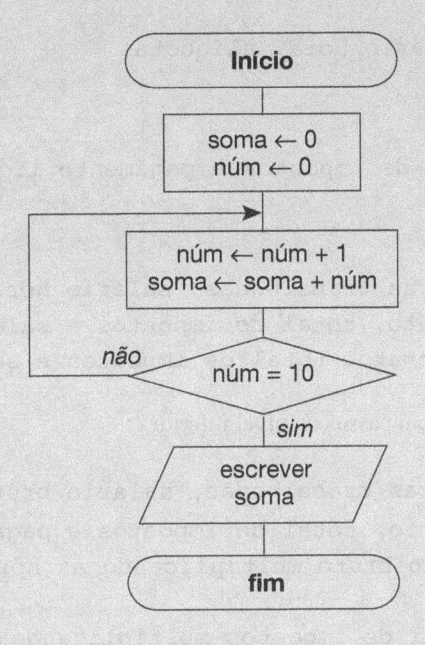

```
                    Início
                      │
              ┌───────▼───────┐
              │   soma ← 0    │
              │   núm ← 0     │
              └───────┬───────┘
                      │
                      ▼
              ┌───────────────┐
         ────▶│ núm ← núm + 1 │
        │     │soma ← soma+núm│
        │     └───────┬───────┘
        │             │
        │           ╱   ╲
        │ não     ╱      ╲
        └──────  ╱ núm=10 ╲
                 ╲         ╱
                  ╲       ╱
                    ╲   ╱
                     │ sim
                     ▼
                ┌─────────┐
                │ escrever│
                │  soma   │
                └────┬────┘
                     │
                     ▼
                    fim
```

2.9 Construir um algoritmo que calcule e visualize as potências de 2 entre 0 e 10.

Análise do problema

Devemos implementar um laço que seja executado 11 vezes e dentro dele ir incrementando uma variável que recebe valores entre 0 e 10 e que se chamará núm. Também dentro dele será visualizado o resultado da operação 2 ^ núm.

Projeto do algoritmo

TABELA DE VARIÁVEIS

`inteiro:` núm

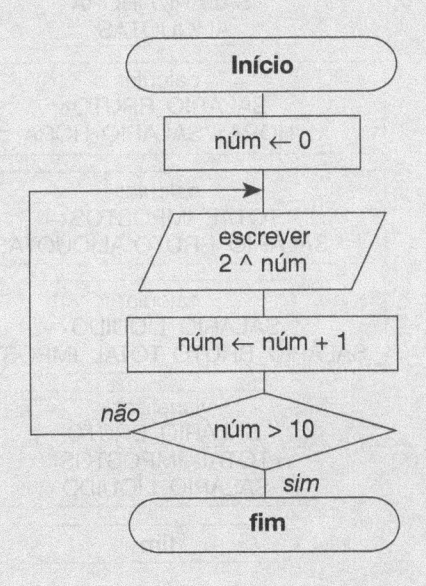

```
                    Início
                      │
                      ▼
              ┌───────────────┐
              │   núm ← 0     │
              └───────┬───────┘
                      │
                      ▼
              ┌───────────────┐
         ────▶│   escrever    │
        │     │   2 ^ núm     │
        │     └───────┬───────┘
        │             │
        │     ┌───────▼───────┐
        │     │ núm ← núm + 1 │
        │     └───────┬───────┘
        │             │
        │           ╱   ╲
        │  não    ╱      ╲
        └──────  ╱núm > 10╲
                 ╲         ╱
                  ╲       ╱
                    ╲   ╱
                     │ sim
                     ▼
                    fim
```

2.10 Desejamos obter o salário líquido de um trabalhador conhecendo o número de horas trabalhadas, o salário_hora e a alíquota de impostos que devemos aplicar como deduções.

As *entradas* do algoritmo são:

```
horas trabalhadas, salário_hora, alíquotas
```

As *saídas* do algoritmo são:

```
pagamento bruto, total de impostos e pagamento líquido
```

O algoritmo geral é:

```
1. Obter valores de horas trabalhadas, salário_hora e alíquotas.
2. Calcular salário_bruto, total de impostos e salário_líquido.
3. Visualizar salário_bruto, total de impostos e salário_líquido.
```

O refinamento do algoritmo em passos de nível inferior é:

```
1. Obter valores de horas trabalhadas, salário bruto e alíquotas.
2. Calcular salário_bruto, total de impostos e pagamento líquido.
    2.1 Calcular salário_bruto multiplicando as horas trabalhadas pelo
        salário_hora.
    2.2 Calcular o total de impostos multiplicando salário_bruto por alíquotas
        (tanto por cento de impostos).
    2.3 Calcular o salário_líquido retirando o total de impostos do pagamento
        bruto.
3. Visualizar salário_bruto, total de impostos, salário_líquido.
```

O diagrama de fluxo a seguir representa esse algoritmo.

Diagrama de fluxo

```
          ( Início )
              │
      ┌───────────────┐
     /   introduzir   /
    /     HORAS      /
   /   SALÁRIO_HORA /
  /    ALÍQUOTAS   /
  └───────────────┘
              │
      ┌───────────────────────┐
      │       calcular        │
      │   SALÁRIO_BRUTO ←     │
      │  HORAS*SALÁRIO_HORA   │
      └───────────────────────┘
              │
      ┌───────────────────────────┐
      │         calcular          │
      │     TOTAL_IMPOSTOS ←      │
      │  SALÁRIO_BRUTO*ALÍQUOTAS  │
      └───────────────────────────┘
              │
      ┌───────────────────────────────────┐
      │             calcular              │
      │        SALÁRIO_LÍQUIDO ←          │
      │  SALÁRIO_BRUTO-TOTAL_IMPOSTOS     │
      └───────────────────────────────────┘
              │
       /    visualizar    /
      /   SALÁRIO_BRUTO  /
     /   TOTAL_IMPOSTOS /
    /   SALÁRIO_LÍQUIDO/
    └─────────────────┘
              │
          (  fim  )
```

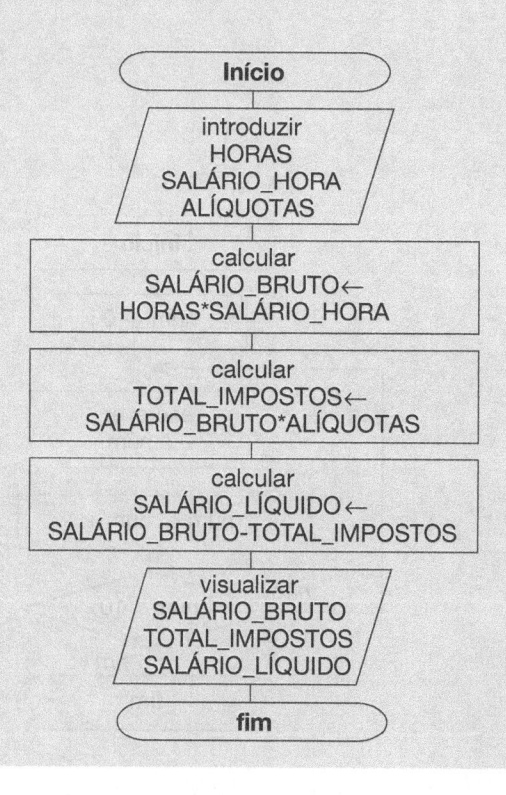

2.11 Definir o algoritmo necessário para intercambiar os valores de duas variáveis numéricas.

Análise do problema

Para realizar essa análise, utiliza-se uma variável denominada auxiliar que recebe um dos valores dados de modo temporário.

Variáveis: A   B   AUX

O método consiste em atribuir uma das variáveis à variável auxiliar.

AUX ← A

A seguir se atribui o valor da outra variável B à primeira:

A ← B

Por último, se atribui o valor da variável auxiliar à segunda variável B:

B ← AUX

Variáveis: A   primeiro valor,
              B   segundo valor,
              AUX   variável auxiliar.

Projeto do algoritmo

```
início
   ler (A, B)
   AUX ← A
   A ← B
   B ← AUX
   escrever (A, B)
fim
```

Diagrama de fluxo

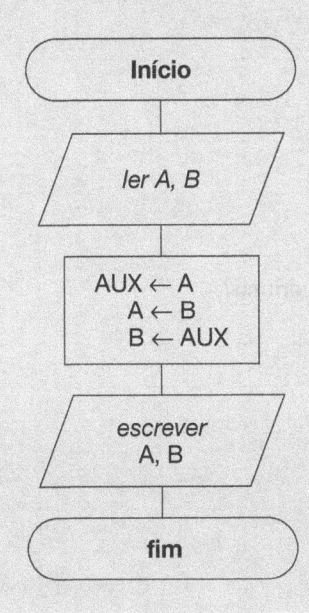

```
         ┌──────────┐
         │  Início  │
         └────┬─────┘
              │
         ╱─────────╲
        ╱  ler A, B ╲
        ╲───────────╱
              │
         ┌──────────┐
         │ AUX ← A  │
         │  A ← B   │
         │ B ← AUX  │
         └────┬─────┘
              │
         ╱─────────╲
        ╱ escrever  ╲
        ╲   A, B    ╱
         ╲─────────╱
              │
         ┌──────────┐
         │   fim    │
         └──────────┘
```

REVISÃO DO CAPÍTULO

Conceitos-chave

- Algoritmo
- Ciclo de vida
- Diagrama *Nassi-Schneiderman*
- Diagramas de fluxo
- Programação modular
- Projeto
- Programação estruturada
- Projeto descendente
- Testes
- *Pseudocódigo*
- Fatores de qualidade
- Verificação

Resumo

Um método geral para a resolução de um problema com computador tem as seguintes fases:

1. Análise do programa
2. Projeto do algoritmo
3. Codificação
4. Compilação e execução
5. Verificação e depuração
6. Documentação e manutenção

O sistema mais seguro para resolver um problema é decompô-lo em módulos mais simples e, por meio de projetos descendentes e refinamento sucessivo, chegar a módulos facilmente codificáveis. Esses módulos devem ser codificados com as estruturas de controle de programação estruturada.

1. *Seqüenciais*: as instruções são executadas uma depois da outra.
2. *Repetitivas*: uma série de instruções são repetidas até que se cumpra uma certa condição.
3. *Seletivas*: permite escolher entre duas alternativas (dois conjuntos de instruções) dependendo de uma condição determinada.

EXERCÍCIOS

2.1 Deduzir os resultados obtidos do seguinte algoritmo:

```
inteiro: x, y, z
início
    x ← 5
    y ← 20
    z ← x + y
    escrever (x, y)
    escrever (z)
fim
```

2.2 Que resultados produzirá este algoritmo?

```
inteiro: nx, duplo
início
    NX ← 25
    Duplo ← NX * 2
    escrever (NX)
    escrever (DUPLO)
fim
```

2.3 Escrever um algoritmo que calcule e escreva o quadrado de 243.

2.4 Escrever um algoritmo que leia um número e escreva seu quadrado.

2.5 Determinar a área e o volume de um cilindro cujas dimensões de raio e altura sejam lidas do teclado.

2.6 Calcular o perímetro e a superfície de um quadrado dado o comprimento de seu lado.

2.7 Construir o algoritmo que some dois números.

2.8 Calcular a superfície de um círculo.

2.9 Calcular o perímetro e a superfície de um retângulo dadas a base e a altura.

2.10 Escrever um algoritmo que leia um nome de uma marca de automóveis seguida do nome de seu modelo e informe do modelo seguido do nome.

2.11 Determinar a hipotenusa de um triângulo retângulo conhecidos os comprimentos dos catetos.

2.12 Projetar um algoritmo que realize a seguinte conversão: uma temperatura dada em graus Celsius para graus Fahrenheit.
Nota: A fórmula de conversão é: $F = (9/5)C + 32$.

2.13 Projetar um algoritmo que calcule a área de um retângulo em função dos comprimentos de seus lados:

$$\text{Área} = \sqrt{p(p-a)(p-b)(p-c)}$$

onde $p = (a + b + c)/2$ (semiperímetro).

2.14 Deseja-se um algoritmo para converter metros para pés e polegadas (1 metro = 39,37 polegadas, 1 pé = 12 polegadas).

2.15 A cotação de moedas na Bolsa de Madri no dia 25 de agosto de 1987 foi a seguinte:

 100 chilins austríacos   = 14,76 reais
 1 dólar norte-americano = 1,89 reais
 100 dracmas gregos   = 1,37 reais
 100 francos belgas   = 4,99 reais
 1 franco francês   = 0,31 reais
 1 libra esterlina   = 2,76 reais
 100 liras italianas   = 0,14 reais

2.16 Desenvolver algoritmos que realizem as seguintes conversões:

a) Ler uma quantidade em chilins austríacos e imprimir o equivalente em pesetas.
b) Ler uma quantidade em dracmas gregos e imprimir o equivalente em francos franceses.
c) Ler uma quantidade em pesetas e imprimir o equivalente em dólares e em liras italianas.

2.17 Projetar uma solução para resolver cada um dos seguintes problemas e refinar suas soluções por meio de algoritmos adequados:

a) Realizar uma chamada telefônica de um telefone público.
b) Cozinhar uma omelete.
c) Consertar um pneu furado de uma bicicleta.
d) Fritar um ovo.

2.18 Escrever um algoritmo para:

a) Somar dois números inteiros.
b) Subtrair dois números inteiros.
c) Multiplicar dois números inteiros.
d) Dividir um número inteiro por outro.

2.19 Escrever um algoritmo para determinar o máximo divisor comum de dois números inteiros (mdc) pelo algoritmo de Euclides:

- Dividir o maior dos dois inteiros positivos pelo menor.
- Em seguida, dividir o divisor pelo seu resto.

- Continuar o processo e dividir o último divisor pelo último resto até que a divisão seja exata.
- O último divisor é o mdc.

2.20 Projetar um algoritmo que leia e imprima uma série de números distintos de zero. O algoritmo deve terminar com um valor zero que não deve ser impresso. Visualizar o número de valores lidos.

2.21 Projetar um algoritmo que imprima e some a série de números 3, 6, 9, 12..., 99.

2.22 Escrever um algoritmo que leia quatro números e imprima o maior dos quatro.

2.23 Projetar um algoritmo que leia três números e encontre se um deles é a soma dos outros dois.

2.24 Escrever um algoritmo que conte o número de ocorrências de cada letra em uma palavra lida como entrada. Por exemplo, "Mortimer" contém dois "m", um "o", dois "r", um "i" um "t" e um "e".

2.25 Muitos bancos e caixas de poupança calculam os juros das quantidades depositadas pelos clientes diariamente usando as seguintes premissas. Um capital de 1.000 reais, com uma taxa de juros de 6%, rende juros em uma dia de 0,06 multiplicado por mil e dividido por 365. Esta operação produzirá 0,16 reais de juros e o capital acumulado será 1.000,16. Os juros para o segundo dia serão calculados multiplicando-se 0,06 por 1.000 e dividindo o resultado por 365. Projetar um algoritmo que receba três entradas: o capital para depósito, a taxa de juros e a duração do depósito em semanas, e calcular o capital total acumulado no final do período especificado.

3
ESTRUTURA GERAL DE UM PROGRAMA

SUMÁRIO

3.1 Conceito de programa
3.2 Partes de um programa
3.3 Instruções e tipos de instruções
3.4 Elementos básicos de um programa
3.5 Dados, tipos de dados e operações primitivas
3.6 Constantes e variáveis
3.7 Expressões
3.8 Funções internas
3.9 Operação de atribuição
3.10 Entrada e saída de informação
3.11 Escrevendo algoritmos/programas
ATIVIDADES DE PROGRAMAÇÃO RESOLVIDAS
REVISÃO DO CAPÍTULO
   Conceitos-chave
   Resumo
EXERCÍCIOS

Nos capítulos anteriores foi vista a forma de projetar algoritmos para resolver problemas com computadores. Neste capítulo será introduzido o processo de programação que se manifesta essencialmente nos programas.

O *conceito de programa* como um conjunto de instruções e seus tipos constituem a parte fundamental do capítulo. A *descrição dos elementos básicos* de programação, encontrados em quase todos os programas: interruptores, contadores, totalizadores etc., e as normas elementares para a escrita de algoritmos e programas completam o restante do capítulo.

No capítulo são examinados os importantes conceitos de dados, constantes e variáveis, expressões, operações de atribuição e a manipulação das entradas e saídas de informação, assim como a realização das funções internas como elemento-chave no manuseio de dados. Por último são descritas regras de escrita e de estilo para a construção de algoritmos e sua posterior conversão em programas.

3.1 CONCEITO DE PROGRAMA

Um *programa de computador* é um conjunto de instruções — ordens dadas à máquina — que produzirão a execução de uma determinada tarefa. Essencialmente, *um programa é um meio para conseguir um fim*. O fim será provavelmente definido como a informação necessária para solucionar um problema.

O *processo de programação* é, portanto, um processo de solução de problemas — como foi visto no Capítulo 2 — e o desenvolvimento de um programa requer as seguintes fases:

1. *definição e análise do problema;*
2. *projeto de algoritmos:*

   - diagrama de fluxo,
   - diagrama N-S,
   - pseudocódigo;

3. *codificação do programa;*
4. *depuração e verificação do programa;*
5. *documentação;*
6. *manutenção.*

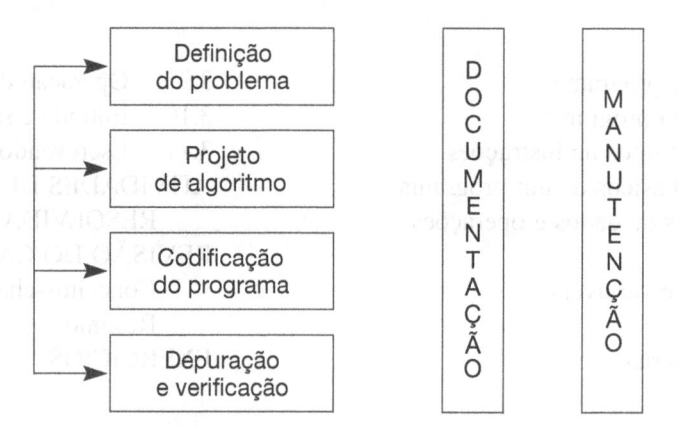

Figura 3.1 O processo de programação.

As fases 1 e 2 já foram analisadas nos capítulos anteriores e são o objetivo fundamental deste livro, por isso dedicaremos atenção a elas ao longo do texto (ver Capítulo 13), e nos apêndices, (disponíveis no site da Editora), às fases 3, 4, 5 e 6, ainda que próprias de livros específicos sobre linguagens de programação.

3.2 PARTES DE UM PROGRAMA

Após a decisão de desenvolver um programa, o programador deve estabelecer o conjunto de especificações que o programa deve conter: *entrada*, *saída* e *algoritmos de resolução*, que incluirão as técnicas para obter as saídas a partir das entradas.

Conceitualmente, um programa pode ser considerado como uma caixa preta, como mostra a Figura 3.2. A caixa preta ou o algoritmo de resolução, na realidade, são o conjunto de códigos que transformam as entradas do programa (*dados*) em saídas (*resultados*).

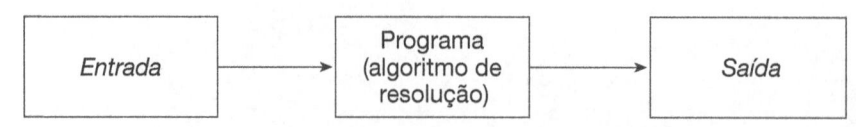

Figura 3.2 Blocos de um programa.

O programador deve estabelecer de onde provêm as entradas do programa. As entradas, em qualquer caso, procederão de um dispositivo de entrada — teclado, disco... O processo de introduzir a informação de entrada — dados — na memória do computador denomina-se *entrada de dados,* operações de *leitura* ou ação de `ler`.

As saídas de dados devem ser apresentadas em dispositivos periféricos de saída: *tela, impressora, discos* etc. A operação de *saída de dados* é conhecida também como *escrita* ou ação de `escrever`.

3.3 INSTRUÇÕES E TIPOS DE INSTRUÇÕES

O processo de projeto do algoritmo ou posteriormente de codificação do programa consiste em definir as ações ou instruções que resolverão o problema.

As *ações* ou *instruções* devem ser escritas e depois armazenadas na memória na mesma ordem esperada de execução, ou seja, *na seqüência.*

Um programa pode ser linear ou não-linear. Um programa é *linear* se as instruções são executadas seqüencialmente, sem bifurcações, decisão ou comparações.

```
instrução 1
instrução 2
    .
    .
instrução n
```

No caso do algoritmo, as instruções costumam ser conhecidas como *ações,* e teríamos:

```
ação 1
ação 2
  .
  .
ação n
```

Um programa é *não-linear* quando é interrompida a seqüência por meio de instruções de bifurcação.

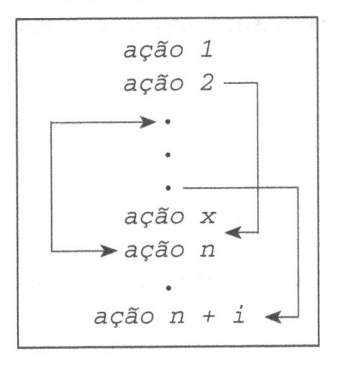

```
ação 1
ação 2
  .
  .
ação x
ação n
  .
ação n + i
```

3.3.1 Tipos de instruções

As instruções disponíveis na linguagem de programação dependem do tipo de linguagem. Nesta parte estudaremos as instruções — ações — básicas que podem ser implementadas de modo geral em um algoritmo e que essencialmente têm suporte em todas as linguagens, ou seja, as instruções básicas são independentes da linguagem. A classificação mais usual, do ponto de vista anterior, é:

1. *instruções de início/fim,*
2. *instruções de atribuição,*
3. *instruções de leitura,*
4. *instruções de escrita,*
5. *instruções de bifurcação.*

Algumas dessas instruções estão listadas na Tabela 3.1.

Tabela 3.1 Instruções/ações básicas

Tipo de instrução	Pseudocódigo inglês	Pseudocódigo português
começo do processo	begin	início
fim do processo	end	fim
entrada (leitura)	read	ler
saída (escrita)	write	escrever
atribuição	A ← 5	B ← 7

3.3.2 Instruções de atribuição

Como já são conhecidas do leitor, repassaremos seu funcionamento com exemplos:

a) A ← 80 a variável A recebe o valor de 80.

b) Qual será o valor que receberá a variável C depois da execução das seguintes instruções?

```
A ← 12
B ← A
C ← B
```

A contém 12, B contém 12 e C contém 12.

> **Nota**
>
> Antes da execução das três instruções, o valor de A, B e C é indeterminado. Para lhes dar um valor inicial, é preciso fazê-lo explicitamente, inclusive quando esse valor for 0, ou seja, é preciso definir e inicializar as instruções.

```
A ← 0
B ← 0
C ← 0
```

c) Qual é o valor da variável AUX ao se executar a instrução 5?

```
1. A    ← 10
2. B    ← 20
3. AUX  ← A
4. A    ← B
5. B    ← AUX
```

- na instrução 1, A recebe o valor de 10
- na instrução 2, B recebe o valor de 20

- na instrução 3, AUX recebe o valor anterior de A, ou seja, 10
- na instrução 4, A recebe o valor anterior de B, ou seja, 20
- na instrução 5, B recebe o valor anterior de AUX, ou seja, 10
- depois da instrução 5, AUX segue valendo 10

d) Qual é o significado de N ← N + 5 se N tem o valor atual de 2?

```
N ←    N + 5
```

Realiza-se o cálculo da expressão N + 5 e seu resultado 2 + 5 = 7 é atribuído à variável situada à esquerda, ou seja, N receberá um novo valor 7.

Deve-se pensar na variável como uma posição de memória, cujo conteúdo pode variar por meio de instruções de atribuição (costuma ser similar a uma caixa postal de correios, na qual o número de cartas depositadas varia segundo o movimento diário do carteiro de introdução de cartas ou do dono da caixa postal de extração das cartas).

3.3.3 Instruções de leitura de dados (entrada)

Essa instrução lê dados de um dispositivo de entrada. Qual será o significado das instruções seguintes?

a) **ler** (NÚMERO, HORAS, ALÍQUOTA)

Ler do terminal os valores NÚMERO, HORAS e ALÍQUOTAS, arquivando-os na memória; se os três números digitados em resposta à instrução são 12325, 32, 1200, significa que foram atribuídos às variáveis esses valores e equivaleria à execução das instruções.

```
NÚMERO      ←    12325
HORAS       ←    32
ALÍQUOTA    ←    1200
```

b) **ler** (A, B, C)

Se são lidos do terminal 100, 200, 300, sejam atribuídos às variáveis os seguintes valores:

```
A = 100
B = 200
C = 300
```

3.3.4 Instruções de escrita de resultados (saída)

Essas instruções são escritas em um dispositivo de saída. Explique o resultado da execução das seguintes instruções:

```
A ← 100
B ← 200
C ← 300
escrever (A, B, C)
```

Serão visualizados na tela ou impressos na impressora os valores 100, 200 e 300 que contêm as variáveis A, B e C.

3.3.5 Instruções de bifurcação

O desenvolvimento linear de um programa é interrompido quando se executa uma bifurcação. As bifurcações podem ser, segundo o ponto do programa onde se bifurca, para *adiante* ou *atrás*.

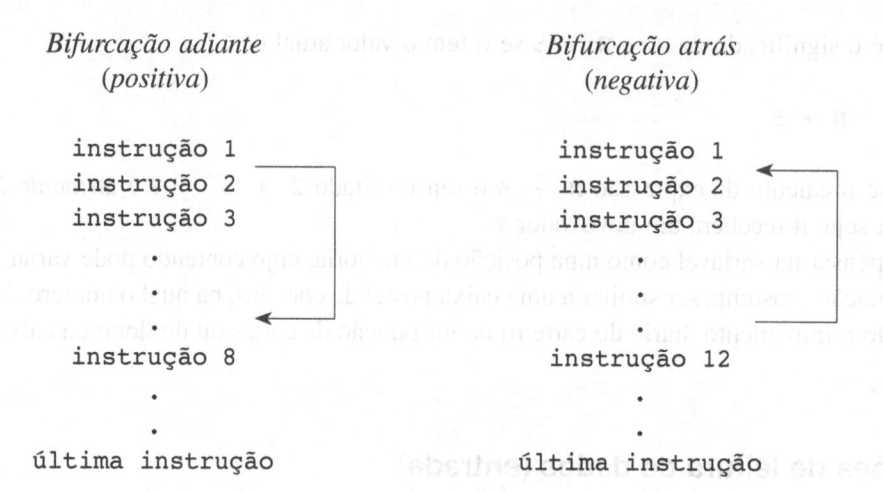

```
         Bifurcação adiante              Bifurcação atrás
            (positiva)                      (negativa)

         instrução 1                      instrução 1
         instrução 2  ┐                   instrução 2  ◄──┐
         instrução 3  │                   instrução 3     │
              •       │                        •          │
              •       │                        •          │
              •       │                        •          │
                     ◄┘                                   │
         instrução 8                      instrução 12 ───┘
              •                                •
              •                                •
              •                                •
        última instrução                 última instrução
```

As bifurcações no fluxo de um programa são realizadas de modo condicional, em função do resultado da avaliação da condição.

Bifurcação incondicional: a bifurcação é realizada sempre que o fluxo do programa passa pela instrução sem necessidade do cumprimento de nenhuma condição (ver Figura 3.3).

Bifurcação condicional: a bifurcação depende do cumprimento de uma determinada condição. Caso se cumpra a condição, o fluxo segue executando a ação F2. Caso não se cumpra, é executada a ação F1 (ver Figura 3.4).

3.4 ELEMENTOS BÁSICOS DE UM PROGRAMA

Em programação deve haver a diferença entre o projeto do algoritmo e sua implementação em uma linguagem específica. Devem estar claramente diferenciados os conceitos de programação e o meio em que eles são implementados em uma linguagem específica. Entretanto, uma vez compreendidos os conceitos de programação e como utilizá-los, o ensino de uma nova linguagem é relativamente fácil.

As linguagens de programação — como as demais linguagens — apresentam elementos básicos que são utilizados como blocos construtivos, assim como regras para que esses elementos se combinem. Essas regras são denominadas *sintaxe* da linguagem. Somente as instruções sintáticas corretas podem ser interpretadas pelos computadores, os programas que contêm erros de sintaxe são desprezados pela máquina. Os elementos básicos de um programa ou algoritmo são:

- *palavras reservadas* (`início`, `fim`, `se-então...`, etc.),
- *identificadores* (nomes de variáveis, procedimentos, funções, nome de programa, ... etc.),
- *caracteres especiais* (vírgula, apóstrofo etc.),
- *constantes*,
- *variáveis*,
- *expressões*,
- *instruções*.

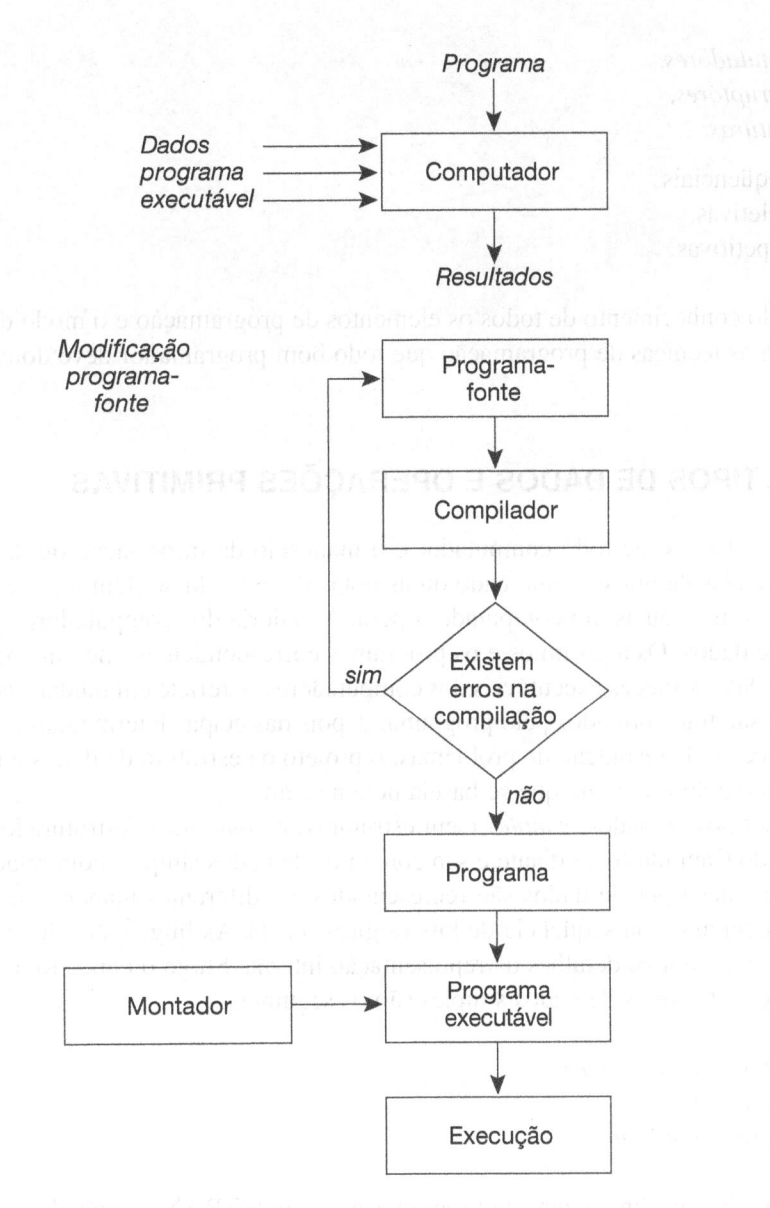

Figura 3.3 Fases da execução de um programa.

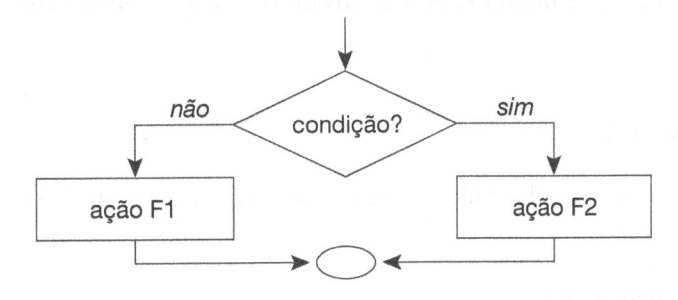

Figura 3.4 Bifurcação condicional.

Além desses elementos básicos, existem outros que fazem parte dos programas, cuja expressão e cujo funcionamento serão vitais para o correto projeto de um algoritmo e, naturalmente, para a codificação do programa. Esses elementos são:

- *laços,*
- *contadores,*

- *acumuladores,*
- *interruptores,*
- *estruturas:*

    1. seqüenciais,
    2. seletivas,
    3. repetitivas.

O amplo conhecimento de todos os elementos de programação e o modo de sua integração nos programas constituem as técnicas de programação que todo bom programador deve dominar.

3.5 DADOS, TIPOS DE DADOS E OPERAÇÕES PRIMITIVAS

O primeiro objetivo de todo computador é o manuseio da informação ou dados. Esses dados podem ser as cifras de vendas de um supermercado ou as notas de uma classe. Um *dado* é a expressão geral que descreve os objetos com os quais um computador opera. A maioria dos computadores pode trabalhar com vários tipos (modos) de dados. Os algoritmos e os programas correspondentes operam sobre esses tipos de dados.

A ação das instruções executáveis dos computadores se reflete em mudanças nos valores de dados. Os dados de entrada são transformados pelo programa, depois das etapas intermediárias, em dados de saída.

No processo de resolução de problemas, o projeto da estrutura de dados é tão importante quanto o projeto do algoritmo e do programa que se baseia nele mesmo.

Há dois tipos de dados: *simples* (sem estruturas) e *compostos* (estruturados). Os dados estruturados serão estudados do Capítulo 6 em diante e são conjuntos de dados simples com relações definidas entre eles.

Os diferentes tipos de dados são representados em diferentes maneiras no computador. Na máquina, um dado é um conjunto ou seqüência de bits (dígitos 0 e 1). As linguagens de alto nível permitem basear-se em abstrações e ignorar os detalhes da representação interna. Surge o conceito de tipo de dados, assim como sua representação. Os tipos de dados simples são os seguintes:

numéricos *(integer, real)*
lógicos *(boolean)*
caractere *(char, string)*

Existem algumas linguagens de programação — FORTRAN essencialmente — que admitem outros tipos de dados; **complexos**, que permitem tratar os números complexos, e outras linguagens, como Pascal, que também permitem declarar e definir seus próprios tipos de dados: **enumerados** *(enumerated)* e **subintervalo** *(subrange).*

3.5.1 Dados numéricos

O tipo *numérico* é o conjunto dos valores numéricos. Podem ser representados de duas maneiras distintas:

- tipo numérico *inteiro* (*integer*)
- tipo numérico *real* (*real*)

Inteiros: o tipo inteiro é um subconjunto finito dos números inteiros. Os inteiros não têm componentes fracionários ou decimais e podem ser negativos ou positivos. Exemplos de números inteiros:

```
   5      6
 -15      4
  20     17
1340     26
```

Os inteiros são denominados números de ponto ou vírgula fixa. Os números inteiros máximos e mínimos de um computador[1] costumam ser –32768 a +32767. Os números inteiros fora desse intervalo não costumam ser representados como inteiros, mas sim como reais, ainda que existam como exceções os inteiros grandes: FORTRAN, Turbo BASIC etc.

Reais: o tipo real consiste em um subconjunto dos números reais. Os números reais sempre têm um ponto decimal e podem ser positivos ou negativos. Um número real tem um inteiro e uma parte decimal. Os exemplos a seguir são números reais:

```
   0.08        3739.41
   3.7452      -52.321
  -8.12           3.0
```

Em aplicações científicas, é necessária uma representação especial para lidar com números muito grandes, como a massa da Terra, ou muito pequenos, como a massa de um elétron. Um computador somente pode representar um número fixo de dígitos. Esse número pode variar de uma máquina a outra, sendo oito dígitos um número típico. Tal limite provocará problemas para representar e armazenar números muito grandes ou muito pequenos como os já citados ou os seguintes:

```
   4867213432    0.00000000387
```

Existe um tipo de representação denominado *notação exponencial* ou *científica* utilizada para números muito grandes ou muito pequenos. Assim,

```
   367520100000000000000
```

é representado em notação científica decompondo-se em grupos de três dígitos

```
   367  520  100  000  000  000  000
```

e posteriormente em potências de 10

$$3.675201 \times 10^{20}$$

e de modo similar

```
   .0000000000302579
```

é representado como

$$3.02579 \times 10^{-11}$$

A representação em vírgula flutuante é uma generalização da notação científica. Observe que as seguintes expressões são equivalentes:

$$3.675201 \times 10^{19} = .3675207 \times 10^{20} = .03675201 \times 10^{21} = \ldots$$
$$= 36.75201 \times 10^{18} = 367.5201 \times 10^{17} = \ldots$$

Nessas expressões é considerada a *mantissa* (parte decimal) o número real, e o *expoente* (parte potencial), o da potência de dez.

```
   36.75201   mantissa     18    expoente
```

---
[1] Em computadores de 16 bits, como IBM PC ou compatíveis.

3.5.2 Dados lógicos (*booleanos*)

O tipo *lógico* — também denominado *booleano* — é aquele dado que somente pode receber um de dois valores:

```
certo ou verdadeiro (true) e falso (false)
```

Esse tipo de dados é utilizado para representar as alternativas (*sim/não*) em determinadas condições. Por exemplo, quando é pedido se um valor inteiro é par, a resposta será verdadeira ou falsa, segundo seja par ou ímpar.

3.5.3 Dados tipo caractere e tipo cadeia

O tipo *caractere* é o conjunto finito e ordenado de caracteres que o computador reconhece. Um dado tipo caractere contém um só caractere. Os caracteres que reconhecem os diferentes computadores não são padrão, entretanto, a maioria reconhece os seguintes caracteres alfabéticos e numéricos:

- caracteres alfabéticos (A, B, C, ..., Z) (a, b, c, ..., z),
- caracteres numéricos (1, 2, ..., 9, 0),
- caracteres especiais (+, -, *, /, ^, ., ;, <, >, $, ...).

Uma *cadeia (string) de caracteres* é uma sucessão de caracteres que se encontram delimitados por apóstrofos ou aspas, segundo o tipo de linguagem de programação. O *comprimento* de uma cadeia de caracteres é o número de caracteres compreendidos entres os separadores ou limitadores. Algumas linguagens têm dados tipo *cadeia*.

```
'Oi Mortimer'
'12 de outubro de 1492'
'Sr. McKoy'
```

3.6 CONSTANTES E VARIÁVEIS

Os programas de computador contêm certos valores que não devem mudar durante a execução do programa. Tais valores são chamados *constantes*. Entretanto, existem outros valores que mudarão durante a execução do programa; esses valores são chamados de *variáveis*. Uma **constante** são dados (objetos) que permanecem sem mudanças durante todo o desenvolvimento do algoritmo na execução do programa.

Constantes reais válidas

1.234
− 0.1436
+ 54437324

Constantes reais não-válidas

1,752.63 (vírgulas não permitidas)
82 (normalmente contém um ponto decimal, ainda que existam linguagens que o admitem sem ponto)

Constantes reais em anotação científica

3..7456E2   equivale a 3.374562×10^2

Uma *constante tipo caractere* ou *constante de caracteres* consiste em um caractere válido encerrado dentro de apóstrofos; por exemplo,

'B'   '+'   '4'   ';'

Caso se deseje incluir o apóstrofo na cadeia, então ele deve aparecer como um par de apóstrofos, encerrados dentro de simples apóstrofo.

'' ''

Uma seqüência de caracteres denomina-se normalmente uma *cadeia* e uma *constante tipo cadeia* é uma cadeia encerrada entre apóstrofos. Conseqüentemente,

'João Miguel'

e

'Pedro Luiz Garcia'

são constantes de cadeia válidas. Novamente, se um apóstrofo é um dos caracteres em uma constante de cadeia, deve aparecer como um par de apóstrofos

'John''s'

Constantes lógicas (*boolean*)

Somente existes duas constantes *lógicas* ou *booleanas*:

verdadeiro   falso

A maioria das linguagens de programação permite diferentes tipos de constantes: *inteiras, reais, caracteres* e *booleanas* ou *lógicas*, e representa dados desses tipos.

Uma **variável** é um objeto ou dados cujo valor pode mudar durante o desenvolvimento do algoritmo ou a execução do programa. Dependendo da linguagem, há diferentes tipos de variáveis, como *inteiras, reais, caracteres, lógicas* e *de cadeia*. Uma variável que é de um certo tipo pode receber apenas valores desse tipo. Uma variável de caractere, por exemplo, pode receber como valor somente caracteres, enquanto uma variável inteira pode receber apenas valores inteiros.

Tentar atribuir um valor de um tipo a uma variável de outro tipo produzirá *um erro de tipo*.

Uma variável é identificada pelos seguintes atributos: *nome* que a identifica e *tipo* que descreve o uso da variável.

Os nomes das variáveis, às vezes conhecidos como *identificador*, costumam constar de valores caracteres alfanuméricos, dos quais o primeiro normalmente é uma letra. Não devem ser utilizadas como nomes de identificadores — ainda que a linguagem o permita, como é o caso de FORTRAN — palavras reservadas da linguagem de programação. Nomes válidos de variáveis são:

A510
NOMES
NOTAS
NOME_SOBRENOMES[2]

Os nomes das variáveis escolhidos para o algoritmo ou o programa devem ser significativos e ter relação com o objeto que representam, como podem ser os casos seguintes:

NOME   *para representar nomes de pessoas*
PREÇOS   *para representar os preços de diferentes artigos*
NOTAS   *para representar as notas de uma classe*

---

[2] Algumas linguagens de programação admitem como válido o caractere sublinhado nos identificadores.

Há linguagens — Pascal, por exemplo — que permitem dar o nome a determinadas constantes típicas utilizadas em cálculos matemáticos, financeiros etc. Por exemplo, as constantes π = 3,141592... e e = 2,718228 (base dos logaritmos naturais) podem receber os nomes PI e E.

```
PI = 3,141592
E  = 2,718228
```

3.7 EXPRESSÕES

As expressões são combinações de constantes, variáveis, símbolos de operação, parênteses e nomes de funções especiais. As mesmas idéias são utilizadas em notação matemática tradicional, por exemplo,

$$a + (b + 3) + \sqrt{c}$$

Aqui os parênteses indicam a ordem de cálculo e $\sqrt{}$ representa a função raiz quadrada.

Cada expressão recebe um valor que é determinado tomando-se os valores das variáveis e constantes implicadas e a execução das operações indicadas. Uma expressão consta de *operandos* e *operadores*. Conforme o tipo de objetos manipulados, as expressões se classificam em:

- *aritméticas*,
- *relacionais*,
- *lógicas*,
- *caractere*.

O resultado da expressão aritmética é de tipo numérico; o resultado da expressão relacional e de uma expressão lógica é de tipo lógico; o resultado de uma expressão caractere é de tipo caractere.

3.7.1 Expressões aritméticas

As *expressões aritméticas* são análogas às fórmulas matemáticas. As variáveis e constantes são numéricas (real ou inteira) e as operações são as aritméticas.

```
+           soma
-           subtração
*           multiplicação
/           divisão
↑, **, ^    exponencial
div         divisão inteira
mod         módulo (resto)
```

Os símbolos +, –, *, ^ (↑ ou **) e as palavras-chave **div** e **mod** são conhecidos como *operadores aritméticos*. Na expressão

```
5 + 3
```

os valores 5 e 3 são denominados *operandos*. O valor da expressão 5 + 3 é conhecido como *resultado* da expressão.

Os operadores são utilizados da mesma maneira que em matemática. Conseqüentemente, A · B é escrita em um algoritmo como A * B e 1/4 · C como C/4. Como em matemática, o sinal menos tem um duplo papel, como resto em A − B e como negação em −A.

Nem todos os operadores aritméticos existem em todas as linguagens de programação; por exemplo, em FORTRAN não existe **div** e **mod**. O operador exponencial é diferente segundo o tipo de linguagem de programação (^, ↑, em BASIC, ** em FORTRAN).

Os cálculos que implicam tipos de dados reais e inteiros costumam dar normalmente resultados do mesmo tipo se os operandos o são também. Por exemplo, o produto de operandos reais produz um real (ver Tabela 3.2).

Exemplo

5 x 7	se representa por	5 * 7
$\frac{6}{4}$	se representa por	6/4
3^7	se representa por	3^7

Tabela 3.2 Operadores aritméticos

Operador	Significado	Tipos de operandos	Tipos de resultado
↑, ^, **	Exponencial	Inteiro ou real	Inteiro ou real
+	Soma	Inteiro ou real	Inteiro ou real
−	Resto	Inteiro ou real	Inteiro ou real
*	Multiplicação	Inteiro ou real	Inteiro ou real
/	Divisão	Real	Real
div	Divisão inteira	Inteiro	Inteiro
mod	Módulo (resto)	Inteiro	Inteiro

Operadores DIV e MOD

O símbolo / é utilizado para a divisão real e o operador **div** — em algumas linguagens, por exemplo BASIC, costuma ser utilizado o símbolo \ — representa a divisão inteira. O operador **mod** representa o resto da divisão inteira, ainda que haja linguagens que utilizam outros símbolos como %.

```
A div B
```

Somente se pode utilizar se A e B são expressões inteiras e obtém a parte inteira de A/B. Conseqüentemente,

```
19 div 6
```

recebe o valor 3. Outro exemplo pode ser a divisão 15/6

```
15 | 6
 3   2   quociente
 ↑
resto
```

Na forma de operadores a operação anterior resultará em

```
15 div 6 = 2          15 mod 6 = 3
```

Outros exemplos são:

19 **div** 3	equivale a 6	
19 **mod** 6	equivale a 1	

Exemplo 3.1

Os seguintes exemplos mostram resultados de expressões aritméticas:

expressão	resultado	expressão	resultado
10.5/3.0	3.5	10 **div** 3	3
1/4	0.25	18 **div** 2	9
2.0/4.0	0.5	30 **div** 30	1
6/1	6.0	6 **div** 8	0
30/30	1.0	10 **div** 3	1
6/8	0.75	10 **div** 2	0

3.7.2 Regras de prioridade

As expressões que têm dois ou mais operandos requerem umas regras matemáticas que permitam determinar a ordem das operações. Denominadas regras de *prioridade* ou *procedência*, elas são:

1. As operações que estão fechadas entre parênteses são avaliadas primeiro. Se existem diferentes parênteses aninhados (dentro uns dos outros), as expressões mais internas são avaliadas primeiro.

2. As operações aritméticas dentro de uma expressão costumam obedecer à seguinte ordem de prioridade:
   - operador exponencial (^, ↑, ou **),
   - operadores *, /,
   - operador **div** e **mod**,
   - operadores + , –.

No caso de coincidirem vários operadores de igual prioridade em uma expressão, ou subexpressão fechada em parênteses, a ordem de prioridade é da esquerda para a direita.

Exemplo 3.2

Qual é o resultado das seguintes expressões?

a) 3 + 6 * 14

b) 8 + 7 * 3 + 4 * 6

Solução

a) 3 + 6 * 14
   3 + 84
   87

b) 8 + 7 * 3 + 4 * 6
   8 + 21   24
   29 + 24
   53

Exemplo 3.3

Obter os resultados da expressão:

−4 * 7 + 2 ^ 3/4 − 5

Solução

−4 * 7 + 2 ^ 3 / 4 − 5

resulta

```
−4 * 7 + 8/4 − 5
−28 + 8/4 − 5
−28 + 2 − 5
−26 − 5
−31
```

Exemplo 3.4

Converter em expressões aritméticas algorítmicas as seguintes expressões algébricas:

$5 \cdot (x + y)$ $a^2 + b^2$

$\dfrac{x+y}{u+\dfrac{w}{a}}$ $\dfrac{x}{y} \cdot (z+w)$

Os resultados serão:

```
5 * (x + y)
a ^2 + b ^2
(x + y) / (u + w/a)
x / y * (z + w)
```

Exemplo 3.5

Os parênteses têm prioridade sobre o resto das operações:

A * (B + 3)	A constante 3 é somada primeiro ao valor de B, depois esse resultado é multiplicado pelo valor de A.
(A * B) + 3	A e B são multiplicados primeiro e é somado 3.
A + (B + C) + D	Essa expressão equivale a A + B + C + D.
(A + B/C) + D	Equivale a A + B/C + D.
A * B/C * D	Equivale a ((A * B)/C) * D e não a (A * B)/(C * D).

Exemplo 3.6

Avaliar a expressão 12 + 3 * 7 + 5 * 4.

Nesse exemplo há dois operadores de igual prioridade, * (multiplicação); por isso os passos sucessivos são:

```
12 + 3 * 7 + 5 * 4
        ‾‾‾
         21

12 + 21 +  5 * 4
           ‾‾‾
            20

12 + 21 + 20 = 53
```

3.7.3 Expressões lógicas (booleanas)

Um segundo tipo de expressões é a *expressão lógica* ou *booleana*, cujo valor é sempre verdadeiro ou falso. Lembre-se de que existem duas constantes lógicas, *verdadeira* (*true*) e *falsa* (*false*) e que as variáveis lógicas podem receber apenas esses dois valores. Essencialmente, uma *expressão lógica* é uma expressão que pode tomar estes dois valores, *verdadeiro* e *falso*. Denominam-se também *expressões booleanas* em homenagem ao matemático britânico George Boole, que desenvolveu a Álgebra lógica de Boole.

As expressões lógicas são formadas combinando-se constantes lógicas, variáveis lógicas e outras expressões lógicas, utilizando os *operadores lógicos* **not**, **and** e **or** e os *operadores relacionais* (de relação ou comparação) =, <, >, <=, >=, <>.

Operadores de relação

Os operadores relacionais ou de relação permitem a realização de comparações de valores de tipo numérico ou caractere. Os operadores de relação servem para expressar as condições nos algoritmos. Os operadores de relação estão na Tabela 3.3. O formato geral para as comparações é

```
expressão1          operador de relação          expressão2
```

Tabela 3.3 Operadores de relação

Operador	Significado
<	menor que
>	maior que
=	igual a
< =	inferior ou igual a
> =	superior ou igual a
< >	diferente de

e o resultado da operação será verdadeiro ou falso. Assim, por exemplo, se A = 4 e B = 3, então

```
A > B               é verdadeiro
```

enquanto

```
(A - 2) < (B - 4)   é falso
```

Os operadores de relação podem ser aplicados a qualquer dos quatro tipos de dados padrão: *inteiro*, *real*, *lógico*, *caractere*. A aplicação a valores numéricos é evidente. Os exemplos a seguir são significativos:

N1	N2	Expressão lógica	Resultado
3	6	3 < 6	verdadeiro
0	1	0 > 1	falso
4	2	4 = 2	falso
8	5	8 <= 5	falso
9	9	9 >= 9	verdadeiro
5	5	5 <> 5	falso

Para a realização de comparações de dados tipo caractere, é necessária uma seqüência de ordenação dos caracteres similar à ordem crescente ou decrescente. Essa ordenação costuma ser alfabética, tanto maiúscula como minúscula, e numérica, considerando-as de modo independente. Mas se são considerados os caracteres mistos, deve ser usado um código padronizado como é o ASCII (ver Apêndice A, disponível no site da Editora). Mesmo que nem todos os computadores sigam o código padronizado em seu jogo completo de caracteres, estão praticamente padronizados os códigos dos caracteres alfanuméricos mais comuns. Estes códigos padronizados são:

- Os caracteres especiais #, %, $, (,), +, −, /... exigem a consulta do código de ordenação.
- Os valores dos caracteres que representam os dígitos estão em sua ordem natural, isto é, '0' < '1', '1' < '2'... '8' < '9'.
- As letras maiúsculas A a Z seguem a ordem alfabética ('A' < 'B', 'C' < 'F' etc.).
- Se existem letras minúsculas, elas seguem o mesmo critério alfabético ('a' < 'b', 'c' < 'h' etc.).

Em geral, os quatro grupos anteriores estão situados no código ASCII em ordem crescente. Assim, '1' < 'A' e 'B' < 'C'. Entretanto, para completa certeza será preciso consultar o código de caracteres de seu computador (normalmente, o **ASCII**, *Americam Standar Code for Information Interchange*, ou o **EBCDIC**, *Extended Binary-Coded Decimal Interchange Code*, utilizado em computadores IBM diferentes dos modelos PC e PS/2).

Quando utilizamos os operadores de relação, com valores lógicos, a constante *false* (*falsa*) é menor que a constante *true* (*verdadeira*).

```
false < true
true > false
```

Se utilizamos os operadores relacionais = e <> para comparar quantidades numéricas, é importante lembrar que a maioria dos *valores reais não pode ser armazenada exatamente*. Portanto, as expressões lógicas formais com comparação de quantidades reais com (=) às vezes são avaliadas como falsas, inclusive quando essas quantidades são algebricamente iguais. Assim,

```
(1.0 / 3.0) * 3.0 = 1.0
```

teoricamente é verdadeira, entretanto, ao realizarmos o cálculo em um computador, podemos obter .999999... e, em conseqüência, o resultado é falso; isso ocorre por causa da precisão limitada da aritmética real nos computadores. Portanto, às vezes *deveremos excluir as comparações com dados de tipo real*.

Operadores lógicos

Os *operadores lógicos* ou *booleanos* básicos são **not** (*não*), **and** (*e*) e **or** (*ou*). A Tabela 3.4. apresenta o funcionamento desses operadores.

Tabela 3.4 Operadores lógicos

Operador lógico	Expressão lógica	Significado
não (*not*)	**não** p (*not* p)	negação de *p*
y (*and*)	p **e** q (p *and* q)	conjunção de *p* e *q*
o (*ou*)	p **ou** q (p *ou* q)	desunião de *p* e *q*

As definições das operações **não**, **e** e **ou** estão resumidas em umas tabelas conhecidas como *tabelas verdade*.

a	não a
verdadeiro	falso
falso	verdadeiro

não (6>10) é verdadeira já que (6>10) é falsa.

a	b	a **e** b
verdadeiro	verdadeiro	verdadeiro
verdadeiro	falso	falso
falso	verdadeiro	falso
falso	falso	falso

a **e** b é verdadeira somente se a e b são verdadeiras.

a	b	a **ou** b
verdadeiro	verdadeiro	verdadeiro
verdadeiro	falso	verdadeiro
falso	verdadeiro	verdadeiro
falso	falso	falso

a **ou** b é verdadeira quando a, b ou ambas são verdadeiras.

Nas expressões lógicas, podemos combinar operadores de relação e lógicos, Assim, por exemplo,

```
(1 < 5) e (5 < 10)           é verdadeira
(5 > 10) ou ('A' < 'B')      é verdadeira, já que 'A' < 'B'
```

Exemplo 3.7

A Tabela 3.5 resume uma série de aplicações de expressões lógicas.

Tabela 3.5 Aplicações de expressões lógicas

Expressão lógica	Resultado	Observações
(1 > 0) **e** (3 = 3)	verdadeiro	
não TESTE	verdadeiro	• TESTE é um valor lógico falso.
(0 < 5) **ou** (0 > 5)	verdadeiro	
(5 <= 7) **e** (2 > 4)	falso	
não (5 < > 5)	verdadeiro	
(número = 1) **ou** (7 >= 4)	verdadeiro	• número é uma variável inteira de valor 5.

Prioridade dos operadores lógicos

Os operadores aritméticos seguiam uma ordem específica de prioridade quando existia mais de um operador nas expressões. De modo similar, os operadores lógicos e relacionais têm uma ordem de prioridade.

Tabela 3.6 Prioridade de operadores (linguagem Pascal)

Operador	Prioridade
não (*not*)	mais alta (primeira executada)
/, *, **div**, **mod**, **e** (*and*)	
+, –, **ou** (*or*)	↓
<, >, =, <=, >=, <>	mais baixa (última executada)

Tabela 3.7 Prioridade de operadores (linguagem Java)

Operador	Prioridade
`++` e `--` (incremento e decremento em 1)	mais alta
`*`, `/`, `%` (resto da divisão inteira)	
`+`, `-`	
`<`, `<=`, `>`, `>=`	
`==` (igual a), `!=` (não igual a)	
`&&` (**e** lógica, AND)	
`"` (ou lógica, `or`)	
`=`, `+=`, `-=`, `*=`, `/=`, `%=` (operador de atribuição)	mais baixa

Assim como nas expressões aritméticas, os parênteses podem ser utilizados e terão prioridade sobre qualquer operação.

Exemplo 3.8

`não 4 > 6`	produz um erro, já que o operador **não** se aplica a 4
`não (4 > 14)`	produz um valor verdadeiro
`(1.0 < x) e (x < z + 7.0)`	se x vale 7 e z vale 4, se obtém um valor verdadeiro

3.8 FUNÇÕES INTERNAS

As operações necessárias nos programas exigem em várias ocasiões, além das operações aritméticas básicas, já tratadas, um número determinado de operadores especiais denominados *funções internas,* incorporadas ou padrão. Por exemplo, a função `ln` pode ser utilizada para determinar o logaritmo neperiano de um número e a função `raiz2 (sqrt)` calcula a raiz quadrada de um número positivo. Há outras funções utilizadas para se determinar as funções trigonométricas.

A Tabela 3.8 apresenta as funções internas mais comuns, sendo x o argumento da função.

Tabela 3.8 Funções internas

Função	Descrição	Tipo de argumento	Resultado
`abs (x)`	valor absoluto de x	inteiro ou real	igual a argumento
`arctan (x)`	arco tangente de x	inteiro ou real	real
`cos (x)`	cosseno de x	inteiro ou real	real
`exp (x)`	exponencial de x	inteiro ou real	real
`ln (x)`	logaritmo neperiano de x	inteiro ou real	real
`log10 (x)`	logaritmo decimal de x	inteiro ou real	real
`redondo (x)` *(round (x))**	redondo de x	real	inteiro
`seno (x)` *(sin (x))**	seno de x	inteiro ou real	real
`quadrado (x)` *(sqr (x))**	quadrado de x	inteiro ou real	igual a argumento
`raiz2 (x)` *(sqrt (x))**	raiz quadrada de x	inteiro ou real	real
`trunc (x)`	troncamento de x	real	inteiro

* Terminologia.

Exemplo 3.9

As funções aceitam argumentos reais ou inteiros e seus resultados dependem da tarefa que a função realiza.

Expressão	Resultado
`raiz2 (25)`	5
`redondo (6.5)`	7
`redondo (3.1)`	3
`redondo (-3.2)`	-3
`trunc (5.6)`	5
`trunc (3.1)`	3
`trunc (-3.8)`	-3
`quadrado (4)`	16
`abs (9)`	9
`abs (-12)`	12

Exemplo 3.10

Utilizar as funções internas para obter a solução da equação quadrada $ax^2 + bx + c = 0$. As raízes da equação são:

$$x = \frac{-b \pm \sqrt{b^2 - 4ac}}{2a}$$

ou o que é igual:

$$x1 = \frac{-b + \sqrt{b^2 - 4ac}}{2a} \qquad x2 = \frac{-b - \sqrt{b^2 - 4ac}}{2a}$$

As expressões escrevem-se como

```
x1 = (-b + raiz2 (quadrado (b) - 4 * a * c)) / ( 2 * a)
x2 = (-b - raiz2 (quadrado (b) - 4 * a * c)) / ( 2 * a)
```

Se o valor da expressão

`raiz2 (quadrado (b) - 4 * a * c)`

é negativo, será produzido um erro, já que a raiz quadrada de um número negativo não foi definida.

3.9 A OPERAÇÃO DE ATRIBUIÇÃO

A operação de atribuição é o modo de armazenar valores para uma variável. A operação de atribuição é representada com o símbolo ou operador ←. A operação de atribuição é conhecida como *instrução* ou *sentença* de atribuição quando se refere a uma linguagem de programação. O formato geral de uma operação de atribuição é

> *nome da variável* ← *expressão*

expressão ← expressão, variável ou constante

A seta (operador de atribuição) é substituída em outras linguagens por = (Visual Basic, FORTRAN), := (Pascal) ou == (Java, C++, C#). Entretanto, é preferível o uso da seta na redação de algoritmo para evitar ambigüidades, deixando o uso do símbolo = exclusivamente para o operador de igualdade.

A operação de atribuição:

```
A ← 5
```

significa que a variável A recebe o valor 5.

A ação de atribuição é *destrutiva*, já que o valor que tiver a variável antes da atribuição é perdido e substituído pelo novo valor. Assim, na seqüência de operações

```
A ← 25
A ← 134
A ← 5
```

quando elas são executadas, o valor último que recebe A será 5 (os valores 25 e 134 desaparecem).

O computador executa a sentença de atribuição em dois passos. No primeiro, o valor da expressão ao lado direito do operador é calculado, obtendo-se um valor de um tipo específico. No segundo, este valor é armazenado na variável cujo nome aparece à esquerda do operador de atribuição, substituindo o valor que havia anteriormente.

```
X ← Y + 2
```

o valor da expressão Y + 2 se atribui à variável X.

É possível utilizar o mesmo nome da variável em ambos os lados do operador de atribuição. Ações como

```
N ← N + 1
```

têm sentido; determina-se o valor atual da variável N se incrementa em 1 e a seguir o resultado é atribuído para a mesma variável N. Entretanto, do ponto de vista matemático, não tem sentido N ← N + 1.

As ações de atribuição são classificadas, segundo o tipo de expressões, em: *aritméticas, lógicas* e *de caracteres*.

3.9.1 Atribuição aritmética

As expressões nas operações de atribuição são aritméticas:

```
AMN ← 3 + 14 + 8
```
é avaliada a expressão 3 + 14 + 8 e atribuímos à variável AMN, ou seja, 25 será o valor que recebe AMN

```
TER1 ← 14.5 + 8
TER2 ← 0.75 * 3.4
QUOCIENTE ← TER1/TER2
```

Avaliamos as expressões 14.5 + 8 e 0.75 * 3.4 e na terceira ação dividimos os resultados de cada expressão e os atribuímos à variável QUOCIENTE, ou seja, as três operações equivalem a QUOCIENTE ← ← (14.5 + 8)/(0.75 * 3.4).

Outro exemplo para entender as modificações dos valores armazenados em uma variável é o seguinte:

```
A ← 0          a variável A recebe o valor 0
N ← 0          a variável N recebe o valor 0
A ← N + 1      a variável A recebe o valor 0 + 1, ou seja, 1.
```

O exemplo anterior pode ser modificado para considerar a mesma variável em ambos os lados do operador de atribuição:

```
N ← 2
N ← N + 1
```

Na primeira ação N recebe o valor 2 e na segunda é avaliada a expressão N + 1, que receberá o valor 2 + 1 = 3 atribuído novamente a N, que receberá o valor 3.

3.9.2 Atribuição lógica

A expressão que se avalia na operação de atribuição é lógica. Suponhamos que M, N e P são variáveis de tipo lógico.

```
M ← 8 < 5
N ← M ou (7 <= 12)
P ← 7 > 6
```

Depois de se avaliar as operações anteriores, as variáveis M, N e P receberão os valores *falso*, *verdadeiro*, *verdadeiro*.

3.9.3 Atribuição de cadeias de caracteres

A expressão que se avalia é do tipo cadeia:

```
X ← '12 de outubro de 1942'
```

A ação de atribuição anterior atribui a cadeia de caracteres '12 de outubro de 1942' à variável tipo cadeia X.

3.9.4 Conversão de tipo

Nas atribuições não podemos colocar valores em uma variável de um tipo diferente do seu. Ocorrerá um erro ao se tentar atribuir valores de tipo caractere a uma variável numérica ou um valor numérico a uma variável tipo caractere.

Exemplo 3.11

Quais são os valores de A, B e C depois da execução das seguintes operações?

```
A ← 3
B ← 4
C ← A + 2 * B
C ← C + B
B ← C — A
A ← B * C
```

Nas duas primeiras ações, A e B recebem os valores 3 e 4.

```
C ← A + 2 * B     a expressão A + 2 * B receberá o valor 3 + 2 * 4 = 3 + 8 = 11
C ← 11
```

A seguinte ação

```
C ← C + B
```

produzirá um valor de 11 + 4 = 15

```
C ← 15
```

Na ação B ← C − A se obtém para B o valor 15 − 3 = 12 e por último:

```
A ← B * C
```

A receberá o valor B * C, isto é, 12 * 15 = 180; conseqüentemente, o último valor recebido por A será 180.

Exemplo 3.12

Qual é o valor de x depois das seguintes operações?

```
x ← 2
x ← quadrado (x + x)
x ← raiz2 (x + raiz2 (x) + 5)
```

Os resultados de cada expressão são:

```
x ← 2                              x recebe o valor 2
x ← quadrado (2 + 2)               x recebe o valor 4 ao quadrado, ou seja, 16
x ← raiz2 (16 + raiz2 (16) + 5)
```

nessa expressão avalia-se primeiro `raiz2(16)`, que produz 4 e, por último, `raiz2(16+4+5)` proporciona `raiz2(25)`, ou seja, 5. Os resultados das expressões sucessivas anteriores são:

```
x ← 2
x ← 16
x ← 5
```

3.10 ENTRADA E SAÍDA DE INFORMAÇÃO

Os cálculos que os computadores realizam requerem, para ser úteis, a *entrada* dos dados necessários para se executar as operações que posteriormente se converterão em resultados, ou seja, *saída*.

As operações de entrada permitem ler determinados valores e colocá-los em determinadas variáveis. Essa entrada é conhecida como operação de **leitura** (*read*). Os dados de entrada são introduzidos no processador por meio de dispositivos de entrada (teclado, cartões perfurados, unidades de disco etc.). A saída pode aparecer em um dispositivo de saída (tela, impressora etc.). A operação de saída é denominada **escrita** (*write*).

Na escrita de algoritmos, as ações de leitura e escrita são representadas pelos formatos a seguir:

```
ler (lista de variáveis de entrada)
escrever (lista de variáveis de saída)
```

Assim, por exemplo

```
ler (A, B, C)
```

representa a leitura de três valores de entrada que são atribuídos às variáveis A, B e C.

```
escrever ('olá Vargas')
```

visualiza na tela — ou escreve no dispositivo de saída — a mensagem 'olá Vargas'.

> **Nota 1**
>
> Se forem utilizadas as palavras reservadas em inglês, assim como ocorre nas linguagens de programação, deveremos substituir
>
>   **ler**   **escrever**
>
> por
>
>   **read**   **write** ou **print**

> **Nota 2**
>
> Se não for especificado o tipo de dispositivo do qual ler ou escrever dados, os dispositivos-padrão de E/S são o teclado e a tela.

3.11 ESCREVENDO ALGORITMOS/PROGRAMAS

A escrita de um algoritmo por meio de uma ferramenta de programação deve ser a mais clara possível e estruturada, de modo que sua leitura facilite consideravelmente o entendimento do algoritmo e sua posterior codificação em uma linguagem de programação.

Os algoritmos devem ser escritos em linguagens similares aos programas. Em nosso livro utilizaremos essencialmente a linguagem algorítmica, com base em pseudocódigo, e a estrutura do algoritmo exigirá a lógica dos programas escritos na linguagem de programação estruturada, por exemplo, Pascal.

Um algoritmo constará de dois componentes: *um cabeçalho de programa* e *um bloco de algoritmo*. O *cabeçalho de programa* é uma ação simples que começa com a palavra **algoritmo**. Essa palavra estará seguida pelo nome alocado ao programa completo. O *bloco algoritmo* é o restante do programa e se divide em dois componentes ou seções: *as ações de declaração* e *as ações executáveis*.

As *declarações* definem ou declaram as variáveis e constantes que tenham nomes. As *ações executáveis* são as ações que posteriormente deverão realizar a computação quando o algoritmo convertido em programa for executado.

> **algoritmo**
> *cabeçalho do programa*
> *seção de declaração*
> *seção de ações*

3.11.1 Cabeçalho do programa ou algoritmo

Todos os algoritmos e programas devem começar com um cabeçalho no qual são expressos o identificador ou nome correspondente e uma palavra reservada conforme a linguagem. Nas linguagens de programação, a palavra reservada costuma ser **program**. Em Algorítmica se denomina **algoritmo**.

```
algoritmo DEMO1
```

3.11.2 Declaração de variáveis

Nesta seção são declaradas ou descritas todas as variáveis utilizadas no algoritmo, listando-se seus nomes e especificando-se seus tipos. A seção começa com a palavra reservada **var** (abreviatura de *variável*) e tem o formato

```
Var
  tipo-1 : lista de variáveis-1
  tipo-2 : lista de variáveis-2
  .
  .
  tipo-n : lista de variáveis-n
```

onde cada *lista de variáveis* é uma variável simples ou uma lista de variáveis separadas por vírgulas e cada *tipo* é um dos tipos de dados básicos (**inteiro**, **real**, **char** ou **boolean**). Por exemplo, sessão de declaração de variáveis

```
var
  inteira : Número_Empregado
  real    : Horas
  real    : Imposto
  real    : Salário
```

ou de modo equivalente

```
var
  inteira : Número_Empregado
  real    : Horas, Imposto, Salário
```

declara que somente as três variáveis `Hora`, `Imposto` e `Salário` são de tipo real.

É uma boa prática de programação utilizar nomes de variáveis significativas que sugerem o que elas representam, já que isso tornará mais fácil e legível o programa.

Também é boa prática incluir breves comentários que indiquem como utilizar a variável.

```
var
  inteira : Número_Empregado // número de empregados
  real    : Horas,            // horas trabalhadas
            Imposto,          // imposto a pagar
            Salário           // quantidade ganha
```

3.11.3 Declaração de constantes numéricas

Nesta seção são declaradas todas as constantes que tenham nome. Seu formato é

```
const
  pi      = 3,141592
  tamanho = 43
  horas   = 6,50
```

Os valores dessas constantes não podem variar no transcurso do algoritmo.

3.11.4 Declaração de constantes e variáveis caractere

As constantes de caractere simples e cadeias de caracteres podem ser declaradas na seção do programa **const**, da mesma maneira que as constantes numéricas.

```
const
  estrela  = '*'
  frase    = '12 de outubro'
  mensagem = 'Olá meu bebê'
```

As variáveis de caracteres são declaradas de duas maneiras:

1. Armazenar somente um caractere.

   ```
   var caractere: nome, inicial, nota, letra
   ```

   Declaram-se nome, inicial, nota e letra, que armazenarão somente um caractere.

2. Armazenar múltiplos caracteres (*cadeias*). O armazenamento de caracteres múltiplos dependerá da linguagem de programação. Assim, nas linguagens

   VB 6.0 / VB.NET   (VB, Visual Basic)

   ```
   Dim var1 As String
   Var1 = "Pedro Luis Garcia Rodrigues"
   ```

   Pascal   formato tipo ordem (ver Capítulo 8)

   Há algumas versões de Pascal, como é o caso de Turbo Pascal, que têm implementado um tipo de dados denominado *string* (cadeia) que permite declarar variáveis de caracteres ou de cadeia que armazenam palavras compostas de diferentes caracteres.

   ```
   var nome   : string [20];    em Turbo Pascal
   var cadeia : nome   [20];    em pseudocódigo
   ```

3.11.5 Comentários

A documentação de um programa é o conjunto de informação interna e externa ao programa, que facilitará sua posterior manutenção e seu uso. A documentação pode ser *interna* e *externa*.

A *documentação externa* é aquela realizada externamente ao programa e com fins de manutenção e atualização; é muito importante nas fases posteriores ao início de uso de um programa. A *documentação interna* é a que acompanha o código ou programa-fonte e é realizada na base de comentários significativos. Esses comentários são representados com diferentes notações, segundo o tipo de linguagem de programação.

Visual Basic 6/VB .NET

1. Os comentários utilizam um apóstrofo simples e o compilador ignora tudo o que vem depois desse caractere.

   ```
   'Este é um comentário de somente uma linha
   Dim Mês As String 'comentário depois de uma linha de código
   ................
   ```

2. Também se admite para manter compatibilidade com versões antigas de BASIC e Visual Basic a palavra reservada Rem

```
Rem isto é um comentário
```

C/C++ e C#

Há dois formatos de comentários nas linguagens C e C++:

1. Comentários de uma linha (começam com o caractere //)

```
// Programa 5.0 realizado pelo Senhor Mackoy
// em Carchelejo (Jaén) nas Festas de Agosto
// de Moros e Cristiano
```

2. Comentários multilinha (começam com os caracteres /* e terminam com os caracteres */, tudo o que está entre esses caracteres são comentários)

```
/* O professor Mackoy estudou o Bacharelado no mesmo instituto onde deu aula
Don Antonio Machado, o poeta */
```

Java

1. Comentários de uma linha

```
// comentários sobre a Lei de Proteção de Dados
```

2. Comentários multilinhas

```
/* A cidade de Mr. Mackoy está em Serra Mágina, e produz um dos
melhores azeites de oliva do mundo mundial                     */
```

3. Documentação de classes

```
/**
      Documentação da classe
*/
```

Pascal

Os comentários estão entre os símbolos

```
(*              *)
```

ou

```
{             }
(* autor J. R. Mackoy*)
{sub-rotina ordenação}
```

Modula-2

Os comentários estão entre os símbolos.

(*   *)

> **Nota**
>
> Neste livro utilizaremos preferencialmente, para representar nossos comentários, os símbolos //
> e /*. Entretanto, alguns autores de algoritmos, para deixar independente a simbologia da linguagem, costumam representar os comentários com colchetes ([ ]).

3.11.6 Estilo de escrita de algoritmo/programa

O método que seguiremos normalmente neste livro para escrever algoritmos será o descrito no início do Item 3.11.

```
algoritmo identificador          //cabeçalho
// seção de declarações
var tipo de dados : lista de identificadores
const lista de identificadores = valor
início
  <sentença S1>
  <sentença S2>                  // corpo do algoritmo
       .
       .
       .
  <sentença Sn>
fim
```

> **Notas**
>
> 1. Em algumas ocasiões, a declaração de constantes e variáveis será omitida ou descrita em uma tabela de variáveis com as mesmas funções.
> 2. As cadeias de caracteres estarão entre aspas simples.
> 3. Utilizar sempre identação nos laços ou naquelas instruções que proporcionarem legibilidade ao programa, como **início** e **fim**.

Modelo proposto de algoritmo

```
algoritmo raízes
// resolve uma equação de 2º grau
var
  real : a, b, c
início
  ler (a, b, c)
  d ← b ^ 2 - 4 * a * c
  se d < 0 então
    escrever ('raízes complexas')
  se_não
    se d = 0 então
      escrever (-b / (2 * a))
```

```
            se_não
                escrever ((-b — raiz2 (d)) / (2 * a)
                escrever ((-b + raiz2 (d)) / (2 * a)
                fim_se
            fim_se
    fim
```

ATIVIDADES DE PROGRAMAÇÃO RESOLVIDAS

3.1 Projete um algoritmo para trocar o pneu de um carro.

Solução

```
algoritmo furado
início
    se o macaco do carro está avariado
        então chamar o mecânico de serviço
        se-não levantar o carro com o macaco
            repetir
                afrouxar e tirar os parafusos dos pneus
            até_que todos os parafusos estejam frouxos e tirados
            tirar o pneu
            trocar o pneu
            repetir
                pôr os parafusos e apertá-los
            até_que estejam postos todos os parafusos
            baixar o macaco
    fim_sim
fim
```

3.2 Encontre o valor da variável VALOR depois da execução das seguintes operações:

```
(A)    VALOR ← 4.0 * 5
(B)    X ← 3.0
       Y ← 2.0
       VALOR ← X ^ Y — Y
(C)    VALOR ← 5
       X ← 3
       VALOR ← VALOR * X
```

Solução

(A) VALOR = 20.0
(B) X = 3.0
    Y = 2.0
    VALOR = 3 ^ 2 — 2 = 9 — 2 = 7   VALOR = 7

(C) VALOR = 5
    X = 3
    VALOR = VALOR * X = 5 * 3 = 15   VALOR = 15

3.3 Deduza o resultado que se produz com as seguintes instruções:

```
var Inteiro : X, Y
X ← 1
Y ← 5
escrever (X, Y)
```

Solução

X e Y tomam os valores 1 e 5. A instrução de saída (**escrever**) apresentará no dispositivo de saída 1 e 5, com os formatos específicos da linguagem de programação; por exemplo,

1 5

3.4 Deduza o valor das expressões seguintes:

```
X ← A + B + C
X ← A + B * C
X ← A + B / C
X ← A + B \ C
X ← A + B mod C
X ← A + B) \ C
X ← A + (B / C)
Sendo A = 5    B = 25    C = 10
```

Solução

Expressão	X
A + B + C = 5 + 25 + 10	40
A + B * C = 5 + 25 * 10	225
A + B / C = 5 + 25 / 10	7.5
A + B \ C = 5 + 25 \ 10 = 5 + 2	7
A + B **mod** C = 5 + 25 **mod** 10 = 5 + 5	10
(A + B) / C = (5 + 25) / 10 = 30 / 10	3
A + (B / C) = 5 + (25 / 10) = 5 + 2.5	7.5

3.5 Escreva as seguintes expressões em forma de expressões algorítmicas:

a) $\dfrac{M}{N} + P$

b) $M + \dfrac{N}{P - Q}$

c) $\dfrac{seno(x) + cos(x)}{tan(x)}$

d) $\dfrac{m + n}{p - q}$

e) $\dfrac{m + \dfrac{n}{p}}{q - \dfrac{r}{5}}$

f) $\dfrac{-b + \sqrt{b^2 - 4ac}}{2a}$

Solução

a) M / N + P
b) M + N / (P − Q)
c) SEN(X) + COS(X) / TAN(X)
d) (M + N) / (P − Q)
e) (M + N / P) / (Q − R / 5)
f) (−B + **raiz2** (B ^ 2 − 4 * A * C)) / (2 * A)

3.6 Calcule o valor das seguintes expressões:

a) 8 + 7 * 3 + 4 * 6
b) -2 ^ 3
c) (33 + 3 * 4)/5
d) 2 ^ 2 * 3
e) 3 + 2 * (18 – 4 ^ 2)
f) 16 * 6 – 3 * 2

Solução

a) 8 + 7 * 3 + 4 * 6
    8 + 21 + 24
       29   + 24
             53

b) -2 ^ 3
       -8

c) (33 + 3 * 4) / 5
     33 + 12   / 5
         45   / 5
              9

d) 2 ^ 2 * 3
     4 * 3
        12

e) 16 * 6 – 3 * 2
     96   – 6
          90

3.7 São dadas três variáveis A, B e C. Escreva as instruções necessárias para trocar seus valores da maneira a seguir:

- B recebe o valor de A
- C recebe o valor de B
- A recebe o valor de C

Nota: Somente utilize uma variável auxiliar.

Solução

Utilizaremos uma variável auxiliar AUX.
As instruções que resolvem o problema são:

AUX ← A
A ← C
C ← B
B ← AUX

Testemos com os valores de A, B e C: 5, 10 e 15.

Instrução		A	B	C	AUX	Observações
(1)	A ← 5	5	--	--	--	
(2)	B ← 10	--	10	--	--	
(3)	C ← 15	--	--	15	--	
	AUX ← A	5	10	15	5	
	A ← C	15	10	15	5	
	C ← B	15	10	10	5	
	B ← AUX	15	5	10	5	

Observe que, assim como no exercício de troca de valores entre duas variáveis, a variável AUX não modifica seu valor.

3.8 Como se trocam os valores de duas variáveis, A e B?

Solução

Com o exercício foi visto como se pode trocar os valores de uma variável por meio de instruções:

A ← B
B ← A

O procedimento para conseguir trocar os valores de duas variáveis entre si deve usar variável AUX e as instruções de atribuição a seguir:

AUX ← A
A ← B
B ← AUX

Vejamos com um exemplo:

a ← 10
B ← 5

Instrução	A	B	AUX	Observações
A ← 10	10	--	--	
B ← 5	10	5	--	
AUX ← A	10	5	10	A variável AUX recebe o valor de A
A ← B	5	5	10	A recebe o valor de B, 5
B ← AUX	5	10	10	B recebe o valor *inicial* de A, 10

Agora A = 5 e B = 10.

3.9 Deduza o valor da variável depois da execução das instruções:

A ← 4
B ← A
B ← A + 3

Solução

Uma tabela é um método eficaz para obter os sucessivos valores:

		A	B
(1)	A ← A	4	--
(2)	B ← A	4	4
(3)	B ← A + 3	4	7

Depois da instrução (1) a variável A contém o valor 4.

A variável B não recebeu até aqui nenhum valor e essa situação é representada com um traço.

A instrução (2) atribui o valor atual de A (4) à variável B. A instrução (3) efetua o cálculo da expressão A + 3, o que produz um resultado de 7 (4 + 3) e esse valor se atribui à variável B, cujo último valor (4) é destruído.

Conseqüentemente, os valores finais das variáveis A e B são:

A = 4   B = 7

3.10 O que se obtém nas variáveis A e B depois da execução das seguintes instruções?

A ← 5
B ← A + 6
A ← A + 1
B ← A − 5

Solução

Seguindo as diretrizes do exercício anterior:

	Instrução	A	B	Observações
(1)	A ← 5	5	--	B não toma nenhum valor
(2)	B ← A + 6	5	11	Avalia-se A + 6 (5+6) e se atribui a B
(3)	A ← A + 1	6	11	Avalia-se A + 1 (5+1) e se atribui a A, apagando-se o valor que tinha (5) e recebendo o novo valor (6)
(4)	B ← A − 5	6	1	Avalia-se A − 5 (6 − 1) e se atribui a B

Os últimos valores de A e B são: A = 6, B = 1.

3.11 O que se obtém nas variáveis A, B e C depois de executar as instruções seguintes?

A ← 3
B ← 20
C ← A + B
B ← A + B
A ← B − C

Solução

	Instrução	A	B	C	Observações
(1)	A ← 3	3	--	--	B e C não recebem valor
(2)	B ← 20	3	20	--	C segue sem valor
(3)	C ← A + B	3	20	23	Avalia-se A + B (20 + 3) e se atribui a C
(4)	B ← A + B	3	23	23	Avalia-se A + B (20 + 3) e se atribui a B, apagando-se o valor antigo (20)
(5)	A ← B − C	0	23	23	Avalia-se B − C (23 − 23) e se atribui a A

Os valores finais das variáveis são:

A = 0   B = 23   C = 23

3.12 O que se obtém em A e B depois da execução de:

```
A ← 10
B ← 5
A ← B
B ← A
```

Solução

	Instrução	A	B	Observações
(1)	A ← 10	10	--	B não recebe valor
(2)	B ← 5	10	5	B recebe o valor inicial 5
(3)	A ← B	5	5	A recebe o valor de B (5)
(4)	B ← A	5	5	B recebe o valor atual de A (5)

Os valores finais de A e B são 5. Nesse caso se poderia dizer que a instrução (4) B ← A é *redundante* em relação às anteriores, já que sua execução não afeta o valor das variáveis.

3.13 Determine o maior de três números inteiros.

Solução

Os passos a seguir são:

1. Comparar o primeiro e o segundo inteiro, deduzindo qual é o maior.
2. Comparar o maior anterior com o terceiro e deduzir qual é o maior. Esse será o resultado.

Os passos anteriores podem ser decompostos em outros passos mais simples que são denominados *refinamento do algoritmo*:

1. Obter o primeiro número (entrada), denominá-lo NÚM1.
2. Obter o segundo número (entrada), denominá-lo NÚM2.
3. Comparar NÚM1 com NÚM2 e selecionar o maior; se dois inteiros são iguais, selecionar NÚM1.
4. Obter o terceiro número (entrada) e denominá-lo NÚM3.
5. Comparar MAIOR com NÚM3 e selecionar o maior; se os dois inteiros são iguais, selecionar o MAIOR. Denominar esse número MAIOR.
6. Apresentar o valor de MAIOR (saída).
7. Fim.

3.14 Determine o total a ser pago por uma chamada telefônica, tendo em conta o seguinte:

- Toda chamada que dure menos de três minutos (cinco pulsos) tem um custo de 10 centavos.
- Cada minuto adicional a partir dos três primeiros é um pulso e custa 5 centavos.

Solução

Análise

O algoritmo de resolução do problema tem os seguintes passos:

1. **Início.**
2. **Ler o número de pulsos falados por telefone.**
3. **Verificar que o número de pulsos é maior que zero, já que realmente foi realizada a chamada. Se o número de pulsos for diferente de zero (positivo). Se o número de pulsos for menor que zero, se produzirá um erro.**

4. Calcular o preço de acordo com os seguintes conceitos:

- **Se** o número de pulsos for menor que 5, o preço é de 10 centavos.
- **Se** o número de pulsos for maior que 5, é preciso calcular os pulsos que excedem de 5, já que eles custam 5 centavos cada um; ao produto dos pulsos que sobraram por 5 centavos somam-se 10 e se obterá o preço total.

Variáveis

NPULSOS	Número de pulsos da chamada
N	Número de pulsos que excedem a 5
FACT	Preço da chamada

Diagrama de fluxo

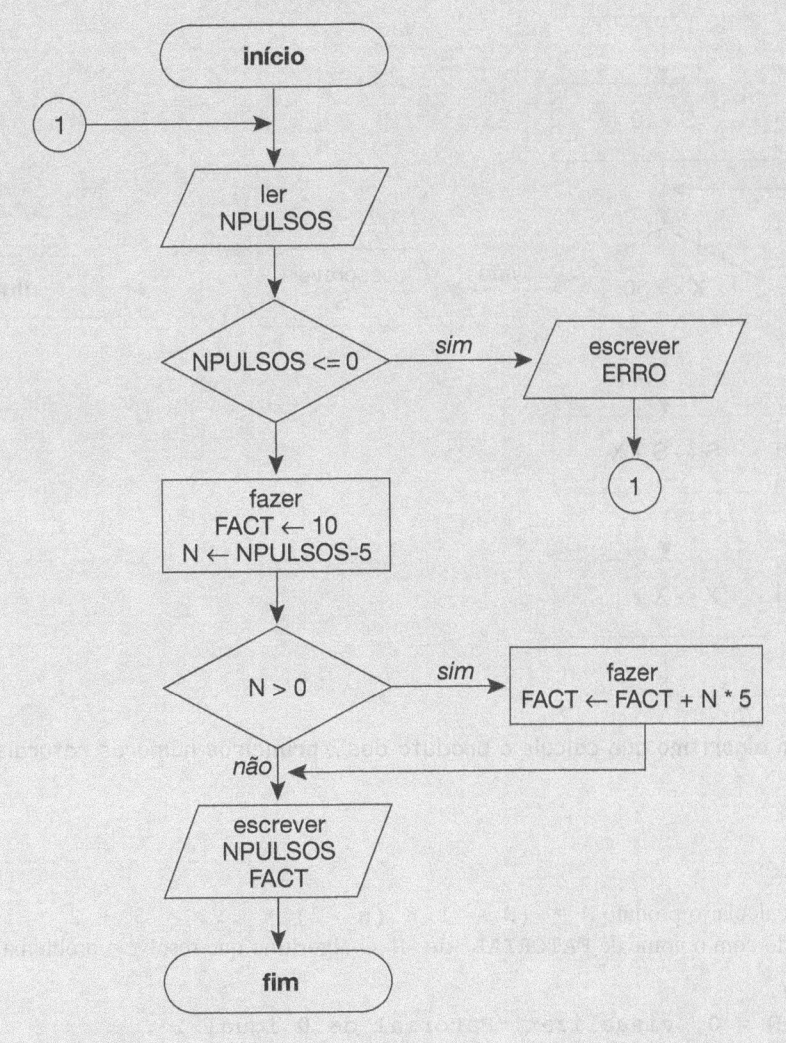

```
                início
                  │
          ┌───────▼───────┐
  ┌──────▶│  ler NPULSOS  │
  │       └───────┬───────┘
  │               │
  │       ┌───────▼───────┐    sim    ┌──────────────┐
  │       │  NPULSOS <= 0 ├──────────▶│ escrever ERRO│──┐
  │       └───────┬───────┘           └──────────────┘  │
  │            não│                                      │
  │       ┌───────▼───────┐                              │
  │       │  fazer        │                              │
  │       │  FACT ← 10    │                              │
  │       │  N ← NPULSOS-5│                              │
  │       └───────┬───────┘                              │
  │               │                                      │
  │       ┌───────▼───────┐   sim   ┌──────────────────┐ │
  │       │    N > 0      ├────────▶│ fazer            │ │
  │       └───────┬───────┘         │ FACT ← FACT + N*5│ │
  │            não│◀─────────────────┴──────────────────┘ │
  │       ┌───────▼───────┐                               │
  │       │   escrever    │                               │
  │       │   NPULSOS     │                               │
  │       │   FACT        │                               │
  │       └───────┬───────┘                               │
  │               │                                       │
  │             fim                                       │
  └───────────────────────────────────────────────────────┘
                                      1
```

3.15 Calcule a soma dos 50 primeiros números inteiros.

Solução

Análise

O algoritmo expresso em linguagem natural ou em seqüência de passos é o seguinte:

1. **Início.**
2. Fazer o primeiro número 1 igual a uma variável X que atuará de contador de 1 a 50 e S igual a 0.
3. Fazer S = S + X para realizar as somas parciais.
4. Fazer X = X + 1 para gerar os números inteiros.
5. **Repetir** os passos 3 e 4 até que X = 50, quando se deve visualizar a soma.
6. **Fim.**

Diagrama de fluxo

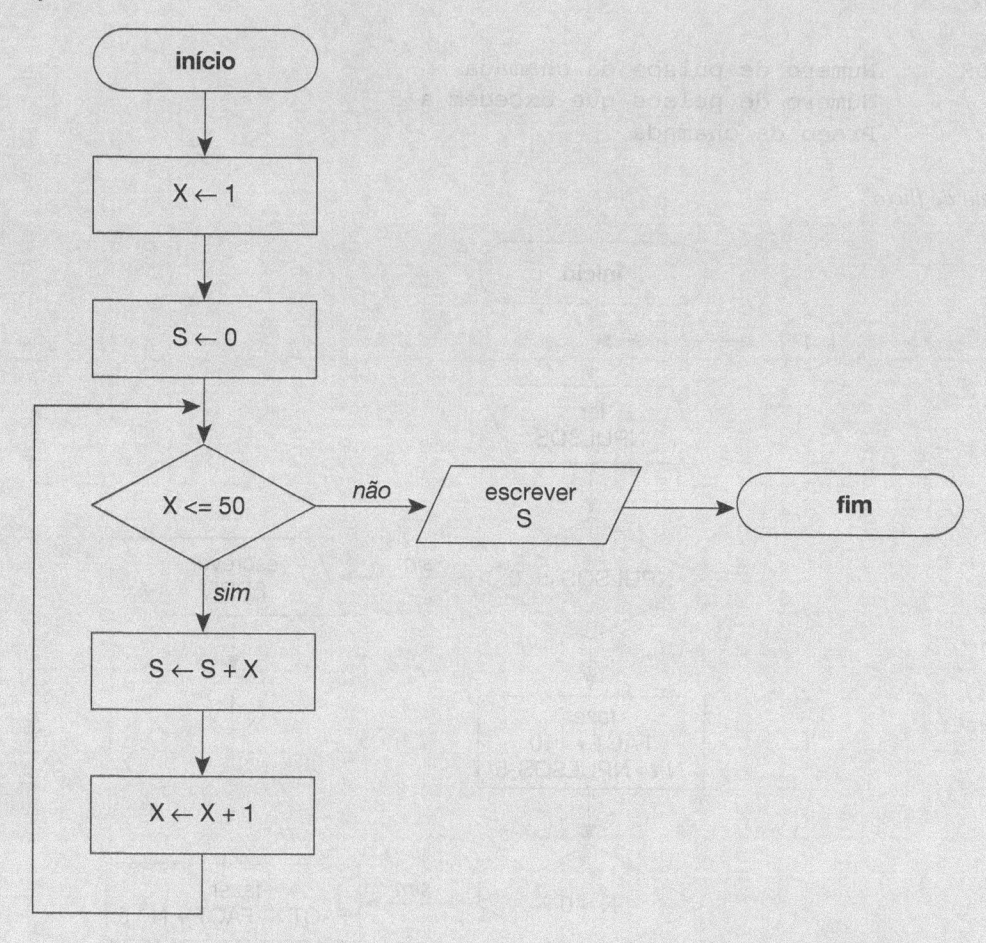

```
        início
          │
          ▼
      ┌───────┐
      │ X ← 1 │
      └───────┘
          │
          ▼
      ┌───────┐
      │ S ← 0 │
      └───────┘
          │
   ┌──────▼──────┐    não    ┌──────────┐      ┌─────┐
   │  X <= 50    ├──────────►│ escrever ├─────►│ fim │
   └──────┬──────┘           │    S     │      └─────┘
          │ sim              └──────────┘
          ▼
      ┌─────────┐
      │ S ← S+X │
      └─────────┘
          │
          ▼
      ┌─────────┐
      │ X ← X+1 │
      └─────────┘
          │
          └──────► (volta)
```

3.16 Escreva um algoritmo que calcule o produto dos *n* primeiros números naturais.

Solução

Análise

O problema pode calcular o produto N * (N − 1 * (n −2) * ... * 3 * 2 * 1, que em termos matemáticos é conhecido com o nome de FATORIAL de N. O algoritmo que resolve o problema será o seguinte:

1. Ler N.
2. Caso N = 0, visualizar "Fatorial de 0 igual 1".
3. Verificar que N > 0 (os números negativos não são considerados).
4. Fazer a variável P que vai conter o produto igual a 1.
5. Realizar o produto P = P * N.
   Diminuir em uma unidade sucessivamente até chegar a N = 1, e de modo simultâneo os produtos P * N.
6. Visualizar P.
7. **Fim.**

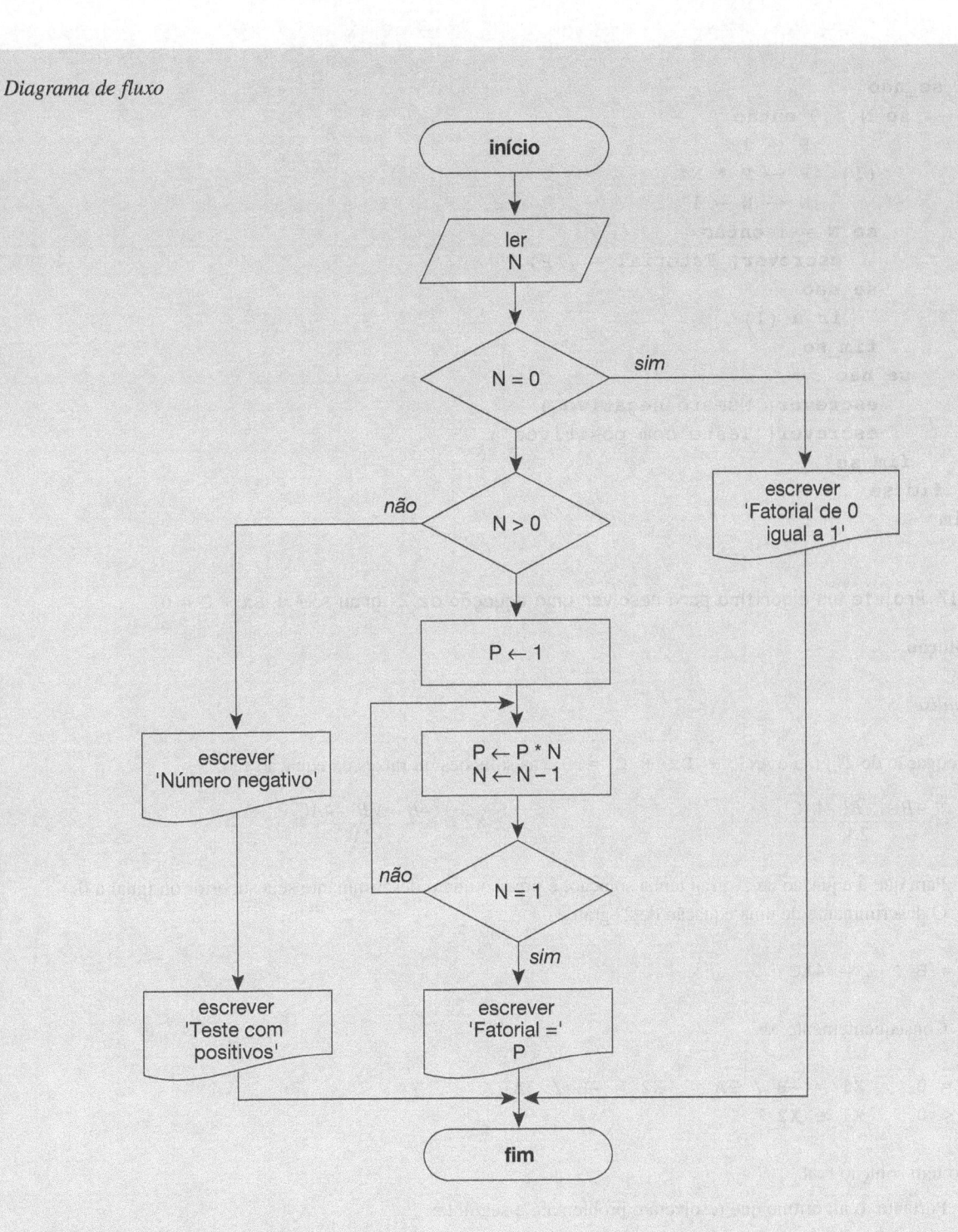

Diagrama de fluxo

```
                        início
                          │
                          ▼
                        ┌─────┐
                        │ ler │
                        │  N  │
                        └─────┘
                          │
                          ▼
                        ◇ N = 0 ◇──── sim ────┐
                          │                    │
                         não                   │
                          ▼                    │
          ┌──── não ──── ◇ N > 0 ◇             │
          │               │                    │
          │              não                   ▼
          │               ▼              ┌──────────┐
          │             ┌─────┐          │ escrever │
          │             │ P←1 │          │'Fatorial │
          │             └─────┘          │  de 0    │
          │               │              │igual a 1'│
          │               ▼              └──────────┘
          │         ┌──────────┐               │
          │         │ P ← P*N  │               │
          │         │ N ← N-1  │               │
          │         └──────────┘               │
          │               │                    │
          │               ▼                    │
          │        não ◇ N = 1 ◇               │
          │               │                    │
          ▼              sim                   │
     ┌─────────┐          ▼                    │
     │escrever │     ┌──────────┐              │
     │'Número  │     │ escrever │              │
     │negativo'│     │'Fatorial='│             │
     └─────────┘     │    P     │              │
          │          └──────────┘              │
          ▼               │                    │
     ┌─────────┐          │                    │
     │escrever │          │                    │
     │'Teste com│         │                    │
     │positivos'│         │                    │
     └─────────┘          │                    │
          │               │                    │
          └───────────────┼────────────────────┘
                          ▼
                         fim
```

Pseudocódigo

```
algoritmo Fatorial
var
    inteiro : N
    real    : P

início
  ler (N)
  se N = 0 então
     escrever ('Fatorial de 0 igual a 1')
```

```
        se_não
          se N > 0 então
                 P ← 1
          (1)    P ← P * N
                 N ← N - 1
             se N = 1 então
                escrever('Fatorial =', P)
             se_não
                ir_a (1)
             fim_se
          se_não
             escrever('Número negativo')
             escrever('Teste com positivos')
          fim_se
        fim_se
fim
```

3.17 Projete um algoritmo para resolver uma equação de 2º grau $Ax^2 + Bx + C = 0$.

Solução

Análise

A equação de 2º grau é $Ax^2 + Bx + C = 0$ e as soluções ou raízes da equação são:

$$X1 = \frac{-B + \sqrt{B^2 - 4AC}}{2A} \qquad X2 = \frac{-B - \sqrt{B^2 - 4AC}}{2A}$$

Para que a equação de 2º grau tenha solução, é preciso que o descriminante seja superior ou igual a 0. O descriminante de uma equação de 2º grau é

D = B ^ 2 - 4AC

Conseqüentemente, se

D = 0   X1 = -B / 2A   X2 = -B / 2A
D < 0   X1 e X2

não têm solução real.

Portanto, o algoritmo que resolverá o problema é o seguinte:

1. Início.
2. Introduzir os coeficientes A, B e C.
3. Cálculo do descriminante D = B ^ 2 - 4AC
4. Verificar o valor de D.
   • se D é menor que 0, visualizar uma mensagem de erro,
   • se D é igual a 0, são obtidas duas raízes iguais X1 = X2 = -B / 2A.
   • se D é maior que 0, calculam-se as duas raízes X1 e X2.
5. Fim do algoritmo.

Diagrama de fluxo

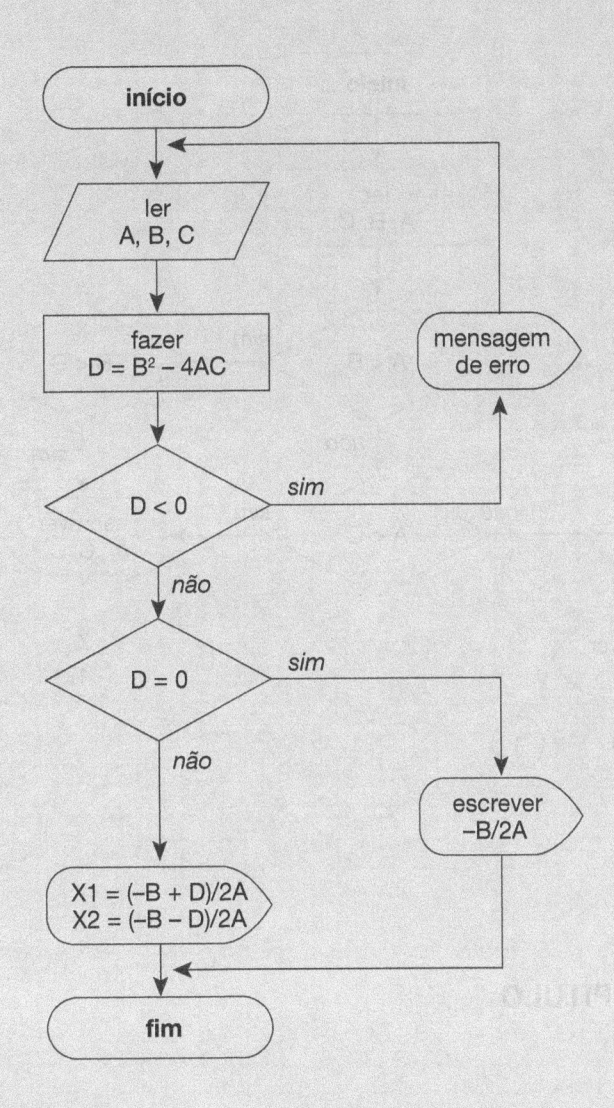

```
                início
                  │
                  ▼
              ┌───────┐
              │  ler  │
              │ A,B,C │
              └───────┘
                  │
                  ▼
              ┌─────────┐
              │  fazer  │              ┌──────────┐
              │D = B²-4AC│             │ mensagem │
              └─────────┘              │  de erro │
                  │                    └──────────┘
                  ▼                         ▲
                ◇ D<0 ◇──── sim ────────────┘
                  │
                  │ não
                  ▼
                ◇ D=0 ◇──── sim ────┐
                  │                  ▼
                  │ não         ┌─────────┐
                  ▼             │ escrever│
          ┌───────────────┐     │  -B/2A  │
          │X1 = (-B+D)/2A │     └─────────┘
          │X2 = (-B-D)/2A │          │
          └───────────────┘          │
                  │◄─────────────────┘
                  ▼
                 fim
```

3.18 Escreva um algoritmo que aceite três números inteiros e imprima o maior deles.

Solução

Análise

O projeto do algoritmo requer uma série de comparações sucessivas. As operações sucessivas são as seguintes:

```
1. Início.
2. Introduzir os três números A, B e C.
3. Comparar A e B:
   • se A é menor que B:
   – comparar B e C:
      • se B é maior que C, o maior é B,
      • se B é menor que C, o maior é C.
   • se A é maior que B:
      – comparar A e C:
         • se A é menor que C, o maior é C.
         • se A é maior que C, o maior é A.
```

Diagrama de fluxo

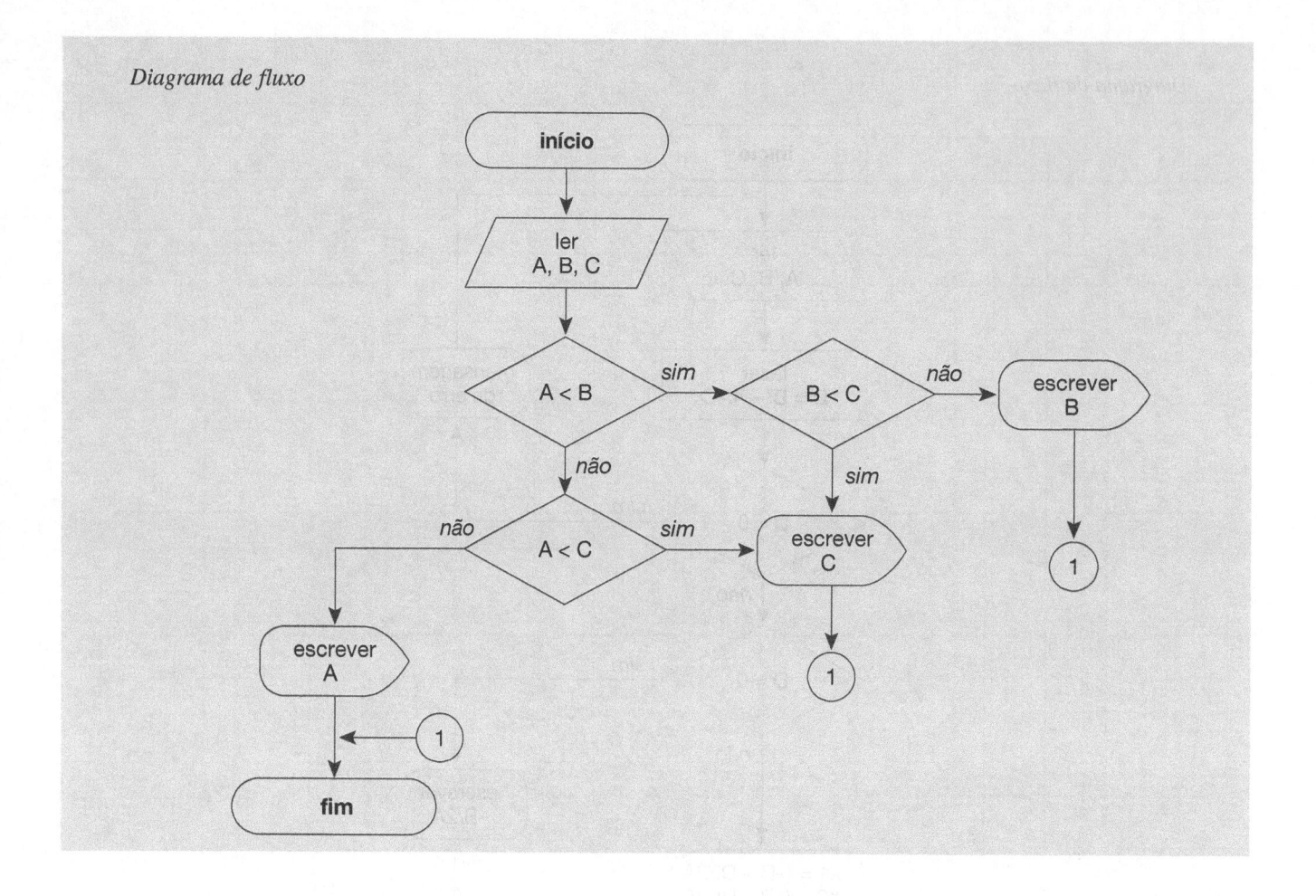

```
                    início
                      │
                      ▼
                    ler
                    A, B, C
                      │
                      ▼
              ┌──────────────┐  sim         ┌──────────────┐  não      ┌──────────────┐
              │    A < B     ├─────────────▶│    B < C     ├──────────▶│  escrever B  │
              └──────┬───────┘              └──────┬───────┘           └──────┬───────┘
                     │ não                         │ sim                      │
                     ▼                             ▼                         (1)
       não  ┌──────────────┐  sim         ┌──────────────┐
     ┌──────┤    A < C     ├─────────────▶│  escrever C  │
     │      └──────────────┘              └──────┬───────┘
     ▼                                           ▼
┌──────────┐                                    (1)
│escrever A│
└────┬─────┘
     │◀──(1)
     ▼
    fim
```

REVISÃO DO CAPÍTULO

Conceitos-chave

- Algoritmo
- Atribuição
- Caracteres especiais
- Constantes
- Dados
- Declarações
- Escrita de resultados
- Expressões
- Função interna
- Identificador

- Instrução
- Leitura de dados
- Operações primitivas
- Operadores
- Palavras reservadas
- Programas
- Pseudocódigo
- Tipos de dados
- Variáveis

Resumo

Programa é um conjunto de instruções que é proporcionado a um computador para realizar uma tarefa determinada. O processo de programação requer as seguintes fases ou etapas fundamentais: *definição e análise do problema, projeto do algoritmo, codificação do programa, depuração e verificação, documentação e manutenção.*

Na prática um programa é uma caixa preta — um algoritmo de resolução do problema — que tem uma entrada de dados e uma saída de resultados. A entrada de dados é realizada por meio do teclado, mouse, scanner, discos... e a saída é representada na impressora, tela etc.

Há diferentes tipos de instruções básicas: *início, fim, atribuição, leitura, escrita e bifurcação*.

Os elementos básicos constitutivos de um programa são: *palavras reservadas, identificadores, caracteres especiais, constantes, variáveis, expressões, instruções*, aos quais se unem para tarefas de execução de operações outros elementos primitivos de um programa, como: *laços, contadores, acumuladores, interruptores e estruturas*. Todos esses elementos manipulam dados ou informação de diferentes tipos como *numéricos, lógicos ou caractere*. Os valores desses dados são armazenados para seu tratamento em constantes e variáveis. As combinações de constantes, variáveis, símbolos de operações, variáveis, símbolos de operação, nomes de funções etc. constituem as expressões, que por sua vez são classificadas, em função do tipo de objetos que manipulam, em: *aritméticas, relacionais, lógicas e caractere*.

Outro conceito importante a ser considerado na iniciação à programação é o de conceito e tipos de operadores que servem para a resolução de expressões e constituem elementos-chave nas sentenças de fluxo de controle que serão estudadas nos capítulos posteriores.

A operação de atribuição é um sistema de armazenamento de valores em uma variável. Existem diferentes tipos de atribuição em função dos tipos de dados cujos projetos desejamos armazenar. A conversão de tipos de operações de atribuição é uma tarefa importante e sua compreensão é vital para evitar erros no processo de depuração de um programa.

A última característica importante a ser considerada no capítulo é a escrita de algoritmos e programas, para a qual são necessárias regras claras e precisas que facilitem sua legibilidade e sua posterior codificação em uma linguagem de programação.

EXERCÍCIOS

3.1 Projetar os algoritmos que resolvam os seguintes problemas:

a) Ir ao cinema.
b) Comprar uma entrada para a tourada.
c) Pôr a mesa para comer.
d) Cozinhar um ovo.
e) Preparar uma xícara de chá.
f) Lavar os pratos do almoço.
g) Procurar o número de telefone de um aluno.
h) Consertar o pneu furado de uma bicicleta.
i) Pagar uma multa de trânsito.
j) Trocar um pneu furado (se há ferramentas e macaco).
k) Estourar milho de pipoca em uma panela ao fogo com azeite e sal.
l) Trocar o vidro quebrado de uma janela.
m) Fazer uma chamada telefônica. Considerar os casos: *a*) manual, com operadora; *b*) automático; *c*) a cobrar.
n) Trocar uma lâmpada queimada.
o) Encontrar a média de uma lista indeterminada de números positivos terminada com um número negativo.

3.2 Quais dos seguintes identificadores não são válidos?

a) XRaio
b) X_Raio
c) R2D2
d) X

e) 45
f) N14
g) ZZZZ
h) 3μ

3.3 Quais das seguintes constantes não são válidas?

a) 234
c) 12E − 5
e) 32,767
g) 3.6E + 7
i) 3.5 x 10
k) 0.000001

b) −8.975
d) 0
f) 1/2
h) −7E12
j) 0.456
l) 22E1

3.4 Avaliar a seguinte expressão para A = 2 e B = 5:

```
3 * A - 4 * B / A ^ 2
```

3.5 Avaliar a expressão:

```
4 / 2 * 3 / 6 + 6 / 2 / 1 / 5 ^ 2 / 4 * 2
```

3.6 Escrever as seguintes expressões algébricas como expressões algorítmicas:

a) $\sqrt{b^2 - 4ac}$

b) $\dfrac{x^2 + y^2}{z^2}$

c) $\dfrac{3x + 2y}{2z}$

d) $\dfrac{a + b}{c - d}$

e) $4x^2 - 2x + 7$

f) $\dfrac{x + y}{x} - \dfrac{3x}{5}$

g) $\dfrac{a}{bc}$

h) xyz

i) $\dfrac{y_2 + y_1}{x_2 - x_1}$

j) $2\pi r$

k) $\dfrac{4}{3}\pi r^3$

k) $(x_2 - x_1)^2 + (y_2 - y_1)^2$

3.7 Escrever as seguintes expressões algorítmicas como expressões algébricas:

```
a) b ^ 2 - 4 * a * c
b) 3 * X ^ 4 - 5 * X ^ 3 +  X 12 - 17
c) (b + d) / (c + 4)
d) (x ^ 2 + y ^ 2) ^ (1 / 2)
```

3.8 Se o valor de A é 4, o valor de B é 5 e o valor de C é 1, avaliar as seguintes expressões:

```
a) B * A - B ^ 2 / 4 * C
b) (A * B) / 3 ^ 2
c) (((B + C) / 2 * A + 10) * 3 * B) - 6
```

3.9 Se o valor de A é 2, o valor de B é 3 e o valor de C é 2, avaliar a expressão:

```
a ^ b ^ c
```

3.10 Obter o valor de cada uma das seguintes expressões aritméticas:

a) `7 div 2`
b) `7 mod 2`
c) `12 div 3`
d) `12 mod 3`
e) `0 mod 5`
f) `15 mod 5`
g) `7 * 10 - 50 mod 3 * 4 + 9`
h) `(7 * (10 - 5) mod 3) * 4 + 9`

Nota: Considerando-se a prioridade de Pascal: mais alta: *, /, **div**, **mod**; mais baixa: +, –.

3.11 Encontrar o valor de cada uma das seguintes expressões ou dizer se não é uma expressão válida.

   a) 9 – 5 – 3
   b) 2 **div** 3 + 3 / 5
   c) 9 **div** 2 / 5
   d) 7 **mod** 5 **mod** 3
   e) 7 **mod** (5 **mod** 3)
   f) (7 **mod** 5) **mod** 3
   g) (7 **mod** 5 **mod** 3)
   h) ((12 + 3) **div** 2) / (8 – (5+1))
   i) 12 / 2 * 3
   j) **raiz2** (**quadrado** (4))
   k) **quadrado** (**raiz2** (4))
   l) **trunc** (815) + **redondo** (815)

   Considere a prioridade do Exercício 3.10.

3.12 Deseja-se calcular independentemente a soma dos números pares e ímpares compreendidos entre 1 e 200.

3.13 Ler uma série de números diferentes de zero (o último número da série é –99) e obter o número maior. Como resultado, deve-se visualizar o número maior e uma mensagem de indicação de número negativo, caso se tenha lido um número negativo.

3.14 Calcular e visualizar a soma e o produto dos números pares compreendidos entre 20 e 400, ambos inclusive.

3.15 Ler 500 números inteiros e obter quantos são positivos.

3.16 Escrever o algoritmo que permita emitir a fatura correspondente a uma compra de um artigo determinado, do qual se adquirem uma ou várias unidades. O imposto a ser aplicado é de 15% e se o preço bruto (preço de venda mais imposto) é superior a 50.000 reais, deve-se realizar um desconto de 5%.

3.17 Calcular a soma dos quadrados dos cem primeiros números naturais.

3.18 Somar os números pares de 2 a 100 e imprimir seu valor.

3.19 Somar dez números introduzidos por teclado.

3.20 Calcular a média de 50 números e imprimir seu resultado.

3.21 Calcular os N primeiros múltiplos de 4 (4 inclusive), onde N é um valor introduzido por teclado.

3.22 Projetar um diagrama que permita realizar um contador e imprimir os cem primeiros números inteiros.

3.23 Dados dez números inteiros, visualizar a soma dos números pares da lista, quantos números pares existem e qual é a média aritmética dos números ímpares.

3.24 Calcular a nota média dos alunos de uma classe considerando n-número de alunos e c-número de notas de cada aluno.

3.25 Escrever a soma dos dez primeiros números pares.

3.26 Escrever um algoritmo que leia os dados de entrada de um arquivo que somente contém números e some os números positivos.

3.27 Desenvolver um algoritmo que determine em um conjunto de cem números naturais:
   - Quantos são menores de 15?
   - Quantos são maiores de 50?
   - Quantos estão compreendidos entre 25 e 45?

PARTE II

PROGRAMAÇÃO ESTRUTURADA: ALGORITMOS E ESTRUTURAS DE DADOS

4

FLUXO DE CONTROLE I:
Estruturas Seletivas

SUMÁRIO

4.1 O fluxo de controle de um programa
4.2 Estrutura seqüencial
4.3 Estruturas seletivas
4.4 Alternativa simples (`se-então/if-then`)
4.5 Alternativa múltipla (`conforme_seja, caso de/case`)
4.6 Estruturas de decisão aninhadas (em escada)

4.7 A sentença `ir_a` (`goto`)
ATIVIDADES DE PROGRAMAÇÃO
   RESOLVIDAS
REVISÃO DO CAPÍTULO
   Conceitos-chave
   Resumo
EXERCÍCIOS

Atualmente, dados o tamanho considerável das memórias centrais e as altas velocidades dos processadores — Pentium III e IV, Athlon, Celeron, Duron etc. —, *o estilo de escrita dos programas volta-se às características mais evidentes nas técnicas de programação. A legibilidade dos algoritmos e posteriormente dos programas* exige que seu projeto seja fácil de compreender e seu fluxo lógico, fácil de seguir. A programação modular ensina a decomposição de um programa em módulos mais simples de programar, e a programação estruturada permite a escrita de programas fáceis de ler e modificar. Em um programa estruturado o fluxo lógico é governado pelas estruturas de controle básicas:

1. *Seqüenciais*
2. *Repetitivas*
3. *Seleção*

Neste capítulo são introduzidas as estruturas seletivas utilizadas para controlar a ordem em que são executadas as sentenças de um programa. As sentenças **se** (*em inglês* **if**) e suas variantes, **se-então**, **se-então-se_não** e a sentença **conforme-seja** (*em inglês*, **switch**), são descritas como parte fundamental de um programa. As sentenças **se** aninhadas e as sentenças de multibifurcação podem ajudar a resolver importantes problemas de cálculo. Dessa maneira, descreve-se a "tristemente famosa" sentença **ir-a** (*em inglês* **goto**), cujo uso deve ser evitado na maioria das situações, mas cujo significado deve ser muito bem entendido pelo leitor, precisamente para evitar seu uso, ainda que possa haver uma situação específica em que não haja outro remédio senão recorrer a ela.

O estudo das estruturas de controle é realizado com base nas ferramentas de programação já estudadas: diagramas de fluxo, diagramas N-S e pseudocódigos.

4.1 O FLUXO DE CONTROLE DE UM PROGRAMA

Muitos avanços ocorreram nos fundamentos teóricos da programação desde o aparecimento das linguagens de alto nível no final dos anos 1950, e um dos mais importantes foi o reconhecimento, no final dos anos 1960, de que qualquer algoritmo, não importava sua complexidade, podia ser construído utilizando-se combinações de três estruturas de controle de fluxo padronizadas (*seqüencial*, de *seleção*, *repetitiva* ou *iterativa*) e uma quarta denominada *invocação* ou *salto* (*jump*). As sentenças de *seleção* são: `se (if)` e `conforme-seja (switch)`; as *sentenças de repetição* ou *iterativas* são: `para (for)`, `enquanto (while)`, `fazer-enquanto (do-while)` ou `repetir-até que (repeat-until)`; as sentenças de salto ou bifurcação incluem `interromper (break)`, `continuar (continue)`, `ir-a (goto)`, `voltar (return)` e `lançar (throw)`.

A expressão **fluxo de controle** refere-se à ordem em que são executadas as sentenças do programa. Outros termos ou expressões utilizados são: *seqüência* e *controle de fluxo*. A menos que especificado expressamente, o fluxo normal de controle de todos os programas é o **seqüencial**. Esse termo significa que as sentenças são executadas em seqüência, uma depois da outra, na ordem em que se encontram dentro do programa. As estruturas de seleção, repetição e invocação permitem que o fluxo seqüencial do programa seja modificado de uma maneira precisa e definido com antecipação. Como se pode deduzir facilmente, as estruturas de seleção são utilizadas para selecionar quais sentenças devem ser executadas a seguir, e as estruturas de repetição (repetitivas ou iterativas) são utilizadas para repetir um conjunto de sentenças.

Até esse momento, todas as sentenças são executadas seqüencialmente na ordem em que estavam escritas no código-fonte. Essa execução, conforme já comentado, denomina-se *execução seqüencial*. Um programa baseado em execução seqüencial sempre executará exatamente as mesmas ações, é incapaz de reagir em resposta a condições atuais. Entretanto, a vida real não é tão simples. Normalmente, os programas necessitam alterar ou modificar o fluxo de controle em um programa. Assim, na solução de muitos problemas devem ser tomadas ações diferentes dependendo do valor dos dados. Exemplos de situações simples são: cálculo de uma superfície *somente se* as medidas dos lados são positivas; a execução de uma divisão é realizada *somente se* o divisor não é zero; a visualização de mensagens diferentes *depende* do valor de uma nota recebida etc.

Uma **bifurcação** (*branch*, em inglês) é um segmento de programa construído com uma sentença ou um grupo de sentenças. Uma *sentença de bifurcação* é utilizada para executar uma sentença entre várias sentenças ou vários blocos de sentenças. A escolha é feita dependendo de uma condição dada. As *sentenças de bifurcação* são chamadas também *sentenças de seleção* ou *sentenças alternativas*.

4.2 ESTRUTURA SEQÜENCIAL

Uma **estrutura seqüencial** é aquela na qual uma ação (instrução) segue a outra na seqüência. As tarefas se sucedem de tal maneira que a saída de uma é a entrada da seguinte e assim sucessivamente até o final do processo. A estrutura seqüencial tem uma entrada e uma saída. Sua representação gráfica está nas Figuras 4.1, 4.2 e 4.3.

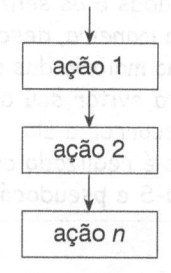

Figura 4.1 Estrutura seqüencial.

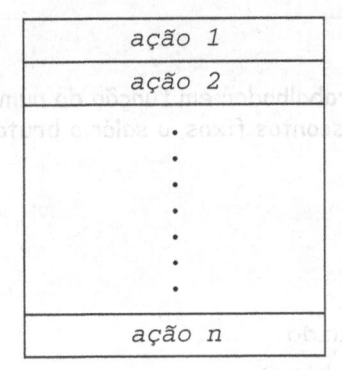

```
┌─────────────┐
│   ação 1    │
├─────────────┤
│   ação 2    │
├─────────────┤
│      ·      │
│      ·      │
│      ·      │
│      ·      │
│      ·      │
├─────────────┤
│   ação n    │
└─────────────┘
```

Figura 4.2 Diagrama N-S de uma estrutura seqüencial.

```
início
    <ação 1>
    <ação 2>
fim
```

Figura 4.3 Pseudocódigo de uma estrutura seqüencial.

Exemplo 4.1

Cálculo da soma e do produto de dois números.

A soma S de dois números é S = A + B e o produto P é P = A * B. O pseudocódigo e o diagrama de fluxo correspondentes estão a seguir:

Pseudocódigo

```
início
    ler(A)
    ler(B)
    S ← A + B
    P ← A * B
    escrever(S, P)
fim
```

Diagrama de fluxo

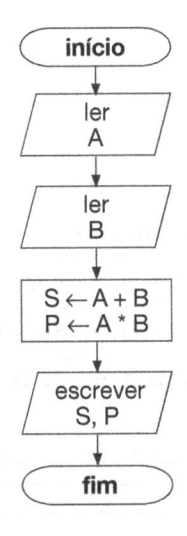

```
       ( início )
           │
           ▼
       ╱ ler  ╱
      ╱   A  ╱
           │
           ▼
       ╱ ler  ╱
      ╱   B  ╱
           │
           ▼
     ┌───────────┐
     │ S ← A + B │
     │ P ← A * B │
     └───────────┘
           │
           ▼
      ╱ escrever ╱
     ╱   S, P   ╱
           │
           ▼
       (  fim  )
```

Exemplo 4.2

Calcule o salário líquido de um trabalhador em função do número de horas trabalhadas, preço da hora de trabalho e, considerando uns descontos fixos, o salário bruto quanto a impostos (20%).

Pseudocódigo

```
início
// cálculo salário líquido
ler(nome, horas, preço_hora)
salário_bruto ← horas * preço_hora
impostos ← 0.20 * salário_bruto
salário_líquido ← salário_bruto - impostos
escrever(nome, salário_bruto, salário_líquido)
fim
```

Diagrama de fluxo

```
          ( início )
              ↓
     / ler              /
    /  NOME, HORAS     /
   /   PREÇO_HORA     /
              ↓
   ┌──────────────────┐
   │ SALÁRIO_BRUTO ←  │
   │ HORAS * PREÇO_HORA│
   └──────────────────┘
              ↓
   ┌──────────────────┐
   │    IMPOSTOS ←    │
   │ 0.20 * SALÁRIO_BRUTO│
   └──────────────────┘
              ↓
   ┌──────────────────┐
   │ SALÁRIO_LÍQUIDO ←│
   │ SALÁRIO_BRUTO ↓  │
   │    IMPOSTOS      │
   └──────────────────┘
              ↓
    / escrever          /
   /  NOME, SALÁRIO_BRUTO,/
  /   SALÁRIO_LÍQUIDO    /
              ↓
          (  fim  )
```

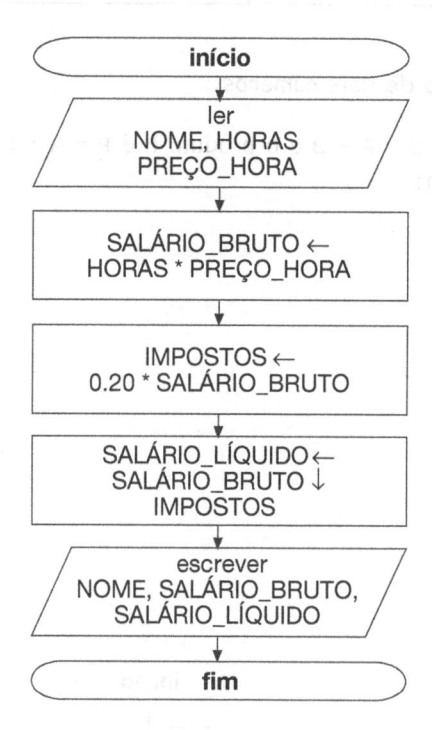

Diagrama N-S

ler   nome, horas, preço
salário_bruto ← horas * preço
impostos ← 0.20 * salário_bruto
salário_líquido ← salário_bruto - impostos
escrever   nome, salário_bruto, salário_líquido

4.3 ESTRUTURAS SELETIVAS

A especificação formal de algoritmos tem realmente utilidade quando o algoritmo requer uma descrição mais complicada que uma lista simples de instruções. Esse é o caso quando existe um número de possíveis alternativas resultantes da avaliação de uma determinada condição. As estruturas seletivas são utilizadas para se tomar decisões lógicas; daí também costumam ser denominadas *estruturas de decisão ou alternativas*.

Nas estruturas seletivas, é avaliada uma condição e, em função do seu resultado, é feita uma opção ou outra. As condições são especificadas usando expressões lógicas. A representação de uma estrutura seletiva é feita com palavras em pseudocódigo (**if, then, else** ou em português **se, então, se_não**), com uma figura geométrica em forma de losango ou com um triângulo no interior de uma caixa retangular. As estruturas seletivas ou alternativas podem ser:

- *simples*,
- *duplas*,
- *múltiplas*.

> A estrutura simples é **se (if)** com dois formatos: *Formato Pascal*, **se-então (if-then)** e *formato C*, **se (if)**. A estrutura seletiva dupla é igual à estrutura simples **se** à qual se soma a cláusula se-não **(else)**. A estrutura seletiva múltipla é **conforme_seja (swith** em linguagem C, **case** em **Pascal)**.

4.4 ALTERNATIVA SIMPLES (SE-ENTÃO/IF-THEN)

A estrutura alternativa simples **se-então** (em inglês **if-then**) executa uma determinada ação quando é cumprida uma determinada condição. A seleção **se-então** avalia a condição e

- se a condição é *verdadeira*, então executa a ação S1 (ou ações, caso S1 seja uma ação composta e conste de várias ações),
- se a condição é *falsa*, então não faz nada.

As representações gráficas da estrutura condicional simples estão na Figura 4.4.

a)

b) *Pseudocódigo em português*
```
se <condição> então
    <ação S1>
fim_se
```

Pseudocódigo em inglês
```
if <condição> then
    <ação S1>
endif
```

c)

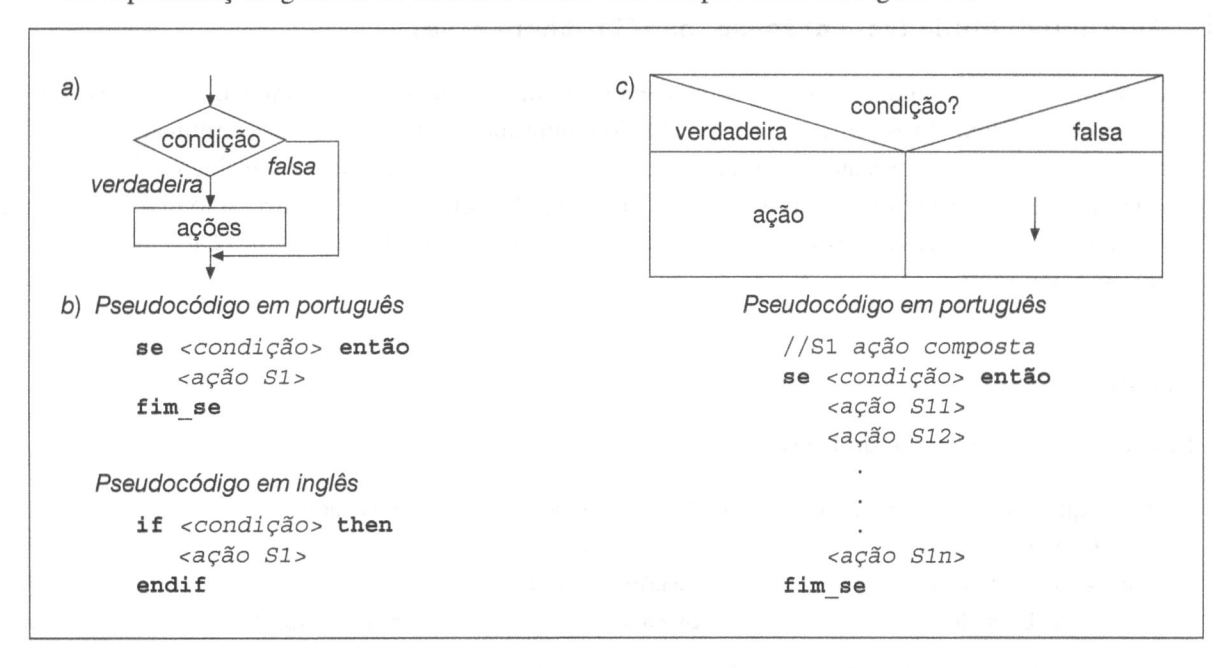

Pseudocódigo em português
```
//S1 ação composta
se <condição> então
    <ação S11>
    <ação S12>
    .
    .
    .
    <ação S1n>
fim_se
```

Figura 4.4 Estruturas alternativas simples: *a)* Diagrama de fluxo; *b)* Pseudocódigo; *c)* Diagrama N-S.

Observe que as palavras do pseudocódigo **se** e `fim_se` se alinham verticalmente *indentando* a <*ação*> ou o bloco de ações.

Diagrama de sintaxe

Sentença **if_simples**::=

1. **se** (<expressão_lógica>)
   início
       <sentença>
   fim

2. **se** <*expressão lógica*> **então**
       <*Sentença_composta*>
   fim-se

Sentença_composta::=
    início
        <*Sentenças*>
    fim

Sintaxe nas linguagens de programação

Pseudocódigo	*Pascal*	*C/C++*
`se (`*condição*`) então`	`if (`*condição*`) then`	`if (`*condição*`)`
	`begin`	`{`
ações	*sentenças*	*sentenças*
`fim-se`	`end`	`}`

4.4.1 Alternativa dupla (`se-então-se não/if–then-else`)

A estrutura anterior é muito limitada e normalmente será necessária uma estrutura que permita escolher entre duas opções ou alternativas possíveis, em função do cumprimento ou não de um determinada condição. Se a condição `c` é verdadeira, executa-se a ação `s1` e, se é falsa, executa-se a ação `s2` (ver Figura 4.5).

Observe que no pseudocódigo as ações que dependem do **então** e do **se-não** estão *indentadas* em relação às palavras **se** e `fim-se`; esse procedimento aumenta a legibilidade da estrutura e é o melhor meio para representar algoritmos.

Exemplo 4.3

Resolução de uma equação do 1º grau.

Se a equação é $ax + b = 0$, a e b são os dados, e as possíveis soluções são:

- $a <> 0$ $x = -b/a$
- $a = 0$ $b <> 0$ **então** `"solução impossível"`
- $a = 0$ $b = 0$ **então** `"solução indeterminada"`

Figura 4.5

a) Diagrama de fluxo com condição que leva a ação S1 ou ação S2.

b) Diagrama N-S com condição verdadeira (ação S1) / falsa (ação S2).

Pseudocódigo em português
```
se <condição> então
    <ação S1>
se_não
    <ação S2>
fim_se
```

Pseudocódigo em inglês
```
if <condição> then
    <ação S1>
else
    <ação S2>
endif
```

Pseudocódigo em português
```
//S1 ação composta
se <condição> então
    <ação S11>
    <ação S12>
    .
    .
    .
    <ação S2n>
se_não
    <ação S21>
    <ação S22>
    .
    .
    .
    <ação S1n>
fim_se
```

c)

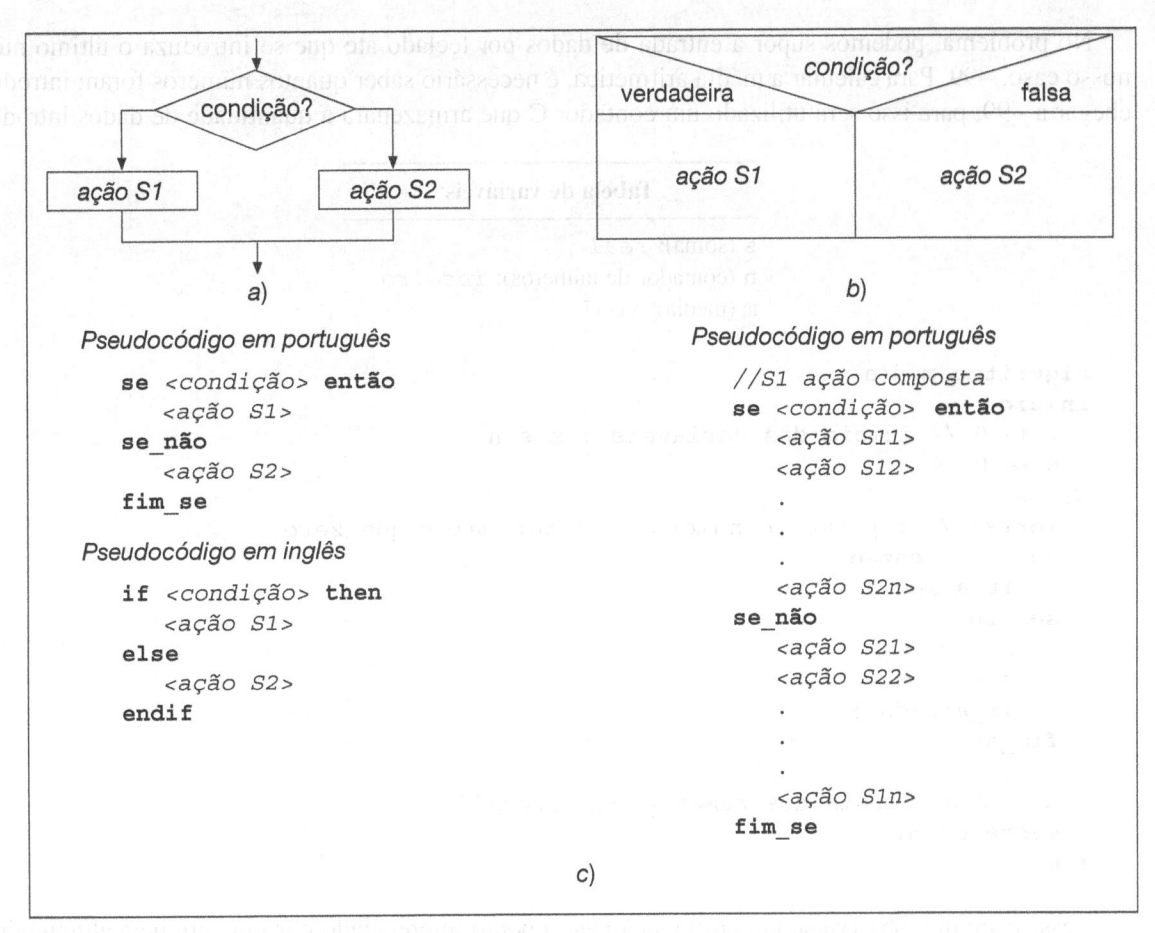

Figura 4.5 Estrutura alternativa dupla: *a*) diagrama de fluxo; *b*) pseudocódigo; *c*) diagrama N-S.

O algoritmo correspondente será

```
algoritmo RESOL1
var
    real : a, b, x
início
    ler(a, b)
    se a < > 0 então
        x ← b/a
        escrever(x)
    se_não
        se b < > 0 então
            escrever ('solução impossível')
        se_não
            escrever ('solução indeterminada')
        fim_se
    fim_se
fim
```

Exemplo 4.4

Calcule a média aritmética de uma série de números positivos.

A média aritmética de *n* números é

$$\frac{x1 + x2 + x3 + \ldots + xn}{n}$$

No problema, podemos supor a entrada de dados por teclado até que se introduza o último número, em nosso caso, –99. Para calcular a média aritmética, é necessário saber quantos números foram introduzidos até chegar a –99, para isso será utilizado um contador C que armazenará a quantidade de dados introduzidos.

Tabela de variáveis

s (soma): `real`
n (contador de números): `inteiro`
m (média): `real`

```
algoritmo média
início
  s ← 0 // início das variáveis : s e n
  n ← 0
dados:
  ler(x) // o primeiro número deve ser maior que zero
  se x < 0 então
     ir_a(média)
  se_não
     n ← n + 1
     s ← s + x
     ir_a(dados)
  fim_se
média:
  m ← s/n //média dos números positivos//
  escrever(m)
fim
```

Nesse exemplo, observa-se uma bifurcação até o ponto referenciado por uma etiqueta alfanumérica denominada (média) e outro ponto referenciado por (dados).

> O aluno deve simplificar esse algoritmo de modo que somente contenha um ponto de bifurcação.

Exemplo 4.5

Desejamos obter a folha de pagamento semanal — salário líquido — dos empregados de uma empresa cujo trabalho é pago por hora e da seguinte maneira:

- As horas inferiores ou iguais a 35 (normais) são pagas a uma tarifa determinada que deve ser introduzida por teclado igual ao número de horas e nome do trabalhador.
- As horas superiores a 35 serão pagas como extras a um valor de 1,5 hora normal.
- Os impostos a deduzir dos trabalhadores variam em função de seu salário mensal:
  — salário <= 20.000, livre de impostos,
  — superior a 15.000 reais a 20%,
  — o resto, a 30%.

Análise

As operações a serem realizadas serão:

```
1. Início.
2. Ler nome, horas trabalhadas, tarifa horária.
3. Verificar se horas trabalhadas <= 35, em cujo caso
      salário_bruto = horas * tarifas; caso contrário,
      salário_bruto = 35 * tarifas + (horas – 35) * tarifa.
```

4. Cálculo de impostos
    se salário_bruto <= 20.000, então impostos = 0
    se salário_bruto <= 35, então
    impostos = (salário_bruto − 20.000) * 0.20
    se salário_bruto > 35.000, então
    impostos = (salário_bruto − 35.000) * 0.30 + (15.000 * 0.20)
5. Cálculo do salário_líquido
    salário_líquido = salário_bruto − impostos.
6. Fim.

Representação do algoritmo em pseudocódigo

```
algoritmo folha de pagamento
var
  cadeia : nome
  real : horas, impostos, sbruto, slíquido
início
  ler(nome, horas, tarifa)
  se horas <= 35 então
    sbruto ← horas * tarifa
  se_não
    sbruto ← 35 * tarifa + (horas − 35) * 1.5 * tarifa
  fim_se
  se sbruto <= 20.000 então
    impostos ← 0
  se_não
    se (sbruto > 20.000) e (sbruto <= 35.000) então
      impostos ← (sbruto − 20.000) * 0.20
    se_não
      impostos ← (15.000 * 0.20) + (sbruto − 35.000)
    fim_se
  fim_se
  slíquido ← sbruto − impostos
  escrever (nome, sbruto, impostos, slíquido)
fim
```

Representação de algoritmo em diagrama N-S

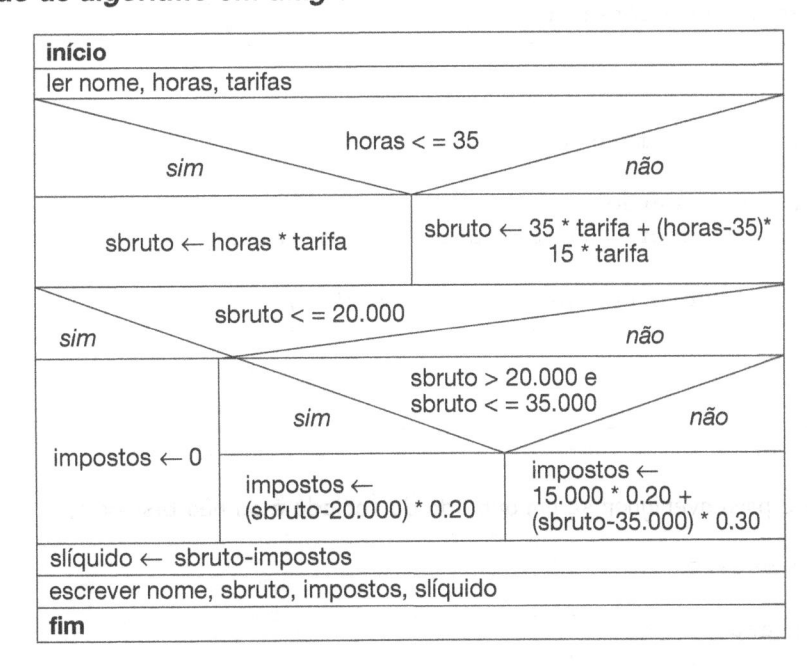

início
ler nome, horas, tarifas
horas < = 35 — sim / não
sbruto ← horas * tarifa | sbruto ← 35 * tarifa + (horas-35)* 15 * tarifa
sbruto < = 20.000 — sim / não
impostos ← 0 | sbruto > 20.000 e sbruto < = 35.000 — sim / não | impostos ← (sbruto-20.000) * 0.20 | impostos ← 15.000 * 0.20 + (sbruto-35.000) * 0.30
slíquido ← sbruto-impostos
escrever nome, sbruto, impostos, slíquido
fim

Representação do algoritmo em diagrama de fluxo

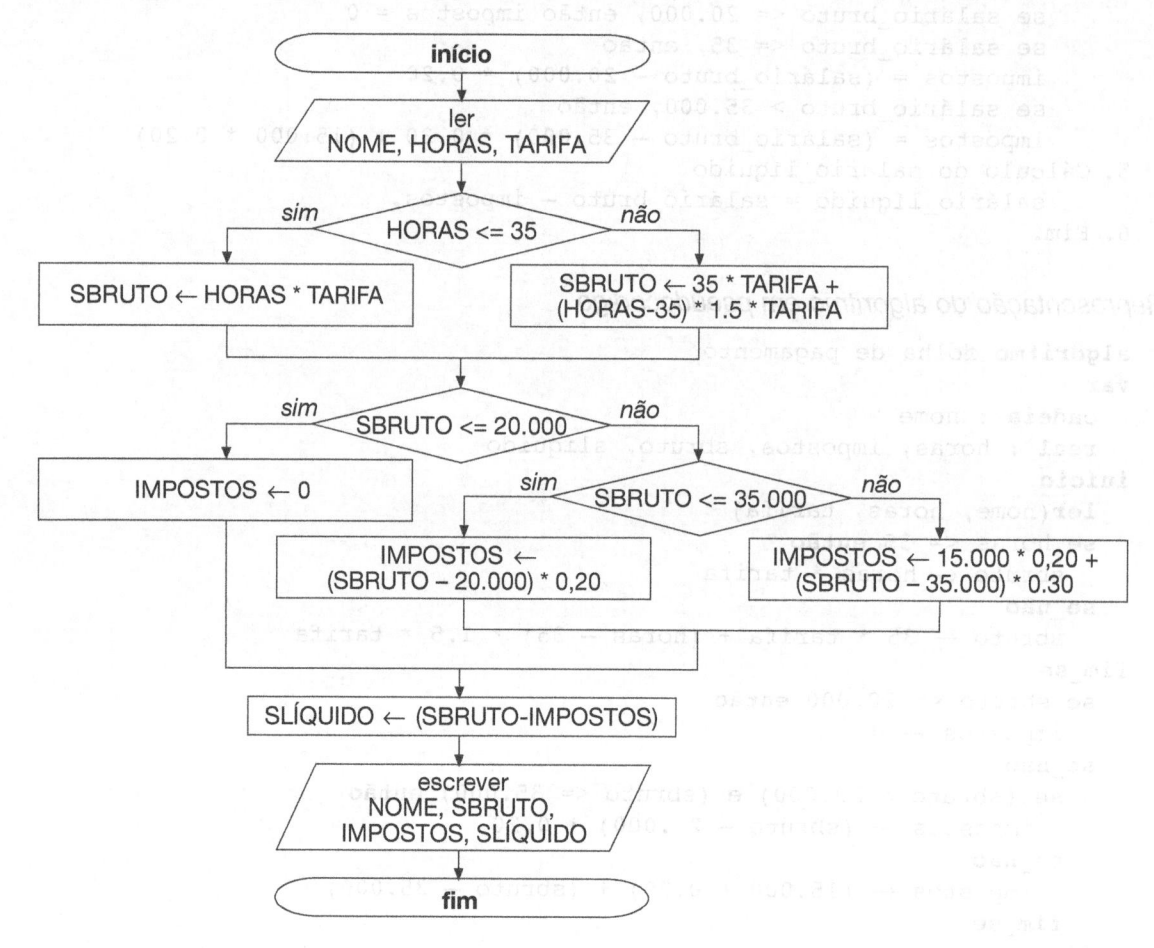

```
                    ┌─────────┐
                    │  início │
                    └────┬────┘
                         │
                  ╱──────┴──────╲
                 │     ler       │
                 │ NOME, HORAS,  │
                 │    TARIFA     │
                  ╲──────┬──────╱
                         │
           sim      ╱────┴────╲     não
        ┌──────────┤ HORAS<=35 ├──────────┐
        │          ╲─────────╱            │
        ▼                                 ▼
┌───────────────────┐          ┌─────────────────────────┐
│ SBRUTO ← HORAS *  │          │ SBRUTO ← 35 * TARIFA +  │
│      TARIFA       │          │ (HORAS-35) * 1.5 * TARIFA│
└─────────┬─────────┘          └────────────┬────────────┘
          │                                 │
          └──────────────┬──────────────────┘
                         │
           sim      ╱────┴──────╲    não
        ┌──────────┤SBRUTO<=20.000├──────────┐
        │          ╲───────────╱             │
        ▼                          sim  ╱────┴──────╲  não
┌───────────────┐              ┌───────┤SBRUTO<=35.000├───────┐
│ IMPOSTOS ← 0  │              │       ╲───────────╱          │
└───────┬───────┘              ▼                              ▼
        │              ┌──────────────────┐    ┌─────────────────────────┐
        │              │ IMPOSTOS ←       │    │ IMPOSTOS ← 15.000 * 0,20+│
        │              │(SBRUTO-20.000)*0,20│  │ (SBRUTO - 35.000) * 0.30 │
        │              └────────┬─────────┘    └────────────┬────────────┘
        │                       │                           │
        └───────────────────────┴───────────────────────────┘
                                │
                   ┌────────────┴─────────────┐
                   │ SLÍQUIDO ← (SBRUTO-IMPOSTOS)│
                   └────────────┬─────────────┘
                                │
                     ╱──────────┴──────────╲
                    │      escrever         │
                    │    NOME, SBRUTO,      │
                    │   IMPOSTOS, SLÍQUIDO  │
                     ╲──────────┬──────────╱
                                │
                           ┌────┴────┐
                           │   fim   │
                           └─────────┘
```

Exemplo 4.6

Emprego de estrutura seletiva para detectar se um número apresenta ou não parte fracionária.

```
algoritmo Parte_fracionária
var
  real : n
início
  escrever('Dê-me número')
  ler( n )
  se n = trunc(n) então
    escrever('O número não tem parte fracionária')
  se_não
    escrever('Número com parte fracionária')
  fim_se
fim
```

Exemplo 4.7

Estrutura seletiva para averiguar se um ano lido do teclado é ou não bissexto.

```
algoritmo Bissexto
var
  inteiro : ano
```

```
início
  ler(ano)
  se (ano MOD 4 = 0 ) e (ano mod 100 < > 0) O (ano MOD 400 = 0) então
    escrever('O ano', ano 'é bissexto')
  se_não
    escrever('O ano', ano,'não é bissexto')
  fim_se
fim
```

Exemplo 4.8

Algoritmo que calcule a área de um triângulo conhecidos seus lados. A estrutura seletiva é utilizada para o controle da entrada de dados no programa.

Nota   Área = $\sqrt{p \cdot (p-a) \cdot (p-b) \cdot (p-c)}$ $p = (a + b + c)/2$

```
algoritmo   Área_triângulo
var
  real : a, b, c, p, área
início
  escrever('Dê-me os lados')
  ler(a, b, c)
  p ← (a + b + c)/2
  se (p > a) e (p > b) e (p > c) então
    área ← raiz2 (p * (p − a) * (p − b) * (p − c)
    escrever(área)
  se_não
    escrever('Não é um triângulo')
  fim_se
fim
```

4.5 ALTERNATIVA MÚLTIPLA (conforme_seja, caso de/case)

Com freqüência — na prática — é necessário que existam mais de duas alternativas possíveis (por exemplo, na resolução da equação de 2º grau existem três possibilidades alternativas ou caminhos a serem seguidos, segundo o discriminante negativo, nulo ou positivo). Esse problema, como se verá mais adiante, poderia ser resolvido por estruturas alternativas simples ou duplas, *aninhadas* ou *em cascata*; entretanto, se o número de alternativas é grande, esse método pode trazer sérios problemas de escrita do algoritmo e, naturalmente, de legibilidade.

A estrutura de decisão múltipla avaliará uma expressão que poderá receber *n* valores diferentes, 1, 2, 3, 4... *n*. Quando um desses valores é selecionado na condição, ela realizará uma das *n* ações, ou seja, o fluxo do algoritmo seguirá um determinado caminho entre os *n* possíveis.

Os diferentes modelos de pseudocódigo da estrutura de decisão múltipla são representados nas Figuras 4.6 e 4.7.

```
Modelo 1:                              Modelo 3 (simplificado):

conforme_seja expressão (E) fazer      opção E de
       e1:  ação S11                          .
            ação S12                          .
              .                               .
              .                          fim_opção
              .
            ação S1a
```

```
            e2:     ação S21
                    ação S22                    Modelo 4 (simplificado):
                      .
                      .                         caso_de E fazer
                      .                           .
                    ação S2b                       .
                      .                           .
                      .                         fim_fazer
            em:     ação S31
                    ação S32
                      .
                      .                         Modelo 5 (simplificado):
                      .
                    ação S3p                    se E é n fazer
            se_não                                .
                    ação Sx                       .
    fim_conforme                                  .
                                                fim_se


    Modelo 2 (simplificado):

    conforme E fazer
              .
              .
              .
    fim_conforme
```

Figura 4.6   Estruturas de decisão múltipla.

```
Modelo 6:

conforme_seja (expressão) fazer
    caso expressão constante:
        [Sentença
        sentença
        ...
        sentença de ruptura | sentença ir_a ]
    caso expressão constante :
        [Sentença
        sentença
        ...
        sentença de ruptura | sentença ir_a ]
    caso expressão constante :
        [Sentença
        ...
        sentença
        sentença de ruptura | sentença ir_a ]
    [outros:
        [Sentença
        ...
        sentença
        sentença de ruptura | sentença ir_a ]
fim_conforme
```

Figura 4.7   Sintaxe de sentença conforme_seja.

Sentença switch (C, C++, Java, C#)

```
switch (expressão)
{
  case valor1:
    sentença1;
    sentença2;
    sentença2;
        .
        .
    break;
  case valor2:
    sentença1;
    sentença2;
    sentença2;
        .
        .
    break;
        .
  default:
    sentença1;
    sentença2;
    sentença2;
        .
        .
}   // fim da sentença composta
```

Diagrama de fluxo

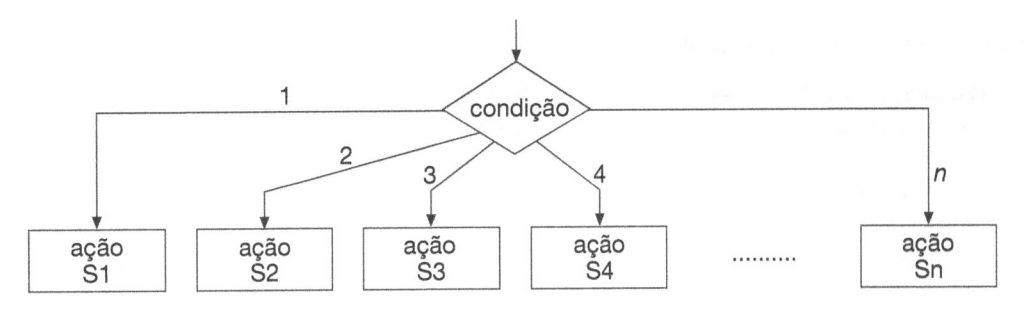

Diagrama N-S

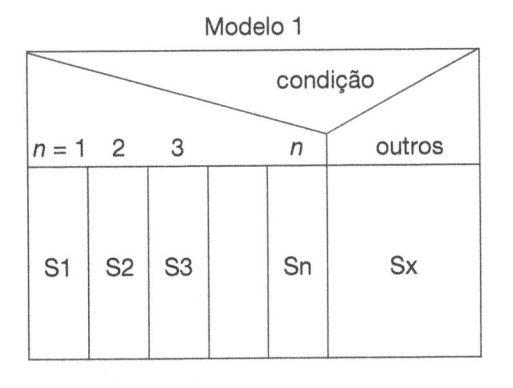

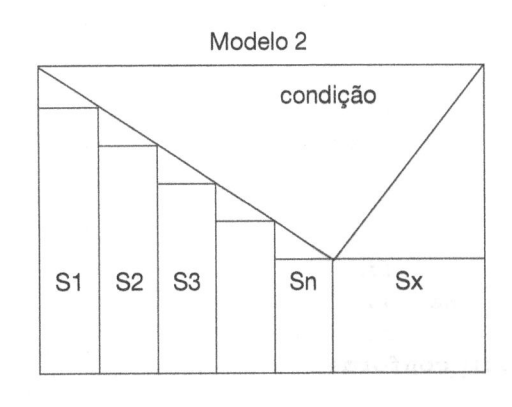

Modelo 1

condição				
n = 1	2	3	n	outros
S1	S2	S3	Sn	Sx

Modelo 2

condição				
S1	S2	S3	Sn	Sx

Pseudocódigo

Em inglês, a estrutura de decisão múltipla é representada como:

```
caso expressão of              caso expressão of
  [e1]: ação S1                  [e1]: ação S1
  [e2]: ação S2                  [e2]: ação S2
     .                              .
     .                              .
  [en]: ação Sn                  [en]: ação Sn
  otherwise                      else
     ação Sx                        ação Sn
end_case                       end_case
```

Como visto, a estrutura de decisão múltipla em pseudocódigo é representada de diversas maneiras, e as ações S1, S2 etc. podem ser *simples* — como no caso anterior — ou *compostas*, seu funcionamento variando de uma linguagem para outra.

NOTAS:

1. Observe que, para cada valor da expressão (e), podem ser executadas uma ou várias ações. Algumas linguagens, como Pascal, denominam essas instruções como *compostas* e as delimitam com as palavras reservadas `begin-end (início-fim)`; é o mesmo que, em pseudocódigo,

```
conforme_seja E fazer
   e1: ação S1
   e2: ação S2
      .
      .
   em: ação Sn
   outros: ação Sx
fim_conforme
```

ou no caso de instruções compostas

```
conforme_seja E fazer
   e1: início
          ação S11
          ação S12
             .
             .
          ação S1a
       fim
   e1: início
          ação S21
             .
             .
             .
       fim
   em: início
             .
             .
       fim
   se_não
          ação Sx
fim_conforme
```

2. Os valores que recebem as expressões (E) não têm por que ser consecutivos nem únicos; podem ser considerados intervalos de constantes numéricas ou de caracteres como valores da expressão E.

```
caso_de E fazer
   2, 4, 6, 8, 10: escrever 'números pares'
   1, 3, 5, 7, 9: escrever 'números ímpares'
fim_caso
```

Qual dos modelos expostos pode ser representativo? Na realidade, como o pseudocódigo é uma linguagem algorítmica universal, qualquer dos modelos poderia ser ajustado para sua apresentação; entretanto, consideramos como padrão os modelos 1, 2 e 4. Nesta obra seguiremos normalmente o modelo 1, ainda que às vezes, e para familiarizar o leitor com seu uso, poderemos utilizar os modelos 2 e 4.

As linguagens como **C** e suas derivadas **C++**, **Java** ou **C#** utilizam como sentença seletiva múltipla a sentença switch, cujo formato é muito parecido com o modelo 6.

Exemplo 4.9

Desejamos projetar um algoritmo que escreva os nomes dos dias da semana em função do valor de uma variável DIA introduzida por teclado.

Os dias da semana são 7; conseqüentemente, o intervalo de valores de DIA será 1... 7, e caso DIA receba um valor fora desse intervalo, deverá ocorrer uma mensagem de erro advertindo a situação anormal.

```
algoritmo DiasSemana
var
   inteiro: DIA
início
   ler(DIA)
   conforme_seja DIA fazer
   1: escrever('SEGUNDA')
   2: escrever('TERÇA')
   3: escrever('QUARTA')
   4: escrever('QUINTA')
   5: escrever('SEXTA')
   6: escrever('SÁBADO')
   7: escrever('DOMINGO')
   se-não
      escrever('ERRO')
   fim_conforme
fim
```

Exemplo 4.10

Desejamos converter as qualificações alfabéticas A, B, C, D e E para qualificações numéricas 4, 5, 6, 7 e 8, respectivamente.

Os valores de A, B, C e D serão representados pela variável LETRA, o algoritmo de resolução do problema é

```
algoritmo Qualificações
var
   caractere: LETRA
   inteiro: qualificação
início
   ler (LETRA)
```

```
conforme_seja LETRA fazer
    'A': qualificação ← 4
    'B': qualificação ← 5
    'C': qualificação ← 6
    'D': qualificação ← 7
    'E': qualificação ← 8
    'F': qualificação ← 9

    outros
        escrever ('ERRO')
fim_conforme
fim
```

Como se vê no pseudocódigo, não são observadas outras possíveis qualificações — por exemplo, 0, restante notas numéricas —; se assim fosse, o pseudocódigo deveria ser modificado da seguinte maneira:

```
conforme_seja LETRA fazer
    'A': qualificação ← 4
    'B': qualificação ← 5
    'C': qualificação ← 6
    'D': qualificação ← 7
    'E': qualificação ← 8

    outros: qualificação ← 0
fim_conforme
```

Exemplo 4.11

Desejamos ler pelo teclado um número compreendido entre 1 e 10 (inclusive) e desejamos visualizar se o número é par ou ímpar.

Em primeiro lugar, detectar se o número está no intervalo válido (1 a 10) e a seguir se o número é 1, 3, 5, 7, 9, escrever uma mensagem de "ímpar"; se é 2, 4, 6, 8, 10, escrever uma mensagem de "par".

```
algoritmo PAR_ÍMPAR
var inteiro: número
início
    ler(número)
    se número >= 1 e número <= 10 então
        conforme_seja número fazer
            1, 3, 5, 7, 9: escrever('ímpar')
            2, 4, 6, 8, 10: escrever('par')
        fim_conforme
    fim_se
fim
```

Exemplo 4.12

Fornecida uma data, dizer o dia da semana, supondo que o dia 1 desse mês foi segunda:

```
algoritmo Dia_semana
var
    inteiro : dia
início
    escrever('Diga o dia')
    ler (dia)
```

```
    conforme_seja dia MOD 7 fazer
       1:
          escrever(''Segunda')
       2:
          escrever('Terça')
       3:
          escrever('Quarta')
       4:
          escrever('Quinta')
       5:
          escrever('Sexta')
       6:
          escrever('Sábado')
       7:
          escrever('Domingo')
    fim_conforme
fim
```

Exemplo 4.13

Perguntar que dia da semana foi o dia 1 do mês atual e calcular que dia da semana é hoje.

```
    algoritmo Dia_semana_modificado
    var
         inteiro   : dia, d1
         caractere : dia1

    início
       escrever('O dia 1 foi (S, T, Q, Q, S, S, D)')
       ler(dia 1)
       conforme_seja dia 1 fazer
            'L':
               d1← 0
            'T':
               d1← 1
            'Q':
               d1← 2
            'Q':
               d1← 3
            'S':
               d1← 4
            'S':
               d1← 5
            'D':
               d1← 6
          se_não
               d1← −40
    fim_conforme

       escrever('Diga o dia')
       ler(dia)
       dia ← dia + d1

       conforme_seja dia MOD 7 fazer
          1:
             escrever('Segunda')
          2:
             escrever('Terça')
```

```
            3:
                escrever('Quarta')
            4:
                escrever('Quinta')
            5:
                escrever('Sexta')
            6:
                escrever('Sábado')
            0:
                escrever('Domingo')
        fim_conforme
    fim
```

Exemplo 4.14

Algoritmo que nos indique se um número inteiro, lido do teclado, tem 1, 2, 3 ou mais de 3 dígitos. Considerar os negativos.

Podemos observar que a estrutura **conforme_seja** <*expressão*> **fazer** são vários **se** <*expr.logica*> **então** .... aninhados na filial **se_não**. Caso se cumpra o primeiro, já não passa pelos demais.

```
    algoritmo Dígitos
    var
        inteiro : n
    início
        ler(n)
        conforme_seja n fazer
            -9 .. 9:
                escrever('Tem 1 dígito')
            -99 .. 99:
                escrever('Tem 2')
            -999 .. 999:
                escrever('Tem três')
            se_não
                escrever('Tem mais de três')
        fim_conforme
    fim
```

4.6 ESTRUTURAS DE DECISÃO ANINHADAS (EM ESCADA)

As estruturas de seleção **se-então** e **se-então-se_não** implicam a seleção de uma de duas alternativas. É possível também utilizar a instrução **se** para projetar estruturas de seleção que contenham mais de duas alternativas. Por exemplo, uma estrutura **se-então** pode conter outra estrutura **se-então**, e esta estrutura **se-então** pode conter outra, e assim sucessivamente qualquer número de vezes; por seu turno, dentro de cada estrutura podem existir diferentes ações.

```
se condição1   então
    se condição2   então
        escrever 'oi Mortimer'
        ...
```

As estruturas **se** internas em outras estruturas **se** denominam-se *aninhadas* ou *encaixadas*:

```
se <condição1> então
  se <condição2> então
       .
       .
       .
          <ações>
     fim_se
fim_se
```

Uma estrutura de seleção de *n* alternativas ou de decisão múltipla pode ser construída utilizando-se uma estrutura **se** com este formato:

```
se <condição1> então
   <ações>
se_não
   se condição2 então
      <ações>
   se_não
      se condição3 então
         <ações>
      se_não
         .
         .
         .
      fim_se
   fim_se
fim_se
```

Uma estrutura seletiva múltipla constará de uma série de estruturas **se**, umas internas em outras. Como as estruturas **se** podem tornar-se bastante complexas para que o algoritmo seja claro, será preciso utilizar *indentação* de modo que exista uma correspondência entre as palavras reservadas **se** e **fim_se**, por um lado, e **então** e **se_não**, por outro.

A escrita das estruturas pode variar de uma linguagem para outra, por exemplo, uma estrutura **se** admite também os seguintes formatos:

```
se <expressão booleana1> então
   <ações>
se_não
   se <expressão booleana2> então
      <ações>
   se_não
      se <expressão booleana3> então
         <ações>
      se_não
         <ações>
      fim_se
   fim_se
fim_se
```

ou

```
se <expressão booleana1> então
   <ações *>
```

```
    se_não se <expressão booleana2> então
      <ações>
      fim_se
      .
      .
      .
    fim_se
```

Exemplo 4.15

Projete um algoritmo que leia três números A, B, C e mostre na tela o valor maior. Supõe-se que os três valores sejam diferentes.

Os três números são: A, B e C; para calcular o maior, serão realizadas comparações sucessivas por pares.

```
algoritmo Maior
var
   real: A, B, C, Maior
início
   ler(A, B, C)
   se A > B então
      se A > C então
         Maior ← A        //A > B, A > C
      se_não
         Maior ← C        //C >= A > B
      fim_se
   se_não
      se B > C então
         Maior ← B        //B >= A, B > C
      se_não
         Maior ← C        //C >= B >= A
      fim_se
   fim_se
   escrever('Maior:', Maior)
fim
```

Exemplo 4.16

O seguinte algoritmo lê três números diferentes, A, B, C, e imprime os valores máximo e mínimo. O procedimento consistirá em comparações sucessivas de pares de números.

```
algoritmo Ordenar
var
   real : a, b, c
início
   escrever('Dê-me três números')
   ler(a, b, c)
     se a > b então              // consideramos os dois primeiros (a, b)
                                 // e os ordenamos
        se b > c então           // pego o 3º (c) e o comparo com o menor
                                 // (a ou b)
           escrever(a, b, c)
        se-não                   // se o 3º é maior que o menor verifico se
           se c > a então        // está adiante ou atrás do maior
              escrever(c, a, b)
           se-não
```

```
                escrever(a, c, b)
            fim_se
        fim-se
    se_não
        se a > c então
            escrever(b, a, c)
        se_não
            se c > b então
                escrever(c, b, a)
            se_não
                escrever(b, c, a)
            fim_se
        fim_se
    fim_se
fim
```

Exemplo 4.17

Pseudocódigo que nos permita calcular as soluções de uma equação de 2º grau, incluindo os valores imaginários.

```
algoritmo Soluções_equação
var
    real : a, b, c, d, x1, x2, r, i
início
    escrever('Dê-me os coeficientes')
    ler (a, b, c)
    se a = 0 então
        escrever('Não é equação de 2º grau')
    se_não
        d ← b * b − 4 * a * c
        se d = 0 então
            x1 ← −b/(2 * a)
            x2 ← x1
            escrever(x1, x2)
        se_não
            se d > 0 então
                x1 ← (−b + raiz2(d))/(2 * a)
                x2 ← (−b − raiz2(d))/(2 * a)
                escrever(x1, x2)
            se_não
                r ← (−b)/(2 * a)
                i ← raiz2(abs (d))/(2 * a)
                escrever(r, '+', i, 'i')
                escrever(r, '−', i, 'i')
            fim_se
        fim_se
    fim_se
fim
```

Exemplo 4.18

Algoritmo em que damos a hora HH, MM, SS e que calcule a hora na base correta. Leremos horas, minutos e segundos como números inteiros.

```
algoritmo Hora_segundo_seguinte
var
    inteiro : hh, mm, ss
```

```
início
    escrever('Dê-me hh, mm,ss')
    ler(hh, mm, ss)
    se (hh < 24) e (mm < 60) e (ss < 60) então
        ss ← ss + 1
        se ss = 60 então
            ss ← 0
            mm ← mm + 1
            se mm = 60 então
                mm ← 0
                hh ← hh + 1
                se hh = 24 então
                    hh ← 0
                fim_se
            fim_se
        fim_se
        escrever(hh, ':', mm, ':', ss)
    fim_se
fim
```

4.7 A SENTENÇA ir-a (goto)

O fluxo de controle de um algoritmo é sempre seqüencial, exceto quando as estruturas de controle estudadas anteriormente realizam transferências de controle não-seqüenciais.

A programação estruturada permite construir programas fáceis e legíveis utilizando as três estruturas já conhecidas: *seqüenciais*, *seletivas* e *repetitivas*. Entretanto, às vezes é necessária a realização de bifurcações incondicionais; para isso, recorre-se à instrução **ir_a (goto)**. Essa instrução sempre foi problemática e estudiosos de prestígio, como Dijkstra, taxaram a instrução **goto** como nefasta e prejudicial para os programadores e recomendam que não seja utilizada em algoritmos e programas. Por isso, a maioria das linguagens de programação, desde o mítico Pascal — pai da programação estruturada — passando pelas linguagens mais utilizadas nos últimos anos e na atualidade, como **C**, **C++**, **Java** ou **C#**, *foge* dessa instrução e praticamente não a utiliza, ainda que permaneça em seu jogo de sentenças esta "danosa" sentença, pois em situações excepcionais é necessário recorrer a ela.

> A sentença **ir_a (goto)** é a forma de controle mais primitiva nos programas de computadores e corresponde a uma bifurcação incondicional em código de máquina. Ainda que linguagens modernas como **VB .NET (Visual Basic .NET)** e **C#** a tenham em seu jogo de instruções, ela praticamente não é utilizada. Outras linguagens modernas como **Java** não contêm a sentença **goto**, embora seja uma palavra reservada.

Ainda que a instrução **ir_a (goto)** exista em todas as linguagens de programação, algumas dependem mais dela que outras, como BASIC e FORTRAN. Geralmente, não há necessidade da utilização de instruções **ir_a**. Qualquer algoritmo ou programa escrito com instruções **ir_a** pode ser reescrito para fazer o mesmo e não incluir nenhuma instrução **ir_a**. Um programa que utiliza muitas instruções **ir_a** é mais difícil de ler que um programa bem escrito que utiliza poucas ou nenhuma instrução desse tipo. Em bem poucas situações as instruções **ir_a** são úteis; talvez, as únicas permitidas sejam diferentes tipos de situações de saídas de laços. Quando ocorre um erro ou outra condição de terminação, uma instrução **ir_a** pode ser utilizada para saltar diretamente para o final de um laço, subprograma ou procedimento.

As bifurcações ou *saltos* produzidos por uma instrução **ir_a** devem levar para instruções numeradas ou que possuam uma etiqueta que sirva de ponto de referência para o salto. Por exemplo, um programa pode ser projetado para terminar com uma detecção de um erro.

```
algoritmo erro
    .
    .
    .
    se <condição erro> então
        ir_a  (100)
    fim_se
100: fim
```

A sentença **ir_a (goto)**, ou seqüência de invocação direta, transfere o controle do programa para uma posição especificada pelo programador. Conseqüentemente, interfere com a execução seqüencial de um programa. A sentença **ir_a** tem uma história muito controvertida por causa das más práticas de ensino utilizadas. Uma das primeiras linguagens que incluiu essa construção em suas primeiras versões foi FORTRAN. Entretanto, nos anos 1960 e 1970 e, posteriormente, com a aparição de linguagens mais simples e populares para aquela época, BASIC, essa história continuou com teorias a favor e contra seu uso. A questão foi tema de debate em foros científicos, de pesquisa e profissionais. A história tem demonstrado que não deve ser utilizada, já que produz um código não-claro, muitos erros de programação, programas pouco legíveis e muito difíceis de manter.

Contudo, a história continua e linguagens mais recentes, de propósito geral, como C#, criada pela Microsoft e lançada no início de 2000, incluíram essa sentença em seu dicionário de sentenças e palavras reservadas. Como regra geral, é um elemento supérfluo da linguagem e apenas em bem poucas ocasiões, junto com a sentença **switch** em algumas aplicações muito concretas, poderia ter alguma utilidade prática.

É interessante saber como funciona essa sentença, mas não a utilize a menos que sirva em um momento determinado para resolver uma situação imprevista e que um salto prefixado o ajude nessa resolução. A sintaxe da sentença **ir_a** apresenta três variantes:

ir_a *etiqueta*	(**goto** *etiqueta*)
ir_a *caso*	(**goto case**, na sentença **switch**)
ir_a *outros*	(**goto default**, na sentença **switch**)

A construção **ir_a** etiqueta consta de uma sentença **ir_a** e uma sentença associada a uma etiqueta. Quando se executa uma sentença **ir_a**, transfere-se o controle do programa à etiqueta associada, como ilustra o quadro seguinte.

```
...
início
    ...
    ir_a etiqueta1
        ...
fim
    ...
etiqueta1:
    ...         // o fluxo do programa salta para a sentença seguinte
                // à rotulada por etiqueta1
```

Geralmente, no caso de suporte à sentença **ir_a** — como é o caso da linguagem C# —, a sentença **ir_a (goto)** transfere o controle fora de um escopo aninhado. Conseqüentemente, a sentença a seguir não é válida.

```
início
        ir_a etiquetaC
    ...
    início
        ...
        etiquetaC          Não-válido: transferência de controle dentro de um
        ...                escopo aninhado
    fim
    ...
fim
```

Mas, o compilador costuma aceitar (*concretamente em C#*) o seguinte código:

```
início
    ...
    início
        ...
        ir_a etiquetaC
    fim
    etiquetaC
    ...
fim
```

A sentença `ir_a` pertence a um grupo de sentenças conhecidas como **sentenças de salto** (*jump*). As sentenças de salto fazem que o fluxo de controle salte para outra parte do programa. Outras sentenças de salto ou bifurcação encontradas nas linguagens de programação, tanto tradicionais como novas (**Pascal, C, C++, C#, Java**...) são **interromper (break)**, **continuar (continue)**, **voltar (return)** e **lançar (throw)**. As três primeiras costumam ser utilizadas com sentenças de controle e como retorno de execução de funções ou métodos. A sentença **throw** costuma ser utilizada nas linguagens de programação que possuam mecanismos de manipulação de exceções, como costumam ser os casos das linguagens orientados a objetos como **C++**, **Java** e **C#**.

ATIVIDADES DE PROGRAMAÇÃO RESOLVIDAS

4.1 Leia dois números e deduza se estão em ordem crescente.

Solução

Dois números *a* e *b* estão em ordem crescente se *a* <= *b*.

```
algoritmo comparação1
var
  real : a, b
início
  escrever('dar dois números')
  ler (a, b)
  se a <= b então
    escrever('ordem crescente')
```

```
    se_não
      escrever('ordem decrescente')
    fim_se
fim
```

4.2 Determine o preço da passagem de ida e volta em trem, conhecendo a distância percorrida e sabendo que, se o número de dias de estadias é superior a 7 e a distância é superior a 800 km, a passagem tem uma redução de 30%. O preço por km é de 2,5 reais.

Solução

Análise

As operações seqüenciais a serem realizadas são:

1. Ler distância, duração da estadia e preço do quilômetro.
2. Testar se distância > 800 km e duração > 7 dias.
3. Cálculo do preço total da passagem:
   - **se** distância < 800 km ou duração < 7 dias.
     preço total = distância * 2.5
   - **se** distância > 800 km e duração > 7 dias
   - preço total = (distância * 2.5) − 30/100 * (preço total).

Pseudocódigo

```
algoritmo passagem
var
  inteiro : E
  real : D, PT
início
  ler(E)
  PT ← 2.5*D
  se (D > 800) e (E > 7) então
     PT ← PT − PT * 30/100
  fim_se
  escrever('Preço do bilhete', PT)
fim
```

4.3 Os empregados de uma fábrica trabalham em dois turnos: diurno e noturno. Desejamos calcular o jornada diária de acordo com os seguintes pontos:

1. a tarifa das horas diurnas é de 500 reais,
2. a tarifa das horas noturnas é de 800 reais,
3. no caso de ser domingo, a tarifa será aumentada em 200 reais o turno diurno e 300 reais o turno noturno.

Solução

Análise

O procedimento a seguir é:

1. Ler nome do turno, horas trabalhadas (HT) e dia da semana.
2. Se o turno é noturno, aplicar a fórmula JORNADA = 800*HT.
3. Se o turno é diurno, aplicar a fórmula JORNADA = 500*HT.
4. Se o dia é domingo:
   - *TURNO DIURNO*   JORNADA = (500 + 200) * HT,
   - *TURNO NOTURNO*   JORNADA = (800 + 300) * HT.

Pseudocódigo

```
algoritmo jornada
var
  cadeia : Dia, Turno
  real : HT, Jornada
início
  ler(HT, Dia, Turno)
  se Dia, < >'Domingo' então
    se Turno = 'diurno' então
      Jornada ← 500 * HT
    se_não
      Jornada ← 800 * HT
    fim_se
  se_não
    se Turno = 'diurno' então
      Jornada ← 700 * HT
    se_não
      Jornada ← 1100 * HT
    fim_se
  fim_se
  escrever(Jornada)
fim
```

4.4 Construir um algoritmo que escreva os nomes dos dias da semana, em função da entrada correspondente da variável DIA.

Solução

Análise

O método a seguir consistirá em classificar cada dia da semana com um número seqüencial.

1. SEGUNDA-FEIRA
2. TERÇA-FEIRA
3. QUARTA-FEIRA
4. QUINTA-FEIRA
5. SEXTA-FEIRA
6. SÁBADO
7. DOMINGO

Se Dia > 7 ou < 1 Erro de entrada. Intervalo (1 a 7).

Se a linguagem de programação suporta somente a estrutura **se-então-se_não (if-then-else)**, codifica com o método 1; no caso de suportar a estrutura **conforme-seja (case)**, a codificação será o método 2.

Pseudocódigo

Método 1

```
algoritmo Dias_semana1
var
  inteiro : Dia
início
  ler(Dia)
  se Dia = 1 então
```

```
            escrever('SEGUNDA-FEIRA')
      se_não
        se Dia = 2 então
          escrever('TERÇA-FEIRA')
        se_não
          se Dia = 3 então
            escrever('QUARTA-FEIRA')
          se_não
            se Dia = 4 então
              escrever('QUINTA-FEIRA')
            se_não
              se Dia = 5 então
                escrever('SEXTA-FEIRA')
              se_não
                se Dia = 6 então
                  escrever('SÁBADO')
                se_não
                  se Dia = 7 então
                    escrever('DOMINGO')
                  se_não
                    escrever('erro')
                    escrever('intervalo 1-7')
                  fim_se
                fim_se
              fim_se
            fim_se
          fim_se
        fim_se
      fim_se
    fim_se
fim
```

Método 2

```
algoritmo Dias_semana2
var
   inteiro : Dia
início
   ler(Dia)
   conforme_seja Dia fazer
      1: escrever('SEGUNDA-FEIRA')
      2: escrever('TERÇA-FEIRA')
      3: escrever('QUARTA-FEIRA')
      4: escrever('QUINTA-FEIRA')
      5: escrever('SEXTA-FEIRA')
      6: escrever('SÁBADO')
      7: escrever('DOMINGO')
      em_outro_caso escrever('erro de entrada, intervalo 1-7')
   fim_conforme
fim
```

REVISÃO DO CAPÍTULO

Conceitos-chave

- Escopo
- Cláusula **else**
- Condição
- Condição falsa
- Condição verdadeira
- Expressão *booleana*
- Expressão lógica
- Operador de comparação
- Operador de relação
- Operador lógico
- Sentença composta
- Sentença **if, switch**
- Sentença **conforme_seja**
- Sentença **se-então**
- Sentença **se-então-se_não**
- Se aninhada
- **Se** em escada

Resumo

As estruturas de seleção **se** e **conforme_seja** são sentenças de bifurcação que são executadas em função de seus elementos relacionados nas expressões ou condições correspondentes formadas com operadores lógicos e de comparação. Essas sentenças permitem escrever algoritmos que realizam tomadas de decisões e reagem de maneiras diferentes a dados diferentes.

1. Uma sentença de bifurcação é uma construção da linguagem que utiliza uma condição dada (expressão booleana) para decidir entre duas ou mais direções alternativas (ramos ou bifurcações) em um algoritmo.

2. Um programa sem nenhuma sentença de bifurcação ou iteração é executado seqüencialmente, na ordem em que estão escritas as sentenças no código-fonte ou algoritmo. Tais sentenças são denominadas seqüenciais.

3. A sentença **se** é a sentença de decisão ou seletiva fundamental. Contém uma expressão booleana que controla se é executada uma sentença (simples ou composta).

4. Combinando uma sentença **se** com uma cláusula **se_não**, o algoritmo pode escolher entre a execução de uma das ações alternativas (simples ou composta).

5. As expressões relacionais, também denominadas *condições simples*, são utilizadas para comparar operandos. Se uma expressão relacional é verdadeira, o valor da expressão considerado nas linguagens de programação é o inteiro 1. Se a expressão relacional é falsa, então recebe o valor inteiro de 0.

6. Podemos construir condições complexas utilizando expressões relacionais por meio de operadores lógicos, **E**, **ou**, **NÃO**.

7. Uma seqüência **se-então** é utilizada para selecionar entre duas sentenças alternativas com base no valor de uma expressão. Ainda que as expressões relacionais sejam utilizadas normalmente para a expressão a ser testada, pode ser utilizada qualquer expressão válida. Se a expressão (condição) é verdadeira, executa-se a sentença1 e, caso contrário, executa-se a sentença2.

se *(expressão)* **então**
  sentença1
se_não
  sentença2
fim_se

8. Uma sentença composta consta de qualquer número de sentenças individuais dentro das palavras reservadas **início** e **fim** (no caso de linguagens de programação como C e C++, entre um par de chaves "{e}"). As sentenças compostas são tratadas como se fossem uma única unidade e podem ser utilizadas em qualquer parte que utilize uma sentença simples.

9. Aninhando-se sentenças **se**, uma dentro da outra, são projetadas construções que podem escolher entre executar qualquer número de ações (sentenças) diferentes (simples ou compostas).

10. A sentença **conforme_seja** é uma sentença de seleção múltipla. O formato geral de uma sentença **conforme_seja** (switch, em inglês) é

conforme_seja E fazer
  e1: início
    ação S11

```
        ação S12
        .
        .
        ação S1a
        fim
  e1: início
        ação S21
        .
        .
        .
        fim
  em: início
        .
        .
        .
        fim
  outros: ação Sx
fim_conforme
```

O valor da expressão inteira é comparado com cada uma das constantes inteiras (também podem ser caracteres ou expressões constantes). A execução do programa é transferida para a primeira sentença composta cuja etiqueta precedente (valor e1, e2, --) coincida com o valor dessa expressão e continua sua execução até a última sentença desse bloco, e a seguir termina a sentença **conforme_seja**. No caso de o valor da expressão não coincidir com nenhum valor da lista, então são efetuadas as sentenças que vêm a seguir da cláusula **outros**.

11. A sentença **ir_a (goto)** transfere o controle (salta) para outra parte do programa e, conseqüentemente, pertence ao grupo de sentenças denominadas de salto ou bifurcação. É uma sentença muito controvertida e propensa a erros; sendo assim, seu uso é muito limitado, ou então nunca é usada, e recomenda-se usá-la apenas em uma sentença **conforme_seja** para sair do correspondente bloco de sentenças.

12. A sentença **conforme_seja (switch)** é construída para selecionar múltiplas sentenças (simples ou compostas) e é similar a múltiplas sentenças **se_então** aninhadas, mas com um intervalo de aplicações mais restrito. Normalmente, é mais recomendável o uso de sentenças **conforme_seja** que sentenças **se_então** aninhadas porque oferecem um código mais simples, mais claro e mais eficiente.

EXERCÍCIOS

4.1 Escreva as sentenças **se** apropriadas para cada uma das seguintes condições:

   a) Se um ângulo é igual a 90º, imprimir a mensagem "O ângulo é um ângulo reto"; se não, imprimir a mensagem "O ângulo não é um ângulo reto".
   b) Se a temperatura é superior a 100º, visualizar a mensagem "acima do ponto de ebulição da água"; se não, visualizar a mensagem "abaixo do ponto de ebulição da água".
   c) Se o número é positivo, somar o número ao total de positivos; se não, somar ao total de negativos.
   d) Se x é maior que y, e z é menor que 20, ler um valor para p.
   e) Se distância é maior que 20 e menor que 35, ler um valor para tempo.

4.2 Escreva um programa que solicite ao usuário introduzir dois números. Se o primeiro número introduzido é maior que o segundo, o programa deve imprimir a mensagem O primeiro número é o maior, caso contrário, o programa deve imprimir a mensagem O primeiro número é o menor. Considere o caso de que ambos os números são iguais e imprima a mensagem correspondente.

4.3 Dados três números, deduza qual é o central.

4.4 Calcule a raiz quadrada de um número e escreva seu resultado.

4.5 Escreva os diferentes métodos para deduzir se uma variável ou expressão numérica é par.

4.6 Determine o preço de uma passagem de ida e volta de trem, conhecendo a distância percorrida e sabendo que, se o número de dias de estadia é superior a sete e a distância é superior a 800 km, a passagem tem uma redução de 30%. O preço por km é de 2,5 pesetas.

4.7 Projete um programa em que, de uma data introduzida por teclado com o formato DIA, MÊS, ANO, obtenha-se a data do dia seguinte.

4.8 Desejamos realizar uma estatística dos pesos dos alunos de um colégio de acordo com a seguinte tabela:

Alunos com menos de 40 kg.
Alunos ente 40 e 50 kg.
Alunos com mais de 50 kg e menos de 60 kg.
Alunos com mais de 60 kg.

4.9 Construa um algoritmo que verifique, se dados dois números introduzidos por teclado, um é divisor do outro.

4.10 Um ângulo é agudo se é menor de 90°, obtuso se é maior de 90 graus e reto se é igual a 90°. Utilizando essa informação, escreva um algoritmo que aceite um ângulo em graus e visualize o tipo de ângulo correspondente aos graus introduzidos.

4.11 O sistema de notas dos Estados Unidos costuma calcular de acordo com o seguinte quadro:

Grau numérico	Grau em letra
Grau superior ou igual a 90	A
Menor de 90 mas superior ou igual a 80	B
Menor de 80 mas superior ou igual a 70	C
Menor de 70 mas superior ou igual a 69	D
Menor de 69	F

Utilizando essa informação, escreva um algoritmo que aceite uma qualificação numérica do estudante (0-100), converter essa qualificação para seu equivalente em letra e visualizar a qualificação correspondente em letra.

4.12 Escreva um programa que selecione a operação aritmética a ser executada entre dois números dependendo do valor de uma variável denominada `seleçãoOp`.

4.13 Escreva um programa que aceite dois números reais de um usuário e um código de seleção. Se o código introduzido de seleção é 1, então o programa soma os dois números introduzidos previamente e visualiza-se o resultado; se o código de seleção é 2, os números devem ser multiplicados e visualizado o resultado; e se o código selecionado é 3, o primeiro número deve ser dividido pelo segundo número e visualizar-se o resultado.

4.14 Escreva um algoritmo que visualize a seguinte mensagem dupla:

```
Introduza um mês (1 para janeiro, 2 para fevereiro...)
Introduza um dia do mês
```

O algoritmo aceita e armazena um número na variável **mês** em resposta à primeira pergunta e aceita e armazena um número na variável **dia** em resposta à segunda pergunta. Se o mês introduzido não está entre 1 e 12 inclusive, deve ser visualizada uma mensagem de informação ao usuário advertindo-o de que o número introduzido não é válido como mês; proceda com o número que representa o dia do mês se não está no intervalo entre 1 e 31.

Modifique o algoritmo para prever que o usuário introduza números com decimais.

Observação: nos anos bissextos, fevereiro tem 29 dias, modifique o programa de maneira que advirta o usuário se ele introduz um dia do mês que não existe (por exemplo, 30 ou 31). Considere também que existem meses de 30 dias e outros meses de 31 dias, de modo que nunca sejam produzidos erros de introdução de dados ou se visualize por engano uma mensagem ao usuário advertindo-o de um erro não cometido.

4.15 Escreva um programa que simule o funcionamento normal de um elevador moderno em um prédio com 25 andares e que possua dois botões de *SUBIR* e *DESCER*, exceto no andar inferior, em que somente existe botão de chamada para *SUBIR* e no último andar, em que somente existe botão de *DESCER*.

5

FLUXO DE CONTROLE II:
Estruturas Repetitivas

SUMÁRIO

5.1 Estruturas repetitivas
5.2 Estruturas **enquanto(while)**
5.3 Estrutura **fazer-enquanto (do-while)**
5.4 Estrutura **repetir(repeat)**
5.5 Estrutura **desde/para (for)**
5.6 Saídas internas dos laços
5.7 Sentenças de salto **interromper (break)** e **continuar (continue)**

5.8 Estruturas repetitivas aninhadas
ATIVIDADES DE PROGRAMAÇÃO
  RESOLVIDAS
REVISÃO DO CAPÍTULO
  Conceitos-chave
  Resumo
EXERCÍCIOS

Nos programas utilizados até aqui, foram examinados conceitos de programação como entradas, saídas, atribuições, expressões e operações, sentenças seqüenciais e de seleção. Entretanto, muitos problemas apresentam características de repetição nas quais alguns cálculos ou seqüência de instruções são repetidos mais de uma vez, utilizando diferentes conjuntos de dados. Exemplos de tais tarefas repetitivas incluem verificações de entradas de dados de usuários até que se introduza uma entrada aceitável, como uma contra-senha válida; cálculo e acumulação de totais parciais; aceitação constante de entradas de dados e recálculos de valores de saída, cujo processo apenas pára quando é introduzido ou apresentado um valor sentinela.

Este capítulo examina os diferentes métodos que os programadores utilizam para construir seções de código repetitivas. Descrevemos e analisamos o conceito de **laço**, que é o trecho de código que se repete e que é denominado assim porque, quando termina a execução da sua última sentença, o fluxo de controle volta para a primeira sentença e outra repetição das sentenças começa. Cada repetição é conhecida como *iteração*.

Estudamos os laços mais típicos, como **enquanto, fazer-enquanto, repetir-até que** e **desde** (ou **para**).

5.1 ESTRUTURAS REPETITIVAS

Os computadores são especialmente projetados para todas aquelas aplicações nas quais uma operação ou um conjunto delas deve ser repetido muitas vezes. Um tipo muito importante de estrutura é o algoritmo necessário para repetir uma ou várias ações um determinado número de vezes. Um programa que lê uma lista de números pode repetir a mesma seqüência de mensagens ao usuário e instruções de leitura até que todos os números de um arquivo sejam lidos.

As estruturas que repetem uma seqüência de instruções um determinado número de vezes são denominadas *laços*, e denomina-se *iteração* ao fato de se repetir a execução de uma seqüência de ações. Um exemplo deixará clara a questão.

Suponhamos que se deseja somar uma lista de números escritos usando o teclado — por exemplo, notas dos alunos de uma classe. O meio conhecido até agora é ler os números e somar seus valores a uma variável SOMA que contenha as sucessivas somas parciais. A variável SOMA fica igual a zero e a seguir se incrementa no valor do número cada vez que um valor for lido. O algoritmo que resolve esse problema é:

```
algoritmo soma
var
      inteiro : SOMA, NÚMERO
início
      SOMA ← 0
      ler(número)
      SOMA ← SOMA + número
      ler(número)
      SOMA ← SOMA + número
      ler(número)
fim
```

e assim sucessivamente para cada número da lista. Em outras palavras, o algoritmo repete muitas vezes as ações

```
ler(número)
SOMA ← SOMA + número
```

Tais opções repetidas são denominadas *laços*. A ação (ou ações) que se repete em um laço denomina-se *iteração*. As duas principais perguntas a fazer no projeto de um laço são: o que o laço contém? E quantas vezes deve ser repetido?

Quando se utiliza um laço para somar uma lista de números, é necessário saber quantos números devem ser somados. Para isso necessitaremos conhecer algum meio para *deter* o laço. Para o exemplo anterior usaremos a técnica de solicitar ao usuário o número que deseja, por exemplo, N. Há dois procedimentos para contar o número de iterações, usar uma variável TOTAL que se inicializa com a quantidade de números desejados e a seguir decrescer um cada vez que o laço é repetido (esse procedimento acrescenta uma ação mais ao corpo do laço: TOTAL ← TOTAL−1), ou inicializar a variável TOTAL em 0 ou em 1 e ir incrementando um a cada iteração até chegar ao número desejado.

```
algoritmo soma_número
  var
    inteiro : N, TOTAL
    real : NÚMERO, SOMA
início
  ler(N)
    TOTAL ← N
```

```
      SOMA ← 0
      enquanto TOTAL > 0 fazer
        ler(NÚMERO)
        SOMA ← SOMA+NÚMERO
        TOTAL ← TOTAL—1
      fim_enquanto
      escrever('A soma dos', N, 'números é', SOMA)
fim
```

O laço poderá também ser terminado com qualquer destas condições:

- `até_que TOTAL seja zero`
- `de 1 a N`

Para deter a execução dos laços, é utilizada uma condição de parada. O pseudocódigo de uma estrutura repetitiva tenderá sempre a este formato:

```
início
//inicialização de variáveis
repetir
  ações S1, S2...
  sair segundo condição
  ações Sn, Sn+1...
fim_repetir
```

Ainda que a condição de saída seja indicada no formato anterior no interior do laço — e existem linguagens que a contêm explicitamente[1] —, o normal é que a *condição seja indicada no final ou no princípio do laço*, assim são considerados três tipos de instruções ou estruturas repetitivas ou iterativas gerais e uma particular que denominaremos **iterar**, que contém a saída no interior do laço.

iterar	(*loop*)
enquanto	(*while*)
fazer-enquanto	(*do-while*)
repetir	(*repeat*)
de	(*for*)

O algoritmo de soma anterior poderia ser expresso em pseudocódigo-padrão assim:

```
algoritmo SOMA_números
var
  inteiro : N, TOTAL
  real : NÚMERO, SOMA
início
  ler(N)
  TOTAL ← N
  SOMA ← 0
```

---

[1] Modula-2, entre outras.

```
        repetir
          ler(NÚMERO)
          SOMA ← SOMA+NÚMERO
          TOTAL ← TOTAL-1
        até_que TOTAL = 0
        escrever('A soma é', SOMA)
     fim
```

Os três casos gerais de estruturas repetitivas dependem da situação e do modo da condição. A condição é avaliada assim que é encontrada no algoritmo e seu resultado produzirá os três tipos de estruturas citadas.

1. A condição de saída do laço é realizada no início do laço (estrutura **enquanto**).

```
algoritmo SOMA1
início
   //Inicializar K, S a zero
     K ← 0
     S ← 0
   ler(n)
   enquanto K < n fazer
     K ← K+1
     S ← S+K
   fim_enquanto
   escrever (S)
fim
```

Executa-se o laço *enquanto* se verifica uma condição (K < n).

2. A condição de saída origina-se no final do laço; o laço é executado *até que* se verifica uma certa condição.

```
repetir
  K ← K+1
  S ← S+K
até_que K > n
```

3. A condição de saída é realizada com um contador que conta o número de iterações.

```
de i = vi até vf fazer
  S ← S+i
fim_de
```

i é um contador que conta do valor inicial (`vi`) ao valor final (`vf`) com os incrementos considerados; se não é indicado nada, o incremento é 1.

5.2 ESTRUTURA enquanto (while)

A estrutura repetitiva **enquanto** (em inglês **while** ou **dowhile**: *fazer enquanto*) é aquela em que o corpo do laço se repete enquanto é cumprida uma determinada condição. Quando se executa a instrução **enquanto**, a primeira coisa que ocorre é que é avaliada a condição (uma expressão *booleana*). Se for avaliada *falsa*, não se toma nenhuma ação e o programa continua a próxima instrução do laço. Se a expressão *booleana* é *verdadeira*, então é executado o corpo do laço, depois do qual se avalia novamente a expressão booleana Este processo repete-se **enquanto** a expressão *booleana* (condição) seja verdadeira. O exemplo anterior ficaria assim:

Pseudocódigo em português

enquanto *condição* **fazer**
    ação S1
    ação S2
    .
    .
    ação Sn
fim_enquanto

Pseudocódigo em inglês

while *condição* **do**
    <ações>
    .
    .
    .
endwhile

ou

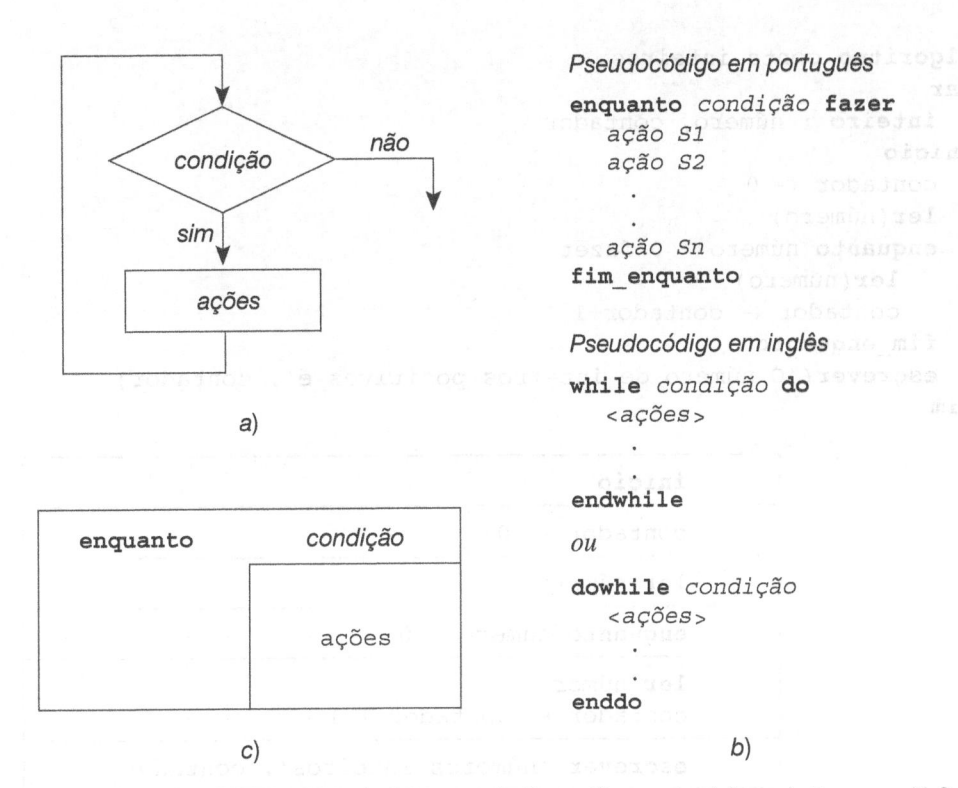

dowhile *condição*
    <ações>
    .
    .
enddo

Figura 5.1 Estrutura **enquanto**: *a*) diagrama de fluxo; *b*) pseudocódigo; *c*) diagrama N-S.

Exemplo 5.1

Ler por teclado um número que representa uma quantidade de números, que por sua vez se lerão também por teclado. Calcular a soma de todos esses números.

```
algoritmo soma_números
var
   inteiro : N, TOTAL
   real : número, SOMA
início
   ler(N)
   {ler número total N}
   TOTAL ← N
   SOMA ← 0
   enquanto TOTAL > 0 fazer
      ler(número)
      SOMA ← SOMA+número
      TOTAL ← TOTAL—1
   fim_enquanto
   escrever('A soma dos', N, 'números é', SOMA)
fim
```

No caso anterior, como a variável TOTAL vai sendo decrementada e seu valor inicial era N, quando recebe o valor 0 significa que foram realizadas N iterações, ou seja, foram somados os N números e o laço deve terminar.

Exemplo 5.2

Contar os números inteiros positivos introduzidos por teclado. Consideram-se duas variáveis inteiras NÚMERO e CONTADOR (contará o número de inteiros positivos). Supõe-se que sejam lidos números positivos e o laço pare quando se lê um número negativo ou zero.

```
algoritmo conta_inteiros
var
   inteiro : número, contador
início
   contador ← 0
   ler(número)
   enquanto número > 0 fazer
      ler(número)
      contador ← contador+1
   fim_enquanto
   escrever('O número de inteiros positivos é', contador)
fim
```

início
contador ← 0
ler número
enquanto número > 0
ler número contador ← contador + 1
escrever 'números inteiros', contador
fim

A seqüência das ações desse algoritmo pode ser refletida no seguinte pseudocódigo.

Passo	Pseudocódigo	Significado
1	contador ← 0	inicializar contador a 0
2	ler(número)	ler primeiro número
3	enquanto número > 0 fazer	testar se o número > 0, se for continuar com o passo 7
4	somar 1 ao contador	incrementar contador
5	ler(número)	ler número seguinte
6	regressar ao passo 3	avaliar e testar a expressão booleana
7	escrever(contador)	visualizar resultados

Observe que os passos 3 a 6 são executados enquanto os números de entrada são positivos. Quando se lê –15 (depois de 4 passos), a expressão *números > 0* produz um resultado falso e transfere-se o controle à ação **escrever** e o valor do contador será 4.

5.2.1 Execução de um laço zero vez

Observe que, em uma estrutura **enquanto**, a primeira coisa que ocorre é a avaliação da expressão booleana; se é avaliada *falsa* neste ponto, então o corpo do laço nunca se executa. Pode parecer *inútil* executar o corpo do laço *zero vez*, já que não terá efeito em nenhum valor ou saída. Entretanto, às vezes é a ação desejada.

```
início
   n ← 5
   s ← 0
   enquanto n <= 4 fazer
      ler(x)
      s ← s+x
   fim_enquanto
fim
```

No exemplo anterior, avalia-se que nunca se cunprirá a condição (expressão booleana n <= 4), por isso se executa a ação **fim** e não se executará nenhuma ação do laço.

Exemplo 5.3

O seguinte laço não será executado se o primeiro número lido for negativo ou zero.

```
C ← 0
ler(número)
enquanto número > 0 fazer
    C ← C+1
    ler(número)
fim_enquanto
```

5.2.2 Laços infinitos

Alguns laços não exigem fim e outros não encontram o fim por causa de erro em seu projeto. Por exemplo, um sistema de reservas de linhas aéreas pode repetir um laço que permita ao usuário somar ou apagar reservas. O programa e o laço correm sempre, ou pelo menos até que o computador é desligado. Em outras ocasiões, um laço nunca termina porque nunca se cumpre uma condição.

Um laço que nunca termina denomina-se *laço infinito* ou *sem fim*. Os laços sem fim não-intencionais são prejudiciais para a programação e devem ser evitados sempre.

Consideremos o seguinte laço que apresenta os juros produzidos por um capital para taxas de juros no intervalo de 10 a 20%.

```
ler(capital)
taxa ← 10
enquanto taxa < > 20 fazer
    juros ← taxa*0.01*capital // taxa*capital/100=taxa*0.01*capital
    escrever('juros produzidos', juros)
    taxa ← taxa+2
fim_enquanto
escrever('continuação')
```

Os sucessivos valores da taxa serão 10, 12, 14, 16, 18, 20, de modo que quando *taxa* receber o valor 20 o laço será interrompido e será escrita a mensagem 'continuação'. Suponhamos que mude a linha do laço por

```
taxa ← taxa + 3
```

O problema é que o valor da taxa salta agora de 19 a 22 e nunca será igual a 20 (10, 13, 16, 19, 22,...). O laço seria infinito, a expressão booleana para terminar o laço será:

```
taxa < 20 ou taxa <= 20
```

> **Nota**
>
> É conveniente que os testes nas expressões booleanas sejam *maior* ou *menor que* em vez de testes de *igualdade* ou *desigualdade*. No caso da codificação em uma linguagem de programação, esta regra deve ser seguida rigidamente na comparação de números reais, já que como esses valores são armazenados em quantidades aproximadas as comparações de igualdade de valores reais normalmente criam problemas. Sempre que realizar comparações de números reais, use as relações <, <=, > ou >=.

5.2.3 Terminação de laços com dados de entrada

Se seu algoritmo ou programa está lendo uma lista de valores com um laço **enquanto**, deve ser incluído algum tipo de mecanismo para terminar o laço. Existem quatro métodos típicos para terminar um laço de entrada:

1. perguntar antes da iteração;
2. iniciar a lista de dados com seu tamanho;
3. finalizar a lista com seu valor de entrada;
4. esgotar os dados de entrada.

Examinemos esses métodos um a um. O primeiro deles simplesmente solicita, com uma mensagem ao usuário, se existem mais entradas.

```
Soma ← 0
escrever('Existem mais números na lista s/n')
ler(Resp)   //variáveis Resp, tipo caractere
enquanto(Resp = 'S') ou (Resp = 's') fazer
   escrever('número')
   ler(N)
   Soma ← Soma + N
   escrever('Existem mais números (s/n)')
   ler(Resp)
fim_enquanto
```

Esse método às vezes é aceitável e é muito útil em certas ocasiões, mas costuma ser cansativo para listas grandes; neste caso, é preferível incluir um sinal de parada. O método de conhecer no início do laço o tamanho ou o número de iterações já foi visto em exemplos anteriores.

Talvez o método mais correto para terminar um laço que lê uma lista de valores é com um *sentinela*. Um *valor sentinela* é um valor especial usado para indicar o final de uma lista de dados. Por exemplo, suponhamos que haja notas de uns testes (cada nota compreendida entre 0 e 100); um valor sentinela na lista pode ser –999, já que nunca será uma nota válida e quando aparecer este valor se terminará o laço. Se a lista de dados são números positivos, um valor sentinela pode ser um número negativo que indique o final da lista. O exemplo a seguir realiza a soma de todos os números positivos introduzidos usando-se o terminal.

```
Soma ← 0
ler(número)
enquanto número >= 0 fazer
   Soma ← soma+número
   ler(número)
fim_enquanto
```

Observe que o último número lido da lista não é acrescentado à soma se for negativo, já que sai do laço. Se deseja somar os números 1, 2, 3, 4 e 5 com o laço anterior, o usuário deve introduzir, por exemplo:

```
1  2  3  4  5  −1
```

o valor final –1 é lido, mas não se acrescenta à soma. Note também que, quando se usa um valor sentinela inverte-se a ordem das instruções de leitura e soma-se com um valor sentinela, este deve ser lido no final do laço, onde também deve ter a instrução **ler**.

O último método que esgota os dados de entrada comprova simplesmente que não existem mais dados de entrada. Esse sistema costuma depender do tipo de linguagem; por exemplo, Pascal pode detectar o final de uma linha; nos arquivos seqüenciais, pode ser detectado o final físico do arquivo (*eof*, **end of file**).

Exemplo 5.4

Considere os seguintes algoritmos. O que se visualizará e quantas vezes se executa o laço?

```
1. i ← 0
   enquanto i < 6 fazer
     escrever(i)
     i ← i + 1
   fim_enquanto
```

A saída é o valor da variável de controle i no princípio de cada execução do corpo do laço: 0, 1, 2, 3, 4 e 5. O laço é executado seis vezes.

```
2. i ← 0
   enquanto i < 6 fazer
     i ← i+1
     escrever(i)
   fim_enquanto
```

A saída será então 1, 2, 3, 4, 5 e 6. O corpo do laço executa-se também seis vezes. Observe que, quando i = 5, a expressão *booleana* é verdadeira e o corpo do laço é executado; com i = 6, a sentença **escrever** é executada, mas a seguir é avaliada a expressão *booleana* e termina-se o laço.

Exemplo 5.5

Calcular a média de um conjunto de notas de alunos. Colocaremos um *valor sentinela* de –99 que detecte o fim do laço.

```
início
  total ← 0
  n ← 0        //número de alunos
  ler(nota)    //a primeira nota deve ser diferente de -99
  enquanto nota <> -99 fazer
    total ← total+nota
    n ← n+1
    ler (nota)
  fim_enquanto
  média ← total/n
  escrever('A média é', média)
fim
```

Observe que `total` e n iniciam-se em zero antes da instrução **enquanto**. Quando o laço termina, a variável `total` contém a soma de todas as notas e, conseqüentemente, `total/n` — sendo n o número de alunos, será a média da classe.

5.3 ESTRUTURA `fazer-enquanto (do-while)`

O laço enquanto e o laço de que será visto a seguir avaliam a expressão no começo do laço de repetição; sempre são utilizados para criar um laço *pré-teste*. Os laços *pré-testes* denominam-se também laços controlados pela entrada. Em diversas ocasiões é necessário que o conjunto de sentenças que compõem o corpo do laço execute pelo menos uma vez, seja qual for o valor da expressão ou a condição de avaliação. Estes laços denominam-se laços pós-testes ou laços controlados pela saída. Um caso típico é o laço **fazer-enquanto (do-while)** existente em linguagens como C/C++, Java ou C#.

O laço **fazer-enquanto** é análogo ao laço **enquanto** e o corpo do laço executa-se uma e outra vez enquanto a condição (expressão *booleana*) é verdadeira. Existe, no entanto, uma grande diferença: o corpo do laço está entre as palavras reservadas fazer e enquanto, de modo que as sentenças do corpo são executadas pelo menos uma vez antes que se avalie a expressão booleana. Em outras palavras, o corpo do laço sempre se executa, pelo menos uma vez, mesmo quando a expressão booleana é falsa.

> **Nota**
>
> O laço **fazer-enquanto** termina de executar quando o valor da condição é falso. A escolha entre um laço **enquanto** e um laço **fazer-enquanto** depende do problema a ser resolvido. Na maioria dos casos, a condição de entrada do laço **enquanto** é a escolha correta. Por exemplo, se o laço for usado para percorrer uma lista de números (ou uma lista de qualquer tipo de objetos), a lista pode estar vazia, e nesse caso as sentenças do laço nunca se executarão. Aplicar um laço **fazer-enquanto** nos conduz a um código de erros.

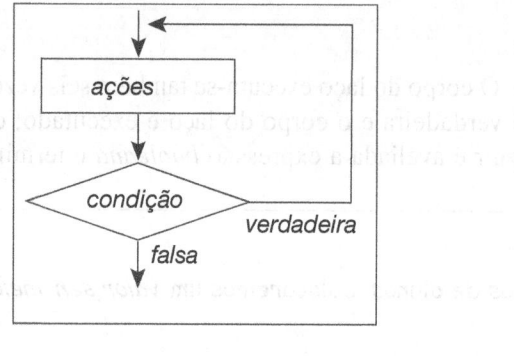

```
fazer
   <ações>
enquanto (<expressão>)
```

a) Diagrama de fluxo de uma sentença **fazer-enquanto**

b) Pseudocódigo de uma sentença **fazer-enquanto**

Figura 5.2 Estrutura `fazer-enquanto`: a) diagrama de fluxo; b) pseudocódigo.

Assim como no caso do laço **enquanto**, a sentença no interior do laço pode ser simples ou composta. Todas as sentenças no interior do laço executam-se pelo menos uma vez antes de se avaliar a expressão ou condição. Então, se a expressão é **verdadeira** (um valor diferente de zero, em C/C++), as sentenças do corpo do laço executam-se uma vez mais. O processo continua até que a expressão avaliada receba o valor **falso** (valor zero em C/C++). O diagrama de controle do fluxo está na Figura 5.2, na qual é mostrado o funcionamento da sentença **fazer-enquanto**. A Figura 5.3 representa um diagrama de sintaxe com notação BNF da sentença **fazer-enquanto**.

```
Sentença fazer-enquanto::=
        fazer
           <corpo do laço>
        enquanto (<condição_do_laço>)

onde

<corpo do laço>::= <sentença>
              ::= <sentença_composta>

<condição do laço>::= <expressão booleana>

Observação: o corpo do laço se repete enquanto <condição do laço> for verdadeira.
```

Figura 5.3 Diagrama de sintaxe da sentença `fazer_enquanto`.

Exemplo 5.6

```
var
   inteiro: núm, dígitoSig
início
   núm ← 198
   escrever ('Número: ← ', núm)
   escrever ('Número em ordem inversa: ')
   fazer
      dígitoSig = núm MOD 10
      escrever(dígitoSig)
      núm = núm DIV 10
   enquanto núm > 0
fim
```

A saída desse programa é mostrada a seguir:

```
Número: 198
Número em ordem inversa: 891
```

Análise do exemplo anterior

A cada iteração obtém-se o dígito mais à direita, que é o resto da divisão inteira do valor do número (núm) por 10. Assim, na primeira iteração dígitoSig vale 8, já que é o resto da divisão inteira de 198 por 10 (quociente 19 e resto 8). Visualiza-se o valor 8. A seguir divide-se 198 por 10 e toma-se o quociente inteiro 19, que é colocado na variável núm.

Na iteração seguinte divide-se 19 por 10 (quociente inteiro 1, resto 9) e visualiza-se o valor do resto, dígitoSig, ou seja, o dígito 9; a seguir divide-se 19 por 10 e se toma o quociente inteiro, ou seja, 1.

Na terceira é última iteração divide-se 1 por 10 e toma-se o resto (dígitoSig) que é o dígito 1. Visualiza-se o dígito 1 depois de 89 e o resultado final aparece 891. Depois efetua-se a divisão de novo por 10 e então o quociente inteiro é 0, que é colocado em núm, o qual, não sendo maior que zero, faz que termine o laço e o algoritmo correspondente.

5.4 ESTRUTURA repetir (repeat)

Há muitas situações nas quais desejamos que um laço seja executado pelo menos uma vez *antes* de verificar a condição de repetição. Na estrutura **enquanto**, se o valor da expressão booleana é inicialmente falso, o corpo do laço não será executado; são necessários outros tipos de estruturas repetitivas.

A estrutura **repetir (repeat)** é executada até que se cumpra uma condição determinada que é verificada no final do laço (Figura 5.4).

O laço **repetir-até_que** é repetido enquanto o valor da expressão booleana da condição for *falsa*, justamente o oposto da sentença **enquanto**.

```
algoritmo repetir
var
   real : número
   inteiro : contador
início
   contador ←1
   repetir
      ler(número)
      contador ← contador+1
   até_que contador > 30
   escrever('Números lidos 30')
fim
```

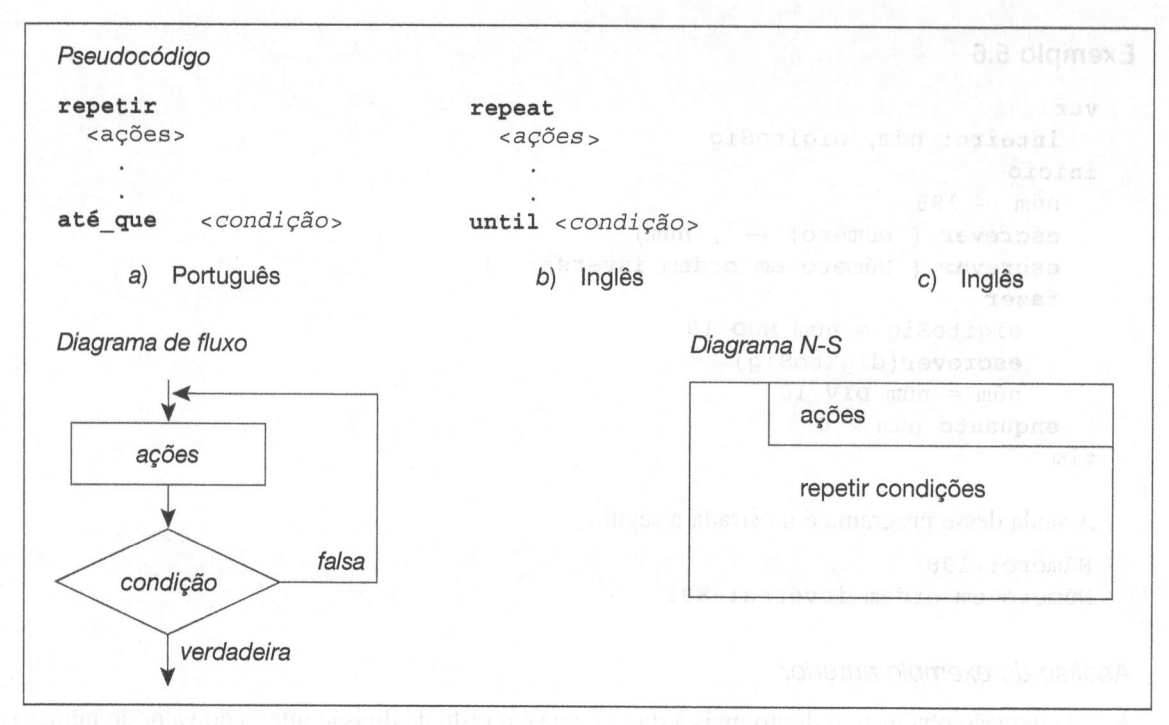

```
Pseudocódigo
repetir                    repeat
   <ações>                    <ações>
   .                          .
   .                          .
até_que   <condição>       until <condição>

     a)  Português              b) Inglês                    c) Inglês

Diagrama de fluxo                         Diagrama N-S

                                          ┌─────────────────┐
      ┌─────────┐                          │     ações       │
      │  ações  │                          ├─────────────────┤
      └─────────┘                          │ repetir condições│
           │                               └─────────────────┘
        ╱condição╲  falsa
        ╲        ╱
           │
        verdadeira
```

Figura 5.4 Estrutura **repetir**: pseudocódigo, diagrama de fluxo, diagrama N-S.

No exemplo anterior, o laço é repetido até que o valor da variável *contador* exceda 30, o que ocorrerá depois de 30 execuções do corpo do laço.

Exemplo 5.7

Desenvolver o algoritmo necessário para calcular o fatorial de um número N que responda à fórmula:

$N! = N * (N - 1) * (N - 2) ..., 3 * 2 * 1$

O algoritmo correspondente é:

```
algoritmo fatorial
var
   inteiro : I, N
   real : Fatorial
início
   ler(N)          // N >= 1
   Fatorial ← 1
   I ← 1
   repetir
      Fatorial ← Fatorial * I
      I ← I+1
   até_que I = N+1
      escrever('O fatorial do número', N, 'é', Fatorial)
fim
```

Com uma estrutura **repetir**, o corpo do laço *executa-se sempre pelo menos uma vez*. Quando uma instrução **repetir** é executada, o que aparece primeiro é a execução do laço e, a seguir, avalia-se a expressão booleana resultante da condição. Se for falsa, o corpo do laço repete-se e a expressão booleana é avaliada uma vez. Depois de cada iteração do corpo do laço, a expressão booleana é avaliada; se for *verdadeira*, o laço termina e o programa segue na instrução posterior a **até_que**.

> **Diferenças das estruturas enquanto e repetir**
>
> - A estrutura **enquanto** termina quando a condição é falsa, enquanto **repetir** termina quando a condição é verdadeira.
> - Na estrutura **repetir**, o corpo do laço se executa sempre pelo menos uma vez; diferentemente disso, **enquanto** é mais geral e permite a possibilidade de o laço não ser executado. Para usar a estrutura **repetir**, deve-se estar certo de que o corpo do laço — em qualquer circunstância — se repetirá pelo menos uma vez.

Exemplo 5.8

Encontrar o inteiro positivo menor (núm) para o qual a soma 1+2+3+...+núm é inferior ou igual a *limite*.

1. Introduzir *limite*.
2. Iniciar *núm* e *soma* a 0.
3. Repetir as ações a seguir até que *soma* > *limite*.
   - incrementar *núm* em 1,
   - somar *núm* à *soma*.
4. Visualizar *núm* e *soma*.

O pseudocódigo deste algoritmo é:

```
algoritmo menor
var
   inteiro : núm, limite, soma
início
   ler(limite)
   núm ← 0
   soma ← 0
   repetir
      núm ← núm+1
      soma ← soma+núm
   até_que soma > limite
   escrever(núm, soma)
fim
```

Exemplo 5.9

Escrever os números 1 a 100.

```
algoritmo um_cem
var
   inteiro : núm
início
   núm ← 1
   repetir
      escrever(núm)
      núm ← núm+1
   até_que núm > 100
fim
```

Exemplo 5.10

É muito freqüente ter de realizar validação de entrada de dados na maioria das aplicações. Este exemplo detecta qualquer entrada compreendida entre 1 e 12, desprezando as restantes, já que se trata de ler os números correspondentes aos meses do ano.

```
algoritmo validar_mês
var
   inteiro : mês
início
   escrever('Introduzir número do mês')
   repetir
      ler(mês)
      se (mês < 1) ou (mês > 12) então
         escrever('Valor entre 1 e 12')
      fim_se
   até_que (mês >= 1) e (mês <= 12)
fim
```

Esse sistema é conhecido como *interativo* por estabelecer um *"diálogo imaginário"* entre o computador e o programador produzido "em tempo real" entre ambas as partes, ou seja, "interativo" com o usuário.

5.5 ESTRUTURA desde/para (for)

Em muitas ocasiões, já é conhecido o número de vezes que se deseja executar as ações de um laço. Nesses casos, em que o número de iterações é fixo, deve-se usar a estrutura **desde** ou **para** (**for**, em inglês). A estrutura **desde** executa as ações do corpo do laço um número especificado de vezes e, de maneira automática, controla o número de iterações ou passos pelo corpo do laço. As ferramentas de programação da estrutura **desde** ou **para** estão a seguir:

Pseudocódigo estrutura **desde**

```
desde v ← vi até vf [incremento incr] fazer
  <ações>
    .
    .
    .
fim_desde
v: variável índice
vi, vf: valores inicial e final da variável
```
a) Modelo 1

```
para v ← vi até vf [incremento incr] fazer
  <ações>
    .
    .
    .
fim_para
```

a) Modelo 2

Diagrama N-S, estrutura **desde**

```
desde v = vi até vf [incremento incr] fazer
    <ações>
fim_desde
```

b) Modelo 3

Diagrama de fluxo, estrutura **desde**

```
        ┌─────────────┐
        │  calcular   │
        │valor inicial│
        │e valor final│
        └─────────────┘
               │
               ▼
        ┌─────────────┐
        │   fixar a   │
        │  variável   │
        │  índice ao  │
        │valor inicial│
        └─────────────┘
               │
               ▼
           ◇ variável ◇  verdadeiro
           ◇ índice > ◇ ─────────▶
           ◇  valor   ◇
           ◇  final   ◇
               │ falso
               ▼
           ┌───────┐     corpo do laço
           │ ações │
           └───────┘
               │
               ▼
        ┌─────────────┐
        │ incrementar │
        │  variável   │
        │   índice    │
        └─────────────┘
```

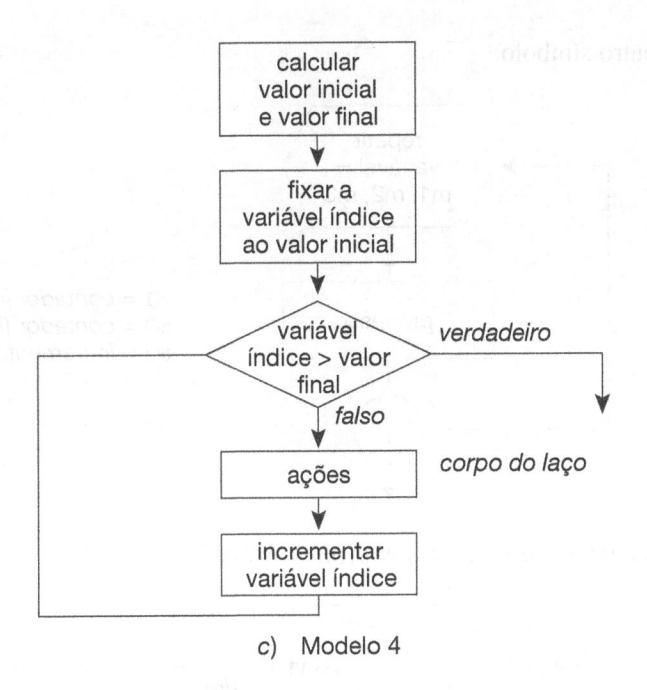

c) Modelo 4

Figura 5.5 Estrutura **desde (for)**: *a*) pseudocódigo, *b*) diagrama N-S, *c*) diagrama de fluxo.

5.5.1 Outras representações de estruturas repetitivas desde/para (for)

Um laço **desde (for)** é representado com os símbolos do processo e de decisão por meio de um contador. Assim, por exemplo, no caso de um laço de leitura de 50 números para se calcular sua soma:

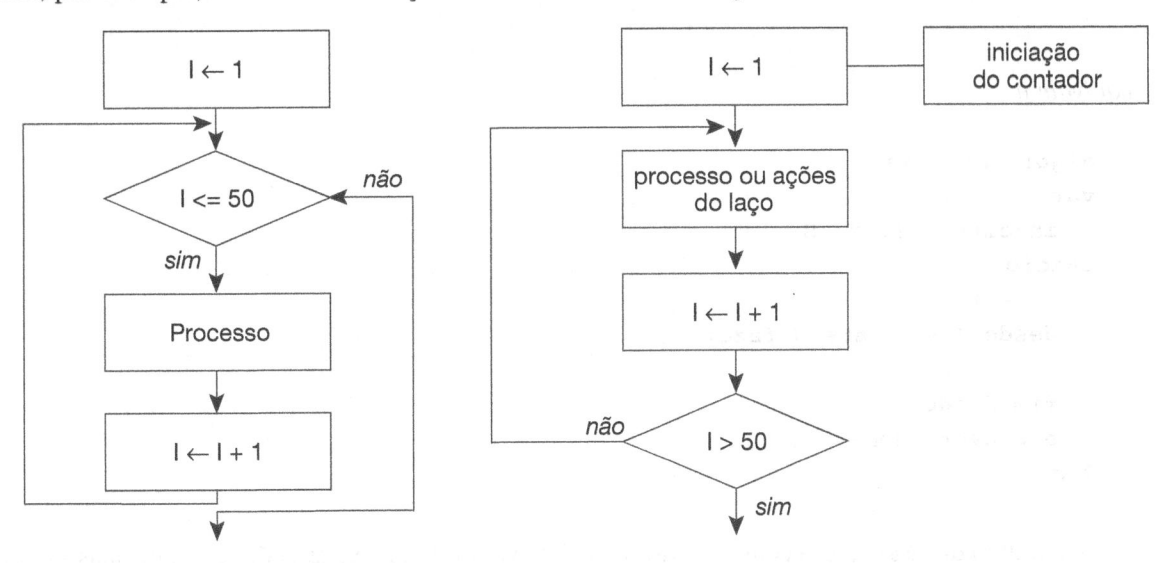

É possível representar o laço com símbolos próprios:

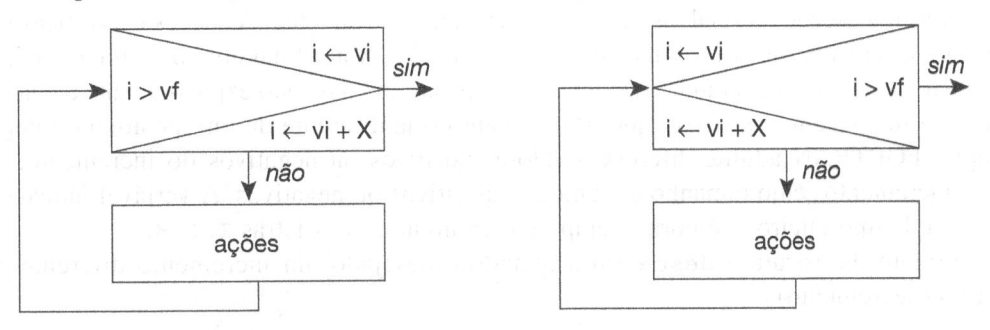

ou por meio deste outro símbolo:

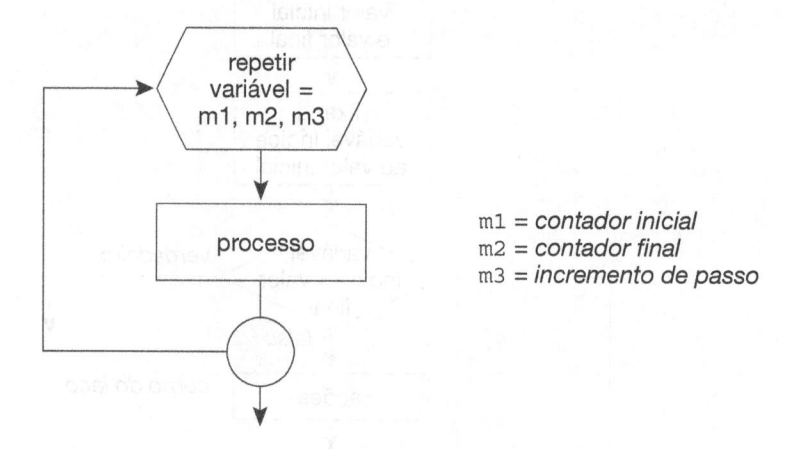

```
       repetir
      variável =
      m1, m2, m3
          │
          ▼
      processo       m1 = contador inicial
                     m2 = contador final
                     m3 = incremento de passo
```

Como aplicação, *calcular a soma dos N primeiros inteiros,*

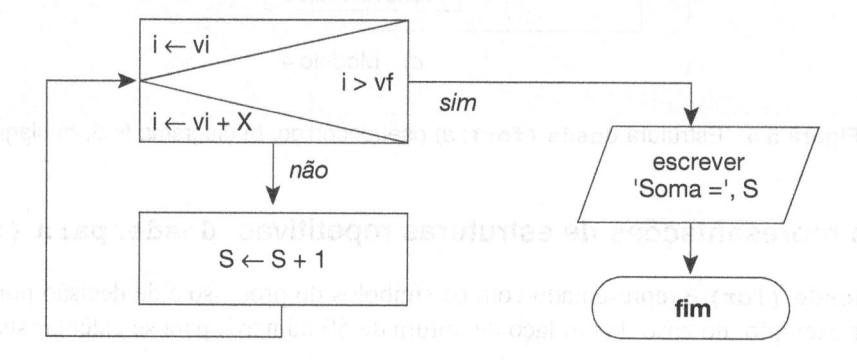

```
   i ← vi
              i > vf    sim    escrever
   i ← vi + X                  'Soma =', S
       não
                                  fim
   S ← S + 1
```

equivale a

```
algoritmo soma
var
   inteiro : T, N, S
início
   S ← 0
   desde I ← 1 até N fazer
      S ← S+I
   fim_desde
   escrever('Soma =', S)
fim
```

A estrutura **desde** começa com um valor inicial da variável índice e as ações especificadas são executadas, a menos que o valor inicial seja maior que o valor final. A variável índice é incrementada em um, e se esse novo valor não excede ao final, as ações são executadas novamente. As ações específicas no laço são executadas para cada valor da variável índice do valor inicial ao valor final com o incremento de um em um.

O incremento da variável índice sempre é 1 caso não seja indicado expressamente o contrário. Dependendo do tipo de linguagem, é possível que o incremento seja diferente de um, positivo ou negativo. Assim, por exemplo, FORTRAN admite diferentes valores positivos ou negativos do incremento, e Pascal somente admite incrementos cujo tamanho é a unidade: positivos ou negativos. A variável índice ou de controle em geral será de tipo inteiro, e é normal empregar como nomes as letras I, J, K.

O formato da estrutura **desde** varia quando é desejado um incremento diferente de 1, positivo ou negativo (decremento).

```
desde v ← vi até vf    inc passo fazer    {inc, incremento}
                       dec                {dec, decremento}
   <ações>
      .
      .
      .
fim_desde
```

Se o valor inicial da variável índice é menor que o valor final, os incrementos devem ser positivos, caso contrário a seqüência de ações não seria executada. Igualmente, se o valor inicial é maior que o valor final, o incremento nesse caso é negativo, ou seja, *decremento*. Também chamamos o incremento de *passo* (*step*, em inglês), ou seja,

```
desde i ← 20 até 10 fazer
   <ações>
fim_desde
```

não se executaria, já que o valor inicial é 20 e o valor final é 10, e, como se supõe um incremento positivo de valor 1, se produzirá um erro. O pseudocódigo correto deveria ser

```
desde i ← 20 até 10 decremento 1 fazer
   <ações>
fim_desde
```

5.5.2 Realização de uma estrutura desde com estrutura enquanto

É possível, como já mencionado, substituir uma estrutura **desde** por uma **enquanto**; nas linhas seguintes são indicadas duas formas:

1. *Estrutura desde com incrementos da variável índice positivos.*

    ```
    v ← vi
    enquanto v <= vf fazer
       <ações>
       v ← v + incremento
    fim_enquanto
    ```

2. *Estrutura desde com incrementos da variável índice negativos.*

    ```
    v ← vi
    enquanto v >= vf fazer
       <ações>
       v ← v − decremento
    fim_enquanto
    ```

A estrutura **desde** pode ser realizada com algoritmos com base nas estruturas **enquanto** e **repetir**, que podem ser intercambiáveis. As estruturas equivalentes a **desde** são as seguintes:

a)
```
início
   i ← n
   enquanto i > 0 fazer
      <ações>
      i ← i − 1
   fim_enquanto
fim
```

b)
```
início
   i ← 1
   enquanto i <= n fazer
      <ações>
      I ← i + 1
   fim_enquanto
fim
```

c) ```
início
   i ← 0
   repetir
      <ações>
      i ← i+1
   até_que i = n
fim
```

d) ```
início
   i ← 1
   repetir
      <ações>
      i ← i+1
   até_que i > n
fim
```

e) ```
início
   i ← n+1
   repetir
      <ações>
      i ← i-1
   até_que i = 1
fim
```

f) ```
início
   i ← n
   repetir
      <ações>
      i ← i-1
   até_que i < 1
fim
```

5.6 SAÍDAS INTERNAS DOS LAÇOS

Às vezes é necessário dispor de uma estrutura repetitiva que permita a saída em um ponto intermediário do laço quando uma condição é cumprida. Essa nova estrutura somente está disponível em algumas linguagens de programação específicas, e a denominaremos **iterar** para diferenciá-la de **repetir_até**, já conhecida. As saídas de laços costumam ser válidas em estruturas **enquanto**, **repetir** e **desde**.

O formato da estrutura é

```
iterar
   <ações>
   se <condição> então
      sair_laço
   fim_se
   <ações>
fim_iterar
```

Geralmente, a instrução **iterar** não produz um programa legível e compreensível como o fazem **enquanto** e **repetir**. A razão é que a saída de um laço ocorre no meio do laço, enquanto, em geral, a saída do laço é no início ou no final do laço. Recomendamos não usar essa opção — mesmo que ela exista na sua linguagem; quando não existir outra alternativa, use a estrutura **iterar** (*loop*).

Exemplo 5.11

Uma aplicação de um possível uso da instrução **sair** pode ocorrer quando são incluídas mensagens de petição no algoritmo para a introdução sucessiva de informações.

Algoritmo 1
```
ler(informação)
repetir
   processar (informação)
   ler(informação)
até_que fim_de_leitura
```

Algoritmo 2
```
ler(informação)
enquanto_não fim_de_leitura
   processar (informação)
   ler(informação)
fim_enquanto
```

Nos algoritmos anteriores, cada entrada (leitura) de informação é acompanhada de seu processo correspondente, mas a primeira leitura está fora do laço. Podem ser incluídas no interior do laço todas as leituras de informação caso seja utilizada uma estrutura **sair (exit)**. Um exemplo é a estrutura a seguir:

```
iterar
    ler(informação)
    se fim_de_leitura então
        sair_laço
    fim_se
    processar (informação)
fim_iterar
```

5.7 SENTENÇAS DE SALTO `interromper (break)` E `continuar (continue)`

As próximas sessões examinam as sentenças de salto (*jump*) que são utilizadas para influir no fluxo de execução durante a execução de uma sentença do laço.

5.7.1 Sentença `interromper (break)`

Algumas vezes, os programadores desejam terminar um laço em um determinado lugar do corpo do laço em vez de esperar que ele termine de modo natural por sua entrada ou por sua saída. Um método para conseguir essa ação — sempre utilizada com precaução e com um controle completo do laço — é por meio da sentença `interromper (break)`, que costuma ser utilizada na sentença `conforme_seja (switch)`.

A sentença `interromper` pode ser utilizada para terminar uma sentença de iteração e, quando é executada, faz com que o fluxo de controle salte para a sentença seguinte logo após a sentença de iteração. A sentença `interromper` pode ser colocada no interior do corpo do laço para produzir esse efeito.

Sintaxe

```
                    Interromper
        Sentença_interromper::= interromper
```

Exemplo 5.12

```
fazer
    escrever ('Introduza um número de identificação')
    ler (númId)
    se (númId < 1000 ou numid > 1999) então
        escrever ('Número não válido')
        escrever ('Por favor, introduza outro número')
    se_não
        interromper
    fim_se
enquanto (expressão cujo valor seja sempre verdadeiro)
```

Exemplo 5.13

```
var inteiro: t
desde t ← 0 até t < 100 incremento 1 fazer
    escrever (t)
```

```
        se (t = 1d) então
           interromper
        fim_se
fim_desde
```

> **Nota**
>
> A sentença **interromper** (**break**) é utilizada freqüentemente junto com uma sentença **se** (**if**) atuando como uma condição interna do laço.

5.7.2 Sentença continuar (continue)

A sentença **continuar (continue)** faz o fluxo de execução saltar o resto de um corpo do laço para continuar com o laço ou iteração seguinte. Essa característica costuma ser útil em algumas circunstâncias.

Sintaxe

```
                    Continuar
          Sentença_continuar ::= continuar
```

A sentença continuar somente pode ser utilizada dentro de uma *iteração de um laço*. A sentença continuar não interfere com o número de vezes que se repete o corpo do laço como acontece com interromper, apenas influi no fluxo de controle em qualquer iteração específica.

Exemplo 5.14

```
i = 0
desde i = 0 até 20 inc 1 fazer
    se (i mod 4 = 0) então
        continuar
    fim_se
    escrever (i + ', ')
fim_desde
```

Ao executar o laço anterior, são produzidos estes resultados:

1, 2, 3, 5, 6, 7, 9, 10, 11, 13, 14, 15, 17, 18, 19

Uma análise do algoritmo esclarece a razão dos resultados anteriores:

1. A variável i se declara igual a zero, como valor inicial.
2. O laço i é incrementado em cada iteração em 1 até chegar a 21, momento em que termina a execução do laço.
3. Sempre que i é múltiplo de 4 (i mod 4), executa-se a sentença continuar e o fluxo do programa salta sobre o resto do corpo do laço, termina a iteração em curso e começa uma nova iteração (nesse caso, não se escreve o valor de i). Conseqüentemente, não se visualiza o valor de i correspondente (múltiplo de 4).
4. Como resultado final, são visualizados todos os números compreendidos entre 0 e 20, exceto os múltiplos de 4; ou seja, 4, 8, 12, 16 e 20.

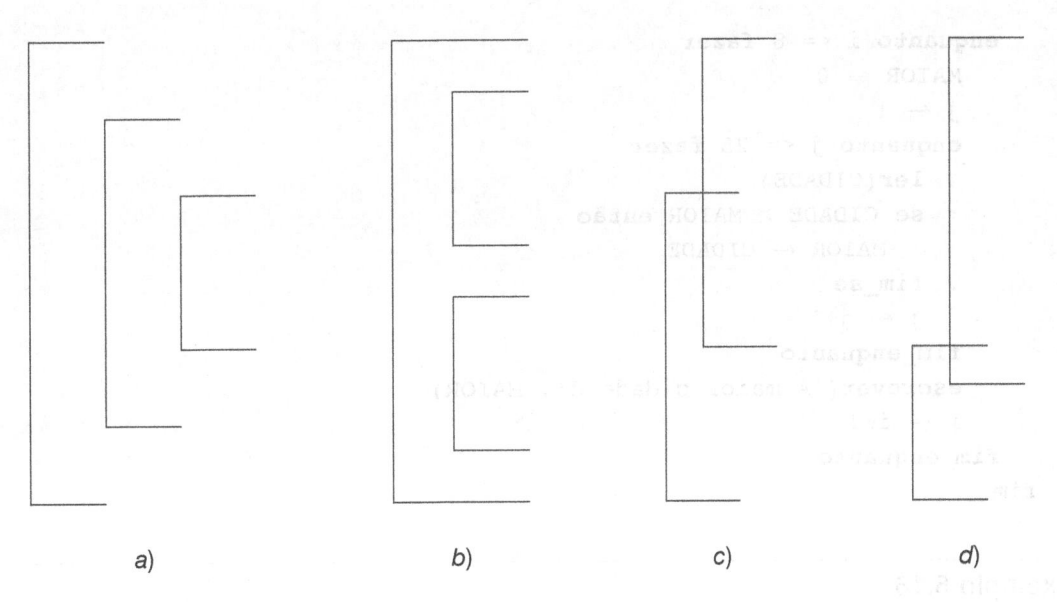

Figura 5.6 Laços aninhados: *a)* e *b)*, corretos; *c)* e *d)*, incorretos.

5.8 ESTRUTURAS REPETITIVAS ANINHADAS

Da mesma forma que podem ser aninhadas ou encaixadas estruturas de seleção, é possível inserir um laço dentro de outro. As regras para construir estruturas repetitivas aninhadas são iguais em ambos os casos: a estrutura interna deve estar incluída totalmente dentro da externa e não podem existir sobreposições. A representação gráfica está indicada na Figura 5.6.

As variáveis índices ou de controle dos laços recebem valores de maneira que por cada valor da variável índice do ciclo externo deve-se executar totalmente o laço interno. É possível aninhar qualquer tipo de estrutura repetitiva, contanto que se cumpram as condições da Figura 5.5.

Exemplo 5.15

Conhecendo-se a população de cada uma das 25 maiores cidades das oito províncias de Andaluzia, quer-se identificar e visualizar a população da maior cidade de cada província.

O problema consistirá, em primeiro lugar, na obtenção da população maior de cada província e na realização dessa operação oito vezes, uma para cada província.

1. Encontrar e visualizar a maior cidade da província.
2. Repetir o passo 1 para cada uma das oito províncias de Andaluzia.

O procedimento para deduzir a maior cidade dentre as 25 de uma província é criar uma variável auxiliar `MAIOR` — inicialmente de valor 0 — que vai sendo comparada sucessivamente com os 25 valores de cada cidade, de maneira que, segundo o resultado de comparação, se inter-relacionam valores da cidade pelo da variável `MAIOR`. O algoritmo correspondente seria:

```
algoritmo MAIORCIDADE
var
   inteiro : i       //contador de províncias
   inteiro : j       //contador de cidades
   inteiro : MAIOR   //cidade de maior população
   inteiro : CIDADE  //população da cidade
início
   i ← 1
```

```
        enquanto i <= 8 fazer
          MAIOR ← 0
          j ← 1
          enquanto j <= 25 fazer
            ler(CIDADE)
            se CIDADE > MAIOR então
              MAIOR ← CIDADE
            fim_se
            j ← j+1
          fim_enquanto
          escrever('A maior cidade é', MAIOR)
          i ← i+1
        fim_enquanto
     fim
```

Exemplo 5.16

Calcular o fatorial de *n* números lidos do terminal.

A questão consistirá em realizar uma estrutura repetitiva de *n* iterações do algoritmo do problema já conhecido do cálculo de fatorial de um inteiro.

```
     algoritmo fatorial2
     var
        inteiro : i, NÚMERO, n
        real    : FATORIAL
     início
        {leitura da quantidade de números}
        ler(n)
        desde i ← 1 até n fazer
          ler(NÚMERO)
          FATORIAL ← 1
          desde j ← 1 até NÚMERO fazer
            FATORIAL ← FATORIAL*j
          fim_desde
          escrever('O fatorial do número', NÚMERO, 'é', FATORIAL)
        fim_desde
     fim
```

Exemplo 5.17

Imprimir todos os números primos entre 2 e 100 inclusive.

```
     algoritmo Primos
     var  inteiro : i, divisor
          lógico  : primo
     início
        desde i ← até 100 fazer
          primo ← verdade
          divisor ← 2
          enquanto (divisor <= raiz2 (i)) e primo fazer
            se i mod divisor = 0 então
```

```
                    primo ← falso
              se_não
                    divisor ← divisor + 1
              fim_se
        fim_enquanto
        se primo então
              escrever(i, ' ')
        fim_se
    fim_desde
fim
```

ATIVIDADES DE PROGRAMAÇÃO RESOLVIDAS

5.1 Calcule o fatorial de um número N utilizando a estrutura **desde**.

Solução

Recordemos que fatorial de N responde à fórmula

$N! = N \cdot (N-1) \cdot (N-2) \cdot (N-3) \cdot \ldots \cdot 3 \cdot 2 \cdot 1$

O algoritmo **desde** supõe conhecer o número de iterações:

```
var
  inteiro : I, N
  real : FATORIAL
início
  ler(N)
  FATORIAL ← 1
  desde I ← 1 até N fazer
     FATORIAL ← FATORIAL*I
  fim_desde
  escrever('O fatorial de', N, 'é', FATORIAL)
fim
```

5.2 Imprima as 30 primeiras potências de 4, ou seja, 4 elevado a 1, 4 elevado a 2 etc.

Solução

```
algoritmo potências4
var
  inteiro : n
início
  desde n ← 1 até 30 fazer
     escrever(4^n)
  fim_desde
fim
```

5.3 Calcule a soma dos *n* primeiros números inteiros utilizando a estrutura **desde**.

Solução

$S = 1 + 2 + 3 + \ldots + n$

O pseudocódigo correspondente é

```
algoritmo somaNinteiros
var
   inteiro : i, n
   real : soma
início
   ler(n)
   soma ← 0
   desde i ← 1 até n fazer
      soma ← soma+1
   fim_desde
   {escrever o resultado da soma}
   escrever(soma)
fim
```

5.4 Projete o algoritmo para imprimir a soma dos números ímpares inferiores ou iguais a *n*.

Solução

Os números ímpares são 1, 3, 5, 7, ..., *n*. O pseudocódigo é

```
algoritmo somaímparesmenores
var
   inteiro : i, n
   real : S
início
   S ← 0
   ler(n)
   desde i ← 1 até n inc 2 fazer
      S ← S+i
   fim_desde
   escrever(S)
fim
```

5.5 Dados dois números inteiros, construa o algoritmo que calcule seu quociente e seu resto.

Solução

Sejam os números M e N. O método para obter o quociente e o resto é por restos sucessivos: o método seria separar o resto sucessivamente do divisor pelo dividendo até se obter um resultado menor que o divisor, que será o resto da divisão; o número de restos efetuados será o quociente.

50	⌊13	50 – 13 = 37	C = 1
11	3	37 – 13 = 24	C = 2
		24 – 13 = 11	C = 3

Como 11 é menor que o divisor 13, terminaram os restos sucessivos e então 11 será o resto e 3 (número de resto), o quociente. Conseqüentemente, o algoritmo será o seguinte:

```
algoritmo quociente
var
   inteiro : M, N, Q, R
início
   ler(M, N) {M, dividendo / N, divisor}
   R ← M
   Q ← 0
   repetir
```

```
         R ← R-N
         Q ← Q+1
   até_que R < N
   escrever('dividendo',M, 'divisor',N, 'quociente',Q, 'resto',R)
fim
```

5.6 Construa o algoritmo para obter a soma dos números pares até 1.000 inclusive.

Solução

Método 1

S = 2 + 4 + 6 + 8 + ... + 1.000

```
algoritmo somapares
var
   real : NÚMERO, SOMA
início
   SOMA ← 2
   NÚMERO ← 4
   enquanto NÚMERO <= 1.000 fazer
      SOMA ← SOMA+NÚMERO
      NÚMERO ← NÚMERO+2
   fim_enquanto
fim
```

Método 2

```
{idênticos cabeçalho e declarações}
início
   SOMA ← 2
   NÚMERO ← 4
   repetir
      SOMA ← SOMA+NÚMERO
      NÚMERO ← NÚMERO+2
   até_que NÚMERO > 1000
fim
```

5.7 Busque e escreva a primeira vogal lida no teclado. (Supõe-se que lemos, um a um, caracteres do teclado.)

Solução

```
algoritmo buscar_vogal
var
   caractere : p
início
   repetir
      ler(p)
   até_que p = 'a' ou p = 'e' ou p = 'i' ou p = 'o' ou p = 'u'
   escrever('Primeiro', p)
fim
```

5.8 Desejamos ler uma série de *números até obter um número inferior a 100*.

Solução

```
algoritmo menor_100
var
   real : número
```

```
início
  repetir
    escrever('Teclar um número')
    ler(número)
  até_que número < 100
  escrever('O número é', número)
fim
```

5.9 Escreva um algoritmo que permita escrever em uma tela a frase 'Deseja continuar? S/N' até que a resposta seja 'S' ou 'N'.

Solução

```
algoritmo SN
var
  caractere : resposta
início
  repetir
    escrever('Deseja continuar S/N')
    ler(resposta)
  até_que(resposta = 'S') ou (resposta = 'N')
fim
```

5.10 Leia sucessivamente números do teclado até que apareça um número compreendido entre 1 e 5.

Solução

```
algoritmo número1_5
var
  inteiro : número
início
  repetir
    escrever('Número compreendido entre 1 e 5')
    ler(número)
  até_que(número >= 1) e (número <= 5)
  escrever('Número encontrado', número)
fim
```

5.11 Calcule o fatorial de um número *n* com métodos diferentes do usado no Exercício 5.1.

Solução

$n! = n \times (n-1) \times (n-2) \times ... \times 3 \times 2 \times 1$

ou seja:

$5! = 5 \times 4 \times 3 \times 2 \times 1 = 120$
$4! = 4 \times 3 \times 2 \times 1 = 24$
$3! = 3 \times 2 \times 1 = 6$
$2! = 2 \times 1 = 2$
$1! = 1 \times 1 = 1$

Para codificar essas operações, basta pensar que

$(n+1)! = (n+1) \times n \times \underbrace{(n-1) \times (n-2) \times ... \times 3 \times 2 \times 1}_{n!}$

$(n+1)! = (n+1) \times n!$

Conseqüentemente, para calcular o FATORIAL de um número, necessitaremos de um contador i que conte de um em um, e aplicar a fórmula

`FATORIAL = FATORIAL * I`

iniciando os valores de FATORIAL e I a 1 e realizando um laço em que I seja incrementada de 1 a cada iteração, ou seja,

Algoritmo 1 de Fatorial de n

```
FATORIAL ← 1
i ← 1
repetir
   FATORIAL ← FATORIAL*i
   i ← i+1
até_que i = n+1
```

Algoritmo 2 de Fatorial de n

```
FATORIAL ← 1
i ← 1
repetir
   FATORIAL ← FATORIAL * (i+1)
   i ← i+1
até_que i = n
```

Algoritmo 3 de Fatorial de n

```
FATORIAL ← 1
i ← 1
repetir
   FATORIAL ← FATORIAL * (i+1)
   i ← i+1
até_que i > n—1
```

Algoritmo 4 de fatorial de n

```
FATORIAL ← 1
i ← 1
desde i ← 1 até n—1 fazer
   FATORIAL ← FATORIAL * (i+1)
fim_desde
```

Um algoritmo completo com leitura do número n por teclado poderia ser o seguinte:

```
algoritmo fatorial
var
   inteiro : i, n
   real : f
início
   f ← 1
   i ← 1
   ler(n)
   repetir
      f ← f*i
      i ← i+1
   até_que i = n+1
   escrever('Fatorial de', n, 'é', f)
fim
```

5.12 Calcule o valor máximo de uma série de 100 números.

Solução

Para resolver esse problema, necessitaremos de um contador que conte de 1 a 100 para contabilizar os sucessivos números. O algoritmo que calcula o valor máximo será repetido e partiremos considerando que o primeiro número lido será o valor máximo, pelo qual se realizará uma primeira atribuição do número 1 à variável *máximo*.

ler número
n = 1
máximo = número

A seguinte ação do algoritmo irá realizar comparações sucessivas:
- ler um novo número;
- compará-lo com o valor máximo;
- se for *inferior*, implica que o valor máximo é o antigo;
- se for *superior*, implica que o valor máximo é o recentemente lido, pelo que este se converte em *máximo* mediante uma atribuição;
- repetir as ações anteriores até que $n = 100$.

```
algoritmo máximo
var
   inteiro : n, número, máximo
início
   ler(número)
   n ← 1
   máximo ← número
   repetir
      n ← n+1
      ler(número)
      se número > máximo então
         máximo ← número
      fim_se
   até_que n = 100
   escrever('Número maior ou máximo', máximo)
fim
```

Outras soluções

```
1. algoritmo outromáximo
      var
         inteiro : n, número, máximo
      início
         ler(número)
         máximo ← número
         n ← 2
         repetir
            n ← n+1
            ler(número)
            se número > máximo então
               máximo ← número
            fim_se
         até_que n > 100
         escrever('Número maior ou máximo', máximo)
      fim

2. algoritmo outromáximo
      var
         inteiro : n, número, máximo
```

```
      início
        ler(número)
        máximo ← número
        para n = 2 até 100 fazer      //pseudocódigo substituto de desde
           ler(número)
           se número > máximo então
              máximo ← número
        fim_se
     fim_para
     escrever('Máximo', máximo)
  fim
```

Observação: Os programas anteriores supõem que os números podem ser positivos ou negativos; se desejamos comparar somente números positivos, os programas correspondentes seriam:

1. ```
   algoritmo outromáximo
      var
         inteiro : n, número, máximo
      início
         n ← 0
         máximo ← 0
         repetir
            ler(número)
            n = n+1
            se número > máximo então
               máximo ← número
            fim_se
         até_que n = 100
         escrever('Máximo número', máximo)
      fim
   ```

2. ```
   algoritmo outromáximo
      var
         inteiro : n, número, máximo
      início
         n ← 0
         máximo ← 0
         para N ← 1 até 100 fazer
            ler(número)
            se número > máximo então
               máximo ← número
            fim_se
         fim_para
         escrever('Máximo número =', máximo)
      fim
   ```

5.13 Laços aninhados. As estruturas de controle tipo laços podem aninhar-se internamente, ou seja, um laço pode ser situado no interior de outro.

Solução

Pode-se aninhar:

- laços **repetir** dentro de laços **repetir**,
- laços **para (desde)** dentro de laços **repetir**,
- etc.

Exemplo 1. Laço **para** no interior de um laço **repetir-até_que**

```
repetir
   ler(n)
   para i ← 1 até fazer 5
      escrever(n*n)
   fim_para
até_que n = 0
escrever('Fim')
```

Se executarmos essas instruções, obteremos para:

```
n = 5      resultados     25
                          25
                          25
                          25
                          25
n = 2      resultados      4
                           4
                           4
                           4
                           4
n = 0      resultados      0
                           0
                           0
                           0
                           0
           fim
```

Exemplo 2. Laços aninhados **para (desde)**

```
para i ← 1 até 3 fazer
   para j ← 1 até 10 fazer
      escrever(i, 'por', j, '=', i*j)
   fim_para
fim_para
```

Os valores sucessivos de i, j, i*j seriam

```
i = 1    j = 1        i * j = 1 x 1 = 1
         j = 2        i * j = 1 x 2 = 2
         j = 3        i * j = 1 x 3 = 3
         j = 4        i * j = 1 x 4 = 4
         ............................
         j = 10       i * j = 1 x 10 = 10
i = 2    j = 1        i * j = 2 x 1 = 2
         j = 2        i * j = 2 x 2 = 4
         j = 3        i * j = 2 x 3 = 6
         j = 4        i * j = 2 x 4 = 8
         ............................
         j = 10       i * j = 2 x 10 = 20
i = 3    j = 1        i * j = 3 x 1 = 3
         j = 2        i * j = 3 x 2 = 6
         j = 3        i * j = 3 x 3 = 9
         j = 4        i * j = 3 x 4 = 12
         ............................
         j = 10       i * j = 3 x 10 = 30
```

ou seja, se obterá a tabela de multiplicar de 1, 2 e 3.

Exemplo 3. A codificação completa para obter a popular tabela escolar de multiplicar seria a seguinte:

```
algoritmo Tabela_de_multiplicar
var
   inteiro : i, j, produto
início
   para ← 1 até 9 fazer
      escrever('Tabela de', i)
      para j ← 1 até 10 fazer
         produto ← i*j
         escrever(i, 'por', j, '=', produto)
      fim_para
   fim_para
fim
```

5.14 Dispõe-se de uma lista de N números. Desejamos calcular o valor do número maior.

Solução

```
algoritmo
var
   inteiro : I
   real : NÚM, MÁX
   inteiro : N
início
   ler(N)
   ler(NÚM)
   MÁX ← NÚM
   desde I ← 2 até 100 fazer
      ler(NÚM)
      se NÚM > MÁX então
         MÁX ← NÚM
      fim_se
   fim_desde
fim
```

5.15 Determine simultaneamente os valores máximo e mínimo de uma lista de 100 números.

Solução

```
algoritmo máx_mín
var
   inteiro : I
   real : MÁX, MÍN, NÚMERO
início
   ler(NÚMERO)
   MÁX ← NÚMERO
   MÍN ← NÚMERO
   desde I ← 2 até 100 fazer
      ler(NÚMERO)
      se NÚMERO > MÁX então
         MÁX ← NÚMERO
      se_não
         se NÚMERO < MÍN então
            MÍN ← NÚMERO
         fim_se
```

```
        fim_se
    fim_desde
    escrever('Máximo', MÁX, 'MÍNIMO', MÍN)
fim
```

5.16 Dispõe-se de um certo número de valores dos quais o último é 999 e desejamos determinar o valor máximo das médias correspondentes a pares de valores sucessivos.

Solução

```
algoritmo média_pares
var
    inteiro : N1, N2
    real : M, MÁX
início
    ler(N1, N2)
    MÁX ← (N1+N2)/2
    enquanto (N2 <> 999) ou (N1 <> 999) fazer
        ler(N1, N2)
        M ← (N1+N2)/2
        se M > MÁX então
            MÁX ← M
        fim_se
    fim_enquanto
    escrever('Média máxima =' MÁX)
fim
```

5.17 Detecte entradas numéricas — inteiros — erros.

Solução

Análise

Esta subrotina é uma aplicação simples de "interromper". Situa-se o valor inicial do interruptor (SW = 0) antes de receber a entrada de dados.

A detecção de números não-inteiros se realizará com uma estrutura repetitiva **enquanto** que se realizará se SW = 0. A instrução que detecta se um número lido do dispositivo de entradas é inteiro:

ler(N)

Realizará a comparação de N e parte inteira de N:

- se são iguais, N é inteiro,
- se são diferentes, N não é inteiro.

Um método para calcular a parte inteira é utilizar a função-padrão **ent (int)** que existe em muitas linguagens de programação.

Pseudocódigo

```
algoritmo erro
var
    inteiro : SW
    real : N
início
    SW ← 0
    enquanto SW = 0 fazer
        ler(N)
        se N < > ent(N) então
            escrever('Dado não-válido')
```

```
          escrever('Execute novamente')
          SW ← 1
     se_não
          escrever('Correto', N, 'é inteiro')
     fim_se
  fim_enquanto
fim
```

5.18 Calcule o fatorial de um número dado (outro novo método).

Solução

Análise

O fatorial de um número N (N!) é o conjunto de produtos sucessivos a seguir:

N! = N * (N – 1) * (N – 2) * (N – 3) * ... * 3 * 2 * 1

Os fatoriais dos primeiros números são:

1! = 1
2! = 2 * 1 = 2 * 1!
3! = 3 * 2 * 1 = 3 * 2!
4! = 4 * 3 * 2 * 1 = 4 * 3!
.
.

N! = N * (N – 1) * (N – 2) * ... * 2 * 1 = N * (N – 1)!

Os cálculos anteriores significam que o fatorial de um número é obtido com o produto do número *N* pelo fator de (*N* – 1)!

Como os produtos começam em 1, um sistema de cálculo pode ser atribuir à variável *fatorial* o valor 1. Necessita-se outra variável I que recebe os valores sucessivos de 1 a *N* para poder ir efetuando os produtos sucessivos. Dado que nos números negativos não se pode definir o fatorial, deveremos incluir no algoritmo uma condição para verificação de erro, caso se introduzam números negativos do terminal de entrada (*N* < 0).

A solução do problema é efetuada por dois métodos:

1. Com a estrutura **repetir (repeat)**.
2. Com a estrutura **desde (for)**.

Pseudocódigo

Método 1 (estrutura **repetir**)

```
algoritmo FATORIAL
var
   inteiro : I, N
   real : fatorial
início
   repetir
      ler(N)
   até_que N > 0
   fatorial ← 1
   I ← 1
   repetir
      fatorial ← fatorial*I
      I ← I+1
   até_que I = N+1
   escrever(fatorial)
fim
```

Método 2 (estrutura **desde**)

```
algoritmo FATORIAL
var
   inteiro : K, N
   real : fatorial
início
   ler(N)
   se n < 0 então
      escrever('O número será positivo')
   se_não
      fatorial ← 1
      se N > 1 então
         desde k ← 2 até N fazer
            fatorial ← fatorial*K
         fim_desde
      fim_se
      escrever('Fatorial de', N, '=', fatorial)
   fim_se
fim
```

5.19 Tendo as notas dos alunos de um curso de informática correspondente às disciplinas BASIC, Pascal e FORTRAN projete um algoritmo que calcule a média de cada aluno.

Solução

Análise

Disciplinas	C
	Pascal
	FORTRAN
Média	$\dfrac{(C + Pascal + FORTRAN)}{3}$

É desconhecido o número de alunos N da classe; conseqüentemente, se utilizará uma marca final do arquivo **ALUNOS**. A marca final é '***' e será colocada na variável *nome*.

Pseudocódigo

```
algoritmo média
var
   cadeira : nome
   real : média
   real : BASIC, Pascal, FORTRAN
início
   {entrada dados de alunos}
   ler(nome)
   enquanto nome < > '***' fazer
      ler(BASIC, Pascal, FORTRAN)
      média ← (BASIC+Pascal+FORTRAN) / 3
      escrever(nome, média)
      ler(nome)
   fim_enquanto
fim
```

REVISÃO DO CAPÍTULO

Conceitos-chave

- Laço
- Laço aninhado
- Laço infinito
- Laço sem fim
- Sentinela
- Iteração
- Passada
- Programação estruturada
- Sentença **continuar**
- Sentença **ir_a**
- Sentença **interromper**
- Sentença **de repetição**
- Sentença **desde**
- Sentença **fazer_enquanto**
- Sentença **enquanto**
- Sentença **nula**
- Sentença **repetir-até_que**

Resumo

Este capítulo examina os aspectos fundamentais da iteração e a maneira de implementar essa ferramenta de programação essencial utilizando os quatro tipos fundamentais de sentenças de iteração: **enquanto**, **fazer-enquanto**, **repetir-até_que** e **desde (para)**.

1. Uma sessão de código repetitivo é conhecida como *laço*. Ele é controlado por uma sentença de repetição que verifica uma condição para determinar se o código será executado. Cada passada pelo laço é conhecida como uma *iteração* ou *repetição*. Se a condição for avaliada como falsa na primeira iteração, o laço é terminado e teremos executado as sentenças do corpo do laço uma vez apenas. Se for avaliada como verdadeira a primeira vez que é executado o laço, será necessário que se modifique(m) alguma(s) sentença(s) do interior do laço para que seja alterada a condição correspondente.

2. Há quatro tipos básicos de laços: **enquanto**, **fazer-enquanto**, **repetir-até_que** e **desde**. Os laços **enquanto** e **desde** são controlados pela entrada ou pré-teste. Nesses tipos de laços, a condição verificada é avaliada no princípio do laço, que requer que a condição seja verificada explicitamente antes da entrada do laço. Se a condição é verdadeira, as repetições do laço começam; caso contrário, não são introduzidas ao laço. As iterações continuam enquanto a condição permanece verdadeira. Na maioria das linguagens, essas sentenças são construídas utilizando, respectivamente, as sentenças **while** e **for**. Os laços **fazer-enquanto** e **repetir-até_que** são laços controlados *pela saída* ou *pós-teste*, nos quais a condição a avaliar é verificada ao final. O corpo do laço é executado sempre pelo menos uma vez. O laço **fazer-enquanto** é executado sempre que a condição for verdadeira e termina quando for falsa; ao contrário, o laço **repetir-até_que** se realiza sempre que a condição for falsa e termina quando for verdadeira.

3. Os laços também se classificam em função da condição testada. Em um laço de contagem fixa, a condição serve para fixar quantas iterações se realizarão. Em um laço com condição variável (**enquanto**, **fazer-enquanto** e **repetir-até_que**), a condição verificada está baseada em que uma variável pode mudar interativamente com cada iteração por meio do laço.

4. Um laço **enquanto** é uma condição de entrada, de modo que seu corpo de sentenças não é executado nunca se a condição for falsa no momento de entrada. Pelo contrário, os laços **fazer_enquanto** e **repetir-até_que** são laços de saída e, conseqüentemente, as sentenças do corpo do laço serão executadas pelo menos uma vez.

5. A sintaxe da sentença **enquanto** é:

```
enquanto                conta = 1
  <sentenças>           enquanto (conta <= 10) fazer
                            conta = conta + 1
fim_enquanto            fim_enquanto
```

6. A sentença **desde (for)** realiza as mesmas funções que a sentença **enquanto**, mas utiliza um formato diferente. Em muitas situações, especialmente aquelas que utilizam uma condição de contagem fixa, a sentença **desde** é mais fácil de ser utilizada do que a sentença **enquanto** equivalente.

```
desde v ← vi até of [inc/dec] fazer
    <sentenças>
fim_desde
```

7. A sentença **fazer_enquanto** é utilizada para criar laços *pós-teste*, já que verifica sua expressão ao final do laço. Essa característica assegura que o corpo de um laço fazer é executado pelo menos uma vez. Dentro de um laço fazer, deve haver pelo menos uma sentença que modifique o valor da expressão verificada.

8. A programação estruturada utiliza as sentenças explicadas neste capítulo. Essa programação está centrada no modo de escrever as partes detalhadas de programas de um computador como módulos independentes. Sua filosofia básica é muito simples: "Utilize somente construções que tenham um ponto de entrada e um ponto de saída". Essa regra básica pode ser quebrada facilmente se utilizamos a sentença de salto **ir_a**, que não é recomendada para uso, exceto em situações excepcionais.

EXERCÍCIOS

5.1 Determine a média de uma lista indefinida de números positivos terminados com um número negativo.

5.2 Dado o nome de um mês e se o ano é ou não bissexto, deduza o número de dias do mês.

5.3 Some os números inteiros de 1 a 100 por meio de: *a*) estrutura **repetir**; *b*) estrutura **enquanto**; *c*) estrutura **desde**.

5.4 Determine a média de uma lista de números positivos terminada com um número não-positivo depois do último número válido.

5.5 Imprima todos os números primos entre 2 e 1.000 inclusive.

5.6 Desejamos ler as notas de uma classe de informática e contar o número total de aprovados (5 ou maior que 5).

5.7 Leia as notas de uma classe de informática e deduza todas aquelas que são NOTÁVEIS (>= 7 e < 9).

5.8 Leia 100 números. Determine a média dos números positivos e a média dos números negativos.

5.9 Um comércio dispõe de dois tipos de artigos em fichas correspondentes a diversas sucursais com os campos a seguir:

- código do artigo A ou B,
- preço unitário do artigo,
- número de artigos.

A última ficha do arquivo de artigos tem um código de artigo, uma letra X. Pede-se:

- o número de artigos existentes de cada categoria,
- o importe total dos artigos de cada categoria.

5.10 Uma estação climática proporciona um par de temperaturas diárias (máxima, mínima) (não é possível que uma ou ambas as temperaturas sejam 9°). O par de temperaturas é 0,0. Pede-se determinar o número de dias cujas temperaturas foram proporcionadas, as médias máxima e mínima, o número de erros — temperaturas de 9° — e a porcentagem que representavam.

5.11 Calcule:

$$E(x) = 1 + x \frac{x^2}{2!} + \ldots + \frac{n^n}{n!}$$

a) Para N que é um inteiro lido por teclado.
b) Até que N seja tal que $x^n/n < E$ (por exemplo, $E = 10^{-4}$).

5.12 Calcule o enésimo termo da série de Fibonacci definida por:

$$A1 = 1 \qquad A2 = 2 \qquad A3 = 1 + 2 = A1 + A2 \qquad A_n = A_{n-1} + A_{n-2}\,(n >= 3)$$

5.13 Pretende-se ler todos os empregados de uma empresa — situados em um arquivo EMPRESA — e, terminada a leitura do arquivo, deve ser visualizada uma mensagem "existem trabalhadores maiores de 65 anos em um número de ..." e o número de trabalhadores maiores de 65 anos.

5.14 Um capital C está investido a juros R. Após quantos anos ele dobrará?

5.15 Desejamos conhecer uma série de dados de uma empresa com 50 empregados: *a*) quantos empregados ganham mais de 300.000 reais ao mês (salários altos); *b*) entre 100.000 e 300.00 reais (salários médios); e *c*) menos de 100.000 reais (salários baixos e empregados por meio período)?

5.16 Imprima uma tabela de multiplicar como

	1	2	3	4	...	15
**	**	**	**	**	...	**
1*	1	2	3	4	...	15
2*	2	4	6	8	...	30
3*	3	6	9	12	...	45
4*	4	8	12	16	...	60
.						
.						
.						
15*	15	30	45	60	...	225

5.17 Dado um inteiro positivo n (> 1), verificar se é primo ou composto.

REFERÊNCIAS

DIJKSTRA, E. W. Goto Statement Considered Harmful. *Communications of the ACM*, v. 11, n. 3, p. 147-148, 538, 541, mar. 1968.

KNUTH, D. E. Structured Programming with goto Statements. *Computing Surveys*, v. 6, n. 4, p. 261, dez. 1974.

6

SUBPROGRAMAS (SUBALGORITMOS): Procedimentos e Funções

SUMÁRIO

6.1 Introdução aos subalgoritmos ou subprogramas
6.2 Funções
6.3 Procedimentos (sub-rotinas)
6.4 Escopo: variáveis locais e globais
6.5 Comunicação com subprogramas: passagem de parâmetros
6.6 Funções e procedimentos como parâmetros

6.7 Os efeitos colaterais
6.8 Recursão (recursividade)
ATIVIDADES DE PROGRAMAÇÃO
   RESOLVIDAS
REVISÃO DO CAPÍTULO
   Conceitos-chave
   Resumo
EXERCÍCIOS

A resolução de problemas complexos é facilitada consideravelmente quando eles são divididos em problemas menores (subproblemas), cuja *solução é realizada com subalgoritmos*. O uso de subalgoritmos permite ao programador desenvolver programas de problemas complexos utilizando o método descendente introduzido nos capítulos anteriores. *Os subalgoritmos (subprogramas) podem ser de dois tipos: funções e procedimentos ou sub-rotinas.* Os subalgoritmos são unidades de programa ou módulos projetados para executar alguma tarefa específica. Essas funções e esses procedimentos são escritos somente uma vez, mas podem ter referência em diferentes pontos de um programa, o que permite evitar a duplicação desnecessária do código.

As unidades de programas no estilo de programação modular são independentes; o programador pode escrever cada módulo e verificá-lo sem se preocupar com os detalhes de outro módulo. Isso facilita a localização de um erro quando é produzido. Os programas desenvolvidos desse modo são normalmente também mais fáceis de compreender, já que a estrutura de cada unidade de programa pode ser estudada independentemente das outras unidades. Neste capítulo descrevem-se as *funções e os procedimentos*, juntamente com os conceitos de *variáveis locais e globais*, assim como *parâmetros*. Falaremos também do conceito de *recursividade* como uma nova ferramenta de resolução de problemas.

6.1 INTRODUÇÃO AOS SUBALGORITMOS OU SUBPROGRAMAS

Um método já citado para solucionar um problema complexo é dividi-lo em subproblemas — problemas mais simples — e continuar dividindo esses subproblemas em outros mais simples, até que os problemas menores sejam fáceis de resolver. Essa técnica de dividir é denominada *"dividir para conquistar"* (*divide and conquer*). O método de projetar a solução de um problema principal obtendo as soluções de seus subproblemas é conhecido como *projeto descendente (top-down design)*. Denomina-se descendente, porque se inicia na parte superior com um problema geral e o projeto específico das soluções dos subproblemas. Em geral, as partes em que se divide um programa devem ser desenvolvidas independentemente umas das outras.

As soluções de um projeto descendente podem ser implementadas com facilidade em linguagens de programas de alto nível, como C/ C++, Pascal ou FORTRAN. Essas partes independentes denominam-se *subprogramas* ou *subalgoritmos* quando se empregam com base no conceito algorítmico.

A correspondência entre o projeto descendente e a solução pelo computador em termos de programa principal e seus subprogramas será analisada neste capítulo.

Consideremos o problema do cálculo da superfície (área) de um retângulo. Esse problema pode ser dividido em três subproblemas:

```
subproblema 1: entrada de dados de altura e base,
subproblema 2: cálculo da superfície,
subproblema 3: saída de resultados.
```

O algoritmo correspondente para resolver os três *subproblemas* é:

```
ler (altura, base)              //entrada de dados
área ← base * altura            //cálculo da superfície
escrever(base, altura, área)    //saída de resultados
```

O método descendente está na Figura 6.1.

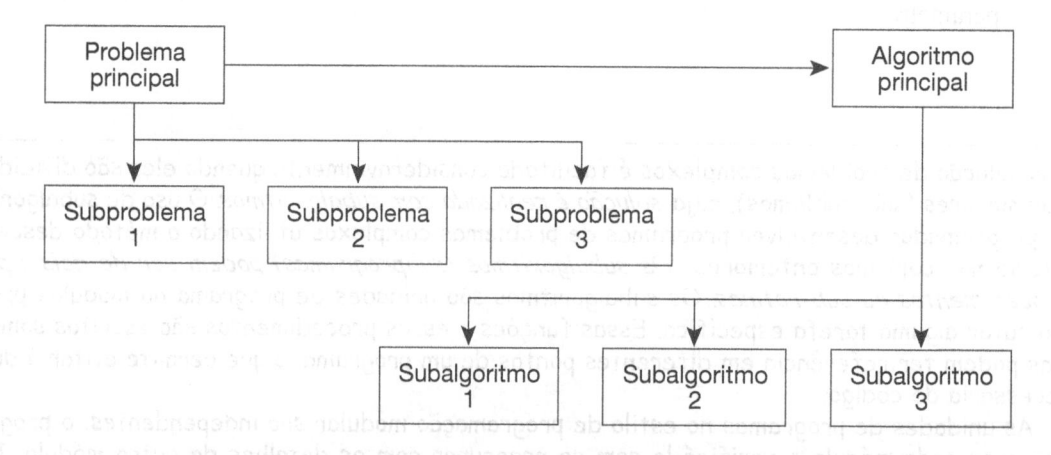

Figura 6.1 Projeto descendente.

O problema principal é solucionado pelo correspondente **programa** ou **algoritmo principal** — também denominado *controlador* ou *condutor (driver)* — e a solução dos subproblemas se obtém por meio de **subprogramas**, conhecidos como **procedimentos (sub-rotinas)** ou **funções**. Os subprogramas tratados em linguagem algorítmica são denominados também *subalgoritmos*.

Um subprograma pode realizar as mesmas ações que um programa: 1) aceitar dados, 2) realizar alguns cálculos e 3) devolver resultados. Um subprograma, entretanto, é utilizado pelo programa para um propósito específico. O subprograma recebe dados do programa e devolve resultados. Fazendo uma comparação com um escritório, o problema é como um chefe que dá instruções a seus subordinados — subprogramas; quando a tarefa é concluída, o subordinado devolve seus resultados ao chefe. Dizemos que o programa principal *chama* ou *invoca* o subprograma. O subprograma executa uma tarefa e a seguir *devolve* o controle ao programa. Isso pode acontecer em diferentes lugares do programa. Cada vez que o subprograma é chamado, o controle retorna ao lugar de onde foi feita a chamada (Figura 6.2). Um subprograma pode chamar seus próprios subprogramas (Figura 6.3). Existem — como já comentamos — dois tipos importantes de subprogramas: *funções* e *procedimentos* ou *sub-rotinas*.

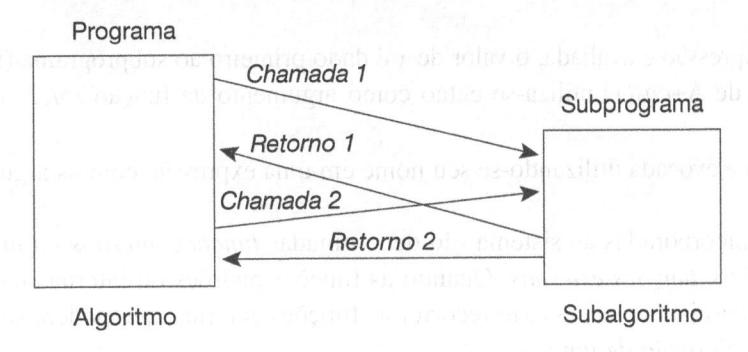

Figura 6.2 Um programa com um subprograma: função e procedimento ou sub-rotina, segundo a terminologia específica da linguagem: sub-rotina em BASIC e FORTRAN, *função* em C, C++, método em Java ou C#, *procedimento ou função* em Pascal.

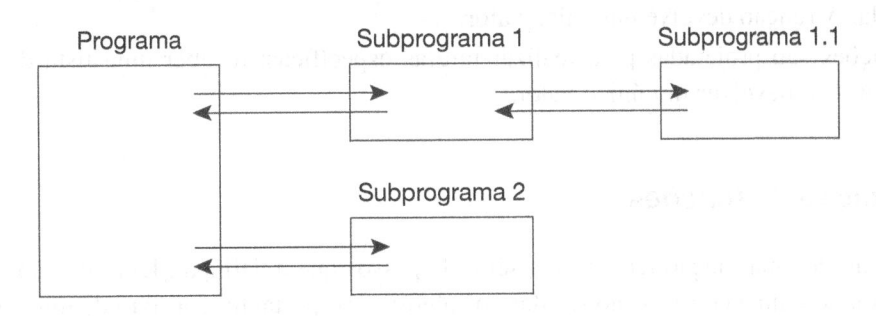

Figura 6.3 Um programa com diferentes níveis de subprogramas.

6.2 FUNÇÕES

Matematicamente, uma função é uma operação que recebe um ou mais valores chamados *argumentos* e produz um valor denominado *resultado* — valor da função para os argumentos dados. Todas as linguagens de programação têm funções incorporadas ou intrínsecas — no Capítulo 2 foram vistos alguns exemplos — e funções definidas pelo usuário. Assim, por exemplo,

$$f(x) = \frac{x}{1 + x^2}$$

onde *f* é o nome da função e *x* é o argumento. Observe que nenhum valor específico é associado a *x*; é um *parâmetro formal* utilizado na definição da função. Para avaliar *f*, devemos dar um *valor real ou atual a x*; com esse valor pode-se calcular o resultado. Com $x = 3$, é obtido o valor 0,3, que se expressa escrevendo

$f(3) = 0,3$

$f(3) = \dfrac{3}{1 + 9} = \dfrac{3}{10} = 0,3$

Uma função pode ter vários argumentos. Conseqüentemente,

$$f(x, y) = \frac{x - y}{\sqrt{x} - \sqrt{y}}$$

é uma função com dois argumentos. Entretanto, somente um único valor é associado à função para qualquer par de valores dados aos argumentos.

Cada linguagem de programação tem suas próprias funções incorporadas, que são utilizadas escrevendo-se seus nomes com os argumentos adequados em expressões como

```
raiz2 (A+cos(x))
```

Quando a expressão é avaliada, o valor de *x* é dado primeiro ao subprograma (função) cosseno e se calcula *cos(x)*. O valor de A+*cos(x)* utiliza-se então como argumento da função *raiz2* (raiz quadrada), que avalia o resultado final.

Cada função é evocada utilizando-se seu nome em uma expressão com os argumentos atuais ou reais entre parênteses.

As funções incorporadas ao sistema são denominadas *funções internas ou intrínsecas* e as funções definidas pelo usuário, *funções externas*. Quando as funções padrões ou internas não permitem a realização do tipo de cálculo desejado, é necessário recorrer às funções externas que podem ser definidas pelo usuário por meio de uma *declaração de função*.

Uma função não é chamada explicitamente, é invocada ou referenciada por meio de seu nome e uma lista de parâmetros atuais. O algoritmo ou programa chama ou invoca a função com o seu nome em uma expressão seguida de uma lista de argumentos que devem coincidir em quantidade, tipo e ordem com os da função que foi definida. A função devolve um único valor.

As funções são projetadas para realizar tarefas específicas: receber uma lista de valores — chamados *argumentos* — e devolver um único valor.

6.2.1 Declaração de funções

A declaração de uma função requer uma série de passos que a definem. Uma função como subalgoritmo ou subprograma tem uma constituição similar aos algoritmos, portanto, constará de um cabeçalho com o tipo de valor devolvido pela função, seguido da palavra **função** e do nome e dos argumentos dessa função. Depois virá o *corpo* da função, que será uma série de ações ou instruções cuja execução fará que se nomeie um valor para o nome da função. Isso determina o valor particular do resultado que deve ser desenvolvido ao programa ativador. A declaração da função será:

```
<tipo_de_resultado> função <nome_fun> (lista de parâmetros)
(declarações locais)
início
  <ações>         // corpo da função
  devolver (<expressão>)
fim_função
```

`lista de parâmetros` lista de *parâmetros formais* ou *argumentos*, com um ou mais argumentos da seguinte forma:
({E|S|E/S} tipo_de_dadoA: parâmetro 1[, parâmetro 2]...;
{E|S|E/S} tipo_de_dadoB: parâmetro x[, parâmetro y]...)

`nome_func` nome associado à função que será um nome de identificador válido

`<ações>` instruções que constituem a definição da função e que devem conter uma única instrução; **devolver** (<expressão>); expressão somente existe se a função foi declarada com valor de retorno e *expressão* no valor devolvido pela função.

`tipo_de_resultado` tipo de resultado que devolve a função

Sentença `devolver (return)`

A sentença `devolver (return`, voltar) é utilizada para regressar de uma função (um *método* em programação orientada a objetos): `devolver` faz que o controle do programa seja transferido ao ativador da função (método). Esta sentença pode ser utilizada para fazer que a execução regresse ao ativador da função.

> **Nota**
>
> A função `devolver` termina imediatamente a função na qual é executada.

Por exemplo, a função:

$$f(x) = \frac{x}{1 + x^2}$$

será definida como:

```
real função F(E real:x)
início
   devolver (x/(1+x*x))
fim_função
```

Outro exemplo pode ser a definição da função trigonométrica, cujo valor é

$$tan(x) = \frac{sen(x)}{cos(x)}$$

onde *sen(x)* e *cos(x)* são as funções seno e cosseno — normalmente, funções internas. A declaração da função é

```
real função tan (E real:x)
//função tan igual a sen(x)/cos(x), ângulo x em radianos
início
   devolver (sen(x)/cos(x))
fim_função
```

Observe que se inclui um comentário para descrever a função. É bom incluirmos a documentação que descreva brevemente o que faz a função, representando seus parâmetros ou qualquer outra informação que explique a definição da função. *Nas linguagens de programação — como Pascal — que exigem sessão de declarações, estas se situarão no início do programa.*

Para que as ações descritas em um subprograma função sejam executadas, é necessário que o subprograma seja invocado de um programa principal ou de outros subprogramas para ter os argumentos de entrada necessários para realizar essas ações.

Os argumentos da declaração da função são denominados *parâmetros formais, fictícios* ou *mudos (dummy)*: são nomes de variáveis, de outras funções ou procedimentos e que somente são utilizados dentro do corpo da função. Os argumentos utilizados quando chamamos a função são denominados *parâmetros atuais*, que podem ser constantes, variáveis, expressões, valores de funções ou nomes de funções ou procedimentos.

6.2.2 Ativação das funções

Uma função pode ser chamada da seguinte maneira:

```
nome_função    (lista de parâmetros atuais)
```

`nome_função`	função que chama
lista de parâmetros atuais	constantes, variáveis, expressões, valores de funções, nomes de funções ou procedimentos

Cada vez que chamamos uma função do algoritmo principal, automaticamente se estabelece uma correspondência entre os parâmetros formais e os parâmetros atuais. Deve haver exatamente o mesmo número de parâmetros atuais e de parâmetros formais na declaração da função, e se pressupõe uma correspondência um a um da esquerda para a direita entre os parâmetros formais e os atuais.

Uma chamada à função implica os seguintes passos:

1. A cada parâmetro formal se atribui o valor real de seu correspondente parâmetro atual.
2. Executa-se o corpo de ações da função.
3. Devolve-se o valor da função ao nome da função e retorna-se ao ponto de chamada.

Exemplo 6.1

Definição da função : $y = x^n$ (potência n de x)

```
real : função potência (E real: x; E inteiro: n)
var
   inteiro: i, y
início
   y ← 1
   desde i ← 1 até abs(n) fazer
      y ← y*x
   fim_desde
   se n < 0 então
      y ← 1/y
   fim_se
   devolver (y)
fim_função
```

abs(n) é a função valor absoluto de *n* a fim de se considerar expoentes positivos ou negativos.

Invocação de função

```
Z ← potência (2,5, -3)
             ─────────
             parâmetros atuais
```

Transferência de informação

```
x = 2,5      n = -3
z = 0,064
```

Exemplo 6.2

Função potência para o cálculo de N elevado a A. O número N deverá ser positivo, ainda que poderá ter parte fracionária, A é um real.

```
algoritmo Elevar_a_potência
var
   real : a,n
início
escrever('Dê-me número positivo')
ler(n)
escrever('Dê-me expoente')
ler(a)
escrever('N elevado a =', potência(n, a))
fim
```

```
real função potência (E real: n, a)
início
   devolver(EXP(a * LN(n)))
fim_função
```

Exemplo 6.3

Projetar um algoritmo que contenha um subprograma de cálculo do fatorial de um número e uma chamada a ele.

Como o algoritmo fatorial já é conhecido pelo leitor, será indicado expressamente.

```
inteiro função FATORIAL(E inteiro:n)
var
   inteiro: i, f
   //advertência, segundo o resultado, f pode ser real
início
   f ← 1
   desde i ← 1 até n fazer
      f ← f*i
   fim_desde
   devolver (f)
fim_função
```

e o algoritmo que contém um subprograma de cálculo do fatorial de um número e uma chamada a ele

```
algoritmo função_fatorial
var inteiro: x, y, número

início
   escrever ('Dê-me um número inteiro e positivo')
   ler(número)
   x ← fatorial(número)
   y ← fatorial(5)
   escrever(x, y)
fim

inteiro função fatorial (E inteiro: n)
var inteiro: i, f
início
   f ← 1
   desde i ← 1 até n fazer
   f ← f*1
   fim_desde
devolver(f)
fim_função
```

Nesse caso, os parâmetros atuais são: uma variável (*números*) e uma constante (*5*).

Exemplo 6.4

Projetar a função y = x³ (cálculo do cubo de um número).

```
algoritmo teste
var
   inteiro: N
início      //Programa principal
```

```
    N ← cubo (2)
    escrever ('2 ao cubo é', N)
    escrever ('3 ao cubo é', cubo (3))
fim

inteiro função cubo (E inteiro: x)
início
    devolver (x*x*x)
fim_função
```

A saída do algoritmo seria:

```
2 ao cubo é 8
3 ao cubo é 27
```

As funções podem ter muitos argumentos, mas somente um resultado: *o valor da função*. Isso limita sua utilização ainda que sejam usadas com freqüência em cálculos científicos. Um conceito poderoso é o proporcionado pelo subprograma procedimento que é examinado a seguir.

Exemplo 6.5

Algoritmo que contém e utiliza umas funções (seno e cosseno) para as quais pode ser passado o ângulo em graus.

```
algoritmo Sen_cos_em_graus
var real: g
início
    escrever('Dê-me ângulo em graus')
    ler(g)
    escrever(seno(g))
    escrever(cosseno(g))
fim

real função cosseno (E real : g)
início
    devolver(COS(g*2*3.141592/360))
fim_função

real: função seno (E real g)
início
    devolver( SEN(g*2*3.141592/360))
fim_função
```

Exemplo 6.6

Algoritmo que simplifique uma fração, dividindo numerador e denominador por seu máximo divisor comum.

```
algoritmo Simplificar_fração
var
inteiro : n, d

início
    escrever('Dê-me numerador')
    ler(n)
    escrever('Dê-me denominador')
    ler(d)
    escrever(n, '/', d, '=', n div mdc(n, d), '/', d div mdc(n, d))
```

```
fim
   inteiro função mdc (E inteiro: n, d)
   var
      inteiro : r
   início
      r ← n MOD d
      enquanto r <> 0 fazer
         n ← d
         d ← r
         r ← n MOD d
      fim_enquanto
      devolver(d)
fim_função
```

Exemplo 6.7

Suponhamos que nosso compilador não tem a função seno. Poderíamos calcular o seno de x por meio da seguinte série:

$$sen(x) = x - \frac{x^3}{3!} + \frac{x^5}{5!} - \frac{x^7}{7!} + ... \text{ (até 17 termos)}$$

x (ângulo em radianos).

O programa tem de permitir o cálculo do seno de ângulos em graus por meio do projeto de uma função seno(x), que utilizará, por sua vez, as funções potência (x, n) e fatorial (n), que também deverão ser implementadas no algoritmo.

O término será quando respondermos N (**não**) ao pedido de outro ângulo.

```
algoritmo Calcular_seno
var real : gr
    caractere : resp

início
   repetir
      escrever('Dê-me ângulo em graus')
      ler(gr)
      escrever('Seno(', gr, ') =', seno(gr))
      escrever('Outro ângulo?')
      ler(resp)
   até_que resp = 'N'
fim

real função fatorial (E inteiro:n)
var
   real : f
   inteiro : i
início
     f ← 1
desde i ← 1 até n fazer
     f ← f * i
fim_desde
devolver(f)
fim_função

real função potência (E real:x; E inteiro:n)
var real   : pot
    inteiro : i
```

```
    início
        pot ← 1
    desde i ← 1 até n fazer
        pot ← pot * x
    fim_desde
    devolver(pot)
fim_função

real função seno (E real : gr)
var real    : x, s
    inteiro : i, n
    início
        x ← gr * 3.141592/180
        s ← x
        desde i ← 2 até 17 fazer
            n ← 2 * i - 1
            se i MOD 2 <> 0 então
                s ← s - potência(x, n)/fatorial(n)
            se_não
                s ← s + potência(x, n)/fatorial(n)
            fim_se
        fim_desde
        devolver(s)
fim_função
```

6.3 PROCEDIMENTOS (SUB-ROTINAS)

Mesmo sendo ferramentas muito úteis para a resolução de problemas, as funções têm alcance muito limitado. Com freqüência são necessários subprogramas que calculem vários resultados em vez de apenas um, ou que realizem a ordenação de uma série de números etc. Nessas situações, a *função* não é apropriada e é necessário dispor de outro tipo de subprograma: o *procedimento ou sub-rotina*.

Um *procedimento* ou *sub-rotina*[1] é um subprograma que executa um processo específico. Nenhum valor está associado ao nome do procedimento, conseqüentemente, não pode ocorrer em uma expressão. Um procedimento é chamado escrevendo-se seu nome, por exemplo, SORT, para indicar que um procedimento denominado SORT será usado. Quando se invoca o procedimento, os passos que o definem são executados, devolvendo em seguida o controle ao programa que o chamou.

Procedimento *versus* função

Os procedimentos e funções são subprogramas cujos projeto e missão são similares; entretanto, há diferenças essenciais entre eles.

1. Um procedimento é chamado do algoritmo ou programa principal por meio de seu nome e uma lista de parâmetros atuais, ou com a instrução **chamar_a (call)**. Ao chamarmos o procedimento, momentaneamente o programa que estiver sendo realizado pára, e o controle passa ao procedimento chamado. Depois que as ações do procedimento são executadas, regressamos à ação imediatamente seguinte à que se chamou.
2. As funções devolvem um valor, os procedimentos podem devolver 0,1 ou *n* valores e em forma de lista de parâmetros.
3. Declara-se o procedimento de maneira igual à função, mas seu nome não está associado a nenhum dos resultados que obtém.

---

[1] Em FORTRAN, sub-rotina representa o mesmo conceito que procedimento. Na maior parte das linguagens, o termo geral para definir um subprograma é procedimento ou simplesmente subprograma.

A *declaração de um procedimento* é similar à de funções.

```
procedimento nome [(lista de parâmetros formais)]
   <ações>
fim_procedimento
```

Os parâmetros formais têm o mesmo significado que nas funções; os parâmetros variáveis — nas linguagens que os comportam, por exemplo, Pascal — estão precedidos pela palavra **var** para designar que obterão resultados do procedimento em lugar dos valores atuais associados a eles.

O procedimento é chamado por meio da instrução

```
[chamar_a] nome [(lista de parâmetros atuais)]
```

A palavra **chamar_a (call)** é opcional e sua existência depende da linguagem de programação.

O exemplo a seguir ilustra a definição e o uso de um procedimento para se realizar a divisão de dois números e obter o quociente e o resto.

Variáveis inteiras: DIVIDENDO
                                    DIVISOR
                                    QUOCIENTE

Procedimento

```
procedimento divisão (E inteiro:Dividendo,Divisor; S inteiro: Quociente, Resto)

   início
      Quociente ← Dividendo DIV Divisor
      Resto ← Dividendo-Quociente*Divisor
   fim_procedimento
```

Algoritmo principal

```
algoritmo aritmética
var
   inteiro: M, N, P, Q, S, T
início
   ler(M, N)
   chamar_a divisão (M, N, P, Q)
   escrever(P, Q)
   chamar_a divisão (M*N-4, N+1,S, T)
   escrever(S, T)
fim
```

6.3.1 Substituição de argumentos/parâmetros

A lista de parâmetros, tanto *formais* no procedimento como *atuais* (reais) na chamada, é conhecida como *lista de parâmetros*.

```
procedimento demo
   .
   .
   .
fim_procedimento
```

ou então

```
procedimento demo (lista de parâmetros formais)
```

e a instrução ativadora

```
chamar_a demo (lista de parâmetros atuais)
```

Quando se chama o procedimento, cada parâmetro formal recebe como valor inicial o valor do correspondente parâmetro atual. No exemplo seguinte são indicadas a substituição de parâmetros e a ordem correta.

```
algoritmo demo
   //definição do procedimento
      inteiro: anos
      real: números, taxa
início
   ...
   chamar_a cálculo(número, anos, taxa)
   ...
fim

procedimento cálculo(S real: p1; E inteiro: p2; E real: p3)
início
   p3 ... p1 ... p2 ... p2
fim_procedimento
```

As ações sucessivas a realizar são:

1. Os parâmetros reais substituem os parâmetros formais.
2. O corpo da declaração do procedimento é substituído pela chamada do procedimento.
3. Por último, são executadas as ações escritas pelo código resultante.

Exemplo de procedimento 6.8

Algoritmo que transforma um número introduzido por teclado em notação decimal para a notação romana. O número será inteiro e positivo e não excederá 3.000.

SEM UTILIZAR PROGRAMAÇÃO MODULAR

```
algoritmo romanos
var inteiro : n, dígito, r, j

início
   repetir
      escrever('Dê-me número')
      ler(n)
   até_que (n >= 0) e (n <= 3000)
   r ← n
   dígito ← r DIV 1000
   r ← r MOD 1000
   desde j ← 1 até dígito fazer
      escrever('M')
   fim_desde
   dígito ← r DIV 100
   r ← r MOD 100
```

```
      se dígito = 9 então
         escrever ('C', 'M')
      se_não
         se dígito > 4 então
            escrever('D')
            desde j ← 1 até dígito - 5 fazer
               escrever('C')
            fim_desde
         se_não
            se dígito = 4 então
               escrever('C', 'D')
            se_não
               desde j ← 1 até dígito fazer
                  escrever('C')
               fim_desde
            fim_se
         fim_se
      fim_se
   fim_se
   dígito ← r DIV 10
   r ← r MOD 10
   se dígito = 9 então
      escrever('X', 'C')
         se_não
      se dígito > 4 então
         escrever('L')
         desde j ← 1 até dígito - 5 fazer
         escrever('X')
         fim_desde
      se_não
         se dígito = 4 então
            escrever('X', 'L')
         se_não
            desde j ← 1 até dígito fazer
            escrever('X')
            fim_desde
         fim_se
      fim_se
   fim_se
   dígito ← r
   se dígito = 9 então
      escrever('I', 'X')
   se_não
      se dígito > 4 então
         escrever('V')
         desde j ← 1 até dígito - 5 fazer
         escrever('I')
         fim_desde
      se_não
         se dígito = 4 então
            escrever('I', 'V')
         se_não
            desde j ← 1 até dígito fazer
               escrever ('I')
            fim_desde
         fim_se
      fim_se
   fim_se
fim
```

UTILIZANDO PROGRAMAÇÃO MODULAR

```
algoritmo Romanos
var inteiro : n,r,dígito

início
   repetir
     escrever('Dê-me número')
     ler(n)
   até_que (n >= 0) e (n <= 3000)
   r ← n
   dígito ← r div 1000
   r ← r MOD 1000
   calccifrarom(dígito, 'M', ' ', ' ')
   dígito ← r div 100
   r ← MOD 100
   calccifrarom(dígito 'C', 'D', 'M')
   dígito ← r div 10
   r ← r MOD 10
   calccifrarom(dígito 'X', 'L', 'C')
   dígito ← r
   calccifrarom(dígito, 'I', 'V', 'X')
fim

procedimento calccifrarom(E inteiro:dígito; E caractere:v1,v2,v3)
var inteiro: j
início
   se dígito = 9 então
      escrever( v1, v3)
   se_não
      se dígito > 4 então
      escrever(v2)
         desde j ← 1 até dígito - 5 fazer
            escrever(v1)
         fim_desde
      se_não
         se dígito = 4 então
            escrever(v1, v2)
         se_não
            desde j ← 1 até dígito fazer
               escrever(v1)
            fim_desde
         fim_se
      fim_se
   fim_se
fim_procedimento
```

6.4 ESCOPO: VARIÁVEIS LOCAIS E GLOBAIS

As variáveis utilizadas nos programas principais e subprogramas são classificadas em dois tipos:

- *variáveis locais*
- *variáveis globais*

Uma *variável local* é aquela que está declarada e definida dentro de um subprograma, no sentido de que está dentro desse subprograma e é distinta das variáveis com o mesmo nome, declaradas em qualquer parte do programa principal. *O significado de uma variável se confina ao procedimento em que está declarada.*

Quando outro subprograma utiliza o mesmo nome, refere-se a uma posição diferente na memória. Diz-se que tais variáveis são *locais* ao subprograma em que estão declaradas.

Uma *variável global* é aquela que está declarada para o programa ou algoritmo principal, da qual dependem todos os subprogramas.

A parte do programa/algoritmo em que uma variável é definida é conhecida como *escopo* (*scope*, em inglês).

O uso de variáveis locais tem muitas vantagens. Particularmente, torna os subprogramas mais independentes, com a comunicação entre o programa principal e os subprogramas manipulados estruturalmente por meio da lista de parâmetros. Para utilizar um procedimento, apenas necessitamos conhecer o que ele faz e não temos de estar preocupados com seu projeto, ou seja, como está programado.

Essa característica torna possível dividir grandes projetos em partes menores independentes. Quando diferentes programadores estão implicados, eles podem trabalhar independentemente.

Apesar dos subprogramas independentes e das variáveis locais, a maioria das linguagens proporciona algum método para tratar ambos os tipos de variáveis.

```
Programa DEMO
tipo X, X1...
                                    Escopo de X
    .
    .
    Procedimento A
    tipo Y, Y1...
                      Escopo de Y
        .
        Procedimento B
        tipo Z, Z1...
            .
            .  Escopo de Z
            .

    Procedimento C
    tipo W, W1...
        .
        .
        .         Escopo de W
```

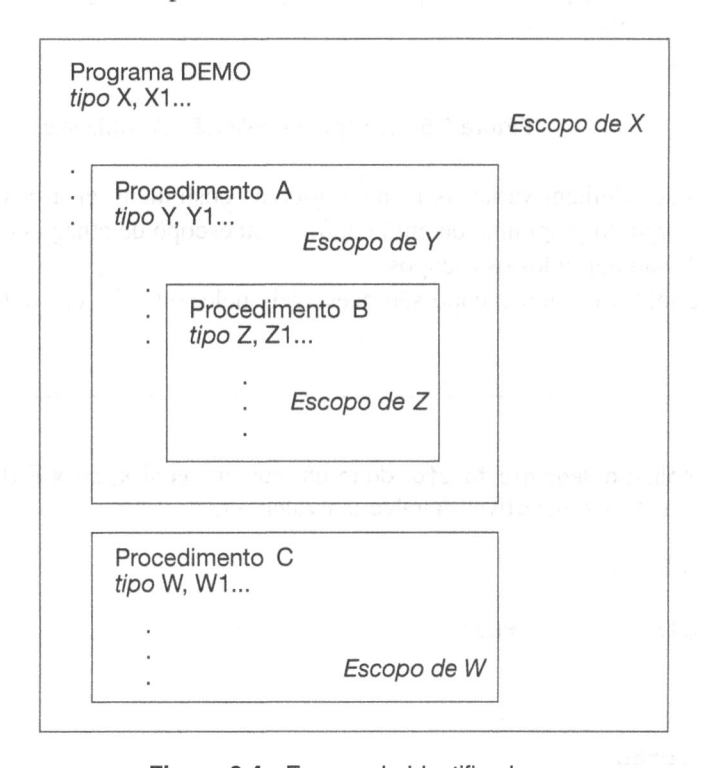

Figura 6.4 Escopo de identificadores.

Uma variável local a um subprograma não tem nenhum significado em outros subprogramas. Se um subprograma atribui um valor a uma de suas variáveis locais, esse valor não é aceitável em outros programas, ou seja, eles não podem utilizar esse valor. Às vezes, também é necessário que uma variável tenha o mesmo nome em diferentes subprogramas.

Por sua vez, as variáveis globais têm a vantagem de compartilhar informação de diferentes subprogramas sem uma correspondente entrada na lista de parâmetros.

Em um programa simples com um subprograma, cada variável ou outro identificador é ou local ao procedimento ou global ao programa completo. Entretanto, se o programa inclui procedimentos que englobam outros procedimentos — *procedimentos aninhados* —, então a noção de global/local é mais complicada de entender.

O *escopo* de um identificador (variáveis, constantes, procedimentos) é a parte do programa em que se conhece o identificador. Se um procedimento está definido no local de outro procedimento, terá significado somente dentro do escopo desse procedimento. Com as variáveis acontece o mesmo; se estão definidas no local de um procedimento, seu significado ou uso se confina a qualquer função ou procedimento que pertença a essa definição.

A Figura 6.5 mostra um esquema de um programa com diferentes procedimentos; algumas variáveis são locais, e outras, globais. Também mostra o escopo de cada definição.

Variáveis definidas em	Acessíveis de
A	A, B, C, D, E, F, G
B	B, C
C	C
D	D, E, F, G
E	E, F, G
F	F
G	G

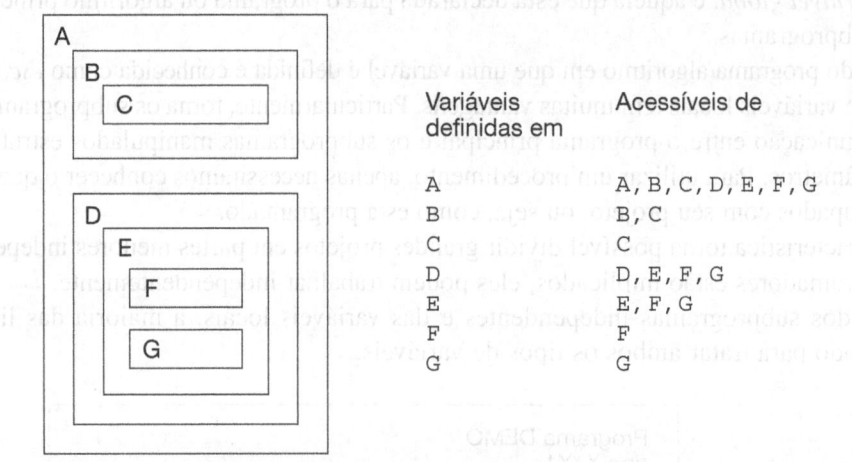

Figura 6.5 Escopo de definição de variáveis.

As linguagens que admitem variáveis locais e globais costumam ter a possibilidade explícita de definir essas variáveis no corpo do programa, ou então definir seu escopo de atuação nos cabeçalhos de programas e subprogramas, onde são definidos os escopos.

As variáveis definidas em um escopo são acessíveis nele, ou seja, em todos os procedimentos internos àquele escopo.

Exemplo 6.9

A função (sinal) realiza a seguinte tarefa: dado um número real x, se x é 0, então devolve um 0: se x é positivo, devolve 1, e se x é negativo, devolve um valor –1.

A declaração da função é:

```
inteiro função sinal(E real: x)
var inteiro: s
início
   //valores de sinal: +1, 0, -1
   se x = 0 então s ← 0
   se x > 0 então s ← 1
   se x < 0 então s ← -1
   devolver (s)
fim_função
```

Antes de chamar a função, a variável (S), conforme declarada dentro do subprograma, é local ao subprograma e é somente conhecida dentro dele. Vejamos agora um pequeno algoritmo em que se invoque a função.

```
algoritmo SINAIS
var
   inteiro: a, b, c
   real: x, y, z
início
   x ← 5,4
   a ← sinal(x)
   y ← 0
   b ← sinal(y)
```

```
    z ← 7,8975
    c ← sinal (z - 9)
      escrever('As respostas são', a, ' ', b, ' ', c)
fim
```

Se executarmos esse algoritmo, obteremos os seguintes valores:

```
x = 5,4                      x é o parâmetro atual da primeira chamada a sinal(x)
a = sinal (5,4)              a recebe o valor 1
y = 0
b = sinal (0)                b recebe o valor de 0
z = 7,8975
c = sinal (7,8975 - 9)       c recebe o valor –1
```

A linha escrita ao final será:

```
As respostas são 1  0  -1
```

Exemplo 6.10

```
algoritmo DEMOX
var inteiro: A, X, Y
início
   x ← 5
   A ← 10
   y ← F(x)
   escrever (x, A, y)
fim
inteiro função F(E inteiro: N)
var
   inteiro: X
início
   A ← 5
   X ← 12
   devolver(N+A)
fim_função
```

A variável global A pode ser acessada do algoritmo e da função. De fato, X identifica duas variáveis distintas: uma local ao algoritmo e que somente pode ser acessada dele e outra local à função.

Ao executar o algoritmo, obteríamos os seguintes resultados:

```
X = 5
A = 10
Y = F (5)            chamada da função F(N), realiza-se uma passagem do parâmetro atual X ao parâmetro
                     formal N.
A = 5                modifica-se o valor de A no algoritmo principal por A ser global.
X = 12               não se modifica o valor de X no algoritmo principal porque X é local.
F = 5 + 5 = 10       passa-se o valor do argumento X (5) por meio do parâmetro N.
Y = 10
```

escreveremos a linha

```
5   5   10
```

já que X é o valor da variável local X em algoritmo; A, o valor de A na função, já que é passado esse valor ao algoritmo; Y é o valor da função F(X).

6.5 COMUNICAÇÃO COM SUBPROGRAMAS: PASSAGEM DE PARÂMETROS

Quando um programa chama um subprograma, a informação é comunicada por meio da lista de parâmetros e se estabelece uma correspondência automática entre os parâmetros formais e atuais. *Os parâmetros atuais são "substituídos" ou "utilizados" em lugar dos parâmetros formais.*

A declaração do subprograma se faz com

```
procedimento nome    (classe tipo_de_dado: F1;
                      classe tipo_de_dado: F2;
                      .......................
                      classe tipo_de_dado: Fn)
   .
   .
   .
fim_procedimento
```

e a chamada ao subprograma com

```
chamar_a nome (A1, A2, ..., An)
```

onde `F1, F2 ... Fn` são os parâmetros formais e `A1, A2 ... An`, os parâmetros atuais ou reais.

As classes de parâmetros poderiam ser:

- (**E**) Entrada
- (**S**) Saída
- (**E/S**) Entrada/Saída

Existem dois métodos para estabelecer a correspondência de parâmetros:

1. *Correspondência posicional.* A correspondência se estabelece aparelhando-se os parâmetros reais e formais segundo sua posição nas listas: assim, `Fi` corresponde a A_i, onde $i = 1, 2 ... n$. Esse método tem algumas desvantagens de legibilidade quando o número de parâmetros é grande.
2. *Correspondência pelo nome explícito,* também chamada de *método de passagem de parâmetro por nome.* Nesse método, nas chamadas se indica explicitamente a correspondência entre os parâmetros reais e formais. É um método utilizado em Ada. Um exemplo seria:

    SUB(Y => B, X => 30);

que faz corresponder o parâmetro atual `B` com o formal `Y`, e o parâmetro atual 30 com o formal `X` durante a chamada de `SUB`.

Geralmente, a maioria das linguagens usa exclusivamente a correspondência posicional e esse será o método empregado neste livro.

As quantidades de informação que podem passar como parâmetros são *dados de tipos simples, estruturados* — nas linguagens que admitem sua declaração — e *subprogramas*.

6.5.1 Passagem de parâmetros

Existem diferentes métodos para a *transmissão* ou a *passagem de parâmetros* a subprogramas. É preciso conhecer o método adotado em cada linguagem, já que a escolha pode afetar a semântica da linguagem, ou seja, um mesmo programa pode produzir diferentes resultados dependendo dos diferentes sistemas de passagem de parâmetros.

Os parâmetros podem ser classificados como:

entradas: as entradas proporcionam valores do programa que chama e que se utilizam dentro de um procedimento. Nos subprogramas função, as entradas são os argumentos no sentido tradicional;

saídas: as saídas produzem os resultados do subprograma; se é utilizada uma função, esta devolve um valor calculado pela função, enquanto com procedimentos, podem calcular-se zero, uma ou várias saídas;

entradas/saídas: o mesmo parâmetro é utilizado para mandar argumentos a um programa e para retornar resultados.

O conhecimento do tipo de parâmetros não é suficiente para caracterizar seu funcionamento, por isso, examinaremos os diferentes métodos que se utilizam para passar ou transmitir parâmetros.

Os métodos mais empregados para realizar a passagem de parâmetros são:

- *passagem por valor* (também conhecido por *parâmetro valor*),
- *passagem por referência* (também conhecido por *parâmetro variável*),
- *passagem por nome*,
- *passagem por resultado*.

6.5.2 Passagem por valor

A passagem por valor é utilizada em muitas linguagens de programação, por exemplo, C, Modula-2, Pascal, Algol e Snobol. A razão de sua popularidade é a analogia com os argumentos de uma função, onde os valores são colocados na ordem de cálculo de resultados. Os parâmetros são tratados como variáveis locais e os valores iniciais se proporcionam copiando-se os valores dos correspondentes argumentos.

Os parâmetros formais — locais à função — recebem como valores iniciais os valores dos parâmetros atuais e com eles são executadas as ações descritas no subprograma.

Não fazemos diferença entre um argumento que é variável, constante ou expressão, já que somente importa o valor do argumento. A Figura 6.6 mostra o mecanismo de passagem por valor de um procedimento com três parâmetros.

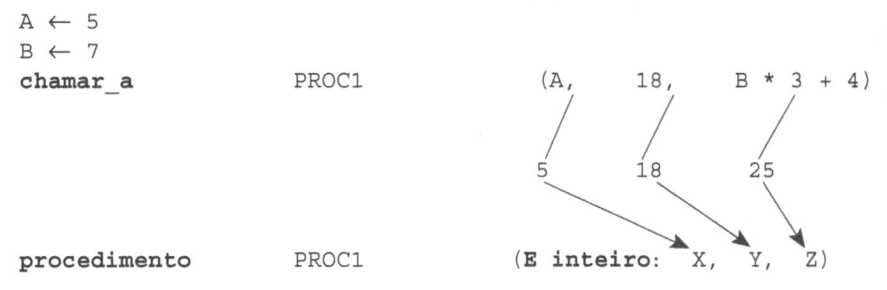

```
A ← 5
B ← 7
chamar_a        PROC1           (A,     18,     B * 3 + 4)
                                 5      18      25


procedimento    PROC1           (E inteiro:     X,  Y,  Z)
```

Figura 6.6 Passagem por valor.

O mecanismo de passagem se resume em:

Valor primeiro parâmetro: `A = 5`.
Valor segundo parâmetro: `constante = 18`.
Valor terceiro parâmetro: expressão `B * 3 + 4 = 25`.

Os valores `5`, `18` e `25` se transformam nos parâmetros `X`, `Y`, `Z`, respectivamente, quando se executa o procedimento.

Ainda que a passagem *por valor* seja simples, ela tem uma limitação: *não existe nenhuma outra conexão com os parâmetros atuais*, portanto, as mudanças produzidas por efeito do subprograma não produzem mudanças nos argumentos originais e, conseqüentemente, não podem ser passados valores de retorno ao ponto da chamada: ou seja, todos os *parâmetros* são somente de *entrada*. O parâmetro atual não pode modificar-se pelo subprograma. Qualquer mudança realizada nos valores dos parâmetros formais durante a execução do subprograma se destrói quando o subprograma termina.

A chamada por valor não devolve informação ao programa que chama.

Existe uma variante da chamada por valor e é a chamada por *valor resultado*. As variáveis indicadas pelos parâmetros formais são iniciadas na chamada ao subprograma por valor depois da execução do subprograma; os resultados (valores dos parâmetros formais) se transferem aos atuais. Esse método é utilizado em algumas versões de FORTRAN.

6.5.3 Passagem por referência

Em várias ocasiões, necessitamos que certos parâmetros sirvam como parâmetros de saída, ou seja, devolvam os resultados à unidade ou aos programas que chamam. Esse método é denominado *passagem por referência* ou também *chamada por direção ou variável*. A unidade que chama passa à unidade chamada o endereço do parâmetro atual (que está no escopo da unidade que chama). Uma referência ao parâmetro formal correspondente é tratada como uma referência à posição de memória, cujo endereço foi recebido. Portanto, uma variável passada como parâmetro real é compartilhada, ou seja, pode ser modificada diretamente pelo subprograma.

Esse método existe em FORTRAN, COBOL, Modula-2, Pascal, PL/1 e Algol 68. Suas características são a simplicidade e a analogia direta com a idéia de que as variáveis têm uma posição de memória alocada na qual podem obter ou atualizar seus valores.

A área de armazenamento (endereços de memória) é utilizada para passar informação de entrada e/ou saída, em ambas as direções.

Nesse método, os parâmetros são de entrada/saída e são denominados *parâmetros variáveis*.

Os parâmetros valor e parâmetros variável costumam ser definidos no cabeçalho do subprograma. No caso de linguagens como Pascal, os parâmetros variáveis devem ser precedidos pela palavra-chave **var**:

```
program mostra;
//parâmetros atuais a e b, c e d passagem por referência
   procedure teste(var x, y: integer);
   begin //procedimento
//processo dos valores de x e y
   end;

begin
   .
   .
   .
1. teste (a, c);
   .
   .
   .
2. teste (b, d);
   .
   .
   .
end.
```

A primeira chamada em (1) faz que os parâmetros *a* e *c* sejam substituídos por *x* e *y* se os valores de *x* e *y* se modificam dentro de *a* ou *c* no algoritmo principal. Da mesma forma, *b* e *d* são substituídos por *x* e *y*, e qualquer modificação de *x* ou *y* no procedimento afetará também o programa principal.

A *chamada por referência* é muito útil para programas em que se necessita a comunicação do valor em ambas as direções.

> **Notas**
>
> Ambos os métodos de passagem de parâmetros se aplicam tanto à chamada de funções como à de procedimentos:
> - Uma função tem a possibilidade de devolver os valores ao programa principal de duas maneiras: *a)* como valor da função, *b)* por meio de argumentos governados pela chamada de referência na correspondência parâmetro atual-parâmetro formal.
> - Um procedimento somente pode devolver valores pelo método de devolução de resultados.

A linguagem Pascal permite que o programador especifique o tipo de passagem de parâmetros e, em um mesmo subprograma, uns parâmetros podem ser especificados pelo valor e outros, por referência.

```
procedure Q(i:integer; var j:integer);
begin
   i := i+10;
   j := j+10;
   write(i, j)
end;
```

Os parâmetros formais são *i, j*, onde *i* se passa pelo valor e *j* pela referência.

6.5.4 Comparações dos métodos de passagem de parâmetros

Para examinar de modo prático os diferentes métodos, iremos considerar um único exemplo e veremos os diferentes valores que recebem os parâmetros. O algoritmo correspondente com um procedimento SUBR:

```
algoritmo DEMO
var
   inteiro: A,B,C
início       //DEMO
   A ← 3
   B ← 5
   C ← 17
   chamar_a SUBR(A, A, A+B, C)
   escrever(C)
fim          // DEMO

procedimento SUBR (<Modo> inteiro: x, y;
   E inteiro:z; <Modo> inteiro: v)
início
   x ← x+1
   v ← y+z
fim_procedimento
```

Modo por valor

   a)   somente por valor

   não se transmite nenhum resultado, conseqüentemente
   ```
   C não varia C = 17
   ```

b) valor_resultado

```
                            x = A = 3
A = 3                       y = A = 3
B = 5    passa o procedimento   z = A + B = 8
C = 17                      v = C = 17
```

ao se executar o procedimento, ficará

```
x = x + 1 = 3 + 1 = 4
v = y + z = 3 + 8 = 11
```

o parâmetro chamado *v* passa o valor do resultado *v* a seu parâmetro atual correspondente, C. Portanto, C = 11.

Modo por referência

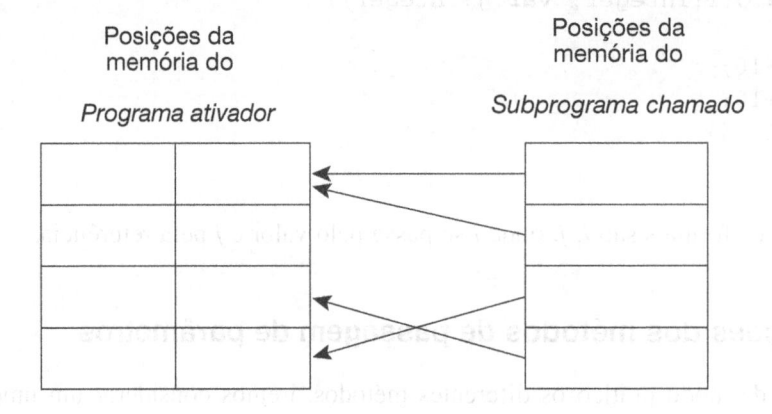

Posições da memória do *Programa ativador*

Posições da memória do *Subprograma chamado*

C receberá o valor 12.

Utilizando variáveis globais

algoritmo DEMO
var inteiro: A,B,C
início
  A ← 3
  B ← 5
  C ← 17
  chamar_a SUBR
  escrever (C)
fim

procedimento SUBR
início
  a ← a+1
  c ← a+a+b
fim_procedimento

Em outras palavras, o valor de C será 13.

A chamada por referência é o sistema-padrão utilizado por FORTRAN para passar parâmetros. A chamada por nome é padrão em Algol 60. Simula 67 proporciona chamadas por valor, referência e nome.

Pascal permite passagem por valor e por referência:

```
procedure demo (y: integer; var z:real);
```

especifica que *y* é passado por valor enquanto *z* é passado por referência — o que é indicado pela palavra reservada **var**. A escolha entre um sistema e outro pode ser determinada por diversas considerações, como evitar efeitos colaterais não desejados provocados por modificações inadvertidas de parâmetros formais (ver Seção 6.7).

6.5.5 Síntese da transmissão de parâmetros

Os métodos de transmissão de parâmetros mais utilizados são *por valor* e *por referência*.

A passagem de um parâmetro por valor significa que o valor do argumento — *parâmetro atual ou real* — é atribuído ao parâmetro formal. Em outras palavras, antes que o subprograma comece a executar, o argumento é avaliado com um valor específico (por exemplo, 8 ou 12). Esse valor é copiado no parâmetro formal correspondente dentro do subprograma.

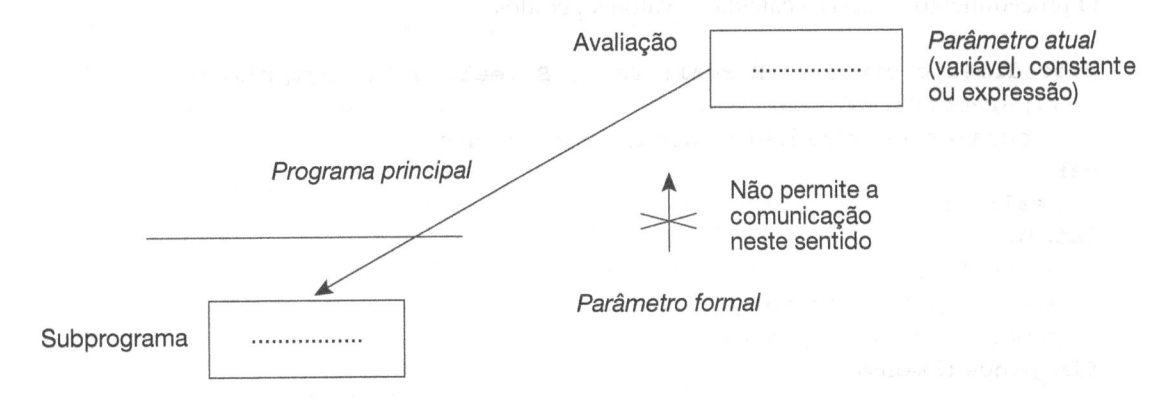

Figura 6.7 Passagem de um parâmetro por valor.

Uma vez que o procedimento começa, qualquer mudança do valor de tal parâmetro formal não é refletida em uma mudança no argumento correspondente, isto é, quando o subprograma termina, o argumento atual terá exatamente o mesmo valor de quando o subprograma começou, independentemente do que tenha acontecido ao parâmetro formal. Esse método é o método padrão em Pascal. Esses parâmetros de entrada são denominados *parâmetros valor*. Nos algoritmos, indicaremos como <modo> E (entrada). A passagem de um *parâmetro por referência ou direção* é chamada *parâmetro variável*, em oposição ao parâmetro por valor. Nesse caso, a posição ou direção (não o valor) do argumento ou parâmetro atual é enviada ao subprograma. Se a um parâmetro formal damos o atributo de parâmetro variável — em Pascal, com a palavra reservada **var** — e se o parâmetro atual é uma variável, então uma mudança no parâmetro formal é refletida em uma mudança no correspondente parâmetro atual, já que ambos têm a mesma posição de memória.

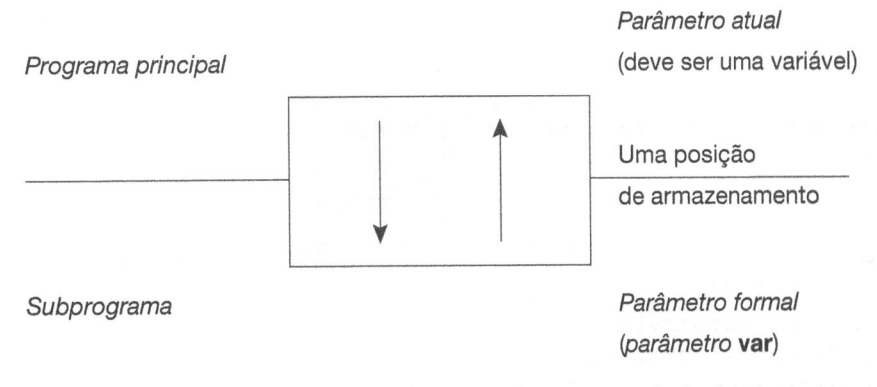

Figura 6.8 Passagem de um parâmetro por referência.

Para denotar que desejamos transmitir um parâmetro por endereço, ele será indicado com a palavra *parâmetro variável* — em Pascal, indica-se com a palavra reservada **var** — e especificaremos como *<modo>* **E/S** *(entrada/saída)* ou **S** *(saída)*.

Exemplo 6.11

Realizar o cálculo da área de um círculo e do comprimento da circunferência em função do valor do raio lido usando o teclado.

Recordemos as fórmulas da área do círculo e do comprimento da circunferência:

$A = pi.r^2 = pi.r.r$
$C = 2pi.r = 2.pi.r$ onde pi = 3,141592

O parâmetro de entrada: raio
Os parâmetros de saída: área, comprimento
O procedimento *círculo* calcula os valores pedidos

```
procedimento círculo (E real: raio; S real: área, comprimento)
    //parâmetro valor : raio
    //parâmetros variáveis: área, comprimento
var
    real: pi
início
    pi ← 3,141592
    área ← pi*raio*raio
    comprimento ← 2*pi*raio
fim_procedimento
```

Os parâmetros formais são: raio, área, comprimento, dos quais são valor (raio) e variável (área, comprimento).

Chamemos o procedimento *círculo* utilizando a instrução

   chamar_a círculo (6, A , C)

```
    //{programa principal}
início
//chamada ao procedimento
    chamar_a círculo(6, A, C)
        .
        .
        .
    fim

procedimento círculo(E real: raio, S real: área, comprimento)
//parâmetro valor: raio
//parâmetros variáveis: área, comprimento

início
    pi ← 3,141592
    área ← pi*raio*raio
    comprimento ← 2*pi*raio
fim_procedimento
```

Exemplo 6.12

Consideremos um subprograma N com dois parâmetros formais: i, transmitido por valor, e j, por variável.

```
algoritmo M
//variáveis A, B inteiras
var
   inteiro: A, B

início
   A ← 2
   B ← 3
   chamar_a N(A, B)
   escrever(A, B)
fim      //algoritmo M

procedimento N(E inteiro: I; E/S inteiro: j)
   //parâmetro valor i
   //parâmetro variável j
início
   i ← i+10
   j ← j+10
   escrever(i, j)
fim_procedimento
```

Executando o procedimento N, vejamos que resultados haverá:

A e B são parâmetros atuais
i e j são parâmetros formais.

Como i é por valor, transmite-se o valor de A a i, ou seja, i = A = 2. Quando i se modifica por default de i ← i+10 a 12, A não muda e, conseqüentemente, à terminação de N, A segue valendo 2.

O parâmetro B se transmite por referência, ou seja, j é um parâmetro variável. Começando a execução de N, B é armazenado como o valor j, e quando somamos 10 ao valor de j, i em si não muda. O valor do parâmetro B muda para 13. Quando os valores i, j se escrevem em N, os resultados são:

12 e 13

mas quando retornam a M e ao se imprimir os valores de A e B, somente é mudado o valor B. O valor de i = 12 se perde em N quando este termina. O valor de j também se perde, mas este é o endereço, não o valor 13.

Será escrito como resultado final da instrução escrever(A, B):

2   13

6.6 FUNÇÕES E PROCEDIMENTOS COMO PARÂMETROS

Até agora, os subprogramas implicavam dois tipos de parâmetros formais: *parâmetros valor* e *parâmetros variável*. Entretanto, às vezes é necessário que um procedimento ou função invoque outro procedimento ou função que tenham sido definidos fora do escopo desse procedimento ou função. Por exemplo, pode-se necessitar que um procedimento P invoque a função F que pode ou não estar definida no procedimento P; isso pode ser conseguido transferindo-se como parâmetro o procedimento ou função externos (F) ou procedimento ou função dados (por exemplo, o P). Resumindo, algumas linguagens de programação — entre elas, Pascal — admitem *parâmetros procedimento* e *parâmetros função*.

Exemplos

```
procedimento P(E func: F1; E real: x,y)
real função F(E func: F1, F2; E inteiro: x,y)
```

Os parâmetros formais do procedimento P são a função F1 e as variáveis X e Y, e os parâmetros formais da função F são as funções F1 e F2, e as variáveis x e y.

Procedimentos função

Para ilustrar o uso dos parâmetros função, consideremos a função *integral* para calcular a área sob uma curva f(x) para um intervalo a <= x <= b.

A técnica conhecida para o cálculo da área é subdividir a região em retângulos, como mostra a Figura 6.9, e somar as áreas dos retângulos. Esses retângulos se constroem subdividindo-se o intervalo [a, b] em *m* subintervalos iguais e formando-se retângulos com esses subintervalos como bases e alturas dadas pelos valores de f nos pontos médios dos subintervalos.

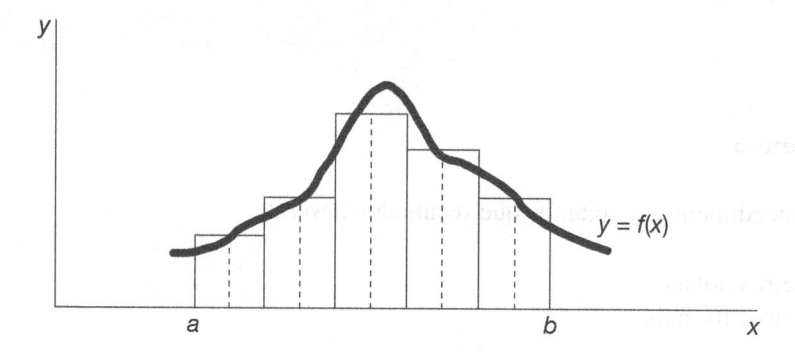

Figura 6.9 Cálculo da área sob a curva f(x).

A função *integral* deve ter os parâmetros formais *a, b* e *n,* que são parâmetros valor ordinários atuais do tipo real; estão associados aos parâmetros formais *a* e *b*; um parâmetro atual de tipo inteiro — as subdivisões — está associado ao parâmetro formal *n* e uma função atual se associa ao parâmetro formal f.

Os parâmetros função se designam com um cabeçalho de função dentro da lista de parâmetros formais. A função integral poderá ser definida por

```
real função integral(E func: f; E real: a,b; E inteiro: n)
     o tipo func-tipo real func função (E real: x)
```

aqui a função f(x: real) especifica que *f* é uma função parâmetro que denota uma função cujo parâmetro formal e valor são do tipo real. O correspondente parâmetro função atual deve ser uma função que tem um parâmetro formal real e um valor real. Por exemplo, se integrado é uma função de valor real com um parâmetro e tipo real função (E real:x):func

```
Área ← Integral (Integrado, 0, 1,5, 20)
```

é uma referência válida à função.

Projetar um algoritmo que utilize a função Integral para calcular a área sob o gráfico das funções f1(x) = x³ − 6x³ + 10x, e Integrado por Integrado(x) = x² + 3x + 2 para 0 <= x <= 4.

```
algoritmo Área_sob_curvas
tipo
    real função(E real: x) : func
```

```
    var
      real    : a, b
      inteiro : n

    início
    escrever('Entre que limites?')
    ler(a, b)
    escrever('Subintervalos?')
    ler(n)
    escrever(integral(f1, a, b, n))
    escrever(integral(integrado, a, b, n))
    fim

    real FUNÇÃO f1 (E real : x)
    início
        devolver(x * x * x - 6 * x * x + 10 * x)
    fim_função

    real FUNÇÃO integrado (E real : x)
    início
        devolver(x * x + 3 * x + 2)
    fim_função

    real FUNÇÃO integral (E func : f; E real : a, b; E inteiro : n)
    var
      real    : baseretângulo,altura,x,s
      inteiro : i

    início
        baseretângulo ← (b - a)/n
        x ← a + baseretângulo/2
        s ← 0
        desde i ← 1 até n fazer
           altura ← f(x)
           s ← s + baseretângulo * altura
           x ← x + baseretângulo
        fim_desde
        devolver(s)
    fim_função
```

6.7 OS EFEITOS COLATERAIS

As modificações que são produzidas por meio de uma função ou procedimento nos elementos situados fora do subprograma (função ou procedimento) são denominadas *efeitos colaterais*. Ainda que, em alguns casos, os efeitos colaterais possam ser benéficos na programação, em geral é conveniente não recorrer a eles. Consideraremos a continuação dos efeitos colaterais em funções e em procedimentos.

6.7.1 Em procedimentos

A *comunicação* do procedimento com o restante do programa deve ser realizada normalmente por meio de parâmetros. Qualquer outra *comunicação* entre o procedimento e o restante do programa é conhecida como *efeitos colaterais*. Conforme já foi comentado, os efeitos colaterais são prejudiciais na maioria dos casos, como indicado na Figura 6.10.

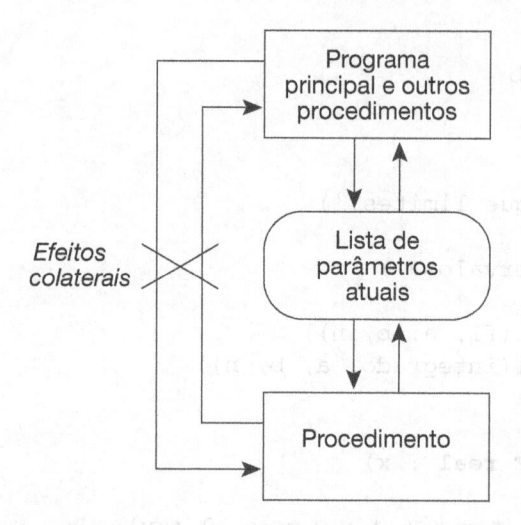

Figura 6.10 Efeitos colaterais em procedimentos.

Se um procedimento modifica uma variável global (diferente de um parâmetro atual), esse é um *efeito colateral*; por isso exceto em algumas ocasiões, ele não deve aparecer na declaração do procedimento. Se for necessária uma variável temporária em um procedimento, utilize uma variável local, não uma variável global. Caso deseje que o programa modifique o valor de uma variável global, utilize um parâmetro formal variável na declaração do procedimento e a seguir utilize a variável global como o parâmetro atual em uma chamada ao procedimento.

Em geral, devemos seguir a regra de *nenhuma variável global em procedimentos*, ainda que essa proibição não signifique que os procedimentos não possam manipular variáveis globais. De fato, a mudança das variáveis globais deve passar ao procedimento como parâmetros atuais. As variáveis globais não devem ser utilizadas diretamente nas instruções no corpo de um procedimento; em seu lugar, utilize um parâmetro formal ou variável local.

Nas linguagens em que é possível declarar constantes — como Pascal —, podem ser utilizadas constantes globais em uma declaração de procedimento; a razão é que as constantes não podem ser modificadas pelo procedimento e, conseqüentemente, não existe perigo de que sejam modificadas inadvertidamente.

6.7.2 Em funções

Uma função recebe os valores dos argumentos e devolve *um único valor*. Entretanto, assim como nos procedimentos, uma função — em algumas linguagens de programação — pode fazer coisas similares a um procedimento ou sub-rotina. Uma função pode ter parâmetros variáveis além de parâmetros valor na lista de parâmetros formais. Uma função pode mudar o conteúdo de uma variável global e executar instruções de entrada/saída (escrever uma mensagem na tela, ler um valor do teclado etc.). Essas operações são conhecidas como *parâmetros colaterais* e devem ser evitadas.

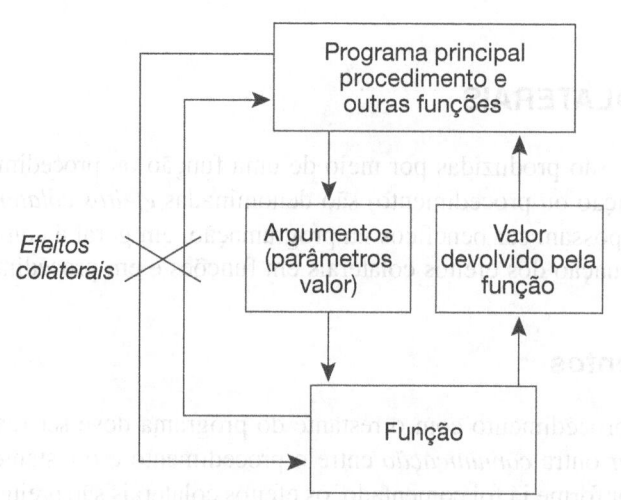

Figura 6.11 Efeitos colaterais de uma função.

Os efeitos colaterais são considerados — normalmente — como uma má técnica de programação, pois dificultam o entendimento dos programas.

Toda informação transferida entre procedimentos e funções deve ser realizada por meio da lista de parâmetros e não por variáveis globais. Isso converterá o procedimento ou função em módulos independentes que podem ser testados e depurados por si só, o que evitará que nos preocupemos com o resto do programa.

6.8 RECURSÃO (RECURSIVIDADE)

Como já visto, um subprograma pode chamar qualquer outro subprograma e este a outro, e assim sucessivamente; ou seja, os subprogramas podem se aninhar. Podemos ter

A **chamar_a** B,   B **chamar_a** C,   C **chamar_a** D

Quando é produzido o retorno dos subprogramas à terminação de cada um deles, o programa resultante será

D **retornar_a** C,   C **retornar_a** B,   B **retornar_a** A

O que aconteceria se dois subprogramas de uma seqüência fossem os mesmos?

A **chamar_a** A

ou

A **chamar_a** B,   B **chamar_a** A

À primeira vista, isso parece incorreto. Entretanto, existem linguagens de programação como Pascal, C, entre outras, em que um subprograma pode chamar a si mesmo.

Uma função ou procedimento que pode chamar a si mesmo é denominada *recursiva*. A *recursão* (**recursividade**) é uma ferramenta muito potente em algumas aplicações, principalmente o cálculo. A recursão pode ser utilizada como uma alternativa à repetição ou à estrutura repetitiva.

O uso da recursão é particularmente apropriado para a solução daqueles problemas que podem ser definidos de modo natural em termos recursivos.

A escrita de um procedimento ou função recursiva é similar a seus homônimos não-recursivos; entretanto, para evitar que a recursão continue indefinidamente, é preciso incluir uma condição de parada.

A razão de haver linguagens que admitem a recursividade é a existência de estruturas específicas tipo *pilhas* (*stack*, em inglês) para esse tipo de processos e memórias dinâmicas. Os endereços de retorno e o estado de cada subprograma são guardados em estruturas tipo pilhas (ver Capítulo 11). No Capítulo 11 nos aprofundaremos no tema das pilhas; agora nos concentraremos somente no conceito de recursividade e em sua compreensão com exemplos básicos.

Exemplo 6.13

Muitas funções matemáticas se definem recursivamente. Um exemplo é o fatorial de um número inteiro n.

A função fatorial se define como

$$n! = \begin{cases} 1 & se\ n = 0 \qquad 0! = 1 \\ n \times (n-1) \times (n-2) \times \ldots \times 3 \times 2 \times 1 & se\ n > 0\ n.\ (n-1)\ .\ (n-2)\ldots 3.2.1 \end{cases}$$

Observe na fórmula anterior que, quando n > 0, é fácil definir *n!* em função de (n–1)! Por exemplo, 5!

```
5! = 5x4x3x2x1      = 120
4! = 4x3x2x1        = 24
3! = 3x2x1          = 6
2! = 2x1            = 2
1! = 1x1            = 1
0! = 1              = 1
```

Podemos transformar as expressões anteriores em

```
5! = 5x4!
4! = 4x3!
3! = 3x2!
2! = 2x1!
1! = 1x0!
```

Em termos gerais, seria:

$$n! = \begin{cases} 1 & \text{se} \quad n = 0 \\ n(n-1)! & \text{se} \quad n > 0 \end{cases}$$

A função FATORIAL de N expressa em termos recursivos seria:

FATORIAL ← N*FATORIAL(N-1)

A definição da função seria:

```
inteiro: função fatorial(E inteiro: n)
//cálculo recursivo do fatorial
início
  se n = 0 então
    devolver (1)
  se_não devolver (n*fatorial (n-1))
  fim_se
fim_função
```

Para demonstrar como esta versão recursiva de FATORIAL calcula o valor de *n!*, consideremos o caso de *n = 3*. Um processo gráfico está representado na Figura 6.12.

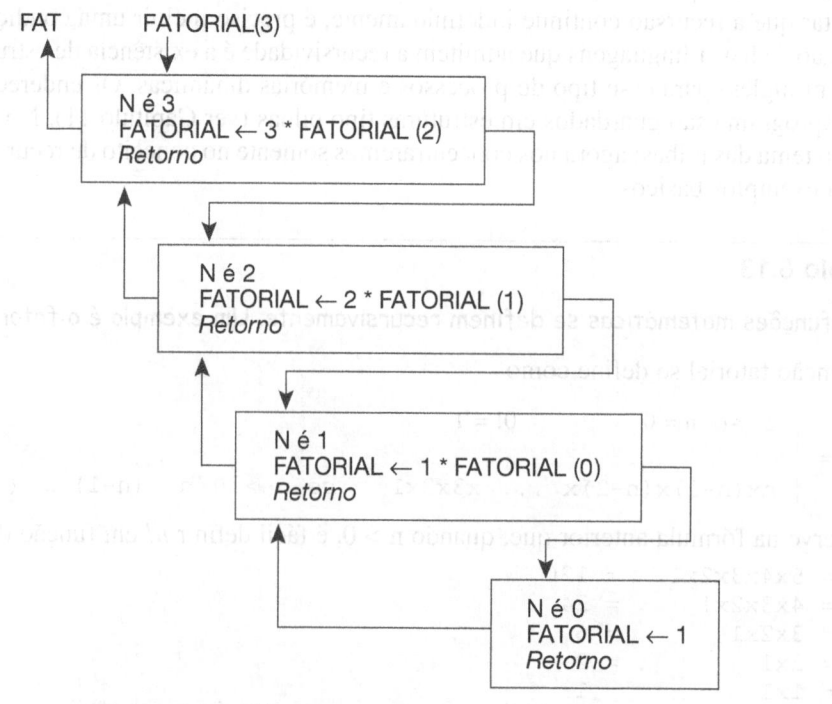

Figura 6.12 Cálculo recursivo de FATORIAL de 3.

Exemplo 6.14

Outro exemplo típico de uma função recursiva é a série de Fibonacci, concebida originalmente como modelo para o crescimento de uma granja de coelhos (multiplicação de coelhos) pelo matemático italiano do século XVI, Fibonacci.

A série é a seguinte:

1, 1, 2 , 3, 5, 8, 13, 21, 34...

A série cresce muito rapidamente; como exemplo, o termo 15 é 610.
A série de Fibonacci (*fib*) expressa-se assim:

fib(1) = 1
fib(2) = 1
fib(n) = fib(n – 1) + fib(n – 2) para *n > 2*

Uma função recursiva que calcula o elemento enésimo da série de Fibonacci é

```
inteiro: função fibonacci (E inteiro: n)
//cálculo do elemento enésimo
início
   se (n = 1) ou (n = 2) então
      devolver (1)
   se_não
      devolver (fibonacci(n-2)+fibonacci(n-1))
   fim_se
fim_função
```

Ainda que seja fácil escrever a função de Fibonacci, ela não é muito eficaz definida dessa maneira, já que cada passo recursivo gera outras duas chamadas à mesma função.

ATIVIDADES DE PROGRAMAÇÃO RESOLVIDAS

6.1 Fatorial de um número inteiro.

```
inteiro: função fatorial (E inteiro: n)
var inteiro: f, i
início
   se n = 0 então
      devolver (1)
   se_não
      desde i ← 1 até n fazer
         f ← f * i
      fim_desde
      devolver (f)
   fim_se
fim_função
```

6.2 Projete um algoritmo que calcule o máximo divisor comum de dois números por meio do algoritmo de Euclides.

Sejam os dois números A e B. O método para achar o máximo divisor comum (mdc) de dois números A e B pelo método de Euclides é:

1. Divide-se o número maior (A) pelo menor (B). Se o resto da divisão for zero, o número B será o máximo divisor comum.
2. Se a divisão não for exata, o número menor (B) será dividido pelo restante da divisão anterior.
3. Seguem-se os passos anteriores até se obter um resto zero. O último divisor é o mdc buscado.

Algoritmo

```
inteiro função mdc (E inteiro: a, b)
início
   enquanto a < > b fazer
      se a > b então
         a ← a - b
      se_não
         b ← b - a
      fim_se
   fim_enquanto
   devolver (a)
fim_função
```

6.3 Para calcular o máximo divisor comum (mdc) de dois números, recorre-se a uma função específica definida com um subprograma. Desejamos calcular a saída do programa principal com dois números A e B, cujos valores são 10 e 25, ou seja, o mdc(A, B), e verificar o método de passagem de parâmetros por valor.

```
algoritmo maxdivcom
var
   inteiro: N, X, Y
início //programa principal
   x ← 10
   y ← 25
   n ← mdc(x, y)
   escrever(x, y, n)
fim
inteiro função mdc(E inteiro: a, b)
início
   enquanto a < > b fazer
      se a > b então
         a ← a - b
      se_não
         b ← b - a
      fim_se
   fim_enquanto
   devolver (a)
fim_função
```

Os parâmetros formais são a e b, e receberão os valores de X e Y.

a = 10
b = 25

As variáveis locais à função são A e B e não modificarão os valores das variáveis X e Y do algoritmo principal.

Variáveis do programa principal

X   Y   N
10 25

Variáveis da função

a   b   mdc(a, b)
10 25

As operações do algoritmo são:

a = 10   b = 25

1. b > a realizará a operação b ← b - a
   e conseqüentemente b receberá o valor 25 - 10 = 15
   e a segue valendo 10

2. a = 10   b = 15
   realiza-se a mesma operação anterior
   b ← b - a, ou seja, b = 5
   a permanece inalterável

3. a = 10   b = 5
   como a > b, então se realiza a ← a - b, ou seja, a = 5

Conseqüentemente, os valores finais seriam:

a = 5   b = 5   mdc(a, b) = 5

Como os valores A e B não são passados ao algoritmo principal, o resultado de sua execução será:

10   25   5

6.4 Projete um algoritmo que permita ordenar três números por meio de um procedimento de troca em duas variáveis (passagem de parâmetros por referência).

O algoritmo que permite realizar a troca dos valores de variáveis numéricas é o seguinte:

AUXI ← A
A ← B
B ← AUXI

E a definição do procedimento será:

PROCEDIMENTO troca (E/S real: a, b)
var real: auxi

início
  auxi ← a
  a ← b
  b ← auxi
fim_procedimento

O algoritmo de ordenação se realizará por meio de chamadas ao procedimento *troca*.

```
algoritmo Ordenar_3_números
var real: x,y,z

início
    escrever('Dê-me 3 números reais')
    ler(x, y, z)
    se x > y então
        troca (x, y)
    fim_se
    se y > z então
        troca (y, z)
    fim_se
    se x > y então
        troca (x, y)
    fim_se
    escrever(x, y, z)
fim
```

Passagem de parâmetros pela referência

Os três números X, Y, Z que serão ordenados são

132   45   15

Os passos sucessivos ao se executar o algoritmo ou programa principal são:

1. Leitura X, Y, Z parâmetros atuais

    X = 132
    Y = 45
    Z = 15

2. Primeira chamada ao procedimento troca (a, b) x > y.
    A correspondência entre parâmetros será a seguinte:

    parâmetros atuais   *parâmetros formais*
    X   A
    Y   B

    Ao se executar o procedimento, serão trocados os valores de A e B que serão devolvidos às variáveis X e Y; logo, irão valer:

    X = 45
    Y = 132

3. Segunda chamada ao procedimento *troca* com Y > Z (já que Y = 132 e Z = 15)

    parâmetros atuais   *parâmetros formais*

    X ─────────────► A
    Y ─────────────► B

Antes, chamada ao procedimento Y = 132, Z = 15.

Depois, terminação do procedimento Z = 132, Y = 15, já que A e B trocaram os valores recebidos, 132 e 15.

4. Os valores atuais de X, Y, Z são 45, 15, 132; conseqüentemente, X > Y e haverá outra nova chamada ao procedimento *troca*.

Parâmetros atuais   *Parâmetros formais*

X(45) ─────────► A(45)
Y(15) ─────────► B(15)

Depois da execução do procedimento, A e B trocarão seus valores e irão valer A = 15, B = 45, pelo que passam ao algoritmo principal X = 15, Y = 45. Conseqüentemente, os valores finais das três variáveis serão:

X = 15   Y = 45   Z = 132

já ordenados de modo crescente.

6.5 Projete um algoritmo que chame a função **sinal(X)** e calcule: a) o sinal de um número; b) o sinal da função cosseno.

Variável de entrada: P (real)
Variável de saída :   Y-sinal do valor P-(inteiro) Z-sinal do cosseno de P-(inteiro):

Pseudocódigo

```
algoritmo sinais
var inteiro: y, z
  real: P
início
  ler(P)
  Y    sinal(p)
  Z    sinal(cos (p))
  escrever(Y, Z)
fim

inteiro função sinal (E inteiro: x)
  início
    se x > 0 então
      devolver (1)
    se_não
      se x < 0 então
        devolver (-1)
      se_não
        devolver (0)
      fim_se
    fim_se
fim_função
```

Notas de execução

Parâmetro atual	Parâmetro formal
P	X

O parâmetro formal X é constituído pelo parâmetro atual. Assim, por exemplo, se o parâmetro P valer -1,45, os valores devolvidos pela função sinal atribuídos às variáveis Y, Z são:

```
Y ← Sinal(-1,45)
Z ← Sinal(Cos (-1,45))
```

resultando

```
Y = -1
Z = 1
```

REVISÃO DO CAPÍTULO
Conceitos-chave

- Alcance
- Escopo
- Escopo global
- Escopo local
- Argumento
- Argumento atual
- Argumentos formais
- Argumentos reais
- Biblioteca-padrão
- Cabeçalho de função
- Classe de armazenamento
- Corpo da função
- Função
- Função invocada
- Função chamada
- Função ativadora

- Função recursiva
- Módulo
- Parâmetro
- Parâmetro atual
- Parâmetros formais
- Parâmetros reais
- Passagem por referência
- Passagem por valor
- Procedimento
- Protótipo da função
- Sentença **devolver (return)**
- Subprograma
- Intervalo
- Variável global
- Variável local

Resumo

Ainda que os conceitos sejam similares, as unidades de programas definidas pelo usuário são conhecidas geralmente pelo termo de *subprogramas* para representar os módulos correspondentes; entretanto, são denominadas com nomes diferentes nas diferentes linguagens de programação. Assim, nas linguagens C e C++ os subprogramas são denominados *funções*; nas linguagens de programação orientada a objetos (C++, Java e C#) e sempre que se definem dentro das classes, são também denominados *métodos* ou funções membro; em Pascal, são *procedimentos* e *funções:* em Módula-2 os nomes são PROCEDIMENTOS (procedure, ainda que alguns deles sejam realmente funções); em COBOL são conhecidos como *parágrafos*, e nos "velhos" FORTRAN e BASIC são conhecidos como *sub-rotinas* e *funções*. Os conceitos mais importantes sobre funções e procedimentos são os seguintes:

1. As funções e os procedimentos podem ser utilizados para quebrar um programa em módulos de menor complexidade. Dessa maneira, um trabalho complexo pode ser decomposto em outras unidades menores que interagem umas com as outras de um modo controlado. Esses módulos têm as seguintes propriedades:
   a) O propósito de cada função ou procedimento deve estar claro e ser simples.
   b) Uma função ou procedimento deve ser bastante curta para ser inteiramente compreendida.
   c) Todas as suas ações devem estar interconectadas e trabalhar no mesmo nível de detalhe.
   d) O tamanho e a complexidade de um subprograma podem ser reduzidos chamando-se outros subprogramas para que façam subtarefas.
2. As funções definidas pelo usuário são sub-rotinas que realizam uma operação e devolvem um valor ao entorno ou módulo que o chamou. Os argumentos passados às funções são manipulados pela rotina para produzir um valor de retorno. Algumas funções calculam e devolvem valores, outras funções não. Uma função que não devolve nenhum valor é denominada função void no caso da linguagem C.
3. Os procedimentos não devolvem nenhum valor ao módulo que os invocou. Eles já se conservam em apenas algumas linguagens procedimentais como Pascal. No restante das linguagens, somente se implementam funções e os procedimentos são equivalentes a funções que não devolvem valor.
4. Uma chamada a uma função que devolve um valor se encontra normalmente em uma sentença de atribuição, uma expressão ou uma sentença de saída.
5. Os componentes básicos de uma função são o cabeçalho da função e o corpo da função.
6. Os argumentos são o meio pelo qual um programa ativador comunica ou envia os dados de uma função. Os parâmetros são o meio pelo qual uma função recebe os dados enviados ou comunicados. Quando uma função é chamada, os argumentos reais na chamada da função são passados para essa função e seus valores são substituídos nos seus parâmetros formais.
7. Depois de passar os valores dos parâmetros, o controle é passado à função. O cálculo começa na parte superior da função e prossegue até o término; nesse momento o resultado é devolvido ao programa ativador.
8. Cada variável utilizada em um programa tem um escopo que determina em que parte do programa se pode utilizar. O escopo de uma variável é local ou global e é determinado pela posição onde se situa a variável. Uma variável local se define dentro de uma função e somente pode ser utilizada dentro da definição da função ou bloco. Uma variável global está definida fora de uma função e pode ser utilizada em qualquer função depois da definição da variável. Todas as variáveis globais que não são iniciadas pelo usuário normalmente são iniciadas a zero pelo computador.
9. Uma solução recursiva pode ser expressa em termos de uma versão mais simples, ou seja, uma função recursiva pode chamar a si mesma.
10. Se uma solução de um problema pode ser expressa de maneira repetitiva ou recursiva com igual facilidade, ela é preferível, já que é executada mais rapidamente e utiliza menos memória. Entretanto, em muitas aplicações avançadas a recursão é mais simples de visualizar e o único meio prático de implementar uma solução.

EXERCÍCIOS

6.1 Projete uma função que calcule a média de três números lidos do teclado e apresente um exemplo de sua aplicação.

6.2 Projete a função FATORIAL que calcule o fatorial de um número inteiro no intervalo de 100 a 1.000.000.

6.3 Projete um algoritmo para calcular o máximo divisor comum de quatro números com base em um subalgoritmo função mdc (máximo divisor comum de dois números).

6.4 Projete um procedimento que realize a troca de valores de duas variáveis A e B.

6.5 Projete uma função que encontre o maior de dois números inteiros.

6.6 Projete uma função que calcule x^n para x, variável real e n variável inteira.

6.7 Projete um procedimento que aceite um número de mês, um número de dia e um número de ano e os visualize no formato.

dd/mm/aa

Por exemplo, os valores 19,09,1987 seriam visualizados como

19/9/87

e os valores 3, 9 e 1905,

3/9/05

6.8 Realize um procedimento que faça a conversão de coordenadas polares (r, θ) para coordenadas cartesianas (*x*, *y*)

x = r.cos (J)
y = r.sen(J)

6.9 Escreva uma função `Salário` que calcule os salários de um trabalhador para um dado número de horas trabalhadas e um salário_hora. As horas que superem as 40 horas semanais serão pagas como extras com um salário_hora 1,5 vez o salário.

6.10 Escreva uma função booleana `Dígito` que determine se um caractere é um dos dígitos de 0 a 9.

6.11 Projete uma função que permita devolver o valor absoluto de um número.

6.12 Realize um procedimento que obtenha a divisão inteira e o resto utilizando unicamente os operadores soma e subtração.

6.13 Escreva uma função que permita deduzir se uma data lida do teclado é válida.

6.14 Projete um algoritmo que transforme um número introduzido pelo teclado em notação decimal para a notação romana. O número será inteiro positivo e não excederá 3.000.

6.15 Escreva o algoritmo de uma função recursiva que: *a*) calcule o fatorial de um número inteiro positivo; *b*) calcule a potência de um número inteiro positivo.

7
ESTRUTURAS DE DADOS I:
Arrays e Estruturas[1]

SUMÁRIO

- 7.1 Introdução às estruturas de dados
- 7.2 Arrays unidimensionais: os vetores
- 7.3 Operações com vetores
- 7.4 Arrays de várias dimensões
- 7.5 Arrays multidimensionais
- 7.6 Armazenamento de arrays na memória
- 7.7 Estruturas *versus* registros
- 7.8 Arrays de estruturas
- ATIVIDADES DE PROGRAMAÇÃO RESOLVIDAS
- REVISÃO DO CAPÍTULO
  - Conceitos-chave
  - Resumo
- EXERCÍCIOS

Nos capítulos anteriores introduzimos o conceito de dados do tipo simples que representam valores, como um número inteiro, real ou um caractere. Em muitas situações necessitamos, entretanto, processar uma coleção de valores que estão relacionados entre si por algum método, por exemplo, uma lista de notas, uma série de temperaturas medidas durante o mês etc. O processamento de tais conjuntos de dados, utilizando dados simples, pode ser muito difícil e por isso a maioria das linguagens de programação inclui características de estruturas de dados. As estruturas de dados básicos que suportam a maioria das linguagens de programação são os "arrays" — conceito matemático de "vetor" e "matriz".

Um **array** é uma seqüência de posições que se pode acessar direitamente, que contém dados do mesmo tipo e podem ser selecionados individualmente por meio do uso de subíndices. Neste capítulo estudaremos o conceito de arrays unidimensionais e multidimensionais, assim como o seu processamento.

---

[1] O termo "arrays" se conserva em inglês pela sua ampla aceitação na comunidade de engenharia informática e de sistemas. Entretanto, é preciso constatar que praticamente toda a América Latina (pelo menos em muitos países que conhecemos e com os quais temos relações acadêmicas e pessoais), o termo empregado como tradução é organização. O DRAE (última edição, 22ª Madrid 21) não considera nenhum dos dois termos como válidos, ainda que a aceitação 2 da definição de ordem pode ilustrar o porquê da adoção do termo pela comunidade latino-americana: "Regra, ordem, coordenação".

7.1 INTRODUÇÃO ÀS ESTRUTURAS DE DADOS

Uma *estrutura de dados* é uma coleção que pode ser caracterizada por sua organização e pelas operações que a definem. São muito importantes nos sistemas de computador. Os tipos de dados mais freqüentes utilizados nas diferentes linguagens de programação são:

dados simples	*padrão*	inteiro (*integer*)
		real (*real*)
		caractere (*char*)
		lógico (*booleana*)
	definido pelo programador	subintervalo (*subrange*)
	(não padrão)	enumerativo (*enumerated*)
dados estruturados	*estáticos*	arrays (vetores/matrizes)
		registros (record)
		arquivos
		conjuntos (*set*)
		cadeias (*string*)
	dinâmicos	listas (pilhas/filas)
		listas ligadas
		árvores
		grafos

Os tipos de dados *simples* ou *primitivos* significam que não são compostos de outras estruturas de dados; os mais freqüentes e utilizados por todas as linguagens são: *inteiros, reais* e *caractere* (*char*), sendo os tipos *lógicos, subintervalo* e *enumerativos* próprios de linguagens estruturadas como Pascal. Os tipos de dados compostos estão construídos com base em tipos de dados primitivos; o exemplo mais representativo é a *cadeia* (*string*) de caracteres.

Os tipos de dados simples podem ser organizados em diferentes estruturas: *estáticas* e *dinâmicas*. As **estruturas de dados estáticas** são aquelas em que o tamanho ocupado na memória é definido antes que o programa seja executado e não pode ser modificado durante a execução do programa. Essas estruturas estão implementadas em quase todas as linguagens: *arrays* (vetores/tabelas-matrizes), *registros, arquivos* (os *conjuntos* são específicos da linguagem Pascal). As **estruturas de dados dinâmicas** não têm as limitações ou restrições no tamanho de memória ocupada, que são próprias das estruturas estáticas. O uso de um tipo de dados específico, denominado *ponteiro*, possibilita construir estruturas de dados dinâmicas que são suportadas pela maioria das linguagens oferecendo soluções eficazes e efetivas na solução de problemas complexos — Pascal é a linguagem por excelência com possibilidade de estruturas de dados dinâmicas. As estruturas dinâmicas mais arrojadas são as *listas* — ligadas, pilhas, filas —, *árvores* — binários, árvore-b, busca binária — e os *grafos*.

A escolha do tipo de estrutura de dados adequado para cada aplicação dependerá essencialmente do tipo de aplicação e, com menor valor, da linguagem, uma vez que, quando uma estrutura não está implantada (por exemplo, as listas e árvores que não fazem parte de COBOL), deverá ser simulada com o algoritmo adequado, dependendo do próprio algoritmo e das características da linguagem de fácil ou difícil solução.

Um aspecto importante que diferencia os tipos de dados é: os simples têm como características comuns que cada variável representa um elemento; os estruturados têm como característica comum que um *identificador* (nome) pode representar múltiplos dados individuais, podendo cada um ser referenciado independentemente.

7.2 ARRAYS UNIDIMENSIONAIS: OS VETORES

Um *array* (*matriz* ou *vetor*) é um conjunto finito e ordenado de elementos homogêneos. A propriedade *ordenado* significa que o elemento primeiro, segundo, terceiro ... enésimo de um array pode ser identificado. Os elementos de um array são homogêneos, ou seja, do mesmo tipo de dados. Um array pode ser composto de todos os seus elementos de tipo cadeia, outro pode ter todos seus elementos do tipo inteiro etc. Os arrays são conhecidos também como *matrizes* — em matemática — e *tabelas* — em cálculos financeiros.

O tipo mais simples de array é o *array unidimensional* ou *vetor* (matriz de uma dimensão). Um vetor de uma dimensão denominado NOTAS que consta de *n* elementos pode ser representado pela Figura 7.1.

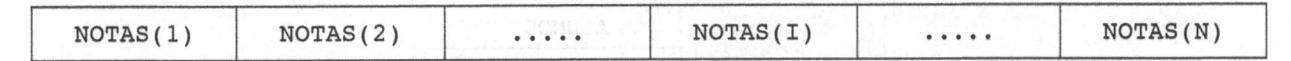

NOTAS(1)	NOTAS(2)	.....	NOTAS(I)	.....	NOTAS(N)

Figura 7.1 Vetor.

O *subíndice* ou índice de um elemento (1, 2 ... i, n) designa sua posição na ordenação do vetor. Outras possíveis notações do vetor são:

$a_1, a_2 ... a_i .... a_n$ *em matemática e algumas linguagens (VB 6.0 e VB.Net)*

```
A(1), A(2)... A(i)... A(n)
A[1], A[2]... A[i]... A[n]
```
em programação (Pascal e C)

Observe que somente o vetor global tem nome (NOTAS). Os elementos do vetor são referenciados pelo *subíndice* ou índice (*subscript*), ou seja, sua posição relativa no valor.

Em alguns livros e tratados de programação, além das notações anteriores, costuma-se utilizar esta outra:

```
A (L:U) = {A(I)}
para I = L, L+1 ... U-1, U
```
onde cada elemento A (I) é do tipo de dados T

que significa: A, vetor unidimensional com elementos de dados tipo T, cujos subíndices variam no intervalo de L a U, o que significa que o índice não tem por que começar necessariamente em 0 ou em 1.

Como exemplo de um vetor ou array unidimensional, podemos considerar o vetor TEMPERATURA que contém as temperaturas registradas na cidade durante as 24 horas do dia. Esse vetor constará de 24 elementos de tipo real, já que as temperaturas normalmente serão sempre inteiras.

O valor mínimo permitido de um vetor é denominado *limite inferior* do vetor (L) e o valor máximo permitido denomina-se *limite superior* (U). No exemplo do vetor TEMPERATURAS, o limite inferior é 1 e o superior, 24.

```
TEMPERATURA (I)   onde 1 <= I <= 24
```

O número de elementos de um vetor é denominado *tamanho do vetor*. O tamanho do vetor A(L:U) é U-L+1. O tamanho do vetor B(1:n) é n.

Os vetores, como já comentamos, podem conter dados não-numéricos, ou seja, tipo "caractere". Por exemplo, um vetor que representa as frutas vendidas em um supermercado:

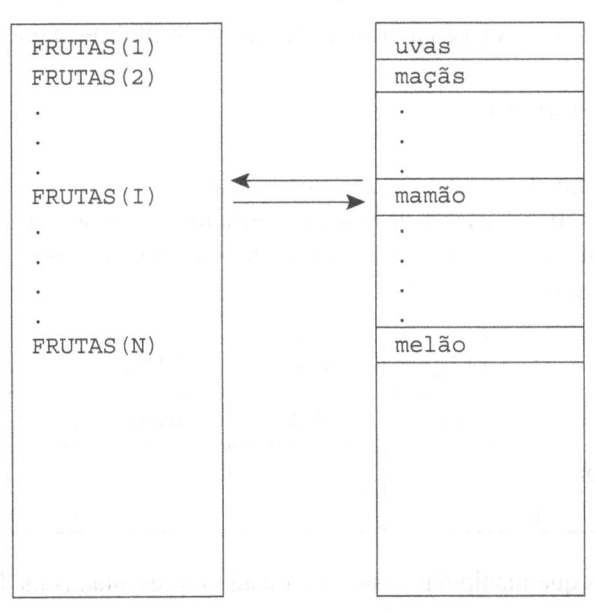

FRUTAS(1)		uvas
FRUTAS(2)		maçãs
.		.
.		.
FRUTAS(I)	↔	mamão
.		.
.		.
.		.
FRUTAS(N)		melão

Outro exemplo de um vetor pode ser os nomes dos alunos de uma classe. O vetor denomina-se `ALUNOS` e tem 30 elementos de tamanho.

```
         ALUNOS
   ┌─────────────────┐
 1 │ Luis Francisco  │
   ├─────────────────┤
 2 │ José            │
   ├─────────────────┤
 3 │ Vitória         │
   ├─────────────────┤
   │        .        │
   ├─────────────────┤
 i │ Martin          │
   ├─────────────────┤
   │        .        │
   ├─────────────────┤
30 │ Graziela        │
   └─────────────────┘
```

Os vetores são armazenados na memória central do computador em uma ordem adjacente. Assim, um vetor de 50 números denominados `NÚMEROS` é representado graficamente por 50 posições de memória sucessivas.

```
                    Memória
NÚMEROS[1]     ┌──────────────┐     Endereço X
               ├──────────────┤
NÚMEROS[2]     │              │     Endereço X+1
               ├──────────────┤
NÚMEROS[3]     │              │     Endereço X+2
               ├──────────────┤
               │      .       │
               │      .       │
               ├──────────────┤
NÚMEROS[50]    │              │     Endereço X+49
               └──────────────┘
```

Cada elemento de um vetor pode ser processado como se fosse uma variável simples ao ocupar uma posição de memória. Assim,

NÚMEROS[25] ← 72

armazena o valor inteiro ou real 72 na posição 25ª do vetor `NÚMEROS` e a instrução de saída

escrever (NÚMEROS[25])

visualiza o valor armazenado na posição 25ª, nesse caso, 72.

Essa propriedade significa que cada elemento de um vetor — e posteriormente uma tabela ou matriz — é acessível diretamente e é uma das *vantagens* mais importantes de usar um vetor: *armazenar um conjunto de dados*.

Consideremos um vetor x de oito elementos:

X[1]	X[2]	X[3]	X[4]	X[5]	X[6]	X[7]	X[8]
14.0	12.0	8.0	7.0	6.41	5.23	6.15	7.25
Elemento 1º	Elemento 2º						Elemento 8º

Algumas instruções que manipulam esse vetor estão representadas na Tabela 7.1.

Tabela 7.1 Operações básicas com vetores

Ações	Resultados
escrever (X[1])	Visualiza o valor de X[1] ou 14.0.
X[4] ← 45	Armazena o valor de 45 em X[4].
SOMA ← X[1]+X[3]	Armazena a soma de X[1] e X[3] ou 22.0 na variável SOMA.
SOMA ← SOMA+X[4]	Soma à variável SOMA o valor de X[4], ou seja, SOMA = 67.0.
X[5] ← X[5]+3,5	Soma 3.5 a X[5]; o novo valor de X[5] será 9.91.
X[6] ← X[1]+X[2]	Armazena a soma de X[1] e X[2] em X[6]; o novo valor de X[6] será 26.5.

Antes de vermos as diversas operações que podemos efetuar com vetores, consideremos a notação dos diferentes elementos.

Suponha um vetor V de oito elementos.

V[1]	V[2]	V[3]	V[4]	V[5]	V[6]	V[7]	V[8]
12	5	−7	14.5	20	1.5	2.5	−10

Os subíndices de um vetor podem ser inteiros, variáveis ou expressões inteiras. Assim, por exemplo, se

```
I ← 4
V[I+1]        representa o elemento V(5) de valor 20
V[I+2]        representa o elemento V(6) de valor 1.5
V[I−2]        representa o elemento V(2) de valor 5
V[I+3]        representa o elemento V(7) de valor 2.5
```

Tanto os arrays unidimensionais como os multidimensionais necessitam ser dimensionados previamente ao seu uso dentro de um programa.

7.3 OPERAÇÕES COM VETORES

Um vetor, como mencionamos, é uma seqüência ordenada de elementos como

```
X[1], X[2] ... X[n]
```

O limite inferior não tem por que começar em um. O vetor L

```
L[0], L[1], L[2], L[3], L[4], L[5]
```

contém seis elementos, o primeiro é zero. O vetor P, cujo tamanho é 7 e cujos limites inferior e posterior são −3 e 3, é

```
P[−3], P[−2], P[−1], P[0], P[1], P[2], P[3]
```

As operações que podem ser realizadas com vetores durante o processo de resolução de um problema são:

- *atribuição*,
- *leitura/escrita*,
- *varredura* (acesso seqüencial),
- *atualizar* (somar, apagar, inserir),
- *ordenação*,
- *busca*.

Em geral, as operações com vetores implicam o processo ou tratamento dos elementos individuais do vetor. As notações algorítmicas utilizadas neste livro são:

```
tipo
  array [liminf...limsup] de tipo : nome_aray
```

nome_array   nome válido do array
liminf...limsup limite inferior e superior do intervalo de array
tipo   tipos de dados dos elementos do array: inteiro, real, caractere

```
tipo
  array[1...10] de caractere : NOMES
var
  NOMES : N
```

significa que NOMES é um array (vetor) unidimensional de dez elementos (1 a 10) de tipo caractere.

```
tipo
  array['A'...'Z'] de real : LISTA
var
  LISTA : L
```

representa um vetor cujos subíndices são A, B... e cujos elementos são de tipo real.

```
tipo
  array[0...100] de inteiro : NÚMERO
var
  NÚMERO : NU
```

NÚMERO é um vetor cujos subíndices vão de 0 a 100 e de tipo inteiro.

Estas são as operações que analisaremos nesta seção: *atribuição, leitura/escrita, varredura e atualização*, deixando como tema exclusivo de outro capítulo, por sua especial relevância, a *ordenação* ou *classificação* e *busca*.

7.3.1 Atribuição

A atribuição de valores a um elemento do vetor será realizada com a instrução de atribuição:

A[29] ← 5   *atribui o valor 5 ao elemento 20 do vetor A*

Desejando atribuir valores a todos os elementos de um vetor, devemos recorrer às estruturas repetitivas (**desde, enquanto** ou **repetir**) e inclusive seletivas (**se-então, conforme**).

    ler(A[i])

Quando introduzimos os valores 5, 7, 8, 14 e 12 por meio de atribuições,

    A[1] ← 5
    A[2] ← 7
    A[3] ← 8
    A[4] ← 14
    A[5] ← 12

No exemplo anterior, são atribuídos diferentes valores a cada elemento do vetor A; desejando dar o mesmo valor a todos os elementos, a notação algorítmica se simplifica com o formato:

```
desde i = 1 até 5 fazer
A[1] ← 8
fim_desde
```

onde A[i] receberá os valores numéricos

```
A[1] = 8, A[2] = 8 ... A[5] = 8
```

Pode ser utilizada também a notação

```
A ← 8
```

para iniciar a atribuição de um mesmo valor a cada elemento de um vetor A. Esta notação deve ser considerada com muito cuidado para evitar confusão com possíveis variáveis simples numéricas de igual nome (A).

7.3.2 Leitura/escrita de dados

A leitura/escrita de dados em arrays e operações de entrada/saída normalmente são realizadas com estruturas repetitivas, mas podem também ser feitas com estruturas seletivas. As instruções simples de leitura/escrita se representarão como

```
ler(V[5])        ler o elemento V[5] do vetor V
```

7.3.3 Acesso seqüencial ao vetor (varredura)

Podemos permitir aos elementos de um vetor introduzir dados (*escrever*) nele ou visualizar seu conteúdo (*ler*). A operação de efetuar uma ação geral sobre todos os elementos de um vetor é denominada *varredura* do vetor. Essas operações são realizadas utilizando-se estruturas repetitivas, cujas variáveis de controle (por exemplo, I) são usadas como subíndices do vetor (por exemplo, S[I]). O incremento do contador do laço produzirá o tratamento sucessivo dos elementos do vetor.

Exemplo 7.1

Leitura de 20 valores inteiros de um vetor denominado F.

Procedimento 1

```
algoritmo ler_vetor
tipo
   array(1...20) de inteiro : FINAL
var
   FINAL : F
início
   desde i ← 1 até 20 fazer
      ler (F[i])
   fim_desde
fim
```

A leitura de 20 valores sucessivos usando o teclado preencherá de valores o vetor F, começando com o elemento F[1] e terminando em F[20]. Se mudássemos os limites inferior e superior (por exemplo, 5 e 10), o laço de leitura seria:

```
desde 1 ← 5 até 10 fazer
   ler(F[i])
fim_desde
```

Procedimento 2

Os elementos do vetor podem ser lidos também com laços **enquanto** ou **repetir**.

``i ← 1`` ``enquanto i <= 20 fazer`` ``ler(F[i])`` ``i ← i+1`` ``fim_enquanto``	ou	``i ← 1`` ``repetir`` ``até_que i > 20``

A saída ou escrita de vetores é representada de um modo similar. A estrutura

```
desde i ← 1 até i ← 20 fazer
   escrever(F[i])
fim_desde
```

visualiza todo o vetor completo (um elemento em cada linha independente).

Exemplo 7.2

Este exemplo processa um array PONTOS, realizando as seguintes operações: *a)* leitura do array, *b)* cálculo da soma dos valores do array, *c)* cálculo da média dos valores.

O array denominaremos PONTOS: o limite superior do intervalo será introduzido pelo teclado e o limite inferior será considerado 1.

```
algoritmo média_pontos
const
   LIMITE = 40
tipo
   array[1...LIMITE] de real : PONTUAÇÃO
var
   PONTUAÇÃO : PONTOS
   real : soma, média
   inteiro : i
início
   soma ← 0
   escrever('Dados do array')
   desde i ← 1 até LIMITE fazer
      ler(PONTOS[i])
      soma ← soma+PONTOS[i]
   fim_desde
   média ← soma/LIMITE
   escrever('A média é', média)
fim
```

O exemplo poderia ser ampliado, no sentido de visualizar os elementos do array, cujo valor é superior à média. Uma estrutura **desde** poderia realizar a operação somando-se ao algoritmo anterior.

```
escrever('Elementos do array superior à média')
desde i ← 1 até LIMITE fazer
   se PONTOS[i] > média então
```

```
        escrever(PONTOS[i])
    fim_se
fim_desde
```

Exemplo 7.3

Calcular a média das estaturas dos alunos de uma classe. Deduzir quantos são mais altos e quantos são mais baixos que a média.

Solução

Tabela de variáveis

```
n               número de estudantes da classe          : inteira
H[1]...H[n]     estatura dos n alunos                   : real
i               contador de alunos                      : inteira
MÉDIA           média de estaturas                      : real
ALTOS           alunos de estatura maior que a média    : inteira
BAIXOS          alunos de estatura menor que a média    : inteira
SOMA            totalizador de estaturas                : real
```

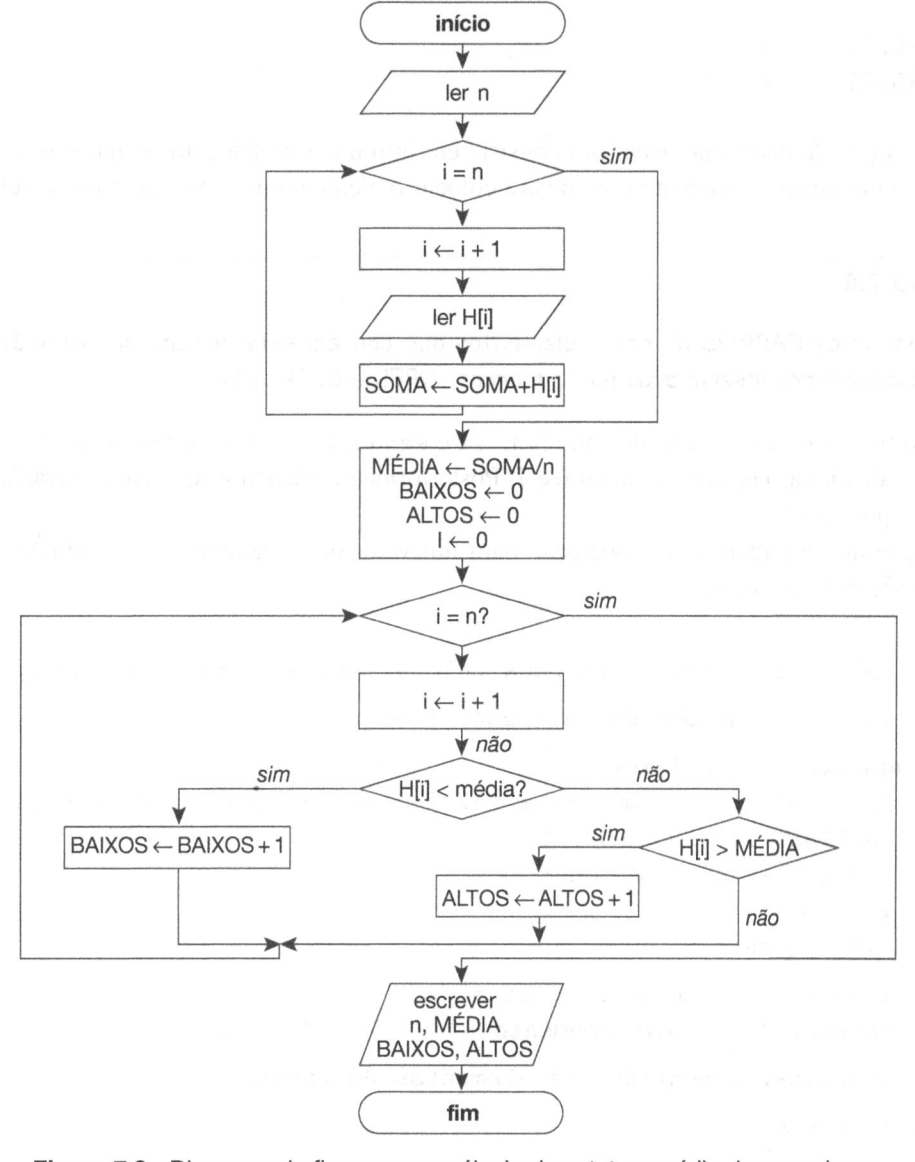

Figura 7.2 Diagrama de fluxo para o cálculo da estatura média de uma classe.

7.3.4 Atualização de um vetor

A operação de atualizar um vetor pode constar de três operações elementares:

somar elementos
inserir elementos
apagar elementos

Denomina-se *somar dados* a um vetor a operação de somar um novo elemento ao final do vetor. A única condição necessária para essa operação é a comprovação de espaço de memória suficiente para o novo vetor; ou seja, que o vetor não contenha todos os elementos definidos no princípio do programa.

Exemplo 7.4

Um array TOTAL dimensiona seis elementos, mas somente nomeou quatro valores para os elementos TOTAL[1], TOTAL[2], TOTAL[3] e TOTAL[4]. Poderão ser somados dois elementos com uma simples ação de atribuição.

```
TOTAL[5] ← 14
TOTAL[6] ← 12
```

A *operação de inserir um elemento* consiste em introduzir o elemento no interior do vetor. Nesse caso, é necessário um desmembramento prévio para colocar o elemento novo na sua posição relativa.

Exemplo 7.5

Temos um array CARROS de novos elementos que contém sete marcas de automóveis em ordem alfabética e desejamos inserir duas novas marcas: OPEL e CITROËN.

Como Opel está compreendido entre Lancia e Renault, deveremos desmembrar os elementos 5 e 6, que passarão a ocupar as posições relativas 6 e 7. Posteriormente, devemos realizar a operação com Citroën, que ocupará a posição 2.

O algoritmo que realiza essa operação para um vetor de *n* elementos é o seguinte, assumindo que haja espaço suficiente no vetor.

```
1. //Calcular a posição ocupada pelo elemento a ser inserido (por exemplo, P)
2. //Iniciar contador de inserções i ← n
3. enquanto i >= P fazer
      //transferir o elemento atual i-enésimo para baixo, à posição i+1
      CARROS[i+1] ← CARROS[i]
      //decrementar contador
      i ← i-1
   fim_enquanto
4. //inserir o elemento na posição P
      CARROS[P] ← 'novo elemento'
5. //atualizar o contador de elementos do vetor
6. n ← n + 1
7. fim
```

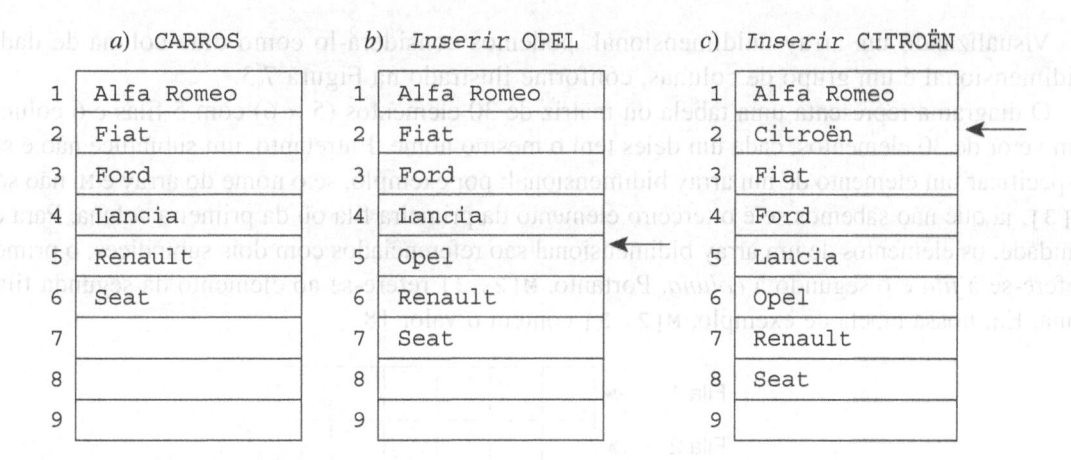

a) CARROS		b) Inserir OPEL		c) Inserir CITROËN	
1	Alfa Romeo	1	Alfa Romeo	1	Alfa Romeo
2	Fiat	2	Fiat	2	Citroën ←
3	Ford	3	Ford	3	Fiat
4	Lancia	4	Lancia	4	Ford
5	Renault	5	Opel ←	5	Lancia
6	Seat	6	Renault	6	Opel
7		7	Seat	7	Renault
8		8		8	Seat
9		9		9	

Desejando realizar mais inserções, teríamos de incluir uma estrutura de decisão **se-então** para perguntar se serão realizadas mais inserções.

A operação de apagar um elemento no final do vetor não apresenta nenhum problema; o apagar de um elemento do interior do vetor provoca o movimento para cima dos elementos inferiores a ele para reorganizar o vetor.

O algoritmo apagado do elemento *j-enésimo* do vetor CARROS é o seguinte:

```
algoritmo apagado
início
//utilizar uma variável auxiliar —AUX— que conterá o valor
//do elemento que se deseja apagar
   AUX ← CARROS[j]
   desde i ← j até N—1 fazer
      //levar elemento j+1 para acima
      CARROS[i] ← CARROS[i+1]
   fim_desde
   //atualizar contador de elementos
   //agora terá um elemento a menos, N-1
   N ← N—1
fim
```

7.4 ARRAYS DE VÁRIAS DIMENSÕES

Os vetores examinados até agora são denominados arrays unidimensionais e neles cada elemento é definido ou é feita referência por um índice ou subíndice. Esses vetores são elementos de dados escritos em uma seqüência. Porém, existem grupos de dados que são mais bem representados em forma de tabela ou matriz com dois ou mais subíndices. Exemplos típicos de tabelas ou matrizes são: tabelas de distâncias quilométricas entre cidades, quadros de horários de trens ou aviões, informes de vendas periódicas (mês/unidades vendidas ou mês/vendas totais) etc. Podemos definir *tabelas* ou *matrizes* como *arrays multidimensionais*, cujos elementos são referenciados por dois, três ou mais subíndices. Os arrays não-unidimensionais serão divididos em dois grandes grupos:

arrays bidimensionais   (duas dimensões)
arrays multidimensionais   (três ou mais dimensões)

7.4.1 Arrays bidimensionais (tabelas/matrizes)

Podemos considerar *array bidimensional* como um vetor de vetores. É, conseqüentemente, um conjunto de elementos, todos do mesmo tipo, em que a ordem dos componentes é significativa e é necessário especificar dois subíndices para poder identificar cada elemento do array.

Visualizando um array unidimensional, podemos considerá-lo como uma coluna de dados: um array bidimensional é um grupo de colunas, conforme ilustrado na Figura 7.3.

O diagrama representa uma tabela ou matriz de 30 elementos (5 × 6) com 5 filas e 6 colunas. Como em um vetor de 30 elementos, cada um deles tem o mesmo nome. Entretanto, um subíndice não é suficiente para especificar um elemento de um array bidimensional; por exemplo, se o nome do array é M, não se pode indicar M[3], já que não sabemos se é o terceiro elemento da primeira fila ou da primeira coluna. Para evitar a ambigüidade, os elementos de um array bidimensional são referenciados com dois subíndices; o primeiro subíndice refere-se à *fila* e o segundo à *coluna*. Portanto, M[2, 3] refere-se ao elemento da segunda fila, terceira coluna. Em nossa tabela de exemplo, M[2, 3] contém o valor 18.

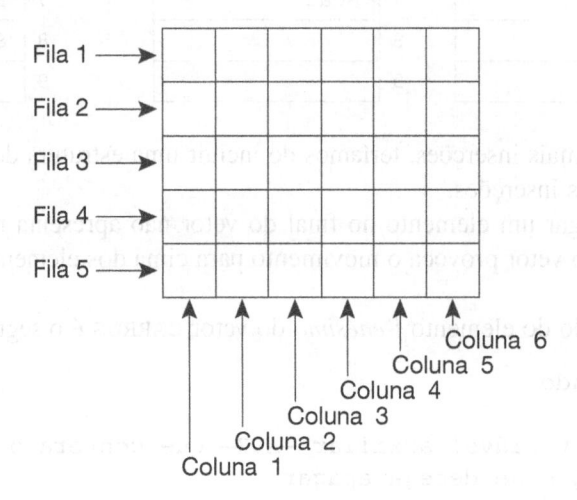

Figura 7.3 Array bidimensional.

Um *array bidimensional* M, também denominado *matriz* (termos matemáticos) ou *tabela* (termos financeiros), é considerado como tendo duas dimensões (uma dimensão para cada subíndice) e necessita de um valor para cada subíndice para poder identificar um elemento individual. Em notação-padrão, normalmente o primeiro subíndice se refere à fila do array, enquanto o segundo subíndice se refere à coluna do array, ou seja, B[I, J] é o elemento de B que ocupa a I^a fila e a J^a coluna como se indica na Figura 7.4.

Figura 7.4 Elemento B[I, J] do array B.

O elemento B[I, J] também pode ser representado por BI, J. Mais formalmente em notação algorítmica, o array B com elementos do tipo T (numéricos, alfanuméricos etc.) com *subíndices fila* que variam no intervalo de 1 a M e *subíndices coluna* no intervalo de 1 a N é

   B(1:M, 1:N) = {B[I, J]}

onde   I = 1 ... M   *ou*   1 <= I <= M
         J = 1 ... N   1 <= J <= N
cada elemento B[I, J] *é do tipo* T.

O array B tem M por N elementos. Existem N elementos em cada fila e M elementos em cada coluna (M*N).

Os arrays de duas dimensões são muito freqüentes: as notas dos estudantes de uma classe são armazenadas em uma tabela NOTAS de dimensões NOTAS[20, 5], onde 20 é o número de alunos e 5 o número de disciplinas. O valor do subíndice I deve estar entre 1 e 20, e o de J, entre 1 e 5. Os subíndices podem ser variáveis ou expressões numéricas, NOTAS(M, 4), e neles o subíndice fila irá de 1 a M, e o de colunas, de 1 a N.

Geralmente, considera-se que um array bidimensional começa seus subíndices em 0 ou em 1 (conforme a linguagem de programação: *0 na linguagem C, 1 em FORTRAN*), mas ele pode ter limites selecionados pelo usuário durante a codificação do algoritmo. Em geral, o array bidimensional B com seu primeiro subíndice, varia de um limite inferior L (inferior, *low*) a um limite superior U (superior, *up*). Em notação algorítmica:

B(L1:U1, L2:U2) = {B[I, J]}

onde   L1 <= I <= U1
         L2 <= J <= U2

cada elemento B[I, J] *é do tipo* T.

O número de elementos de uma fila de B é U2−L2+1 e o número de elementos em uma coluna de B é U1−L1+1. Conseqüentemente, o número total de elementos do array B é (U2−L2+1)*(U1−L1+1).

Exemplo 7.6

A matriz T representa uma tabela de notações de saltos em altura (primeiro salto), onde as filas representam o nome do atleta e as colunas, as diferentes alturas saltadas pelo atleta. Os símbolos armazenados na tabela são: *x*, salto válido; 0, salto nulo ou não tentado.

Fila \ Coluna T	2,00	2,10	2,20	2,30	2,35	2,40
Garcia	x	0	x	x	x	0
Pérez	0	x	x	0	x	0
Gil	0	0	0	0	0	0
Mortimer	0	0	0	x	x	x

Exemplo 7.7

Um exemplo típico de um array bidimensional é um tabuleiro de xadrez. Podemos representar cada posição ou *casa* do tabuleiro por meio de um array, em que cada elemento é uma casa e seu valor será um código representativo de cada figura do jogo.

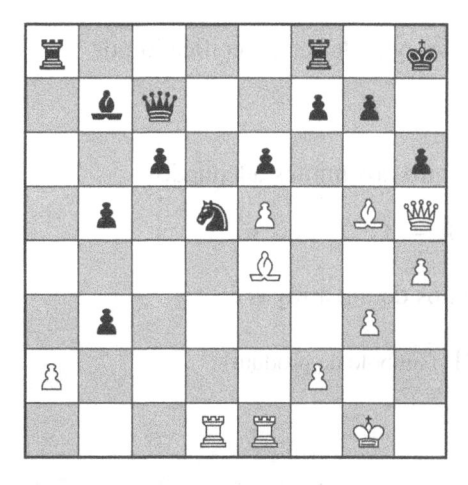

Figura 7.5 Array típico, "tabuleiro de xadrez".

Os diferentes elementos serão

```
elemento[i, j] = 0    se não tem nada na casa [i, j]
elemento[i, j] = 1    se a casa contém um peão branco
elemento[i, j] = 2    um cavalo branco
elemento[i, j] = 3    um bispo branco
elemento[i, j] = 4    uma torre branca
elemento[i, j] = 5    uma rainha branca
elemento[i, j] = 6    um rei branco
```

e os correspondentes números, negativos, para as peças pretas.

Exemplo 7.8

Suponha que temos um mapa ferroviário e que os nomes das estações (cidades) estão em um vetor denominado *cidade*. O array f poderá ter os seguintes valores:

```
f[i, j] = 1    se existe enlace entre as cidades i e j, cidade[i] e cidade[j]
f[i, j] = 0    não existe enlace
```

> **Nota**
>
> O array f resume a informação da estrutura da rede de enlaces.

7.5 ARRAYS MULTIDIMENSIONAIS

Um array pode ser definido em três dimensões, quatro dimensões, até em *n-dimensões*. Os conceitos de intervalo de subíndices e número de elementos podem ser ampliados diretamente de arrays de uma e duas dimensões a arrays de ordem mais alta. Em geral, um array de n-dimensões requer que os valores dos *n* subíndices possam ser especificados para se identificar um elemento individual do array. Se cada componente de um array tem *n* subíndices, dizemos que o array é somente de *n-dimensões*. O array A de n-dimensões pode ser identificado como

$$A(L1:U1, L2:U2 \ldots Ln:Un)$$

e um elemento individual do array pode ser especificado por

$$A(I_1, I_2, \ldots I_n)$$

onde cada subíndice I está dentro dos limites adequados

$$L_k <= I_k <= U_k \text{ onde } k = 1, 2 \ldots n$$

O número total de elementos de um array A é

$$\Pi (U_k - L_k+1) \qquad \Pi \text{ (símbolo do produto)}$$

que pode ser escrito como

$$(U_1-L_1+1)*(U_2-L_2+1)*\ldots*(UN-LN+1)$$

Se os limites inferiores começassem em 1, o array seria representado por

$$A(K_1, K_2 \ldots, K_n) \quad \text{ou} \quad A_{k1, k2 \ldots kn}$$

onde

```
1 <= K₁ <= S₁
1 <= K₂ <= S₂
        .
        .
        .
1 <= kₙ <= Sₙ
```

Exemplo 7.9

Um array de três dimensões pode conter os dados relativos ao número de estudantes da universidade ALFA de acordo com os seguintes critérios:

- cursos (primeiro a quinto),
- sexo (homem/mulher),
- dez faculdades.

O array ALFA pode ser de dimensões 5 por 2 por 10 (alternativamente, $10 \times 5 \times 2$ ou $10 \times 2 \times 5$, $2 \times 5 \times 10$ etc.). A Figura 7.6 representa o array ALFA.

O valor de elemento ALFA[I, J, K] é o número de estudantes do curso I de sexo J da faculdade K. Para ser válido, I deve ser 1, 2, 3, 4 ou 5; J deve ser 1 ou 2; K deve estar entre 1 e 10 inclusive.

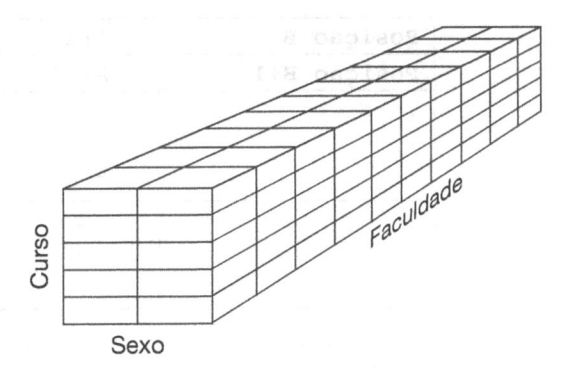

Figura 7.6 Array de três dimensões.

Exemplo 7.10

Outro array de três dimensões pode ser PASSAGEM, que representa o estado atual do sistema de reserva de uma linha aérea, onde

```
i = 1, 2 ... 10      representa o número do vôo
j = 1, 2 ... 60      representa a fila do avião
k = 1, 2 ... 12      representa o assento dentro da fila
```

Então

```
passagem[i, j, k] = 0    assento livre
passagem[i, j, k] = 1    assento ocupado
```

7.6 ARMAZENAMENTO DE ARRAYS NA MEMÓRIA

As representações gráficas dos diferentes arrays estão na Figura 7.7. Em razão da sua importância, quase todas as linguagens de programação de alto nível proporcionam meios eficazes para armazenar e acessar os elementos dos arrays, de modo que o programador não tenha de se preocupar com os detalhes específicos de armazenamento. Entretanto, o armazenamento no computador está disposto fundamentalmente em seqüência contínua, e, a cada acesso a uma matriz ou tabela, a máquina deve realizar a tarefa de converter a posição dentro do array em uma posição pertencente a uma linha.

A[1]
A[2]
.
.
.
A[i]
.
.
.
A[n]

a)

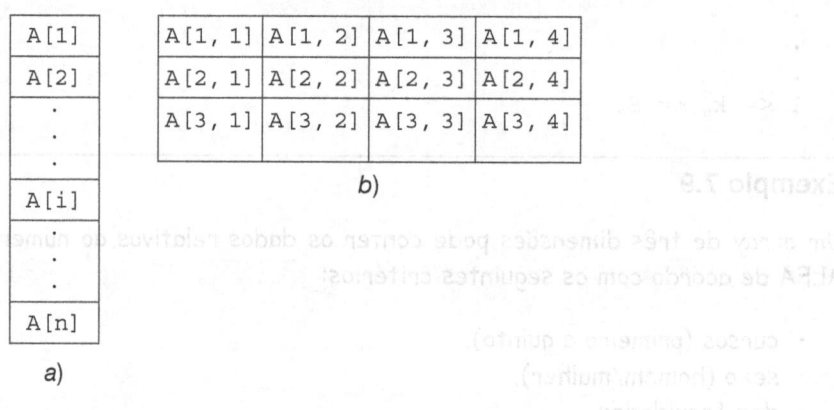

A[1, 1]	A[1, 2]	A[1, 3]	A[1, 4]
A[2, 1]	A[2, 2]	A[2, 3]	A[2, 4]
A[3, 1]	A[3, 2]	A[3, 3]	A[3, 4]

b)

Figura 7.7 Arrays de uma e duas dimensões.

7.6.1 Armazenamento de um vetor

O armazenamento de um vetor na memória é realizado em células ou posições seqüenciais. Assim, no caso de um vetor A com um subíndice de intervalo *1* a *n*,

Posição B	A[1]
Posição B+1	A[2]
. . .	A[3]
	. . .
	A[i]
	. . .
Posição B+n−1	A[n]

Se cada elemento do array ocupa S bytes (1 byte = 8 bits) e B é o endereço inicial da memória central do computador — *posição ou endereço base* —, o endereço inicial do elemento *i-enésimo* seria:

B+(I−1)*S

> **Nota**
>
> Se o limite inferior não é igual a 1, considere o array declarado como N(4:10); o endereço inicial de N(6) é B+(6−4)*S.

Geralmente, o elemento N(I) de um array definido como N(L:U) tem o endereço inicial

B+(I−L)*S

7.6.2 Armazenamento de arrays multidimensionais

Como a memória do computador é linear, um array multidimensional deve estar linear para sua disposição em armazenamento. As linguagens de programação podem armazenar os arrays na memória de duas maneiras: *ordem de fila maior* e *ordem de coluna maior*.

O método mais natural de lermos e armazenarmos os arrays é denominado *ordem de fila maior* (ver Figura 7.8). Por exemplo, se um array é B[1:2, 1:3], a ordem dos elementos na memória é:

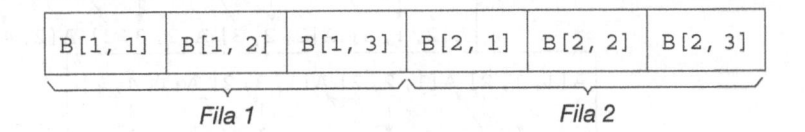

| B[1, 1] | B[1, 2] | B[1, 3] | B[2, 1] | B[2, 2] | B[2, 3] |

Fila 1 — Fila 2

Figura 7.8 Ordem de fila maior.

C, COBOL e Pascal *armazenam os elementos por filas*.
FORTRAN emprega a *ordem de coluna maior*, na qual as entradas da primeira fila vêm primeiro.

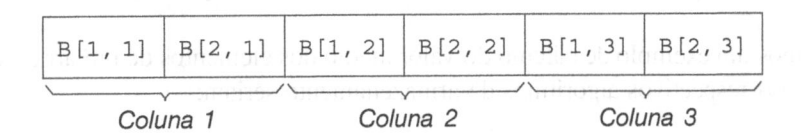

| B[1, 1] | B[2, 1] | B[1, 2] | B[2, 2] | B[1, 3] | B[2, 3] |

Coluna 1 — Coluna 2 — Coluna 3

Figura 7.9 Ordem de coluna maior.

De modo geral, o compilador da linguagem de alto nível deve ser capaz de calcular com um índice *[i, j]* a posição do elemento correspondente.

Em um array em ordem de fila maior, cujos subíndices máximos são *m* e *n* (*m*, filas; *n*, colunas), a posição p do elemento [i, j] com relação ao primeiro elemento é

p = n(i−1)+j

Para calcular o endereço real do elemento [i, j], somamos p à posição do primeiro elemento e subtraímos 1. A representação gráfica do armazenamento de uma tabela ou matriz B[2, 4] e C[2, 4]:

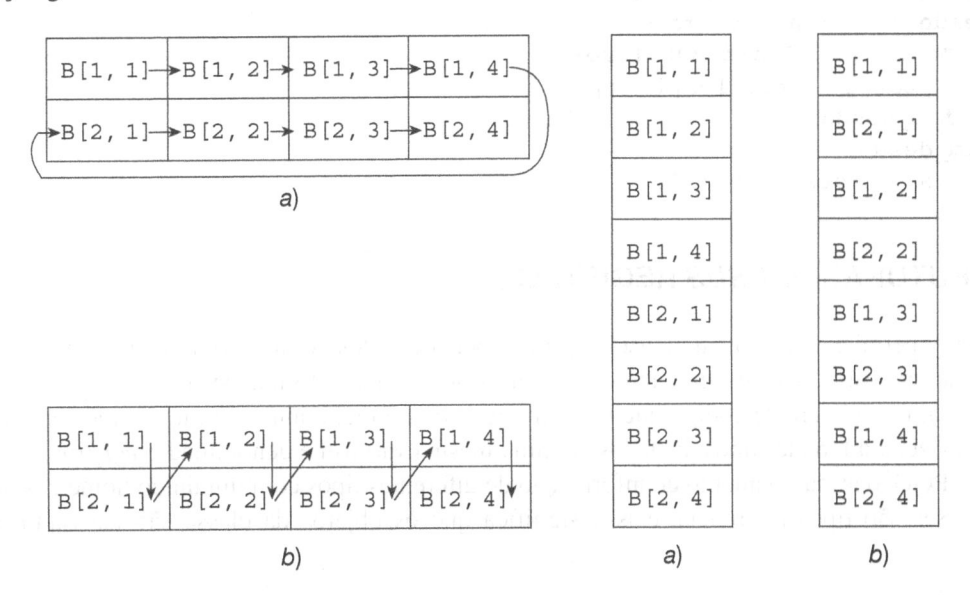

Figura 7.10 Armazenamento de uma matriz: *a)* por filas, *b)* por colunas.

No caso de um array de três dimensões, suponhamos um *array tridimensional* `A[1:2, 1:4, 1:3]`. A Figura 7.11 representa o array `A` e seu armazenamento na memória.

Para determinar se é mais vantajoso armazenar um array em ordem de coluna maior ou em ordem de fila maior, é necessário saber em que ordem são referenciados os elementos do array. De fato, as linguagens de programação não dão opções ao programador para que escolha uma técnica de armazenamento.

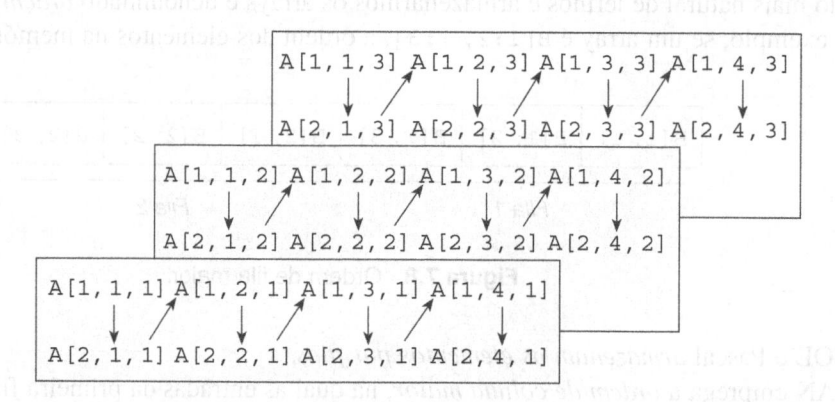

```
A[1,1,3] A[1,2,3] A[1,3,3] A[1,4,3]
A[2,1,3] A[2,2,3] A[2,3,3] A[2,4,3]
A[1,1,2] A[1,2,2] A[1,3,2] A[1,4,2]
A[2,1,2] A[2,2,2] A[2,3,2] A[2,4,2]
A[1,1,1] A[1,2,1] A[1,3,1] A[1,4,1]
A[2,1,1] A[2,2,1] A[2,3,1] A[2,4,1]
```

Figura 7.11 Armazenamento de uma matriz `A[2, 4, 3]` por colunas.

Consideremos um exemplo de cálculo do valor médio dos elementos de um array `A` de 50 por 300 elementos, `A[50, 300]`. Os respectivos algoritmos de armazenamento seriam:

Armazenamento por coluna maior

```
total ← 0
desde j ← 1 até 300 fazer
   desde i ← 1 até 50 fazer
      total ← total+a[i, j]
   fim_desde
fim_desde
média ← total/(300*50)
```

Armazenamento por fila maior

```
total ← 0
desde i ← 1 até 50 fazer
   desde j ← 1 até 300 fazer
      total ← total+a[i, j]
   fim_desde
fim_desde
média ← total/(300*50)
```

7.7 ESTRUTURAS *VERSUS* REGISTROS

Um array permite o acesso a uma lista ou uma tabela de dados do mesmo tipo de dados utilizando-se um único nome de variável. Às vezes, entretanto, desejamos armazenar informações de diferentes tipos, como um nome de cadeia, um número de código inteiro e um preço de tipo real, juntas em uma única estrutura. Uma estrutura que armazena diferentes tipos de dados em uma mesma variável é denominada *registro*.

Em POO[2] o armazenamento de informação de diferentes tipos com um único nome costuma ser em classes. As classes são tipos referência, e isso significa que os objetos da classe são acessados por meio de uma

---

[2] Programação orientada a objetos.

referência. Entretanto, em muitas ocasiões é necessário o uso de tipos valor. As variáveis de um tipo valor contêm diretamente os dados, enquanto as de tipo referência armazenam uma referência no lugar onde se encontram armazenados seus dados. O acesso aos objetos por meio de referência soma tarefas e tempos complementares e também consome espaço. No caso de pequenos objetos, esse espaço extra pode ser significativo. Algumas linguagens de programação, como **C** e as orientadas a objetos como **C++**, **C#**, oferecem o tipo estrutura para resolver esses inconvenientes. Uma *estrutura* é similar a uma classe em orientação a objetos e igual a um registro em linguagens estruturadas como C, mas é um tipo valor em lugar de um tipo referência.

7.7.1 Registros

Um registro em **Pascal** é similar a uma estrutura em **C** e, ainda que em outras linguagens como **C#** e **C++** as estruturas possam atuar como classes, neste capítulo restringiremos sua definição ao registro existente em diferentes tipos de dados. Um registro é declarado com a palavra reservada **estrutura** (**struct**, em inglês) ou **registro** utilizando-se os mesmos passos necessários para usar qualquer variável. Primeiro, devemos declarar o registro, e depois atribuímos valores aos membros ou elementos individuais do registro ou estrutura.

Sintaxe

```
estrutura: nome_classe
    tipo_1: campo1
    tipo_2: campo2
    ...
fim_estrutura
```

```
registro: nome_tipo
    tipo_1: campo1
    tipo_2: campo2
    ...
fim_registro
```

Exemplo

```
estrutura: dataNascimento
    inteiro: mês   // mês de nascimento
    inteiro: dia   // dia do nascimento
    inteiro: ano   // ano do nascimento
fim_estrutura
```

A declaração anterior reserva armazenamento para os elementos de dados individuais denominados *campos* ou **membros** da estrutura. Nesse caso, a estrutura consta de três campos dia, mês e ano relativos a uma data de nascimento ou a uma data em sentido geral. O acesso aos membros da estrutura é realizado com o operador ponto e com a seguinte sintaxe

Nome_estrutura.membro

Assim, `dataNascimento.mês` se refere ao membro mês da estrutura data, e `dataNascimento.dia` se refere ao dia de nascimento de uma pessoa. Um tipo de dado estrutura mais geral poderia ser `Data`, que serviria para qualquer dado aplicável a qualquer aplicação (data de nascimento, data de um exame, data do começo das aulas etc.).

```
estrutura: Data
    inteiro: mês
    inteiro: dia
    inteiro: ano
fim_estrutura
```

Declaração de tipos estrutura

Uma vez definido um tipo estrutura, podemos declarar variáveis desse tipo como fazemos com qualquer outro tipo de dados. Por exemplo, a sentença de definição

```
Data Aniversário, doDia
```

reserva armazenamento para duas variáveis chamadas `Aniversário` e `doDia`, respectivamente. Cada uma dessas estruturas individuais tem o mesmo formato que o declarado na classe `Data`.

Os membros de uma estrutura não estão restritos a tipos de dados inteiros, podem ser qualquer tipo de dado válido da linguagem. Por exemplo, consideremos um registro de um empregado de uma empresa que conta com os seguintes membros:

```
estrutura Empregado
   Cadeia: nome
   inteiro: idNúmero
   real: Salário
   Data: DataNascimento
   inteiro: Antiguidade
fim_estrutura
```

Observe que, na declaração da estrutura `Empregado`, o membro `Data` é um nome de um tipo estrutura previamente definido. O acesso individual aos membros individuais do tipo estrutura da classe `Empregado` é realizado por meio de dois operadores ponto, da seguinte maneira:

```
Empregado.Data.Dia
```

e se refere à variável `Dia` da estrutura `Data` da estrutura `Empregado`.

Estruturas de dados homogêneas e heterogêneas

Os registros (estruturas) e os arrays são tipos de dados estruturados. A diferença entre esses dois tipos são os tipos de elementos que contêm. Um array é uma estrutura de dados homogênea, o que significa que cada um de seus componentes deve ser do mesmo tipo. Um registro é uma estrutura de dados heterogênea, o que significa que cada um de seus componentes pode ser de tipos de dados diferentes. Conseqüentemente, um array de registros é uma estrutura de dados cujos elementos são do mesmo tipo heterogêneo.

7.8 ARRAYS DE ESTRUTURAS

A potência real de uma estrutura ou registro se manifesta em toda sua expressão quando a mesma estrutura é utilizada para listas de dados. Por exemplo, suponha que devemos processar os dados da tabela da Figura 7.12.

Um sistema poderia ser o seguinte: armazenar os números de empregados em um array de inteiros, os nomes em um array de cadeias de caracteres, e os salários em um array de números reais. Ao se organizar os dados dessa maneira, cada coluna da Figura 7.13 é considerada como uma lista independente que se armazena em seu próprio array. A correspondência entre elementos de cada empregado individual é mantida armazenando-se os dados de um empregado na mesma posição de cada array.

A separação de cada lista completa em três arrays individuais não é muito eficiente, já que todos os dados relativos a um empregado são organizados juntos em um registro como mostra a Figura 7.13. Utilizando uma estrutura, mantemos a integridade dos dados da organização e bastará um programa que manipule os registros para que possam ser manipulados com eficácia. A declaração de um array de estruturas é similar à declaração

Número do empregado	Nome do empregado	Salário
97005	Mackoy, José Luis	1.500
95758	Mortimer, João	1.768
87124	Rodrigues, Manoel	2.456
67005	Carrigan, Luis José	3.125
20001	Mackena, Luis Miguel	2.156
20020	García de la Cruz, Heraclio	1.990
99002	Mackoy, Maria Victoria	2.450
20012	González, Yiceth	4.780
21001	Verástegui, Rina	3.590
97.005	Rodríguez, Concha	3.574

Figura 7.12 Lista de dados.

de um array de qualquer outro tipo de variável. Conseqüentemente, no caso do arquivo de empregados da empresa pode-se declarar o array de empregado com o nome Empregado, e o registro ou estrutura o denominamos RegistroFolhadePagamento.

```
estrutura: RegistroFolhadePagamento
    inteiro: NúmEmpregado
    cadeia:[30]: Nome
    real: Salário
fim_estrutura
```

Podemos declarar um array de estrutura RegistroFolhadePagamento que permita representar toda a tabela anterior

array [1...10] de RegistroFolhadePagamento: Empregado

A sentença anterior constrói um array de dez elementos Empregado, cada um dos quais é uma estrutura de dados do tipo RegistroFolhadePagamento que representa um empregado da empresa Águas da Serra Magna. Observe que a criação de um array de dez estruturas tem o mesmo formato que qualquer outro array. Por exemplo, a criação de um array de dez inteiros denominado Empregado requer a declaração

array [1...10] de inteiro: Empregado

Na verdade, a lista de dados de Empregado é representada por meio de uma lista de registros, conforme mostrado na Figura 7.13.

Número do empregado	Nome do empregado	Salário
97005	Mackoy, José Luis	1.500
95758	Mortimer, João	1.768
87124	Rodrigues, Manoel	2.456
67005	Carrigan, Luis José	3.125
20001	Mackena, Luis Miguel	2.156
20020	García de la Cruz, Heraclio	1.990
99002	Mackoy, Maria Victoria	2.450
20012	González, Yiceth	4.780
21001	Verástegui, Rina	3.590
97005	Rodríguez, Concha	3.574

Figura 7.13 Lista de registros.

ATIVIDADES DE PROGRAMAÇÃO RESOLVIDAS

7.1 Escreva um algoritmo que permita calcular o quadrado dos cem primeiros números inteiros e em seguida escrever uma tabela que contenha esses cem números quadrados.

Solução

O problema consta de duas partes:

1. Cálculo dos cem primeiros números inteiros e seus quadrados.
2. Projeto de uma tabela T, T(1), T(2) ... T(100) que contém os seguintes valores:

```
T(1) = 1*1 = 1
T(2) = 2*2 = 4
T(3) = 3*3 = 9
...
```

O algoritmo pode ser construído com estruturas de decisão ou alternativas, ou como estruturas repetitivas. Em nosso caso, utilizaremos uma estrutura repetitiva **desde**.

```
algoritmo quadrados
tipo
   array[1...100] de inteiro : tabela
var
   tabela : T
   inteiro : I, C
início
   desde I ← 1 até 100 fazer
      C ← I*I
      escrever(I, C)
   fim_desde
   desde I ← 1 até 100 fazer
      T[I] ← I*I
      escrever(T[I])
   fim_desde
fim
```

7.2 Tendo N temperaturas, desejamos calcular sua média e determinar, entre todas elas, quais são superiores ou iguais a essa média.

Solução

Análise

Em um primeiro momento, os dados são lidos e armazenados em um vetor (array unidimensional) `TEMP(1:N)`.

A seguir vamos realizando as somas sucessivas a fim de obter a média.

Por último, com um laço de leitura da tabela, vamos comparando cada elemento da tabela com a média e o local; por meio de um contador, calculamos um número de temperaturas igual ou superior à média.

Tabela de variáveis	
N	Número de elementos do vetor ou tabela.
TEMP	Vetor ou tabela de temperatura.
SOMA	Somas sucessivas das temperaturas.
MÉDIA	Média da tabela.
C	Contador de temperaturas >= MÉDIA.

Pseudocódigo

```
algoritmo temperaturas
const
  N = 100
tipo
  array[1...N] de real : temperatura
var
  temperatura: Temp
  inteiro : I, C
  real : soma, média
início
  soma ← 0
  média ← 0
  C ← 0
  desde I ← 1 até N fazer
    ler(Temp[I])
    soma ← soma+Temp[I]
  fim_desde
  média ← soma/N
  para I ← 1 até N fazer
    se Temp[I] >= média então
      C ← C+1
      escrever(Temp[I])
    fim_se
  fim_para
  escrever 'A média é:', média)
  escrever('O total de temperaturas >=', média, 'é:', C)
fim
```

7.3 Escreva o algoritmo que permita somar o número de elementos positivos e negativos de uma tabela T.

Solução

Seja uma tabela T de dimensões M, N lidas usando o teclado.

Tabela de variáveis	
I, J, M, N:	inteiro
SP:	real
SN:	real

Pseudocódigo

```
algoritmo soma_resto
const
  M = 50
  N = 20
tipo
  array[1...M, 1...N] de real : Tabela
var
  Tabela : T
  inteiro : I, J
  real : SP, SN
```

```
início
   SP ← 0
   SN ← 0
   desde I ← 1 até M fazer
      desde J ← 1 até N fazer
         se T[I, J] > 0 então
            SP ← SP+T[I, J]
         se_não
            SN ← SN+T[I, J]
         fim_se
      fim_desde
   fim_desde
   escrever('Soma de positivos', SP, 'de negativos', SN)
fim
```

7.4 Inicie uma matriz de duas dimensões com um valor constante dado K.

Solução

Análise

O algoritmo deve tratar de atribuir a constante K a todos os elementos da matriz A[M, N].

A[1, 1] = K   A[1, 2] = K ... A[1, N] = K
.
.
A[M, 1] = K   A[M, 2] = K ... A[M, N] = K

Dado que é uma matriz de duas dimensões, necessitamos dos laços aninhados para a leitura.

Pseudocódigo
```
algoritmo inicializa_matriz
início
   desde I ← 1 até ← M fazer
      desde J ← 1 até N fazer
         A[I, J] ← K
      fim_desde
   fim_desde
fim
```

7.5 Efetue a soma de duas matrizes bidimensionais.

Solução

Análise

As matrizes A[I, J], B[I, J], para que possam ser somadas, devem ter as mesmas dimensões. A matriz soma S[I, J] terá dimensões iguais e cada elemento será a soma das matrizes correspondentes A e B, isto é,

S[I, J] = A[I, J] + B[I, J]

Em se tratando de matrizes de duas dimensões, o processo se realizará com dois laços aninhados.

Pseudocódigo
```
algoritmo soma_matrizes
início
   desde I ← 1 até N fazer
      desde J ← 1 até M fazer
```

```
            S[I, J] ← A[I, J] + B[I, J]
        fim_desde
    fim_desde
fim
```

7.6 Dispondo de uma tabela T de duas dimensões, calcule a soma de seus elementos.

Solução

Suponhamos as dimensões de T, M e A e que se compõem de números reais.

Tabela de variáveis	
I	Contador de filas.
J	Contador de colunas.
M	Número de filas da tabela T.
N	Número de colunas da tabela T.
T	Tabela.
S	Soma dos elementos da tabela.
I, J, M, N	Inteiros.
T, S	Reais.

Pseudocódigo

```
algoritmo soma_elementos
const
   M = 50
   N = 20
tipo
   array[1...M, 1...N] de real : Tabela
var
   inteiro : I, J
   Tabela : T
   real : S
início
   desde I ← 1 até M fazer
      desde J ← 1 até N fazer
         ler(T[I, J])
      fim_desde
   fim_desde
   S ← 0 {inicialização da soma S}
   desde I ← 1 até M fazer
      desde J ← 1 até N fazer
         S ← S + T[I, J]
      fim_desde
   fim_desde
   escrever ('A soma dos elementos da matriz =', S)
fim
```

7.7 Realize a busca de um determinado nome em uma lista de nomes, de modo que o algoritmo imprima as seguintes mensagens segundo o resultado:

| 'Nome encontrado' | se o nome está na lista |
| 'Nome não existe' | se o nome não está na lista |

Solução

Nesse exercício, recorreremos à utilização de um interruptor SW, de modo que, se SW = falso, o nome não existe na lista, e se SW = verdadeiro, o nome existe na lista (ou no caso de não existir a possibilidade de variáveis lógicas, definir SW como SW = 0 se é falso e SW = 1 se é verdadeiro ou certo).

Método 1

```
algoritmo busca
const
   N = 50
tipo
   array[1...N] de cadeia : Listas
var
   Listas   : 1
   lógico   : SW
   cadeia   : nome
   inteiro  : 1
início
   SW ← falso
   ler (nome)
   desde I ← 1 até N fazer
     se l[I] = nome então
        SW ← verdadeiro
     fim_se
   fim_desde
   se SW então
     escrever('Encontrado')
   se_não
     escrever('Não existe', nome)
   fim_se
fim
```

Método 2

```
algoritmo busca
const
   N = 50
tipo
   array[1...N] de cadeia : Listas
var
   Listas   : 1
   lógico   : SW
   cadeia   : nome
   inteiro  : I
início
   SW ← 0
   ler(nome)
   desde I ← 1 até N fazer
     se l[I] = nome então
        SW ← 1
     fim_se
   fim_desde
   se SW = 1 então
     escrever('Encontrado')
   se_não
     escrever('Não existe', nome)
   fim_se
fim
```

7.8 Deseja-se permutar as filas I e J de uma matriz (array) de duas dimensões (M*N): M filas, N colunas.

Solução

Análise

A tabela `T(M*N)` pode ser representada por:

```
T[1, 1]    T[1, 2]    T[1, 3]    ...    T[1, N]
T[2, 1]    T[2, 2]    T[2, 3]    ...    T[2, N]
.
.
T[M, 1]    T[M, 2]    T[M, 3]    ...    T[M, N]
```

O sistema para permutar globalmente toda a fila I com a fila J deve ser realizado permutando-se um a um o conteúdo dos elementos `T[I, K]` e `T[J, K]`.

Para trocar entre si os valores de duas variáveis, recordemos que necessitávamos de uma variável auxiliar `AUX`. Assim, para o caso das variáveis A e B,

```
AUX ← A
A   ← B
B   ← AUX
```

No caso de nosso exercício, para trocar os valores `T[I, K]` e `T[J, K]` devemos utilizar o algoritmo:

```
AUX     ← T[I, K]
T[I, K] ← T[J, K]
T[J, K] ← T[I, K]
```

Tabela de variáveis

I, J, K, M, N	Inteiras
AUX	Real
Array	Real

Pseudocódigo

```
algoritmo troca
const
  M = 50
  N = 30
tipo
  array[1...M, 1...N) de inteiro : Tabela
var
  Tabela : T
  inteiro : AUX, I, J, K
início
  {Neste exercício e como realizamos em muitos exemplos de leitura de arrays
   com dois laços desde, a operação de leitura completa do array será
   representada com a instrução de lerArr(T)}
  lerArr(T)
  //deduzir I, J para trocar
  ler(I, J)
  desde K ← I até N fazer
```

```
        AUX ← T[I, K]
        T[I, K] ← T[J, K]
        T[J, K] ← AUX
     fim_desde
     //Escrita do novo array
     escreverArr(T)
  fim
```

7.9 Algoritmo que nos permita calcular o desvio-padrão (SIGMA) de uma lista de N números (N <= 15).

Sabendo-se que

$$DESVIO = \sqrt{\frac{\sum_{i=1}^{n}(x_i - m)^2}{n-1}}$$

```
algoritmo Calcular_desvio
   tipo
      array[1...15] de real : arr
var
      arr     : x
      inteiro : n
início
   chamar_a ler_array (x, n)
   escrever('O desvio-padrão é', desvio(x, n))
fim

procedimento ler_array (S arr: x    S inteiro: n)
   var
      inteiro : 1
   início
      repetir
         escrever('Diga número de elementos da lista')
         ler(n)
      até_que n <= 15
      escrever('Dê-me os elementos:')
      desde i ← 1 até n fazer
         ler(x[i])
      fim_desde
   fim_procedimento

real função desvio (E arr: x    E inteiro: n)
   var
      real    : soma, xm, sigma
      inteiro : i
   início
      soma ← 0
      desde i ← 1 até n fazer
         soma ← soma + x[i]
      fim_desde
      xm ← soma/n
      sigma ← 0
```

```
      desde i ← 1 até n fazer
         sigma ← sigma + quadrado (x[i] − xm)
      fim_desde
      devolver(raiz2 (sigma/(n-1)))
   fim_função
```

7.10 Utilizando arrays, escreva um algoritmo que visualize um quadrado mágico de ordem ímpar n, compreendido entre 3 e 11. O usuário deve escolher o valor de n.
Um quadrado mágico é composto de números inteiros compreendidos entre 1 e n. A soma dos números que figuram em cada fila, coluna e diagonal é igual.

   Exemplo   8   1   6
             3   5   7
             4   9   2

Um método de geração consiste em situar o número 1 no centro da primeira fila, o número seguinte na casa situada acima e à direita e assim sucessivamente. O quadrado é cíclico, a linha em cima da primeira é de fato a última e a coluna à direita da última é a primeira. No caso de o número gerado cair em uma casa ocupada, escolha a casa que se encontre debaixo do número que acaba de ser situado.

```
algoritmo Quadrado_mágico
   var inteiro : n
início
   repetir
   escrever('Dê-me as dimensões do quadrado (3 a 11)')
   ler(n)
   até_que (n mod 2 <> 0) E (n <= 11) E (n >= 3)
   desenharquadrado(n)
fim

procedimento desenharquadrado(E inteiro : n)
   var  array[1...11, 1...11] de inteiro : a
        inteiro                          : i, j, c
   início
      i ← 2
      j ← n div 2
      desde c ← 1 até n*n fazer
         i ← i − 1
         j ← j + 1
         se j > n então
            j ← 1
         fim_se
         se i < 1 então
            i ← n
         fim_se
         a[i, j] ← c
         se c mod n = 0  então
            j ← j − 1
            i ← i + 2
         fim_se
      fim_desde
      desde j ← i até n fazer
         desde j ← 1 até n fazer
```

```
            escrever (a [i, j])
            {ao codificar esta instrução em uma linguagem, será conveniente utili-
            zar o parâmetro correspondente de "não avance de linha" na saída na
            tela ou impressora}
         fim_desde
            escrever(NL)
              //NL representa Nova Linha, ou seja, avance de linha
         fim_desde
      fim_procedimento
```

7.11. Obtenha um algoritmo que efetue a multiplicação das duas matrizes A, B.

$A \in M_{m,p}$ elementos
$B \in M_{p,n}$ elementos

Matriz produto: $C \in M_{m,n}$ elementos, tal que

$$C_{i,j} = \sum_{k=1}^{p} a_{i,k} * b_{k,j}$$

```
algoritmo Multiplicar_matrizes
   tipo array[1...10, 1...10] de real : arr
   var  inteiro : m, n, p
        arr     : a, b, c
      início
      repetir
         escrever('Dimensões da 1ª matriz (filas colunas)')
         ler (m, p)
         escrever('Colunas da 2ª matriz')
         ler(n)
      até_que (n < = 10) E (m < = 10) E (p < = 10)
      escrever ('Dê-me elementos da 1ª matriz')
      chamar_a ler_matriz (a,m,p)
      escrever ('Dê-me elementos da 2ª matriz')
      chamar_a ler_matriz (b,p,n)
      chamar_a calcescrproduto (a, b, c, m, p, n)
   fim

procedimento ler_matriz (S arr: matriz; E inteiro: filas, colunas)
var inteiro : i, j

início
   desde i ← 1 até filas fazer
      escrever ('Fila ', i, ' : ')
      desde j ← 1 até colunas fazer
         ler(matriz [i, j])
      fim_desde
   fim_desde
fim_procedimento

procedimento calcescrproduto(E arr: a, b, c; E inteiro: m, p, n)
   var inteiro : i, j, k
```

```
início
   desde i ← 1 até m fazer
      desde j ← 1 até n fazer
         c[i, j] ← 0
         desde k ← 1 até p fazer
            c[i, j] ← c[i, j] + a[i, k] * b[k, j]
         fim_desde
            escrever (c[i, j])          //não avançar linha
      fim_desde
         escrever (NL)                  //avançar linha, nova linha
   fim_desde
fim_procedimento
```

7.12 Algoritmo que triangule uma matriz quadrada e encontre seu determinante. Nas matrizes quadradas, o valor do determinante coincide com o produto dos elementos da diagonal da matriz triangulada, multiplicado por −1 tantas vezes quantas tenhamos feito a troca das filas ao triangular a matriz.

Processo de triangulação de uma matriz para todo i desde 1 até n − 1 fazer:

a) Se o elemento de lugar (i,i) é nulo, trocar filas até que esse elemento não seja nulo e esgotar as possíveis trocas.
b) A seguir buscar o primeiro elemento não-nulo da fila i-enésima; se existir, é usado para fazer zeros na coluna abaixo.

   Se o elemento matriz[i,r]

   Multiplicar fila i por matriz [i+1,r]/matriz[i,r] e subtrair de i+1
   Multiplicar fila i por matriz [i+2,r]/matriz[i,r] e subtrair de i+2
   ....
   Multiplicar fila i por matriz[m,r]/matriz[i,r] e subtrair de m

```
algoritmo Triangulação_matriz
Const  m = <expressão>
       n = <expressão>
tipo array[1...m, 1...n] de real : arr
var   arr : matriz
      real : dt

início
   chamar_a ler_matriz (matriz)
   chamar_a triangula (matriz, dt)
   escrever('Determinante = ', dt)
fim

procedimento ler_matriz (S arr : matriz)
   var inteiro: i, j

   início
      escrever ('Dê-me os valores para a matriz')
      desde i ← 1 até m fazer
      desde j ← 1 até n fazer
         ler (matriz[i, j])
      fim_desde
   fim_desde
fim_procedimento
```

```
procedimento escrever_matriz (E arr : matriz)
   var  inteiro : i, j
        caractere : c
   início
      escrever ('Matriz triangulada')
      desde i ← 1 até m fazer
         desde j ← 1 até n fazer
            escrever (matriz[i, j])        //não avançar linha
         fim_desde
         escrever(NL)                      //avançar linha, nova linha
      fim_desde
      escrever('Aperte tecla para continuar')
      ler(c)
   fim_procedimento

procedimento interc(E/S real: a, b)
   var real : auxi
   início
      auxi ← a
      a ← b
      b ← auxi
   fim_procedimento

procedimento triangula (E arr : matriz; S real dt)
   var inteiro : signo
       inteiro : t, r, i, j
       real    : cs
   início
      signo ← 1
      desde i ← 1 até m − 1 fazer
         t ← 1
         se matriz[i, i] = 0 então
            repetir
               se matriz[i + t, i] <> 0 então
                  signo ← signo * (−1)
                  desde j ← 1 até n fazer
                     chamar_a interc(matriz [i, j], matriz [i + t, j])
                  fim_desde
                  chamar_a escrever_matriz (matriz)
               fim_se
               t ← t + 1
            até_que (matriz[i, i] <> 0) OU (t = m − i + 1)
         fim_se
         r ← i − 1
         repetir
            r ← r + 1
         até_que (matriz[i, r] <> 0 ) OU (r = n)
         se matriz[i, r] <> 0 então
            desde t ← i + 1 até m fazer
               se matriz[t, r] <> 0 então
                  cs ← matriz[t, r]
                  desde j ← r até n fazer
                     matriz[t, j] ← matriz[t, j] − matriz[i, j] *
                     (cs/matriz[i,r])
                  fim_desde
```

```
            chamar_a escrever_matriz (matriz)
                fim_se
            fim_desde
        fim_se
    fim_desde
    dt ← signo
    desde i ← 1 até m fazer
        dt ← dt * matriz[i, i]
    fim_desde
fim_procedimento
```

REVISÃO DO CAPÍTULO

Conceitos-chave

- Array bidimensional
- Array de uma dimensão
- Array multidimensional
- Array como parâmetros
- Dados estruturados
- Estrutura
- Índice
- Lista
- Comprimento de um array
- Subíndice
- Tabela
- Tamanho de um array
- Variável indexada
- Vetor

RESUMO

Um **array** (vetor, lista ou tabela) é uma estrutura de dados que armazena um conjunto de valores, todos do mesmo tipo de dados. Um array de uma dimensão, também conhecido como array unidimensional ou vetor, é uma lista de elementos do mesmo tipo de dados que se armazenam utilizando um único nome. Essencialmente, um array é uma coleção de variáveis armazenadas em ordem em posições consecutivas na memória do computador. Dependendo da linguagem de programação, o índice do array começa em 0 (linguagem **C**) ou em 1 (linguagem **FORTRAN**); este elemento é armazenado na posição com o endereço mais baixo.

1. Um array unidimensional (vetor ou lista) é uma estrutura de dados que pode ser utilizada para armazenar uma lista de valores do mesmo tipo de dados. Tais arrays podem ser declarados dando-se o tipo de dados dos valores que serão armazenados e o tamanho do array. Por exemplo, em **C/ C++** a declaração

   ```
   int núm(100)
   ```

   cria um array de 100 elementos, o primeiro elemento é núm[0] e o último elemento é núm[99].

2. Os elementos do array são armazenados em posições contínuas na memória e são referenciados utilizando-se o nome do array e um subíndice; por exemplo, núm[25]. Qualquer expressão de valor inteiro não-negativo pode ser utilizada como subíndice e os subíndices 0 (no caso de **C**) ou 1 (caso de **FORTRAN**) sempre se referem ao primeiro elemento do array.

3. Utilizamos arrays para armazenar grandes coleções de dados do mesmo tipo. Essencialmente nos seguintes casos:

   - Quando os elementos individuais de dados devem ser utilizados em uma ordem aleatória, como é o caso dos elementos de uma lista ou dos dados de uma tabela.
   - Quando cada elemento representa uma parte de um dado composto, tal como um vetor, que será utilizado repetidamente nos cálculos.
   - Quando os dados devem ser processados em fases independentes, como pode ser o cálculo de uma média aritmética ou variante.

4. Um array de duas dimensões (tabela) é declarado listando-se o tamanho das filas e das colunas junto com o nome do array e o tipo de dados que contém. Por exemplo, as declarações em **C** de:

   `int Tabela1[5][10]`

   cria um array bidimensional de cinco filas e dez colunas de tipo inteiro.

5. *Arrays paralelos*. Uma tabela multicoluna pode ser representada como um conjunto de arrays paralelos, um array por coluna, de modo que todos tenham o mesmo comprimento e sejam acessados utilizando-se a mesma variável de subíndice.

6. Os arrays podem ser, de modo completo ou por elementos, passados como parâmetros a funções e, por sua vez, ser argumentos de funções.

7. O comprimento de um array é fixado em sua declaração e não pode ser modificado sem uma nova declaração. Essa característica às vezes não é adequada para aplicações que requerem tamanhos ou comprimentos variáveis.

EXERCÍCIOS

7.1 Determine os valores de I, J, depois da execução das seguintes instruções:

```
var
  inteiro : I, J
  array[1...10] de inteiro : A
início
  I ← 1
  J ← 2
  A[I] ← J
  A[J] ← I
  A[J + I] ← I + J
  I ← A[I] + A[J]
  A[3] ← 5
  J ← A[I] − A[J]
fim
```

7.2 Escreva o algoritmo que permita obter o número de elementos positivos de uma tabela.

7.3 Preencha uma matriz identidade de 4 por 4.

7.4 Leia uma matriz de 3 por 3 elementos e calcule a soma de cada uma de suas filas e colunas, deixando estes resultados em dois vetores, um da soma das filas e outro das colunas.

7.5 Calcule a soma de todos os elementos de um vetor, assim como a média aritmética.

7.6 Calcule o número de elementos negativos, zero e positivos de um dado vetor de 60 elementos.

7.7 Calcule a soma dos elementos da diagonal principal de uma matriz quatro por quatro (4×4).

7.8 Dispondo de uma tabela T de 50 números reais distintos de zero, crie uma nova tabela onde todos seus elementos resultem de dividir os elementos da tabela T pelo elemento T[K], sendo K um valor dado.

7.9 Dispondo de uma lista (vetor) de N elementos, desejamos projetar um algoritmo que permita inserir o valor x no lugar k-enésimo da mencionada lista.

7.10 Desejamos realizar um algoritmo que permita controlar as reservas dos lugares de um vôo MADRI-CARACAS, de acordo com as seguintes normas da companhia aérea:

   Número de lugares do avião: 300.
   Lugares numerados de 1 a 100: fumantes.
   Lugares numerados de 101 a 300: não-fumantes.

   Devemos realizar a reserva a pedido do passageiro e fechar a reserva quando não houver lugares livres ou o avião esteja próximo de decolar. Como ampliação desse algoritmo, considere a opção de desistências imprevistas de reservas.

7.11 Cada aluno de uma classe de licenciatura em ciências da computação tem notas correspondentes a oito disciplinas diferentes, podendo não ter notas em alguma disciplina. A cada disciplina corresponde um determinado coeficiente. Escreva um algoritmo que permita calcular a média de cada aluno.
Modifique o algoritmo para obter as seguintes médias:

- geral da classe,
- da classe em cada disciplina,
- porcentagem de faltas (não apresentada no exame).

7.12 Escreva um algoritmo que permita calcular o quadrado dos cem primeiros números inteiros e depois escreva uma tabela que contenha esses quadrados.

7.13 Dispondo de N temperaturas armazenadas em um array, desejamos calcular sua média e obter o número de temperaturas superiores ou iguais à média.

7.14 Calcule a soma de todos os elementos de um vetor de dimensão 100, assim como sua média aritmética.

7.15 Preencha uma matriz identidade de 4 por 4 elementos.

7.16 Projete um algoritmo que calcule o maior valor de uma lista L de N elementos.

7.17 Dada uma lista L de N elementos, projete um algoritmo que calcule de forma independente a soma dos números pares e a soma dos números ímpares.

7.18 Escreva um algoritmo que permita escrever o conteúdo de uma tabela de duas dimensões (3 × 4).

7.19 Leia uma matriz de 3 × 3.

7.20 Escreva um algoritmo que permita somar o número de elementos positivos e o número de negativos de uma tabela T de n filas e de m colunas.

7.21 Dispomos de notas de 40 alunos. Cada um deles pode ter uma ou várias notas. Escreva um algoritmo que permita obter a média de cada aluno e a média da classe partindo da entrada das notas de um terminal.

7.22 Uma empresa tem dez armazéns e necessita criar um algoritmo que leia as vendas mensais dos dez armazéns. Calcule a média de vendas e obtenha a lista dos armazéns cujas vendas mensais são superiores à média.

7.23 Dispomos de uma lista de cem números inteiros. Calcule seu valor máximo e a ordem que ocupa na tabela.

7.24 Um avião dispõe de 180 lugares, dos quais 60 são de "não-fumantes" e numeradas de 1 a 60, e 120 lugares são numerados de 61 a 180 para fumantes. Projete um algoritmo que permita fazer a reserva dos lugares no avião e que pare meia hora antes da saída do avião, em cujo momento se abrirá a lista de espera.

7.25 Calcule a média da estatura de uma classe. Deduza quantos são mais altos e quantos são mais baixos que essa média.

7.26 As notas de um colégio têm uma matriz de 30 × 5 elementos (30, número de alunos; 5, número de disciplinas). Desejamos listar as notas de cada aluno e sua média. Cada aluno tem no mínimo duas disciplinas e no máximo cinco, ainda que não necessariamente todos os alunos tenham de ter cinco matérias.

7.27 Dados o nome de uma série de estudantes e as notas obtidas em um exame, calcule e imprima a nota média, assim como cada nota e a diferença com a média.

7.28 Introduza uma série de valores numéricos usando o teclado, sendo o valor final de entrada de dados ou sentinela –99. Desejamos calcular e imprimir o número de valores lidos, a soma e a média dos valores e uma tabela que mostre cada valor lido e seus desvios da média.

7.29 Dispomos de uma lista de N nomes de alunos. Escreva um algoritmo que solicite o nome de um aluno, busque na lista (array) se o nome está na lista.

8
AS CADEIAS DE CARACTERES

SUMÁRIO

8.1 Introdução
8.2 O conjunto de caracteres
8.3 Cadeia de caracteres
8.4 Dados tipo caractere
8.5 Operações com cadeias
8.6 Outras funções de cadeias

ATIVIDADES DE PROGRAMAÇÃO
    RESOLVIDAS
REVISÃO DO CAPÍTULO
    Conceitos-chave
    Resumo
EXERCÍCIOS

Os computadores geralmente sugerem operações aritméticas executadas sobre dados numéricos. Entretanto, esse conceito não é estatisticamente certo, hoje em dia é cada vez mais freqüente o uso de computadores para processar problemas essencialmente alfanuméricos ou de tipo texto. No Capítulo 3 estudamos o conceito de dados caractere **(char)** e definimos um caractere como um símbolo do conjunto de caracteres do computador. Uma **constante caractere** foi definida como qualquer caractere entre separadores (apóstrofos ou aspas), denominada normalmente cadeia (*string*). Uma seqüência finita de caracteres e uma **constante tipo cadeia** consiste em uma cadeia entre apóstrofos ou aspas. O processamento de cadeias é o objetivo fundamental deste capítulo.

8.1 INTRODUÇÃO

Os computadores nasceram para resolver problemas numéricos em cálculos científicos e matemáticos. Entretanto, ao longo dos anos, suas aplicações mudaram e hoje em dia também são usados para processar dados de caracteres. Em aplicações de administração, geração e atualização de listas de endereços, inventários etc., a informação alfabética é fundamental. A edição de textos, tradutores de linguagens, base de dados são outras aplicações em que as cadeias de caracteres têm grande utilidade.

Neste capítulo trataremos o conceito de cadeia de caracteres e seu processamento, utilizando uma notação algorítmica similar à utilizada até agora. Uma *cadeia de caracteres* é uma seqüência de zero ou mais símbolos, que incluem letras do alfabeto, dígitos e caracteres especiais.

8.2 O CONJUNTO DE CARACTERES

As linguagens de programação utilizam *conjuntos de caracteres* "alfabeto" para comunicar-se com os computadores. Os primeiros computadores somente utilizavam informações numéricas digitais por meio do código ou alfabeto digital, e os primeiros programas foram escritos neste tipo de código, denominado *código de máquina* — baseado em dois dígitos, 0 e 1 —, por ser inteligível diretamente pela máquina (computador). A difícil tarefa de programar em código de máquina fez que o alfabeto evoluísse e as linguagens de programação começassem a utilizar códigos, ou conjuntos de caracteres similares ao utilizado nas linguagens humanas. Assim, hoje em dia a maioria dos computadores trabalha com diferentes tipos de conjuntos de caracteres e os que se destacam são os códigos ASCII e o EBCDIC.

Desse modo, um computador utiliza, por meio das diferentes linguagens de programação, um conjunto ou código de caracteres que serão facilmente interpretados pelo computador e que podem ser programados pelo usuário. Três são os códigos mais utilizados atualmente em computadores, **ASCII** (American Standard Code for Information Interchange), **EBCDIC** (Extended Binary Coded Decimal Interchange Code) e **Unicode**.

O *código ASCII básico* utiliza 7 bits (dígitos binários, 0, 1) para cada caractere, o que supõe um total de 2^7 (128) caracteres distintos. O código ASCII ampliado utiliza 8 bits e, neste caso, são 256 caracteres. Esse código ASCII adquiriu grande popularidade, já que é o padrão em todas as famílias de computadores pessoais.

O *código EBCDIC* utiliza 8 bits por caractere e, conseqüentemente, são 256 caracteres distintos. Sua notoriedade está no fato de ser utilizado pela IBM (entretanto, nos computadores pessoais PC, XT, AT e PS/2 IBM utiliza-se o código ASCII).

O *código universal Unicode é* para aplicação na Internet e em grande número de alfabetos internacionais. Geralmente, um caractere ocupará um byte de armazenamento de memória.

8.2.1 Código ASCII

O código ASCII é composto dos seguintes tipos de caracteres:
- *Alfabéticos* (a, b ... z/A, B ... Z).
- *Numéricos* (0, 1, 2, 3 ... 8, 9).
- *Especiais* (+, -, *, /, {, }, < , > etc.).
- *De controle* são caracteres que não se imprimem e que realizam uma série de funções relacionadas com a escrita, transmissão de dados, separadores de arquivos etc., na realidade com os dispositivos de entrada/saída. Destacamos entre eles:

   DEL *eliminar ou apagar*
   STX *início de texto*
   LF   *avance a linha*
   FF   *avance a página*
   CR   *retorno de carro*

Valor ASCII	Caractere	Valor ASCII	Caractere	Valor ASCII	Caractere	Valor ASCII	Caractere
000	NUL	032	espaço	064	@	096	'
001	SOH	033	!	065	A	097	a
002	STX	034	"	066	B	098	b
003	ETX	035	#	067	C	099	c
004	EOT	036	$	068	D	100	d
005	ENQ	037	%	069	E	101	e
006	ACK	038	&	070	F	102	f
007	BEL	039	'	071	G	103	g
008	BS	040	(	072	H	104	h
009	HT	041	)	073	I	105	i
010	LF	042	*	074	J	106	j
011	VT	043	+	075	K	107	k
012	FF	044	,	076	L	108	l
013	CR	045	-	077	M	109	m
014	SO	046	.	078	N	110	n
015	SI	047	/	079	O	111	o
016	DLE	048	0	080	P	112	p
017	DC1	049	1	081	Q	113	q
018	DC2	050	2	082	R	114	r
019	DC3	051	3	083	S	115	s
020	DC4	052	4	084	T	116	t
021	NAK	053	5	085	U	117	u
022	SYN	054	6	086	V	118	v
023	ETB	055	7	087	W	119	w
024	CAN	056	8	088	X	120	x
025	EM	057	9	089	Y	121	y
026	SUB	058	:	090	Z	122	z
027	ESC	059	;	091	[	123	{
028	FS	060	<	092	\	124		
029	GS	061	=	093	]	125	}
030	RS	062	>	094	↑	126	~
031	US	063	?	095	_	127	DEL

NOTA: Os 32 primeiros caracteres e o último são caracteres de controle; não são imprimíveis.

Figura 8.1 Código ASCII básico.

Os caracteres de 128 a 255 pertencem exclusivamente ao código ASCII ampliado, não costumam ser padrão e normalmente cada fabricante os utiliza para caracteres específicos de sua máquina ou de outros alfabetos, caracteres gráficos etc. Na Figura 8.2. é mostrado o código ASCII da família de computadores IBM PC e compatíveis, e se pode apreciar tanto o ASCII básico padrão como o ampliado.

D	P	D	P	D	P	D	P	D	P	D	P	D	P	D	P
0		32		64	@	96	`	128	Ç	160	á	192	∟	224	α
1	☺	33	!	65	A	97	a	129	ü	161	í	193	⊥	225	β
2		34	"	66	B	98	b	130	é	162	ó	194	┬	226	Γ
3	♥	35	#	67	C	99	c	131	â	163	ú	195	├	227	π
4	♦	36	$	68	D	100	d	132	ä	164	ñ	196	─	228	Σ
5	♣	37	%	69	E	101	e	133	à	165	Ñ	197	┼	229	σ
6	♠	38	&	70	F	102	f	134	å	166	ª	198	╞	230	μ
7	•	39	'	71	G	103	g	135	ç	167	º	199	╟	231	γ
8	□	40	(	72	H	104	h	136	ê	168	¿	200	╚	232	φ
9	○	41	)	73	I	105	i	137	ë	169	⌐	201	╔	233	θ
10	■	42	*	74	J	106	j	138	è	170	¬	202	╩	234	Ω
11	♂	43	+	75	K	107	k	139	ï	171	½	203	╦	235	δ
12	♀	44	,	76	L	108	l	140	î	172	¼	204	╠	236	∞
13	♪	45	-	77	M	109	m	141	ì	173	¡	205	=	237	∅
14	♫	46	.	78	N	110	n	142	Ä	174	«	206	╬	238	∈
15	☼	47	/	79	O	111	o	143	Å	175	»	207	╧	239	∩
16	►	48	0	80	P	112	p	144	É	176	░	208	╨	240	≡
17	◄	49	1	81	Q	113	q	145	æ	177	▒	209	╤	241	±
18	↕	50	2	82	R	114	r	146	Æ	178	▓	210	╥	242	≥
19	‼	51	3	83	S	115	s	147	ô	179	│	211	╙	243	≤
20	¶	52	4	84	T	116	t	148	ö	180	┤	212	╘	244	⌠
21	§	53	5	85	U	117	u	149	ò	181	╡	213	╒	245	⌡
22	▬	54	6	86	V	118	v	150	û	182	╢	214	╓	246	÷
23	↨	55	7	87	W	119	w	151	ù	183	╖	215	╫	247	≈
24	↑	56	8	88	X	120	x	152	Ÿ	184	╕	216	╪	248	°
25	↓	57	9	89	Y	121	y	153	Ô	185	╣	217	┘	249	•
26	→	58	:	90	Z	122	z	154	Ü	186	║	218	┌	250	·
27	←	59	;	91	[	123	{	155	¢	187	╗	219	█	251	√
28	∟	60	<	92	\	124	|	156	£	188	╝	220	▄	252	ⁿ
29	↔	61	=	93	]	125	}	157	¥	189	╜	221	▌	253	²
30	▲	62	>	94	^	126	~	158	Pt	190	╛	222	▐	254	■
31	▼	63	?	95	_	127	⌂	159	ƒ	191	┐	223	▀	255	

D: Código decimal.
P: Escrita do caractere correspondente ao código na tela.

Figura 8.2 Código ASCII do computador IBM PC.

8.2.2 Código EBCDIC

Este código é muito similar ao ASCII, incluindo também, além dos caracteres alfanuméricos e especiais, caracteres de controle. É comum em computadores da IBM, com exceção dos modelos PC, XT, AT e PS/2.

8.2.3 Código Universal Unicode para Internet

Ainda que ASCII seja um código amplamente utilizado para textos em inglês, é muito limitado, já que um código de um byte pode representar apenas 256 caracteres diferentes ($2^8 = 256$). A linguagem Java começou a utilizar a representação internacional *Unicode* mais moderna e mais ampla em conjunto de caracteres, já que é um código de dois bytes (16 bits), que permitem até 65.536 caracteres diferentes ($2^{16} = 65.536$).

D	P	D	P	D	P	D	P	D	P	D	P	D	P	D	P
0	NUL	21	NL	43	CU2	79	,	124	@	150	o	195	C	227	T
1	SOH	22	BS	45	ENQ	80	&	125	'	151	p	196	D	228	U
2	STX	23	IL	46	ACK	90	!	126	=	152	q	197	E	229	V
3	ETX	24	CAN	47	BEL	91	$	127	"	153	r	198	F	230	W
4	PF	25	EM	50	SYN	92	*	129	a	155	}	199	G	231	X
5	HT	26	CC	52	PN	93	)	130	b	161	~	200	H	232	Y
6	LC	27	CU1	53	RS	94	;	131	c	162	s	201	I	233	Z
7	DEL	28	IFS	54	UC	95	¬	132	d	163	t	208	}	240	0
10	SMM	29	IGS	55	EOT	96		133	e	164	u	209	J	241	1
11	VT	30	IRS	59	CU3	97	/	134	f	165	v	210	K	242	2
12	FF	31	IUS	60	DC4	106	¦	135	g	166	w	211	L	243	3
13	CR	32	DS	61	NAK	107	,	136	h	167	x	212	M	244	4
14	SO	33	SOS	63	SUB	108	%	137	i	168	y	213	N	245	5
15	SI	34	FS	64	SP	109	_	139	{	169	z	214	O	246	6
16	DLE	36	BYP	74	¢	110	>	145	j	173	[	215	P	247	7
17	DC1	37	LF	75	.	111	?	146	k	189	]	216	Q	248	8
18	DC2	38	ETB	76	<	121	`	147	l	192	{	217	R	249	9
19	DC3	39	ESC	77	(	122	:	148	m	193	A	224	\	250		
20	RES	40	SM	78	+	123	#	149	n	194	B	226	S		

D: Código Decimal.
C: Código EBCDIC.

Figura 8.3 Código EBCDIC.

O código padrão **Unicode** é um padrão internacional que define a representação de caracteres de uma ampla gama de alfabetos. Tradicionalmente, como já comentamos, as linguagens de programação utilizavam o código ASCII cujo conjunto de caracteres era 127 (ou 256 para o código ASCII ampliado) que se armazenam em 7 (ou em 8) bits e que basicamente incluíam aqueles caracteres que apareciam no teclado padrão (QWERTY). Para os programadores que escrevem em inglês, esses caracteres são mais ou menos suficientes. Entretanto, a aparição de **Java** e posteriormente de **C#** como linguagens universais requer que elas possam ser utilizadas em linguagens internacionais como espanhol, alemão, francês, chinês etc. Essa característica requer mais de 256 caracteres diferentes. A representação *Unicode* que admite até 65.536 resolve esses problemas.

Portanto, os identificadores em Java e C# devem começar com uma letra Java ou C#, que é qualquer caractere Unicode que não represente um dígito ou um caractere de pontuação.

As letras em inglês, assim como os dígitos decimais e os signos de pontuação em inglês, nomeiam os códigos que são os mesmos que no código ASCII. Podemos consultar os caracteres *Unicode* no site Web oficial do consórcio **Unicode**:

```
http://www.unicode.org
```

8.2.4 Seqüências de escape

Uma **seqüência de escape** é um método para representar caracteres que não podem ser escritos por meio do teclado e, assim, utilizá-los diretamente em um editor de texto. Uma seqüência de escape é feita de duas partes: o *caractere escape* e *um valor de tradução*. O caractere escape é um símbolo que indica ao compilador Java ou C (por exemplo) que deve traduzir o seguinte caractere de um modo especial. Em Java, como em linguagem C, este caractere de escape especial é a barra inclinada inversa (\).

Se a barra inclinada marca o princípio de uma seqüência de escape que podemos utilizar para o valor da tradução, qual a parte da seqüência de escape que segue o caractere escape? Talvez, o valor de tradução mais fácil para utilizar seja um código de caractere Unicode. Os valores Unicode devem estar especificados como um número hexadecimal de quatro dígitos precedido por uma letra u. Os literais de caracteres Java ou C# devem estar entre apóstrofos.

Sintaxe   `'\uxxxx'`
Exemplos   `'\u0344'`   `'\u2122'`

Em programas escritos em qualquer linguagem (em particular em Java ou em C#) podem ser utilizadas as seqüências de escape Unicode em qualquer parte onde algum tipo de caractere possa aparecer: em "caracteres", em "cadeias" ou inclusive em identificadores.

Todas as linguagens de programação (C, C++, Java etc.) permitem especificar o caractere de escape em relação aos outros tipos de caracteres especiais. Estes caracteres incluem alguns dos "caracteres invisíveis" que temos utilizado tradicionalmente para controlar operações de computadores (às vezes conhecidos também como "caracteres de controle") assim como apóstrofos, aspas e o próprio caractere escape. Então, para escrever um apóstrofo como caractere literal, escrevemos `'\''`. A Tabela 8.1 proporciona as seqüências de escape que a linguagem Java reconhece.

8.3 CADEIA DE CARACTERES

Uma *cadeia* (*string*) de caracteres é um conjunto de caracteres — incluído o branco — que é armazenado em uma área contínua da memória. Podem ser entradas ou saídas para/de um terminal.

O *comprimento* de uma cadeia é o número de caracteres que ela contém. A cadeia que não contém nenhum caractere é denominada *cadeia vazia ou nula*, e seu comprimento é zero; não devemos confundir com uma cadeia composta somente de brancos — espaços em branco —, já que esta terá como comprimento o número de brancos contidos.

A representação das cadeias costuma ser com apóstrofos ou aspas. Em nosso livro utilizaremos os apóstrofos por ser essa notação a mais antiga utilizada em diversas linguagens como **Pascal**, **FORTRAN** etc., ainda que hoje em dia as linguagens modernas, como **C**, **C++**, **Java** e **C#**, utilizem aspas. As aspas atuam como separadores:

Notações de cadeias:

Pascal, FORTRAN, UPSAM	`'Cartagena de Índias'`
C, C++, Java, C#	`"Cartagena de Indias"`

Exemplo 8.1

```
'12 de outubro de 1492'
'Por fim chegou'
'  '
'AMÉRICA É GRANDE'
```

Tabela 8.1 Seqüência de escape em Java

Seqüência	Significado
\b	Retrocesso (\u0008)
\t	Tabulação (\U0009)
\n	Nova linha (\u000A)
\f	Avanço de página (\u000C)
\r	Retorno de carro (\u000D)
\"	Aspas (\u0022)
\'	Apóstrofos (\u0027)
\\	Barra inclinada inversa (\u005C)
\\ddd	Qualquer caractere especificado por dígitos octais *ddd*

As cadeias podem conter entre seus separadores qualquer caractere válido do código aceito pela linguagem e pelo computador; o branco é um dos caracteres mais utilizados: quando queremos representar de modo especial na escrita em papel, empregamos algum dos seguintes símbolos:

_   ƀ   □   ⋃

De nossa parte utilizaremos _, deixando liberdade ao leitor para usar o que melhor convenha a seu estilo de programação. As cadeias anteriores têm comprimentos respectivos de 21, 16, 3 e 17.

Uma *subcadeia* é uma cadeia de caracteres que foi extraída de outra de maior comprimento.

'12 de'	é uma subcadeia de	'12 de outubro'
'Java'	é uma subcadeia de	'linguagem Java'
'CHE'	é uma subcadeia de	'CARCHELEJO'

> ### Regras de sintaxe em linguagens de programação
>
> **C++** ... Uma cadeia é um array de caracteres terminado com o caractere nulo, cuja representação é a seqüência de escape '0' e seu nome é NULL (nulo).
>
> **C#** ... As cadeias são objetos do tipo incorporado String. Na realidade, String é uma classe que proporciona funcionalidades de manuseio de cadeias e, particularmente, construção de cadeias.
>
> **Java** ... As cadeias são objetos do tipo String. String é uma classe em Java e uma vez que os objetos cadeia são criados, o conteúdo não pode ser modificado, ainda que possam ser construídas todas as cadeias desejadas.

Exemplo 8.2

Cadeia 'Carchelejo' representada em linguagem C++

C	A	R	C	H	E	L	E	J	O	\0

8.4 DADOS TIPO CARACTERE

No Capítulo 3 foram analisados os diferentes tipos de dados e entre eles existia o dado tipo *caractere* (*char*) que é incorporado em diferentes linguagens de programação, com este nome ou como dados tipo cadeia. Nesta seção trataremos as constantes e as variáveis tipo caractere ou cadeia.

8.4.1 Constantes

Uma constante tipo caractere é um caractere entre aspas e uma constante de tipo cadeia é um conjunto de caracteres válidos entre apóstrofos — para evitar confundi-los com nomes de variáveis, operadores, inteiro etc. Desejando-se escrever um caractere aspas, deve-se escrevê-lo duplicado. Como foi comentado, existem linguagens — BASIC, C, C++, Java etc., por exemplo — que fecham as cadeias entre aspas. Nossos algoritmos somente usarão o apóstrofo, por razões históricas e por compatibilidade com versões anteriores da linguagem UPSAM.

`'Carchelejo é um povo de Jaen'`
é uma constante de tipo cadeia, de comprimento fixo igual a 31.

`'?'`

é uma constante de tipo caractere.

8.4.2 Variáveis

Uma *variável de cadeia* ou *tipo caractere* é uma variável cujo valor é uma cadeia de caracteres.

As variáveis de tipo caractere ou cadeia devem ser declaradas no algoritmo e, segundo a linguagem, terão uma notação ou outra. Aqui, de maneira similar a muitas linguagens, iremos declará-las na tabela ou bloco de declaração de variáveis.

```
var
caractere : A, B
cadeia : NOME, ENDEREÇO
```

Atendendo à declaração do comprimento, as variáveis são divididas em *estáticas*, *semi-estáticas* e *dinâmicas*.

Variáveis estáticas são aquelas cujo comprimento é definido antes de executar o programa e ser alteradas não podem ao longo da execução do programa.

FORTRAN: `CHARACTER A1 * 10, A2 * 15`

as variáveis `A1` e `A2` são declaradas com comprimentos 10 e 15, respectivamente.

Pascal   `var NOME: PACKED ARRAY[1...30] OF CHAR`
Turbo Pascal   `var NOME: array[1...30] of char`   ou
                   `var NOME:STRING[30]`

Em Pascal, uma variável de tipo caractere — *char* — somente pode armazenar um caractere e, conseqüentemente, uma cadeia de caracteres deve ser representada por meio de um array de caracteres. No exemplo, NOME é declarado como uma cadeia de 30 caracteres (neste caso `NOME[1]` será o primeiro caractere da cadeia, `NOME[2]` será o segundo caractere da cadeia etc.).

Turbo Pascal admite também tratamento de cadeias semi-estáticas (`STRING`) como dados.

Variáveis semi-estáticas são aquelas cujo comprimento pode variar durante a execução do programa, mas sem ultrapassar um limite máximo declarado no início.

Variáveis dinâmicas são aquelas cujo comprimento pode variar sem limitação dentro do programa. A linguagem SNOBOL é típica de variáveis dinâmicas.

A representação das diferentes variáveis de cadeia na memória utiliza um método de armazenamento diferente.

Cadeias de comprimento fixo

Considerando vetores de comprimento declarado, com brancos à esquerda ou à direita se a cadeia não tem comprimento declarado. Assim, a seguinte cadeia

E	S	T	A		C	A	S	A		É		U	M	A		R	U	Í	N	A		
1	2	3	4	5	6	7	8	9	10	11	12	13	14	15	16	17	18	19	20	21	22	23

se declarou com uma dimensão de 23 caracteres e os dois últimos são prenchidos com brancos.

Cadeias de comprimento variável com comprimento máximo

Considerando um ponteiro (no Capítulo 12 ampliaremos este conceito) com dois campos que contêm o comprimento máximo e o comprimento atual.

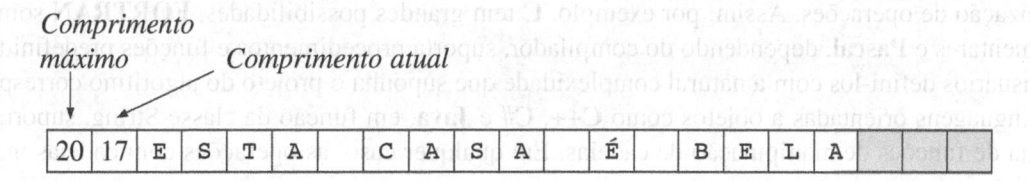

```
Comprimento
 máximo      Comprimento atual
   ↓              ↓
  [20|17|E|S|T|A| |C|A|S|A| |É| |B|E|L|A| | | ]
```

Cadeias de comprimento indefinido

Representadas por meio de listas ligadas, que são unidas mediante ponteiro.

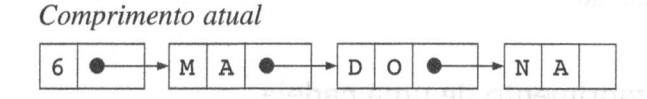

```
         Comprimento atual
         [6|●]→[M|A|●]→[D|O|●]→[N|A]
```

Essas listas contêm elementos com caracteres empacotados — 2/elemento — e ligados cada um com o seguinte por um ponteiro (a cadeia de caracteres é 'MADONA')

8.4.3 Instruções básicas com cadeias

As instruções básicas *atribuir* e *entrada/saída (ler/escrever)* se realizam de modo similar ao tratamento dessas instruções com dados numéricos.

Atribuição

Se a variável NOME tem tipo declarado cadeia

  var cadeia: NOME

a instrução de atribuição deve conter no lado direito da atribuição uma constante tipo cadeia ou outra variável do mesmo tipo. Assim,

  NOME ← 'Luis Hermenegildo'

significa que a variável NOME recebe por valor a cadeia 'Luis Hermenegildo'.

Entrada/Saída

A entrada/saída de um terminal pode ser em modo caractere; bastará atribuir — por meio do dispositivo correspondente — uma cadeia de caracteres a uma variável tipo cadeia. Assim, por exemplo, se A, B, C e D forem declaradas como variáveis tipo cadeia,

  var cadeia: A, B, C, D

as instruções

  ler (A, B)
  escrever (C, D)

atribuirão a A e B as cadeias introduzidas pelo teclado e visualizarão ou imprimirão no dispositivo de saída as cadeias que representam as variáveis C e D.

8.5 OPERAÇÕES COM CADEIAS

O tratamento de cadeias é um tema importante, por causa da grande quantidade de informação armazenada nelas. Segundo o tipo de linguagem de programação escolhido, teremos maior ou menor facilidade para a realização de operações. Assim, por exemplo, **C** tem grandes possibilidades, **FORTRAN** somente operações elementares e **Pascal**, dependendo do compilador, suporta procedimentos e funções predefinidos ou é preciso os usuários defini-los com a natural complexidade que suponha o projeto do algoritmo correspondente. Todas as linguagens orientadas a objetos como **C++**, **C#** e **Java**, em função da classe String, suportam uma grande gama de funções de manipulação de cadeias. Em qualquer caso, as operações com cadeias mais usuais são:

- Cálculo do comprimento
- Comparação
- Concatenação
- Extração de *subcadeias*
- Busca de informação

8.5.1 Cálculo do comprimento de uma cadeia

O comprimento de uma cadeia, conforme comentado, é o número de caracteres da cadeia. Assim,

`'Dom Quixote de la Mancha'`

tem 24 caracteres.

A operação de determinação do comprimento de uma cadeia será representada pela função **comprimento**, cujo formato é:

```
comprimento (cadeia)
```

A função **comprimento** tem como argumento uma cadeia, mas seu resultado é um valor numérico inteiro:

comprimento ('Don Quixote de la Mancha')	*proporciona 24*
comprimento ('□□□')	*cadeia de três brancos proporciona 3*
comprimento ('□□□Mortadelo')	*cadeia 'Mortadelo' preenchida de brancos à esquerda para ter comprimento 12*

Portanto, a função **comprimento** pode ser considerada um dado tipo inteiro e pode ser usada dentro de expressões aritméticas.

`4 + 5 + comprimento('DEMO') = 4+5+5 = 13`

8.5.2 Comparação

A *comparação* de cadeias (igualdade e desigualdade) é uma operação muito importante, sobretudo na classificação de dados tipo caractere que utilizamos com muita freqüência em aplicações de processamento de dados (classificações de listas, tratamento de textos etc.).

Os critérios de comparação são fundamentados na ordem numérica do código ou conjunto de caracteres que o computador ou a própria linguagem de programação admitem. Em nossa linguagem algorítmica, utilizaremos o código ASCII como código numérico de referência. Assim,

- O caractere `'A'` *será* <   o caractere `'C'`
  (código 65)   *(código 67)*
- O caractere `'8'` *será* <   o caractere `'i'`
  (código 56)   *(código 105)*

Na comparação de cadeias, podemos considerar duas operações mais elementares: *igualdade* e *desigualdade*.

Igualdade

Duas cadeias a e b de comprimentos m e n são iguais se:

- O número de caracteres de a e b são os mesmos ($m = n$).
- Cada caractere de a é igual ao seu correspondente de b; se $a = a_1 a_2 ... a_n$ e $b = b_1 b_2 ... b_n$, devemos verificar que $a_i = b_i$ para todo i no intervalo $1 <= i <= n$.

Assim:
'EMÍLIO' = 'EMÍLIO'   *é uma expressão verdadeira*
'EMÍLIO' = 'EMÍLIA'   *é uma expressão falsa*
'EMÍLIO' = 'EMÍLIO '   *é uma expressão falsa;* contém um branco final e, conseqüentemente, os comprimentos não são iguais.

Desigualdade

Os critérios para comprovar a desigualdade da cadeia são utilizados pelos operadores de relação <, <=, >=, < > e se ajustam a uma comparação sucessiva de caracteres correspondentes em ambas as cadeias até conseguir-se dois caracteres diferentes. Desse modo, podemos conseguir classificações alfanuméricas,

'GARCIA' < 'GOMES'

já que as comparações sucessivas de caracteres são:

G–A–R–C–I–A   G = G, A < O, ...
G–O–M–E–S

uma vez que encontramos uma desigualdade, não é preciso continuar; como foi observado, as cadeias não têm por que possuir o mesmo comprimento para serem comparadas.

Exemplo 8.3

Nas sucessivas comparações podemos observar uma ampla gama de possíveis casos.

'LUIS'	<	'LUIZINHO'	*verdadeira*
'ANA'	<	'MARTA'	*verdadeira*
'TOMAS'	<	'LUIS'	*falsa*
'BARTOLO'	<=	'BARTOLOME'	*verdadeira*
'CARMONA'	>	'MADRID'	*falsa*
'LUIS '	>	'LUIS'	*verdadeira*

Podemos observar nos casos anteriores que a presença de qualquer caractere — inclusive o branco — é considerada sempre maior que a ausência. Por isso, 'LUIS ' é maior que 'LUIS'.

8.5.3 Concatenação

A concatenação é a operação que reúne várias cadeias de caracteres em uma só, mas conserva a ordem dos caracteres de cada uma delas.

O símbolo que representa a concatenação varia de uma linguagem a outra. Os mais utilizados são:

+   //   &   o

Neste livro utilizaremos & e por vezes +. O símbolo & evita confusões com o operador soma. As cadeias para concatenar podem ser constantes ou variáveis.

```
'MIGUEL'&'DE'&'CERVANTES' == 'MIGUELDECERVANTES'
```

Podemos verificar que as cadeias, na realidade, se *colam* umas ao lado das outras; por isso, se forem concatenadas frases e desejarmos deixar brancos entre elas, devemos indicá-los expressamente em alguma das cadeias. Assim, as operações

```
'MIGUEL '&'DE '&'CERVANTES
'MIGUEL'&' DE'&' CERVANTES
```

produzem o mesmo resultado

```
'MIGUEL DE CERVANTES'
```

o que significa que a *propriedade associativa* é cumprida na operação de concatenação.

> O operador de concatenação (+, &) atua como um operador aritmético.

Exemplo 8.4

É possível concatenar variáveis de cadeia.

```
var cadeia : A, B, C
A&B&C equivale a A&(B&C)
```

A atribuição de constantes tipo cadeia a variáveis tipo cadeia pode também ser realizada com expressões concatenadas.

Exemplo 8.5

As variáveis A, B, são de tipo cadeia.

```
var cadeia : A, B
A ← 'FUNDAMENTOS'
B ← 'DE PROGRAMAÇÃO'
```

A variável C pode receber como valor

```
C ← A+' '+B
```

que produz um resultado de

```
C = 'FUNDAMENTOS DE PROGRAMAÇÃO'
```

> ### Concatenação em Java:
>
> A linguagem Java suporta a concatenação de cadeias por meio do operador + que atua com sobrecarga. Assim, supondo que a cadeia c1 contém "Festas de mouros" e a cadeia c2 contém "e cristãos", a cadeia c1 + c2 armazenará "Festas de mouros e cristãos".

8.5.4 Subcadeias

Outra operação — função — importante das cadeias é a que permite a extração de uma parte específica de uma cadeia: *subcadeia*. A operação *subcadeia* é representada em dois formatos por:

subcadeia *(cadeia, início, comprimento)*

- *Cadeia* é a cadeia da qual devemos extrair uma subcadeia.
- *Início* é um número ou expressão numérica inteira que corresponde à posição inicial da subcadeia.
- *Comprimento* é o comprimento da subcadeia.

subcadeia *(cadeia, início)*

Neste caso, a subcadeia começa em *início* e termina no final da cadeia.

Exemplos

```
subcadeia ('abcdef', 2, 4)     equivale a     'bcde'
subcadeia ('abcdef', 6, 1)     equivale a     'f'
subcadeia ('abcdef', 3)        equivale a     'cdef'
subcadeia ('abcdef', 3, 4)     equivale a     'cdef'
     comprimento = 5 caracteres
subcadeia ('12 DE OUTUBRO', 4, 5) = DE OU
               ↑
            posição 4
```

É possível realizar operações de concatenação com subcadeias.

subcadeia ('PATO DONALD',1,4)+ **subcadeia** ('ESTA TERRA',5,4)

equivale à cadeia 'PATO TER'.

A aplicação da função a uma subcadeia,

subcadeia *(cadeia, início, fim)*

pode produzir os seguintes resultados:

1. Se *fim* não existe, então a subcadeia começa no mesmo caractere início e termina com o último caractere.
2. Se *fim* <= 0, o resultado é uma cadeia vazia.
3. Se *início* > *comprimento (cadeia)*, a subcadeia resultante será vazia.
   subcadeia ('MORTIMER', 9, 2,)
   produz uma cadeia vazia.
4. Se *início* <=0, o resultado é também uma cadeia vazia.
   subcadeia ('valdez, 0, 4) e *subcadeia* ('valdez', 8)
   proporcionam cadeias nulas.

8.5.5 Busca

Uma operação freqüente com cadeias é localizar se uma determinada cadeia faz parte de outra cadeia maior ou buscar a posição em que aparece um determinado caractere ou seqüência de caracteres de um texto.

Esses problemas podem ser resolvidos com as funções de cadeia estudadas até agora, mas será necessário projetar os algoritmos correspondentes. Esta função costuma ser interna em algumas linguagens e a definiremos por **índice** ou **posição**, e seu formato é

`índice (cadeia, subcadeia)`

ou

`posição (cadeia, subcadeia)`

onde *subcadeia* é o texto a localizar.

O resultado da função é um valor inteiro:

- Igual a $P >= 1$, onde P indica a posição do primeiro caractere da primeira coincidência de subcadeia em cadeia.
- Igual a zero, se subcadeia é uma cadeia vazia ou não aparece na cadeia.

Assim, supondo a `cadeia C = 'A CAPITAL É MADRI'`

índice (C, 'CAP')	*recebe um valor 4*
índice (C, 'É')	*recebe um valor 11*
índice (C, 'MADRI')	*recebe um valor 0*

A função **índice** em sua forma geral realiza a operação que é denominada *coincidência de padrões* (*patter-matching*). Essa operação busca uma cadeia-padrão ou modelo dentro de uma cadeia de texto.

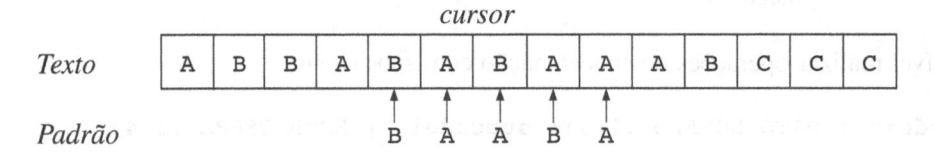

cursor

Texto | A | B | B | A | B | A | B | A | A | A | B | C | C | C |

Padrão   B A A B A

Essa operação utiliza um cursor ou ponteiro na cadeia de texto original e vai verificando os sucessivos valores de ambas as cadeias: se todos são iguais, produz um 0, se não, proporciona a posição do primeiro caractere coincidente.

índice ('ABCDE', 'F')	*produz 0*
índice ('ABXYZCDEF', 'XYZ')	*produz 3*

A função **índice (posição)**, ao receber também um valor numérico inteiro, pode ser utilizada em expressões aritméticas ou em instruções de atribuição a variáveis numéricas.

`P ← índice (C, 'F')`

8.6 OUTRAS FUNÇÕES DE CADEIAS

Há outras funções de cadeia internas à linguagem ou definidas pelo usuário que costumam ser de utilidade em programação e cujo conhecimento é importante para o leitor:

- *Inserir* cadeias.
- *Apagar* cadeias.
- *Mudar* cadeias.
- *Converter* cadeias em números e vice-versa.

8.6.1 Inserir

Desejando inserir uma cadeia c dentro de um texto ou cadeia maior, devemos indicar a posição.
O formato da função **inserir** é

$$\boxed{\text{inserir } (t, p, s)}$$

- t texto ou cadeia *onde* se vai inserir,
- p posição *a partir da qual* se vai inserir,
- s subcadeia que se vai *inserir*.

```
inserir ('ABCDEFGHI', 4, 'XXX') = 'ABCXXXDEFGHI'
inserir ('MARIA O', 7, 'DE LA') = 'MARIA DE LA O'
```

Algoritmo *de inserção*

Se a linguagem não tem definida esta função, podemos implementar com o seguinte algoritmo:

```
início
   inserir(t,p,s) = subcadeia(t,1,p—1)& S &
      subcadeia(t,p,comprimento(t)—p+1)
fim
```

Vejamos com um exemplo: **inserir** ('ABCDEFGHI' 4, 'XXX')

onde t = 'ABCDEFGHI' e S = 'XXX' p = 4

```
subcadeia (t,1,p—1) = subcadeia (t,1,3) = ABC
subcadeia (t,p,comprimento(t)—p+1) = subcadeia (t,4,9—4+1) =
subcadeia (t,4,6,) = DEFGHI
```

conseqüentemente,

```
inserir ('ABCDEFGHI',4'XXX')= 'ABC'+'XXX'+'DEFGHI'='ABCXXXDEFGHI'
```

8.6.2 Apagar

Desejando eliminar uma subcadeia que começa na posição p e tem um comprimento 1, temos a função **apagar**.

$$\boxed{\text{apagar } (t, p, l)}$$

- t texto ou cadeia em que vamos eliminar uma subcadeia,
- p posição a partir da qual vamos apagar (eliminar),
- 1 comprimento da subcadeia a eliminar.

```
apagar ('supercalifragilístico', 6, 4) = 'superfragilístico'
apagar ('supercalifragilístico', 3, 10) = 'sugilístico'
```

Algoritmo *apagar*

Caso não haja a função-padrão **apagar**, será preciso defini-la. Conseguimos com o algoritmo

```
início
   apagar (t,pl) = subcadeia (t,1,p-1) &
   subcadeia (t,p+1,comprimento(t)-p-1+1)
fim
```

8.6.3 Mudar

A operação inserir substitui em um texto `t` a primeira ocorrência de uma subcadeia `S1` por outra `S2`. Esse é o caso freqüente nos programas de tratamento de textos, em que às vezes é necessário substituir uma palavra qualquer por outra (... no arquivo "DEMO" substituir a palavra "ordenador" por "computador"), acomodando possíveis comprimentos diferentes. A função que realiza a operação de inserir tem o formato

$$\boxed{\texttt{mudar} \ (t, \ S1, \ S2)}$$

- `t` texto em que se realizarão as mudanças.
- `S1` subcadeia a substituir,
- `S2` subcadeia nova.

mudar ('ABCDEFGHIJ', 'DE', 'XXX') = 'ABCXXXFGHIJ'

Se a subcadeia `S1` não coincide exatamente com uma subcadeia de `t`, não será produzida nenhuma mudança e o texto ou cadeia original não se modifica.

mudar ('ABCDEFGHIJK', 'ZY', 'XXX') = 'ABCDEFGHIJK'

Algoritmo *mudança*

Não dispondo dessa função como padrão, é possível definir um algoritmo fazendo uso das funções analisadas.

mudar (t, S1, S2)

O algoritmo é realizado chamando as funções **índice**, **apagar** e **inserir**.

```
procedimento mudar(t, S1, S2)
início
   j ← índice(t, S1)
   t ← apagar(t, j, comprimento(S1))
   inserir(t, j, S2)
fim
```

A primeira instrução, `j ← índice (s, S1)`, calcula a posição em que devemos começar a inserção que é, por sua vez, o primeiro elemento da subcadeia `S1`.

A segunda instrução

`t ← apagar(t, j, comprimento(S1))`

apaga a subcadeia `S1` e a nova cadeia é nomeada à variável da cadeia `t`.

A terceira instrução insere na nova cadeia `t` — original sem a cadeia `S1` — a subcadeia `S2` a partir do caractere de posição `j`, como havíamos previsto.

8.6.4 Conversão cadeia/números

Existem funções ou procedimentos nas linguagens de programação (**val** e **str** em BASIC, **val** e **str** em Turbo PASCAL) que permitem converter um número em uma cadeia e vice-versa.

Em nosso algoritmo, os denotaremos por **valor** e **cad**.

$\boxed{\texttt{valor} \ (cadeia)}$ converte a cadeia em um número; sempre que a cadeia for de dígitos numéricos

$\boxed{\texttt{cad} \ (valor)}$ converte um valor numérico em uma cadeia

Exemplos

```
valor ('12345') = 12345
cad (12345) = '12345'
```

Outras funções importantes relacionadas com a conversão de caracteres em números e de números em caracteres são:

| código (um_caractere) | devolve o código ASCII de um caractere |

| código (um_código) | devolve o caractere associado em um código ASCII |

ATIVIDADES DE PROGRAMAÇÃO RESOLVIDAS

8.1 Desejamos eliminar os brancos de uma frase dada terminada em um ponto. Imagine ser possível ler os caracteres da frase um por um.

Solução

Análise

Para poder efetuar a leitura da frase, a armazenamos em uma array de caracteres (F) — isto é possível em linguagens como Pascal; em BASIC seria preciso recorrer a problemáticas tarefas de operações com funções de cadeias MIDS, LEFT$ ou RIGHT$ — de modo que F[i] contenha o caractere *i*-enésimo da frase dada. Construiremos uma nova frase sem brancos em outra array G.

Algoritmo

Os passos para a realização do algoritmo são:
- Iniciar contador de letras da nova frase G.
- Ler o primeiro caractere.
- Repetir.
  Se o primeiro caractere não for branco, então escrever
  no lugar seguinte à array G,
  ler caractere seguinte à frase dada.
  Até que o último caractere seja encontrado.
- Escrever a nova frase – G – já sem brancos.

Tabela de variáveis:

F array de caracteres da frase dada.
G array de caracteres da nova frase.
I contador de array F.
J contador da array G.

Pseudocódigo

```
algoritmo branco
início
   I ← 1
   J ← 0
   F[i] ← lercar() {lercar é uma função que permite a leitura de um caractere}
   repetir
     se F[I] <> ' ' então
        J ← J+1
        G[I] ← F[I]
     fim_se
     I ← I+1
     F[i] ← lercar()
   até_que F[I] = '.'
   //escrita da nova frase G
   desde I ← 1 até J fazer
     escrever(G[I])           //não avançar linha
   fim_desde
fim
```

8.2 Leia um caractere e deduza se está situado antes ou depois da letra "m" em ordem alfabética.

Solução

Análise

A comparação de dados de tipo caractere é realizada por meio de códigos numéricos ASCII, de modo que uma letra estará antes ou depois de "m" se seu código ASCII for menor ou maior. O próprio computador se encarrega de realizar a comparação de dados tipo caractere de acordo com o código ASCII, sempre que os dados para serem comparados forem do tipo caractere. Por isso devemos declarar o tipo caractere às variáveis que representam as comparações.

```
Variáveis C: caractere
```

Pseudocódigo

```
algoritmo caractere
var
   caractere : C
início
   ler(C)
   se C < 'M' então
     escrever(C, 'está antes de M em ordem alfabética')
   se_não
     escrever(C, 'está depois de M em ordem alfabética')
   fim_se
fim
```

8.3 Leia os caracteres e deduza se estão em ordem alfabética.

Solução

Tabela de variáveis

```
CAR1, CAR2: caractere
```

Pseudocódigo

```
algoritmo comparação
var
   caractere : CAR1, CAR2
início
   ler(CAR1, CAR2)
   se CAR1 <= CAR2 então
      escrever('em ordem')
   se_não
      escrever('desordenado')
   fim_se
fim
```

8.4 Leia uma letra de um texto. Deduza se está ou não compreendida entre as letras maiúsculas I-M inclusive.

Solução

Variáveis

LETRA: caractere.

Pseudocódigo

```
algoritmo
var
   caractere : LETRA
início
   ler(LETRA)
   se (LETRA >= 'I') e (LETRA =<, 'M') então
      escrever('está compreendida')
   se_não
      escrever('não está compreendida')
   fim_se
fim
```

8.5. Conte o número de letras "i" de uma frase terminada em um ponto, supondo que as letras podem ser lidas independentemente.

Solução

Nesse algoritmo o contador de letras somente será incrementado quando encontrarmos as letras "i" buscadas.

Pseudocódigo

```
algoritmo letras_i
var
   inteiro : N
   caractere : LETRA
início
   N ← 0
   repetir
      LETRA ← lercar()
      se LETRA = 'i' então
```

```
           N ← N+1
        fim_se
     até_que
     escrever('A frase tem', N, 'letras i')
fim
```

8.6 Conte o número de vogais de uma frase terminada em um ponto.

Solução

Pseudocódigo

```
algoritmo vogais
var
   inteiro : NÚMVOGAIS
   caractere : C
início
   repetir
      C ← lercar( )              {a função lercar permite a leitura de caracteres independentes}
      se C = 'a' ou C = 'e' ou C = 'i' ou C = 'o' ou C = 'u' então
         NÚMVOGAIS ← NÚMVOGAIS+1
      fim_se
   até_que C = '.'
   escrever('O número de vogais é = ', NÚMVOGAIS)
fim
```

8.7 Desejamos contar o número de letras "a" e o número de letras "b" de uma frase terminada em um ponto. Supomos que seja possível ler os caracteres independentemente.

Solução

Método 1

```
algoritmo letras_a_b
var
   inteiro : NA, NB
   caractere : C
início
   NA ← 0
   NB ← 0
   repetir
      C ← lercar( )
      se C = 'a' então
         NA ← NA+1
      fim_se
      se C = 'b' então
         NB ← NB+1
      fim_se
   até_que C = '.'
   escrever('Letras a = ', NA, 'Letras b =', NB)
fim
```

Método 2

```
algoritmo letras_a_b
var
   inteiro : NA, NB
   caractere : C
início
   NA ← 0
   NB ← 0
   repetir
      C ← lercar()
      se C = 'a' então
         NA ← NA+1
      se_não
         se C = 'b' então
            NB ← NB+1
         fim_se
      fim_se
   até_que C = '.'
fim
```

Método 3

```
algoritmo letras_a_b
var
   inteiro : NA, NB
   caractere : C
início
   NA ← 0
   NB ← 0
   repetir
      C ← lercar()
      conforme_seja C fazer
         'a': NA ← NA+1
         'b': NB ← NB+1
      fim_conforme
   até_que C = '.'
fim
```

8.8 Leia cem caracteres de um texto e conte o número de letras "b".

Solução

Tabela de variáveis

```
inteiro : I, NE
caractere : C
```

Pseudocódigo

```
algoritmo letras_b
var
   inteiro : I, NE
   caractere : C
```

```
início
  NE ← 0
  desde I ← 1 até 100 fazer
    C ← lercar( )
    se C = 'b' então
      NE ← NE+1
    fim_se
  fim_desde
  escrever('Existem', NE, 'letras b')
fim
```

8.9 Escreva uma função convertida (núm,b) que permita transformar um número inteiro e positivo na base 10 à base que indiquemos como parâmetro. Teste o algoritmo com as bases 2 e 16.

```
algoritmo Mudança_de_base
var inteiro: núm, b
início
  escrever('Dê-me número')
  ler(núm)
  escrever('Indique base')
  ler(b)
  escrever(converter (núm,b), 'é o número', núm, 'em base',b)
fim

cadeia função converter(E inteiro: núm,b)
  var inteiro: r
      caractere: c
      cadeia: umacadeia
  início
    umacadeia ← ''
    se núm > 0 então
      enquanto núm > 0 fazer
        r ← núm MOD b
        se r > 9 então
          c ← car(r+55)
        se_não
          c ← car(r + código('0'))
        fim_se
        umacadeia ← c + umacadeia
        núm ← núm div b
      fim_enquanto
    se_não
      umacadeia ← '0'
    fim_se
    devolver(umacadeia)
fim_função
```

REVISÃO DO CAPÍTULO

Conceitos-chave

- Cadeia
- Cadeia nula
- Comparação de cadeias
- Concatenação
- Funções de biblioteca
- Literal de cadeia
- Comprimento da cadeia
- String
- Variável de cadeia

Resumo

Cada linguagem de computador tem seu próprio método de manipulação de cadeias de caracteres. Algumas linguagens como C++ e C, têm um conjunto muito rico de funções de manipulação de cadeias. Outras linguagens, como FORTRAN, que são utilizadas predominantemente para cálculos numéricos, incorporam características de manipulação de cadeias em suas últimas versões. Também linguagens como LISP, que são concebidas para manipular aplicações de listas, proporcionam capacidades excepcionais de manipulação de cadeias.

Em uma linguagem como C ou C++, as cadeias são simplesmente arrays de caracteres terminados em caracteres nulos ("\0") que podem ser manipulados utilizando-se técnicas de processamento de arrays padrão elemento por elemento. Essencialmente, as cadeias nas linguagens de programação modernas têm, fundamentalmente, estas características:

1. Uma cadeia (string) é um array de caracteres que em alguns casos (C++) termina com o caractere NULO(NULL).
2. As cadeias podem ser processadas sempre utilizando técnicas de processamento de arrays padrão.
3. Na maioria das linguagens de programação existem muitas funções de biblioteca para processamento de cadeias como uma unidade completa. Internamente estas funções manipulam as cadeias caractere a caractere.
4. Alguns caracteres são escritos com um código de escape ou seqüência de escape, que consta do caractere escape (\) seguido por um código do próprio caractere.
5. Um caractere é representado utilizando um único byte (8 bits). Os códigos de caracteres padrão mais utilizados nas linguagens de programação são **ASCII** e **Unicode**.
6. O código ASCII representa 127 caracteres e o código ASCII ampliado representa 256 caracteres. Mediante o código Unicode, representam-se numerosas linguagens internacionais além do inglês, como o espanhol, francês, chinês, hindu, alemão etc.
7. As bibliotecas de funções padrão incorporadas às linguagens de programação incluem grande quantidade de funções integradas que manipulam cadeias e que atuam de modo similar aos algoritmos das funções explicadas no capítulo. Este é o caso da biblioteca de cadeias da linguagem C ou a biblioteca *string.h* de C++.
8. Algumas das funções de cadeia típicas são: *comprimento da cadeia, comparar cadeias, inserir cadeia, copiar cadeias, concatenar cadeias etc.*
9. A linguagem C++ suporta as cadeias como arrays de caracteres terminadas no caractere nulo representado pela seqüência de escape "\0".
10. As linguagens orientadas a objetos Java e C# suportam as cadeias como objetos da classe `String`.

EXERCÍCIOS

8.1 Escreva um algoritmo para determinar se uma cadeia específica ocorre em uma cadeia dada; sendo assim, escreva um asterisco (*) na primeira posição de cada ocorrência.

8.2 Escreva um algoritmo para contar o número de ocorrências de cada uma das palavras `'a'`, `'an'` e `'and'` nas diferentes linhas do texto.

8.3 Conte o número de ocorrências de uma cadeia especificada em diferentes linhas de texto.

8.4 Escreva um algoritmo que permita a entrada de um nome consistente em um nome, um primeiro sobrenome e um segundo sobrenome, nessa ordem, e que imprima a seguir o último sobrenome, seguido do primeiro sobrenome e o nome. Por exemplo: `Luis Garcia Garcia` produzirá: `Garcia Garcia Luis`.

8.5 Escreva um algoritmo que elimine todos os espaços finais em uma cadeia determinada. Por exemplo: `'J. R. GARCIA  '` deverá transformar-se em `'J. R. GARCIA'`.

8.6 Projete um algoritmo cuja entrada seja uma cadeia S e um fator de multiplicação N, cuja função seja gerar a cadeia dada N vezes. Por exemplo:

`'Oi!', 3`

será convertido em:

`'Oi! Oi! Oi!'`

8.7 Projete um algoritmo que elimine todas as ocorrências de cada caractere em uma cadeia dada partindo de outra cadeia dada. As duas cadeias são:

- `CADEIA1` é a cadeia onde devem ser eliminados os caracteres.
- `LISTA` é a cadeia que proporciona os caracteres que devem ser eliminados.

`CADEIA = 'O EZNZZXTX'`
`LISTA = 'XZ'`

a cadeia pedida é `'O ENT'`.

8.8 Escreva um algoritmo que converta os números arábicos em romanos e vice-versa (I = 1, V = 5, X = 10, L = 50, C = 100, D = 500 e M = 1000).

8.9 Projete um algoritmo que, por meio de uma função, permita mudar um número n na base 10 à base b, sendo b um número entre 2 e 20.

8.10 Escreva o algoritmo de uma função que converta uma cadeia em maiúscula e outra que a converta em minúscula.

8.11 Projete uma função que informe se uma cadeia é um palíndromo (uma cadeia é um palíndromo se for lida da mesma forma da esquerda para a direita e da direita para a esquerda).

9 ARQUIVOS

SUMÁRIO

9.1 Noção de arquivo: estrutura hierárquica
9.2 Conceitos e definições = terminologia
9.3 Meios seqüenciais e endereçáveis
9.4 Organização de arquivos
9.5 Operações sobre arquivos
9.6 Administração de arquivos
9.7 Apagar arquivos
9.8 Fluxos
9.9 Manutenção de arquivos
9.10 Processamento de arquivos seqüenciais (algoritmos)
9.11 Arquivos de texto
9.12 Processamento de arquivos diretos (algoritmos)
9.13 Processamento de arquivos seqüenciais indexados
ATIVIDADES DE PROGRAMAÇÃO RESOLVIDAS
REVISÃO DO CAPÍTULO
    Conceitos-chave
    Resumo
EXERCÍCIOS

Os dados tratados até este capítulo e processados por um programa podem residir simultaneamente na memória principal do computador. Entretanto, grandes quantidades de dados são armazenadas em geral em dispositivos de memória auxiliar. As diferentes técnicas que foram projetadas para a estruturação dessas coleções de dados complexas se alojavam em arrays. Neste capítulo apresentamos uma introdução à organização e administração de dados estruturados sobre dispositivos de armazenamento secundário, como fitas e discos magnéticos. Estas coleções de dados são conhecidas como **arquivos**. As técnicas necessárias para administrar arquivos são diferentes das técnicas de organização de dados que são eficazes em memória principal, mesmo sendo construídas com base nessas técnicas. Este capítulo é a introdução para a iniciação aos arquivos, o que são, sua missão nos sistemas de informação e os problemas básicos em sua organização e administração.

9.1 NOÇÃO DE ARQUIVO: ESTRUTURA HIERÁRQUICA

As estruturas de dados comentadas nos capítulos anteriores se encontram armazenadas na memória central ou principal. Este tipo de armazenamento, conhecido por *armazenamento principal ou primário*, tem a vantagem de o tempo de acesso ser pequeno e, além disso, o tempo necessário para acessar os dados armazenados em uma e outra posição — memória principal — do dispositivo é o mesmo. Entretanto, nem sempre é possível armazenar os dados na memória central ou principal do computador, em razão das limitações que seu uso impõe:

- A quantidade dos dados que podemos manipular em um programa não pode ser muito grande por causa da limitação da memória central do computador[1].
- A existência de dados na memória principal está subordinada ao tempo que o computador está ligado e o programa sendo executado (tempo de vida efêmero). Isto supõe que os dados desaparecem da memória principal quando se desliga o computador ou se deixa de executar o programa.

Essas limitações dificultam:

- A manipulação de grande número de dados, já que — às vezes — podem não caber na memória principal (hoje em dia desapareceu a limitação que a primeira geração de PC apresentava com a limitação de memória a 640 Kbytes, não se admitindo informação a ser armazenada maior que essa quantidade no caso de computadores IBM PC e compatíveis).
- A transmissão de saída de resultados de um programa pode ser tratada como entrada em outro programa.

Para poder superar essas dificuldades, são necessários dispositivos de armazenamento secundários (memórias externas ou auxiliares) como fitas, discos magnéticos, cartões perfurados etc., onde serão armazenados a informação ou os dados que poderão ser recuperados para tratamento posterior. As estruturas de dados aplicadas à coleção de dados em armazenamentos secundários são chamadas *organização de arquivos*. A noção de **arquivo** está relacionada com os conceitos de:

- Armazenamento permanente de dados.
- Fracionamento ou partição de grandes volumes de informação em unidades menores que possam ser armazenadas na memória central e processadas por um programa.

Um *arquivo* é um conjunto de dados estruturados em uma coleção de entidades elementares ou básicas denominadas *registros*, que são do mesmo tipo e compostos por diferentes entidades de nível mais baixo denominadas *campos*.

9.1.1 Campos

Os caracteres ficam agrupados em *campos* de dados. Um *campo* é um *item* ou *elemento de dados elementares*, como um nome, número de empregados, cidade, número de identificação etc.

Um campo está caracterizado por seu tamanho ou comprimento e seu tipo de dados (cadeia de caracteres, inteiro, lógico etc.). Os campos podem até mesmo variar em comprimento. Na maioria das linguagens de programação, os campos de comprimento variável não estão suportados e se supõem de comprimento fixo.

---

[1] Em suas origens e na década de 1980, 640 Kbytes no caso de computadores pessoais IBM e compatíveis. Hoje em dias, essas cifras foram grandemente superadas, mas ainda as memórias centrais variam, em computadores domésticos e de escritório, entre 128 MB e 512 MB; o caráter temporário dos dados armazenados nelas aconselha sempre o uso de arquivos para dados de caractere permanente.

Campos					
Nome	Endereço	Data de nascimento	Escolaridade	Salário	Treinamento

Figura 9.1 Campos de um registro.

Um campo é a unidade mínima de informação de um registro.

Os dados contidos em um campo são divididos com freqüência em *subcampos*; por exemplo, o campo data se divide nos subcampos dia, mês, ano.

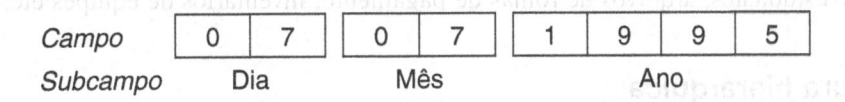

Campo	0	7	0	7	1	9	9	5
Subcampo	Dia		Mês		Ano			

Os intervalos numéricos de variação dos subcampos anteriores são:

```
1 ≤ dia ≤ 31
1 ≤ mês ≤ 12
1 ≤ ano ≤ 1987
```

9.1.2 Registros

Registro é uma coleção de informação relativa a uma entidade particular. Um registro é uma coleção de campos logicamente relacionados, que podem ser tratados como uma unidade por algum programa. O exemplo de um registro pode ser a informação de determinado empregado que contém os campos nome, endereço, data de nascimento, estudos, salário, treinamentos etc.

Os registros podem ser todos de *comprimento fixo*, por exemplo, os registros de empregados podem conter o mesmo número de campos, cada um do mesmo comprimento para nome, endereço, data etc. Também podem ser de *comprimentos variáveis*.

Os registros organizados em campos são denominados *registros lógicos*.

```
        Registros de dados
    ←———————— N ————————→
       N = comprimento do registro
```

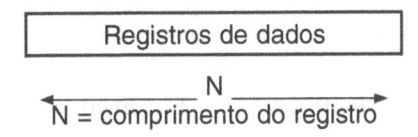

Figura 9.2 Registro.

> **Nota**
>
> O conceito de registro é similar ao conceito de estrutura (struct) estudado no Capítulo 7, já que ambas as estruturas permitem armazenar dados do tipo heterogêneo.

9.1.3 Arquivos

Um *arquivo* de dados — ou simplesmente um **arquivo** — é uma coleção de registros relacionados entre si com aspectos em comum e organizados para um propósito específico. Por exemplo, um arquivo de uma classe escolar contém um conjunto de registros dos estudantes dessa classe. Outros exemplos podem ser o de folhas de pagamento de uma empresa, os inventários, o estoque etc.

A Figura 9.3 recorre à estrutura de um arquivo correspondente aos assinantes de uma revista de informática. Um arquivo em um computador é uma estrutura projetada para conter dados. Os dados estão organizados de tal modo que podem ser recuperados facilmente, atualizados ou apagados e armazenados de novo no arquivo com todos os campos realizados.

9.1.4 Bases de dados

Uma coleção de arquivos que podem ser acessados por um conjunto de programas e que contêm todos esses dados relacionados constitui uma base de dados. Assim, uma base de dados de uma universidade pode conter arquivos de estudantes, arquivos de folhas de pagamento, inventários de equipes etc.

9.1.5 Estrutura hierárquica

Os conceitos caractere, campos, registro, arquivos e base de dados são *conceitos lógicos* que se referem ao meio em que o usuário de computadores vê os dados e se organizam. As estruturas de dados se organizam de um modo hierárquico, de maneira que o nível mais alto constitui a base de dados e o nível mais baixo, o caractere.

9.2 CONCEITOS E DEFINIÇÕES = TERMINOLOGIA

Comentamos anteriormente alguns termos relativos à teoria de arquivos; neste item serão enunciados todos os termos mais utilizados na administração e no projeto de arquivos.

9.2.1 Chave

Uma *chave (key)* é um campo de dados que identifica o registro e a diferença de outros registros. Essa chave deve ser diferente para cada registro. Chaves típicas são nomes ou números de identificação.

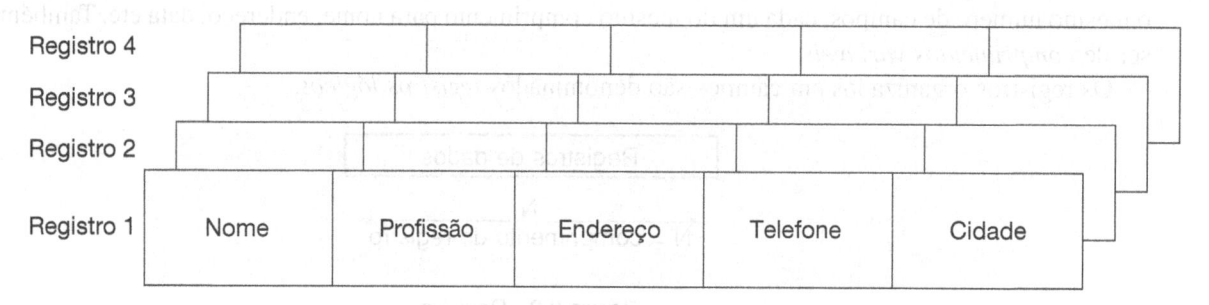

Figura 9.3 Estruturas de um arquivo "assinantes".

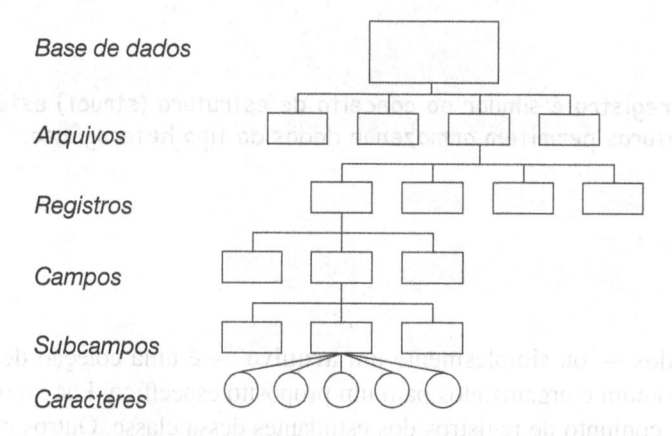

Figura 9.4 Estruturas hierárquicas de dados.

9.2.2 Registro físico ou bloco

Um *registro físico* ou *bloco* é a quantidade menor de dados que podem ser transferidos em uma operação de entrada/saída entre a memória central e os dispositivos periféricos ou vice-versa. Exemplos de registros físicos são: um cartão perfurado, uma linha de impressão, um setor de um disco magnético etc.

Um bloco pode conter um ou mais registros lógicos.

Um registro lógico pode ocupar menos de um registro físico, um registro físico ou mais de um registro físico.

9.2.3 Fator de bloco

Outra característica importante em relação aos arquivos é o conceito de *fator de bloco*. O número de registros lógicos que pode conter um registro físico é denominado fator de bloco.

Podemos ter as seguintes situações:

- *Registro lógico > Registro físico*. Um bloco que contém vários registros físicos por bloco denomina-se *registros expandidos*.

a) *Um registro por bloco (fator = 1)*

b) *N registros por bloco (fator = N)*

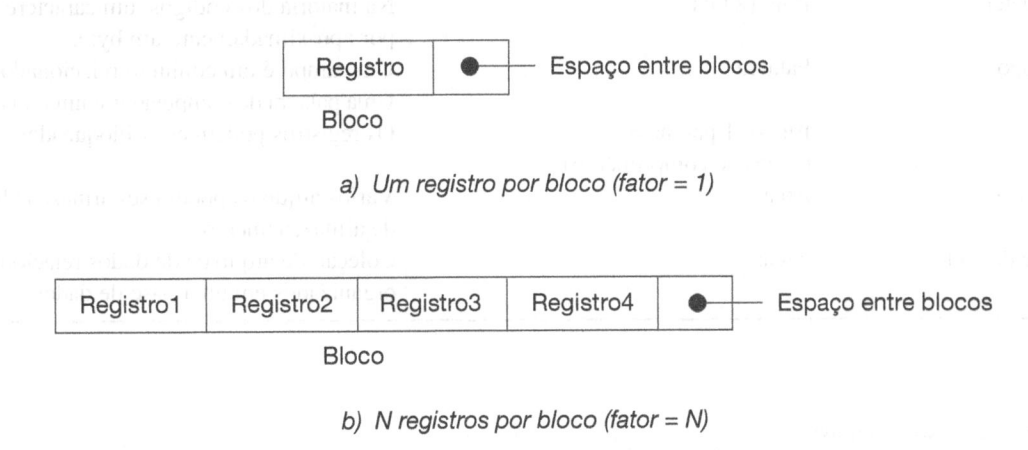

Figura 9.5 Fator de bloco.

- *Registro lógico = Registro físico*. O fator de bloco é 1 e dizemos que os registros *não estão bloqueados*.
- *Registro lógico < Registro físico*. O fator de bloco é maior que 1 e os registros *estão bloqueados*.

A importância do fator de bloco pode ser mais bem entendida com um exemplo. Suponhamos que temos dois arquivos. Um deles com um fator de bloco de 1 (um registro em cada bloco) e o outro com um fator de bloco de 10 (10 registros/bloco). Se cada arquivo contém um milhão de registros, o segundo arquivo irá requerer 900 mil operações de entrada/saída menos para ler todos os registros. No caso de computadores pessoais com um tempo médio de acesso de 90 milissegundos, o primeiro arquivo empregaria cerca de 24 horas para ler todos os registros do arquivo.

Um fator de bloco maior que 1 sempre melhora o rendimento; então, por que não incluir todos os registros em apenas um bloco? A razão está em que as operações de entrada/saída são realizadas por blocos por meio de uma área da memória central denominada *memória intermediária* (*buffer*) e, portanto, o aumento do bloco implicará aumento da memória intermediária e, conseqüentemente, será reduzido o tamanho da memória central.

O tamanho de uma memória intermediária de um arquivo é o mesmo que o de um bloco. Como a memória central é mais cara que a memória secundária, não convém aumentar o tamanho do bloco, mas conseguirmos um equilíbrio entre ambos os critérios.

No caso dos computadores pessoais, o registro físico pode ser um setor de disco (512 bytes).

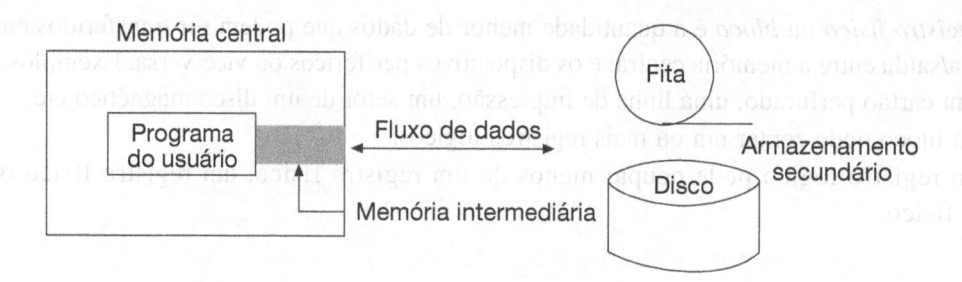

A Tabela 9.1 Resume os conceitos lógicos e físicos de um registro.

Tabela 9.1 Unidades de dados lógicos e físicos

Organização lógica	Organização física	Descrição
	Bit	Um dígito binário.
Caractere	Byte (8 bits)	Na maioria dos códigos, um caractere é representado por aproximadamente um byte.
Campo	Palavra	Um campo é um conjunto relacionado de caracteres. Uma palavra de computador é um número fixo de bytes.
Registro	Bloco (1 página = blocos de comprimento)	Os registros podem estar bloqueados.
Arquivo	Área	Vários arquivos podem ser armazenados em uma área de armazenamento.
Base de dados	Áreas	Coleção de arquivos de dados relacionados podem ser organizados em uma base de dados.

Resumo dos arquivos

- Um arquivo está sempre armazenado em um meio externo à memória central.
- Existe independência das informações com respeito aos programas.
- Todo programa de tratamento troca informação com o arquivo e a unidade básica de entrada/saída deste registro.
- A informação armazenada é permanente.
- Em um momento dado, os dados extraídos pelo arquivo são os de um registro e não os do arquivo completo.
- Os arquivos na memória auxiliar permitem uma grande capacidade de armazenamento.

9.3 MEIOS SEQÜENCIAIS E ENDEREÇÁVEIS

O meio é o meio físico onde são armazenados os dados. Os tipos de meio utilizados na administração de arquivos são:

- *Meios seqüenciais.*
- *Meios endereçáveis.*

Os *meios seqüenciais* são aqueles em que os registros — informações — estão escritos uns na seqüência de outros e para acessar um determinado registro *n* é necessário passar pelos *n* – 1 registros anteriores.

Os *meios endereçáveis* são estruturados de modo que as informações registradas podem ser localizadas diretamente por seu endereço e não precisam passar pelos registros precedentes. Nestes meios os registros devem possuir um campo-chave que os diferencie do restante dos registros do arquivo. Um endereço em um meio endereçável pode ser número de pista e número de setor em um disco.

Os meios endereçáveis são os discos magnéticos, ainda que possam atuar como meio seqüencial.

9.4 ORGANIZAÇÃO DE ARQUIVOS

De acordo com as características do meio empregado e o modo como são organizados os registros, são considerados dois tipos de acesso aos registros de um arquivo:

- *Acesso seqüencial.*
- *Acesso direto.*

O *acesso seqüencial* implica o acesso a um arquivo segundo a ordem de armazenamento de seus registros, um atrás do outro.

O *acesso direto* implica o acesso a um registro determinado sem que isso implique a consulta dos registros precedentes. Esse tipo de acesso é possível com meios endereçáveis.

A *organização* de um arquivo depende da forma como registros estão dispostos sobre o meio de armazenamento, ou também organização é a forma na qual se estruturam os dados em um arquivo. Geralmente, são consideradas três organizações fundamentais:

- *Organização seqüencial.*
- *Organização direta ou aleatória (random).*
- *Organização seqüencial indexada (indexed).*

9.4.1 Organização seqüencial

Um arquivo com organização seqüencial é uma sucessão de registros, armazenados consecutivamente sobre o meio externo, de tal modo que, para acessar um registro n de dados, é obrigatório passar por todos os $n - 1$ artigos anteriores.

Os registros são gravados consecutivamente quando o arquivo é criado e se deve acessar consecutivamente quando são lidos esses registros.

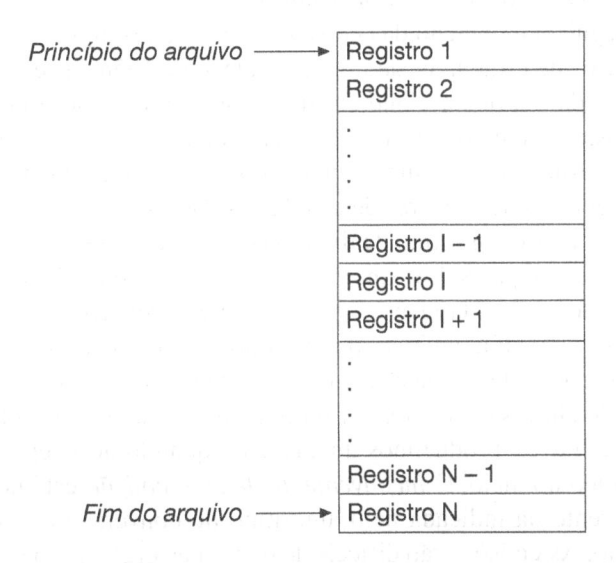

```
Princípio do arquivo ──▶  | Registro 1      |
                          | Registro 2      |
                          | .               |
                          | .               |
                          | .               |
                          | Registro I – 1  |
                          | Registro I      |
                          | Registro I + 1  |
                          | .               |
                          | .               |
                          | .               |
                          | Registro N – 1  |
Fim do arquivo       ──▶  | Registro N      |
```

Figura 9.6 Organização seqüencial.

- A ordem física em que foram gravados (escritos) os registros é a ordem de sua leitura.
- Todos os tipos de dispositivos de memória auxiliar suportam a organização seqüencial.

Os arquivos organizados seqüencialmente contêm um registro particular — o último — que contém uma marca fim de arquivo (EOF ou FF). Essa marca fim de arquivo pode ser um caractere especial como '*'.

9.4.2 Organização direta

Um arquivo está organizado de maneira direta quando a ordem física não corresponde à ordem lógica. Os dados são situados no arquivo e os acessamos diretamente — aleatoriamente — por meio de sua posição, ou seja, o lugar relativo que ocupam.

Essa organização tem a *vantagem* de que registros podem ser lidos e escritos em qualquer ordem e posição, ou seja, o acesso à informação é muito rápido.

A organização direta tem o *inconveniente* de se necessitar programar a relação existente entre o conteúdo de um registro e a posição que ocupa. O acesso aos registros em modo direto implica a possível existência de buracos livres dentro do meio e, portanto, podem existir buracos livres entre registros.

A correspondência entre chave e endereço deve poder ser programada, e a determinação da relação entre o registro e sua posição física é obtida mediante uma fórmula.

As condições para que um arquivo seja de organização direta são:

- Armazenado em um meio endereçável.
- Os registros devem conter um campo específico denominado *chave* que identifica cada registro de modo único, ou seja, dois registros distintos não podem ter um mesmo valor de chave.
- Existência de uma correspondência entre os possíveis valores da chave e os endereços disponíveis sobre o meio.

Um meio endereçável é, em geral, um disco ou pacote de discos. Cada posição é localizada por seu *endereço absoluto*, que no caso do disco costuma vir definido por dois parâmetros — número de pista e número de setor — ou por três parâmetros — pista, setor e número de cilindro —; um *cilindro i* é o conjunto de pistas de número *i* de cada superfície de armazenamento da pilha.

Na prática o programador não administra diretamente endereços absolutos, e sim *endereços relativos* com independência da posição absoluta do arquivo no meio.

O programador cria uma relação perfeitamente definida entre a chave indicativa de cada registro e sua posição física dentro do dispositivo de armazenamento.

Consideremos a seguir o fenômeno das *colisões* com este exemplo.

A chave dos registros de estudantes de uma Faculdade de Ciências é o número de expediente escolar que alocamos no momento da matrícula e que consta de oito dígitos. Se o número de estudantes é um número decimal de oito dígitos, existem 10^8 possíveis números de estudantes (0 a 99999999), ainda que, logicamente *nunca* existirão tantos estudantes (inclusive incluindo alunos já graduados). O arquivo de estudantes será a soma de dezenas ou centenas de milhares de estudantes. Desejando armazenar este arquivo em um disco sem utilizar muito espaço e obter o algoritmo de direcionamento, é necessária uma *função de conversão de chaves* ou *função "hash"*. Supondo que N é o número de posições disponíveis para o arquivo, o algoritmo de direcionamento converte cada valor da chave em um endereço relativo *d*, compreendido entre 1 e *N*. Como a chave pode ser numérica ou alfanumérica, o algoritmo de conversão deve prever essa possibilidade e alocar em cada registro correspondente a uma chave uma posição física no meio de armazenamento. O algoritmo ou função de conversão de chaves deve eliminar ou reduzir ao máximo as colisões. Dizemos que, em um algoritmo de conversão de chaves, produzimos uma *colisão* quando dois registros de chaves distintas produzem o mesmo endereço físico no meio. *O inconveniente de uma colisão* está no fato de se ter de situar o registro em uma posição diferente da indicada pelo algoritmo de conversão e, conseqüentemente, o acesso a esse registro será mais lento. As colisões são difíceis de evitar nas organizações diretas. Entretanto, um tratamento adequado nas operações de leitura/escrita diminuirá seu efeito prejudicial no arquivo.

Para representar a função de transformação ou conversão de chaves (*hash*), utilizamos uma notação matemática. Assim, se K é uma chave, f(K) é o endereço correspondente; f é a função chamada *função de conversão*.

Exemplo 9.1

Uma empresa tem um número determinado de vendedores e um arquivo no qual cada registro corresponde a um vendedor. Existem 200 vendedores, cada um referenciado por um número de cinco dígitos. Se tivéssemos de alocar um arquivo de 100 mil registros, cada registro corresponderia a uma posição do disco.

Para o projeto do arquivo, criaremos 250 registros (25% a mais que o número de registros necessários — 25% costuma ser uma porcentagem habitual) que se distribuirão da seguinte maneira:

1. Posições 0-199 constituem a área principal do arquivo e nela serão armazenados todos os vendedores.
2. Posições 200-249 constituem a área de transbordamento, se $K(1) <> K(2)$, mas $f(K(1)) = f(K(2))$, e o registro com chave $K(1)$ já está armazenado na área principal, então o registro com $K(2)$ é armazenado na área de transbordamento.

A função f pode ser definida como:

$f(k) =$ *resto quando K é dividido por 199*, isto é, o módulo de 199; 199 foi escolhido por ser o número primo maior e que é menor que o tamanho da área principal.

Para estabelecer o arquivo, apagamos inicialmente 250 posições. Em seguida, para cada registro de vendedor calculamos $p = f(K)$. Se a posição p está vazia, armazenamos o registro nela. Caso contrário, buscamos seqüencialmente pelas posições 200, 201..., para o registro com a chave desejada.

9.4.3 Organização seqüencial indexada

Um dicionário é um arquivo seqüencial, cujos registros são as entradas e cujas chaves são as palavras definidas pelas entradas. Para procurar uma palavra (uma chave) não se busca seqüencialmente de "a" a "z", abrimos o dicionário pela letra inicial da palavra. Se deseja procurar "índice", abrimos o dicionário pela letra *I* e, em sua primeira página, buscamos pelo cabeçalho de página até encontrar a página mais próxima à palavra, buscando a seguir palavra por palavra até encontrar "índice". O dicionário é um exemplo típico de arquivo seqüencial indexado com dois níveis de índices, o nível superior para as letras iniciais e o nível inferior para os cabeçalhos de página. Em uma organização de computadores, as letras e os cabeçalhos das páginas serão guardados em um arquivo de índice independente das entradas do dicionário (arquivo de dados). Portanto, cada arquivo seqüencial indexado consta de um arquivo índice e um arquivo de dados:

Um arquivo está organizado em forma seqüencial indexada se:

- O tipo de seus registros contém um campo-chave identificador.
- Os registros estão situados em um meio endereçável pela ordem dos valores indicados pela chave.
- Um índice para cada endereço direcionado, o endereço da posição e o valor da chave; essencialmente, o índice contém a chave do último registro e o endereço de acesso ao primeiro registro do bloco.

Um arquivo em organização seqüencial indexada consta das seguintes partes:

- *Área de dados ou primária*: contém os registros em forma seqüencial e está organizada em seqüência de chaves sem deixar buracos intercalados.
- *Área de índices*: é uma tabela que contém os níveis de índice; a existência de vários índices enlaçados é denominada *nível de indexação*.
- *Área de transbordamento ou excedentes*: utilizada, se necessário, para as atualizações.

A área de índices é equivalente, em sua função, ao índice de um livro. Nela se refletem o valor da chave de identificação maior de cada grupo de registros do arquivo e o endereço de armazenamento do grupo.

Os arquivos seqüenciais indexados apresentam as seguintes *vantagens*:

• Acesso rápido.
• O sistema de administração de arquivos se encarrega de relacionar a posição de cada registro com um conteúdo mediante a tabela de índices.

E os seguintes *inconvenientes*:

• Não aproveitamento do espaço por deixar buracos intermediários cada vez que se atualiza o arquivo.
• Necessita de espaço adicional para a área de índices.

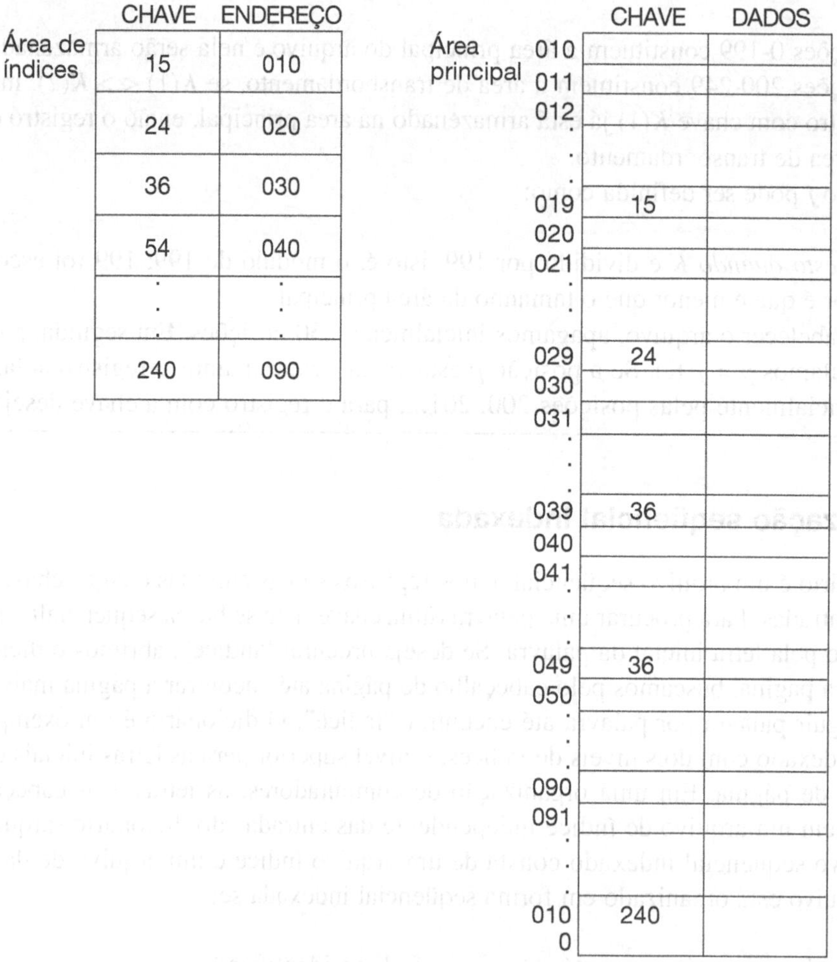

Área de índices	CHAVE	ENDEREÇO
	15	010
	24	020
	36	030
	54	040
	.	.
	.	.
	240	090

Área principal	CHAVE	DADOS
010		
011		
012		
.		
019	15	
020		
021		
.		
029	24	
030		
031		
.		
039	36	
040		
041		
.		
049	36	
050		
.		
090		
091		
.		
0100	240	

Figura 9.7 Organização seqüencial indexada.

Os meios utilizados para esta organização são os que permitem o acesso direto — os discos magnéticos. Os meios de acesso seqüencial não podem ser utilizados, já que não dispõem de endereços para suas posições de armazenamento.

9.5 OPERAÇÕES SOBRE ARQUIVOS

De acordo com a decisão do tipo de organização que deve ter um arquivo e os métodos de acesso que vão ser aplicados para sua manipulação, é preciso considerar todas as possíveis operações que concernem aos registros de um arquivo. As diferentes operações que podem ser realizadas são:

- *Criação*
- *Consulta*
- *Atualização* (cargas, descargas, modificação, consulta)
- *Classificação*
- *Reorganização*
- *Destruição*
- *Reunião, fusão*
- *Quebra*

9.5.1 Criação de um arquivo

Esta é a primeira operação que o arquivo de dados sofrerá. Implica a escolha de um ambiente descritivo que permita um ágil, rápido e eficaz tratamento do arquivo.

Para se utilizar um arquivo, ele tem de existir, ou seja, as informações desse arquivo devem ter sido armazenadas sobre um meio e ser utilizáveis. A *criação* exige organização, estrutura, localização ou reserva de espaço no meio de armazenamento, transferência do arquivo do meio antigo para o novo.

Um arquivo pode ser criado pela primeira vez em um meio, vir de outro preexistente nele ou de um diferente meio, ser o resultado de um cálculo ou ambas as coisas por sua vez.

A Figura 9.8. mostra um organograma de criação de um arquivo ordenado de empregados de uma empresa pelo campo-chave (número ou código de empregado).

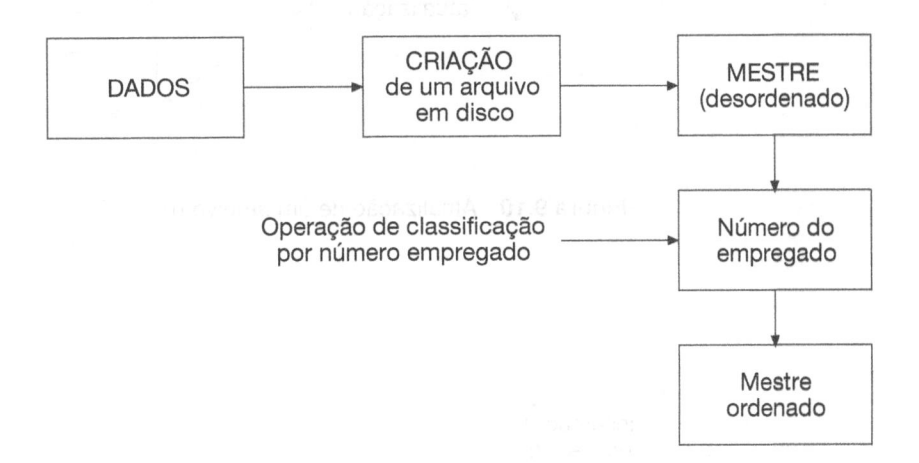

Figura 9.8 Criação de um arquivo ordenado de empregados.

9.5.2 Consulta de um arquivo

É a operação que permite ao usuário acessar o arquivo de dados para conhecer o conteúdo de um, vários ou todos os registros.

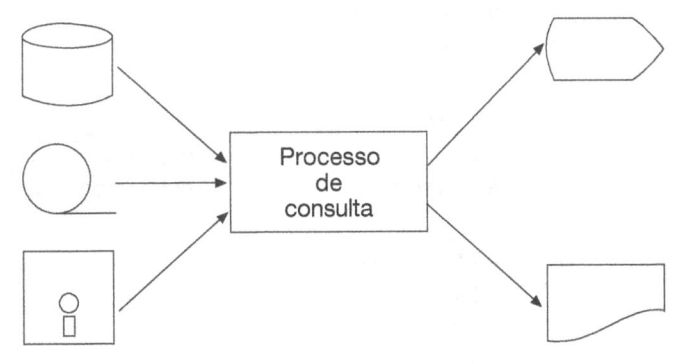

Figura 9.9 Consulta de um arquivo.

9.5.3 Atualização de um arquivo

É a operação que permite ter atualizado (em dia) o arquivo, de maneira que seja possível realizar as seguintes operações com seus registros:

- *Consulta* do conteúdo de um registro.
- *Inserção* de um registro novo no arquivo.
- *Supressão* de um registro existente.
- *Modificação* de um registro.

Um exemplo de atualização é o de um arquivo de uma loja, cujos registros contêm as existências de cada artigo, preços, fornecedores etc. As existências, os preços etc. variam continuamente e exigem uma atualização simultânea do arquivo com cada operação de consulta.

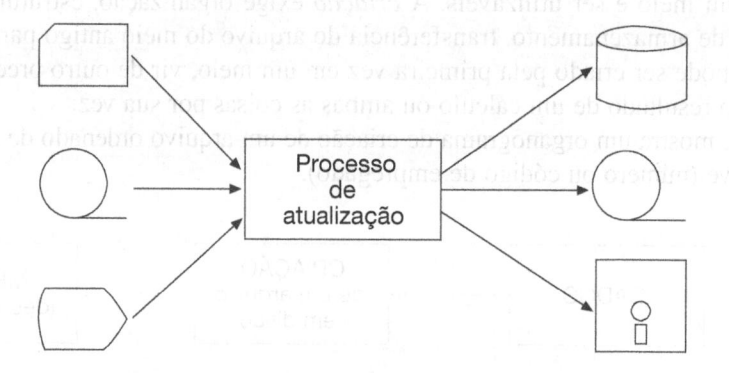

Figura 9.10 Atualização de um arquivo (I).

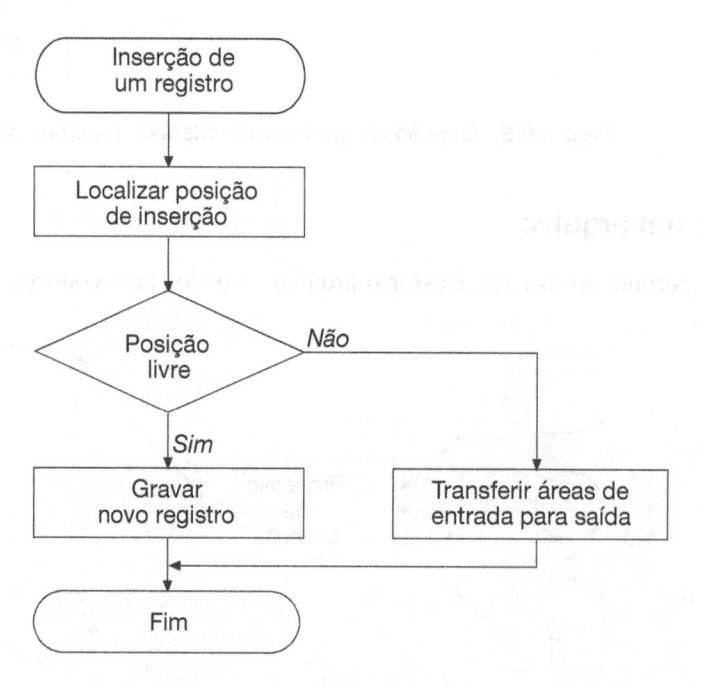

Figura 9.11 Atualização de um arquivo (II).

9.5.4 Classificação de um arquivo

Uma operação muito importante em um arquivo é a *classificação ou ordenação* (*sort*, em inglês). Essa classificação se realizará de acordo com o valor de um campo específico, podendo ser *ascendente* (crescente) ou *descendente* (decrescente): alfabética ou numérica.

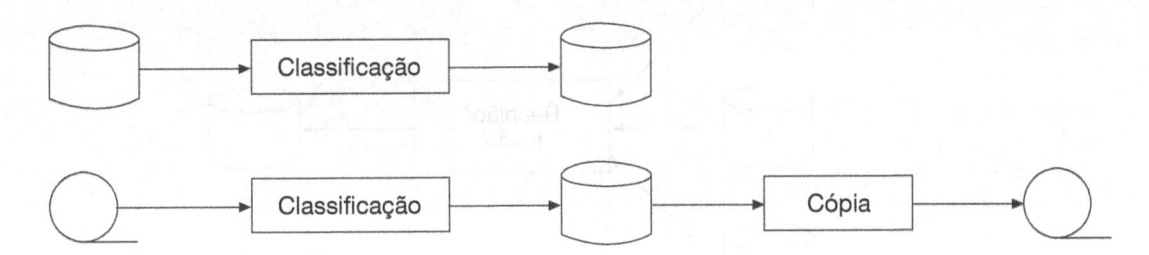

Figura 9.12 Classificação de um arquivo.

9.5.5 Reorganização de um arquivo

As operações sobre arquivo modificam a estrutura inicial ou ótima de um arquivo. Os índices, enlaces (ponteiros), zonas de sinônimos, zonas de transbordamento etc. se modificam com o passar do tempo, o que faz a operação de acesso ao registro cada vez mais lenta.

A reorganização costuma consistir na cópia de um novo arquivo do arquivo modificado, para se obter uma nova estrutura melhor possível.

9.5.6 Destruição de um arquivo

É a operação inversa à criação de um arquivo (*kill*, em inglês). Quando se destrói (anula ou apaga) um arquivo, ele já não pode ser utilizado e, conseqüentemente, não poderemos acessar nenhum de seus registros.

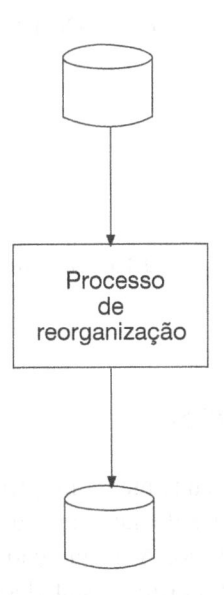

Figura 9.13 Reorganização de um arquivo.

9.5.7 Reunião, fusão de um arquivo

Reunião. Essa operação permite obter um arquivo de vários outros.

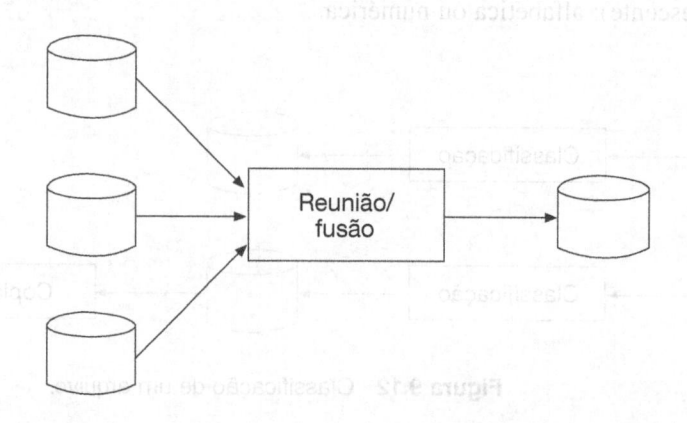

Figura 9.14 Fusão de arquivos.

Fusão. Realiza-se uma fusão quando se reúnem vários arquivos em um só, intercalando-se uns com outros, seguindo alguns critérios determinados.

9.5.8 Quebra de um arquivo

É a operação de obter vários arquivos de um mesmo arquivo inicial.

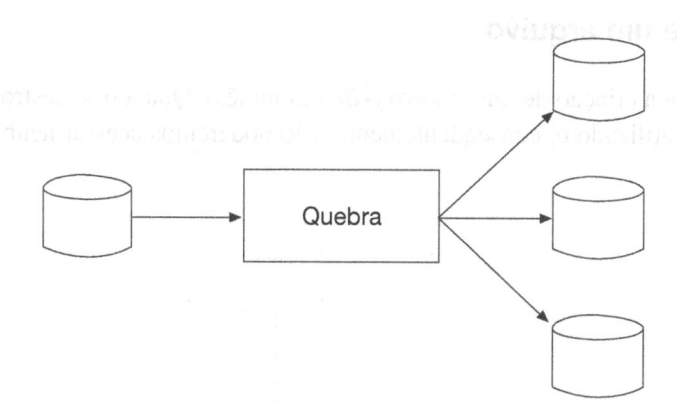

Figura 9.15 Quebra de um arquivo.

9.6 ADMINISTRAÇÃO DE ARQUIVOS

As operações sobre arquivos são realizadas mediante programas, e o primeiro passo para poder administrar um arquivo por meio de um programa é declarar um identificador lógico que se associe ao nome externo do arquivo para permitir sua manipulação. A declaração será realizada com uma série de instruções como as mostradas a seguir, cuja associação permite estabelecer a organização do arquivo e a estrutura de seus registros lógicos.

```
tipo
   registro: <tipo_registro>
      <tipo>:<nome do campo>
      ....
   fim_registro
arquivo_ <organização> de <tipo_de_dados>:<tipo_arquivo>
var
   tipo_registro: nome_registro
   tipo_arquivo:identificador_arquivo

tipo
   registro: reempregado
      cadeia: nome
      cadeia: cód
      inteiro: idade
         real: salário
   fim_registro
arquivo_d de reempregado:empregado
var
   Reempregado: Re
   Empregado: E
```

As operações básicas para a administração de arquivos, que *tratam com a própria estrutura do arquivo e são* consideradas predefinidas, são:

- *Criar arquivos* (*create*). Consiste em defini-lo mediante um nome e alguns atributos. Caso o arquivo já exista esta operação irá sobrepor.
- *Abrir* (*open*) um arquivo que foi criado anteriormente à execução deste programa. Essa operação estabelece a comunicação da CPU com o meio físico do arquivo, de maneira que os registros se tornem acessíveis para leitura, escrita ou leitura/escrita.
- *Incrementar* ou *ampliar* o tamanho do arquivo (*append*, *extend*).
- *Fechar* o arquivo depois que o programa terminou de utilizá-lo (*close*). Fecha a continuação entre a CPU e o meio físico do arquivo.
- *Apagar* (*delete*) um arquivo que já existe. Apaga o arquivo do meio físico, liberando espaço.
- *Transferir dados de* (*ler*) *ou para* (*escrever*) o dispositivo projetado pelo programa. Essas operações copiam os registros do arquivo sobre variáveis na memória central e vice-versa.

As operações mais usuais nos registros são:

- *Consulta*: ler o conteúdo de um registro.
- *Modificação*: alterar a informação contida em um registro.
- *Inserção*: somar um novo registro ao arquivo.
- *Apagamento*: suprimir um registro do arquivo.

9.6.1 Criar um arquivo

A criação de um arquivo é a operação mediante a qual se introduz a informação correspondente ao arquivo em um meio de armazenamento de dados.

Antes que qualquer usuário possa processar um arquivo, é preciso que este tenha sido criado previamente. O processo de criação de um arquivo será a primeira operação a ser realizada. Uma vez que o arquivo tenha sido criado, a maioria dos usuários simplesmente desejará acessar o arquivo e a informação contida nele.

Para criar um novo arquivo dentro de um sistema de computador, são necessários os seguintes dados:

- *Nome dispositivo*: indica o lugar onde se situará o arquivo quando criado.
- *Nome do arquivo*: identifica o arquivo entre os arquivos restantes de um computador.
- *Tamanho do arquivo*: indica o espaço necessário para a criação do arquivo.
- *Organização do arquivo*: tipo de organização do arquivo.
- *Tamanho do bloco ou registro físico*: quantidade de dados que são lidos ou escritos em cada operação de entrada/saída (E/S).

Ao se executar a criação de um arquivo, pode ser gerada uma *série de erros*, entre os quais destacamos:

- Outro arquivo com o mesmo nome já existia no meio.
- O dispositivo não tem espaço disponível para criar outro novo arquivo.
- O dispositivo não é operacional.
- Existe um problema de hardware que faz abortar o processo.
- Um ou mais dos parâmetros de entrada na instrução são erros.

A instrução ou ação em pseudocódigo que permite criar um arquivo se codifica com a palavra **criar**.

```
criar (<var_tipo_arquivo>, <nome_físico>)
```

9.6.2 Abrir um arquivo

A ação de *abrir* (*open*) um arquivo é permitir ao usuário localizar e acessar os arquivos que foram criados anteriormente.

A diferença essencial entre uma instrução de *abrir* um arquivo e uma instrução de *criar* um arquivo é que o arquivo não existe antes de utilizar **criar** e supomos que deve existir antes de utilizar **abrir**.

A informação que um sistema de tratamento de arquivos requer para abrir um arquivo é diferente das listas de informações necessárias para criar um arquivo. A razão para isso está no fato de toda informação que realmente descreve o arquivo ter sido escrita no arquivo durante o seu processo de criação. Portanto, a operação **criar** somente necessita localizar e ler essa informação conhecida como atributos do arquivo.

A instrução de abrir um arquivo consiste na criação de um canal que comunica um usuário por intermédio de um programa com o arquivo correspondente situado em um meio.

Os parâmetros que devem ser incluídos em uma instrução de abertura (**abrir**) são:

- Nome do dispositivo.
- Nome do usuário ou canal de comunicação.
- Nome do arquivo.

Ao se executar a instrução **abrir**, podem ser detectados os seguintes erros:

- Arquivo não encontrado no dispositivo especificado (nome de arquivo ou identificador de dispositivo errôneo).
- Arquivo já está em uso para alguma outra aplicação do usuário.
- Erros de hardware.

O formato da instrução é:

```
Abrir (<var_tipo_arquivo> , <modo> , <nome_físico>)
```

A operação de abrir arquivos pode ser aplicada para operações de leitura (l), **escritura** (e), leitura/escritura (l/e).

abrir (*id_arquivo, l , nome_arquivo*)

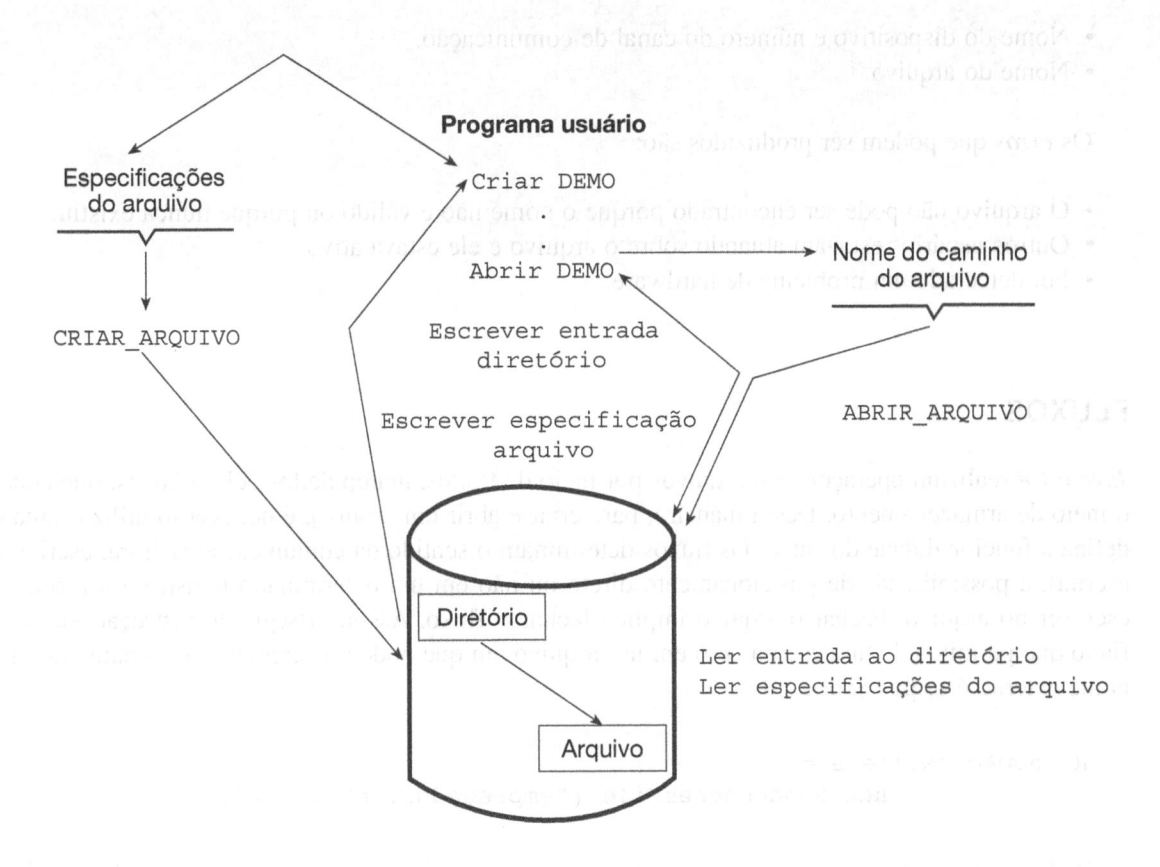

Figura 9.16 Abrir um arquivo.

Para que um arquivo possa ser aberto, deve ter sido previamente criado. Quando um arquivo se abre para leitura, colocamos um ponteiro hipotético no primeiro registro do arquivo e serão permitidas unicamente operações de leitura dos registros do arquivo. A abertura para escrita coloca esse hipotético ponteiro atrás do último registro do arquivo, disposto para a adição de novos registros nele. Ambos os modos são considerados próprios de arquivos seqüenciais. Os arquivos diretos se abrirão em modo leitura/escrita, permitindo tanto a leitura como a escrita de novos registros.

9.6.3 Fechar arquivos

O propósito da operação de fechar um arquivo é permitir ao usuário cortar o acesso ou parar o uso do arquivo, possibilitando que outros usuários acessem o arquivo. Para executar essa função, o sistema de tratamento de arquivos apenas necessita conhecer o nome do arquivo que deve ser fechado, e que previamente devia estar aberto.

Formato:

fechar (<var_tipo_arquivo>

Estrutura:

Reg1	Reg2	Reg3	EOF

9.7 APAGAR ARQUIVOS

A instrução de **apagar** tem por objetivo a supressão de um arquivo de meio ou dispositivo. O espaço utilizado por um arquivo apagado pode ser utilizado para outros arquivos.

A informação necessária para eliminar um arquivo é:

- Nome do dispositivo e número do canal de comunicação.
- Nome do arquivo.

Os *erros* que podem ser produzidos são:

- O arquivo não pode ser encontrado porque o nome não é válido ou porque nunca existiu.
- Outros usuários estavam atuando sobre o arquivo e ele estava ativo.
- Foi detectado um problema de hardware.

9.8 FLUXOS

Java e *C#* realizam operações em arquivos por meio de fluxos, manipulados pelas classes, que conectam com o meio de armazenamento. Dessa maneira, para criar e abrir um arquivo, é necessário utilizar uma classe que defina a funcionalidade do fluxo. Os fluxos determinam o sentido da comunicação (leitura, escrita, ou leitura/escrita), a possibilidade de posicionamento direto ou não em um determinado registro e a forma de ler e/ou escrever no arquivo. Fechar o arquivo implica fechar o fluxo. Assim, a seguinte instrução em Java cria um fluxo que permite a leitura/escrita (rw) em um arquivo em que podemos efetuar posicionamento direto e cujo nome externo é empregados, dat.

```
RandomAccesFile e =
          new RandomAccesFile ("empregados.dat", "rw");
```

Podemos utilizar fluxos de bytes, caracteres, cadeias ou tipos primitivos. Por exemplo, em Java a classe `FileInputStream` permite criar um fluxo para leitura seqüencial de bytes de um arquivo enquanto `FileReader` o cria para a leitura seqüencial de caracteres e `RandomAccesFile`, como já comentamos, admite posicionamento direto e permite a leitura/escrita de dados tipos primitivos.

A personalização de fluxos é obtida pela associação ou cadeias de outros fluxos sobre os fluxos-base de abertura de arquivos. Uma aplicação prática disso em Java pode ser permitir a leitura de uma cadeia de caracteres desde um fluxo de entrada.

```
BufferedReader f =
         new BufferedReader (new FileReader("dados.txt"));
cadeia = f.readLine( );     //lê uma cadeia do arquivo
f.close( );                 //fecha o arquivo
```

Em C# a situação é similar e sobre os fluxos-base, que conectam ao meio de armazenamento, podem ficar em cadeias outros fluxos, para efetuar tratamentos especiais da informação.

```
BinaryWriter f = new BinaryWriter (new FileStream("notas.dat",
              FileMode.OpenOrCreate, FileAccess.Write));
/* BinaryWriter proporciona métodos para escrever tipos de dados primitivos
  em formato binário */
f.Write (5,34 * 2);
f.Close( );                                   //Fechar o arquivo
```

9.9 MANUTENÇÃO DE ARQUIVOS

A operação de manutenção de um arquivo inclui todas as operações que um arquivo sofre durante sua vida desde sua criação até ser eliminado ou apagado.

A manutenção de um arquivo consta de duas operações diferentes:

- *atualização,*
- *consulta.*

A *atualização* é a operação de eliminar ou modificar os dados já existentes, ou introduzir novos dados. Essencialmente, é colocar em dia os dados do arquivo.

As operações de atualização são:

- *cargas,*
- *descargas,*
- *modificações.*

As operações de consulta têm como finalidade obter informação total ou parcial dos dados armazenados em um arquivo e apresentá-los em dispositivos de saída: tela ou impressora, como resultados ou como listagens.

Todas as operações de manutenção de arquivos costumam constituir módulos independentes do programa principal e seu projeto se realiza com subprogramas (*sub-rotinas ou procedimento* específicos).

Assim, os subprogramas de manutenção de um arquivo constarão de:

Carga

Uma operação de *carga* em um arquivo consiste na adição de um novo registro. Em um arquivo de empregados, uma carga consistirá em introduzir os dados de um novo empregado. Para situar corretamente uma carga, deveremos conhecer a posição onde se deseja armazenar o registro correspondente: no princípio, no interior ou no final de um arquivo.

O algoritmo do subprograma CARGAS deve contemplar a comprovação de que o registro a dar a carga não existe previamente.

Descarga

Uma *descarga* é a ação de eliminar um registro de um arquivo. A descarga de um registro pode ser apresentada de duas maneiras distintas: indicação do registro específico que se deseja dar descarga, ou visualizar os registros do arquivo para que o usuário escolha o registro a ser apagado.

A descarga de um registro pode ser *lógica* ou *física*. Uma *descarga lógica* supõe o não-apagamento do registro de um arquivo. Essa descarga lógica se manifesta em um determinado campo do registro com uma *bandeira, indicador ou "flag"* — caractere *, $ etc. — ou com a escrita ou preenchimento com espaços em branco de algum campo no registro específico.

Uma *descarga física* implica o apagar e o desaparecer do registro, de modo que se cria um novo arquivo que não inclui o registro dado de descarga.

Modificações

Uma *modificação* em um arquivo consiste na operação de mudar total ou parcialmente o conteúdo de um de seus registros.

Esta fase é típica quando se muda o conteúdo de um determinado campo de um arquivo, por exemplo, o endereço ou a idade de um empregado.

A forma prática de modificar um registro é a visualização do conteúdo de seus campos; devemos escolher o registro ou registros a serem modificados. O processo consiste na leitura do registro, modificação de seu conteúdo e escrita, total ou parcial.

Consulta

A operação de *consulta* tem como fim visualizar a informação contida no arquivo, ou de um modo completo ou de modo parcial; o exame de um ou mais registros.

As operações de consulta de arquivo devem contemplar diversos aspectos que facilitem a possibilidade de conservação de dados. Os aspectos mais interessantes são:

- Operação de visualização em tela ou listagem em impressora.
- Interrupção da consulta por vontade do usuário.
- Listagem por registros ou campos individuais ou listagem total do arquivo (neste caso, deverá existir a possibilidade de impressão de listagens, com opções de saltos de páginas corretos).

9.9.1 Operações sobre registros

As operações de transferência de dados para/de um dispositivo na memória central são realizadas mediante as instruções:

```
ler (<var_tipo_arquivo>, lista de entrada de dados)
escrever (<var_tipo_arquivo>, lista de saída de dados)
```

organização direta

```
lista de entrada de dados = número_registro, nome_registro
lista de saída de dados = número_registro, nome_registro
```

organização seqüencial

```
lista de entrada de dados = <lista_de_variáveis>
lista de saída de dados = <lista_de_expressões>
```

As operações de acesso a um registro e de passagem de um registro a outro são realizadas com as ações **ler** e **escrever**.

9.10 PROCESSAMENTO DE ARQUIVOS SEQÜENCIAIS (ALGORITMOS)

Em um arquivo seqüencial, os registros são inseridos no arquivo em ordem cronológica de chegada ao meio, ou seja, um registro de dados é armazenado imediatamente depois do registro anterior.

Os arquivos seqüenciais terminam com uma marca final de arquivo (FDA ou EOF). Quando são somados registros a um arquivo seqüencial, serão somados no final, diante das marcas de fim de arquivos.

As operações básicas que são permitidas em um arquivo seqüencial são: *escrever seu conteúdo, somar um registro ao final do arquivo* e *consultar seus registros*. As demais operações exigem uma programação específica.

Os arquivos seqüenciais são os que ocupam menos memória e são úteis quando se desconhece *a priori* o tamanho dos dados e se requerem registros de comprimento variável. Também são muito empregados para o armazenamento de informação cujos conteúdos sofram poucas modificações no decorrer de sua vida útil.

É característico dos arquivos seqüenciais o fato de não poderem ser utilizados simultaneamente para leitura e escrita.

9.10.1 Criação

A *criação* de um arquivo seqüencial é um processo seqüencial, já que os registros são armazenados consecutivamente na mesma ordem em que são introduzidos no arquivo.

O método de criação de um arquivo consiste na execução de um programa adequado que permita a entrada de dados no arquivo pelo terminal. O sistema usual é o *interativo*, no qual o programa solicita os dados ao usuário, que os introduz por teclado, e ao terminar é introduzida uma marca de final de arquivo, que supõe o final físico do arquivo.

Nos arquivos seqüenciais, **EOF** ou **FDA** é uma função lógica que recebe o valor *certo* se tem alcançado o final do arquivo e *falso* em caso contrário.

A criação do arquivo irá requerer os seguintes passos:

- abrir o arquivo,
- ler dados do registro,
- gravar registro,
- fechar arquivo.

O algoritmo de criação é o seguinte:

```
algoritmo cria_sec
tipo
   registro: dados_pessoais
      <tipo_dado1>: nome_campo1
      <tipo_dado2>: nome_campo2
      .........................
   fim_registro
   arquivo_s de dados_pessoais: arq
var
   arq             : f
   dados_pessoais : pessoa
início
   criar (f, <nome_em_disco>)
   abrir (f, e, <nome_em_disco>)
   ler_reg (pessoa)
   {utilizamos um procedimento para não ter de detalhar a leitura}
   enquanto não último_dado (pessoa) fazer
      escrever_f_reg (f, pessoa)
      //a escrita se realizará campo a campo
      ler_reg(pessoa)
   fim_enquanto
   fechar(f)
fim
```

Considera-se que permitimos a leitura e a escrita no arquivo de dados como se armazenam na memória. Um arquivo de texto é um arquivo seqüencial no qual somente se lêem e escrevem séries de caracteres e não seria necessário especificar na declaração do arquivo o tipo de registros que o constituem, pois sempre são linhas.

9.10.2 Consulta

O processo de busca ou consulta de uma informação em um arquivo de organização seqüencial deve ser efetuado obrigatoriamente em modo seqüencial. Por exemplo, se desejamos consultar a informação contida no registro 50, deveremos ler previamente os 49 primeiros registros que o precedem em ordem seqüencial. No caso de um arquivo de pessoal, se desejamos buscar um registro determinado correspondente a um determinado empregado, será necessário recorrer — ler — todo o arquivo desde o princípio até encontrar o registro procurado ou a marca de final de arquivo.

Assim, para o caso de um arquivo de *n* registros, o número de leituras de registros efetuadas é:

- mínimo 1, se o registro buscado é o primeiro arquivo;
- máximo *n*, se o registro buscado é o último ou não existe dentro do arquivo.

O número médio de leituras necessárias para encontrar um determinado registro é:

$$\frac{n+1}{2}$$

O tempo de acesso influirá nas operações de leitura/escrita. Assim, no caso de uma lista ou vetor de *n* elementos armazenados na memória central, podemos supor tempos de microssegundos ou nanossegundos; entretanto, no caso de um arquivo de *n* registros, os tempos de acesso são de milissegundos ou frações/múltiplos de segundos, o que supõe um tempo de acesso de 1.000 a 100.000 vezes maior na busca de informação em um meio externo que na memória central.

O algoritmo de consulta de um arquivo irá requerer um projeto prévio da apresentação da estrutura de registros no dispositivo de saída, de acordo com o número e comprimento dos campos.

```
algoritmo consulta_sec
tipo
   registro: dados_pessoas
      <tipo_dado1>: nome_campo1
      <tipo_dado2>: nome_campo2
      ............: ............
   fim_registro
   arquivo_s de dados_pessoais: arq
var
   arq: f
   dados_pessoais: pessoa
início
   abrir(f,1,<nome_em_disco>)
   enquanto não fda(f)fazer
      ler_f_reg(f,pessoa)
   fim_enquanto
   fechar(f)
fim
```

ou

```
início
   abrir(f,1,<nome_em_disco>)
   ler_f_reg(f, pessoa )
   enquanto não fda(f) fazer
      escrever_reg(pessoa)
      ler_f_reg(f,pessoa)
   fim_enquanto
   fechar(f)
fim
```

O uso de um outro algoritmo depende de como a linguagem de programação detecta a marca de final de arquivo. Na maior parte dos casos, o algoritmo válido é o primeiro, pois a marca é detectada automaticamente com a leitura do último registro.

No caso de busca de um determinado registro, com um campo fundamental *x*, o algoritmo de busca pode ser modificado da seguinte maneira:

Consulta de um registro

Se o arquivo não está ordenado:

```
algoritmo consulta_sec
tipo
   registro: dados_pessoais
      <tipo_dado1> : nome_campo1
      <tipo_dado2> : nome_campo2
      ............ : ............
   fim_registro
   arquivos de dados pessoais: arch
var
   arch              : f
   dados_pessoais    : pessoa
   <tipo_dado1>      : chavebarramento
   lógico            : encontrado
início
   abrir(f,1,<nome em_disco>)
   encontrado ← falso
   ler(chavebarramento)
   enquanto não encontrado e não fda(f) fazer
      ler_f_reg(f, pessoa)
      se igual(chavebarramento, pessoa) então
         encontrado ← verdade
      fim_se
   fim_enquanto
   se não encontrado então
      escrever ('Não existe')
   se_não
      escrever_reg(pessoa)
   fim_se
   fechar(f)
fim
```

Se o arquivo está indexado na ordem crescente pelo campo pelo qual realizamos a busca, o processo pode ser acelerado, de maneira que não seja necessário percorrer todo o arquivo para averiguar que um determinado registro não está:

```
algoritmo consulta2_sec
tipo
   registro: dados_pessoais
      <tipo_dado1>: nome_campo1
      <tipo_dado2>: nome_campo2
      ............: ............
   fim_registro
   arquivo_s de dados_pessoais: arq
var
   arq               : f
   dados_pessoais    : pessoais
   <tipo_dado1>      : chavebarramento
   lógico            : encontrado, passado
início
   abrir (f,1,<nome_em_disco>)
   encontrado ← falso
   passado ← falso
```

```
    ler(chavebarramento)
    enquanto não encontrado e não passado e não fda(f) fazer
        ler_f_reg(f, pessoa)
        se igual(chavebarramento, pessoa) então
            encontrado ← verdade
        se_não
            se menor(chavebarramento, pessoa) então
                passado ← verdade
            fim_se
        fim_se
    fim_enquanto
    se não encontrado então
        escrever ('Não existe')
    se_não
        escrever_reg(pessoa)
    fim_se
    fechar(f)
fim
```

9.10.3 Atualização

A atualização de um arquivo supõe:
- somar novos registros (*cargas*),
- modificar os registros existentes (*modificações*),
- apagar registros (*descargas*).

Cargas

A operação de dar carga a um determinado registro é similar à operação de somar dados a um arquivo.

```
algoritmo soma_sec
tipo
    registro: dados_pessoais
        <tipo_dado1>: nome_campo1
        <tipo_dado2>: nome_campo2
        ............: ............
    fim_registro
    arquivo_s de dados_pessoais: arq
var
    arq           : f
    dados_pessoais : pessoa
início
    abrir(f, e,<nome_em_disco>)
    ler_reg(pessoa)
    enquanto no último_dado(pessoa) fazer
        escrever_f_reg (f, pessoa)
        ler_reg (pessoa)
    fim_enquanto
    fechar
fim
```

Descarga

Existem dois métodos para dar descarga de um registro:
1. Utilizar um arquivo transitório.
2. Armazenar em um array (vetor) todos os registros do arquivo, assinalando com um indicador ou bandeira (*flag*) o registro a que se deseja dar descarga.

Método 1

É criado um arquivo auxiliar, seqüencial, cópia do que vai ser atualizado. Lê-se o arquivo completo, registro a registro, e em função de sua leitura se decide se deve ser dada descarga ou não no registro.

Se vai ser dada descarga do registro, omitimos a escrita no arquivo auxiliar ou transitório. Se não vai ser dada descarga, este registro é escrito no arquivo auxiliar.

Depois de terminar a leitura do arquivo original, teremos dois arquivos: *original* (ou mestre) e *auxiliar*.

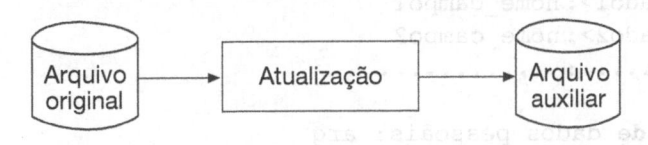

```
Arquivo original → Atualização → Arquivo auxiliar
```

O processo de descargas do arquivo é concluído mudando-se o nome do arquivo de auxiliar para mestre e apagando previamente o arquivo mestre original.

```
algoritmo descargas_s
tipo
   registro: dados_pessoais
      <tipo_dado1>: nome_campo1
      <tipo_dado2>: nome_campo2
      ............: ............
   fim_registro
   arquivo_s de dados_pessoais: arq
var
   arq              : f, faux
   dados_pessoais   : pessoa, pessoaaux
   lógico           : encontrado
início
   abrir(f,l, 'antigo')
   criar (faux, 'novo')
   abrir(faux, e, 'novo')
   ler(pessoaaux, nome_campo1)
   encontrado ← falso
   enquanto não fda (f) fazer
      ler_f_reg (f, pessoa)
      se pessoaaux.nome_campo1 = pessoa.nome_campo1 então
         encontrado ← verdade
      se_não
         escrever_f_reg (faux, pessoa)
      fim_se
   fim_enquanto
   se não encontrado então
      escrever ('não está')
   fim_se
   fechar (f, faux)
   apagar ('antigo')
   renomear ('novo', 'antigo')
fim
```

Método 2

Esse procedimento consiste em assinalar os registros que desejamos dar descarga com um indicador ou bandeira; tais registros não são gravados no novo arquivo seqüencial que é criado sem os registros nos quais foram dados descarga.

Modificações

O processo de modificação de um registro consiste em localizar esse registro, efetuar a modificação e a seguir reescrever o novo registro no arquivo. O processo é similar ao de descargas:

```
algoritmo modificação_sec
tipo
   registro: dados_pessoais
      <tipo_dado1>:nome_campo1
      <tipo_dado2>:nome_campo2
      ............:...............
   fim
   arquivo_s de dados_pessoais: arq
var
   arq              : f, faux
   dados_pessoais: pessoa, pessoaaux
   lógico           : encontrado
início
   abrir(f, l, 'antigo')
   criar(faux, 'novo')
   abrir(faux, e, 'novo')
   ler(pessoaaux.nome_campo1)
   encontrado ← falso
   enquanto_não fda (f) fazer
      ler_f_reg (f, pessoa)
      se pessoaaux.nome_campo1=pessoa.nome_campo1 então
         encontrado ← verdade
         modificar (pessoa)
      fim_se
      escrever_f_reg (faux, pessoa)
   fim_enquanto
   se não encontrado então
            escrever ('não está')
   fim_se
   fechar(f, faux)
   apagar('antigo')
   renomear ('novo', 'antigo')
fim
```

O subprograma de modificação de seu registro consta de poucas instruções nas quais deve ser introduzido o registro completo com indicação de todos seus campos ou do campo que desejamos modificar. O subprograma em questão poderia ser:

```
procedimento modificar(E/S dados_pessoais: pessoa)
var caractere : opção
    inteiro    : n
início
   escrever('R.— registro completo')
   escrever('C.— campos individuais')
   escrever('escolha opção:')
   ler(opção)
   conforme_seja opção fazer
      'R'
              visualizar(pessoa)
              ler_reg(pessoa)
```

```
            'C':
                apresentar(pessoa)
                solicitar_campo(n)
                introduzir_campo(n, pessoa)
        fim_conforme
    fim_procedimento
```

9.11 ARQUIVOS DE TEXTO

Os arquivos de texto constituem um caso particular de arquivos de organização seqüencial. Um arquivo de texto é uma série contínua de caracteres que podem ser lidos um atrás do outro.

Um arquivo de texto é um arquivo em que cada registro é do tipo cadeia de caracteres.

O tratamento de arquivos de texto é elementar e, no caso de linguagens como Pascal, é possível detectar leitura de caracteres especiais como *fim de linha* ou *fim de arquivo*.

9.12 PROCESSAMENTO DE ARQUIVOS DIRETOS (ALGORITMOS)

Dizemos que um arquivo é aleatório ou direto quando qualquer registro é diretamente acessível por meio da especificação de um índice, que dá a posição do registro quanto à origem do arquivo. Os arquivos aleatórios ou diretos são rápidos para ser acessados em comparação com os seqüenciais; os registros são fáceis de referenciar — número de ordem do registro — representando grande facilidade de manutenção.

A leitura/escrita de um registro é rápida, já que ele pode ser acessado diretamente.

9.12.1 Operações com arquivos diretos

Como vimos anteriormente, as operações com arquivos diretos são as mais usadas.

Criação

O processo de criação de um arquivo direto ou aleatório consiste em ir introduzindo os sucessivos registros no meio que serão contidos e no endereço obtido, resultante do algoritmo de conversão. Se ao introduzirmos um registro, o endereço estiver ocupado, o novo registro deverá ir aos sinônimos ou excedentes.

```
algoritmo cria_dir
   tipo
      registro: dados_pessoais
         <tipo_dado1> :   nome_campo1
         ............ :   ...........
         <tipo_dadoN> :   nome_campoN
         ............ :   ...........
      fim_registro
      arquivo_d de dados_pessoais: arq
   var
      arq             : f
      dados_pessoais : pessoa
   início
      criar(f,<nome_em_disco>)
      abrir(f,l/e,<nome_em_disco>)
      .............................
      { as operações podem variar conforme desejamos trabalhar com o arquivo
         (posicionamento direto em um determinado registro, transformação de
         chave, indexação)}
      .............................
      fechar(f)
   fim
```

Nos registros de um arquivo direto, é costume incluir um campo — ocupado — que possa servir para distinguir o registro dado descarga ou modificado de uma carga ou de outro que nunca teve informação.

No processo de criação do arquivo, podemos considerar como início desse campo cada um dos registros do arquivo direto.

```
algoritmo cria_dir
const
   máx = <valor>
tipo
   registro: dados_pessoais
      <tipo_dado1> : cód
      <tipo_dado2> : ocupado
      ............ : ............
      <tipo_dadon> : nome_campon
      ............ : ............
   fim_registro
   arquivo_d de dados_pessoais: arq
var
   arq              : f
   dados_pessoais   : pessoa
início
   criar(f,<nome_em_disco>)
   abrir(f,l/e,<nome_em_disco>)
   desde i ← 1 até máx fazer
      pessoa, ocupado ← ' '
      escrever(f, i, pessoa)
   fim_desde
   fechar(f)
fim
```

Carga

A operação de cargas em um arquivo direto ou aleatório consiste em ir introduzindo sucessivamente registros em uma determinada posição, especificada por meio do índice. De acordo com o índice, iremos posicionando diretamente sobre o byte do arquivo que se encontra na posição (índice − 1) * tamanho_de(<tipo_ registros_do_arquivo>) e escrevemos ali nosso registro.

Tratamento por transformação da chave

O método de transformação de chave consiste em transformar um número de ordem (chave) em endereços de armazenamento por meio de um algoritmo de conversão.

Quando as cargas são realizadas por esse método, o endereço por onde introduzimos um determinado registro será conseguido pela aplicação, à chave, do algoritmo de conversão (HASH). Estando ocupado esse endereço, o novo registro deverá ser nos sinônimos ou excedentes.

```
algoritmo cargas_dir_trc1
const
   fimdados = <valor1>
   máx      = <valor2>
tipo
   registro: dados_pessoais
      <tipo_dado1> : cód
      <tipo_dado2> : ocupado
      ............ : ............
      <tipo_dadon> : nome_campon
      ............ : ............
```

```
      fim_registro
      arquiv_d de dados_pessoais: arq
   var
      arq              : f
      dados_pessoais   : pessoa, pessoaaux
      lógico           : encontradoburaco
      inteiro          : posi
   início
      abrir(f,l/e,<nome_em_disco>)
      ler(pessoaaux.cód)
      posi ← HASH(pessoaaux.cód)
      ler(f, posi, pessoa)
      se pessoa.ocupado ='*' então
         encontradoburaco ← falso
         posi ← fimdados
         enquanto posi < máx e não encontradoburaco fazer
            posi ← posi + 1
            ler(f, posi, pessoa)
            se pessoa.ocupado < > '*' então
               encontradoburaco ← verdade
            fim_se
         fim_enquanto
      se_não
         encontradoburaco ← verdade
      fim_se
      se encontradoburaco ← então
         ler_outros_campos (pessoaaux)
         pessoa ← pessoaaux
         pessoa.ocupado ← '*'
         escrever(f, posi, pessoa)
      se_não
         escrever('não está')
      fim_se
      fechar(f)
   fim
```

Consulta

O processo de consulta de um arquivo direto ou aleatório é rápido e deve começar com a entrada do índice correspondente ao registro que desejamos consultar.

O índice permitirá o posicionamento direto sobre o byte do arquivo que se encontra na posição.

(índice – 1) * tamanho_de(<var_de_tipo_registros_do_arquivo>)

```
algoritmo consultas_dir
const
   máx    = <valor1>
tipo
   registro: dados_pessoais
   {Quando o código coincide com o índice ou posição do registro no arquivo,
   não há necessidade de ser armazenado}
      <tipo_dado1> : ocupado
      ............ : ............
      <tipo_dadon> : nome_campon
      ............ : ............
   fim_registro
arquivo_d de dados_pessoais: arq
```

```
var
   arq             : f
   dados_pessoais  : pessoa
   lógico          : encontrado
   inteiro         : posi
início
abrir(f,l/e,<nome_em_disco>)
ler(posi)
se (posi >=1) e (posi <= máx) então
   ler(f, posi, pessoa)
   {ao escrever os dados marcamos o campo ocupado com *}
   se pessoa.ocupado < > '*' então
       {para ter garantia nesta operação, devemos iniciar em todos
       os registros, durante o processo de criação, o campo ocupado
       com um determinado valor diferente de *}
          encontrado ← falso
   se_não
          encontrado ← verdade
   fim_se
   se encontrado então
       escrever_reg(pessoa)
   se_não
       escrever ('não está')
   fim_se
se_não
   escrever('Número de registro incorreto')
fim_se
fechar(f)
fim
```

Consulta. *Por transformação de chave*

Pode acontecer que a chave do código pelo qual desejamos acessar um determinado registro não coincida com a posição deste registro no arquivo, ainda que tenha uma certa relação, pois, para escrever os registros no arquivo, a posição foi obtida aplicando-se à chave um algoritmo de conversão.

Neste caso é imprescindível o armazenamento da chave em um dos campos do registro e as operações para a realização de uma consulta seriam:

— Definir a chave do registro procurado.
— Aplicar o algoritmo de conversão-chave ao endereço.
— Leitura do registro localizado no endereço obtido.
— Comparação das chaves dos registros lidos e procurados e, se forem diferentes, exploração seqüencial da área de excedentes.
— Se não é encontrado o registro nesta área, ele não existe.

```
algoritmo consultas_dir_trc1
const
   fimdados  = <valor1>
   máx       = <valor2>
tipo
   registro : dados_pessoais
       <tipo_dado1> : cód
       <tipo_dado2> : ocupado
       ............ : ............
       <tipo_dadon> : nome_campon
       ............ : ............
```

```
      fim_registro
      arquivo_d de dados_pessoais: arq
var
   arq              : f
   dados_pessoais   : pessoa, pessoaaux
   lógico           : encontrado
   inteiro          : posi
início
abrir(f,l/e,<nome_em_disco>)
ler(pessoaaux.cod)
posi ← HASH (pessoaaux.cod)
ler(f, posi, pessoa)
se (pessoa, ocupado<> '*') ou (pessoa.cód <> pessoaaux.cod) então
   encontrado ← falso
   posi ← fimdados
   enquanto (posi < máx) e não encontrado fazer
      posi ← posi + 1
      ler(f, posi, pessoa)
      se (pessoa.ocupado = '*') e
         (pessoa.cód = pessoaaux.cód) então
           encontrado ← verdade
      fim_se
   fim_enquanto
se_não
   encontrado ← verdade
fim_se
se encontrado então
   escrever_reg(pessoa)
se_não
   escrever('não está')
fim_se
fechar(f)
fim
```

Descargas

No processo de descargas, consideramos o conteúdo de um campo indicador, por exemplo, pessoa.ocupado, que se existir a informação válida no registro, estará marcado com um *. Para dar descarga do registro, ou seja, considerar como não válida, eliminamos o *. Essa é uma descarga lógica.

Desenvolveremos um algoritmo que realize descargas lógicas e acesse os registros a que desejamos dar descarga pelo método de transformação da chave.

```
   algoritmo descargas_dir_trc1
   const
      fimdados = <valor1>
      máx      = <valor2>
   tipo
      registro: dados_pessoais
         <tipo_dado1>: cód
         <tipo_dado2>: ocupado
         ............: ............
         <tipo_dadon>: nome_campon
         ............: ............
      fim_registro
      arquiv_d de dados_pessoais: arq
```

```
var
   arq              : f
   dados_pessoais   : pessoa, pessoaux
   lógico           : encontrado
   inteiro          : posi
início
   abrir(f,1/e,<nome>_em_disco>)
   ler(pessoaaux.cód)
   posi ← HASH(pessoaaux.cód)
   ler(f, posi, pessoa)
   se (pessoa.ocupado <>'*') ou
      (pessoa.cód <> pessoaaux.cód) então
      encontrado ← falso
      posi ← fimdados
      enquanto (posi < máx) e não encontrado fazer
         posi ← posi+1
         ler (f, posi, pessoa)
         se (pessoa.ocupado = '*') e
            (pessoa.cód = pessoaaux.cód) então
            encontrado ← verdade
         fim_se
      fim_enquanto
   se_não
      encontrado ← verdade
   fim_se
   se encontrado então
      pessoa.ocupado ← ' '
      escrever(f, posi, pessoa)
   se_não
      escrever('Não está')
   fim_se
   fechar(f)
fim
```

Modificações

Em um arquivo aleatório, localizamos o registro que desejamos modificar — por meio da especificação do índice ou aplicando o algoritmo de conversão-chave ao endereço e, se necessário, a procura na zona de colisões — modificamos o conteúdo e o reescrevemos.

```
algoritmo modificações_dir_trc1
const
   fimdados = <valor1>
   máx      = <valor2>
tipo
   registro: dados_pessoais
      <tipo_dado1> : cód
      <tipo_dado2> : ocupado
      ............ : ............
      <tipo_dadon> : nome_campon
      ............ : ............
   fim_registro
   arquivo_d de dados_pessoais: arq
var
   arq              : f
   dados_pessoais   : pessoa, pessoaaux
```

```
        lógico    : encontrado
        inteiro   : posi
início
   abrir(f,l/e,<nome_em_disco>)
   ler(pessoaaux.cód)
   posi ← HASH(pessoaaux.cód)
   ler(f, posi, pessoa)
   se (pessoa.ocupado <>'*') ou
      (pessoa.cód <> pessoaaux.cód) então
        encontrado ← falso
        posi ← fimdados
        enquanto posi < máx e não encontrado fazer
          posi ← posi+1
          ler (f, posi, pessoa)
          se (pessoa.ocupado = '*') e (pessoa.cód = pessoaaux.cód)
            então
             encontrado ← verdade
          fim_se
        fim_enquanto
   se_não
        encontrado ← verdade
   fim_se
   se encontrado então
      ler_outros_campos (pessoaaux)
      pessoaaux.ocupado ← '*'
      escrever(f, posi, pessoaaux)
   se_não
      escrever('não está')
   fim_se
   fechar(f)
fim
```

9.12.2 Chave-endereço

Com relação às transformações chave-endereço, devemos fazer algumas considerações.

Em um meio endereçável — normalmente um disco — cada posição é localizada por seu endereço absoluto — número de pista e número de setor no disco. Os arquivos diretos manipulam endereços relativos em vez dos absolutos, o que fará o programa independente da posição absoluta do arquivo no meio. Os algoritmos de conversão de chave transformarão as chaves em endereços relativos. Supondo que existam N posições disponíveis para o arquivo, os arquivos de conversão de chave produzirão um endereço relativo ao intervalo 1 a N para cada valor da chave.

Existem várias técnicas para obter endereços relativos. Nesse caso em que os registros diferentes produzem o mesmo endereço, dizemos que ocorreu uma colisão ou um sinônimo.

9.12.3 Tratamento das colisões

As colisões são inevitáveis e originadas quando dois registros de chaves diferentes produzem o mesmo endereço relativo. Nesses casos, as colisões podem ser tratadas de maneiras diferentes.

Supondo que um registro e1 produz um endereço d1 que já está ocupado, onde será colocado o novo registro? Há dois métodos básicos:

- Considerar uma zona de excedentes e alocar o registro na primeira posição livre nesta zona. Foi o método aplicado nos algoritmos anteriores.
- Procurar um novo endereço livre na zona de dados do arquivo.

9.12.4 Acesso aos arquivos diretos por meio da indexação

A indexação é uma técnica para o acesso aos registros de um arquivo. Nessa técnica o arquivo principal está suplementado por um ou mais índices, os quais podem ser arquivos independentes ou um array que é carregado no início na memória do computador — em ambos os casos estarão formados por registros com os campos código ou chave e posição ou número de registro.

O armazenamento dos índices na memória permite encontrar os registros mais rapidamente do que quando trabalhamos em disco.

Quando utilizarmos um arquivo indexado, localizaremos os registros no índice por meio do campo-chave e este devolverá a posição do registro no arquivo principal, diretamente.

As operações básicas realizadas com um arquivo indexado são:

— Criar a zona de índice e dados como arquivos vazios originais.
— Carregar o arquivo índice na memória antes de ser utilizado.
— Reescrever o arquivo índice da memória depois de utilizá-lo.
— Somar registros ao arquivo de dados e ao índice.
— Apagar registros do arquivo de dados.
— Atualizar registros no arquivo de dados.

Consulta

Como exemplo, vejamos as operações de consulta de um registro.

```
algoritmo consulta_dir_ind
const
   máx = <valor>
tipo
   registro: dados_pessoais
      <tipo_dado1> : cód
      <tipo_dado2> : nome_campo2
      ............ : ............
      <tipo_dadon> : nome_campon
      ............ : ............
   fim_registro
   registro: dados_índice
      <tipo_dado1> : cód
      inteiro      : posi
   fim_registro
   arquivo_d de dados_pessoais      : arq
   arquivo_d de dados_índice        : ind
   array[1...máx] de dados_índice   : arr
var
   arq                : f
   ind                : t
   arr                : a
   dados_pessoais     : pessoa
   inteiro            : i, n, central
   <tipo_dado1>       : cód
   lógico             : encontrado
início
   abrir(f,l/e,<nome_em_disco1>)
   abrir(t,l/e,<nome_em_disco2>)
   n ← LDA(t)/tamanho_de_(dados_índice)
   desde i ← 1 até n fazer
```

```
            ler(t,i,a[i])
      fim_desde
      fechar(t)
      {Devido à maneira de efetuar as cargas o arquivo
         índice sempre tem seus registros ordenados pelo campo cód}
      ler(cód)
      busca_binária(a, n, cód, central, encontrado)
      {o procedimento de busca_binária em um array será
         desenvolvido em capítulos posteriores do livro}
      se encontrado então
         ler(f, a[central].posi, pessoa)
         escrever_reg pessoa)
      se_não
         escrever('não está')
      fim_se
      fechar(f)
fim
```

Carga

O procedimento empregado para dar cargas no arquivo anterior poderia ser:

```
procedimento cargas(E/S arr: a   E/S inteiro: n)
   var
   reg            : pessoa
   inteiro        : p
   lógico         : encontrado
   inteiro        : núm
início
   se n = máx então
      escrever('cheio')
   se_não
      ler_reg(pessoa)
      encontrado ← falso
      busca_binária(a, n, pessoa.cód, p, encontrado)
      se encontrado então
         escrever('Chave duplicada')
      se_não
         núm ← LDA(f)/tamanho_de(dados_pessoas) + 1
         {Inserimos um novo registro na tabela
            sem perder sua ordem}
         carga_índice (a, n, p, pessoa.cód, núm)
         n ← n + 1
         {Escrevemos o novo registro ao final do
            arquivo principal}
         escrever (f, núm, pessoa)
      fim_se
   fim_se
   {ao terminar o programa principal, criamos novamente o
    arquivo índice dos registros armazenados no array a}
fim_procedimento
```

9.13 PROCESSAMENTO DE ARQUIVOS SEQÜENCIAIS INDEXADOS

Os arquivos de organização seqüencial contêm três áreas: uma de dados que agrupam os registros, outra que contém os níveis de índice e uma zona de transbordamento ou excedentes para o caso de atualizações com adição de novos arquivos.

Os registros devem ser gravados obrigatoriamente em ordem seqüencial ascendente pelo conteúdo do campo-chave, e simultaneamente à gravação de registros, o sistema cria os índices.

É possível usar mais de uma chave, estamos falando da chave primária e de uma ou mais secundárias. O valor da chave primária é a base para a posição física dos registros no arquivo e devem ser únicos. As chaves secundárias podem ser ou não únicas, e não atrapalham a ordem física dos registros.

ATIVIDADES DE PROGRAMAÇÃO RESOLVIDAS

9.1 Escrever um algoritmo que permita efetuar a introdução dos primeiros dados em um arquivo seqüencial, PESSOAL, no qual desejamos armazenar a informação por meio dos seguintes registros:

```
tipo
   registro: dados_pessoais
      <tipo_dado1> : nome_campo1
      <tipo_dado2> : nome_campo2
      ........... : ...........
   fim_registro
```

Análise do problema

Depois da criação e abertura do arquivo, o algoritmo solicitará a introdução de dados pelo teclado e eles serão armazenados de maneira consecutiva no arquivo.

Será utilizada uma função último_dado(pessoa) para determinar o fim da inserção de dados.

Projeto do algoritmo

```
algoritmo Exercício_9_1
tipo
   registro: dados_pessoais
      <tipo-dado1> : nome_campo1
      <tipo_dado2> : nome_campo2
      ........... : ...........
   fim_registro
   arquivo_s de dados_pessoais: arq
var
   arq                 : f
   dados_pessoais : pessoa
início
   criar (f, 'Pessoal')
   abrir (f, e, 'Pessoal')
   chamar_a ler_reg (pessoa)
   // Procedimento para a leitura de um
   // registro campo a campo
   enquanto não último_dado (pessoa) fazer
```

```
        chamar_a escrever_f_reg (f, pessoa)
        // Procedimento auxiliar, não desenvolvido, para a
        // escrita no arquivo do registro campo a campo
        chamar_a ler_reg(pessoa)
    fim_enquanto
    fechar (f)
fim
```

9.2 Desejando somar uma nova informação ao arquivo PESSOAL, criado anteriormente, projetar o algoritmo correspondente.

Análise do problema

Abrindo o arquivo, para a escrita, colocar o ponteiro de dados no final do arquivo, com um algoritmo semelhante ao anterior; isso nos permite a adição de nova informação ao final dele.

Projeto do algoritmo

```
algoritmo Exercício_9_2
tipo
    registro: dados_pessoais
        <tipo_dado1> : nome_campo1
        <tipo_dado2> : nome_campo2
        ............ : ............
    fim_registro
    arquivo_s de dados_pessoais: arq
var
    arq             : f
    dados_pessoais : pessoa
início
    abrir (f, e, 'PESSOAL')
    chamar_a ler_reg (pessoa)
    enquanto não último_dado (pessoa) fazer
        chamar_a escrever_f_reg (f, pessoa)
        chamar_a ler_reg (pessoa)
    fim_enquanto
    fechar (f)
fim
```

9.3 Projetar um algoritmo que mostra na tela o conteúdo de todos os registros do arquivo PESSOAL.

Análise do problema

Devemos abrir o arquivo para leitura e, repetidamente, ler os registros mostrados na tela até detectar o final do arquivo. Vamos considerar se a função FDA(id_arq) detecta o final do arquivo com a leitura de seu último registro.

Projeto do algoritmo

```
algoritmo Exercício_9_3
tipo
    registro: dados_pessoais
        <tipo_dado1> : nome_campo1
        <tipo_dado2> : nome_campo2
        ............ : ............
    fim_registro
    arquivo_s de dados_pessoais: arq
```

```
var
   arq             : f
   dados_pessoais : pessoa
início
   abrir (f,l,'PESSOAL')
   enquanto não fda (f) fazer
      chamar_a ler_f_reg (f, pessoa)
      chamar_a escrever_reg (pessoa)
   fim_enquanto
   fechar (f)
fim
```

Considerando a existência de um registro especial que marca o fim do arquivo, a função FDA (id_arq) seria ativada ao ler este arquivo e seríamos obrigados a modificar o algoritmo.

```
início
   abrir (f,l,'PESSOAL')
   chamar_a ler_f_reg (f, pessoa)
   enquanto não fda (f) fazer
      chamar_a escrever_reg (pessoa)
      chamar_a ler_f_reg (f, pessoa)
   fim_enquanto
   fechar (f)
fim
```

9.4 Uma livraria armazena em um arquivo seqüencial a seguinte informação sobre cada livro: CÓDIGO, TÍTULO, AUTOR e PREÇO.

O arquivo está ordenado ascendentemente pelos códigos dos livros, que devem ser mantidos, não podem ser repetidos.

Precisamos de um algoritmo com as opções:

1. Inserir: Permitirá inserir novos registros no arquivo, que deve ser mantido em ordem em todos os momentos.
2. Consulta: Buscar registros pelo campo CÓDIGO.

Análise do problema

O algoritmo começará apresentando um menu de opções por meio do qual é possível a seleção de um procedimento ou outro.

Inserir: Para colocar um novo registro em um lugar adequado e não perder a ordenação inicial, necessitaremos utilizar um arquivo auxiliar. Nele iremos copiando os registros até chegar ao ponto onde deve ser colocado o novo, então o escreveremos e continuaremos com a cópia dos registros restantes.

Consulta: Como o arquivo está ordenado e os códigos, não repetidos, o processo de consulta pode ser acelerado. Passaremos o arquivo seqüencialmente até encontrarmos o código procurado ou até que este seja menor que o código do registro que acabamos de ler; ou, se nada acontecer, até o fim do arquivo.
Quando o código procurado for menor que o código do registro que acabamos de ler, poderemos deduzir que daí em diante esse registro já não está no arquivo, poderemos, portanto, abandonar a busca.

Projeto do algoritmo

```
algoritmo Exercício_9_4
tipo
   registro : reg
      cadeia : cód
      cadeia : título
```

```
      cadeia   : autor
      inteiro: preço
   fim_registro
   arquivo_s de reg : arq
var
   inteiro : op
início
   repetir
      escrever( 'MENU')
      escrever( '1. – INSERIR')
      escrever( '2. – 'CONSULTA')
      escrever( '3. - FIM')
      escrever( 'Escolher opção')
      ler (op )
      conforme_seja op fazer
         1 : chamar_a inserir
         2 : chamar_a consulta
      fim_conforme
   até_que op = 3
fim

procedimento: inserir
var
   arq       : f, f2
   reg       : rf,r
   lógico    : escrito
   caractere : resp
início
   repetir
      abrir (f,l,'Livros.dat')
      criar (f2, 'Nlivros.dat')
      abrir (f2,e, 'Nlivros.dat')
      escrever ('Dê-me o código')
      ler (r.cód)
      escrito ← falso
      enquanto não FDA(f) fazer
         chamar_a ler_arq_reg (f, rf)
         se rf.cód > r.cód e não escrito então
         // se lemos do arquivo um registro com código
         // maior que o novo e este ainda não
         // o escrevemos, devemos inseri-lo
            escrever ('Dê-me outros campos')
            chamar_a completar (r)
            chamar_a escrever_arq_reg (f2, r)
            escrito ← verdade
            // Devemos marcar que ele foi escrito
            // para que não siga sendo inserido, daqui para a frente,
            // a todo momento
         se_não
            se rf.cód = r.cód então
               escrito ← verdade
            fim_se
         fim_se
         chamar_a escrever_arq_reg (f2, rf)
         // De todas as maneiras escrevemos o que
```

```
            // foi lido do arquivo
      fim_enquanto
      se não escrito então
      // Se o código do novo é maior que todos do
      // arquivo inicial, chegaremos ao final sem tê-lo
      // escrito
         escrever ('Dê-me outros campos')
         chamar_a completar (r)
         chamar_a escrever_arq_reg (f2, r)
      fim_se
       fechar (f, f2)
       apagar ('Livros.dat')
       renomear ('Livros.dat', 'Livros.dat')
       escrever ('Seguir ? (s/n) ')
       ler (resp)
   até_que resp = 'n'
fim_procedimento


procedimento consulta
var
   reg: rf, r
   arq: f
   caractere: resp
   lógico: encontrado, passado
início
   resp ← 's'
   enquanto resp <> 'n' fazer
      abrir (f, 1, 'Livros.dat')
      escrever ('Dê-me o código a procurar')
      ler (r, cód)
      encontrado ← falso
      passado ← falso
      enquanto não FDA (f) e não encontrado e não passado fazer
         chamar_a ler_arq_reg (f, rf)
         se r.cód = rf.cód então
            encontrado ← verdade
            chamar_a escrever_reg (rf)
         se_não
            se r.cód < rf.cód então
               passado ← verdade
            fim_se
         fim_se
      fim_enquanto
      se não encontrado então
         escrever ('Esse livro não está')
      fim_se
      fechar (f)
      escrever ('Seguir? (s/n)')
      ler (resp)
   fim_enquanto
fim_procedimento
```

9.5 Projetar um algoritmo que crie um arquivo direto — PESSOAL — cujos registros serão do seguinte tipo:

```
tipo
registro: dados_pessoais
   <tipo_dado1> : cód          // campo-chave
   ............ : ............
   <tipo_dadoN> : nome_campoN
fim_registro
```

e, depois, vamos introduzir a informação empregando o método de transformação de chaves.

Análise do problema

O método de transformação de chaves consiste em introduzir os registros no meio que os conterá, no endereço que proporciona o algoritmo de conversão. Sua utilização obriga o armazenamento do código no próprio registro e é conveniente a inclusão no registro de um campo auxiliar — ocupado — no qual seja marcado se o registro está ou não ocupado. Durante o processo de criação, deveremos observar todo o arquivo inicializando o campo ocupado como vazio, por exemplo, com um espaço.

Projeto do algoritmo

```
algoritmo Exercício_9_5
const
   máx = <valor>
tipo
   registro: dados_pessoais
      <tipo_dado1> : cód  // Pode não ser necessário
                          // seu armazenamento, no caso
                          // que coincida com o
                          // índice
      ............ : ............
      <tipo_dadon> : nome_campon
   fim_registro
   arquivo_d de dados_pessoais: arq
var
   arq              : f
   dados_pessoais : pessoa
   inteiro          : i
início
   criar (f, 'PESSOAL')
   abrir (f,l/e, 'PESSOAL')
   desde i ← 1 até máx fazer
      pessoa.ocupado
      escrever (f, pessoa, i)
   fim_desde
   fechar (f)
fim
```

9.6 Desejando introduzir uma informação pelo método de transformação de chave no arquivo PESSOAL criado no exercício anterior, projetar o algoritmo correspondente.

Análise do problema

Conforme explicado, o método de transformação de chaves consiste em introduzir os registros no meio que os conterá, no endereço que proporciona o algoritmo de conversão.

Registros distintos proporcionam um mesmo endereço quando submetidos ao algoritmo de conversão, por isso devemos prever um espaço no disco para o armazenamento dos registros. No nosso caso, reservaremos espaço para as colisões no próprio arquivo seguindo a zona de dados.

Supondo que o endereço mais alto capaz de proporcionar o algoritmo de conversão seja **Fimdados**, colocaremos as colisões produzidas nas posições consecutivas do arquivo.

Iniciando o espaço do campo ocupado realizado até **máx**, concluímos que **máx** é maior que **Fimdados**.

Projeto do algoritmo

```
algoritmo Exercício_9_6
const
   Fimdados = <valor1>
   máx      = <valor2>
tipo
   registro: dados_pessoais
      <tipo_dado1> : cód  // Pode não ser necessário
                          // seu armazenamento, no caso
                          // que coincidem com o
                          // índice
      ............ : ............
      <tipo_dadon> : nome_campon
   fim_registro
   arquivo_d de dados_pessoais: arq
var
   arq              : f
   dados_pessoais : pessoa, pessoaaux
   lógico           : encontradoburaco
   inteiro          : i
início
   abrir (f,l/e, 'PESSOAL')
   ler (pessoaaux.cód)
   posi ← HASH (pessoaaux.cód)
   // HASH é o nome da função de transformação de
   // chaves, a qual devolverá valores
   // entre 1 e Fimdados, ambos inclusive
   ler (f, pessoa, posi)
   se pessoa.ocupado = '*' então // El '*' indica que está
                                  // ocupado
      encontradoburaco ← falso
      posi ← Fimdados
      enquanto posi < máx e não encontradoburaco fazer
         posi ← posi + 1
         ler (f, pessoa, posi)
         se pessoa.ocupado < > '*' então
            encontradoburaco ← verdade
         fim_se
      fim_enquanto
   se_não
      encontradoburaco ← verdade
```

```
    fim_se
    se encontradoburaco então
      chamar_a ler_outros_campos (pessoaaux)
      pessoa ← pessoaaux
      pessoa.ocupado ← '*' // Dando carga marcaremos
                          // o campo ocupado
      escrever (f, pessoa, posi)
    se_não
      escrever ('Não está')
    fim_se
    fechar (f)
fim
```

REVISÃO DO CAPÍTULO

Conceitos-chave

- Conceitos de fluxo
- Registro lógico
- Registro físico
- Organização de arquivos
- Organização seqüencial
- Arquivos de texto
- Organização direta
- Organização seqüencial indexada

Resumo

Um arquivo é um conjunto de dados relacionados entre si e armazenados em um dispositivo de armazenamento externo. Esses dados se encontram estruturados em uma coleção de entidades denominadas artigos ou registros, do mesmo tipo, e que constam de diferentes entidades de nível mais baixo denominadas campos. Um arquivo de texto é formado por linhas e estas, por uma série de caracteres, que poderiam representar os registros neste tipo de arquivo. Os arquivos podem ser binários e armazenar não apenas caracteres, mas também qualquer tipo de informação encontrada na memória.

1. Java e C# realizam as operações em arquivos por fluxos, manipulados por classes, que são conectadas por armazenamento. Portanto, para criar, ler ou escrever um arquivo devemos utilizar uma classe que defina a funcionalidade do fluxo. Os fluxos determinam o sentido da comunicação (leitura, escrita ou leitura/escrita), a posição direta em um registro e a forma de ler e/ou escrever no arquivo. Podemos utilizar fluxos de bytes, cadeias ou tipos primitivos. A personalização de fluxos é obtida pela associação ou o encadeamento de outros fluxos com os fluxos-base da abertura de arquivos.

2. Registro lógico é uma coleção de informação relativa a uma entidade particular. O conceito de registro é similar ao da estrutura do ponto de vista que permite armazenar dados de tipo heterogêneo.

3. Registro físico é a quantidade menor de dados que podem ser transferidos em uma operação de entrada/saída entre a memória central e os dispositivos.

4. A organização de arquivos define a maneira em que estão armazenados, e pode ser seqüencial, direta ou seqüencial indexada.

5. A organização seqüencial implica que os registros sejam armazenados um ao lado do outro, na ordem que vão sendo introduzidos e, para efetuar o acesso a um determinado registro, é necessário passar pelos que o precederam.

6. Os arquivos de texto são considerados uma classe especial de arquivos seqüenciais.
7. Na organização direta, a ordem física dos registros pode não corresponder àquela em que foram introduzidos, e o acesso a um determinado registro não obriga passarmos pelos anteriores. Nesse caso, necessitamos de um meio endereçável e o comprimento dos registros deve ser fixo.
8. A organização seqüencial indexada requer a existência de uma área de dados, uma área de índices, uma área de transbordamento ou colisões e meio endereçável.

EXERCÍCIOS

9.1 Projete um algoritmo que permita criar um arquivo AGENDA de endereços cujos registros contenham os seguintes campos:

```
NOME
ENDEREÇO
CIDADE
CÓDIGO POSTAL
TELEFONE
IDADE
```

9.2 Construa um algoritmo que leia o arquivo AGENDA e imprima os registros de toda a agenda.

9.3 Projete um algoritmo que copie o arquivo seqüencial AGENDA dos exercícios anteriores em um arquivo direto DIRETO_AGENDA, onde cada registro mantenha sua posição relativa.

9.4 Dispomos de um arquivo indexado denominado DIRETÓRIO, que contém os dados de um conjunto de pessoas e cuja chave é o número do DNI. Escreva um algoritmo capaz de realizar uma consulta de um registro. Se não encontrar o registro, que seja emitida a mensagem ERRO.

9.5 Dispomos de um arquivo STOCK correspondente à existência de artigos de uma loja e desejamos assinalar os artigos que estão abaixo do mínimo e que apareça a mensagem "fazer pedido". Cada artigo tem um registro com os campos: número do código do artigo, nível mínimo, nível atual, fornecedor e preço.

9.6 O diretor de um colégio deseja construir um programa que processe um arquivo de registros correspondente aos diferentes alunos a fim de obter os seguintes dados:

- Nota mais alta e número de identificação do aluno correspondente.
- Nota média por curso.
- Nota média do colégio.

Observação: Se existem vários alunos com a mesma nota mais alta, deveremos visualizar todos eles.

9.7 Projete um algoritmo que gere um arquivo seqüencial BIBLIOTECA, cujos registros contenham os seguintes campos:

```
TÍTULO
AUTOR
EDITORA
ANO DE EDIÇÃO
ISBN
NÚMERO DE PÁGINAS
```

9.8 Projete um algoritmo que permita modificar o conteúdo de algum dos registros do arquivo seqüencial BIBLIOTECA mediante dados introduzidos por teclado.

10
ORDENAÇÃO, BUSCA E INTERCALAÇÃO

SUMÁRIO

10.1 Introdução
10.2 Ordenação
10.3 Busca
10.4 Intercalação
ATIVIDADES DE PROGRAMAÇÃO
    RESOLVIDAS

REVISÃO DO CAPÍTULO
    Conceitos-chave
    Resumo
EXERCÍCIOS

Os computadores empregam uma grande parte de seu tempo em operações de busca, classificação e mistura de dados. As operações de cálculo numérico e de administração requerem operações de classificação de dados: ordenar fichas de clientes em ordem alfabética, incluir endereços ou código postal etc. Existem dois métodos de ordenação: ordenação interna (de arrays) e ordenação externa (arquivos). Os arrays são armazenados na memória interna ou central, de acesso aleatório e direto, por isso sua administração é rápida. Os arquivos estão situados em dispositivos de armazenamento externo que são mais lentos e baseados em dispositivos mecânicos: fitas e discos magnéticos. As técnicas de ordenação, busca e mistura são importantes e o leitor deve dar atenção aos diferentes métodos que são analisados neste capítulo.

10.1 INTRODUÇÃO

Ordenação, busca e intercalação são operações básicas no campo da documentação e, de acordo com a estatística, são atividades que ocupam a metade do tempo dos computadores.

Ainda que seu uso pode ser com vetores (arrays) e com arquivos, este capítulo refere-se a vetores.

A *ordenação (classificação)* é a operação de organizar um conjunto de dados em alguma ordem dada — crescente ou decrescente — em dados numéricos, ou em ordem alfabética direta ou inversa. Típicas operações de ordenação são: lista de números, arquivos de clientes de banco, nomes de uma agenda telefônica etc. Ela significa, em síntese, colocar objetos em ordem (numérica para os números e alfabética para os caracteres) ascendente ou descendente.

Por exemplo, os nomes das equipes de futebol espanhol e os pontos de cada uma são armazenados em dois vetores:

```
equipe [1] = 'Real Madrid'        pontos [1] = 10
equipe [2] = 'Barcelona'          pontos [2] = 14
equipe [3] = 'Valência'           pontos [3] = 8
equipe [4] = 'Oviedo'             pontos [4] = 12
equipe [5] = 'Betis'              pontos [5] = 16
```

Os vetores são colocados em ordem decrescente de pontos de classificação:

```
equipe [5] = 'Betis'              pontos [5] = 16
equipe [2] = 'Barcelona'          pontos [2] = 14
equipe [4] = 'Oviedo'             pontos [4] = 12
equipe [1] = 'Real Madrid'        pontos [1] = 10
equipe [3] = 'Valência'           pontos [3] = 8
```

Os nomes das equipes e os pontos conseguidos nesse campeonato, ordenados por ordem alfabética, seriam:

```
equipe [1] = 'Barcelona'          pontos [1] = 5
equipe [2] = 'Cadiz'              pontos [2] = 13
equipe [3] = 'Málaga'             pontos [3] = 12
equipe [4] = 'Oviedo'             pontos [4] = 8
equipe [5] = 'Real Madrid'        pontos [5] = 4
equipe [6] = 'Valência'           pontos [6] = 16
```

ou podem ser colocados em ordem numérica decrescente:

```
equipe [6] = 'Valência'           pontos [6] = 16
equipe [2] = 'Cadiz'              pontos [2] = 13
equipe [3] = 'Málaga'             pontos [3] = 12
equipe [4] = 'Oviedo'             pontos [4] = 8
equipe [1] = 'Barcelona'          pontos [1] = 5
equipe [5] = 'Real Madrid'        pontos [5] = 4
```

Os vetores anteriores começam em ordem alfabética de equipe e são reordenados em ordem decrescente de "pontos". A lista telefônica é classificada em ordem alfabética; um arquivo de clientes de um banco normalmente é classificado em ordem ascendente de números da conta. O objetivo final da classificação é facilitar a manipulação de dados em um vetor ou em um arquivo.

Alguns autores diferenciam entre um conjunto ou *vetor classificado* (*sorted*) e *vetor ordenado* (*ordered set*). Um *conjunto ordenado* é igual àquele em que a ordem de aparição dos elementos afeta o significado da estrutura completa de dados: pode estar classificado, mas não é imprescindível. Um *conjunto classificado* é aquele em que os valores dos elementos foram utilizados para deixá-los em uma determinada ordem: é, provavelmente, um conjunto ordenado, mas não necessariamente.

O importante é estudar a classificação, por duas razões. A classificação de dados é tão freqüente que todos os usuários de computadores devem conhecer essas técnicas. A segunda é que é uma aplicação que pode ser escrita facilmente, mas que é bastante difícil conseguir o projeto e a escrita de bons algoritmos.

A classificação dos elementos numéricos do vetor

```
7, 3, 2, 1, 9, 6, 7, 5, 4
```

em ordem ascendente produzirá

```
1, 2, 3, 4, 5, 6, 7, 7, 9
```

Observamos que podem existir elementos de valor igual dentro de um vetor.

Existem muitos algoritmos de classificação, com diferentes vantagens e desvantagens. Um dos objetivos deste capítulo e do Capítulo 11 é o estudo dos métodos de classificação mais usados e de maior aplicação.

A *busca* de informação é, como a ordenação, outra operação muito freqüente no tratamento da informação. A busca é uma atividade realizada diariamente em qualquer aspecto da vida: busca de palavras em um dicionário, nomes na lista telefônica, localização de livros em uma livraria. À medida que a informação é armazenada em um computador, a recuperação e busca dessa informação é convertida em uma tarefa principal desse computador.

10.2 ORDENAÇÃO

É necessário, além da busca em um vetor, classificar ou ordenar seus elementos em uma ordem particular. Por exemplo, classificar um conjunto de números em ordem crescente ou uma lista de nomes em ordem alfabética.

A classificação é uma operação tão freqüente em programas de computador que uma grande quantidade de algoritmos foi projetada para classificar listas de elementos com eficácia e rapidez.

A escolha de um determinado algoritmo depende do tamanho do vetor ou array a ser classificado, o tipo de dados e a quantidade de memória disponível.

A *ordenação* ou *classificação* é o processo de organizar dados em alguma ordem ou seqüência específica, crescente ou decrescente para dados numéricos ou alfabética para dados de caracteres.

Os *métodos de ordenação* são divididos em duas categorias:

- **Ordenação de vetores, tabelas (arrays).**
- **Ordenação de arquivos.**

A ordenação de arrays é denominada também *ordenação interna*, uma vez que armazena na memória interna do computador de grande velocidade e acesso aleatório. A ordenação de arquivos costuma ser feita quase sempre em meios de armazenamento externo, discos, fitas etc., e é denominada também de *ordenação externa*. Estes dispositivos são mais lentos nas operações de entrada/saída, mas podem conter maior quantidade de informação.

Ordenação interna: classificação dos valores de um vetor segundo uma ordem na memória central: rápida.

Ordenação externa: classificação dos registros de um arquivo situado em um meio externo: menos rápido.

Exemplo: classificação em ordem ascendente do vetor

```
7, 3, 2, 1, 9, 6, 7, 5, 4
```

obteremos o novo vetor

```
1, 2, 3, 4, 5, 6, 7, 7, 9
```

Os métodos de classificação são aplicados a vetores (arrays unidimensionais), mas podem ser estendidos a matrizes ou tabelas (arrays bidimensionais), considerando a ordenação de uma fila ou coluna.

Os *métodos diretos* são os realizados no espaço ocupado pelo array. Os mais populares são:

- *Troca*
- *Seleção*
- *Inserção*

10.2.1 Método de troca ou de bolha

O algoritmo de classificação de *troca ou de bolha* é baseado no princípio de comparar pares de elementos adjacentes e trocá-los entre si até que estejam todos ordenados.

Desejando classificar em ordem ascendente o vetor ou lista:

```
50     15     56     14     35     1      12     9
A[1]   A[2]   A[3]   A[4]   A[5]   A[6]   A[7]   A[8]
```

Os passos a dar são:

1. Comparar A[1] e A[2]; se estão em ordem, são mantidos como estão, caso contrário, são trocados entre si.
2. A seguir são comparados os elementos 2 e 3, de novo são trocados se for necessário.
3. O processo continua até que cada elemento do *vetor* tenha sido comparado com seus elementos adjacentes e tenham sido realizadas as trocas necessárias.

O método expresso em pseudocódigo no primeiro projeto é:

```
desde I ← 1 até 7 fazer
  se elemento[I] > elemento [I + 1] então
    trocar (elemento[I], elemento [I + 1])
  fim_se
fim_desde
```

A ação *trocar* entre si os valores de dois elementos A[I], A [I+1] é uma ação composta que contém as seguintes ações, considerando uma variável auxiliar AUX:

```
AUX ← A[I]
A[I] ← A[I+1]
A[I+1] ← AUXI
```

Na realidade, o processo gráfico é:

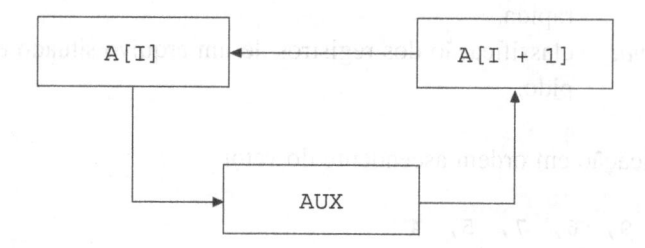

O elemento cujo valor é maior sobe posição a posição até o final da lista, como as bolhas de ar em um depósito ou garrafa de água. Depois de percorrer todo o vetor, o elemento mencionado terá subido na lista e ocupará a última posição. Percorrendo uma segunda vez, o segundo elemento chegará em penúltimo, e assim sucessivamente.

No exercício anterior, os sucessivos passos para cada uma das operações são apresentados nas Figuras 10.1 e 10.2.

Vetor inicial	*1º teste*	*2º teste*	...					
A[1]	50	15	15	15	15	15	15	15
A[2]	15	50	50	50	50	50	50	50
A[3]	56	56	56	14	14	14	14	14
A[4]	14	14	14	56	35	35	35	35
A[5]	35	35	35	35	56	1	1	1
A[6]	1	1	1	1	1	56	12	12
A[7]	12	12	12	12	12	12	56	9
A[8]	9	9	9	9	9	9	9	56

Figura 10.1 Método de bolhas (passo 1).

Efetuando $n - 1$ vezes a operação sobre uma tabela de n valores, temos ordenada a tabela. Cada operação requer $n - 1$ testes e como máximo $n - 1$ trocas. A ordenação total irá exigir um máximo de

$(n - 1) * (n - 1) = (n - 1)^2$ trocas de elementos.

Os estados sucessivos do vetor são indicados na Figura 10.2:

Estado inicial	Depois do passo 1	Depois do passo 2
50	15	15
15	50	14
56	14	35
14	35	1
35	1	12
1	12	9
12	9	50
9	56	56

Figura 10.2 Método de bolha (passo 2).

Exemplo 10.1

Descrever os diferentes passos para classificar em ordem ascendente o vetor:

```
72    64    50    23    84    18    37    99    45    8
```

As sucessivas operações em cada um dos passos necessários até se obter a classificação final são apresentadas na Tabela 10.1.

Tabela 10.1 Passos necessários da ordenação por bolhas

Vetor desordenado	Número do passo						Final de classificação		
	1	2	3	4	5	6	7	8	9
72	64	50	23	23	18	18	18	18	8
64	50	23	50	18	23	23	23	8	18
50	23	64	18	37	37	37	8	23	23
23	72	18	37	50	45	8	37	37	37
84	18	37	64	45	8	45	45	45	45
18	37	72	45	8	50	50	50	50	50
37	84	45	8	64	64	64	64	64	64
99	45	8	72	72	72	72	72	72	72
45	8	84	84	84	84	84	84	84	84
8	99	99	99	99	99	99	99	99	99

MÉTODO 1

O algoritmo será descrito com um diagrama de fluxo e um pseudocódigo.

Pseudocódigo

```
algoritmo bolha1
//incluir as declarações precisas//
início
   //leitura do vetor//
   desde i ← 1 até N fazer
     ler(X[I])
   fim_desde
   //classificação do vetor
   desde I ← 1 até N-1 fazer
     desde J ← 1 até J ← N - 1 fazer
       se X[j] > X[J + 1] então
       //trocar
          AUX ← X[J]
          X[J] ← X[J + 1]
          X[J+1] ← AUXI
       fim_se
     fim_desde
   fim_desde
   //imprimir a lista classificada
   desde J ← 1 até N fazer
     escrever(X[J])
   fim_desde
fim
```

Diagrama de fluxo 10.1

Para classificar o vetor completo, devemos realizar as substituições correspondentes (N-1) * (N-1) ou N²-2N+1 vezes. No caso de um vetor de cem elementos (N = 100), devemos realizar quase 10.000 iterações.

O algoritmo de classificação é:

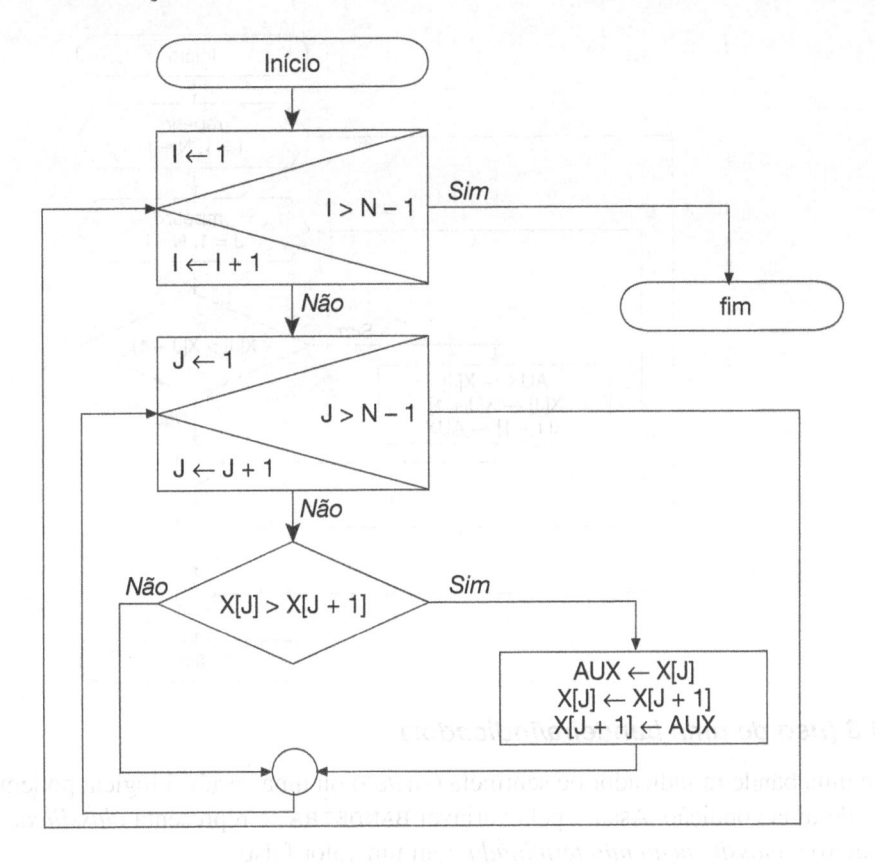

MÉTODO 2

Podemos realizar uma *melhoria na velocidade de execução do algoritmo*. Observe que, na primeira varredura do vetor (quando I = 1), o valor maior do vetor movimenta-se ao último elemento X[N]. Conseqüentemente, a seguir não é necessário comparar X[N − 1] e X[N]. O limite superior do laço desde pode ser N − 2. Depois de cada passo podemos decrementar em um o limite superior do laço desde. O algoritmo será:

Pseudocódigo

```
algoritmo bolha2
   //declarações
início
   //...
   desde I ← 1 até N - 1 fazer
      desde J ← 1 até N - 1 fazer
         se X[J] > X[J + 1] então
            AUX ← X[J]
            X[J] ← X[J + 1]
            X[J + 1] ← AUXI
         fim_se
      fim_desde
   fim_desde
fim
```

Diagrama de fluxo 10.2

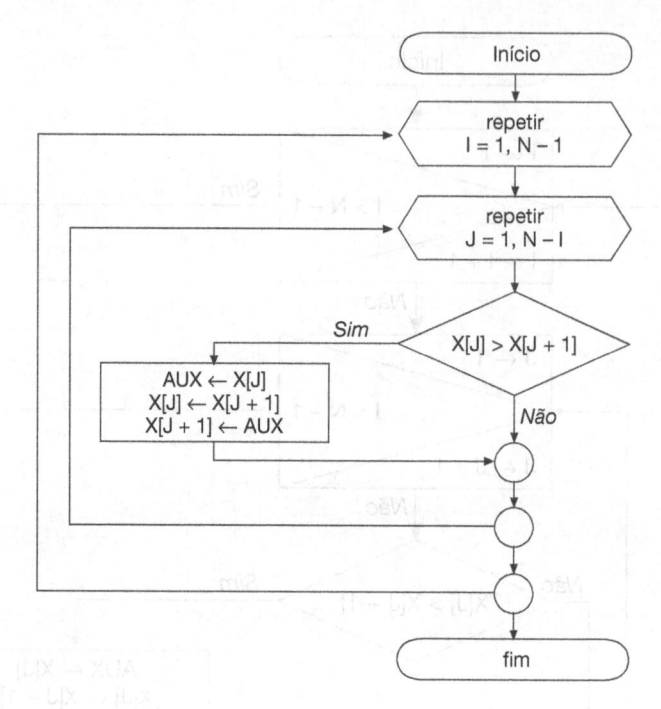

```
Início
  ↓
repetir
I = 1, N − 1
  ↓
repetir
J = 1, N − I
  ↓
X[J] > X[J + 1]?
  Sim →  AUX ← X[J]
         X[J] ← X[J + 1]
         X[J + 1] ← AUX
  Não ↓
  ↓
fim
```

MÉTODO 3 (uso de uma bandeira/indicador)

Por meio de uma bandeira/indicador ou sentinela (*switch*) ou uma variável lógica, podemos detectar a presença ou ausência de uma condição. Assim, pela variável BANDEIRA se representa *classificação terminada* com um valor verdadeiro e *classificação não terminada* com um valor falso.

Diagrama de fluxo 10.3

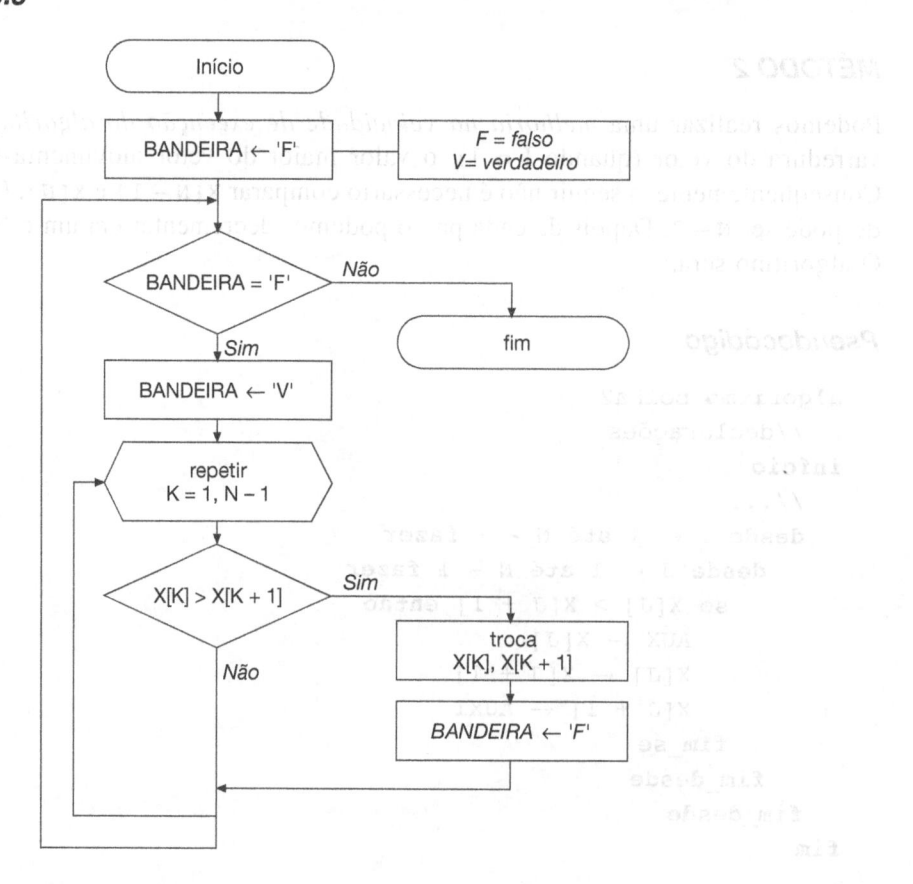

```
Início
  ↓
BANDEIRA ← 'F'       F = falso
  ↓                  V = verdadeiro
BANDEIRA = 'F'?
  Não → fim
  Sim ↓
BANDEIRA ← 'V'
  ↓
repetir
K = 1, N − 1
  ↓
X[K] > X[K + 1]?
  Sim → troca
        X[K], X[K + 1]
        ↓
        BANDEIRA ← 'F'
  Não ↓
```

Pseudocódigo

```
algoritmo bolha3
  //declarações
início
  //leitura do vetor
  BANDEIRA ← 'F', //F, falso; V, verdadeiro
  enquanto (BANDEIRA = 'F') e (i < N) fazer
    BANDEIRA ← 'V'
    desde K ← 1 até N - i fazer
      se X[K] > X[K + 1] então
        trocar (X[K], X[K + 1])
        //chamada ao procedimento troca
        BANDEIRA ← 'F'
      fim_se
    fim_desde
    i ← i + 1
  fim_enquanto
fim
```

10.2.2 Ordenação por intersecção

Esse método consiste em inserir um elemento no vetor em uma parte já ordenada desse vetor e começar de novo com os elementos restantes. Geralmente usado pelos jogadores de cartas, é conhecido também como *método do baralho*.

Assim, por exemplo, suponha que tem uma lista desordenada

| 5 | 14 | 24 | 39 | 43 | 65 | 84 | 45 |

Para se inserir o elemento 45, terá de ser entre 43 e 65, o que supõe deslocar para a direita todos aqueles números de valor superior a 45, isto é, saltar sobre 65 e 84.

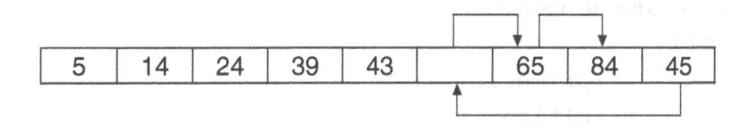

| 5 | 14 | 24 | 39 | 43 | | 65 | 84 | 45 |

O método é baseado em comparações e deslocamentos. O algoritmo de classificação de um vetor X para N elementos é realizado com uma varredura de todo o vetor e a inserção do elemento correspondente no lugar adequado. A varredura se realiza do segundo elemento ao *n-enésimo*.

```
desde i ← 2 até N fazer
  //inserir X[i] no lugar
  //adequado entre X[1]...X[i-1])
fim_desde
```

Esta ação repetitiva — *inserir* — é realizada facilmente com a inclusão de um valor sentinela ou bandeira (SW).

Pseudocódigo

```
algoritmo clas_inserção1
//declarações
início
   ......
   //ordenação
   desde I ← 2 até N fazer
      AUXI ← X[I]
      K ← I-1
      SW ← falso
      enquanto não (SW) e (K >= 1) fazer
         se AUXI < X[K] então
            X[K + 1] ← X[K]
            K ← K-1
         se_não
            SW ← verdadeiro
         fim_se
      fim_enquanto
      X[K + 1] ← AUXI
   fim_desde
fim
```

Algoritmo de inserção melhorado

O algoritmo de inserção direta é melhorado facilmente. Para isso, recorremos a uma busca binária — em vez de busca seqüencial — para encontrar rapidamente o lugar de inserção. Este método é conhecido como *inserção binária*.

```
algoritmo clas_inserção_binária
//declarações
início
   //...
   desde I ← 2 até N fazer
      AUX ← X[I]
      P ← 1         //primeiro
      U ← I - 1     //último
      enquanto P <= U fazer
         C ← (P + U) div 2
         se AUX < X[C] então
            U ← C - 1
         se_não
            P ← C + 1
         fim_se
      fim_enquanto
      desde K ← I - 1 até P decremento 1 fazer
         X[K + 1] ← X[K]
      fim_desde
         X[P] ← AUX
   fim_desde
fim
```

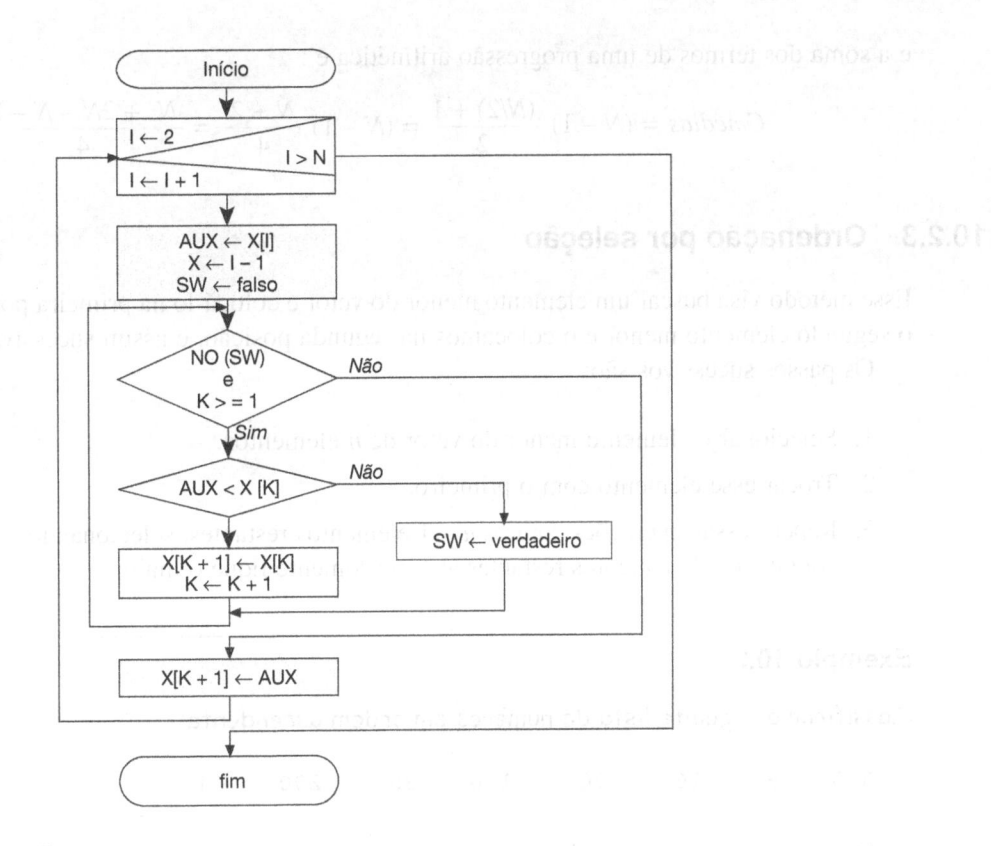

```
                    Início
                      │
          ┌───────────▼───────────┐
          │    I ← 2              │
    ┌─────┤                   I > N ├──────────────────┐
    │     │    I ← I + 1          │                    │
    │     └───────────┬───────────┘                    │
    │                 ▼                                │
    │         ┌───────────────┐                        │
    │         │  AUX ← X[I]   │                        │
    │         │  X ← I - 1    │                        │
    │         │  SW ← falso   │                        │
    │         └───────┬───────┘                        │
    │                 ▼                                │
    │            ╱ NO(SW) ╲      Não                   │
    │         ◁     e       ▷─────────┐                │
    │            ╲ K >= 1  ╱          │                │
    │                 │ Sim           │                │
    │                 ▼               │                │
    │            ╱AUX < X[K]╲  Não    │                │
    │         ◁              ▷──┐     │                │
    │            ╲           ╱  │     │                │
    │                 │         ▼     │                │
    │                 │    ┌─────────┐│                │
    │                 │    │SW←verdad││                │
    │                 │    └────┬────┘│                │
    │         ┌───────▼───────┐ │     │                │
    │         │X[K+1] ← X[K]  │ │     │                │
    │         │K ← K + 1      │ │     │                │
    │         └───────┬───────┘ │     │                │
    │                 │◁────────┴─────┘                │
    │                 ▼                                │
    │         ┌───────────────┐                        │
    │         │X[K+1] ← AUX   │                        │
    │         └───────┬───────┘                        │
    │                 │                                │
    └─────────────────┴────────────────────────────────┘
                      ▼
                    fim
```

Número de comparações

O número de comparações $F(n)$ que é realizado no algoritmo de inserção pode ser calculado facilmente.

Considere o elemento que ocupa a posição X em um vetor de n elementos, no qual $X - 1$ elementos anteriores se encontram ordenados ascendentemente por sua chave.

Se a chave do elemento a ser inserido é maior que as restantes, o algoritmo executa somente uma comparação; se a chave é inferior às restantes, o algoritmo executa $X - 1$ comparações.

O número de comparações tem por média $X/2$.

Vamos ver os casos possíveis.

Vetor ordenado em origem

Comparações mínimas

$$(n - 1)$$

Vetor inicialmente em ordem inversa

Comparações máximas

$$\frac{N(N - 1)}{2}$$

já que

$$(n - 1) + (n - 2) + \ldots + 3 + 2 + 1 = \frac{(n - 1)n}{2} \text{ é uma progressão aritmética}$$

Comparações médias

$$\frac{(n - 1) + (n - 1)n/2}{2} = \frac{N^2 + N - 2}{4}$$

outra forma de deduzi-las seria:

$$C_{médias} = \underbrace{\frac{N - 1 + 1}{2} + \frac{N - 2 + 1}{2} + \ldots + \frac{1 + 1}{2}}_{N - 1 \text{ vezes}}$$

e a soma dos termos de uma progressão aritmética é :

$$C_{médias} = (N-1)\frac{(N/2)+1}{2} = (N-1)\frac{N+2}{4} = \frac{N^2+2N-N-2}{4} = \frac{N^2+N-2}{4}$$

10.2.3 Ordenação por seleção

Esse método visa buscar um elemento menor do vetor e colocá-lo na primeira posição. Em seguida, buscamos o segundo elemento menor e o colocamos na segunda posição, e assim sucessivamente.

Os passos sucessivos são:

1. Selecionar o elemento menor do vetor de *n* elementos.
2. Trocar esse elemento com o primeiro.
3. Repetir essas operações com os *n* – 1 elementos restantes, selecionando o segundo elemento; continuar com os *n* – 2 elementos restantes até que somente fique o maior.

Exemplo 10.2

Classificar a seguinte lista de números em ordem ascendente:

| 320 | 96 | 16 | 90 | 120 | 80 | 200 | 64 |

O método começa buscando-se o número menor.

| 320 | 96 | 16 | 90 | 120 | 80 | 200 | 64 |

A lista nova será

| 16 | 96 | 320 | 90 | 120 | 80 | 200 | 64 |

Em seguida, buscamos o seguinte número menor, 64, e realizamos as operações 1 e 2.
A nova lista será

| 16 | 64 | 320 | 90 | 120 | 80 | 200 | 96 |

Seguimos realizando iterações que encontrarão as seguintes linhas:

| 16 | 64 | 80 | 90 | 120 | 320 | 200 | 96 |

Agora não se realiza nenhuma mudança, já que o número menor do vetor v[4], v[5]...v[8] está na posição à esquerda. As sucessivas operações serão:

16	64	80	90	96	320	200	120
16	64	80	90	96	120	200	320
16	64	80	90	96	120	200	320

e as terminações terminaram, já que o último elemento deve ser o maior, e estará na posição correta.

Desenvolveremos agora o algoritmo para classificar o vetor v de n componentes v[1], v[2]...v[n] com esse método. O algoritmo aparecerá em etapas e o desenvolveremos sucessivamente.

A tabela de variáveis que utilizaremos será:

I, J	*inteiras* e são utilizadas como índices do vetor V
X	*vetor* (array unidimensional)
AUX	variáveis auxiliar para troca
N	número de elementos do vetor V

Nível 1

```
início
   desde I ← 1 até N - 1 fazer
   Buscar o elemento menor de X[I], X[I + 1]...X[N] e trocar com X[I]
   fim_desde
fim
```

Nível 2

```
início
   I ← 1
   repetir
   Buscar o elemento menor de X[I], X[I + 1]...X[N] e trocar com X[I]
      I ← I + 1
   até_que I = N
fim
```

A seleção e o intercâmbio se realizam N − 1 vezes, já que I incrementa em 1 ao final do laço.

Nível 3

Vamos dividir o laço repetitivo em duas partes:

```
início
   I ← 1
   repetir
      Buscar o elemento menor X[I], X[I + 1]...X[N]
      //Supomos que é X[K]
      Trocar X[K] e X[I]
   até_que I = N
fim
```

Nível 4a

As instruções "seleção" e "trocar" são refinadas repetidamente. O algoritmo com a estrutura **repetir** é:

```
início
   //...
   I ← 1
   repetir
      AUXI ← X[I]       //AUXI representa o valor menor
      K ← I             //K representa a posição
      J ← I
      repetir
         J ← J + 1
         se X[J] < AUXI então
            AUXI ← X[J] //atualizar AUXI
            K ← J       //K, posição
         fim_se
```

```
            até_que J = N        //AUXI = X[K] é o menor agora
            X[K] ← X[I]
            X[I] ← AUXI
            I ← I + 1
        até_que I = N
fim
```

Nível 4b

O algoritmo com a estrutura **enquanto**:

```
início
    //...
    I ← 1
    enquanto I < N fazer
        AUXI ← X[I]
        K ← 1
        J ← 1
        enquanto J < N fazer
            J ← J + 1
            se X[J] < AUXI então
                AUXI ← X[J]
                K ← J
            fim_se
        fim_enquanto
        X[K] ← X[I]
        X[I] ← AUXI
        I ← I + 1
    fim_enquanto
fim
```

Nível 4c

O algoritmo de ordenação com estrutura **desde**:

```
início
    //...
    desde I ← 1 até N − 1 fazer
        AUXI ← X[I]
        K ← 1
        desde J ← I + 1 até N fazer
            se X[J] < AUXI então
                AUXI ← X[J]
                K ← J
            fim_se
        fim_desde
        X[K] ← X[I]
        X[I] ← AUXI
    fim_desde
fim
```

10.2.4 Método de Shell

Método utilizado quando o número de elementos para serem ordenados for grande; é uma melhoria do método de inserção direta. É denominado "Shell" — homenageando seu inventor Donald Shell — e também método de *inserção* com incrementos decrescentes.

No método de classificação por inserção, cada elemento é comparado aos elementos contínuos à sua esquerda, um após outro. Se o elemento a ser inserido for pequeno, por exemplo, devemos executar muitas comparações antes de ele ser colocado em seu lugar definitivo.

Shell modificou os saltos contínuos resultantes da comparação de saltos de maior tamanho e com isso conseguia uma classificação mais rápida. O método é baseado em fixar o tamanho dos saltos constantes, porém mais de uma posição.

Imaginemos um vetor de elementos

```
4    12    16    24    36    3
```

no método de inserção direta, os saltos são feitos de uma posição a outra e são necessárias cinco comparações. No método de Shell, se os saltos são de duas posições, são realizadas três comparações.

```
4    12    16    24    36    3
```

O método é baseado em tomar como salto N/2 (sendo N o número de elementos) e vamos reduzindo à metade em cada repetição até que o salto ou distância tenha validade 1.

Considerando a variável *salto*, teríamos para o caso de um determinado vetor X as seguintes varreduras:

Vetor X   [X[1], X[2], X[3]...X[N]]
Vetor X1   [X[1], X[1] + salto, X[2] + salto...]
Vetor XN   [salto1, salto2, salto3...]

Exemplo 10.3

Deduzir as seqüências parciais de classificação pelo método de Shell para ordenar de forma ascendente a lista ou vetor

```
6,   1,   5,   2,   3,   4,   0
```

Solução

Varredura	Salto	Lista reordenada	Troca
1	3	2, 1, 4, 0, 3, 5, 6	(6,2), (5,4), (6,0)
2	3	0, 1, 4, 2, 3, 5, 6	(2,0)
3	3	0, 1, 4, 2, 3, 5, 6	Nenhum
4	1	0, 1, 2, 3, 4, 5, 6	(4,2), (4,3)
5	1	0, 1, 2, 3, 4, 5, 6	Nenhum

Sendo um vetor X

X[1], X[2], X[3]...X[N]

e considerando o primeiro salto que terá um valor de

$$\frac{N}{2}$$

para arredondar, tomaremos a parte inteira

```
N DIV 2
```

e será igual ao salto

```
salto = N div 2
```

O algoritmo resultante será:

```
algoritmo Shell
const
   n = 50
tipo
   array[1...n] de inteiro:lista
var
   lista : l
   inteiro : k, i, j, salto
início
   chamar_a preencher (l)           //preenchida a lista
   salto ← N DIV 2
   enquanto salto > 0 fazer
      desde i ← (salto + 1) até n fazer
         j ← i - salto
         enquanto j > 0 fazer
            k ← j + salto
            se l[j] <= l[K] então
               j ← 0
            se_não
               chamar_a troca l[j], l[k])
            fim_se
            j ← j - salto
         fim_enquanto
      fim_desde
      salto ← int ((1 + salto)/2)
   fim_enquanto
fim
```

10.2.5 Método de ordenação rápida (*quicksort*)

O método de *ordenação rápida* (*quicksort*) para ordenar ou classificar um vetor ou lista de elementos (array) tem como base o fato de que é mais rápido e fácil ordenar duas listas pequenas do que uma lista grande. Esse método devemos a Hoare e é o método de ordenar uma lista de dados mais rápido já estudado.

O método é baseado na estratégia típica de *dividir para conquistar (divide and conquer)*. A lista a ser classificada armazenada em um vetor ou array é dividida (*parte*) em duas sublistas: uma com todos os valores inferiores ou iguais a um valor específico e outra com todos os valores maiores que esse valor. O valor escolhido pode ser qualquer valor arbitrário do vetor. Em ordenação rápida, chamamos esse valor *pivô*.

O primeiro passo é dividir a lista original em duas sublistas ou subvetores e um valor de separação. Assim, o vetor v se divide em três partes:

- Subvetor VI, que contém os valores inferiores ou iguais.
- O elemento de separação.
- Subvetor VD, que contém os valores superiores ou iguais.

Os subvetores VI e VD não estão ordenados, exceto no caso de reduzir-se a um elemento. Consideremos a lista de valores:

18   11   27   13   9   4   16

Escolhemos um pivô, 13. É feita uma varredura na lista do extremo esquerdo em busca de um elemento maior que 13 (é encontrado o valor 18). A seguir, busca-se do extremo direito um valor menor que 13 (é encontrado o 4).

18   11   27   13   9   4   16

São trocados esses dois valores e é produzida a lista:

4   11   27   13   9   18   16

Seguimos percorrendo o vetor pela esquerda e localizamos o 27, a seguir outro valor baixo é encontrado à direita (o 9). Trocando esses dois valores, obteremos:

4   11   9   13   27   18   16

Tentando esse processo mais uma vez, encontraremos que as explorações dos dois extremos vêm juntas sem encontrar algum valor "fora do lugar". Nesse ponto conhecemos todos os valores: os da direita são maiores que todos os valores da esquerda do pivô. Foi realizada uma partição na lista original, que ficou dividida em duas listas menores:

4   11   9   [13]   27   18   16

Nenhuma das listas está ordenada, entretanto, com base nos resultados da primeira partição podemos ordenar agora as duas partições independentemente, isto é, se ordenamos a lista

4   11   9

na sua posição, e a lista

27   18   16

igualmente, a lista completa estará ordenada:

4   9   11   13   16   18   27

O procedimento de ordenação supõe uma partição da lista.

Exemplo 10.4

Utilizar o procedimento de ordenação rápida, dividir a lista de inteiros em duas sublistas para poder classificar posteriormente ambas as listas.

50   30   20   80   90   70   95   85   10   15   75   25

Escolhemos como pivô o número 50.
Os valores 30, 20, 10, 15 e 25 são menores que 50 e constituirão a primeira lista, e 80, 90, 70, 95, 85 e 75 estão situados na segunda lista. Percorremos a lista da esquerda para encontrar o primeiro número maior que 50; e a da direita, o primeiro menor que 25.

```
50   30   20   80   90   70   95   85   10   15   75   25
└──────────────┘                                       ┐
```

são localizados os dois números 80 e 25 e trocamos

```
50   30   20   25   90   70   95   85   10   15   75   80
                 ┘                                        ┐
```

A seguir renovamos a busca da direita para um número menor que 50, e da esquerda para um número maior que 50.

```
50   30   20   25   90   70   95   85   10   15   75   80
              └────┘                          ┐
```

Essas varreduras localizam os números 25 e 90, que são trocados

```
50   30   20   25   15   70   95   85   10   90   75   80
                    ┘                             ┐
```

As buscas seguintes localizam 10 e 70.

```
50   30   20   25   15   70   95   85   10   90   75   80
              └──────────┘              ┐
```

A troca proporciona

```
50   30   20   25   15   10   95   85   70   90   75   80
              └──────────────┘
```

Quando renovamos a busca da direita para um número menor que 50, localizamos o valor 10 que foi encontrado na busca da esquerda para a direita. Assinalamos as duas buscas e trocamos 50 e 10.

```
10   30   20   25   15   │50│   95   85   70   75   80
└──────────────────────┘       └──────────────────────┘
   Lista de números < 50         Lista de números > 50
```

Algoritmos

O algoritmo de ordenação rápida é baseado essencialmente em um algoritmo de divisão ou partição de uma lista. O método consiste em explorar cada extremo e trocar os valores encontrados. Uma primeira tentativa de algoritmo de partição é:

```
algoritmo partição
início
   estabelecer x ao valor de um elemento arbitrário da lista
   enquanto a divisão não está terminada fazer
      percorrer da esquerda para a direita para um valor >= x
      percorrer da direita para a esquerda para um valor =< x
      se os valores localizados não estão ordenados então
         trocar os valores
      fim_se
   fim_enquanto
fim
```

A lista que desejamos partir é `A[1], A[2]...A[n]`. Os índices que representam os extremos esquerdo e direito da lista são `L` e `R`. No refinamento do algoritmo, é escolhido um valor arbitrário `x`, supondo que o valor central da lista é tão bom como qualquer elemento arbitrário. Os índices `i`, `j` exploram dos extremos. Um refinamento anterior, que inclui maior número de detalhes, é o seguinte:

```
algoritmo partição
  preencher (A)
  i ← L
  j ← R
  x ← A((L + R) div 2)
  enquanto i =< j fazer
    enquanto A[i] , x fazer
      i ← i + 1
    fim_enquanto
    enquanto A[j] > x fazer
      j ← j - 1
    fim_enquanto
    se i =< j então
      chamar_a trocar (A[i], a[j])
      i ← i + 1
      j ← j - 1
    fim_se
  fim_enquanto
fim
```

Nos laços externos e na sentença **se**, a condição utilizada é $i =< j$. Pode parecer que $i < j$ funcione da mesma maneira em ambos os lugares. Podemos realizar a partição com qualquer das condições. Se utilizamos a condição $i < j$, podemos terminar a partição com dois casos distintos, que podem ser diferenciados antes que possamos realizar futuras divisões. Por exemplo, a lista

1   7   7   9   9

e a condição $i <= j$ terminará com $i = 3, j = 2$ e as duas partições são A[L]...A[j] e A[i]...A[R]. Entretanto, para a lista

1   7   7   9   9

e a condição $i < j$ terminaremos com $i = 3, j = 3$ e as duas partições se sobrepõem.

O uso da condição $i <= j$ produz também resultados distintos para estes exemplos. A lista

1   1   7   9   9

e a condição $i <= j$ termina com $i = 3, j = 2$. A lista 1, 1, 7, 9, 9 e a condição $i =< j$ termina com $i = 4$, $j = 2$. Em ambos os casos, as partições que requerem ordenação posterior são A[L]... A[j] e A[i]... A[R].

Nos laços **enquanto** internos a igualdade é omitida nas condições. A razão é que o valor da partição atue como *sentinela* para detectar explorações.

Nesse exemplo tomamos como valor da partição ou pivô o elemento cuja posição inicial é o elemento central. Esse não é geralmente o caso. O exemplo da classificação da lista citado

50   30   20   80   90   70   95   85   10   15   75   25

utiliza como pivô o primeiro elemento.

Mostramos a seguir o algoritmo de ordenação rápida no caso em que o elemento pivô é o primeiro elemento:

```
algoritmo partição2
//lista para avaliar 10 elementos
//ESQUERDO, índice de busca (varredura) da esquerda
//DIREITO, índice de busca da direita
```

```
início
   preencher (X)
   //iniciar índice para varreduras da esquerda à direita
   ESQUERDO ← ALTO           //ALTO parâmetro que indica início da sublista
   DIREITO  ← BAIXO          //BAIXO parâmetro que indica final da sublista
   A ← X[1]
   //realizar as varreduras
   enquanto ESQUERDO <= DIREITO fazer
   //busca ou varredura da direita
      enquanto (X[ESQUERDO] < A) e (ESQUERDO < BAIXO)
         ESQUERDO ← ESQUERDO + 1
      fim_enquanto
      enquanto X[DIREITO] > A
         DIREITO ← DIREITO - 1
      fim_enquanto
      //trocar elemento
      se ESQUERDO <= DIREITO então
         AUXI ← X[ESQUERDO]
         X[ESQUERDO] ← X[DIREITO]
         X[DIREITO] ← AUXI
         ESQUERDO ← ESQUERDO + 1
         DIREITO ← DIREITO - 1
      fim_se
   fim_enquanto
   //fim busca; situar elemento selecionado em sua posição
   //FINAL, posição final do elemento
   se ESQUERDO < BAIXO + 1 então
      AUXI ← X[DIREITO]
      X[DIREITO] ← X[1]
      X[1] ← AUXI
   se_não
      AUXI ← X[BAIXO]
      X[BAIXO] ← X[1]
      X[1] ← AUXI
   fim
fim
```

10.3 BUSCA

A recuperação de informação é uma das aplicações mais importantes dos computadores.

A *busca* (*searching*) de informação está relacionada com a tabela para consultas (*lookup*). Essas tabelas contêm uma quantidade de informação que é armazenada em forma de lista de pares de dados. Por exemplo, um dicionário com uma lista de palavras e definições; um catálogo com uma lista de livros de informática; uma lista de estudantes e suas notas; um índice com títulos e conteúdo dos artigos publicados em uma determinada revista etc. Em todos esses casos, é necessário com freqüência buscar um elemento em uma lista.

Uma vez encontrado o elemento, a identificação de sua informação correspondente é um problema menor. Suponhamos que desejemos buscar o vetor X[1]... X[n], que tem componentes numéricos, para ver se contém ou não um número dado T.

Se desejamos buscar a informação em um arquivo, devemos realizar a busca a partir de um determinado campo de informação denominado *campo-chave*. No caso dos arquivos de empregados de uma empresa, o campo-chave pode ser o número de DNI ou os sobrenomes.

A busca por chaves para localizar registros é com freqüência uma das ações que consome mais tempo e, conseqüentemente, o modo como os registros estão dispostos e a escolha do modo utilizado para a busca podem causar uma diferença substancial no rendimento do programa.

O problema da busca está entre os casos típicos tratados. Se existem muitos registros, pode ser necessário armazená-los em arquivos de disco ou fita, externos à memória do computador. Nesse caso, chamamos *busca externa*. Buscar registros armazenados dentro da memória do computador se denomina *busca interna*.

Na prática, a busca refere-se à operação de encontrar a posição de um elemento entre um conjunto de elementos dados: lista, tabela ou arquivo.

Exemplos típicos de buscas são localizar nome e sobrenome de um aluno, localizar números de telefone de uma agenda etc.

Existem diferentes algoritmos de busca. O elemento escolhido depende da forma como estão organizados os dados.

A operação de busca de um elemento N em um conjunto de elementos consiste em:

- Determinar se N pertence ao conjunto e, nesse caso, indicar sua posição nele.
- Determinar se N não pertence ao conjunto.

Os métodos mais usados de busca são:

- *Busca seqüencial ou linear.*
- *Busca binária.*
- *Busca por transformação de chaves* (*hash*).

10.3.1 Busca seqüencial

Imaginemos uma lista de elementos armazenados em um vetor (array unidimensional). O método mais simples de buscar um elemento em um vetor é explorar seqüencialmente o vetor, ou seja, *percorrer o vetor* do primeiro elemento ao último. Se encontramos o elemento buscado, visualizamos uma mensagem similar a `'Fim da busca'`, caso contrário, visualizamos uma mensagem similar a `'Elemento não existe na lista'`.

A busca seqüencial compara cada elemento do vetor com o valor desejado, até que este seja encontrado ou termine de ler o vetor completo.

Ela não requer nenhum registro por parte do vetor, portanto ele não necessita estar ordenado. A varredura do vetor normalmente será realizada com estruturas repetitivas.

Exemplo 10.5

Tendo um vetor A que contém n elementos numéricos (n) >= 1 (A[1], A[2], A[3]...A[n]), desejamos buscar um elemento dado t. Encontrando o elemento t, visualizamos uma mensagem 'Elemento encontrado' e outro que diga 'posição = '.

Existindo n elementos, será exigida como média n/2 comparações para encontrar um determinado elemento. Em casos desfavoráveis, necessitaremos de n comparações.

Método 1

```
algoritmo busca_seqüencial_1
   //declarações
início
   preencher (A, n)
   ler(t)
   //varredura do vetor
   desde i ← 1 até n fazer
     se A[i] = t então
       escrever('Elemento encontrado')
```

```
        escrever('em posição', i)
      fim_se
    fim_desde
fim
```

Método 2

```
algoritmo busca_seqüencial_2
  //...
  início
    preencher (A,n)
    ler(t)
    i ← 1
    enquanto (A[i] < > t) e (i =< n) fazer
      i ← i + 1
      //este laço é detido ou com A[i] = t ou com i > n
    fim_enquanto
    se A[i] = t então              //condição de parada
      escrever('O elemento foi encontrado na posição', i)
    se_não                         //varredura do valor terminado
      escrever('O número não se encontra no vetor')
    fim_se
  fim
```

Esse método não é completamente satisfatório, já que se *t* não está no vetor A, *i* recebe o valor *n* + 1 e a comparação

```
A[i] < > t
```

produzirá uma referência ao elemento A[n+1], que presumivelmente não existe. Esse problema será resolvido substituindo *i* =< *n* por *i* < *n* na instrução **enquanto**, ou seja, modificando a instrução anterior **enquanto** por

```
enquanto (A[i] < > e (i < n) fazer
```

Método 3

```
algoritmo busca_seqüencial_3
  //...
  início
    preencher (A,n)
    ler(t)
    i ← 1
    enquanto (A [i] <> t) e (i < n) fazer
      i ← i + 1
      //este laço é detido quando A[i] = t ou i >= n
    fim_enquanto
    se A[i] = t então
      escrever('O número desejado está aqui e ocupa o lugar', i)
    se_não
      escrever(t, 'não existe no vetor')
    fim_se
  fim
```

Método 4

```
algoritmo busca_seqüencial_4
  //...
início
  chamar_a preencher (A,n)
  ler(t)
  i ← 1

  enquanto i < n fazer
    se t = A[i] então
      escrever('Foi encontrado o elemento buscado na posição', i)
      i ← n + 1
    se_não
      i ← i + 1
    fim_se
  fim_enquanto
fim
```

Busca seqüencial com sentinela

Uma maneira muito eficiente de realizar uma busca consiste em modificar os algoritmos anteriores utilizando um elemento sentinela. Esse elemento é agregado ao final do vetor. O valor do elemento sentinela é o do argumento. O propósito desse elemento, A[n + 1], é significar que a busca sempre terá sucesso. O elemento A[n + 1] serve como sentinela e é nomeado valor de t antes de se iniciar a busca. Em cada etapa, evitamos a comparação de i com N e, conseqüentemente, este algoritmo será preferível aos anteriores, concretamente o método 4. Se o índice alcançar o valor n + 1, suporemos que o argumento não pertence ao vetor original e, conseqüentemente, a busca não tem êxito.

Método 5

```
algoritmo busca_seqüencial_5
  //declarações
início
  preencher(A,n)
  ler(t)
  i ← 1
  A[n + 1] ← t
  enquanto A[i] <> t fazer
    i ← n + 1
  fim_enquanto
  se i = n + 1 então
    escrever('Não foi encontrado elemento')
  se_não
    escrever('Foi encontrado o elemento')
  fim_se
fim
```

A variação do método 5 é utilizar uma variável lógica (interruptor ou *switch*), que represente a existência ou não do elemento buscado.

Localizar se o elemento *t* existe em uma lista A[i], onde *i* varia de 1 a *n*.

Nesse exemplo, tratamos de utilizar uma variável lógica ENCONTRADO para indicar se existe ou não o elemento da lista.

Método 6

```
algoritmo busca_seqüencial_6
  //declarações
início
  preencher (A,n)
  ler(t)
  i ← 1
  ENCONTRADO ← falso
  enquanto (não ENCONTRADO) e (i =< n) fazer
    se A[i] = t então
      ENCONTRADO ← verdadeiro
    fim_se
    i ← i + 1
  fim_enquanto
  se ENCONTRADO então
    escrever('O número ocupa o lugar', i − 1)
  se_não
    escrever('O número não está no vetor')
  fim_se
fim
```

> **Nota**
>
> De todas as versões anteriores, talvez a mais adequada seja a incluída no método 6. Entre outras razões, porque o laço **enquanto** engloba ações que permitem explorar o vetor até que *t* seja encontrado quando se alcance o final do vetor.

Método 7

```
algoritmo busca_seqüencial_7
  //declarações
início
  preencher (A,n)
  ler(t)
  i ← 1
  ENCONTRADO ← falso
  enquanto i =< n fazer
    se A[i] = t então
      ENCONTRADO ← verdade
      escrever ('O número ocupa o lugar', i)
    fim_se
    i ← i + 1
  fim_enquanto
  se_não (encontrado) então
    escrever('O número não está no vetor')
  fim_se
fim
```

Método 8

```
algoritmo busca_seqüencial_8
   //declarações
```

```
início
    preencher (A,n)
    ENCONTRADO ← falso
    i ← 0
    ler(t)
    repetir
        i ← i + 1
        se A[i] = t então
            ENCONTRADO ← verdade
        fim_se
    até_que ENCONTRADO ou (i = n)
fim
```

Método 9

```
algoritmo busca_seqüencial_9
    //declarações
início
    preencher (A,n)
    ENCONTRADO ← falso
    ler(t)
    desde i ← 1 até i ← n fazer
        se A[i] = t então
            ENCONTRADO ← verdade
        fim_se
    fim_desde
    se ENCONTRADO então
        escrever('Elemento encontrado')
    se_não
        escrever('Elemento não encontrado')
    fim_se
fim
```

Considerações sobre a busca linear

O método de busca linear tem o inconveniente do consumo excessivo de tempo na localização do elemento buscado. Quando o elemento não se encontra no vetor, são verificados seus *n* elementos. Nos casos em que o elemento é encontrado na lista, o número poderá ser o primeiro, o último ou algum compreendido entre os dois.

Podemos supor que o número médio de comprovações ou comparações para serem realizadas é de (n + 1)/2 (aproximadamente igual à metade dos elementos do vetor).

A busca seqüencial ou linear não é o método mais eficiente para vetores com um grande número de elementos. O melhor é o método da *busca binária*, que presume uma ordenação prévia nos elementos do vetor. Um exemplo é o número de um assinante em uma lista telefônica; normalmente, não se busca o nome na ordem seqüencial, mas na primeira ou segunda metade da lista; nessa metade, procura-se em submetades até que o processo localize a página certa.

10.3.2 Busca binária

Na busca seqüencial, começamos com o primeiro elemento do vetor e buscamos até que encontramos o elemento desejado ou que alcançamos o seu final. Esse método é adequado para poucos dados, mas precisamos de uma técnica mais eficaz para conjuntos de dados grandes.

Se o número de elementos do vetor for grande, o algoritmo de busca linear demorará consideravelmente. Por exemplo, consultar um nome em uma lista telefônica, em uma cidade com um milhão de assinantes, demoraria uma eternidade. Naturalmente, essas pessoas nunca utilizarão um método de busca seqüencial, e sim um método que se baseia na divisão sucessiva do espaço ocupado pelo vetor em sucessivas metades, até encontrar o elemento buscado. Se os dados estão classificados em uma determinada ordem, a busca é denominada *busca binária*.

A busca binária utiliza um método de *dividir para conquistar* para localizar o valor desejado. Nesse método, examinamos primeiro o elemento central da lista e, se ele for o primeiro elemento buscado, então a busca termina. Caso contrário, determinamos se o elemento buscado está na primeira ou na segunda metade da lista, e repetimos o processo, utilizando o elemento central dessa lista. Suponhamos a lista

```
1231
1473
1545
1834
1892
1898    elemento central
1983
2005
2446
2685
3200
```

Quando buscamos o elemento 1983, examinamos o número central, 1898, na sexta posição. Já que 1983 é maior que 1898, desprezamos a primeira sublista e nos centramos na segunda.

```
1983
2005
2446    elemento central
2685
3200
```

O número central dessa sublista é 2446 e o elemento é 1983, menor que 2446; eliminamos a segunda sublista.

```
1983
2005
```

Como não existe um termo central, escolhemos o termo anterior a ele, 1983, que é o buscado.

Foram necessárias três comparações, enquanto a busca seqüencial necessitaria de sete.

A busca binária utiliza vetores ordenados e está baseada na constante divisão do espaço da busca (varredura do vetor). Começamos comparando o elemento buscado, não com o primeiro elemento, mas com o elemento central. Se o elemento que buscamos — t — é menor que o elemento central, então t deverá estar na metade esquerda ou inferior do vetor; se for maior que o valor central, deverá estar na metade direita ou superior, e se for igual ao valor central, teremos encontrado o elemento buscado.

Esse funcionamento da busca binária em um vetor de inteiros está demonstrado na Figura 10.3 para duas buscas: *com êxito* (localizado o elemento) e *sem êxito* (não encontrado o elemento).

O processo de busca deve terminar se ela *teve êxito* (se foi encontrado o elemento) ou se *não teve êxito* (não foi encontrado o elemento) e o elemento deverá ser devolvido na posição dentro do vetor.

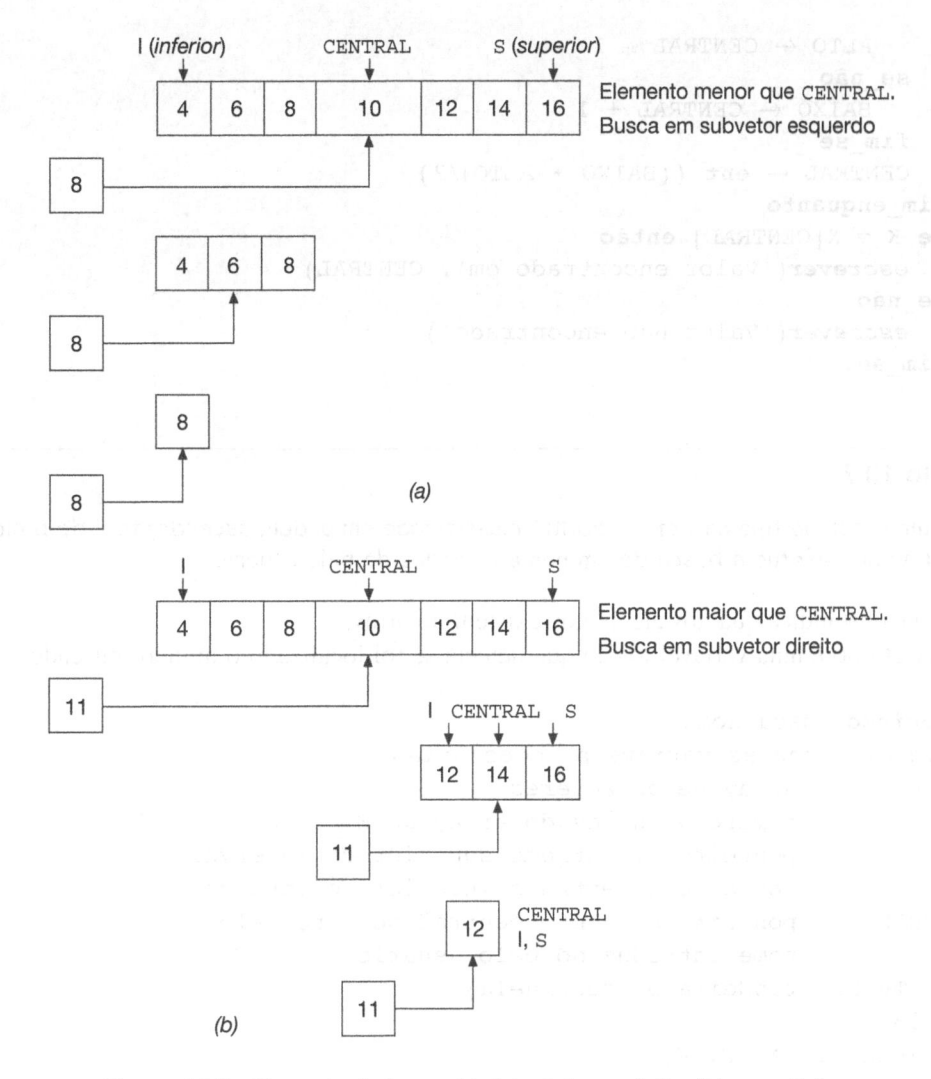

Figura 10.3 Exemplo de busca binária: (a) com êxito, (b) sem êxito.

Exemplo 10.6

Encontrar o algoritmo de busca binária para localizar um elemento K em uma lista de elementos X_1, $X_2 \ldots X_n$ previamente classificados em ordem ascendente.

O array ou vetor X pode ser ordenado em ordem crescente se os dados são numéricos, ou alfabéticos se forem caracteres. As variáveis BAIXO, CENTRAL, ALTO indicam os limites inferior, central e superior do intervalo de busca.

```
algoritmo busca_binária
   //declarações
início
   //preencher (X,N)
   //ordenar (X,N)
   ler(K)
   //iniciar variáveis
   BAIXO ← 1
   ALTO ← N
   CENTRAL ← ent ((BAIXO + ALTO)/2)
   enquanto (BAIXO =< ALTO) e (X[CENTRAL] <> K) fazer
      se K < X[CENTRAL] então
```

```
                    ALTO ← CENTRAL - 1
      se_não
            BAIXO ← CENTRAL + 1
      fim_se
      CENTRAL ← ent ((BAIXO + ALTO)/2)
   fim_enquanto
   se K = X[CENTRAL] então
      escrever('Valor encontrado em', CENTRAL)
   se_não
      escrever('Valor não encontrado')
   fim_se
fim
```

Exemplo 10.7

Tem-se um vetor do tipo caractere NOMES classificado em ordem ascendente e de N elementos. Construir o algoritmo que efetue a busca de um nome introduzido pelo usuário.

A variável N indica quantos elementos existem no array.
ENCONTRADO é uma variável lógica que detecta se foi localizado o número buscado.

```
algoritmo busca_nome
{iniciar todas as variáveis necessárias
{NOME         array de caracteres
N             número de nomes do array NOME
ALTO          ponteiro no extremo superior do intervalo
BAIXO         ponteiro no extremo inferior do intervalo
CENTRAL       ponteiro no ponto central do intervalo
X             nome introduzido pelo usuário
ENCONTRADO    bandeira ou sentinela}
início
   preencher (NOME, N)
   ler (X)
   BAIXO ← 1
   ALTO ← N
   ENCONTRADO ← falso
   enquanto (não ENCONTRADO) e (BAIXO =< ALTO) fazer
      CENTRAL ← ent (BAIXO + ALTO)/2
      // verificar o nome central neste intervalo
      se NOME[CENTRAL] = X então
         ENCONTRADO ← verdade
      se_não
         se NOME[CENTRAL] > X então
            ALTO ← CENTRAL - 1
         se_não
            BAIXO ← CENTRAL + 1
         fim_se
      fim_se
   fim_enquanto
   se ENCONTRADO então
      escrever('Nome encontrado')
   se_não
      escrever('Nome não encontrado')
   fim_se
fim
```

Análise da busca binária

A busca binária é um método eficiente sempre que o vetor estiver ordenado. Na prática, isso costuma acontecer, mas nem sempre. Por essa razão, a busca binária exige uma ordenação prévia do vetor.

Para poder medir a velocidade do cálculo do algoritmo de busca binária, devemos obter o número de comparações que são realizadas pelo algoritmo.

Considerando um vetor com sete elementos ($n = 7$), o número 8 ($N + 1 = 8$) deve ser dividido em três metades antes que se alcance 1; ou seja, são necessárias três comparações.

1	2	3	4	5	6	7
↑	↑		↑			

O meio matemático de expressar esses números é:

$$3 = log_2(8)$$

em geral, para *n* elementos:

$$K = log_2(n + 1)$$

Recordemos que $log_2(8)$ é o expoente a que 2 deve ser elevado para se obter 8, isto é, 3, uma vez que $2^3 = 8$.

Se $n + 1$ é uma potência de 2, então $log_2(n + 1)$ será um inteiro. Se $n + 1$ não é uma potência de 2, o valor do logaritmo é arredondado para o inteiro seguinte. Por exemplo, se *n* é 12, então *K* será 4, já que $log_2(13)$ (que está entre 3 e 4) será arredondado para 4 (2^4 é 16).

Na melhor das hipóteses, será realizada uma comparação e, na pior, serão realizadas $log_2(n + 1)$ comparações.

Como termo médio, o número de comparações é:

$$\frac{1 + log_2(n + 1)}{2}$$

Essa fórmula pode ser reduzida, no caso que *n* seja grande, a

$$\frac{log_2(n + 1)}{2}$$

Para que possamos efetuar uma comparação entre os métodos de busca linear e binária, realizaremos os cálculos correspondentes para diferentes valores de *n*.

n = 100   Serão necessárias na *busca seqüencial*

$$\frac{100 + 1}{2}$$ **50 comparações**

Na *busca binária* $log_2(100) = 6...$
$log_2(100) = x$ onde $2^x = 100$ e $x = 6...$

$2^7 = 128 > 100$ **7 comparações**

n = 1.000.000   Na *busca seqüencial*:

$$\frac{1.000.000 + 1}{2}$$ **50.000 comparações**

Na *busca binária* $\log_2 (1.000.000) = x$

$2^x = 1.000.000$ onde $x = 20$ e $2^{20} > 1.000.000$

20 comparações

Como observamos nos exemplos anteriores, o tempo de busca é pequeno, aproximadamente sete comparações para 1.000 elementos e vinte para 1.000.000 elementos. *(Verifique que para 1.000 elementos, é necessário um máximo de dez comparações.)*

A busca binária tem alguns inconvenientes: o *vetor deve estar ordenado* e *o armazenamento de um vetor ordenado* costuma dar problemas nas inserções e eliminações de elementos. (Nestes casos será necessário utilizar listas ligadas ou árvores binárias. Ver Capítulos 12 e 13.)

A Tabela 10.2 compara a eficiência das buscas linear e binária para diferentes valores de *n*. Como observaremos nesta tabela, a vantagem do método de busca binária aumenta à medida que *n* aumenta.

Tabela 10.2 Eficiência das buscas linear e binária

Busca seqüencial		Busca binária
Número de comparações		Número máximo de comparações
n	Elemento não localizado	Elemento não localizado
7	7	3
100	100	7
1.000	1.000	10
1.000.000	100.000	20

10.3.3 Busca mediante transformação de chaves (*hashing*)

A busca binária proporciona um meio para reduzir o tempo necessário para buscar em uma lista. Esse método, entretanto, exige que os dados estejam ordenados. Existem outros métodos que podem aumentar a velocidade de busca nos quais os dados não precisam estar ordenados, conhecidos como transformação de chaves (*hashing*)

O método de transformação de chaves consiste em converter a chave dada (numérica ou alfanumérica) em um endereço (índice) dentro do array. A correspondência entre as chaves e o endereço no meio de armazenamento ou no array é estabelecida por uma função de conversão (função ou *hash*).

Por exemplo, no caso de uma lista de empregados (100) de uma pequena empresa: se cada um dos empregados tem um número de identificação (chave) de 1 a 100, evidentemente pode existir uma correspondência direta entre a chave e o endereço definido em um vetor ou array de 100 elementos.

Imaginando que o campo-chave desses registros ou elementos é o número do DNI que contém nove dígitos. Desejando manter em um array todo o intervalo possível de valores, serão necessários 10^{10} elementos na tabela de armazenamento, quantidade difícil de ter na memória central aproximadamente 1.000.000.000 de registros ou elementos. Se o vetor ou arquivo somente tem 100, 200 ou 1.000 empregados, como fazer para introduzi-los na memória pelo campo-chave DNI? Para fazer uso da chave DNI com um índice na tabela de busca, necessitamos de um meio para converter o campo-chave em um endereço ou índice menor. Na figura a seguir é apresentado um diagrama de como realizar a operação de conversão de uma chave grande em uma tabela pequena.

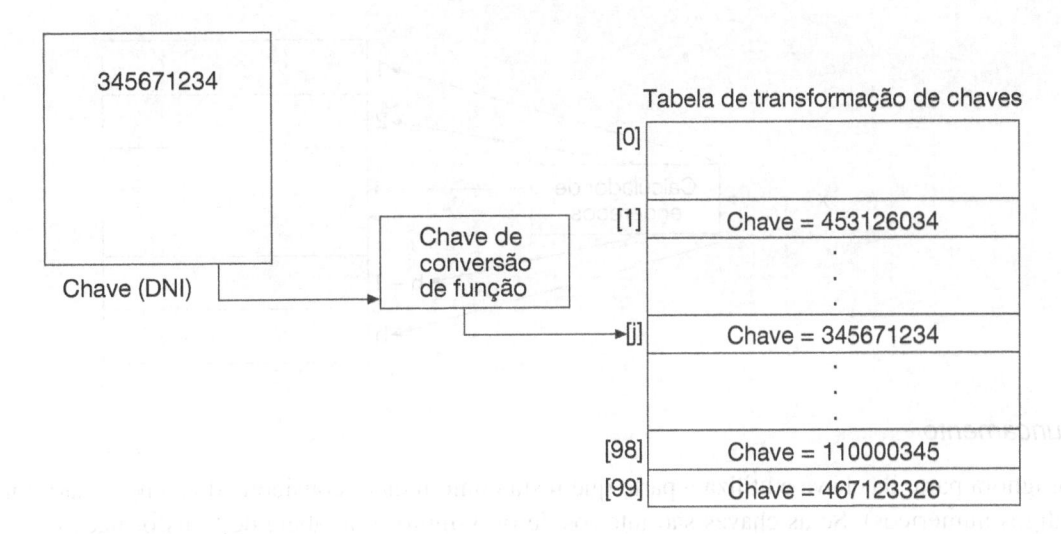

```
                                                    Tabela de transformação de chaves
      ┌──────────────┐                           ┌─────┬──────────────────────────┐
      │  345671234   │                      [0]  │                              │
      │              │                           ├─────┼──────────────────────────┤
      │              │         ┌──────────┐ [1]  │   Chave = 453126034          │
      │              │         │ Chave de │      ├─────┼──────────────────────────┤
      │              │────────▶│ conversão│      │           .                  │
      │              │         │ de função│      │           .                  │
      └──────────────┘         └────┬─────┘ [j] ▶│   Chave = 345671234          │
        Chave (DNI)                 │             │           .                  │
                                    │             │           .                  │
                                    └─────▶[98]  │   Chave = 110000345          │
                                           [99]  │   Chave = 467123326          │
                                                 └──────────────────────────────┘
```

Os registros ou elementos do campo-chave não têm por que estar ordenados de acordo com os valores do campo-chave, como estavam na busca binária.

Por exemplo, o registro do campo-chave 345671234 estará armazenado na tabela de transformação de chaves (array) em uma posição determinada; por exemplo, 75.

A função de transformação de chave, $H(k)$, converte a chave (k) em um endereço (d).

Imaginemos que as chaves são nomes ou frases de até 16 letras, que identificam um conjunto de milhares de pessoas. Existirão 26^{16} combinações possíveis de chaves que devem ser transformadas em 10^3 endereços ou índices possíveis. A função H é, conseqüentemente, uma função ou conversão de múltiplas chaves em endereços. Sendo uma chave k, o primeiro passo na operação de busca é calcular seu índice associado $d \leftarrow H(k)$ e o segundo passo, evidentemente necessário, é verificar se *sim* ou *não* o elemento com a chave k é identificado verdadeiramente por d no array T; ou seja, para verificar se a chave `T[H(K)] = K`, devem ser feitas duas perguntas:

- Que classe de função H será utilizada?
- Como resolver a situação em que H não produza a posição do elemento associado?

A resposta à segunda questão é que devemos utilizar algum método para produzir uma posição alternativa, ou seja, o índice d', e se esta não é a posição do elemento desejado, é produzido um terceiro índice d'', e assim sucessivamente. Quando uma chave distinta da desejada está em uma posição identificada, denomina-se *colisão*; a tarefa de geração de índices alternativos é denominada tratamento de colisões.

Um exemplo de colisões pode ser:

```
Chave 345123124
Chave 416457234      função de conversão H → endereço 200
                     função de conversão H → endereço 200
```

Duas chaves distintas produzem o mesmo endereço, ou seja, *colisões*. A escolha de uma função de conversão exige um tratamento correto de colisões, isto é, a redução do seu número.

Métodos de transformação de chaves

Existem inúmeros métodos de transformação de chaves. Todos têm em comum a necessidade de converter chaves em endereços. A função de conversão equivale a uma caixa preta que poderia ser chamada de *calculador de endereços*. Quando desejamos localizar um elemento de chave x, o indicador de endereços irá indicar em que posição do array estará situado o elemento.

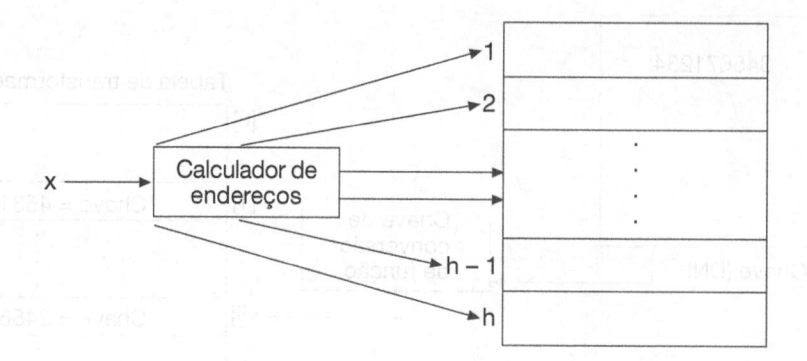

Truncamento

Ele ignora parte da chave e utiliza a parte que resta como índice (considerando campos não-numéricos e seus códigos numéricos). Se as chaves são inteiros de oito dígitos e a tabela de transformação tem mil posições, então o primeiro, o segundo e o quinto dígitos da direita podem formar a função de conversão. Por exemplo, 72588495 é convertido em 895. O truncamento é um método muito rápido, mas falha em distribuir as chaves de modo uniforme.

Dobramento

Consiste na partição da chave em diferentes partes e a combinação delas em uma maneira conveniente (utilizando soma ou multiplicação) para obter o índice.

A chave x é dividida em várias partes, $x_1, x_2 \dots x_n$, onde cada parte, com a única exceção possível da última parte, tem o mesmo número de dígitos que o endereço especificado.

Depois são somadas todas as partes:

$$h(x) = x_1 + x_2 + \dots + x_n$$

Nessa operação, são desprezados os dígitos mais significativos que são obtidos transportados.

Exemplo 10.8

Um inteiro de oito dígitos pode ser dividido em grupos de três, três e dois dígitos, os grupos se somam juntos e se entroncam se for necessário para que estejam no intervalo adequado de índices.

Conseqüentemente, se a chave for:

62538194

e o número de endereços é 100, a função de conversão será

625 + 381 + 94 = 1100

que se entroncará em 100 e que será o endereço desejado.

Exemplo 10.9

Os números empregados — campo-chave — de uma empresa constam de quatro dígitos e os endereços reais são 100. Desejamos calcular os endereços correspondentes pelo método de transporte dos empregados.

4205   8148   3355

Solução

```
h(4205) = 42 + 05 = 47
h(8148) = 81 + 48 = 129      e se converte em 29 (129 – 100), ou seja, ignoramos o transporte 1.
h(3355) = 33 + 55 = 88
```

Desejando detalhar mais, poderíamos fazer a inversão das partes pares e somá-las.

Aritmética modular

Converter a chave em um inteiro, dividir pelo tamanho do intervalo do índice e tomar o resto como resultado. A função de conversão utilizada é **mód** (módulo ou resto da divisão inteira).

```
h(x) = x mód m
```

onde m é o tamanho do array com índices de 0 a $m - 1$. Os valores da função — endereços — (o resto) vão de 0 a $m - 1$, menor que o tamanho do array. A melhor escolha dos módulos são os números primos. Por exemplo, em um array de 1.000 elementos podemos escolher 997 ou 1.009. Outros exemplos são:

```
18 mód 6      19 mód 6      20 mód 6
```

que proporcionam restos de 0, 1 e 2 respectivamente.

Desejando que os endereços vão de 0 até m, a função de conversão deve ser

```
h(x) = x mód (m + 1)
```

Exemplo 10.10

Um vetor T tem cem posições, 0...100. Suponhamos que as chaves de busca dos elementos da tabela são inteiros positivos (por exemplo, número do DNI).

Uma função de conversão h deve tomar um número arbitrário inteiro positivo x e convertê-lo em um inteiro no intervalo 0...100, isto é, h é uma função igual para um inteiro positivo x.

$h(x) = n,$ onde n é inteiro no intervalo 0...100

O método do módulo, tomando 101, será

```
h(x) = x mód 101
```

Tendo o DNI número 234661234, por exemplo, teremos a posição 56.

```
234661234 mód 101 = 56
```

Exemplo 10.11

A chave de busca é uma cadeia de caracteres — tal como um nome. Obter os endereços de conversão.

O método mais simples é atribuir a cada caractere da cadeia um valor inteiro (por exemplo, A = 1, B = 2 ...) e somar os valores dos caracteres na cadeia. O resultado é aplicado então no módulo 101, por exemplo.

Se o nome fosse JONAS, esta chave seria convertida no inteiro

```
10 + 15 + 14 + 1 + 19 = 63

63 mód 101 = 63
```

Metade do quadrado

Esse método consiste em calcular o quadrado da chave x. A função de conversão é definida como

$$h(x) = c$$

onde c é obtido eliminando dígitos em ambos os extremos de x^2. Devemos utilizar as mesmas posições de x^2 para todas as chaves.

Exemplo 10.12

Uma empresa tem 80 empregados, cada um deles tem um número de identificação de quatro dígitos e o conjunto de endereços na memória varia no intervalo de 0 a 100. Calcular os endereços que serão obtidos ao aplicar a função de conversão pela metade do quadrado dos números empregados:

```
4205        7148        3350
```

Solução

```
x            4205           7148            3350
x²      17 682 025      51 093 904      11 122 250
```

Escolhendo, por exemplo, o quarto e o quinto dígitos significativos, ficaria

```
h(x)     82         93         22
```

Colisões

A função de conversão $h(x)$ nem sempre proporciona valores distintos, pode acontecer que, para duas chaves diferentes x_1 e x_2, obteremos o mesmo endereço. Esta situação é denominada *colisão* e devemos encontrar métodos para sua correta resolução.

Os exemplos vistos anteriormente das chaves DNI correspondentes ao arquivo de empregados, no caso de cem possíveis endereços: considerando o método do módulo no caso das chaves, e considerando o número primeiro 101:

```
123445678        123445880
```

proporcionariam os endereços:

```
h (123445678) = 123445678 mód 101 = 44
h (123445880) = 123445880 mód 101 = 44
```

Temos dois elementos na mesma posição do vetor ou array, [44]. Na terminologia de chaves, dizemos que as chaves 123445678 e 123445880 *colidiram*.

O único meio para evitar totalmente o problema das colisões é ter uma posição do array para cada possível número de DNI. Por exemplo, se os números de DNI são as chaves e o DNI é representado com nove dígitos, seria necessária uma posição do array para cada inteiro no intervalo 000000000 a 999999999. Evidentemente, seria necessária uma grande quantidade de armazenamento. Em geral, o método para evitar colisões totalmente é que o array seja grande o bastante para que cada possível valor da chave de busca possa ter sua própria posição. Já que isso normalmente não é prático nem possível, será necessário um meio para tratar ou resolver quando acontecem as colisões.

Resolução de colisões

Vamos considerar o problema produzido por uma colisão. Imagine que desejamos inserir um elemento com número nacional de identidade DNI 12345678, em um array T. Aplicamos a função de conversão do módulo e determinamos que o novo elemento estará situado na posição T[44]. Entretanto, observamos que T[44] já contém um elemento com DNI 123445779.

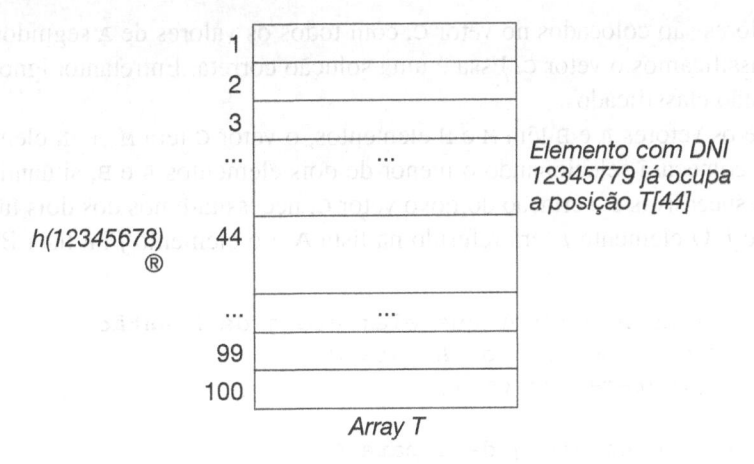

Figura 10.4 Colisão.

Nossa pergunta é: o que fazer com o novo elemento?

Um método muito utilizado para resolver uma colisão é mudar a estrutura de um array T de modo que possa guardar mais de um elemento na mesma posição. Podemos, por exemplo, modificar T para que cada posição T[i] seja por si mesma um array capaz de conter N elementos. O problema será saber o tamanho de N. Se N é muito pequeno, o problema das colisões aparecerá quando aparecem N + 1 elementos.

Uma solução melhor é permitir formar uma lista ligada ou em cadeia de elementos de cada posição do array. Nesse método de resolução de colisões, conhecido como *encadeamento*, cada entrada T[i] é um ponteiro que aponta o elemento do princípio da lista de elementos (ver Capítulo 12), de modo que a função de transformação da chave o converta na posição *i*.

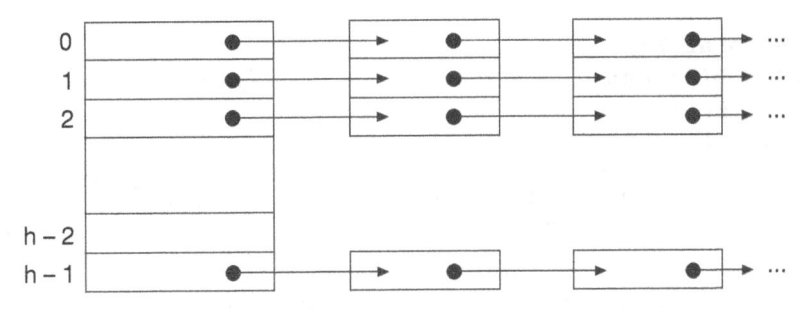

Figura 10.5 Encadeamento.

10.4 INTERCALAÇÃO

A *intercalação* é o processo de misturar (intercalar) dois vetores ordenados e produzir um novo vetor ordenado.

Consideramos os vetores (listas de elementos) ordenados:

```
A:   6    23   34
B:   5    22   26   27   39
```

O vetor classificado é:

```
C:   5    6    22   23   24   26   27   39
```

A ação necessária para solucionar o problema é muito fácil de visualizar. Um algoritmo simples pode ser:

1. Colocar todos os valores do vetor A no vetor C.
2. Colocar todos os valores do vetor B no vetor C.
3. Classificar o vetor C.

Todos os valores são colocados no vetor C, com todos os valores de A seguidos por todos os valores de B. Em seguida, classificamos o vetor C. Essa é uma solução correta. Entretanto, ignoramos por completo que os vetores A e B estão classificados.

Supondo que os vetores A e B têm M e N elementos, o vetor C terá M + N elementos.

O algoritmo começará selecionando o menor de dois elementos A e B, situando-o em C. Para realizarmos as comparações sucessivas e a criação do novo vetor C, necessitaremos dos dois índices para os vetores A e B. Por exemplo, *i* e *j*. O elemento *i* será referido na lista A e o elemento *j* na lista B. Os passos gerais do algoritmo são:

```
se elemento i de A é menor que elemento j de B então
  transferir o elemento i de A para C
  avançar i (incrementar em 1)
se_não
  transferir o elemento j de B para C
  avançar j
fim_se
```

Necessitamos de um índice K que represente a posição sendo preenchida no vetor C. O processo gráfico é demonstrado na Figura 10.6.

O primeiro refinamento do algoritmo.

```
{estado inicial dos algoritmos}
i ← 1
j ← 1
k ← 0
enquanto (i <= M) e (j <=N) fazer
  //selecionar o elemento seguinte de A ou B e somar a C
  k ← k + 1
  //incrementar K}
  se A[i] < B[j] então
    C[k] ← A[i]
    i ← i + 1
```

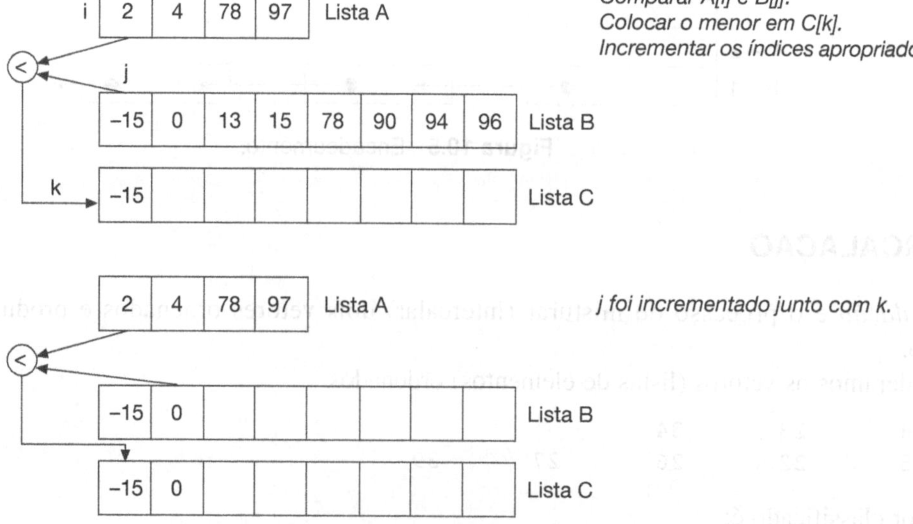

Comparar A[i] e B[j].
Colocar o menor em C[k].
Incrementar os índices apropriados.

j foi incrementado junto com k.

Figura 10.6 Intercalação (B[j]<A[j], de modo que C[k] se obtém de B[j]).

```
        se_não
            C[k] ← B[j]
            j ← j + 1
        fim_se
    fim_enquanto
```

Se os vetores têm elementos diferentes, o algoritmo anterior não requer continuar fazendo comparações quando o vetor menor termine por situar-se em C. A operação seguinte deverá copiar em C os elementos que restam do vetor maior. Por exemplo:

```
A = 6    23   24                    i = 4
B = 5    22   26   27   39          j = 3
C = 5     6   22   23   24          k = 5
```

Todos os elementos do vetor A foram relacionados e situados no vetor C. O vetor B contém os elementos não selecionados e que devem ser copiados, em ordem, no final do vetor C. Será necessário decidir qual dos vetores A ou B tem elementos não selecionados e a seguir executar a atribuição necessária.

O algoritmo de cópia dos elementos restantes é:

```
se i <= M então
    desde r ← i até M fazer
        k ← k + 1
        C[k} ← A[r]
    fim_desde
se_não
    desde r ← j até N fazer
        k ← k + 1
        C[k] ← B[r]
    fim_desde
fim_se
```

O algoritmo total resultante da intercalação de dois vetores A e B ordenados em um C é:

```
algoritmo intercalação
início
    ler (A, B)         //A, B vetores de M e N elementos
    i ← 1
    j ← 1
    k ← 0

    enquanto (i <= M) e (j <= N) fazer
        //selecionar o elemento seguinte de A ou B e somar a C
        k ← k + 1
        se A[i] < B[j] então
            C[k} ← A[i]
            i ← i + 1
        se_não
            C[k] ← B[j]
            j ← j + 1
        fim_se
    fim_enquanto
    //copiar o vetor restante
    se i <= M então
        desde r ← i até M fazer
            k ← k + 1
            C[k] ← A[r]
```

```
            fim_desde
        se_não
            desde r ← j até N fazer
                k ← k + 1
                C[k] ← B[r]
            fim_desde
        fim_se
        escrever(C)        //vetor classificado
    fim
```

ATIVIDADES DE PROGRAMAÇÃO RESOLVIDAS

10.1 Classificar uma série de números X1, X2 ... Xn em ordem crescente pelo método de troca ou de bolhas.

Análise

Utiliza-se um indicador (bandeira) igual a 0 se a série está ordenada e igual a 1 em caso contrário. Como, *a priori*, a série não está ordenada, iniciamos o valor da bandeira em 1 e depois repetimos as seguintes ações:
- Fixar a bandeira em 0.
- A partir do primeiro comparamos os dois elementos consecutivos da série; estando ordenados, passamos ao elemento seguinte; se não, trocamos os valores dos dois elementos e fixamos o valor da bandeira em 1. Se depois de revisarmos toda a série a bandeira permanecer igual a 0, a classificação estará terminada.

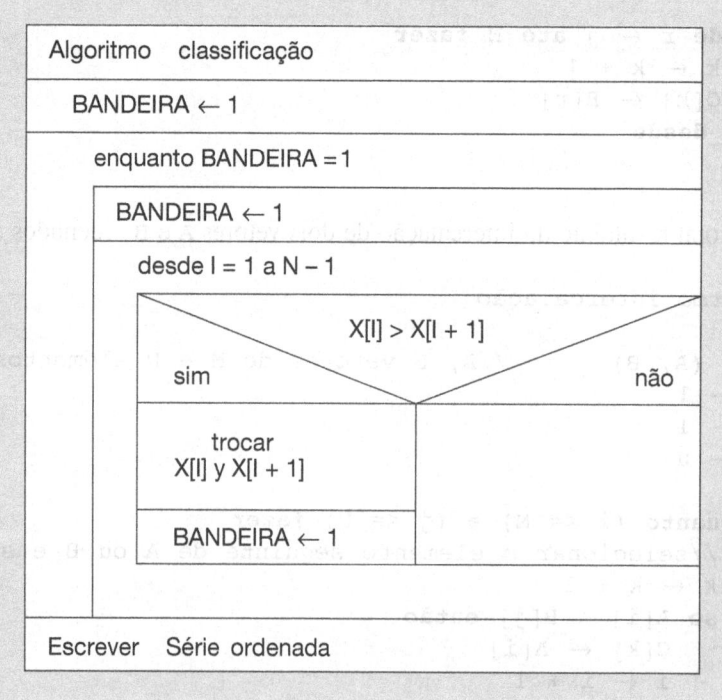

```
Algoritmo   classificação

BANDEIRA ← 1

enquanto BANDEIRA = 1
    BANDEIRA ← 1
    desde I = 1 a N – 1
                    X[I] > X[I + 1]
            sim                        não
        trocar
        X[I] y X[I + 1]
        BANDEIRA ← 1

Escrever   Série ordenada
```

10.2 Classificar os números A e B.

Método 1

```
algoritmo classificar
início
    ler(A, B)
    se A < B então
        permutar (A, B)
```

```
        fim_se
        escrever('Maior', A)
        escrever('Menor', B)
fim
```

Método 2

```
algoritmo classificar
início
   ler(A)
   MÁX ← A
   ler(B)
   MÍN ← B
   se B > A então
      MÁX ← B
      MÍN ← A
   fim_se
   escrever('Máximo =', MÁX)
   escrever('Mínimo =', MÍN)
fim
```

10.3 Dispondo de uma lista de números inteiros classificados em ordem crescente, desejamos saber se determinado número introduzido do terminal se encontra na lista; em caso afirmativo, averiguar sua posição e, em caso negativo, desejamos conhecer sua posição na lista e inseri-lo em sua posição.

Análise

Existem dois métodos fundamentais de busca: linear e binária. Resolvemos o problema com os dois com o objetivo de consolidar a idéia de ambos.

Busca linear

O método consiste em comparar o número dado em ordem sucessiva com todos os elementos do conjunto de números, fazendo uma varredura completa do vetor que representa a lista.

O processo termina quando encontramos o número igual ou superior ao número dado.

O método de inserção ou intercalação de um elemento no vetor será o que foi descrito no item 6.3.4.

A tabela da variável é a seguinte:

N	número de elementos da lista: *inteiro*.
J	posição do elemento na lista: *inteiro*.
K	contador do laço de busca: *inteiro*.
X	número de dado: *inteiro*.
LISTA	conjunto de números inteiros.

Busca dicotômica

A condição para realizar este método — mais rápido e eficaz — é que a lista deve estar classificada em ordem crescente ou decrescente.

Obtemos o número de elementos da lista e calculamos o número central da lista.

Se o número dado for igual ao número central da lista, a busca termina. Caso contrário, podem acontecer duas situações:

• O número está na sublista inferior.
• O número está na sublista superior.

Localizando a sublista onde se encontra o número, consideram-se as variáveis MÍN e MÁX que contêm os elementos menor e maior de cada sublista — que coincidirão com os extremos na lista ordenada — assim como o termo central (CENTRAL), de acordo com o esquema:

Sublista inferior   L[1] L[2]   ...L[CENTRAL]
Sublista superior   L[CENTRAL + 1]...L[N]

Os valores das variáveis INF, SUP e CENTRAL serão:

Primeira busca

$$\text{CENTRAL} = \frac{(\text{SUP} - \text{INF})}{2} + \frac{\text{INF} = N - 1}{2} + 1 = \frac{N + 1}{2}$$

SUP = N
INF = 1

- *Se o número X está na sublista inferior, então*

INF = 1
SUP = CENTRAL - 1

e realizamos uma segunda busca entre os elementos de ordem 1 e CENTRAL.

- *Se o número X está na sublista superior, então*

INF = CENTRAL + 1
SUP = N

e realizamos uma segunda busca entre os elementos de ordem CENTRAL + 1 e N.

O processo de variáveis é:

N	número de elementos da lista: *inteiro*.
I	contador do laço de busca: *inteiro*.
SW	interruptor ou bandeira para indicar se o número dado está na lista: *lógico*.
LISTA	conjunto de números inteiros: *inteiro*.
X	número buscado: *inteiro*.
INF	posição inicial da lista ou sublista: *inteiro*.
SUP	posição superior da lista ou sublista: *inteiro*.
POSIÇÃO	lugar da ordem ocupado pelo número buscado: *inteiro*.

Pseudocódigo

Busca linear

```
algoritmo busca_1
var
   inteiro: I, K, X, N
   array [1...50] de inteiro: lista
   //supõe dimensão da lista a 50 elementos e que se trata de uma
   //lista ordenada
início
   ler(N)
   //leitura da lista
   desde I ← 1 até N fazer
```

```
        ler(LISTA [I])
    fim_desde
    ler(X)
    I ← 0
    repetir
        I ← I + 1
    até_que (LISTA[I] >= X) ou (I = 50)
    se LISTA[I] = X então
        escrever('encontra-se em', I)
    se_não
        escrever('O número dado não está na lista')
    //inserir o elemento X na lista
    se N < 50 então
        desde K ← N até I decremento 1 fazer
            LISTA[K + 1] ← LISTA[K]
        fim_desde
        LISTA[I] ← X
        N ← N + 1
        escrever('Inserido em', I)
    fim_se
fim_se
//escrita do vetor LISTA
desde I ← 1 até N fazer
    escrever(LISTA[I])
fim_desde
fim
```

Busca dicotômica

```
algoritmo busca_b
var
    inteiro: I, N, X, K, INF, SUP, CENTRAL, POSIÇÃO
    lógico: SW
    array [1...50] de inteiro: LISTA
início
    ler(N)
    desde I ← 1 até N fazer
        ler(LISTA[I])          //a lista tem de estar ordenada
    fim_desde
    ler(X)
    SW ← falso
    INF ← 1
    SUP ← N
    repetir
        CENTRAL ← (SUP - INF)DIV 2 + INF
        se LISTA[CENTRAL] = X então
            escrever('Número encontrado na lista')
            POSIÇÃO ← CENTRAL
            escrever(POSIÇÃO)
            SW ← verdade
        se_não
            se X < LISTA[CENTRAL] então
                SUP ← CENTRAL
            se_não
                INF ← CENTRAL + 1
```

```
            fim_se
         se (INF = SUP) e (LISTA[INF] = X) então
            escrever('O número está na lista')
            POSIÇÃO ← INF
            escrever(POSIÇÃO)
            SW ← verdade
         fim_se
      fim_se
      até_que (INF = SUP) ou SW
      se_não (SW) então
         escrever('Número não existe na lista')
         se X < lista(INF) então
            POSIÇÃO ← INF
         se_não
            POSIÇÃO ← INF + 1
         fim_se
         escrever(POSIÇÃO)
         desde K ← N até POSIÇÃO decremento 1 fazer
            LISTA[K + 1] ← LISTA[K]
         fim_desde
            LISTA[POSIÇÃO] ← X
            N ← N + 1
      fim_se
      //escrita da lista
      desde I ← 1 até N fazer
         escrever(LISTA[I])
      fim_desde
fim
```

10.4 Ordenar do maior ao menor um vetor de N elementos (N <= 40), cada um dos quais é um registro com os campos dia, mês e ano de tipo inteiro.

Utilizar uma função ÉMENOR(data1, data2) que devolva se uma data é menor que outra.

```
algoritmo orddatas
tipo registro: datas
      início
         inteiro: dia
         inteiro: mês
         inteiro: ano
      fim_registro
   array(1...40) de datas: arr
var arr    : f
   inteiro : n
início
   pedirdatas(f, n)
   ordenardatas(f, n)
   apresentardatas(f, n)
fim
lógico função émenor (E datas: data1, data2)
início
   se (data1.ano<data2.ano) ou
      (data1.ano=data2.ano) e (data1.mês<data2.mês) ou
      (data1.ano=data2.ano) e (data1.mês=data2.mês) e
```

```
              (data1.dia<data2.dia) então
                  devolver(verdade)
       se_não
                  devolver(falso)
       fim_se
    fim_função

    procedimento pedirdatas(S arr: f; S inteiro: n)
       var inteiro: i
           inteiro: dia
       início
          i ← 1
          escrever("Dê-me a ", i, "ª data")
          escrever("Dia: ")
          ler(dia)
          enquanto (dia<>0) e (i <= 40) fazer
             f[i].dia ← dia
             escrever("Mês:")
             ler(f[i].mês)
             escrever("Ano:")
             ler(f[i].ano)
             n ← 1
             i ← i + 1
             se i <= 40 então
                escrever ("Dê-me a ", i , "ª data")
                escrever ("Dia: ")
                ler(dia)
             fim_se
          fim_enquanto
       fim_procedimento

    procedimento ordenardatas E/S arr: f; E inteiro: n)
       var inteiro  : salto
           lógico   : ordenada
           inteiro  : j
           datas    : AUXI
    início
       salto ← n
       enquanto salto > 1 fazer
          salto ← salto div 2
          repetir
             ordenada ← verdade
             desde j ← 1 até n − salto fazer
                se émenor(f[j], f[j + salto]) então
                   AUXI ← f[j]
                   f[j] ← f[j + salto]
                   f[j + salto] ← AUXI
                   ordenada ← falso
                fim_se
             fim_desde
          até ordenada
       fim_enquanto
    fim_procedimento
```

```
procedimento apresentardatas(E arr: f; E inteiro: n)
   var inteiro: i
   início
   desde i ← 1 até n fazer
      escrever(f[i].dia, f[i].mês, f[i].ano)
   fim_desde
fim_procedimento
```

Considere outras possibilidades, usando o mesmo método de ordenação, para resolver o exercício.

10.5 Dada a lista de datas ordenada do exercício anterior, em ordem decrescente, projetar os procedimentos:

1. Buscar: se uma determinada data se encontra ou não na lista.

   — se não está, indicará a posição onde corresponderia ser inserida.
   — se está, será dita a posição onde a encontramos ou, se for repetida, de que posição e quantas vezes aparece.

2. Inserir, o que nos permitirá inserir uma data em uma determinada posição. Deverá ser utilizado um algoritmo fazendo uso prévio de busca; assim, quando uma data não se encontra na lista, será inserida no lugar adequado para que não se perca a ordenação inicial.

```
algoritmo buscar_inserir_datas
tipo registro: datas
      início
         inteiro: dia
         inteiro: mês
         inteiro: ano
      fim_registro
   array[1...40] de datas: vetor

var   vetor    : f
      inteiro  : n
      datas    : data
      lógico   : está
      inteiro  : posic, cont

início
   pedirdatas(f, n)
   ordenardatas(f, n)
   apresentardatas(f, n)
   escrever('Dê-me a data e buscar (dd mm aa)')
   ler(data.dia, data.mês, data.ano)
   buscar(f, n, data, está, posic, cont)
   se está então
      se cont > 1 então
         escrever('Aparece a partir da posição: ', posic, ' ' , cont, 'vezes')
      se_não
         escrever('Está na posição: ', posic)
      fim_se
   se_não
      se n = 40 então
         escrever('Não está. Array preenchido')
      se_não
         inserir(f, n, data, posic)
```

```
            apresentardatas (f, n)
      fim_se
   fim_se
fim

lógico função émenor(E datas: data1, data2)
   início
      ............
   fim_função

lógico função éigual(E datas: data1, data2)
   início
      se (data1.ano = data2.ano) e (data1.mês = data2.mês) e
                                   (data.dia = data2.dia) então
         devolver(verdade)
      se_não
         devolver(falso)
      fim_se
fim_função

procedimento pedirdatas(S vetor: f; S inteiro: n)
   var inteiro: i
       inteiro: dia
   início
      ...
   fim_procedimento

procedimento ordenardatas(E/S vetor; f; E inteiro: n)
   var inteiro  : salto
       lógico   : ordenada
       inteiro  : j
       datas    : AUXIi
início
   ...
fim_procedimento

procedimento buscar(E vetor: f; E inteiro: n; E datas: data; S
                   lógico: está; S inteiro: posic, cont)
var inteiro : primeiro, último, central, i
    lógico  : encontrado
início
   primeiro ← 1
   último ← n
   está ← falso
   enquanto(primeiro <= último) e (não está) fazer
      central ← (primeiro + último) div 2
      se éigual(f[central], data) então
         está ← verdade
      se_não
         se émenor(f[central], data) então
            último ← central - 1
```

```
         se_não
                        primeiro ← central + 1
            fim_se
      fim_se
fim_enquanto
cont ← 0
se está então
      i ← central - 1
      encontrado ← verdade
      enquanto (i >= 1) e (encontrado) fazer
         se éigual (f[i], f[central]) então
            i ← i - 1
         se_não
            encontrado ← falso
         fim_se
      fim_enquanto
      i ← i + 1
      encontrado ← verdade
      posic ← 1
      enquanto (i <= 40) e encontrado fazer
         se éigual (f[i], f[central]) então
            cont ← cont + 1
            i ← i + 1
         se_não
            encontrado ← falso
         fim_se
      fim_enquanto
   se_não
      posic ← primeiro
   fim_se
fim_procedimento

procedimento inserir(E/S vetor: f; E/S inteiro: n
                     E datas: data; E inteiro: posic)
var inteiro: i
início
   desde i ← n até posic decremento 1 fazer
      f[i + 1] ← f[i]
   fim_desde
   f[posic] ← data
   n ← n + 1
fim_procedimento

procedimento apresentardatas(E vetor: f; E inteiro: n)
var inteiro: i
início
   ...
fim_procedimento
```

10.6 Escreva o procedimento de busca binária de forma recursiva.

```
algoritmo busca_binária
   tipo
      array[1...10] de inteiro: arr
```

```
    var
        arr: a
        inteiro: núm, posic, 1
início
    desde i ← 1 até 10 fazer
    ler(a[i])
    fim_desde
    ordenar(a)
    escrever('Indique o número buscado no array')
    ler(núm)
    busca(a, posic, 1, 10, núm)
    se posic > 0 então
        escrever('Existe o elemento na posição', posic)
    se_não
        escrever('Não existe o elemento no array.')
    fim_se
fim

procedimento ordenar(E/S arr: a)
    ...
    início
    ...
    fim_procedimento
procedimento busca(E arr: a; S inteiro: posic
                   E inteiro: primeiro, último, núm)
    //Este procedimento devolve 0 se não existe o elemento
    //no array, e se existe devolve a sua posição
    var
        inteiro: central
    início
        se primeiro > último então
            posic ← 0
        se_não
            central ← (primeiro + último) div 2
            se a[central] = núm então
                posic ← central
        se_não
            se núm > a[central] então
                primeiro ← central + 1
            se_não
                último ← central - 1
            fim_se
            busca(a, posic, primeiro, último, núm)
        fim_se
    fim_se
fim_procedimento
```

10.7 Partindo da seguinte lista inicial:

80   36   98   62   26   78   22   27   2   45

tome como elemento pivô o conteúdo que ocupa a posição central e realize a seqüência dos diferentes passos que levariam a sua ordenação pelo método Quick-Sort. Implemente o algoritmo correspondente.

1	2	3	4	5	6	7	8	9	10
80	36	98	62	26	78	22	27	2	45
2								80	
	22					36			
			26	98					
			j	i					

1	2	3	4	5	6	7	8	9	10
2	22	26	62	98	78	36	27	80	45
	22								
j			i						

1	2	3	4	5	6	7	8	9	10
2	22	26	62	98	78	36	27	80	45
			27				62		
				36			98		
			j	i					

1	2	3	4	5	6	7	8	9	10
2	22	26	27	36	78	98	62	80	45
			27						
		j		i					

1	2	3	4	5	6	7	8	9	10
2	22	26	27	36	78	98	62	80	45
					45				
						62	98		
					j	i			

1	2	3	4	5	6	7	8	9	10
2	22	26	27	36	45	62	98	80	78
					45				
					j	i			

1	2	3	4	5	6	7	8	9	10
2	22	26	27	36	45	62	98	80	78
							78		98
								80	
							j		i

1	2	3	4	5	6	7	8	9	10
2	22	26	27	36	45	62	78	80	98

```
algoritmo quicksort
   tipo
      array[1...10] de inteiro: arr
   var
      arr    : a
      inteiro: k
início
      desde k ← 1 até 10 fazer
```

```
                ler (a[k] )
        fim_desde
        rápido (a, 10)
        desde k ← 1 até 10 fazer
            escrever (a[k])
        fim_desde
fim

    procedimento trocar (E/S inteiro: m, n)
        var
            inteiro: AUXI
        início
            AUXI ← m
            m ← n
            n ← AUXI
    fim_procedimento
    procedimento partir (E/S arr: a E inteiro: primeiro, último)
    var
        inteiro: i, j, central
    início
        i ← primeiro
        j ← último
        //encontrar o elemento pivô, central, e armazenar seu conteúdo
        central ← a[ (primeiro + último) div 2 ]
        repetir
            enquanto a[i] < central fazer
                i ← i + 1
            fim_enquanto
            enquanto a[j] > central fazer
                j ← j - 1
            fim_enquanto
            se i <= j então
                trocar(a[i], a[j])
                i ← i + 1
                j ← j - 1
            fim_se
        até_que i > j
        se primeiro < j então
            partir (a, primeiro, j)
        fim_se
        se i < último então
            partir (a, i, último)
        fim_se
    fim_procedimento

    procedimento rápido (E/S arr: a; E inteiro: n)
        início
            partir (a, 1, n)
        fim_procedimento
```

REVISÃO DO CAPÍTULO

Conceitos-chave

- Ordenação
- Eficiência dos métodos de ordenação
- Busca
- Tipos de busca
- Intercalação

Resumo

A ordenação de dados é uma das aplicações mais importantes dos computadores. Como é freqüente que um programa trabalhe com grandes quantidades de dados armazenados em arrays, é necessário conhecer diversos métodos de ordenação de arrays; e como pode ser necessário determinar se um array contém um valor que coincide com um determinado valor-chave, também é necessário conhecer os algoritmos de busca.

1. A *ordenação* ou *classificação* é o processo de organizar dados em ordem ou seqüência específica, crescente ou decrescente, para dados numéricos, ou seqüência alfanumérica para dados de caracteres. A ordenação de arrays é denominada ordenação interna, uma vez que efetuamos com todos os dados na memória interna do computador.

2. É possível ordenar arrays por diversas técnicas, como bolhas, seleção, inserção, Shell ou QuickSort, e quando o número de elementos para ordenar é pequeno, todos esses métodos são aceitáveis.

3. Para ordenar arrays com um grande número de elementos, devemos ter em conta a diferente eficiência quanto ao tempo de execução entre os métodos comentados. QuickSort e Shell são os mais rápidos.

4. O método de busca linear de um determinado valor-chave em um array, que compara cada elemento com a chave buscada, pode ser útil em arrays pequenos ou não ordenados.

5. O método de busca binária é muito mais eficiente, mas requer arrays ordenados.

6. Como os arrays permitem o acesso direto a um determinado elemento ou posição, a informação em um array não tem razão de ser colocada em forma seqüencial. É possível usar uma função *hash* que transforme o valor-chave em um número válido para ser utilizado como subíndice no array e armazenar a informação na posição especificada por esses subíndices.

7. Uma função de conversão *hash* nem sempre proporciona valores diferentes, e pode acontecer que, para duas chaves diferentes, devolva o mesmo endereço. Esta situação é denominada *colisão* e devemos encontrar métodos para sua correta resolução.

8. Entre os métodos para resolver as colisões, destacamos:

   a) Reservar uma zona especial no array para colocar as colisões.
   b) Buscar a primeira posição livre que siga aquela onde deveria ter sido colocada a informação, e na que não pode ser colocada, por já estar ocupada devido à colisão.
   c) Utilizar encadeamento.

9. Se a informação é colocada em um array aplicando uma função *hash* em determinado campo-chave e estabelecendo um método de resolução de colisões, a consulta desse campo-chave também será efetuada de forma semelhante.

10. Quando temos dois vetores ordenados e necessitamos obter outro, o processo de intercalação ou mistura deve produzir o resultado desejado, sem que seja necessário aplicar nenhum método de ordenação.

EXERCÍCIOS

10.1 Construa o diagrama de fluxo e o pseudocódigo que troque três inteiros: $n1$, $n2$ e $n3$ em ordem crescente.

10.2 Escreva um algoritmo que leia dez nomes e os coloque em ordem alfabética utilizando o método de seleção. Utilize os seguintes dados para verificação: Sánchez, Waterloo, McDonald, Bartolomé, Jorba, Clara, David, Robinson, Francisco, Westfalia.

10.3 Classifique o array (vetor):

```
42   57   14   40   96   19   08   68
```

pelos métodos : 1) seleção, 2) bolha. Cada vez que é reorganizado o vetor, devemos mostrar o novo vetor reformado.

10.4 Suponha que temos uma seqüência de n números que devem ser classificados:

1. Utilizando o método de seleção, quantas comparações e quantas trocas são requeridas para classificar a seqüência se:

   - Já está classificada.
   - Está em ordem inversa.

2. Repetir o passo i para o método de seleção.

10.5 Escreva um algoritmo de busca linear para um vetor ordenado.

10.6 Um algoritmo foi projetado para ler uma lista de no máximo 1.000 inteiros positivos, cada um menos de 100, e executar algumas operações. O zero é a marca final da lista. O programador deverá obter no algoritmo:

1. Visualizar os números da lista em ordem crescente.
2. Calcular e imprimir a média (valor central).
3. Determinar o número que ocorre mais freqüentemente.
4. Imprimir uma lista que contenha:

   - Números menores de 30.
   - Números maiores de 70.
   - Números que não pertençam aos dois grupos anteriores.

5. Encontrar e imprimir o inteiro maior da lista junto com sua posição na lista antes que os números tenham sido ordenados.

10.7 Projete diferentes algoritmos para inserir um novo valor em uma lista (vetor). A lista deve estar ordenada em ordem ascendente antes e depois da inserção.

11
ORDENAÇÃO, BUSCA E FUSÃO EXTERNA (ARQUIVOS)

SUMÁRIO

11.1 Introdução
11.2 Arquivos ordenados
11.3 Fusão de arquivos
11.4 Partição de arquivos
11.5 Classificação de arquivos
ATIVIDADES DE PROGRAMAÇÃO
  RESOLVIDAS

REVISÃO DO CAPÍTULO
  Conceitos-chave
  Resumo
EXERCÍCIOS

Os sistemas de processamento de informação processam normalmente grande quantidade de informação. Nesses casos, os dados são armazenados sobre meios de armazenamento de massa (fitas e discos magnéticos). Os algoritmos de ordenação apresentados no Capítulo 9 não são aplicáveis aos dados e não cabem na memória central do computador e são encontrados armazenados em seu meio como uma fita. Nesses casos, costumam colocar na memória central os registros que são processados e os que podem ser acessados diretamente. Geralmente, essas técnicas não são muito eficientes e são utilizadas técnicas diferentes de ordenação. A técnica mais importante é a *fusão* ou *mistura*.

Este capítulo realiza uma introdução às técnicas de ordenação, busca e mistura ou fusão externa.

11.1 INTRODUÇÃO

Quando a massa de dados a ser processada for grande e não couber na memória central do computador, os dados serão organizados em arquivos que, por sua vez, serão armazenados em dispositivos externos de memória auxiliar (discos, fitas magnéticas etc.).

As operações básicas estudadas no Capítulo 10, ordenação, busca e intercalação ou mistura, sofrem uma mudança importante em sua concepção, derivada essencialmente do fato físico de que os dados a ser processados não cabem na memória principal do computador.

11.2 ARQUIVOS ORDENADOS

O tratamento dos arquivos seqüenciais exige que eles se encontrem ordenados em um campo do registro, denominado *campo-chave*.

Suponhamos um arquivo do pessoal de uma empresa, cuja estrutura de registros é a seguinte:

NOME	tipo cadeia	(nome do empregado)
ENDEREÇO	tipo cadeia	(endereço)
DATA	tipo cadeia	(data de nascimento)
SALÁRIO	tipo numérico	(salário)
CATEGORIA	tipo cadeia	(categoria profissional)
DNI	tipo cadeia	(número do DNI)

A classificação em ordem ascendente ou descendente pode ser realizada com uma chave (nome, endereço etc.). Entretanto, pode ser interessante ter um arquivo classificado por categoria profissional e registros agrupados por nomes ou endereços. Concluímos que um arquivo pode estar ordenado por um campo-chave ou uma hierarquia de campos.

Dizemos que um *arquivo* (estrutura do registro: campos $C1$, $C2$ ... Cn) está ordenado principalmente pelo campo $C1$, na ordem secundária 1 pelo campo $C2$, na ordem secundária 2 pelo campo $C3$ etc., na ordem secundária n pelo campo Cn. O arquivo tem a seguinte organização:

- Os registros aparecem no arquivo segundo a ordem dos valores do campo-chave $C1$.
- Considerando um mesmo valor $C1$, os registros aparecem na ordem dos valores do campo $C2$.
- Para um mesmo valor de $C(C_i)$, os registros aparecem segundo a ordem dos valores do campo $C_i + 1$, sendo $1 =< i <= n$.

Desejando ordenar um arquivo principalmente por C_1, e na ordem secundária 1 por C_2, precisamos:

- Ordenar primeiro por C_2.
- Executar a seguir uma ordenação estável pelo campo C_1.

A maioria dos Sistemas Operacionais atuais dispõe de programas-padrão (utilidade) que apresentam a classificação de um ou vários arquivos (*sort*). No caso do Sistema Operacional MS-DOS, existe a ordem SORT, que permite realizar a classificação de arquivos segundo certos critérios específicos.

Grande parte deste capítulo será dedicada aos inúmeros algoritmos de classificação externa.

11.3 FUSÃO DE ARQUIVOS

A *fusão* ou *mistura de arquivos* (*merge*) consiste em reunir em um arquivo os registros de dois ou mais arquivos ordenados por um campo-chave T. O resultado será um arquivo ordenado pelo campo-chave T.

Imagine que dispomos de dois arquivos ordenados sobre duas fitas magnéticas e que desejamos misturar ou fundir em um único arquivo ordenado. Sejam os arquivos F1 e F2 armazenados em duas fitas diferentes. O arquivo F3 será construído em uma terceira fita.

O algoritmo de fusão de arquivos será:

```
início
   //fusão de dois arquivos
   1. colocar o arquivo 1 em fita 1, arquivo 2 em fita 2
   2. selecionar dos dois primeiros registros de arquivo
        1 e arquivo 2 o registro-chave menor e
        armazená-lo em um novo arquivo 3
   3. enquanto (arquivo 1 não está vazio) e (arquivo 2 não está vazio) fazer
   4. selecionar o registro seguinte com a chave menor e armazená-lo
        no arquivo 3
      fim_enquanto
      //um dos arquivos não está vazio
   5. armazenar o resto do arquivo em arquivo 3 registro a registro
fim
```

Exemplo 11.1

Dispondo de dois arquivos, F1 e F2, cujos campos-chaves são

```
F1   12   24   36   37   40   52
F2    3    8    9   20
```

desejamos um arquivo FR ordenado, que contenha os arquivos F1 e F2.

A estrutura dos arquivos F1 e C é:

```
F1   12   24   36   37   40   52   EOF(*)   Final de arquivo (eof)
F2    3    8    9   20
```

Para realizar a fusão de F1 e F2, é preciso acessar os arquivos F1 e F2 que se encontram em meios magnéticos em organização seqüencial. Em cada operação de acesso de um arquivo, somente podemos acessar um único elemento do arquivo em um dado momento. Para realizar a operação utilizamos uma variável de trabalho do mesmo tipo que os elementos do arquivo. Essa variável representa o elemento atual do arquivo e a denominaremos *janela*, uma vez que a variável irá permitir *ver* o arquivo, elemento a elemento. O arquivo recorre a um único sentido e seu final físico termina com uma marca especial denominada *fim de arquivo (EOF, end of file)*; por exemplo, um asterisco (*).

Janela

| F1 | 12 | 24 | 36 | 37 | 40 | 52 | * |

| F2 | 3 | 8 | 9 | 20 | * | | |

Janela

Comparamos as chaves das janelas e situamos a menor 3 (F2) no arquivo de saída. A seguir, avançamos um elemento o arquivo F2 e realizamos uma nova comparação dos elementos localizados nas janelas.

Janela

| F1 | 12 | 24 | 36 | 40 | 52 | * |

| F2 | 3 | 8 | 9 | 20 | * |

Janela

| F3 | 3 |

Quando um dos arquivos de entrada estiver terminado, copiamos o resto do arquivo sobre o arquivo de saída e o resultado final será:

| FR | 3 | 8 | 9 | 12 | 20 | 24 | 36 | 37 | 40 | 52 | * |

O algoritmo correspondente de fusão de arquivos será:

```
algoritmo fusão_arquivo
var
  inteiro: janela1, janela2, janelaS
  arquivo_s de inteiro: F1, F2, F3
  //janela1, janela2    chaves dos arquivos F1, F2
    janelaS             chaves do arquivo FR
início
  abrir (F1, 1, 'nome')
  abrir (F2, 1, 'nome2')
  criar (FR, 'nome3')
  abrir (FR, e, 'nome3')
  ler (F1, janela1)
  ler (F2, janela2)
  enquanto não FDA (F1) e não FDA (F2) fazer
    se janela1 <= janela2 então
      janelaS ← janela1
      escrever(FR, janelaS)
      ler(F1, janela1)
    se_não
      janelaS ← janela2
      escrever (FR, janelaS)
      ler(F2, janela2)
    fim_se
  fim_enquanto
  //leitura terminada de F1 ou F2
  enquanto não FDA (F1) fazer
    janelaS ← janela1
    escrever(FR, janelaS)
    ler(F1, janela1)
  fim_enquanto
  enquanto_não FDA (F2) fazer
    janelaS ← janela2
    escrever (FR, janelaS)
    ler(F2, janela2)
  fim_enquanto
  fechar (F1, F2, FR)
fim
```

Consideremos agora outro caso possível nos arquivos seqüenciais. Detectamos o final físico do arquivo ao ler o último elemento (não a marca de fim de arquivo) e os arquivos são de registros com vários campos. O algoritmo correspondente à *fusão* seria:

```
tipo
  registro: dados_pessoais
    — : C              // campo pelo qual estão ordenados
    — : —
  fim_registro
  arquivo_s de dados_pessoais: arq
```

```
var
  dados_pessoais: r1, r2
  arq: f1, f2, f  // f é o arquivo resultante
  lógico: fim1, fim2
início
  abrir (f1, 1, 'nome1')
  abrir (f2, 1, 'nome2')
  criar (f, 'nome3')
  abrir (f, e, 'nome3')
  fim1 ← falso
  fim2 ← falso
  se FDA (f1) então
    fim1 ← verdade
  se_não
    ler_reg (f1, r1)
  fim_se
  se FDA (f2) então
    fim2 ← verdade
  se_não
    ler_reg (f2, r2)
  fim_se
  enquanto NÃO fim1 e NÃO fim2 fazer
    se r1.c < r2.c então
      escrever_reg (f, r1)
      se FDA (f1) então
        fim1 ← verdade
      se_não
        ler_reg (f1, r1)
      fim_se
    se_não
      escrever_reg (f, r2)
      se FDA (f2) então
        fim2 ← verdade
      se_não
        ler_reg (f2, r2)
      fim_se
    fim_se
  fim_enquanto
  enquanto NÃO fim1 fazer
    escrever_reg (f, r1)
    se FDA (f1) então
      fim1 ← verdade
    se_não
      ler_reg (f1, r1)
    fim_se
  fim_enquanto
  enquanto NÃO fim2 fazer
    escrever_reg (f, r2)
    se FDA (f2) então
      fim2 ← verdade
    se_não
      ler_reg (f2, r2)
    fim_se
  fim_enquanto
  fechar (f1, f2, f)
fim
```

11.4 PARTIÇÃO DE ARQUIVOS

A *partição* de um arquivo consiste em repartir os registros de um arquivo em outros dois ou mais em função de uma determinada condição.

Mesmo existindo muitos métodos de divisões de um arquivo não classificado, consideraremos somente os seguintes métodos:

- *classificação interna,*
- *pelo conteúdo,*
- *seleção por substituição,*
- *seqüências.*

Supomos o arquivo de entrada a seguir, no qual são indicadas as chaves dos registros:

110	48	33	69	46	2	62	39	28	47	16	19	34	55
99	78	75	40	35	87	10	26	61	92	99	75	11	2
28	16	80	73	18	12	89	50	47	36	67	94	23	15
84	44	53	60	10	39	76	18	24	86				

11.4.1 Classificação interna

O método mais simples consiste em ler M registros de um arquivo não classificado, classificá-lo utilizando um método de classificação interna e a seguir fazer saída como partição. Observe que todas as partições produzidas, exceto possivelmente a última, irão conter exatamente M registros. A figura mostra as partições produzidas do arquivo de entrada da figura utilizada em um tamanho de memória (M) de cinco registros.

33	46	48	69	110
2	28	39	47	62
16	19	34	55	99
35	40	75	78	87
10	26	61	92	99
2	11	16	28	75
12	18	73	80	89
36	47	50	67	94
15	23	44	53	84
10	18	39	60	76
24	86			

11.4.2 Partição por conteúdo

A partição do arquivo de entrada é realizada em função do conteúdo de um ou mais campos do registro.

Por exemplo, supondo um arquivo f que desejamos dividir em dois arquivos f1 e f2, de modo que f1 tenha todos os registros que contenham no campo-chave c o valor v, e no arquivo f2, os registros restantes.

O algoritmo de partição é mostrado a seguir:

```
algoritmo partição_conteúdo
....
início
   abrir (f, 1, 'nome')
   criar (f1, 'nome1')
   abrir (f1, e, 'nome1')
```

```
       criar (f2, e, 'nome2')
       abrir (f2, e, 'nome2')
       ler (r)
       enquanto NÃO FDA (f) fazer
         ler_reg (f, r)
         se v = r.c então
            escrever_reg (f1,r)
         se_não
            escrever_reg (f2, r)
         fim_se
       fim_enquanto
       fechar (f, f1, f2)
fim
```

11.4.3 Seleção por substituição

A classificação interna vista no item 11.4.1 não leva em conta a vantagem que pode supor qualquer ordenação parcial que possa existir no arquivo de entrada. O algoritmo de seleção por substituição tem em conta a ordenação. Os passos a serem dados para obter partições ordenadas são:

1. Ler N registros do arquivo desordenado, colocando-os em não congelados.
2. Obter o registro R com a chave menor entre os não congelados e escrevê-los em partição.
3. Substituir o registro pelo seguinte do arquivo de entrada. Este registro irá congelar-se se sua chave for menor do que a do registro R e não irá congelar-se em outro caso. Se existe registro sem congelar, voltar ao 2º passo.
4. Começar nova partição. Chegando ao final do arquivo, repetimos o processo sem ler.

Nota: Ao final desse método, os arquivos com as partições tem seqüências ordenadas, o que não quer dizer que ambos tenham ficado completamente ordenados.

F:	3	31	14	42	10	15	8	13	63	18	50
					F1						F2
3	31	14	42	3		13	50	8	18	8
10	31	14	42	10		13	50	8	18	13
15	31	14	42	14		13	50	8	18	18
15	31	8	42	15		13	50	8	18	50
13	31	8	42	31		13	50	8	18	
13	63	8	42	42						
13	63	8	18	63						
13	50	8	18							

```
algoritmo partição_s
const n = <valor>
tipo
       registro: dados_pessoais
           <tipo_dado>:c
           ...
       fim_registro
       registro: dados
           dados_pessoais : dp
           lógico          : congela
       fim_registro
       array[1..n] de dados: arr
       arquivo_s de dados_pessoais: arq
```

```
var
        dados_pessoais  : r
        arr             : a
        arq             : f1, f2, f
        lógico          : sw
        inteiro         : númcongelados, e, posiçãomenor
início
        abrir (f, 1, 'nome')
        criar (f1, 'nome1')
        abrir (f1, e, 'nome1')
        criar (f2, 'nome2')
        abrir (f2, e, 'nome32')
        númcongelados ← 0
        desde i ← 1 até n fazer
          se não fda(f) então
             ler_reg(f, r)
             a[i].dp ← r
             a[i].congela ← falso
          se_não
             a[i].congela ← verdade
             númcongelados ← númcongelados + 1
     fim_se
  fim_desde
  sw ← verdade
  enquanto não fda(f) fazer
        enquanto (númcongelados < n) e não fda(f) fazer
        buscar_no_congelado_menor(a, posiçãomenor)
        se sw então
            escrever_reg(f1, a[posiçãomenor].dp)
        se_não
            escrever_reg(f2, a[posiçãomenor].dp)
        fim_se
        ler_reg (f, r)
        se r.c. > a [posiçãomenor].dp.c então
            a[posiçãomenor].dp ← r
        se_não
            a[posiçãomenor].dp ← r
            a[posiçãomenor].congela ← verdade
            númcongelados ← númcongelados + 1
          fim_se
        fim_enquanto
        sw ← não sw
        descongelar(a)
        númcongelados ← 0
     fim_enquanto
     enquanto númcongelados < n fazer
        buscar_não_congelado_menor(a, posiçãomenor)
        se sw então
           escrever_reg(f1, a[posiçãomenor).dp)
        se_não
           escrever_reg(f2, a[posiçãomenor].dp
        fim_se
        a[posiçãomenor].congela ← verdade
        númcongelados ← númcongelados + 1
     fim_enquanto
     fechar(f, f1, f2)
  fim
```

11.4.4 Partição por seqüências

Os registros são divididos em seqüências alternativas com comprimentos iguais ou diferentes segundo os casos. As seqüências podem ser de diferentes projetos:

- O arquivo f é dividido em dois arquivos, f1 e f2, copiando alternativamente em um e outro arquivo seqüências de registros de comprimento *m*. (Algoritmo partição_1.)
- O arquivo f é dividido em dois arquivos, f1 e f2, de modo que em f1 são copiados os registros que ocupam as posições pares e em f2 os registros que ocupam as posições ímpares. (Algoritmo partição_2.)

```
agoritmo partição_1
tipo
    registro: dados pessoais
        <tipo_dado> : C
        .............
    fim_registro
    arquivo_se de dados_pessoais : arq
var
    dados_pessoais: r
    arq            : f, f1, f2
    lógico         : SW
    inteiro        : i, n
início
    abrir (f, l, 'nome')
    criar (f1, 'nome1')
    abrir (f1, e, 'nome')
    criar (f2, 'nome2')
    abrir (f2, e, 'nome 2')
    i ← 0
    ler (n)
    SW ← verdade
    enquanto NÃO FDA (f) fazer
        ler_reg (f, r)
        se SW então
            escrever_reg (f2, r)
        se_não
            escrever_reg (f2, r)
        fim_se
        i ← i + 1
        se i = n então
            SW ← NÃO SW
            i ← 0
        fim_se
    fim_enquanto
    fechar (f, f1, f2)
fim

algoritmo partição_2
    tipo
        registro: dados_pessoas
            <tipo_dado> : C
            .............
        fim_registro
        arquivo_s de dados_pessoais : arq
```

```
var
    dados_pessoais : r
    arq            : f1, f2, f
    lógico         : SW
início
    abrir (f, 1, 'nome')
    criar (f1, 'nome1')
    abrir (f1, e, 'nome1')
    criar (f2, e, 'nome2')
    abrir (f2, e, 'nome2')
    SW ← verdade
    enquanto NÃO FDA (f) fazer
      ler_reg (f, r)
      se SW então
         escrever_reg (f1, r)
      se_não
         escrever_reg (f2, r)
      fim_se
      SW ← NÃO SW
    fim_enquanto
    fechar (f, f1, f2)
fim
```

11.5 CLASSIFICAÇÃO DE ARQUIVOS

Os arquivos estão *classificados em ordem ascendente* ou *descendente* quando todos seus registros estão ordenados no sentido ascendente ou descendente com respeito ao valor de um campo determinado, denominado *chave de ordenação*.

Se o arquivo a ser ordenado cabe na memória central, é carregado em um vetor e é realizada uma classificação interna, transferindo a seguir o arquivo ordenado para o meio externo ou copiando o resultado no arquivo original se não desejamos conservá-lo.

Se o arquivo original não couber na memória central, a classificação será realizada sobre o arquivo armazenado no meio externo. O inconveniente deste tipo de classificação reside no tempo, que será muito maior por causa especialmente das operações de entrada/saída de informação que requerem a classificação externa.

Os algoritmos de classificação são muito variados, mas muitos deles são baseados em procedimentos mistos consistentes em aproveitar ao máximo a capacidade da memória central.

Como métodos de classificação de arquivos que não utilizam a memória central e são aplicáveis a arquivos seqüenciais, temos a mistura direta e a mistura natural.

11.5.1 Classificação por mistura direta

O método mais fácil de compreender é o denominado *mistura direta*. Veremos sua aplicação com um exemplo ao qual será aplicado o método sobre um vetor. Podemos pensar nos componentes do vetor como as chaves dos registros sucessivos do arquivo.

O procedimento consiste em uma partição sucessiva do arquivo e uma fusão que produz seqüências ordenadas. A primeira partição é feita para seqüências de comprimento 1 utilizando dois arquivos auxiliares, e a fusão irá produzir seqüências ordenadas de comprimento 2. A cada nova partição e fusão, se duplicará o comprimento das seqüências ordenadas. O método terminará quando o comprimento da seqüência ordenada exceder o comprimento do arquivo a ordenar.

Consideremos o arquivo:

```
F:    19    27    2    8    36    5    20    15    6
```

O arquivo F é dividido em dois novos arquivos F1 e F2:

```
F1:     19      2       36      20      6
F2:     27      8       5       15
```

Com a fusão dos arquivos F1 e F2, formam-se pares ordenados:

```
F:      19   27   2   8   5   36   15   20   6
```

Voltamos a dividir novamente em partes iguais e em seqüências de comprimento 2:

```
F1:     19      27      5       36      6
F2:     2       8       15      20
```

A fusão dos arquivos irá produzir:

```
F:      2   8   19   27   5   15   20   36   6
```

A nova partição será:

```
F1:     2       8       19      27      6
F2:     5       15      20      36
```

A nova fusão será:
```
F:      2   5   8   15   19   20   27   36   6
```

Cada operação que trata por completo o conjunto de dados em sua totalidade é denominada uma *fase* e o processo de ordenação é denominado *passagem*.

```
F1:     2     5     8     15    19    20    27    36
F2:     6
```

```
F:   2    5    6    8    15    19    20    27    36
```

Evidentemente, a chave da classificação é diminuir o número de passagens e incrementar seu tamanho; uma seqüência ordenada é aquela que contém somente uma passagem, que, por sua vez, contém todos os seus elementos.

Exemplo 11.2

Para a implementação dos algoritmos seguintes *não* foi considerada a existência de um registro especial que indicará o fim do arquivo. A função FDA (id_arq) retorna certa quando acessamos o último registro.

Considerando a existência do registro especial que marca o fim de arquivo, poderíamos prever o uso das variáveis lógicas fim, fim1, fim2.

```
algoritmo ord_mistura_direta
...
procedimento ordmisturadireta
var
    dados_pessoais: r, r1, r2
    arq           : f, f1, f2
    // O tipo arq é arquivo_s de dados_pessoais
    inteiro       : comp, comp
    lógico        : sw, fim1, fim2
    inteiro       : i, j
```

```
início
   // calcularcomprimento (f) é uma função definida pelo usuário que
   // devolve o número de registros do arquivo original
   comp ← calcularcomprimento (f)
   comp ← 1
   enquanto comp < comp fazer
abrir(f, 1, 'fd')
criar(f1, 'f1d')
criar(f2, 'f2d')
abrir(f1, e, 'f1d')
abrir(f2, e, 'f2d')
i ← 0
sw ← verdade
enquanto não FDA (f) fazer
   ler_reg(f, r)
   se sw então
      escrever_reg(f1, r)
   se_não
      escrever_reg(f2, r)
   fim_se
   i ← i + 1
   se i = comp então
      sw ← não sw
      i ← 0
   fim_se
fim_enquanto
fechar(f, f1, f2)
abrir(f1, 1, 'f1d')
abrir(f2, 1, 'f2d')
criar(f, 'fd')
abrir(f, e, 'fd')
i ← 0
j ← 0
fim1 ← falso
fim2 ← falso
se FDA (f1) então
      fim1 ← verdade
se_não
      ler_reg(f1, r1)
fim_se
se FDA(f2) então
      fim2 ← verdade
se_não
      ler_reg(f2, r2)
fim_se
enquanto não fim1 ou não fim2 fazer
   enquanto não fim1 e não fim2 e (i < comp) e (j < comp) fazer
      se menor(r1, r2) então
         escrever_reg(f, r1)
         se FDA(f1) então
            fim1 ← verdade
         se_não
            ler_reg (f1, r1)
         fim_se
         i ← i + 1
      se_não
```

```
                escrever_reg(f, r2)
                se FDA(f2) então
                    fim2 ← verdade
                se_não
                    ler_reg(f2, r2)
                fim_se
                j ← j + 1
            fim_se
        fim_enquanto
        enquanto não fim1 e (i < comp) fazer
            escrever_reg(f, r1)
            se FDA (f1) então
                fim1 ← verdade
            se_não
                ler_reg (f1, r1)
            fim_se
            i ← i + 1
        fim_enquanto
        enquanto não fim2 e (j < comp) fazer
            escrever_reg (f, r2)
            se FDA(f2) então
                fim2 ← verdade
            se_não
                ler_reg (f2, r2)
            fim_se
            j ← j + 1
        fim_enquanto
        i ← 0
        j ← 0
    fim_enquanto                    // do enquanto não fim1 ou não fim2
    fechar(f, f1, f2)
    comp ← comp*2
fim_enquanto                        // do enquanto comp < 1
apagar('f1d')
apagar('f2d')
fim_procedimento
```

11.5.2 Classificação por mistura natural

É um dos melhores métodos de ordenação de arquivos seqüenciais. Consiste em aproveitar a possível ordenação interna das seqüências do arquivo (F) obtendo com elas partições ordenadas de comprimento variável sobre uma série de arquivos auxiliares, neste caso F1 e F2. Destes arquivos auxiliares escreveremos um novo F misturando os segmentos crescentes máximos de cada um deles.

Exemplo 11.3

Classificar o vetor

```
F :   19    27    2    8    36    5    20    15    6
```

F é dividido em dois vetores F1 e F2, nos quais são colocados alternativamente os elementos F1 e F2. F está agora vazio.

Etapa 1, fase 1

```
F1:   19      27/     5       20/     6
F2:    2       8     36/      15/
```

Seleciona-se o elemento menor de F1 e F2, que passa a estar em F3.

Etapa 1, fase 2

```
F1:   19      27/     5       20/     6
F2:    8      36/    15
F3:    2
```

Agora são comparados 8 e 19, seleciona-se 8. De forma similar, 19 e 27:

```
F1:    5      20/     6
F2:   36/     15
F3:    2       8     19      27
```

Em F1 foi interrompida a seqüência crescente e continuamos com F2 até que nele também termine a seqüência crescente.

```
F1:    5      20/     6
F2:   15
F3:    2       8     19      27      36
```

Agora 5 e 15 são menores que 36. Teremos

```
F3:    2       8     19      27     36/     5      15     20/     6
```

F1 e F2 estão agora vazios.

Etapa 2, fase 1

Dividir F3 em dois

```
F1:    2       8     19      27     36/      6
F2:    5      15     20
```

Etapa 2, fase 2

Misturam-se F1 e F2

```
F3:    2       5      8      15     19      20     27     36      6
```

Etapa 3, fase 1

```
F1:    2       5      8      15     19      20     27     36
F2:    6
```

Etapa 3, fase 2

```
F3:    2       5      6       8     15      19     20     27     36
```

e o arquivo F3 já está ordenado.

Algoritmo

```
algoritmo ord_mistura_natural
...
procedimento ordmisturanatural
var
    dados_pessoais: r, r1, r2, ant, ant1, ant2
    arq           : f, f1,f2
    //O tipo de arquivo é arquivo_s de dados_pessoais
    lógico        : ordenado, cresce, fim, fim1, fim2
    inteiro       : númsec
início
    ordenado ← falso
    enquanto não ordenado fazer
        //Partição
        abrir(f, l, 'fd')
        criar(f, l, 'f1d')
        criar(f2, 'f2d');
        abrir(f1, e, 'f1d')
        abrir(f2, e, 'f2d')
        fim ← falso
        se FDA(f) então
            fim ← verdade
        se_não
            ler_reg(f, r)
        fim_se
        enquanto não fim fazer
            ant ← r
            cresce ← verdade
            enquanto cresce e não fim fazer
                se menorigual(ant, r) então
                    escrever_reg(f1, r)
                    ant ← r
                    se FDA(f) então
                        fim ← verdade
                    se_não
                        ler_reg (f, r)
                    fim_se
                se_não
                    cresce ← falso
                fim_se
            fim_enquanto
            ant ← r
            cresce ← verdade
            enquanto cresce e não fim fazer
                se menorigual(ant, r) então
                    escrever_reg(f2, r)
                    ant ← r
                    se FDA(f) então
                        fim ← verdade
                    se_não
                        ler_reg (f, r)
                    fim_se
                se_não
                    cresce ← falso
                fim_se
            fim_enquanto
```

```
            fim_enquanto
            fechar(f, f1, f2)
            //Misturar
            abrir(f1, 1, 'f1d')
            abrir(f2, 1, 'f2d')
            criar(f, 'fd')
            abrir(f, e, 'fd')
            fim1 ← falso
            fim2 ← falso
            se FDA(f1) então
                  fim1 ← verdade
            se_não
                  ler_reg(f1, r1)
            fim_se
            se FDA(f2) então
                  fim2 ← verdade
            se_não
                  ler_reg(f2, r2)
            fim_se
            númsec ← 0
            enquanto NÃO fim1 e NÃO fim2 fazer
               ant1 ← r1
               ant2 ← r2
               cresce ← verdade
               enquanto NÃO fim1 e NÃO fim2 e cresce fazer
                  se menorigual(ant1, r1) e menorigual(ant2, r2) então
                     se menorigual(r1, r2) então
                        escrever_reg(f, r1)
                        ant1 ← r1
                        se FDA(f1) então
                              fim1 ← verdade
                        se_não
                              ler_reg(f1, r1)
                        fim_se
                     se_não
                        escrever_reg(f, r2)
                        ant2 ← r2
                        se FDA(f2) então
                              fim2 ← verdade
                        se_não
                              ler_reg(f2, r2)
                        fim_se
                     fim_se
                  se_não
                     cresce ← falso
                  fim_se
               fim_enquanto
               enquanto NÃO fim1 e menorigual(ant1, r1) fazer
                  escrever_reg(f, r1)
                  ant1 ← r1
                  se FDA(f1) então
                        fim1 ← verdade
                  se_não
                        ler_reg (f1, r1)
                  fim_se
               fim_enquanto
```

```
        enquanto NÃO fim2 e menorigual(ant2, r2) fazer
            escrever_reg(f, r2)
            ant2 ← r2
            se FDA(f2) então
                fim2 ← verdade
            se_não
                ler_reg (f2, r2)
            fim_se
        fim_enquanto
        númsec ← númsec + 1
    fim_enquanto                    // do enquanto não fim1 e não fim2
    se NÃO fim1 então
        númsec ← númsec + 1
        enquanto NÃO fim1 fazer
            escrever_reg(f, r1)
            se FDA(f1) então
                fim1 ← verdade
            se_não
                ler_reg (f1, r1)
            fim_se
        fim_enquanto
    fim_se
    se não fim2 então
        númsec ← númsec + 1
        enquanto não fim2 fazer
            escrever_reg(f, r2)
            se FDA(f2) então
                fim2 ← verdade
            se_não
                ler_reg(f2, r2)
            fim_se
        fim_enquanto
    fim_se
    fechar(f, f1, f2)
    se númsec <= 1 então
        ordenado ← verdade
    fim_se
fim_enquanto                        // do enquanto não ordenado
apagar('f1d')
apagar('f2d')
fim_procedimento
```

11.5.3 Classificação por mistura de seqüências equilibradas

Esse método utiliza a memória do computador para realizar classificações internas e quatro arquivos seqüenciais temporais para trabalhar.

Suponha um arquivo de entrada F que desejamos ordenar por ordem crescente das chaves de seus elementos. Dispomos de quatro arquivos seqüenciais de trabalho, F1, F2, F3 e F4, e podemos colocar m elementos na memória central em um momento dado em uma tabela T de m elementos. O processo é o seguinte:

1. Leitura do arquivo de entrada por blocos de n elementos.
2. Ordenação de cada um desses blocos e escrita alternativa sobre F1 e F2.
3. Fusão de F1 e F2 em blocos de $2n$ elementos que são escritos alternativamente sobre F3 e F4.
4. Fusão de F3 e F4 e escrita alternativa em F1 e F2, de blocos com $4n$ elementos ordenados.
5. O processo consiste em dobrar cada vez o tamanho dos blocos e utilizando os pares (F1 e F2) e (F3 e F4).

Arquivo de entrada

46 66 4 12 7 5 34 32 68 8 99 16 13 14 12 10

F1 $\begin{bmatrix} 4 & 12 & 46 & 66 \\ 5 & 7 & 32 & 34 \end{bmatrix}$ $\begin{bmatrix} 8 & 16 & 68 & 99 \\ 10 & 12 & 13 & 14 \end{bmatrix}$
F2
F3 vazio
F4 vazio

Fusão por blocos

F1 vazio
F2 vazio
F3 4 5 7 12 32 34 46 66 /F4 8 10 12 13 14 16 68 99

A mistura final ou a fusão é:

F1 4 5 7 8 10 12 13 14 16 32 34 46 66 68 99
F2 vazio
F3 vazio
F4 vazio

ATIVIDADES DE PROGRAMAÇÃO RESOLVIDAS

11.1 Construir o algoritmo da partição de um arquivo F em duas partições F1 e F2 de acordo com o conteúdo de um campo-chave C. O conteúdo deve ter o valor v.

```
algoritmo Partição_conteúdo
...
início
   abrir (f, 1, 'f0')           //leitura
   criar (f1, 'f1')
   criar (f2, 'f2')
   abrir (f1, e, 'f1')          //escrita
   abrir (f2, e, 'f2')          //escrita
   enquanto não fda(f) fazer
      ler_reg (f, r)
      se r.c = v então
         escrever_reg (f1, r)
      se_não
         escrever_reg (f2, r)
      fim_se
   fim_enquanto
   fechar (f1, f2, f)
fim
```

11.2 Construir o algoritmo de partição por seqüências alternativas de comprimento n.

- Entrada: Arquivo F
- Saída: Arquivos F1, F2
- Seqüência: comprimento n (n registros em cada seqüência)
- Cada n registros são armazenados alternativamente em F1 e F2.

```
algoritmo Partição_alternativa
tipo
    registro: reg
        ...
    fim_registro
    arquivo_se de reg : arq
var
    lógico: sw
    inteiro: i      //contador de elementos da seqüência
    arq: f, f1, f2
    reg: r
início
    abrir (f, 1, 'f0')          //leitura
    criar (f1, 'f1')
    criar (f2 , 'f2')
    abrir (f1, e, 'f1')         //escrita
    abrir (f2, e, 'f2')         //escrita
    sw ← falso
    i ← 0
      enquanto não fda(f) fazer
        ler_reg(f, r)
        se NÃO sw então
            escrever_reg(f1, r)
        se_não
            escrever_reg(f2, r)
        fim_se
        i ← i + 1
        se i = n então
            sw ← verdadeiro
            i ← 0       //se inicia o contador da seqüência
        fim_se
    fim_enquanto
    fechar(f, f1, f2)
fim
```

11.3 Aplicar o algoritmo de mistura direta ao arquivo F de chaves.

    F: 9   7   2   8   16   15   2   10

1. Primeira partição (partição em seqüências de comprimento 1)

   F1: 9 2 16 2
   F2: 7 8 15 10

2. Mistura de F1 e F2, formando pares ordenados

   F: 7 9 || 2 8 || 15 16 || 2 10

3. Segunda partição (partição em seqüências de comprimento 2)

   F1: 7 9 || 15 16
   F2: 2 8 || 2 10

4. Mistura de F1 e F2

   F: 2 7 8 9 || 2 10 15 16

5. Terceira partição (partição em seqüências de comprimento 4)

   F1: 2   7   8   9
   F2: 2   10 15 16

6. Mistura de F1 e F2 (última)

   F: 2   2   7   8   9   10   15   16

11.4 Escrever o procedimento de mistura dos arquivos ordenados em seqüências de um determinado comprimento.

```
procedimento fusão (E cadeia: nome1, nome2, nome3; E inteiro: comp)
   var
      arq: f1, f2, f
      //o tipo arq se supõe definido no programa principal
      reg: r1, r2
      //o tipo reg se supõe definido no programa principal
      inteiro : i, j
   lógico: fim1, fim2
início
{os nomes dos arquivos no dispositivo de armazenamento são passados ao
procedimento de fusão por meio das variáveis nome1, nome2 e nome3}
   abrir(f1, 1, nome1)
   abrir(f2, 1, nome2)
   criar(f, nome3)
   abrir(f, e, nome3)
   lerRegEFim(f1, r1, fim1)
   {lerRegEFim é um procedimento, desenvolvido mais à frente, que
    lê um registro e detecta a marca de fim do arquivo}
   lerRegEFim(f2, r2, fim2)
   enquanto não fim1 ou não fim2 fazer
      i ← 0
      j ← 0
      enquanto não fim1 e não fim2 e (i<comp) e (j<comp) fazer
         //comp é o comprimento da seqüência recebida como parâmetro
         se menor(r1, r2) então
            escrever_reg(f, r1)
            lerRegEFim(f1, r1, fim1)
            i ← i + 1
         se_não
            escrever_reg(f, r2)
            lerRegEFim(f2, r2, fim2)
            j ← i + 1
         fim_se
      fim_enquanto
      enquanto não fim1 e (i < comp) fazer
         escrever_reg(f, r1)
         lerRegEFim(f1, r1, fim1)
         i ← i + 1
      fim_enquanto
      enquanto não fim2 e (i < comp) fazer
         escrever_reg(f, r2)
         lerRegEFim(f2, r2, fim2)
         j ← j + 1
```

```
         fim_enquanto
      fim_enquanto              //do enquanto não fim1 ou não fim2
      fechar(f, f1, f2)
   fim_procedimento

   procedimento lerRegEfim(E/S arq: f; E/S reg: r; E/S lógico: fim)
   início
      se fda(f) então
         fim ← verdade
      se_não
         ler_reg(f, r)
      fim_se
   fim_procedimento
```

11.5 Escrever o procedimento de ordenação por mistura direta de um arquivo com comp registros, utilizando o procedimento fusão do exercício anterior.

```
   procedimento ordenarDireta(E cadeia: nomef, nomef1, nomef2;
                              E inteiro: comp
   var
      inteiro: comp
   início
      comp ← 1
      enquanto    comp ← <= comp fazer
         partiçãoAlternativoEnSec (nomef, nomef1, nomef2, comp)
         fusão (nomef1, nomef2, nomef, comp)
         comp ← comp * 2
      fim_enquanto
      apagar(nomef1)
      apagar(nomef2)
   fim_procedimento
   procedimento    partiçãoAlternativoEnSec(E cadeia: nomef, nomef1,
                                            nomef2; E inteiro: comp)

   var
      lógico:  sw
      inteiro: i                // contador de elementos da seqüência
      arq: f1, f2, f            // tipo definido no programa principal
      reg: r                    // tipo definido no programa principal
   início
      abrir (f, 1, nomef)       //leitura
      criar (f1, nomef1)
      criar (f2, nomef2)
      abrir (f1, e, nome1)      //escrita
      abrir (f2, e, nomef2)     //escrita
      sw ← falso
      i ← 0
      enquanto não fda(f) fazer
         ler_reg(f, r)
         se NÃO sw então
            escrever_reg(f1, r)
         se_não
            escrever_reg(f2, r)
         fim_se
         i ← i + 1
```

```
         se i = comp então
           sw ← verdadeiro
           i ← 0                //se inicia o contador da seqüência
         fim_se
      fim_enquanto
      fechar (f, f1, f2)
fim
```

11.6 Escrever o procedimento de ordenação por mistura natural de um arquivo, utilizando os procedimentos auxiliares partição e misturar que são supostamente implementados. O procedimento partição aproveita as seqüências ordenadas que poderiam existir no arquivo original e as coloca alternativamente sobre dois arquivos auxiliares. O procedimento misturar constrói de dois arquivos auxiliares um novo arquivo, misturando as seqüências crescentes que são encontradas em dois arquivos auxiliares para construir sobre o destino seqüências crescentes de comprimento maior.

```
procedimento ordenarNatural(E cadeia; nomef, nomef1, nomef2)
var
   inteiro: númsec
   lógico: ordenado
início
   ordenado ← falso
   enquanto NÃO ordenado fazer
      partição(nomef, nomef1, nomef2)
      númsec ← 0
      misturar(nomef1, nomef2, nomef, númsec)
      se númsec <= 1 então
         ordenado ← verdade
      fim_se
   fim_enquanto
   apagar(nomef1)
   apagar(nomef2)
fim_procedimento
```

REVISÃO DO CAPÍTULO

Conceitos-chave

- Partição
- Mistura
- Ordenação externa
- Mistura direta
- Mistura natural

Resumo

A ordenação externa é empregada quando a massa de dados a serem processados é grande e não cabe na memória central do computador. Se o arquivo é direto, ainda que os registros se encontrem colocados de forma seqüencial, servirá qualquer dos métodos de classificação vistos como métodos de ordenação interna, com rápidas modificações por causa das operações de leitura e escrita de registros em disco. Se o arquivo é seqüencial, é necessário empregar outros métodos baseados em processos de partição e medida.

1. A partição é o processo pelo qual os registros de um arquivo são repartidos em outros dois ou mais arquivos em função de uma condição.

2. A fusão ou mistura consiste em reunir em um arquivo os registros de dois ou mais. Habitualmente, os registros dos arquivos originais são encontrados ordenados por um campo-chave, e a mistura tem de ser efetuada de tal forma que se obtenha um arquivo ordenado pelo campo-chave.

3. Os arquivos estão *classificados em ordem ascendente ou descendente* quando todos os seus registros estão ordenados em sentido ascendente ou descendente em respeito ao valor de um campo determinado, denominado *chave de ordenação*. Os algoritmos de classificação são muito variados: (1) se o arquivo a ser ordenado cabe na memória central, é carregado em um vetor e se realiza uma classificação interna, transferindo a seguir o arquivo ordenado para o meio externo; (2) se o arquivo a ser ordenado não cabe na memória central e for em seqüência, são aplicáveis a mistura direta e a mistura natural; (3) se não é seqüencial, podem ser aplicados métodos similares aos vistos na classificação interna com pequenas modificações; (4) outros métodos são baseados nos procedimentos mistos consistentes em aproveitar ao máximo a capacidade da memória central.

4. A classificação por *mistura direta* consiste em uma partição sucessiva do arquivo e uma fusão que produz seqüências ordenadas. A primeira partição é feita para seqüências de comprimento 1 e a fusão irá produzir seqüências ordenadas de comprimento 2. Cada nova partição e fusão irá duplicar o comprimento das seqüências ordenadas. O método terminará quando o comprimento da seqüência ordenada exceder o do arquivo a ser ordenado.

5. A classificação por mistura natural consiste em aproveitar a possível ordenação interna das seqüências do arquivo original (F), obtendo com elas partições ordenadas de comprimento variável sobre os arquivos auxiliares. Destes arquivos auxiliares escreveremos um novo F misturando os segmentos crescentes de cada um deles.

6. A busca é o processo de localizar um registro em um arquivo com um determinado valor em um de seus campos. Os arquivos de tipo seqüencial obrigam a efetuar buscas seqüenciais, enquanto os arquivos diretos são estruturas de acesso aleatório e permitem outros tipos de busca.

7. A busca binária poderia ser aplicada aos arquivos diretos com os registros colocados um em seguida ao outro e ordenados pelo campo pelo qual desejamos efetuar a busca.

EXERCÍCIOS

11.1 Desejamos intercalar os registros do arquivo P com os registros do arquivo Q e gravá-los em outro arquivo R.

Nota: Os arquivos P e Q estão classificados em ordem ascendente por uma determinada chave e desejamos que o arquivo R fique também ordenado em modo ascendente.

11.2 Os arquivos M, N e P contêm todas as operações de vendas de uma empresa nos anos 1985, 1986 e 1987, respectivamente. Desejamos um algoritmo que intercale os registros dos três arquivos somente em um, Z, tendo em conta que os três arquivos estão classificados em ordem ascendente pelo campo-chave de vendas.

11.3 Dispomos de dois arquivos seqüenciais F1 e F2 que contêm cada um os mesmos campos. Os dois arquivos estão ordenados de maneira ascendente pelo campo-chave (alfanumérico) e existem registros comuns a ambos arquivos. Desejamos projetar um programa que obtenha: *a)* um arquivo C de F1 e F2 que contenha todos os registros comuns, mas somente uma vez; *b)* um arquivo que contenha todos os registros que não são comuns a F1 e F2.

11.4 Desejamos intercalar os registros do arquivo A com os registros do arquivo B e gravá-los em um terceiro arquivo C. Os arquivos A e B estão classificados em ordem ascendente pelo seu campo-chave. E desejamos também que o arquivo C fique classificado em ordem ascendente.

11.5 O arquivo A contém os números de sócios do Clube Esportivo Esmeralda e o arquivo B, os códigos dos sócios do Clube Esportivo Diamante. Desejamos criar um arquivo C que contenha os números dos sócios que pertencem a ambos os clubes. Desejamos saber quantos registros foram lidos e quantos foram gravados.

11.6 Os arquivos F1, F2 e F3 contêm todas as operações de vendas de uma empresa de informática nos anos 1985, 1986 e 1987, respectivamente. Desejamos um programa que intercale todos os registros dos três arquivos somente em um arquivo F, supondo que todo registro possui um campo-chave e que F1, F2 e F3 estão classificados em ordem ascendente deste campo-chave.

11.7 Desejamos atualizar um arquivo mestre do registro de pagamentos da companhia de Águas do Pacífico com um arquivo MODIFICAÇÕES que contém todas as incidências de empregados (cargas, descargas, modificações). Ambos os arquivos estão classificados em ordem ascendente do código de empregados (campo-chave). O novo arquivo mestre atualizado deve conservar a classificação ascendente pelo código de empregado e somente deve existir um registro de empregado.

11.8 Tendo um arquivo mestre de inventários com os seguintes campos:

CÓDIGO DE ARTIGO   DESCRIÇÃO   EXISTÊNCIA

Desejamos atualizar o arquivo mestre com os movimentos ocorridos durante o mês (carga/ descarga). Para isso estão incluídos os movimentos em um arquivo OPERAÇÕES que contém os seguintes campos:

CÓDIGO DE ARTIGO   QUANTIDADE   OPERAÇÃO   (1—Carga, 2—Descarga)

Os dois arquivos estão classificados pelo mesmo campo-chave.

12
ESTRUTURAS DINÂMICAS LINEARES DE DADOS (PILHAS, FILAS E LISTAS LIGADAS)

SUMÁRIO

12.1 Introdução às estruturas de dados
12.2 Listas
12.3 Listas ligadas
12.4 Processamento de listas ligadas
12.5 Listas circulares
12.6 Listas duplamente ligadas
12.7 Pilhas
12.8 Filas

12.9 Fila dupla
ATIVIDADES DE PROGRAMAÇÃO
RESOLVIDAS
REVISÃO DO CAPÍTULO
Conceitos-chave
Resumo
EXERCÍCIOS

Os dados estudados até agora são denominados *estáticos*, porque as variáveis são endereços simbólicos de posições da memória; essa relação entre nomes de variáveis e posições da memória é uma relação estática que é estabelecida pela declaração das variáveis de uma unidade de programa e durante a execução dessa unidade. Mesmo que o conteúdo da memória associado a uma variável possa ser mudado durante a execução, isto é, o valor da variável possa mudar, as variáveis por si não podem ser criadas nem destruídas durante a execução. Conseqüentemente, as variáveis consideradas até este ponto são denominadas *variáveis estáticas*.

Muitas vezes, não se sabe de antemão quanta memória será necessária para um programa. Nesses casos, é conveniente dispor de um método para adquirir posições adicionais de memória à medida que são necessárias durante a execução do programa e liberadas quando não são mais necessárias. As variáveis que são criadas e estão disponíveis durante a execução de um programa são chamadas de *variáveis dinâmicas*. Essas variáveis são representadas com um tipo de dados conhecido como *ponteiro*. As variáveis dinâmicas são utilizadas para criar *estruturas dinâmicas de dados* que podem ser ampliadas e comprimidas à medida que são requeridas durante a execução do programa. Uma estrutura de dados dinâmica é uma coleção de elementos denominados nós da estrutura — normalmente do tipo registro — que são ligados. As estruturas dinâmicas de dados são classificadas em lineares e não-lineares. O estudo das estruturas lineares, *listas*, *pilhas* e *filas*, é o objetivo deste capítulo.

12.1 INTRODUÇÃO ÀS ESTRUTURAS DE DADOS

Nos capítulos anteriores, introduzimos as estruturas de dados, definindo tipos e estruturas de dados primitivos, tais como: *inteiros, real* e *caractere,* utilizados para construir tipos mais complicados como *arrays* e *registros,* denominados estruturas de dados compostas. Possuem uma estrutura porque seus dados estão relacionados entre si. As estruturas compostas, como *arrays* e *registros,* fazem parte da maioria das linguagens de programação, pois são necessárias para quase todas as aplicações.

A potência e a flexibilidade de uma linguagem estão diretamente relacionadas com as estruturas de dados que possui. A programação de algoritmos complicados pode resultar muito difícil em uma linguagem com estruturas de dados limitados, caso de BASIC, FORTRAN e COBOL. Nesse caso, é conveniente pensar na implementação com linguagens que suportam ponteiros como C e C++ ou que não suportem mas tenham coleta de lixo como **Java** e **C#**.

Quando uma aplicação particular requer uma estrutura de dados que não é suportada pela linguagem, é necessário um trabalho de programação para representá-la. Dizemos que necessitamos *implementar* a estrutura de dados. Isso naturalmente significa maior trabalho para o programador. Não sendo bem feita, a programação poderá não aproveitar o tempo de programação e — naturalmente — do computador. Por exemplo, supondo que tenhamos uma linguagem como Pascal que permite arrays de uma dimensão de números inteiros e reais, mas não arrays multidimensionais, para implementar uma tabela com cinco filas e dez colunas, podemos utilizar:

```
type
   array[0..10] de real: FILA
var
   FILA: FILA1, FILA2, FILA3, FILA4, FILA5
```

A chamada ao elemento da terceira fila e sexta coluna efetuada com a instrução

```
FILA3 [6]
```

Um método eficaz é projetar procedimentos e funções que executam as operações realizadas pelas estruturas de dados. Entretanto, as estruturas que foram vistas até esse momento, arrays e registros, têm dois inconvenientes: 1) *a reorganização de uma lista, se esta implica movimento de muitos elementos de dados, pode custar muito,* e 2) *são estruturas de dados estáticas.*

Uma estrutura de dados é *estática* quando o tamanho ocupado na memória é fixo, ou seja, sempre ocupa a mesma quantidade de espaço. Conseqüentemente, se representamos uma lista como vetor, devemos antecipar (*declarar* ou *dimensionar*) o comprimento dessa lista quando for escrito um programa; é impossível ampliar o espaço da memória disponível (algumas linguagens permitem dimensionar dinamicamente o tamanho de um array durante a execução do programa, como é o caso de Visual BASIC). Portanto, pode ser difícil representar diferentes estruturas de dados.

Os arrays unidimensionais são estruturas estáticas lineares ordenadas seqüencialmente. As estruturas se convertem em dinâmicas quando os elementos podem ser inseridos ou suprimidos diretamente sem necessidade de algoritmos complexos. Distinguimos as estruturas dinâmicas das estáticas pela maneira como são realizadas as inserções e remoções dos elementos.

12.1.1 Estruturas dinâmicas de dados

As estruturas dinâmicas de dados são estruturas que "crescem à medida que é executado um programa". Uma *estrutura dinâmica de dados* é uma coleção de elementos — chamados *nós* — que são normalmente registros. Ao contrário de um array, que contém espaço para armazenar um número fixo de elementos, uma estrutura dinâmica de dados se amplia e contrai durante a execução do programa com base nos registros de armazenamento de dados do programa.

As estruturas dinâmicas de dados podem ser divididas em dois grandes grupos:

Lineares $\begin{cases} \text{pilhas} \\ \text{filas} \\ \text{listas ligadas} \end{cases}$

Não-lineares $\begin{cases} \text{árvores} \\ \text{grafos} \end{cases}$

Elas são utilizadas para armazenamento de dados do mundo real que estão sendo mudados constantemente. Um exemplo típico já foi visto como estrutura estática de dados: a lista de passageiros de uma linha aérea. Se essa lista for mantida em ordem alfabética em um array, será necessário ter espaço para inserir um novo passageiro pela ordem alfabética, o que requer utilizar um laço para copiar os dados do registro de cada passageiro no elemento do array seguinte. Se em seu lugar foi utilizada uma estrutura dinâmica de dados, os novos dados do passageiro podem ser inseridos simplesmente entre dois registros existentes sem um mínimo esforço.

As estruturas dinâmicas de dados são muito flexíveis. Como descrevemos, é relativamente fácil somar uma nova informação criando um novo nó e inserindo-o entre nós existentes. Veremos que também é relativamente fácil modificar estruturas dinâmicas de dados, eliminando ou apagando um nó existente.

Neste capítulo examinaremos as três estruturas dinâmicas lineares de dados: listas, filas e pilhas, e no próximo capítulo, as estruturas não-lineares de dados: árvore e grafos.

> Uma *estrutura estática de dados* é aquela cuja estrutura é especificada no momento em que foi escrito o programa e não pode ser modificada pelo programa. Os valores de seus diferentes elementos podem variar, mas não sua estrutura, já que ela é fixa.
> Uma *estrutura dinâmica de dados* pode modificar sua estrutura por meio do programa. Pode ampliar ou limitar seu tamanho enquanto executa o programa.

12.2 LISTAS

Uma *lista linear* é um conjunto de elementos de um tipo dado que podem variar em número e em que cada elemento tem um único predecessor e um único sucessor, exceto o primeiro e o último da lista. Esta é uma definição geral que inclui os arquivos e vetores.

Os elementos de uma lista linear são armazenados geralmente contínuos — um elemento atrás do outro — em posições consecutivas da memória. As sucessivas entradas em um guia ou lista telefônica, por exemplo, estão em linhas sucessivas, exceto na parte superior e inferior de cada coluna. Uma lista linear é armazenada na memória principal do computador em posições sucessivas de memória; quando é armazenada em fita magnética, os elementos sucessivos são apresentados em sucessão na fita, o que é denominado *armazenamento seqüencial*. Posteriormente, veremos que existe outro tipo de armazenamento denominado *armazenamento em cadeia* ou *ligado*.

As linhas assim definidas são denominadas *contínuas*. As operações que podem ser realizadas com listas lineares contínuas são:

1. Inserir, eliminar ou localizar um elemento.
2. Determinar o tamanho — número de elementos — da lista.
3. Varrer a lista para localizar um determinado elemento.
4. Classificar os elementos da lista em ordem ascendente ou descendente.
5. Unir duas ou mais listas em uma só.

6. Dividir uma lista em várias sublistas.
7. Copiar a lista.
8. Apagar a lista.

Uma lista linear contínua é armazenada na memória do computador em posições sucessivas ou adjacentes e é processada como um array unidimensional. Nesse caso, o acesso a qualquer elemento da lista e a adição de novos elementos são fáceis; entretanto, a inserção ou o apagamento requerem uma mudança de lugar dos elementos que o seguem, e, conseqüentemente, o projeto de um algoritmo específico.

Para permitir operações com lista como arrays, devemos dimensioná-los com tamanho suficiente para que contenham todos os possíveis elementos da lista.

Exemplo 12.1

Desejando ler o elemento *j*-ésimo de uma lista P.

O algoritmo requer conhecer o número de elementos da lista (seu comprimento, L). Os passos a ser dados são:

1. **Conhecer** o comprimento da lista L.
2. **Se** L = 0 visualizar "erro lista vazia".
   Se_não verificar se o elemento *j*-ésimo está dento do tamanho permitido de elementos 1 <= j <= L; neste caso, atribuir o valor do elemento P(j) a uma variável B; se o elemento *j*-ésimo não está dentro do tamanho, visualizar uma mensagem de erro "elemento solicitado não existe na lista".
3. **Fim**.

O pseudocódigo correspondente seria:

```
procedimento acesso(E lista: P; S elementolista: B;
                    E inteiro : L, J)
início
   se L = 0 então
      escrever('Lista vazia')
   se_não
      se (j >= 1) e (j <= L) então
         B ← P[j]
      se_não
         escrever('ERRO: elemento não existente')
      fim_se
   fim_se
fim
```

Exemplo 12.2

Apagar um elemento j da lista P.

Variáveis

L   comprimento da lista
J   posição do elemento a ser apagado
I   subíndice do array P
P   lista

As operações necessárias são:

1. Verificar se a lista é vazia.
2. Verificar se o valor de J está no tamanho do subíndice I da lista 1 <= J <= L.
3. No caso de J correto, mover os elementos j + 1, j + 2... para as posições j, j + 1... respectivamente, com o que terá sido apagado o antigo elemento j.
4. Decompor em um o valor da variável L, já que a lista irá conter agora L – 1 elementos.

O algoritmo correspondente será:

```
início
    se L = 0 então
        escrever('lista vazia')
    se_não
        ler(J)
        se (J >= 1) e (J <= L) então
            desde I ← J até L – 1 então
                P[I] ← P[I + 1]
            fim_desde
            L ← L – 1
        se_não
            escrever('Elemento não existe')
        fim_se
    fim_se
fim
```

> Uma *lista contínua* é aquela em que os elementos são adjacentes na memória ou meio endereçável. Tem limite esquerdo e direito ou inferior/superior que não pode ser rebaixado quando somamos um elemento.
>
> A inserção ou eliminação de um elemento, exceto no cabeçalho ou final da lista, necessita de uma mudança de uma parte de seus elementos: a que antecede ou sucede a posição do elemento modificado.
>
> As operações diretas de somar e eliminar são efetuadas unicamente nos extremos da lista. Essa limitação é uma das razões por que essa estrutura é pouco utilizada.

As *listas ligadas* ou de armazenamento ligado ou de cadeia são muito mais flexíveis e potentes, e seu uso é mais amplo que o das listas contínuas.

12.3 LISTAS LIGADAS[1]

Os inconvenientes das listas contínuas são eliminados nas listas ligadas. Podemos armazenar os elementos de uma lista linear em posições de memória que não sejam contínuas ou adjacentes.

Uma *lista ligada* é um conjunto de elementos em que cada elemento contém a posição — ou endereço — do elemento seguinte da lista. Cada elemento da lista ligada deve ter ao menos dois campos: um campo que tem o valor do elemento e um campo (ligação, *link*) que contém a posição do elemento seguinte, ou seja, sua ligação. Os elementos de uma lista são ligados pelo meio dos campos de ligação.

---

[1] As listas ligadas são também conhecidas como "encadeadas". A expressao em inglês é *linked list*.

As listas ligadas têm terminologia própria. Primeiro, os valores são armazenados em um *nó* (Figura 12.1).

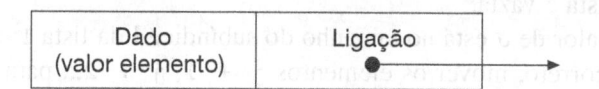

Dado (valor elemento)	Ligação •

Figura 12.1 Nó com dois campos.

Uma lista ligada é mostrada na Figura 12.2.

| 5 | 4 | 1 | 7 | 18 | 19 | 9 | 7 | 45 | ... | |

(a)

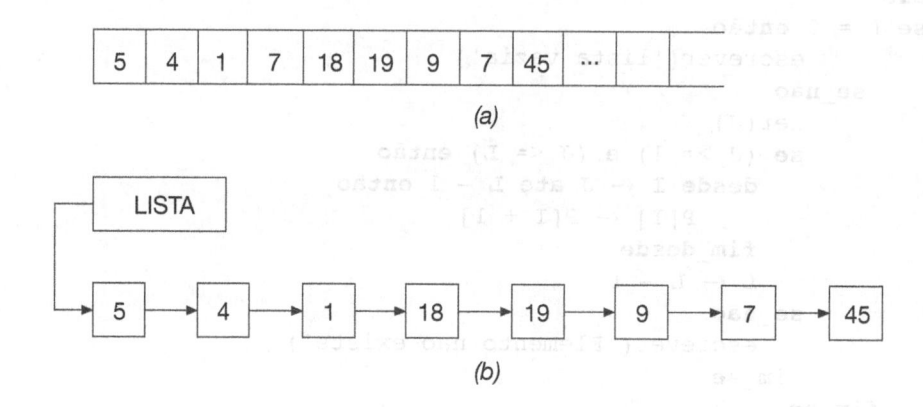

LISTA → 5 → 4 → 1 → 18 → 19 → 9 → 7 → 45

(b)

Figura 12.2 *(a)* array representado por uma lista; *(b)* lista ligada representada por uma lista de inteiros.

Os componentes de um nó são chamados *campos*. Um nó tem ao menos um campo *dado* ou *valor* e uma *ligação* (indicador ou ponteiro) com o nó seguinte. O campo ligação aponta (proporciona o endereço ou referência de) o nó seguinte da lista. O último nó da lista ligada, por convenção, costuma ser representado por uma ligação com a palavra reservada `nil` (*nulo*), uma barra inclinada (/) e, às vezes, o símbolo elétrico de terra ou massa (Figura 12.3).

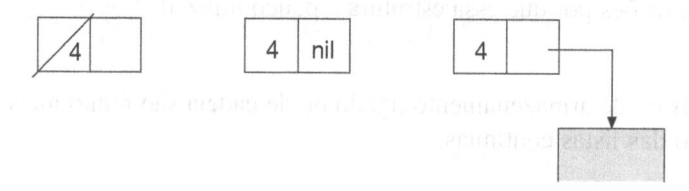

| /4 | | 4 nil | | 4 → ▓ |

Figura 12.3 Representação do último nó de uma lista.

A implementação de uma lista ligada depende da linguagem. **C, C++, Pascal, P/LI, Ada** e **Modula-2** utilizam como ligação uma *variável ponteiro,* ou simplesmente *ponteiro* (**apontador**). Java não dispõe de ponteiros, conseqüentemente, resolve o problema de forma diferente e armazena na ligação a referência ao objeto nó seguinte. As linguagens como FORTRAN e COBOL não dispõem desse tipo de dados, que deve ser simulado com uma variável inteira que atua como indicador ou cursor. Em nosso livro utilizaremos a partir de agora o termo *ponteiro* (**apontador**) para descrever a ligação entre dois elementos ou nós de uma lista ligada.

Um *ponteiro* (**apontador**) é uma variável cujo valor é o endereço ou posição de outra variável.

Nas listas ligadas não é necessário que os elementos da lista sejam armazenados em posições físicas adjacentes, já que o ponteiro indica onde é encontrado o elemento seguinte da lista, como indicamos na Figura 12.4.

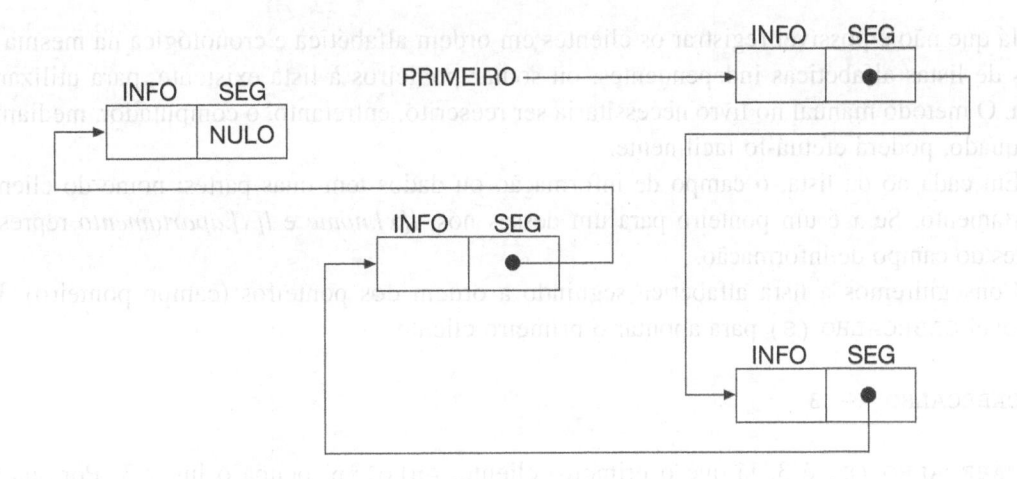

Estruturas dinâmicas lineares de dados (pilhas, filas e listas ligadas) 413

Figura 12.4 Elementos não-adjacentes de uma lista ligada.

Portanto, a inserção e o apagamento não exigem deslocamento como no caso das listas contínuas.

Para eliminar o 45º elemento ('INÊS') de uma lista linear com 2.500 elementos (Figura 12.5 *(a)*] somente é necessário mudar o ponteiro no elemento anterior, 44º, e apontar o elemento 46º [Figura 12.5 *(b)*]. Para inserir um novo elemento ('HIGINO') depois do 43º elemento, é necessário mudar o ponteiro do elemento 43º e fazer que o novo elemento aponte o elemento 44º (Figura 12.5 *(c)*].

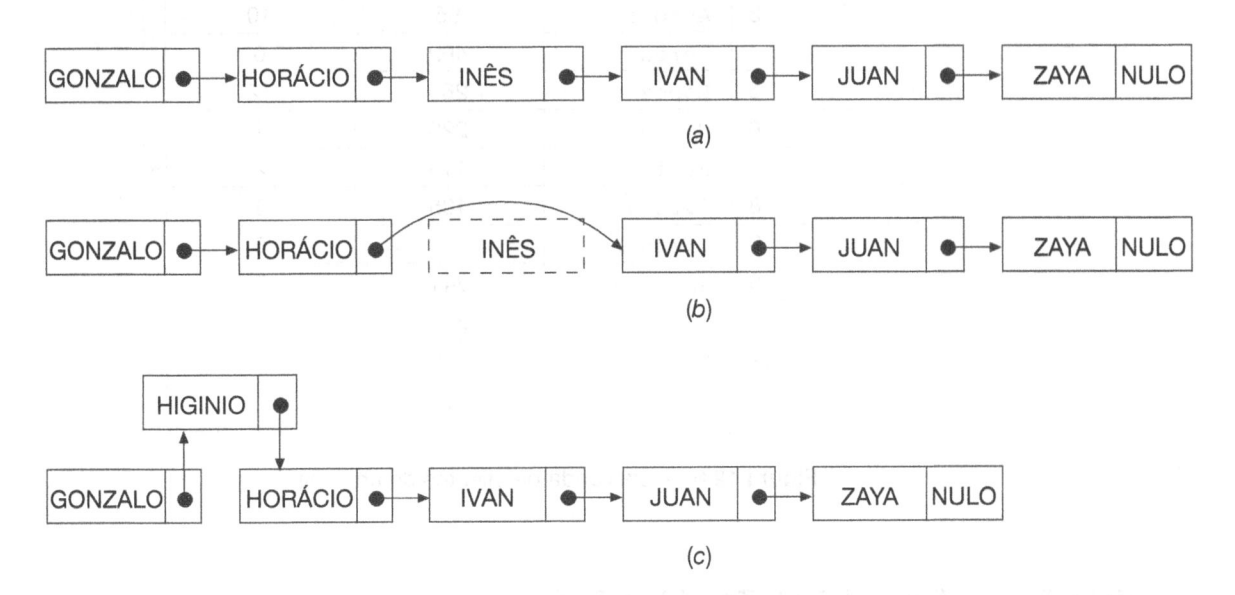

Figura 12.5 Inserir e apagar elementos.

Uma lista ligada sem nenhum elemento é chamada *lista vazia*. Seu ponteiro inicial ou de cabeçalho tem o valor nulo (nil).

Uma lista ligada é definida por:

- O tipo de seus elementos: campo de informação (dados) e campo ligação (*ponteiro*).
- Um ponteiro de cabeçalho que permite acessar o primeiro elemento da lista.
- Um meio para detectar o último elemento da lista: *ponteiro nulo* (nil).

Exemplo 12.3

O gerente de um hotel deseja registrar o nome de cada cliente de acordo com sua chegada ao hotel, junto com o número do apartamento que ocupa — o antigo livro de entradas. Também deseja dispor a qualquer momento de uma lista de seus clientes por ordem alfabética.

Já que não é possível registrar os clientes em ordem alfabética e cronológica na mesma lista, necessitamos de listas alfabéticas independentes, ou somar ponteiros à lista existente, para utilizarmos uma única lista. O método manual no livro necessitaria ser reescrito, entretanto, o computador, mediante um algoritmo adequado, poderá efetuá-lo facilmente.

Em cada nó da lista, o campo de informação ou dados tem duas partes: nome do cliente e número do apartamento. Se x é um ponteiro para um desses nós, $l[x].nome$ e $l[x].apartamento$ representarão as duas partes do campo de informação.

Conseguiremos a lista alfabética seguindo a ordem dos ponteiros (campo ponteiro). Utilizamos uma variável CABEÇALHO (S) para apontar o primeiro cliente.

CABEÇALHO ← 3

CABEÇALHO (S) é 3, já que o primeiro cliente, Antolin, ocupa o lugar 3. Por sua vez, o ponteiro associado ao nó ocupado por Antolin contém o valor 10, que é o segundo nome dos clientes em ordem alfabética, e este tem como campo ponteiro o valor 7, e assim sucessivamente. O campo ponteiro do último cliente, Tomás, contém o ponteiro nulo indicado por um 0 ou um z.

Registro	Nome	Apartamento	Ponteiro
1	Tomás	324	z (final)
2	Carzola	28	8
3	Antolin	95	10
4	Pérez	462	6
5	López	260	12
6	Sanchez	220	1
7	Batista	115	2
8	García	105	9
9	Jiménez	173	5
10	Apolinar	341	7
11	Martín	205	4
12	Luzárraga	420	11

S(=3)

Figura 12.6 Lista ligada de clientes de um hotel.

12.4 PROCESSAMENTO DE LISTAS LIGADAS

Para processar uma lista ligada, necessitaremos das seguintes informações:

- Primeiro nó (cabeçalho da lista).
- O tipo de seus elementos.

As operações que normalmente são executadas com listas incluem:

1. Recuperar informação de um nó específico (acesso a um elemento).
2. Encontrar o nó que contém uma informação específica (localizar a posição de um elemento dado).
3. Inserir um novo nó em um lugar específico da lista.
4. Inserir um novo nó em relação a uma informação particular.
5. Apagar (eliminar) um nó existente que contenha informação específica.

12.4.1 Implementação de listas ligadas com ponteiros

Como já vimos, a representação gráfica de um ponteiro consiste em uma seta que sai do ponteiro e chega à variável dinâmica apontada.

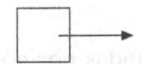

Para declarar uma variável de tipo ponteiro:

```
tipo
    ponteiro_a <tipo_dado>: pont
var
    pont : p, q
```

O `<tipo_dado>` poderá ser simples ou estruturado.

Operações com ponteiros:

Início

    P ← **nulo**   Nulo para indicar que não aponta nenhuma variável.

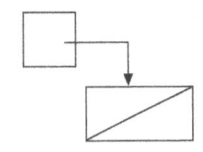

Comparação

    p = q   Com os operadores = ou < >.

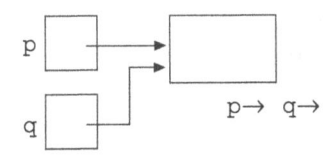

Atribuição

    p ← q   Implica fazer que o ponteiro p aponte onde apontava q.

Criação de variáveis dinâmicas

    `Reservar(p)`   Reservar espaço na memória para a variável dinâmica.

Eliminação de variáveis dinâmicas

    `Liberar(p)`   Liberar o espaço na memória ocupado pela variável dinâmica.

Variáveis dinâmicas

Variável simples ou estrutura de dados sem nome e criada no tempo de execução.

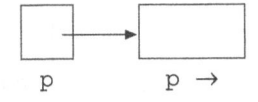

Para acessar uma variável dinâmica apontada, como não tem nome p →.

As variáveis p → poderão intervir em toda operação ou expressão permitidas para uma variável estática de seu mesmo tipo.

Nó

As estruturas dinâmicas de dados são formadas por nós.

Um nó é uma variável dinâmica constituída por pelo menos dois campos:

- o campo dado ou valor (`elemento`);
- o campo ligação, neste caso de tipo ponteiro (`seg`).

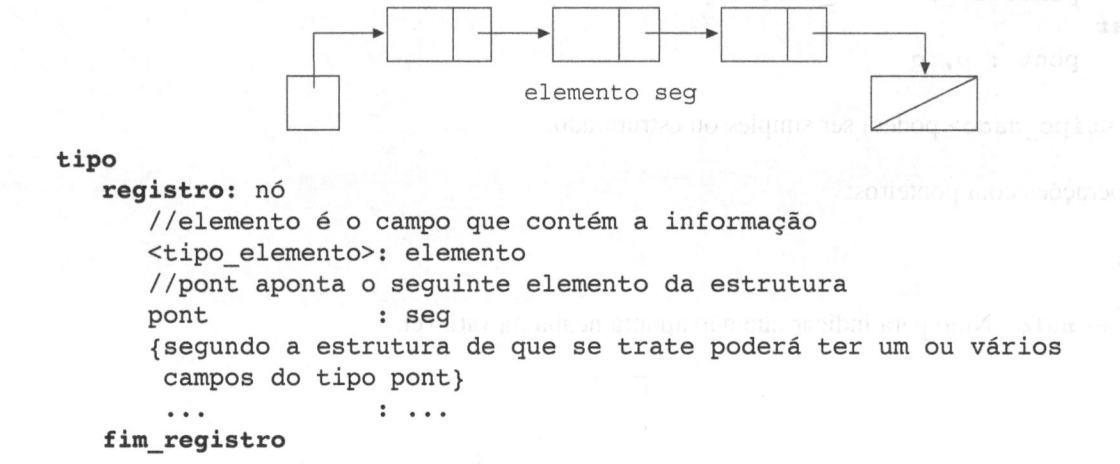

```
tipo
   registro: nó
      //elemento é o campo que contém a informação
      <tipo_elemento>: elemento
      //pont aponta o seguinte elemento da estrutura
      pont            : seg
      {segundo a estrutura de que se trate poderá ter um ou vários
       campos do tipo pont}
      ...             : ...
   fim_registro
```

Criação da lista

A criação da lista implica iniciar o ponteiro nulo (`inic`), que aponta o primeiro elemento da lista.

```
tipo
    ponteiro_a nó: pont
    registro: tipo_elemento
        ... : ...
    fim_registro
    registro: nó
        tipo_elemento : elemento
        pont          : seg
    fim_registro
var  pont                : inic, posic, anterior
tipo_elemento            : elemento
lógico                   : encontrado
início
   inicializar(inic)
   ...
fim

procedimento inicializar(S pont: inic)
    início
        inic ← nulo
fim_procedimento
```

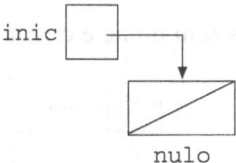

Inserção de um elemento

A inserção apresenta dois casos particulares:

- Inserir o novo nó na frente, início da lista.
- Inserir o novo nó em qualquer outro lugar da lista.

O procedimento `inserir` insere um novo elemento a seguir do `anterior`, e se este é nulo significa que foi inserido no começo da lista.

inserir (início, anterior, elemento)

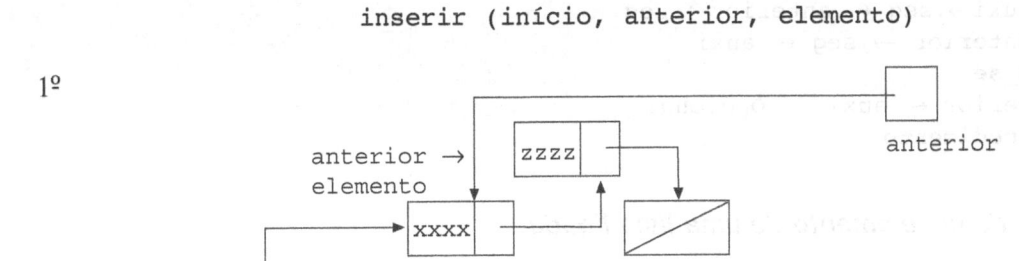

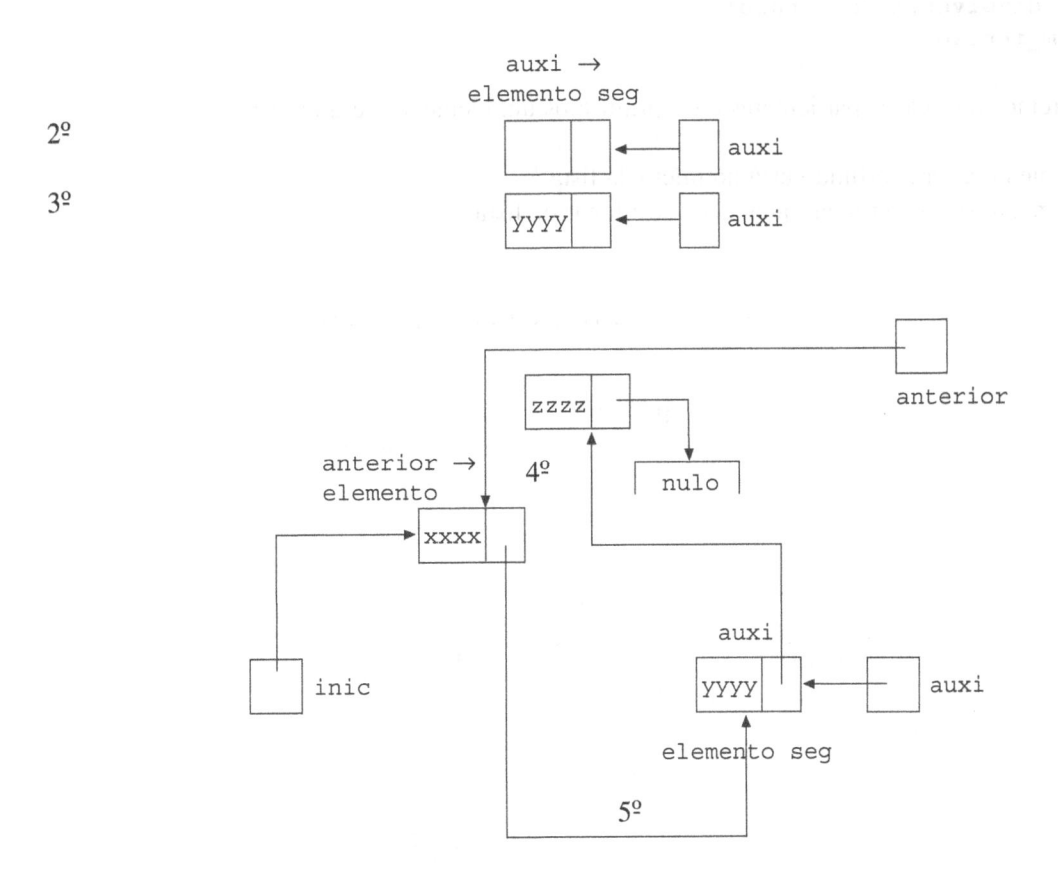

1º Situação de início.
2º `reservar(auxi)`.
3º Introduzir a nova informação em `auxi → elemento`.
4º Fazer que `auxi → seg` aponte onde `anterior → seg` o fazia.
5º Conseguir que `anterior →.seg` aponte onde `auxi` o fazia.

```
procedimento inserir(E/S pont: inic,anterior;
                    E tipo_elemento: elemento)
   var pont: auxi
   início
    reservar(auxi)
    auxi→.elemento ← elemento
    se anterior = nulo então
       auxi →.seg ← inic
       inic ← auxi
    se_não
       auxi→.seg ← anterior→.seg
       anterior →.seg ← auxi
    fim_se
    anterior ← auxi // Opcional
fim_procedimento
```

Eliminação de um elemento de uma lista ligada

Antes de eliminarmos um elemento da lista, deveremos verificar se ela não está vazia. Para isso iremos recorrer à função vazia.

```
lógico função vazia(E pont: inic)
   início
      devolver(inic = nulo)
   fim_função
```

Consideraremos dois casos particulares ao suprimirmos um elemento de uma lista:

- O elemento a ser suprimido está no início da lista.
- O elemento se encontra em qualquer outro lugar da lista.

Suprimir(inic,anterior,posic)

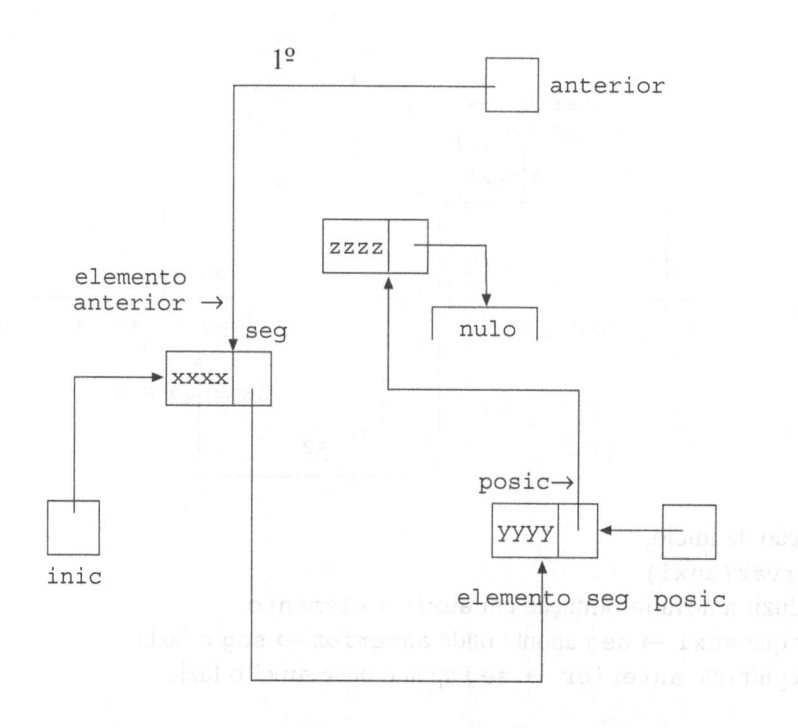

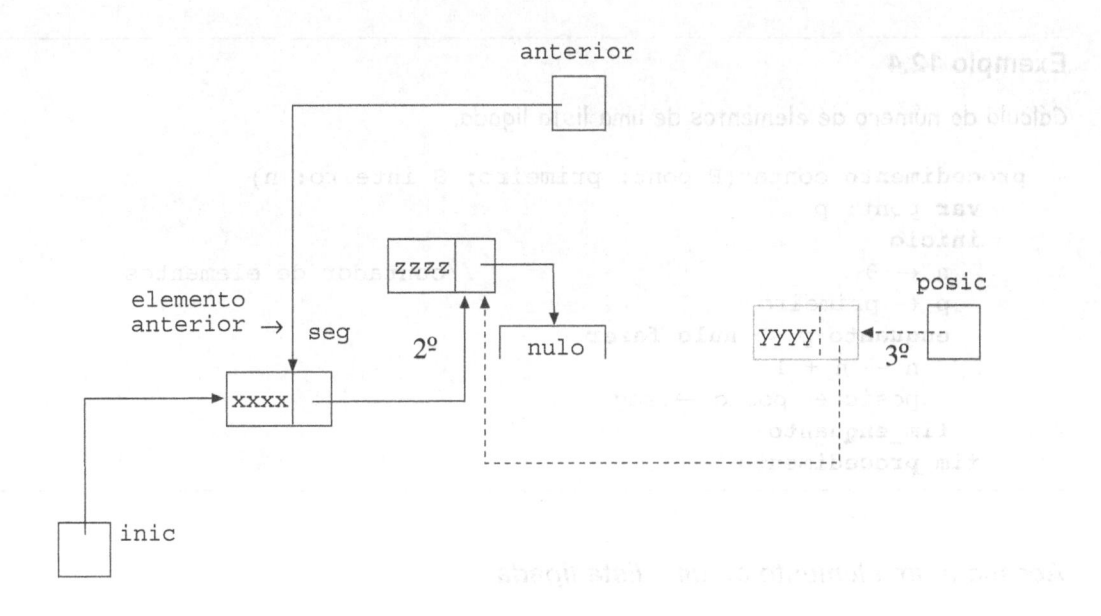

Estruturas dinâmicas lineares de dados (pilhas, filas e listas ligadas) **419**

```
                              anterior
                                 │
                                 ▼
                    ┌──────┐
                    │ zzzz │──┐
        elemento    └──────┘  │                     posic
        anterior →   seg  2º  ▼            ┌──────┐   │
                  ┌──────┐  ┌──────┐       │ yyyy │◀╌╌┘
                  │ xxxx │  │ nulo │       └──────┘ 3º
                  └──────┘  └──────┘         ▲
                     ▲                       ╎
                     │                       ╎
              ┌──────┘                       ╎
              │                              ╎
         ┌────┴┐                             ╎
         │ inic│╌╌╌╌╌╌╌╌╌╌╌╌╌╌╌╌╌╌╌╌╌╌╌╌╌╌╌╌╌┘
         └─────┘
```

1º Situação de início.
2º anterior →.seg aponta onde posic →.seg o fazia.
3º liberar(posic).

```
procedimento suprimir(E/S pont: inic, anterior, posic)
   início
      se anterior = nulo então
         inic ← posic→.seg
      se_não
         anterior→.seg ← posic→.seg
      fim_se
      liberar(posic)
      anterior ← nulo    // Opcional
      posic ← inic       // Opcional
   fim_procedimento
```

Java e **C#** permitem a criação de listas ligadas vinculando objetos nó sem o emprego de ponteiros; na ligação é armazenada a referência ao nó seguinte da lista. Nestas linguagens, ainda que a implementação de uma lista ligada seja similar, temos de levar em conta que, ao criarmos um objeto nó, reservamos espaço na memória para ele, e que esse espaço é liberado automaticamente, por meio de um processo denominado coleta automática do lixo, quando esse objeto (nó) deixa de estar referenciado.

Varredura de uma lista ligada

Para varrer a lista, utilizaremos uma variável do tipo ponteiro auxiliar.

```
procedimento varrer(E pont:inic)
   var pont: posic
   início
      posic ← inic
      enquanto posic <> nulo fazer
         proc_escrever(posic→.elemento)
         posic ← posic→.seg
      fim_enquanto
   fim_procedimento
```

Exemplo 12.4

Cálculo do número de elementos de uma lista ligada.

```
procedimento contar(E pont: primeiro; S inteiro: n)
   var pont: p
   início
      n ← 0                              //contador de elementos
      p ← primeiro
      enquanto p <> nulo fazer
         n ← n + 1
         posic ← posic →.seg
      fim_enquanto
   fim_procedimento
```

Acesso a um elemento de uma lista ligada

A busca de uma informação em uma lista ligada somente pode ser feita por meio de um processo seqüencial ou varredura da lista elemento a elemento até encontrar a informação buscada ou detectar o final da lista.

```
procedimento consultar (E pont: inic; S pont: posic,anterior;
                       E tipo_elemento: elemento; S lógico: encontrado)
   início
      anterior ← nulo
      posic ← inic
      enquanto não igual (posic →.elemento, elemento) e (posic <> nulo) fazer
      {igual é uma função que compara os elementos que passamos como
       parâmetros, recorremos a ela porque, quando se trata de registros,
       compararemos unicamente a informação armazenada em um
       determinado campo}
         anterior ← posic
         posic ← posic→.seg
      fim_enquanto
      se igual(posic→.elemento, elemento) então
         encontrado ← verdade
      se_não
         encontrado ← falso
      fim_se
   fim_procedimento
```

Exemplo 12.5

Encontrar o nó de uma lista que contém a informação de valor t, supondo que a lista armazena dados de tipo inteiro.

```
procedimento encontrar(E pont: primeiro E inteiro: t)
   var pont    : p
       inteiro : n
   início
      n ← 0
      p ← primeiro
      enquanto (p→.info <> t) e (p <> nulo) fazer
         n ← n + 1
         posic ← posic→.seg
      fim_enquanto
```

```
        se p→.info = t então
            escrever('Se encontra no nó ',n ,'da lista')
        se_não
            escrever('Não encontrado')
        fim_se
    fim_procedimento
```

Considere que a informação se encontra armazenada na lista de forma ordenada, ordem crescente, e melhore a eficiência do algoritmo anterior.

```
    procedimento encontrar(E pont: primeiro E inteiro: t)
        var pont    : p
            inteiro: n
        início
            n ← 0
            p ← primeiro
            enquanto (p →.info < t) e (p <> nulo) fazer
                n ← n + 1
                posic ← posic→.sig
            fim_enquanto
            se p →.info = t então
                escrever('Se encontra no nó ',n,' da lista')
            se_não
                escrever('Não encontrado')
            fim_se
    fim_procedimento
```

12.4.2 Implementação de listas ligadas com arrays

As listas ligadas deverão ser implementadas de forma dinâmica, mas se a linguagem não permitir, será realizada por meio de arrays, com o qual iremos impor limitações quanto ao número de elementos que a lista poderá conter e estabeleceremos um espaço constante na memória.

Os nós poderão ser armazenados em arrays paralelos ou arrays de registros.

Quando são empregados arrays de registros, o valor (dado ou informação) do nó será armazenado no campo e a ligação com o elemento seguinte será armazenada em outro.

Outra possível implementação, como já dissemos, é com dois arrays: um para os dados e outro para a ligação.

Um valor de ponteiro 0, ou z, indica o final da lista.

ELEMENTO		SEG		ELEMENTO		SEG
xxxxxxxxxxxx	1	2	1	xxxxxxxxxxxx		2
xxxxxxxxxxxx	2	4	2	xxxxxxxxxxxx		4
	3		3			
xxxxxxxxxxxx	4	6	4	xxxxxxxxxxxx		6
	5		5			
xxxxxxxxxxxx	6	0	6	xxxxxxxxxxxx		0

Para definirmos a lista, devemos especificar a variável que aponta o primeiro nó (começo), que nesse caso será denominado inic.

inic ← 1

Para inserir um novo elemento, que siga a m[1] e seja seguido por m[2], a única coisa que faremos será modificar os ponteiros.

M

1	xxxxxxxxxxxx	3
2	xxxxxxxxxxxx	4
3	xxxxxxxxxxxx	2
4	xxxxxxxxxxxx	6
5		
6	xxxxxxxxxxxx	0

Como o novo elemento é colocado na primeira posição livre, deveremos ter um ponteiro vazio que aponte essa posição, ou seja, utilizaremos o array para armazenar duas listas, a lista de elementos e a lista de vazios.

Será necessário, quando começarmos a trabalhar, criar a lista de vazios como mostrado a seguir:

- `vazio` aponta o primeiro registro livre.
- No campo `seg` de cada registro armazenamos informação sobre o registro seguinte disponível.
- Quando chegarmos ao último registro livre, seu campo `seg` receberá o valor 0, para indicar que já não existem mais registros disponíveis.

	ELEMENTO	SEG
1		2
2		3
3		4
4		5
5		6
6		0

vazio ← 1
inic ← 0

Inserir o primeiro elemento

1	xxxxxxxxxxxx	0
2		3
3		4
4		5
5		6
6		0

vazio ← 2
inic ← 1

Ao implementar uma lista por meio de arrays, necessitaremos dos procedimentos:

```
iniciar(...) iniciar(...) consultar(...) inserir(...) suprimir(...)
reservar(...) liberar(...)
```

e das funções

```
vazia(...) cheio(...)
```

O procedimento `reservar(...)` nos proporcionará a primeira posição vazia para armazenar um novo elemento e a eliminará da lista de vazios, passando o ponteiro de vazios (`vazio`) para a posição seguinte, `vazio` assume o valor do seguinte `vazio` da lista.

`Liberar(...)` insere um novo elemento na lista de vazios. Poderíamos adotar outras soluções, mas nosso procedimento de liberar irá inserir o novo elemento na lista de vazios depois, sobrescrevendo o campo `m[posic].seg` para que aponte para o que antes era o primeiro `vazio`. O ponteiro de início dos vazios (`vazio`) o mudará para o novo elemento.

Criação da lista

Iremos considerar o array como a memória do computador e guardaremos nele duas listas: a de elementos e a de vazios.

O primeiro elemento da lista de elementos está apontado por `inic` e, por `vazio`, o primeiro da lista de vazios:

```
const
    máx = <expressão>
tipo
    registro: tipo_elemento
        ... : ...
        ... : ...
    fim_registro
    registro: tipo_nó
        tipo_elemento : elemento
        inteiro        : seg
        {atua como ponteiro, armazenando a posição onde se
         encontra o elemento seguinte de uma lista}
    fim_registro
    array[1...Máx] de tipo_nó: arr
var
    inteiro        : inic,
                     posic,
                     anterior,
                     vazio
    arr            : m
    //m representa a memória de nosso computador
    tipo_elemento  : elemento
    lógico         : encontrado
início
    iniciar(m, vazio)
    inicializar(inic)
    ...
fim
```

Ao começarmos:

```
procedimento inicializar (S inteiro: inic      //lista de elementos
    início
        inic ← 0
fim_procedimento
```

Fundamentos de programação – Algoritmos, estruturas de dados e objetos

	elemento	seg
1		2
2		3
3		4
4		5
5		6
6		0

vazio ← 1   indica que a primeira inscrição livre é m[1]

inic ← 0   inic assinala que não há elementos na lista

```
procedimento iniciar(S arr: m; S inteiro: vazio )    //lista de vazios
   var
      inteiro: i
   início
      vazio ← 1
      desde i ← 1 até Máx - 1 fazer
         m[i].sig ← i + 1
      fim_desde
      m[Máx].seg ← 0
      //Como já não há mais posições livres que apontar, recebe um 0
   fim_procedimento
```

Ao trabalhar dessa forma, conseguiremos que a inserção ou remoção de um determinado elemento, *n-ésimo* da lista, não requeira o deslocamento de outros.

Inserção de um elemento

Ao atualizar uma lista, podem ocorrer dois casos particulares:

- Transbordamento (*overflow*).
- Transbordamento negativo (*underflow*).

O transbordamento é produzido quando a lista está cheia e a lista de espaço disponível está vazia.

O transbordamento negativo é produzido quando temos uma lista vazia e desejamos apagar um elemento nela.

Assim, para poder inserir um novo elemento em uma lista ligada, é necessário verificar se há espaço livre para ele. Ao inserir um novo elemento na lista, deveremos recorrer ao procedimento `reservar(...)` que nos irá proporcionar, por meio de `auxi`, a primeira posição vazia para armazenar nela o novo elemento, eliminando essa posição da lista de vazios.

Por exemplo, ao inserirmos o primeiro elemento:

auxi ← 1
vazio ← 2

	elemento	seg
1	xxxxxxxxxxxx	2 0
2		3
3		4
4		5
5		6
6		0

- `vazio` assinala que a primeira posição livre é a 1   auxi ← 1
- O campo `seg` do registro `m[vazio]` proporciona a seguinte posição vazia e reservar fará que `vazio` aponte esta nova posição   vazio ← 2

Ao inserirmos um segundo elemento:

- como vazio tem o valor 2
- vazio ← m[2].seg, ou seja

auxi ← 2
vazio ← 3

auxi ← 2
vazio ← 3

	elemento	seg	
1	xxxxxxxxxxxx	2	0
2	xxxxxxxxxxxx	3	0
3		4	
4		5	
5		6	
6		0	

```
procedimento reservar(S inteiro: auxi; E arr: m; E/S inteiro: vazio)
   início
      se vazio = 0 então
         // Memória esgotada
         auxi ← 0
      se_não
         auxi ← vazio
         vazio ← m[vazio].seg
      fim_se
   fim_procedimento
```

O procedimento inserir colocará um novo elemento em seguida ao anterior; se o anterior for 0, significa que temos que inserir no começo da lista.

```
procedimento inserir(E/S inteiro: inic, anterior;
                     E tipo_elemento: elemento;
                     E/S arr: m ; E/S inteiro: vazio)
   var
      inteiro: auxi
   início
      reservar(auxi,m,vazio)
      m[auxi].elemento ← elemento
      se anterior = 0 então
         m[auxi].seg ← inic
         inic ← auxi
      se_não
         m[auxi].seg ← m[anterior].seg
         m[anterior].seg ← auxi
      fim_se
      anterior ← auxi    // Opcional
      {Prepara anterior para que, se não especificarmos outra coisa, a
       inserção seguinte se realize a seguir da atual}
   fim_procedimento
```

Consideremos a seguinte situação e analisemos o comportamento que nela terão os procedimentos **reservar** e inserir: *desejando inserir um novo elemento na lista em seguida ao primeiro e a situação atual, depois de sucessivas inserções e eliminações, é como mostramos a seguir:*

vazio ← 3
inic ← 1

	elemento	seg
1	xxxxxxxxxxxx	2
2	xxxxxxxxxxxx	4
3		5
4	xxxxxxxxxxxx	6
5		0
6	xxxxxxxxxxxx	0

O novo elemento será colocado no array na primeira posição livre e a única coisa que será feita é modificar os ponteiros.

reservar(...)   proporciona a primeira posição livre

auxi ← 3

vazio ← 5

	elemento	seg
1	xxxxxxxxxxxx	3
2	xxxxxxxxxxxx	4
3	novo_elemento	2
4	xxxxxxxxxxxx	6
5		0
6	xxxxxxxxxxxx	0

m[3].elemento ← novo_elemento

como queremos inserir o novo elemento depois do primeiro da lista, seu anterior será o apontado por inic

anterior ← 1
m[3].seg ← 2
m[1].seg ← 3

Eliminação de um elemento

Para eliminar um elemento da lista, deveremos recorrer ao procedimento suprimir(...), que chamará o procedimento liberar(...) para que insira o elemento eliminado na lista de vazios.

Supondo que se trata de eliminar o elemento marcado com ************* cuja posição é 3

posic ← 3

o elemento anterior ao 3 ocupa no array a posição 2

anterior ← 2

e o primeiro vazio está no 5. Sendo o aspecto atual da lista:

inic ← 1

anterior ← 2

posic ← 3

vazio ← 5

	elemento	seg
1	xxxxxxxxxxxx	2
2	xxxxxxxxxxxx	3
3	*************	4
4	xxxxxxxxxxxx	0
5		6
6		0

Ao suprimir o elemento 3 da lista ficaria:

m[2].seg ← 4

mediante o procedimento `liberar(...)` incluímos o novo vazio na lista de vazios

m[3].seg ← 5   vazio → 3

como o que é suprimido não é o primeiro elemento da lista, o valor de inic não varia

inic ← 1

	elemento	seg
1	xxxxxxxxxxxx	2
2	xxxxxxxxxxxx	4
3	************	5
4	xxxxxxxxxxxx	0
5		6
6		0

```
procedimento liberar(E inteiro): posic; E/S arr:   m; E/S inteiro: vazio)
   início:
     m[posic].seg ← vazio
     vazio ← posic
   fim _ procedimento
procedimento suprimir(E/S inteiro : inic, anterior, posic; E/S arr: m;
                     E/S inteiro : vazio)
   início
     se anterior = 0 então
        inic ← m[posic].seg
     se_não
        m[anterior].seg ← m[posic].seg
     fim_se
        liberar(posic, m, vazio)
        anterior ← 0       // Opcional
        posic ← inic       // Opcional
        {As duas últimas instruções preparam os ponteiros para que,
          se não é especificada outra coisa, a próxima eliminação seja
            realizada pelo princípio da lista}
   fim_procedimento
```

Varredura de uma lista

A varredura da lista se realizará seguindo os ponteiros de seu primeiro elemento, o assinalado por inic.

O procedimento `varrer(...)` que será implementado a seguir, ao varrer a lista, vai mostrando na tela os diferentes elementos que a compõem.

```
procedimento varrer(E inteiro: inic)
   var inteiro: posic
   início
      posic ← inic
      enquanto posic <> 0 fazer
         {Varremos um procedimento, proc_escrever (...),
           para apresentar pela tela os campos do registro
           passado como parâmetro}
```

```
        proc_escrever(m[posic].elemento)
        posic ← m[posic].seg
    fim_enquanto
fim_procediemnto
```

Busca de um determinado elemento em uma lista

O procedimento consultar informará se um determinado elemento se encontra ou não na lista, a posição que esse elemento ocupa no array e a que ocupa o elemento anterior. Se a informação encontrada for colocada na lista de forma ordenada e crescente pelo campo de busca, o procedimento de consulta poderá ser o seguinte:

```
procedimento consultar(E inteiro: inic; S inteiro: posic, anterior;
                       E tipo_elemento: elemento; S lógico: encontrado;
                       E arr: m)
início
    anterior ← 0
    posic ← inic
    {As funções menor(...) e igual(...) comparam os registros por
     um determinado campo}
    enquanto menor(m[posic].elemento,elemento) e (posic <> 0) fazer
        anterior ← posic
        posic ← m[posic].seg
    fim_enquanto
    se igual(m[posic].elemento, elemento) então
        encontrado ← verdade
    se_não
        encontrado ← falso
    fim_se
fim_procedimento
```

Funções

Quando implementamos uma lista ligada utilizando arrays, necessitamos das seguintes funções:

```
lógico função vazia(E inteiro: inic)
    início
        devolver(inic = 0)
    fim_função
lógico função cheia(E inteiro: vazio)
    início
        devolver(vazio = 0)
    fim_função
```

12.5 LISTAS CIRCULARES

As listas simplesmente ligadas não permitem, de um elemento, acessar diretamente a qualquer dos elementos que o precedem. Em vez de armazenar um ponteiro NULO no campo SEG do último elemento da lista, faremos que o último elemento aponte o primeiro ou o princípio da lista. Este tipo de estrutura é chamado *lista ligada circular* ou simplesmente *lista circular* (em alguns textos ela é denominada listas em anéis).

As listas circulares apresentam as seguintes *vantagens* em relação às listas ligadas simples:

- Cada nó de uma lista circular é acessível de qualquer outro nó dela, ou seja, dado um nó, podemos varrer a lista completa. Em uma lista ligada de forma simples, somente é possível varrê-la por completo se partimos de seu primeiro nó.
- As operações de concatenação e divisão de listas são mais eficazes com listas circulares.

Os *inconvenientes* são:

- Podem ser produzidos laços infinitos. Uma maneira de evitar estes laços infinitos é dispor de um nó especial que encontramos permanentemente associado à existência da lista circular. Este nó é denominado *cabeçalho* da lista.

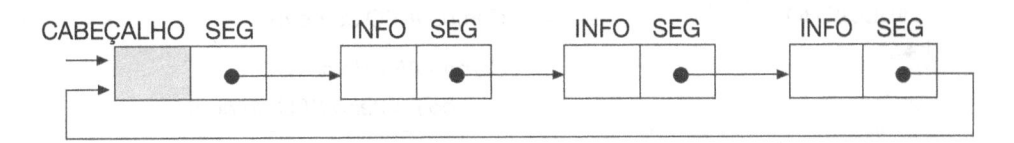

Figura 12.7 Nó cabeçalho da lista.

O nó cabeçalho pode diferenciar-se dos outros de duas maneiras:

- Podemos ter um valor especial em seu campo INFO que não é válido como dados de outros elementos.
- Podemos ter um indicador ou marcador (*flag*) que assinale quando é nó de cabeçalho.

O campo da informação do nó cabeçalho não é utilizado e é assinalado com o sombreado deste campo. Uma lista ligada circular *vazia* é representada como mostramos na Figura 12.8.

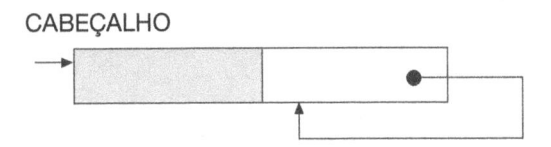

Figura 12.8 Lista circular vazia.

12.6 LISTAS DUPLAMENTE LIGADAS

Nas listas lineares estudadas anteriormente, a varredura somente podia ser feita em um único sentido: *da esquerda para a direita* (princípio ao fim). Em muitas ocasiões, necessitamos varrer as listas em ambas as direções.

As listas que podem ser varridas em ambas as direções são denominadas *listas duplamente ligadas*. Nessas listas, cada nó consta do campo INFO de dados e dois campos de ligação ou ponteiros: ANTERIOR(ANT) e SEGUINTE(SEG) que apontam para a frente e para trás (Figura 12.9). Como cada elemento tem dois ponteiros, uma lista duplamente ligada ocupa maior espaço na memória que uma lista simplesmente ligada para uma mesma quantidade de informação.

A lista necessita de dois ponteiros, COMEÇO e FIM[2], que apontam o primeiro e o último nó.

A variável CABEÇALHO e o ponteiro SEG permitem varrer a lista no sentido normal e a variável FIM e o ponteiro ANT permitem varrer no sentido inverso.

---

[2] Adotamos esses termos para efeito de normalização, mas o leitor pode utilizar ESQUERDA e DIREITA.

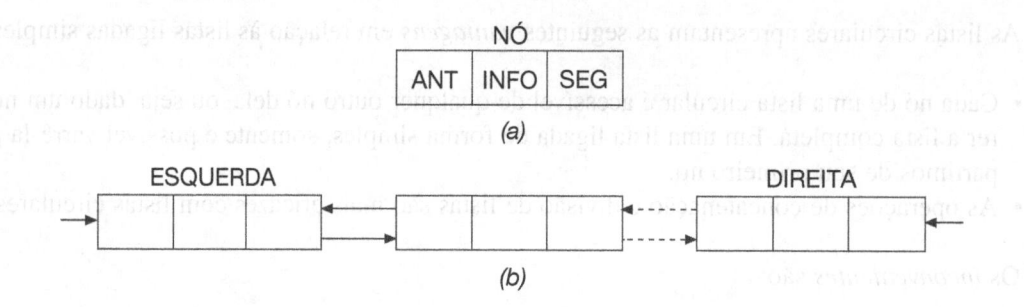

Figura 12.9 Lista duplamente ligada.

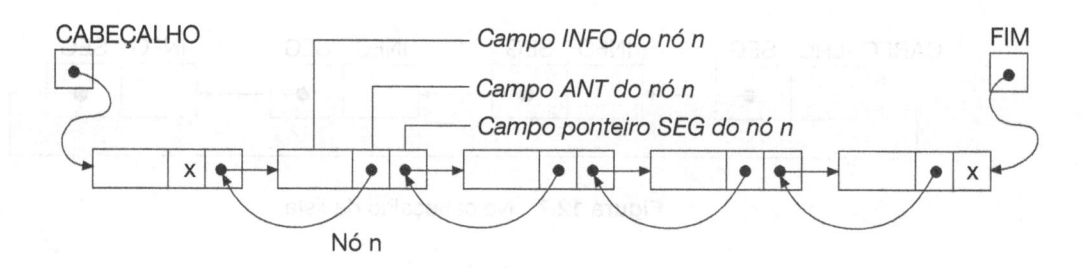

Figura 12.10 Lista dobrada.

Como vemos na Figura 12.11, uma propriedade fundamental das listas duplamente ligadas é que, para qualquer ponteiro P da lista:

nó [nó[p]. seg].ant = p
nó [nó[p]. ant.seg = p

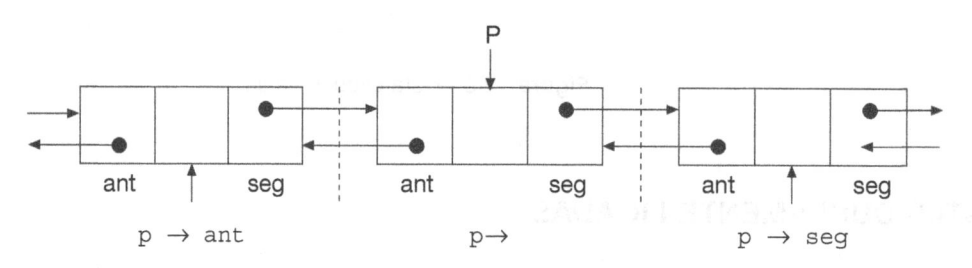

Figura 12.11

12.6.1 Inserção

A inserção de um nó da direita de um nó específico, cuja direção está dada pela variável M, pode apresentar vários casos:

1. A lista está vazia; indicada mediante M = NULO e COMEÇO e FIM são também NULOS. Uma inserção indica que COMEÇO deve ser fixada com a direção do novo nó e os campos ANT e SEG também são estabelecidos em NULO.
2. Inserir na lista: existe um elemento anterior e outro posterior de X.
3. Inserir à direita do nó da extrema direita da lista. É necessário que o apontador FIM seja modificado.

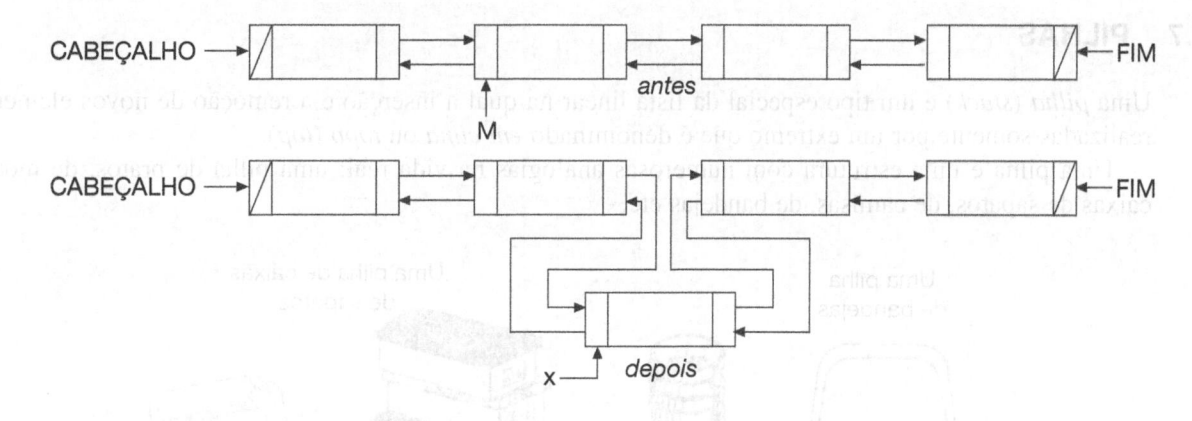

Figura 12.12 Inserção em uma lista duplamente ligada.

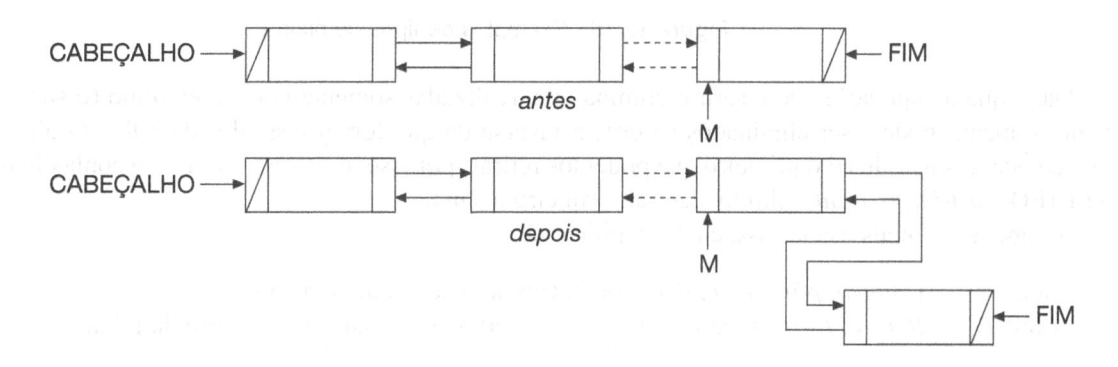

Figura 12.13 Inserção na extrema direita de uma lista duplamente ligada.

12.6.2 Eliminação

A operação de eliminação é direta.

Se a lista tem um nó simples, então os ponteiros dos extremos da esquerda e direita associados à lista devem ser fixados em NULO. Se o nó da extrema direita da lista é assinalado para a eliminação, a variável FIM deve ser modificada para assinalar o predecessor do nó que vamos apagar da lista. Se o nó da extrema esquerda da lista é o que desejamos apagar, a variável CABEÇALHO deve ser modificada para assinalar o elemento seguinte.

A eliminação pode ser realizada dentro da lista (Figura 12.14).

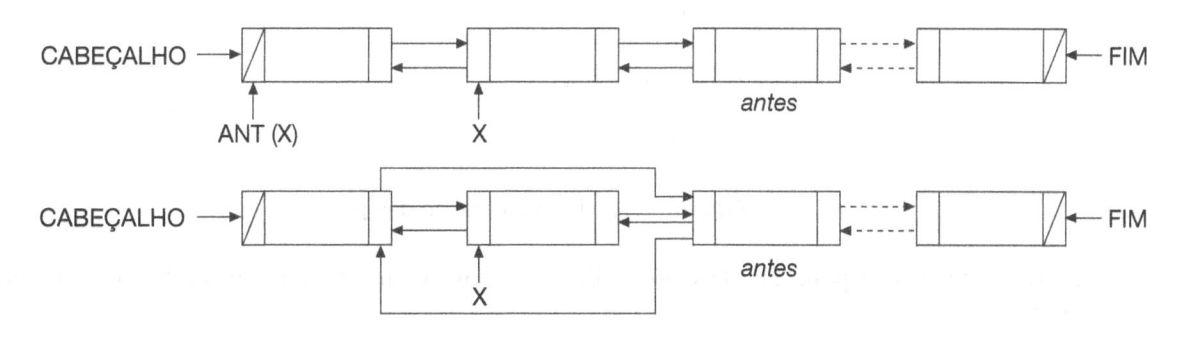

Figura 12.14 Eliminação de um nó em uma lista duplamente ligada.

12.7 PILHAS

Uma *pilha* (*stack*) é um tipo especial da lista linear na qual a inserção e a remoção de novos elementos são realizadas somente por um extremo que é denominado *em cima* ou *topo* (*top*).

Uma pilha é uma estrutura com numerosas analogias na vida real: uma pilha de pratos, de moedas, de caixas de sapatos, de camisas, de bandejas etc.

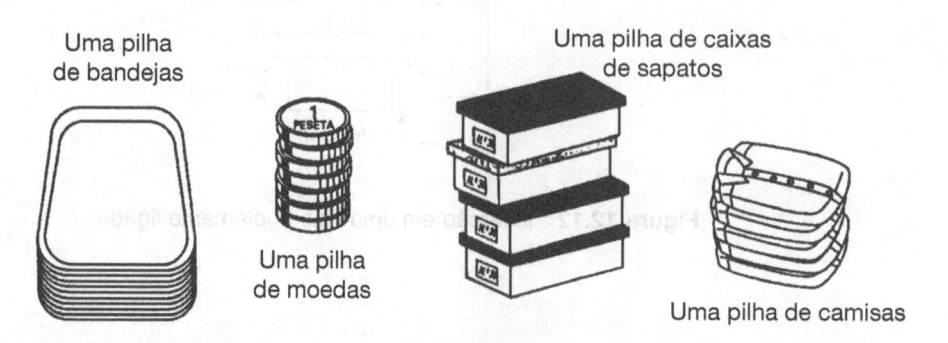

Figura 12.15 Exemplos de tipos de pilhas.

Dado que as operações de inserir e eliminar são realizadas somente por um extremo (o superior), os elementos apenas podem ser eliminados na ordem inversa da que foram inseridos da pilha. O último elemento que colocamos na pilha é o primeiro que podemos retirar; por isso, essas estruturas são conhecidas pelo nome de **LIFO** (*last-in, first-out,* último a entrar, primeiro a sair).

As operações mais usadas associadas a pilhas são:

"push"   *Colocar, pôr ou empilhar*: operação de inserir um elemento.
"pop"   *Retirar, tirar ou desempilhar*: operação de eliminar um elemento da pilha.

As pilhas podem ser representadas em qualquer das três maneiras da Figura 12.16.

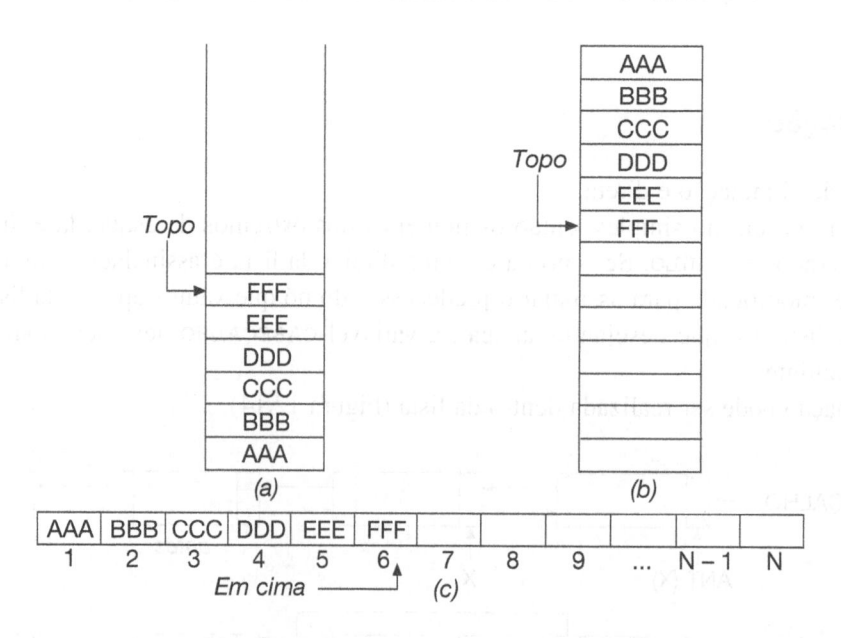

Figura 12.16 Representação das pilhas.

Para representar uma pilha st, devemos definir um vetor com um determinado tamanho (comprimento máximo):

```
var array [1...n] de <tipo_dado> : St
```

Será considerado um elemento inteiro P como o ponteiro da pilha (*stack pointer*). P é o subíndice do array correspondente ao elemento em cima da pilha (isto é, o que ocupa a última posição). Se a pilha está vazia, P = 0.

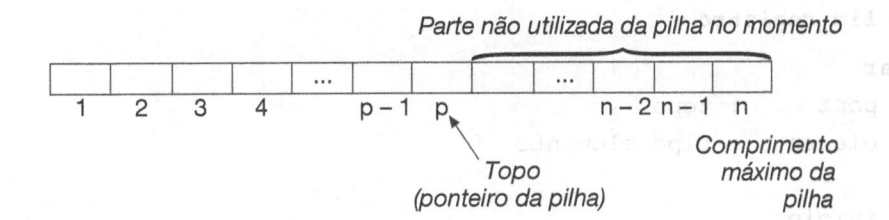

```
| 1 | 2 | 3 | 4 | ... | p-1 | p | ... | n-2 | n-1 | n |
```

Parte não utilizada da pilha no momento

Topo (ponteiro da pilha)

Comprimento máximo da pilha

A pilha está vazia e o ponteiro TOPO está em zero. Ao colocarmos um elemento na pilha, incrementamos o ponteiro em uma unidade. Ao retirarmos um elemento da pilha, ela irá decrementar o ponteiro em uma unidade.

Ao manipularmos uma pilha, devemos realizar algumas verificações. Em uma pilha vazia, não podemos retirar dados (P = 0). Se a pilha é implementada com um array de tamanho fixo, podemos preencher quando P = n (n, comprimento total da pilha) e o intento de introduzir mais elementos na pilha produzirá um *transbordamento da pilha*.

Idealmente, uma pilha pode conter um número ilimitado de elementos e nunca produzir transbordamento. Na prática, entretanto, o espaço de armazenamento disponível é finito. A codificação de uma pilha requer certo equilíbrio, já que, se o comprimento máximo da pilha é muito grande, utilizamos muita memória, enquanto um valor pequeno do comprimento máximo produzirá transbordamentos freqüentes.

Para trabalharmos facilmente com pilhas, é conveniente projetar subprogramas de *colocar* (*push*) e *retirar* (*pop*) elementos. Também é necessário, com freqüência, verificar se a pilha está vazia; isso pode ser feito por meio da variável ou função booleana VAZIA, de maneira que, quando seu valor for *verdadeiro*, a pilha está vazia, e *falso* caso contrário.

P = TOPO	*Ponteiro da pilha.*
VAZIA	*Função booleana "pilha vazia".*
PUSH	*Subprogramas para somar, colocar e inserir elementos.*
POP	*Subprogramas para eliminar ou retirar elementos.*
COMPMÁX	*Comprimento máximo da pilha.*
S(i)	*Elemento i-ésimo da pilha S.*
X	*Elemento a somar/retirar a pilha.*

Implementação com ponteiros

Se a linguagem tem ponteiros, devemos implementar as pilhas com ponteiros.

Para a manipulação de uma pilha mediante ponteiros, deveremos projetar os seguintes procedimentos e/ou funções: inicializar ou criar, empilhar ou colocar, desempilhar ou retirar, consultarTopo e Vazia.

```
algoritmo pilhas_com_ponteiros
   tipo
      ponteiro_a nó: pont
      registro : tipo_elemento
         .... : ....
         .... : ....
```

```
fim_registro
registro : nó
    tipo_elemento : elemento
    pont          : topo
fim_registro

var
  pont     : topo
  elemento : tipo_elemento

início
  inicializar(topo)
  ...
fim

procedimento inicializar(S pont: topo)
  início
    topo ← nulo
  fim_procedimento

lógico função vazia(E pont: topo)
  início
    devolver (topo = nulo)
  fim_função

procedimento consultarTopo(E pont: topo)
                          S tipo_elemento: elemento)
  início
    elemento ← topo→.elemento
  fim_procedimento
```

Os elementos são incorporados sempre por um extremo, topo:

```
Colocar(topo, elemento)
```

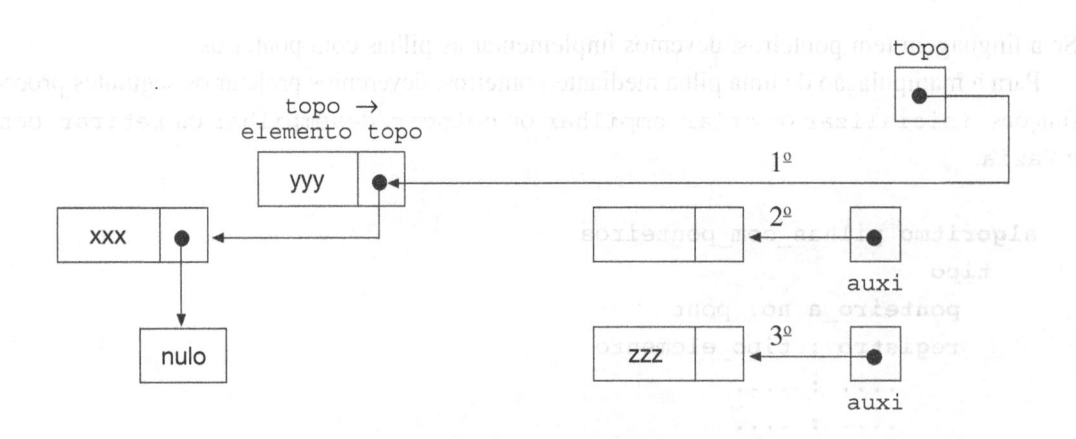

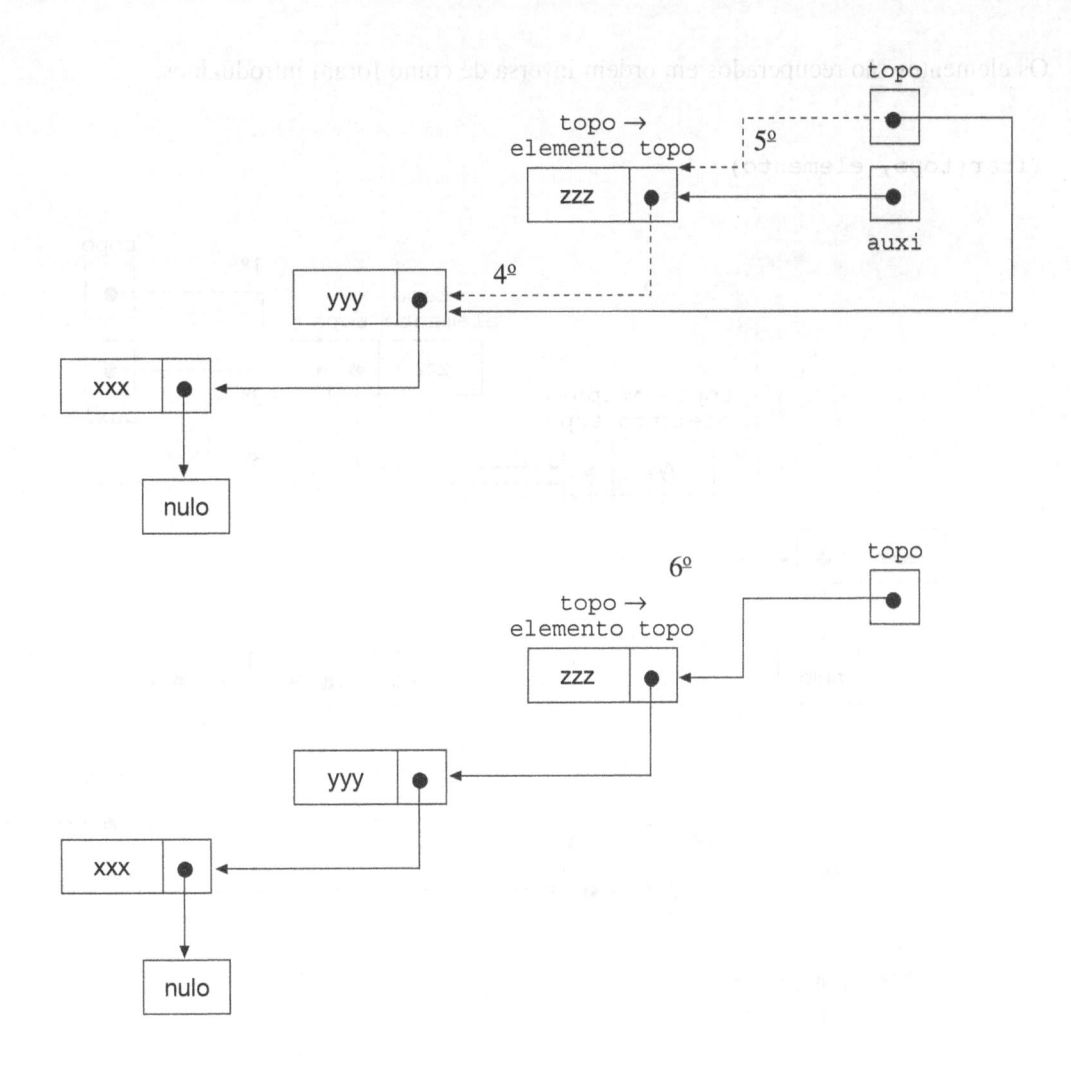

1º `topo` aponta o último elemento da pilha.
2º `reservar(auxi)`.
3º Introduzimos a informação em `auxi→.elemento`.
4º Fazemos que `auxi→.topo` aponte onde `topo`.
5º Mudamos `topo` para que aponte para `auxi`.
6º A pilha tem um elemento a mais.

```
procedimento colocar(E/S pont: topo; E tipo_elemento: elemento)
  var
    pont: auxi
  início
    reservar(auxi)
    auxi→.elemento ← elemento
    auxi→.topo ← topo
    topo ← auxi
fim_procedimento
```

Os elementos são recuperados em ordem inversa de como foram introduzidos.

```
Tirar(topo, elemento)
```

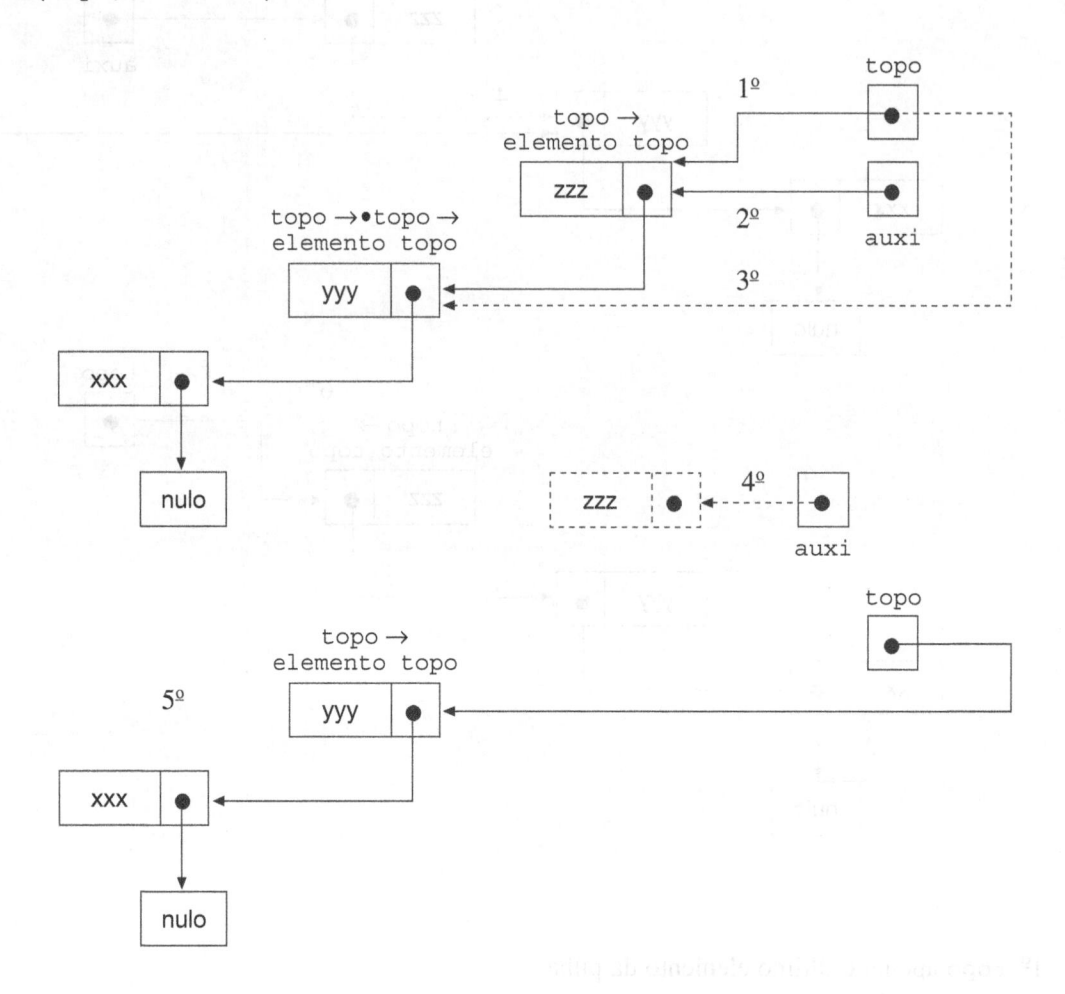

1º `topo` aponta o último elemento da pilha.
2º Fazemos que `auxi` aponte onde apontava `topo`.
3º E que `topo` passe a apontar onde `topo→.topo`.
4º `Liberar (auxi)`.
5º A pilha tem um elemento a menos.

```
procedimento tirar (E/S pont: topo ; S tipo_elemento: elemento)
   var
      pont: auxi
início
   auxi ← topo
   elemento ← topo →.elemento
   topo ← topo →.topo
   liberar(auxi)
   {liberar é um procedimento para a eliminação de
    variáveis dinâmicas}
fim_procedimento
```

Implementação com arrays

Necessitaremos de um array e uma variável numérica topo que aponte o último elemento colocado na pilha.

A inserção ou extração de um elemento se realizará sempre pela parte superior.

Sua implementação mediante arrays limita ao máximo o número de elementos que a pilha pode conter e cria a necessidade de uma função a mais.

`Preenche(...)` de resultado lógico

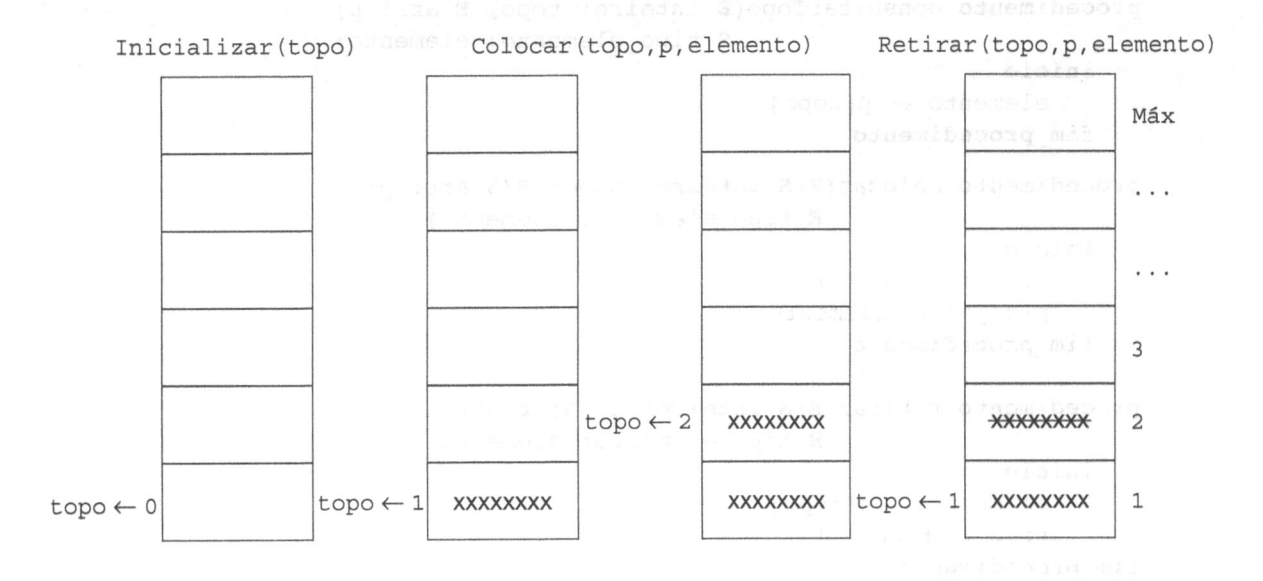

```
const Máx = <expressão>
tipo
    registro: tipo_elemento
        ... : ...
        ... : ...
    fim_registro
    array[1...Máx] de tipo_elemento: arr
var
    inteiro       : topo
    arr           : p
    tipo_elemento : elemento
    início
        inicializar(topo)
        ...
    fim

procedimento inicializar (S inteiro: topo)
    início
        topo ← 0
    fim_procedimento

lógico função vazia(E inteiro: topo)
    início
        se topo = 0 então
            devolver (verdade)
        se_não
            devolver (falso)
        fim_se
    fim_função
```

```
lógico função cheia (E inteiro: topo)
   início
      se topo = Máx então
         devolver (verdade)
      se_não
         devolver (falso)
      fim_se
   fim_função

procedimento consultarTopo(E inteiro: topo, E arr: p;
                           S tipo_elemento: elemento)
   início
      elemento ← p[topo]
   fim_procedimento

procedimento colocar(E/S inteiro: topo; E/S arr: p;
                     E tipo_elemento: elemento)
   início
      topo ← topo + 1
      p[topo] ← elemento
   fim_procedimento

procedimento retirar(E/S inteiro: topo; E arr: p;
                     S tipo_elemento: elemento)
   início
      elemento ← p[topo]
      topo ← topo − 1
   fim_procedimento
```

12.7.1 Aplicações das pilhas

As pilhas são utilizadas amplamente para solucionar uma variedade de problemas. São utilizadas em compiladores, sistemas operacionais e em programas de aplicação. Vejamos algumas das aplicações mais interessantes.

Chamadas a subprogramas

Quando dentro de um programa são efetuadas chamadas a subprogramas, o programa principal deve recordar o lugar de onde foi feita a chamada, de modo que possa retornar ali quando o subprograma terminar de ser executado.

Suponhamos ter três subprogramas chamados A, B e C e também que A invoca B e B invoca C. Então B não irá terminar seu trabalho até que C tenha terminado e devolvido seu controle a B. De maneira semelhante, A é o primeiro que inicia sua execução, mas o último que termina, depois de terminar e retornar a B.

Iremos conseguir esta operação dispondo os endereços de retorno em uma pilha.

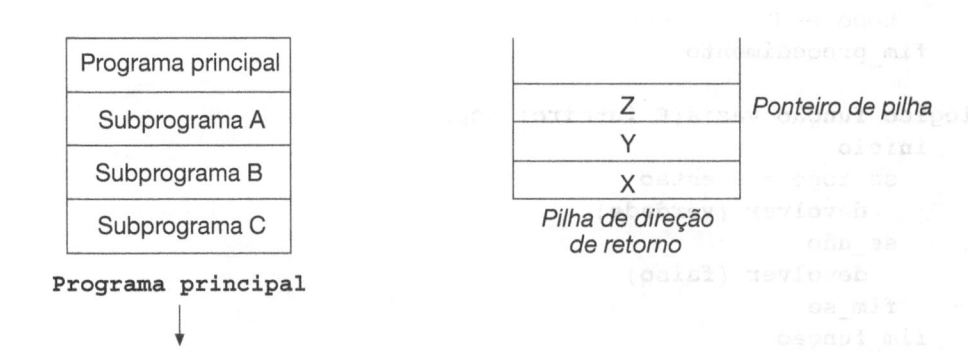

| Programa principal |
| Subprograma A |
| Subprograma B |
| Subprograma C |

Programa principal ↓

Z	Ponteiro de pilha
Y	
X	

Pilha de direção de retorno

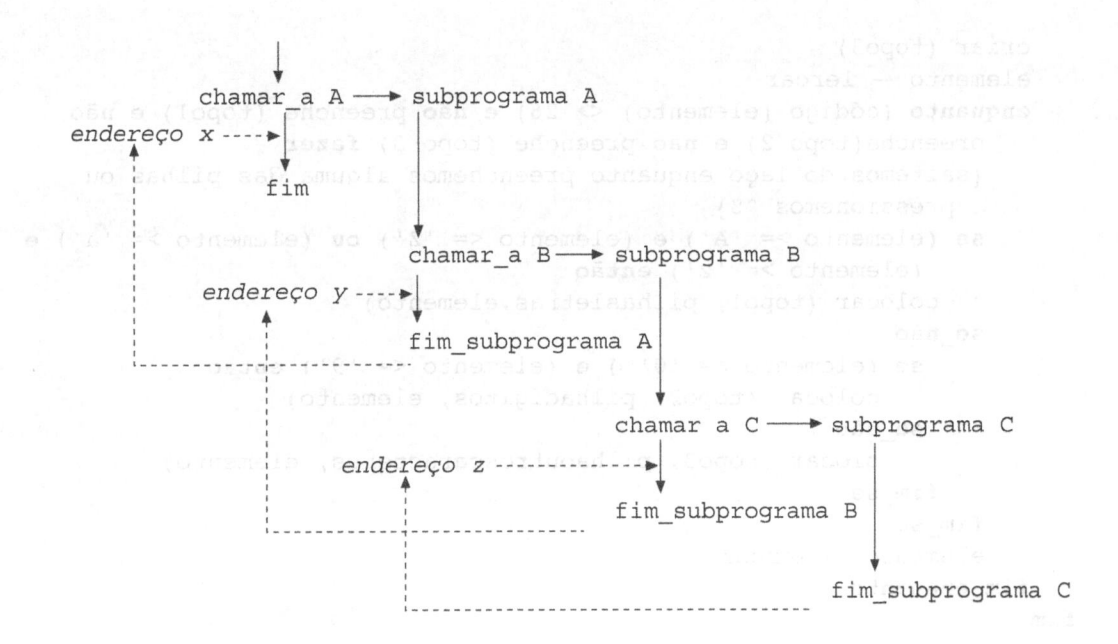

Estruturas dinâmicas lineares de dados (pilhas, filas e listas ligadas) **439**

```
                          ↓
                      chamar_a A ──→ subprograma A
         endereço x ····→│
                         ↓
                        fim
                                 chamar_a B ──→ subprograma B
                    endereço y ····→│
                                    ↓
                              fim_subprograma A
                                               chamar a C ──→ subprograma C
                              endereço z ····→│
                                              ↓
                                        fim_subprograma B
                                                        ↓
                                                  fim_subprograma C
```

Quando um subprograma termina, devemos retornar ao endereço seguinte à instrução que foi chamada (`chamar_a`). Cada vez que invocamos um subprograma, o endereço seguinte (x, y ou z) é introduzido na pilha. O esvaziamento da pilha será realizado pelos sucessivos retornos, decrementando-se o ponteiro da pilha que fica livre sempre apontando o endereço seguinte de retorno.

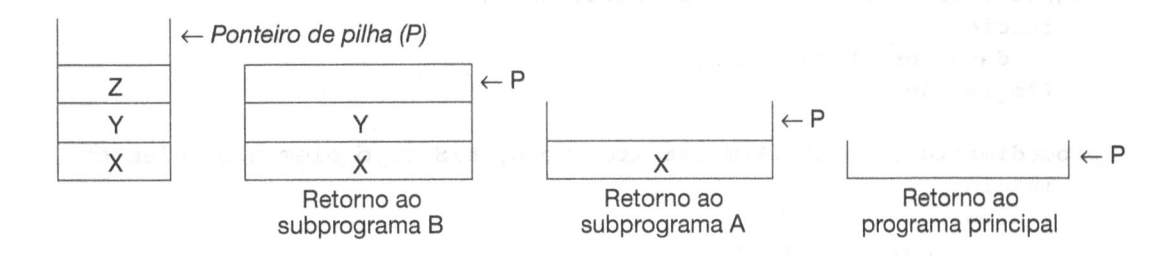

```
         ← Ponteiro de pilha (P)
┌───┐
│ Z │          ┌─────┐ ← P
├───┤          │     │                ┌─────┐ ← P
│ Y │          │  Y  │                │     │              ┌─────┐ ← P
├───┤          ├─────┤                ├─────┤              │     │
│ X │          │  X  │                │  X  │              └─────┘
└───┘          └─────┘                └─────┘
                Retorno ao            Retorno ao           Retorno ao
              subprograma B         subprograma A       programa principal
```

Exemplo 12.6

Desejamos ler um texto e separar os caracteres letras, dígitos e restantes caracteres para serem utilizados posteriormente.

Utilizaremos três pilhas (LETRAS, DÍGITOS, OUTROSCAR) para conter os diferentes tipos de caracteres. O processo consiste em ler caractere a caractere, testar o tipo de caractere e, de acordo com o resultado, introduzi-lo em sua respectiva pilha.

```
algoritmo leituracaractere
   const Máx = <valor>
tipo
   array [1...Máx]  de caractere:pilha
var
   inteiro     : topo1, topo2, topo3
   pilha       : pilhaletras, pilhadígitos, pilhaoutroscaracteres
   caractere   : elemento

início
   criar (topo1)
   criar (topo2)
```

```
        criar (topo3)
        elemento ← lercar
        enquanto (código (elemento) <> 26) e não preenche (topo1) e não
           preenche(topo 2) e não preenche (topo 3) fazer
              {sairemos do laço enquanto preenchemos alguma das pilhas ou
                pressionemos ^Z}
              se (elemento >= 'A') e (elemento <= 'Z') ou (elemento >= 'a') e
                 (elemento >= 'z') então
                 colocar (topo1, pilhasletras,elemento)
              se_não
                 se (elemento >= '0' ) e (elemento <= '9') então
                    colocar (topo2, pilhadígitos, elemento)
                 se_não
                    colocar (topo3, pilhaoutroscaracteres, elemento)
                 fim_se
              fim_se
              elemento ← lercar
        fim_enquanto
    fim

    procedimento criar (S inteiro: topo)
        início
           topo ← 0
        fim_procedimento

    lógico função preencher (E inteiro: topo)
        início
           devolver (topo = Máx)
        fim_função

    procedimento colocar (E/S inteiro: topo; E/S tipo_elemento: elemento)
        início
           topo ← topo + 1
           p [topo] ← elemento
        fim_procedimento
```

12.8 FILAS

As filas são outro tipo de estrutura linear de dados similar às pilhas, diferenciando-se na maneira de inserir/eliminar elementos.

Uma *fila* (*queue*) é uma estrutura linear de dados:

```
    var array [1...n] de <tipo_dado> : C
```

em que as *eliminações* são apresentadas no início da lista, *frente* (*front*) e as *inserções* são apresentadas em outro extremo, *final* (*rear*). Nas filas o elemento que entrou em primeiro lugar sai também em primeiro, por isso os conhecemos como listas **FIFO** (*first-in, first-out*, "primeiro a entrar, primeiro a sair"). A diferença das pilhas reside na maneira de entrada/saída de dados: nas filas as inserções são apresentadas no final da lista, não no início. As filas são usadas para armazenar dados que necessitam ser processados segundo a ordem de chegada.

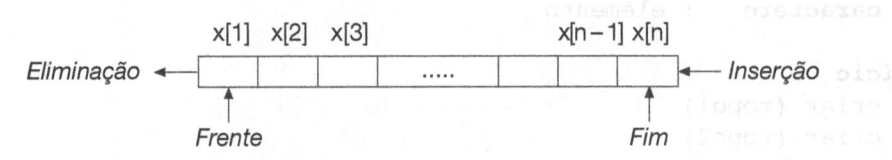

Na vida real, temos inúmeros exemplos de filas: fila de ônibus, de cinema, de carros na rua etc. Em todas elas, o primeiro elemento (passageiro, carro etc.) que chega é o primeiro que sai.

Em informática existem também numerosas aplicações de filas. Por exemplo, em um sistema de tempo compartilhado, costuma haver um processador central e uma série de periféricos compartilhados: discos, impressoras etc. Os recursos são compartilhados pelos diferentes usuários e é utilizada uma fila para armazenar os programas ou pedidos dos diferentes usuários que esperam sua vez de execução. O processador central respeita — normalmente — uma rigorosa ordem de chamada do usuário; para tanto, todas as chamadas são armazenadas em uma fila. Outra aplicação muito utilizada é a *fila de prioridades,* em que o processador central não respeita uma ordem rigorosa de chamada, aqui o processador espera por prioridades atribuídas pelo sistema ou pelo usuário, e somente dentro dos pedidos de igual prioridade será produzida uma fila.

12.8.1 Representação das filas

As filas podem ser representadas pelas listas ligadas ou por arrays.

Necessitamos de dois ponteiros: *frente(f)* e *final (r),* e a lista ou array de *n* elementos (LONGMAX).

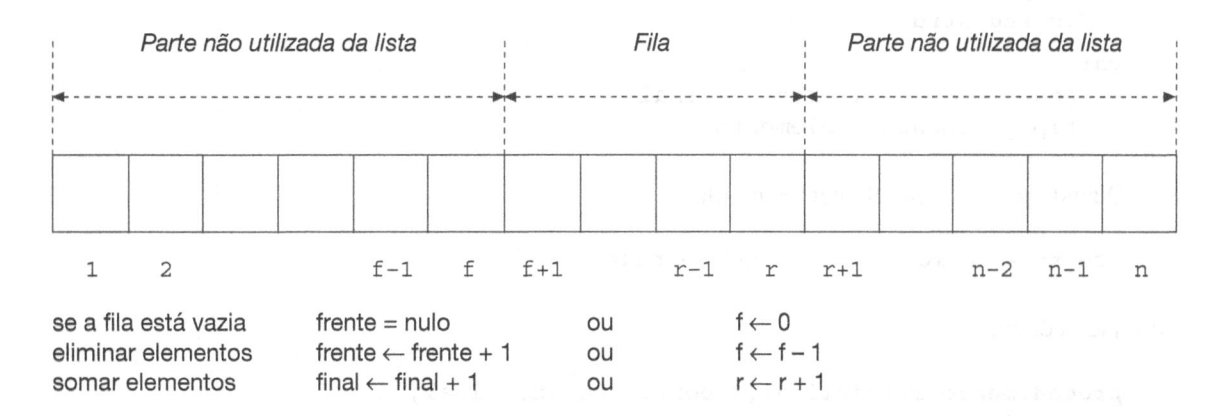

se a fila está vazia	frente = nulo ou	$f \leftarrow 0$
eliminar elementos	frente ← frente + 1 ou	$f \leftarrow f - 1$
somar elementos	final ← final + 1 ou	$r \leftarrow r + 1$

A Figura 12.17 mostra a representação de uma fila por meio de um array ou de uma lista ligada. As operações que podem ser realizadas com uma fila são:

- Acessar o primeiro elemento da fila.
- Somar um elemento ao final da fila.
- Eliminar o primeiro elemento da fila.
- Esvaziar a fila.
- Verificar o estado da fila: vazia:cheia.

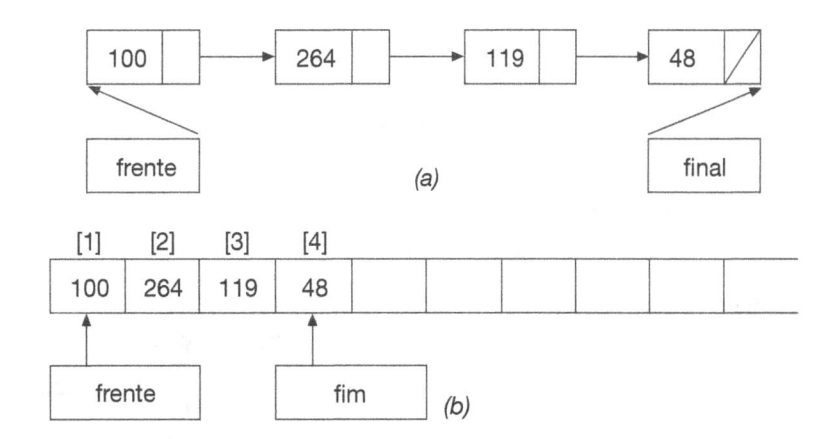

Figura 12.17 Representação de uma linha: *a)* por meio de um array, *b)* por meio de uma lista ligada.

Implementação como estruturas dinâmicas

Como veremos depois, ainda que as filas possam ser simuladas por meio de um array e duas variáveis numéricas (frente, final), deveremos, se é permitido pela linguagem, implementá-las por meio de ponteiros.

Em uma fila, as eliminações são realizadas pelo extremo denominado frente e as inserções, pelo final.

Para a manipulação de uma fila, necessitaremos dos subprogramas: inicializar ou criar, consultar-Primeiro, colocar ou retirar ou eliminar e vazio ou filaVazia, e os seguintes tipos de dados:

```
tipo
   ponteiro_a nó : pont
      registro        : tipo_elemento
         ... : ...
         ... : ...
      fim_registro
   registro           : nó
      tipo_elemento : elemento
      pont          : seg
   fim_registro
var
   pont           : frente, final
   tipo_elemento : elemento
```

Quando não existem elementos na fila:

frente ← **nulo**   final ← **nulo**

do que deduzimos

```
procedimento inicializar(S pont: frente, final)
   início
      frente ← nulo
      final ← nulo
   fim_procedimento
```

Colocar(final, frente, elemento)

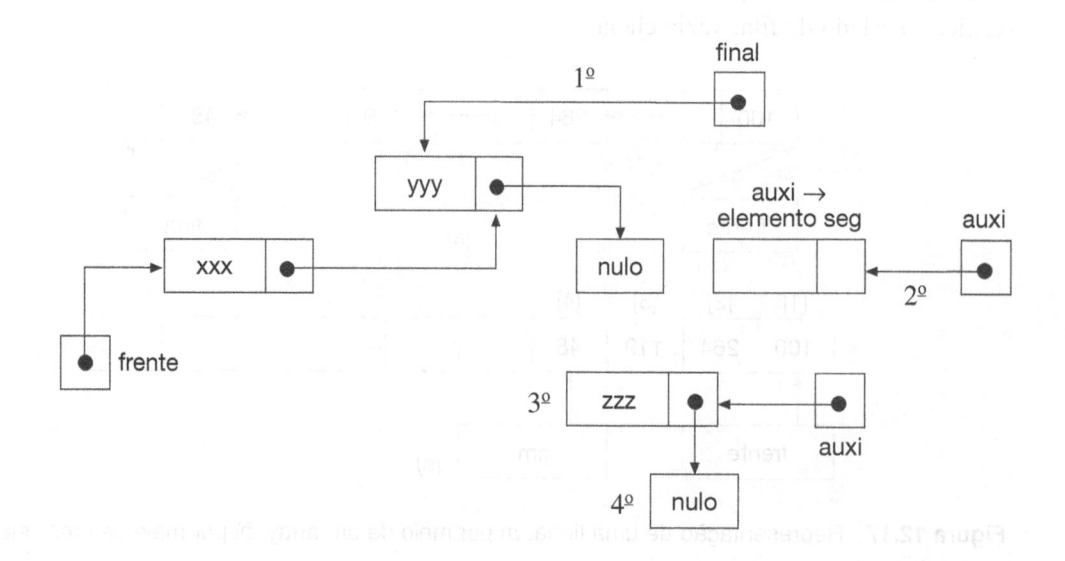

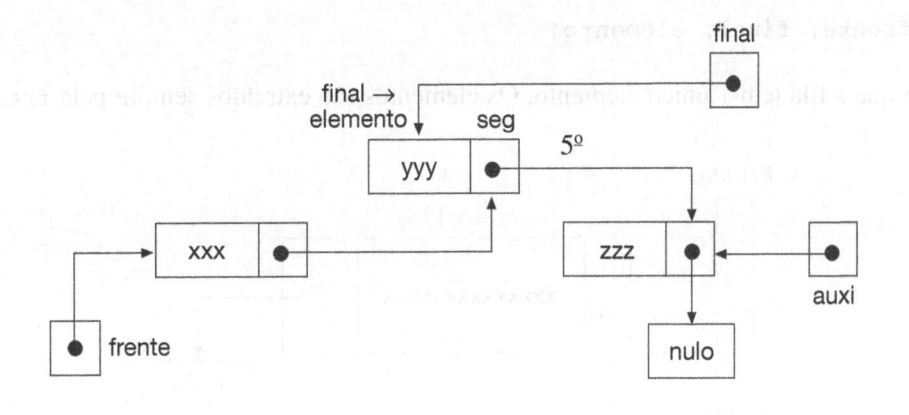

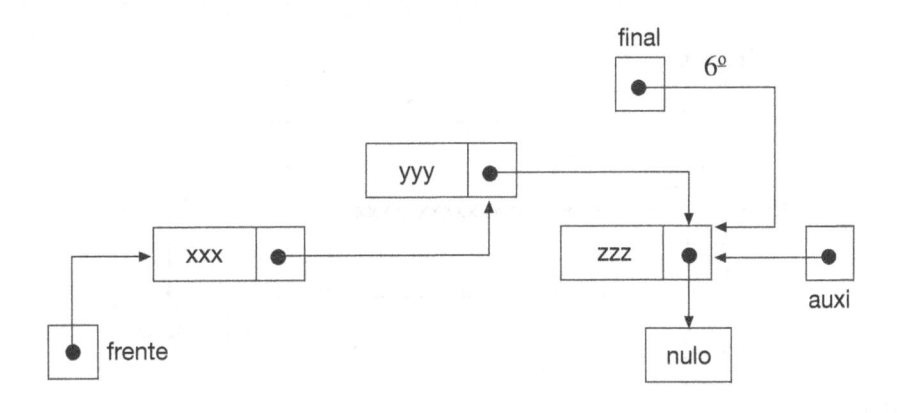

1º Situação de início.
2º `reservar(auxi)`.
3º Introduzir a nova informação em `auxi →.elemento`.
4º Fazer que `auxi →.seg` aponte nulo.
5º Conseguir que `final →.seg` aponte onde faz `auxi`.
6º Por último, final deve apontar também onde `auxi`.

```
procedimento colocar(E/S pont: final; S pont: frente;
                    E tipo_elemento: elemento)
var
   pont: auxi
início
   reservar(auxi)
   auxi→.elemento ← elemento
   auxi→.seg      ← nulo
   se final = nulo então
      frente ← auxi
   se_não
      final→.seg ← auxi
   fim_se
      final ← auxi
fim_procedimento
```

```
Retirar(frente, final, elemento)
```

Imaginando que a fila tem 1 único elemento. Os elementos são extraídos sempre pela `frente`.

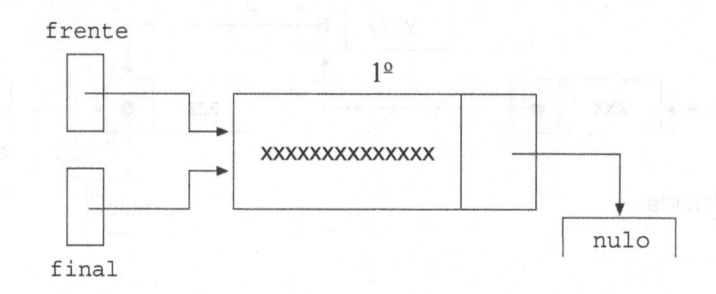

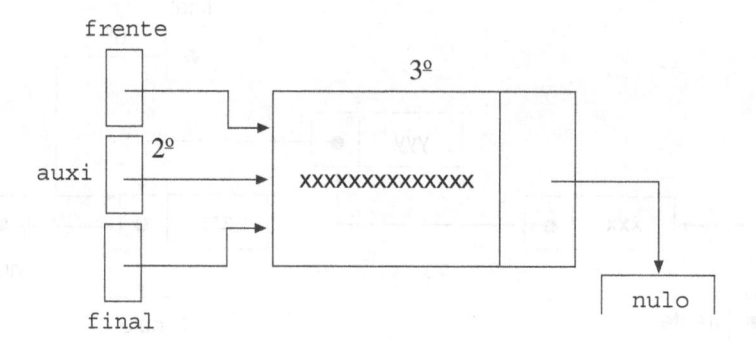

1º Estado inicial.
2º Fazemos que `auxi` aponte onde faz frente.
3º Extraímos a informação de `auxi` →.`elemento`.

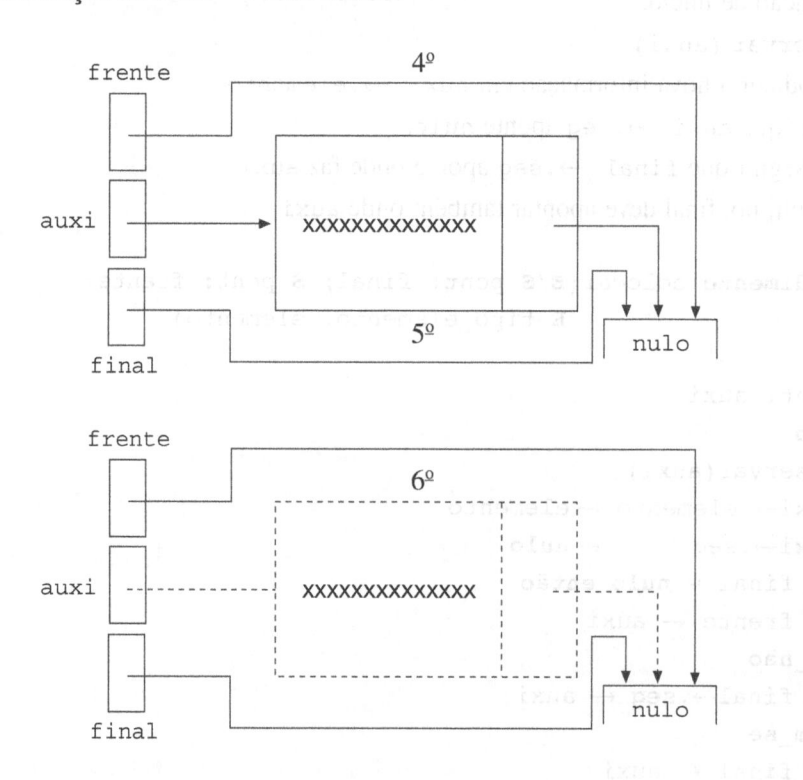

4º Fazemos que `frente` aponte onde faz `auxi` →.`seg`.
5º Como `frente` recebe o valor nulo, ao final será dado nulo.
6º `Liberar(auxi)`.

```
procedimento retirar(E/ S pont: frente; S pont: final;
                    S tipo_elemento: elemento)
var
   pont: auxi
início
   auxi     ← frente
   elemento ← auxi→.elemento
   frente   ← frente→.seg
   se frente = nulo então
      final ← nulo
   fim_se
   liberar(auxi)
fim_procedimento
```

Como os elementos são extraídos sempre pela frente, a fila estará vazia quando:

```
frente = nulo
 lógico função vazia(E pont: frente)
    início
      se frente = nulo então
         devolver(verdade)
      se_não
         devolver(falso)
      fim_se
    fim_função

procedimento consultarPrimeiro(E pont: frente; S tipo_elemento:
                                elemento)
início
   elemento ← frente →.elemento
fim_procedimento
```

Implementação utilizando estruturas do tipo array

Podemos representar as filas mediante arrays.

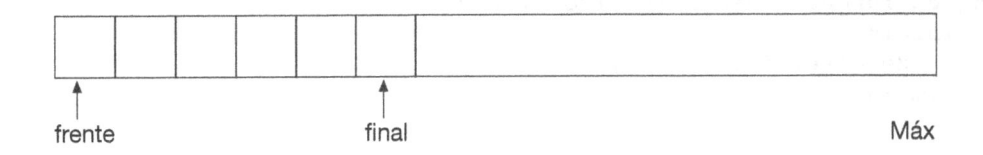

```
const
   Máx = <expressão>     //comprimento máximo
tipo
   registro: tipo_elemento
       ... : ...
       ... : ...
   fim_registro
   array[1...Máx] de tipo_elemento: arr
var
    inteiro        :  frente, final
    arr            :  c          //a fila é definida como um array
    tipo_elemento  :  elemento
```

Quando a fila está fazia   frente ← 0   final ← 0

```
procedimento inicializar(S inteiro: frente, final)
   início
      frente ← 0
      final ← 0
fim_procedimento
```

O procedimento para a inserção de um novo elemento deverá verificar, em primeiro lugar, que a fila não está totalmente preenchida e, conseqüentemente, não será produzido um erro de transbordamento.

A condição de transbordamento é produzida quando final = Máx.

```
procedimento colocar(E/ S inteiro: final; S inteiro: frente;
                     E/ S arr: c; E tipo_elemento: elemento)
   início
      se final = 0 então
         frente ← 1
      fim_se
      final ← final + 1
      c[final] ← elemento
fim_procedimento
```

Para eliminar um elemento será preciso verificar, em primeiro lugar, que a fila não está vazia.

```
procedimento retirar(E/S inteiro: frente, final; E arr: c;
                     S tipo_elemento: elemento)
   início
      elemento ← c[frente]
      frente ← frente + 1
      se frente = final + 1 então
         frente ← 0
         final ← 0
      fim_se
fim_procedimento
```

A fila estará vazia quando frente = 0.

```
lógico função vazia(E inteiro: frente)
   início
      devolver(frente = 0)
fim_função
```

Esta implementação tem o inconveniente de que pode ocorrer que a variável final chegue ao valor máximo da tabela, com o qual não poderemos seguir somando elementos na fila, ainda quando sobrem posições livres à esquerda da posição frente por terem sido eliminados alguns de seus elementos.

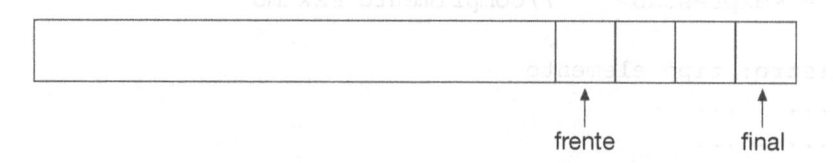

Existem diversas soluções para esse problema:

1º Retrocesso

Consiste em manter fixo a 1 o valor de frente, realizando um deslocamento de uma posição para todos os componentes ocupados cada vez que for efetuada uma supressão.

2º Reestruturação
Quando o final chega ao máximo de elementos, deslocam-se componentes ocupados para trás das posições necessárias para que o princípio coincida com o princípio da tabela.

3º Mediante um array circular
Um array circular é aquele em que consideramos que o primeiro componente segue o último componente. Esta implementação obriga a deixar sempre uma posição livre para separar o princípio e o final do array.

Evidentemente, continuará existindo a limitação de que possamos preencher completamente o array, Máx−1 posições ocupadas.

12.8.2 Aproveitamento da memória

O melhor método para evitar o não-aproveitamento do espaço é o projeto da fila mediante um array circular.

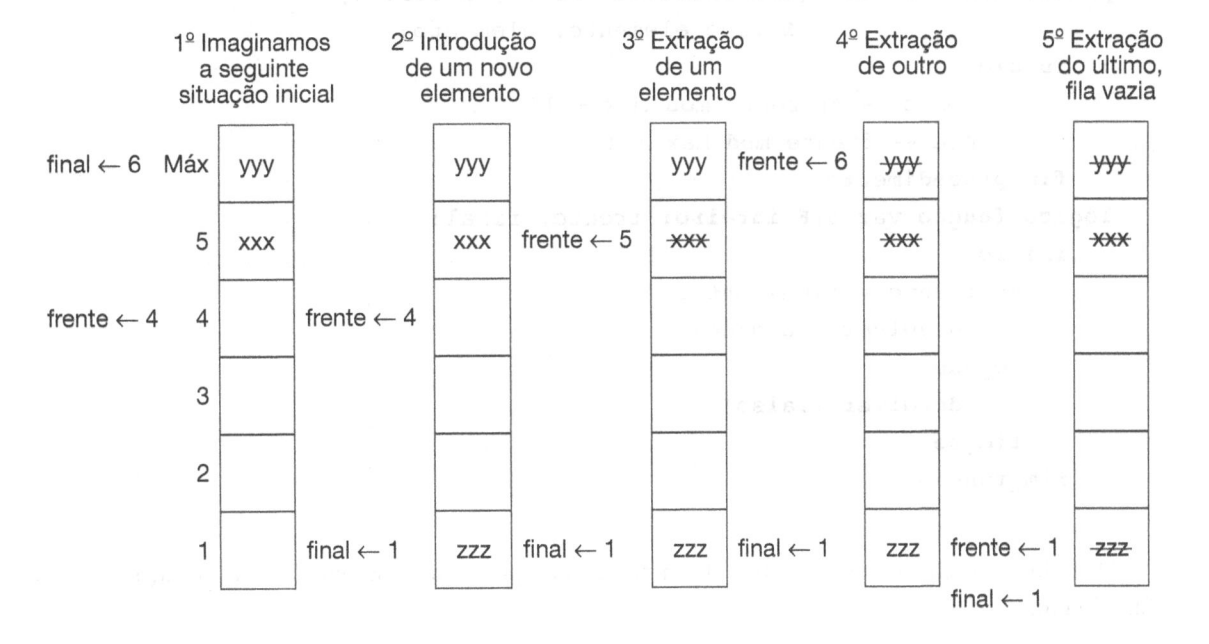

Deveremos efetuar as seguintes declarações:

```
const Máx = <expressão>
tipo
   registro : tipo_elemento
      ... : ...
      ... : ...
   fim_registro
   array[1...Máx] de tipo_elemento : arr
var
   inteiro        : frente, final
   arr            : c
   tipo_elemento  : elemento
```

Em c[frente] estará sempre livre, servindo para separar o princípio e o final do array.

```
procedimento inicializar(S inteiro: frente, final)
   início
      frente ← 1
      final ← 1
   fim_procedimento
```

Os elementos são somados ao final.

```
procedimento colocar(E/S inteiro: final; E/S arr: c; E
tipo_elemento: elemento)
    início
        final ← final mod Máx + 1
        c[final] ← elemento
    fim_procedimento
```

Os elementos são eliminados pela frente. O elemento a ser eliminado é encontrado sempre na posição do array seguinte à especificada por frente.

```
procedimento retirar(E/S inteiro: frente, E arr: c;
                     S tipo_elemento: elemento)
    início
        elemento ← c[frente mod Máx + 1]
        frente ← frente mod Máx + 1
    fim_procedimento
lógico função vazia(E inteiro: frente, final)
    início
        se frente = final então
            devolver (verdade)
        se_não
            devolver (falso)
        fim_se
    fim_função
```

Quando a posição seguinte ao final for frente não poderemos somar mais informação, pois teríamos de fazê-lo em:

```
c[final mod Máx + 1]     ou seja     c[frente]
```

e a fila será preenchida.

```
lógico função preenchida(E inteiro: frente, final)
    início
        se frente = final mod Máx + 1 então
            devolver (verdade)
        se_não
            devolver (falso)
        fim_se
    fim_função
procedimento consultarPrimeiro (E inteiro: frente; E arr: c; S
                                 tipo_elemento: elemento)
    início
        elemento ← c[frente mod Máx + 1]
    fim_procedimento
```

12.9 FILA DUPLA

Existe uma variante na fila simples estudada anteriormente e que é a *fila dupla*. A *fila dupla* é uma fila bidimensional na qual as inserções e eliminações podem ser realizadas em qualquer um dos dois extremos da lista.

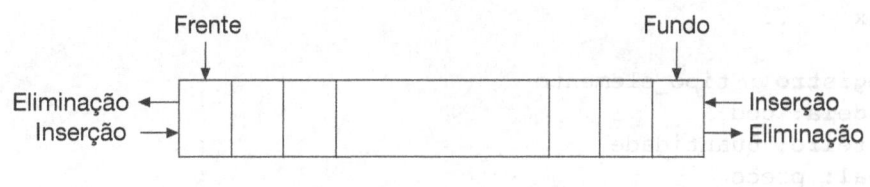

Figura 12.18 Fila dupla.

Existem duas variantes da fila dupla:

- *Fila dupla de entrada restrita:* aceita inserções somente no final da fila.
- *Fila dupla de saída restrita:* aceita eliminações somente na frente da fila.

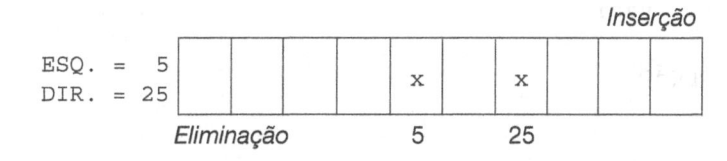

Os procedimentos de inserção e eliminação das filas duplas são variantes dos procedimentos estudados para as filas simples e são exercício para o leitor.

ATIVIDADES DE PROGRAMAÇÃO RESOLVIDAS

12.1 Uma loja de artigos esportivos deseja armazenar em uma lista ligada, com um único elemento por produto, a seguinte informação sobre as vendas realizadas: Código do artigo, Quantidade e Preço. Usando estruturas de tipo array, desenvolver um algoritmo que permita a criação da lista como sua atualização quando forem realizadas novas vendas ou devoluções de um determinado produto.

Análise do problema

O algoritmo contemplará a criação da lista e colocará os elementos classificados por código para que as buscas possam retornar mais rapidamente. Quando uma venda é realizada, devemos considerar as seguintes possibilidades:

- É a primeira vez que esse artigo é vendido e isso nos leva à inserção de um novo elemento na lista.
- Esse artigo já foi vendido outras vezes, portanto, é uma modificação de um elemento da lista, mudando a quantidade vendida.

A devolução de um produto nos fará pensar nas seguintes situações:

- O comprador devolve parte do que havia vendido de um determinado artigo, o que representa uma modificação da quantidade vendida, decrementando com a devolução.
- Devolve-se tudo o que foi vendido de um determinado artigo e, conseqüentemente, o produto deve desaparecer da lista de vendas.

Projeto do algoritmo

```
algoritmo exercício_12_1
   const
      máx = ...
   tipo
      registro : tipo_elemento
         cadeia: cód
         inteiro: quantidade
         real: preço
      fim_registro
      registro : tipo_nó
         tipo_elemento: elemento
         inteiro : seg
      fim_registro
      array[1...Máx] de tipo_nó: lista
   var
      inteiro: inic, vazio
      lista: m
      caractere: opção

início
   iniciar(m, vazio)
   inicializar(inic)
   repetir
      escrever('1.- Vendas')
      escrever('2.- Devoluções')
      escrever('3.- Mostrar lista')
      escrever('4.- Fim')
      escrever('Escolher opção')
      ler(opção)
      conforme_seja  opção fazer
         '1': novasvendas(inic,vazio,m)
         '2': devoluções(inic,vazio,m)
         '3': varrer(inic,m)
      fim_conforme
   até_que opção = '4'
fim

procedimento inicializar(S inteiro: inic);
   início
      inic ← 0
   fim_procedimento

lógico função vazia(E inteiro: inic);
   início
      devolver (inic = 0)
   fim_função

procedimento iniciar(E/S lista: m; E/S inteiro: vazio)
   var
      inteiro: 1
   início
      vazio ← 1
      desde i ← 1 até Máx - 1 fazer
```

```
            m[i].seg ← i + 1
        fim_desde
        m[Máx].seg ← 0
    fim_procedimento

procedimento reservar(S inteiro: auxi; E lista: m; E/S inteiro: vazio)
    início
        se vazio = 0 então
            escrever('Memória esgotada')
            auxi ← 0
        se_não
            auxi ← vazio
            vazio ← m[vazio].seg
        fim_se
    fim_procedimento

lógico função preenchida(E inteiro: vazio)
    início
        devolver(vazio = 0)
    fim_função

procedimento consultar(E inteiro: inic; S inteiro: posic, anterior;
                       E tipo_elemento: elemento; S lógico: encontrado;
                       E lista: m)
    início
        anterior ← 0
        posic ← inic
        enquanto (m[posic].elemento.cód < elemento.cód] e (posic<>0) fazer
            anterior ← posic
            posic ← m[posic].seg
        fim_enquanto
        se m[posic].elemento.cód = elemento.cód então
            encontrado ← verdade
        se_não
            encontrado ← falso
        fim_se
    fim_procedimento

procedimento inserir(E/S inteiro: inic, anterior;
                     E tipo_elemento: elemento;
                     E/S lista: m; E/S inteiro: vazio)
    var
        inteiro: auxi
    início
        reservar(auxi,m,vazio)
        m[auxi].elemento ← elemento
        se anterior = 0 então
            m[auxi].seg ← inic
            inic ← auxi
        se_não
            m[auxi].seg ← m[anterior].seg
            m[anterior].seg ← auxi
        fim_se
        anterior ← auxi
    fim_procedimento
```

```
procedimento escrever_reg(E tipo_elemento: e)
   início
      escrever(e.cód)
      escrever(e.quantidade)
      escrever(e.preço)
   fim_procedimento

procedimento varrer(E inteiro: inic, E lista: m)
   var
      inteiro: posic
   início
      posic ← inic
      enquanto posic <> 0 fazer
         escrever_reg(m[posic].elemento)
         posic ← m[posic].seg
      fim_enquanto
   fim_procedimento

procedimento liberar(E/S inteiro: posic; E/S lista: m;
                     E/S inteiro: vazio)
   início
      m[posic].seg ← vazio
      vazio ← posic
   fim_procedimento

procedimento suprimir(E/S inteiro: inic, anterior, posic;
                      E/S lista: m; E/S inteiro: vazio)
   início
      se anterior = 0 então
         inic ← m[posic].seg
      se_não
         m[anterior].seg ← m[posic].seg
      fim_se
      liberar(posic,m,vazio)
      anterior ← 0
      posic ← inic
   fim_procedimento

procedimento novasvendas(E/S inteiro: inic, vazio; E/S lista: m)
   var
      tipo_elemento: elemento
      lógico: encontrado
      inteiro: anterior, posic
   início
      repetir
         escrever('Introduza * no código para terminar')
         escrever('Código:    ')
         ler(elemento.cód)
         se elemento.cód <> '*' então
            se vazia (inic) então
               anterior ← 0
               escrever('Quantidade: ')
               ler(elemento.quantidade)
               escrever('Preço:    ')
               ler(elemento.preço)
```

```
                    inserir(inic,anterior,elemento,m,vazio)
                se_não
                    consultar (inic,posic,anterior,elemento,encontrado,m)
                    se não encontrado então
                        se não preenchido(vazio) então
                            escrever('Quantidade: ')
                            ler(elemento.quantidade)
                            escrever('Preço:    ')
                            ler(elemento.preço)
                            inserir(inic,anterior,elemento,m,vazio)
                        se_não
                            escrever('Preenchido')
                        fim_se
                    se_não
                        escrever('Quantidade:   ')
                        ler(elemento.quantidade)
                        m[posic].elemento.quantidade ← m[posic].elemento.quantidade+
                                            elemento.quantidade
                    fim_se
                fim_se
            fim_se
        até_que elemento.cód = '*'
    fim_procedimento

procedimento devoluções(E/S inteiro; inic, vazio: E/S lista: m)
    var
        tipo_elemento: elemento
        inteiro      : posic, anterior
        inteiro      : quantidade
        lógico       : encontrado
    início
        se não vazio(inic) então
            escrever('Introduza um * no código para terminar')
            escrever('Código:   ')
            ler(elemento.cód)
        se_não
            escrever('Não há vendas, não pode haver devoluções')
        fim_se
        enquanto  (elemento.cód < > '*' ) e não vazio (inic) fazer
            consultar(inic, posic, anterior, elemento, encontrado, m)
            se encontrado então
                repetir
                    escrever('Dê-me quantidade devolvida ')
                    ler(quantidade)
                    se quantidade >m[posic].elemento.quantidade então
                        escrever('Erro')
                    fim_se
                até_que quantidade<=m[posic].elemento.quantidade
                m[posic].elemento.quantidade ← m[posic].elemento.quantidade-quan-
tidade
                se m[posic.elemento.quantidade = 0 então
                    suprimir(inic, anterior, posic, m, vazio)
                fim_se
            se_não
```

```
                escrever('Não existe')
            fim_se
            se não vazio(inic) então
                escrever('Introduza um * no código para terminar')
                ler(elemento.cód)
            se_não
                escrever('Não há vendas, não pode haver devoluções')
            fim_se
        fim_enquanto
    fim_procedimento
```

12.2 Projetar um procedimento que efetue uma cópia da pilha em outra.

Análise do problema

Entendemos por copiar a ação de preencher outra pilha com os mesmos elementos e na mesma ordem. Simplesmente retirando os elementos da pilha e colocando em outra, teremos os mesmos elementos, mas em ordem distinta. Teremos duas soluções, uma seria utilizar uma pilha auxiliar: retiramos os elementos da pilha principal e colocamos em uma auxiliar, para depois serem colocados em duas pilhas, uma das quais é a da saída. A outra solução será recursiva: retiram-se os elementos da pilha mediante chamadas recursivas; quando a pilha estiver vazia, inicializaremos a cópia e o retorno à recursividade vai introduzindo os elementos em duas pilhas na ordem inversa de como saíram.

Observe que o procedimento valerá tanto para a implementação com arrays como com estruturas dinâmicas de dados.

Projeto do algoritmo

Solução iterativa

```
procedimento CopiarPilha(E/S pilha: p; S pilha; cópia)
    var
        pilha: aux
        tipo_elemento: e
    início
        PilhaVazia(auxi)
        Enquanto não ÉPilhaVazia(p) fazer
            Topo(p,e)
            PInserir(auxi,e)
            PApagar(p)
        fim_enquanto
        PilhaVazia(cópia)
        enquanto não ÉPilhaVazia(aux) fazer
            Topo(auxi,e)
            PInserir(cópia, e)
            PInserir(p, e)
            PApagar(auxi)
        fim_enquanto
    fim_procedimento
```

Solução recursiva

```
procedimento CopiarPilhaR(E/S pilha: p, cópia)
    var
        tipo_elemento: e
    início
        se não ÉPilhaVazia(p) então
```

```
            Topo(p,e)
            PApagar(p)
            CopiarPilha(p, cópia)
            PInserir(cópia, e)
            PInserir(p, e)
      se_não
            PilhaVazia (cópia)
      fim_se
fim_procedimento
```

Os procedimentos e funções utilizados implementados com os ponteiros são:

```
Procedimento PilhaVazia(S pilha p)
   início
      p ← nulo
   fim_procedimento

lógico função ÉPilhaVazia(E pilha: p)
   início
      devolver(p = nulo)
   fim_função

procedimento PInserir(E/S pilha: p; E tipo_elemento: e)
   var
      pilha: aux
   início
      reservar(aux)
      aux→.info ← e
      aux→.topoant ← p
      p ← aux
   fim_procedimento

procedimento PApagar(E/S pilha: p)
   var
      pilha: apagar ← p
   início
      apagar ← p
      p ← p→.topoant
      liberar(apagar)
   fim_procedimento

procedimento Topo(E pilha: p; S tipo_elemento: e)
   início
      e ← p→.info
   fim_procedimento
```

12.3 Projetar um procedimento que elimine o elemento enésimo de uma pilha.

Análise do problema

Nesse caso também devemos utilizar uma pilha auxiliar ou recursividade para poder restaurar os elementos na mesma ordem. É necessário apagar elementos e inseri-los na pilha auxiliar até chegar ao elemento n. Neste ponto, os elementos da pilha auxiliar são retirados e introduzidos na pilha original. Observe que também neste caso é totalmente indiferente utilizar estruturas de dados dinâmicas ou estáticas.

Projeto do algoritmo

Solução iterativa

```
procedimento ApagarElementoN(E/S pilha: p, E inteiro: n)
  var
    pilha: aux
    tipo_elemento: e
    inteiro: i
  início
    i ← 1
    PilhaVazia(aux)
    enquanto não ÉPilhaVazia(p) e (i < n) fazer
        i ← i + 1
        Topo(p, e )
        PInserir(aux , e)
        PApagar(p)
    fim_enquanto
    PApagar (p)
    enquanto não ÉPilhaVazia(aux) fazer
        Topo (aux, e)
        PInserir (p, e)
        PApagar (aux)
    fim_enquanto
fim_procedimento
```

Solução recursiva

```
procedimento ApagarElementoN(E/S pilha: p; E inteiro: n)
  var
    tipo_elemento: e
  início
    se (n > 1) e não ÉPilhaVazia(p) então
        Topo(p,e)
        PApagar(p)
        ApagarElementoN(p, n - 1)
        PInserir(p, e)
    se_não
        PApagar(p)
    fim_se
fim_procedimento
```

12.4 Projetar um algoritmo para, utilizando pilhas e filas, verificar se uma frase é um palíndromo (um palíndromo é uma frase que é lida da mesma maneira da esquerda para a direita e vice-versa).

Análise do problema

Podemos aproveitar a diferente ordem em que saem os elementos de uma pilha e uma fila para verificar se uma frase é igual a si mesma, quando invertida. Para isso, uma vez introduzida a frase, devemos inserir em uma pilha e uma fila todos os caracteres (evitando-se os sinais de pontuação, e poderíamos melhorar se forem convertidos todos os caracteres em maiúsculas ou minúsculas e eliminando-se os acentos).

A seguir vão sendo retirados os elementos de uma pilha e da fila. Aparecendo um caractere diferente, a frase não é igual a si mesma invertida, portanto, não será um palíndromo. Se, ao acabar de retirar os elementos, todos são iguais, trata-se de um palíndromo.

Projeto do algoritmo

```
algoritmo exercício_12_4:
    {Aqui deveriam estar incluídas as declarações, procedimentos e funções
    para trabalhar com pilhas e filas.
    É indiferente trabalhar com estruturas estáticas ou dinâmicas}
    var
        pilha  : p
        fila   : c
        cadeia : car1, car2, frase
        inteiro: i

início
    FilaVazia(c)
    PilhaVazia(p)
    ler(frase)
    desde i ← 1 até comprimento(frase) fazer
        car1 ← subcadeia(frase, i, 1)
        {se não é um signo de pontuação}
        se posição(car1,',:;. ') = 0 então
            CInserir(c,car1)
            PInserir(p,car1)
        fim_se
    fim_desde
    repetir
        Primeiro(c, car1)
        Topo(p,car2)
        PApagar(p)
        CApagar(c)
    até_que (car1< >car2) ou ÉPilhaVazia(c)
    se car1=car2 então
        escrever('É um palíndromo')
    se_não
        escrever('Não é um palíndromo')
    fim_se
fim
```

REVISÃO DO CAPÍTULO

Conceitos-chave

- Apontador
- Fila
- Dupla fila
- Ligação
- Estrutura de dados dinâmica
- Estrutura de dados estática
- Lista circular
- Lista duplamente ligada
- Lista ligada
- Pilha
- Ponteiro

Resumo

Uma **lista linear** é uma lista na qual cada elemento tem um único sucessor. As operações típicas em uma lista linear são: inserção, supressão, recuperação e varredura.

Uma **lista ligada** é uma coleção ordenada de dados em que cada elemento contém a posição (endereço) do seguinte elemento, ou seja, cada elemento (nó) da lista contém duas partes: dados e ligação (ponteiro).

Uma *lista simplesmente ligada* contém somente uma ligação a um sucessor único a menos que seja o último, em cujo caso não ligamos com nenhum outro nó. Quando desejamos inserir um elemento em uma lista ligada, devemos considerar dois casos: somar no início e somar no interior ou no final. Desejando eliminar um nó de uma lista, devemos considerar dois casos: eliminar o primeiro nó e eliminar qualquer outro nó. Varrer uma lista ligada implica visitar cada nó da lista e processar seu caso.

Uma **lista duplamente ligada** é uma lista na qual cada nó tem um ponteiro para seu sucessor e outro para seu predecessor. Uma **lista ligada circularmente** é uma lista na qual a ligação do último nó aponta o primeiro da lista.

Uma **pilha** é uma estrutura de dados tipo **LIFO** (*last-in*, *first-out*, último a entrar, primeiro a sair), em que os dados são inseridos e eliminados pelo mesmo extremo que denominamos em *cima da pilha* ou *topo*. Definimos diferentes operações: `criar`, `empilhar`, `desempilhar`, `pilhaVazia`, `pilhaCheia`, `TopoPilha`.

Uma fila é uma lista linear na qual os dados podem ser inseridos de um extremo denominado *Cabeçalho*, e eliminados ou apagados de outro extremo denominado *Fila* ou *Final*. As operações básicas de uma `fila` são: `colocar`, `retirar`, `frenteFila` e `Filavazia`, `Filacheia`.

As pilhas e as filas podem ser implementadas mediante arrays e listas ligadas.

EXERCÍCIOS

12.1 Dada uma lista linear cuja estrutura de nós contém dois campos `INFO` e `LIGAÇÃO`, projete um algoritmo que conte o número de nós da lista.

12.2 Projete um algoritmo que mude o campo `INFO` do n-ésimo nó de uma lista ligada simples por um valor dado `x`.

12.3 Dadas duas listas ligadas, cujos nós frontais são indicados pelos apontadores `PRIMEIRO` e `SEGUNDO`, respectivamente, efetue um algoritmo que una ambas as listas. O nó frontal da lista nova será armazenado em `TERCEIRO`.

12.4 Dispondo de uma lista ligada `DEMO 1` armazenada em memória, efetue um algoritmo que copie a lista `DEMO 1` em outra denominada `DEMO 2`.

12.5 Escreva um algoritmo que realize uma inserção contínua à esquerda do n-ésimo nó de uma lista ligada e repita o exercício para uma inserção também contínua à direita do n-ésimo nó.

12.6 Escreva um algoritmo que divida uma determinada lista ligada em duas independentes. O primeiro nó da lista principal é `PRIMEIRO` e a variável `PARTIR` é o endereço do nó que se converte no primeiro dos nós da segunda lista ligada resultante.

12.7 Como aplicação de pilha, obtenha um subalgoritmo função recursiva da função de Ackermann.

Função de Ackermann

$$A(m, n) = \begin{cases} n + 1 & \text{se } m = 0 \\ A(m-1, 1) & \text{se } n = 0 \\ A(m-1)\,A(m, n-1) & \text{casos restantes} \end{cases}$$

12.8 Escreva um subalgoritmo que permita inserir um elemento em uma fila dupla, representada por um vetor. Devemos levar em conta que deve existir um parâmetro que indique o extremo da fila dupla na qual deve ser realizada a inserção.

12.9 Efetue um algoritmo que conte o número de nós de uma lista circular que tenha um cabeçalho.

12.10 Projete um algoritmo que insira um nó ao final de uma lista circular.

13

ESTRUTURA DE DADOS NÃO-LINEARES (ÁRVORES E GRAFOS)

SUMÁRIO

13.1 Introdução
13.2 Árvores
13.3 Árvore binária
13.4 Árvore binária de busca
13.5 Grafos
ATIVIDADES DE PROGRAMAÇÃO
    RESOLVIDAS

REVISÃO DO CAPÍTULO
    Conceitos-chave
    Resumo
EXERCÍCIOS

As *estruturas dinâmicas lineares de dados* — *listas ligadas, pilhas e filas* — apresentam grandes vantagens de flexibilidade sobre as representações contínuas; entretanto, têm um ponto fraco: são listas seqüenciais, ou seja, estão dispostas de maneira que necessitam ser movimentadas entre elas uma posição de cada vez (cada elemento tem um seguinte). Essa forma linear é típica de cadeias, de elementos que pertençam somente a uma dimensão: campos de um registro, entradas em uma pilha, entradas em uma fila e nós em uma lista ligada simples. Neste capítulo serão tratadas as estruturas de dados não-lineares que resolvem os problemas das listas lineares e as que podem ter diferentes elementos "seguintes", que introduzem o conceito de estruturas de bifurcação. Esses tipos de dados são chamados de *árvores*.

O capítulo apresenta uma introdução a uma estrutura matemática importante que tem aplicações nas diversas ciências como sociologia, química, física, geografia e eletrônica. Essas estruturas são denominadas *grafos*.

13.1 INTRODUÇÃO

As estruturas de dados examinadas até agora são lineares. A cada elemento corresponde sempre um elemento "seguinte". A linearidade é típica de cadeias, de elementos de arrays ou listas, de campos em registros, entradas em pilhas ou filas e nós em listas ligadas.

Neste capítulo serão examinadas as estruturas de dados *não-lineares*. Nessas estruturas, cada elemento pode ter diferentes elementos "seguintes", que introduzem o conceito de estruturas de bifurcação.

As estruturas de dados não-lineares são *árvores* e *grafos*. Tais estruturas são denominadas *estruturas multiligadas*.

13.2 ÁRVORES

A árvore é uma estrutura de dados fundamental em informática porque se adapta à representação natural de informações homogêneas organizadas e de uma grande comodidade e rapidez de manipulação. Essa estrutura se encontra em todas as áreas (campos) da informática, da *algorítmica* (métodos de classificação e procura...) à *compilação* (árvores sintáticas para representar as expressões ou possíveis produções de uma linguagem) ou inclusive a inteligência artificial (árvores de jogos, árvores de decisões, de resolução etc.).

As estruturas do tipo árvore são usadas principalmente para representar dados com uma relação hierárquica entre seus elementos, como são as árvores genealógicas, tabelas etc.

Uma árvore A é um conjunto finito de um ou mais nós, tais como:

1. Existe um nó especial denominado RAIZ (v_1) da árvore.

2. Os nós restantes (v_2, v_3 ... v_n) se dividem em $m >= 0$, conjuntos não-juntos denominado A_1, A_2 ... A_m, cada um, por sua vez, uma árvore. Eles são chamados de *subárvores* da RAIZ.

A definição de árvore implica uma estrutura recursiva, isto é, a definição de árvore se refere a outras árvores. Uma árvore com nenhum nó é uma *árvore nula*, não tem raiz.

A Figura 13.1 mostra uma árvore na qual temos rotulado cada nó com uma letra dentro de um círculo. Essa é uma notação típica para projetar árvores.

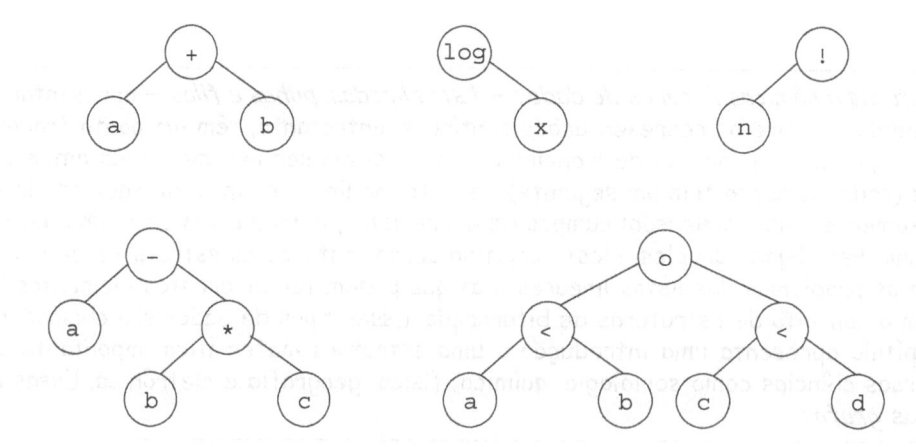

Figura 13.1 Árvore.

Na Figura 13.2, as três subárvores da raiz A são B, C e D, respectivamente. B é a raiz de uma árvore com uma subárvore. Ela não tem uma subárvore ligada. A árvore C tem duas subárvores, F e G.

13.2.1 Terminologia e representação de uma árvore geral

A representação e a terminologia das árvores são realizadas com as notações das relações familiares nas árvores genealógicas: pai, filho, irmão, ascendente, descendente etc. Seja a árvore geral na Figura 13.2.

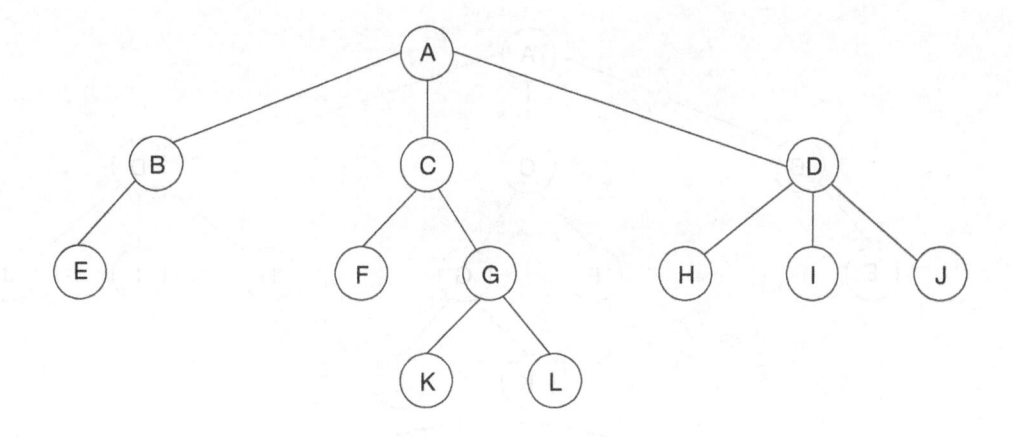

Figura 13.2 Árvore geral.

As principais definições são:

- *Raiz* da árvore. Todas as árvores que não estão vazias têm um único nó raiz. Todos os demais elementos ou nós são derivados ou descendem dele. O nó raiz não tem *pai*, ou seja, não é filho de nenhum elemento.

- *Nó* são os vértices ou elementos da árvore.

- *Nó terminal* ou *folha* (*leaf node*) é aquele nó que não contém nenhuma subárvore (os nós terminais ou folhas da árvore da Figura 13.2 são E, F, K, L, H e J).

- A cada nó que não é folha se associa uma ou várias subárvores chamadas *descendentes* (*offspring*) ou *filhos*. Da mesma maneira, cada nó tem associado um *antecessor* ou *ascendente* chamado *pai*.

- Os nós de um mesmo pai são chamados *irmãos*.

- Os nós com uma ou duas subárvores — não são folhas nem raiz — são chamados de *nós interiores* ou *internos*.

- Uma coleção de duas ou mais árvores é chamada *floresta* (*forest*).

- Todos os nós têm um pai somente, exceto a raiz, que não tem pai.

- É denominada *caminho* a ligação entre dois nós consecutivos, e *ramo* é um caminho que termina em uma folha.

- Cada nó tem associado um número de *nível* que é determinado pelo comprimento do caminho da raiz ao nó específico. Por exemplo, na árvore da Figura 13.1.

    Nível 0   A
    Nível 1   B, C, D
    Nível 2   E, F, G, H, I, J
    Nível 3   K, L

- A *altura* ou *profundidade* de uma árvore é o número máximo de nós de um ramo. Equivale ao nível mais alto dos nós mais um. O *peso* de uma árvore é o número de nós terminais. A *altura* e o *peso* da árvore da Figura 13.2 são 4 e 7, respectivamente.

As representações gráficas das árvores podem ser as mostradas na Figura 13.3.

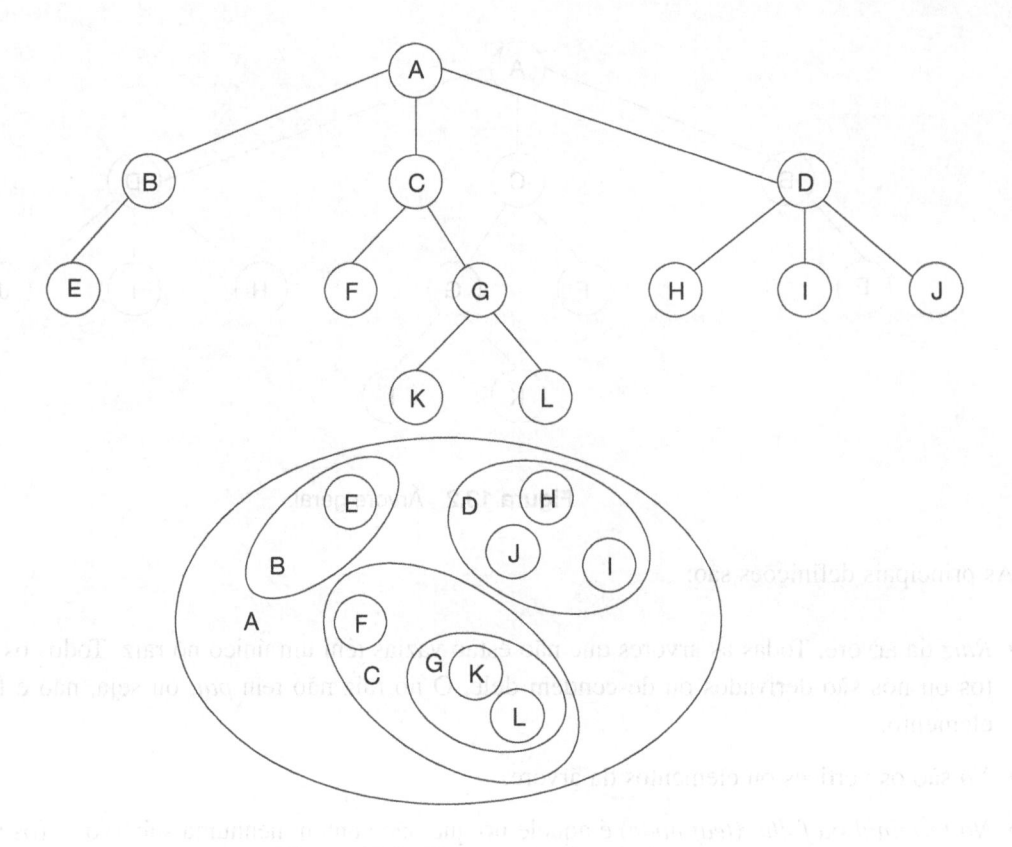

Figura 13.3 Representações de árvores.

13.3 ÁRVORE BINÁRIA

Existe um tipo de árvore denominado *árvore binária* que pode ser implantado facilmente no computador. Uma *árvore binária* é um conjunto finito de zero ou mais nós, tais que:

- Existe um nó denominado raiz da árvore.
- Cada nó pode ter 0, 1 ou 2 subárvores, conhecidas como *subárvore esquerda* e *subárvore direita*.

A Figura 13.4 representa diferentes tipos de árvores binárias:

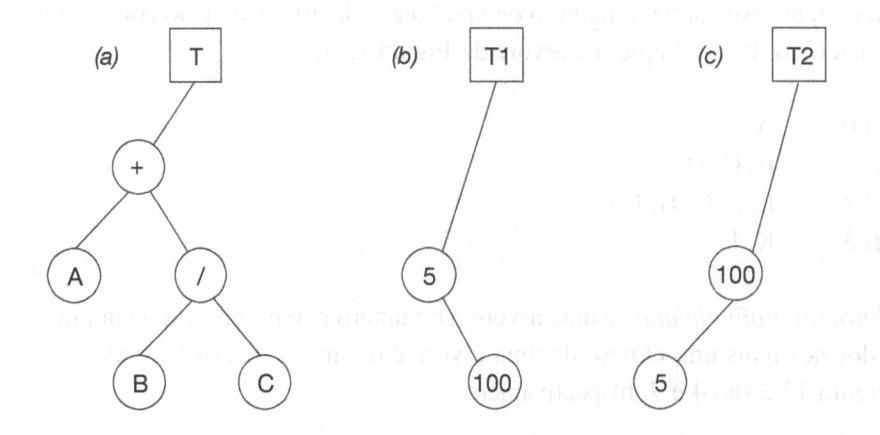

Figura 13.4 Exemplos de árvores binárias: *(a)* árvore de expressão a + b/c; *(b)* e *(c)* duas árvores diferentes com valores inteiros.

13.3.1 Terminologia das árvores binárias

Duas árvores binárias são *similares* se têm a mesma estrutura e são *equivalentes* se são similares e contêm a mesma informação (Figura 13.5).

Uma árvore binária está *equilibrada* se as alturas das duas subárvores de cada nó da árvore são diferenciadas em uma unidade como máxima.

$$altura\ (subárvore\ esquerda) - altura\ (subárvore\ direita) \le 1$$

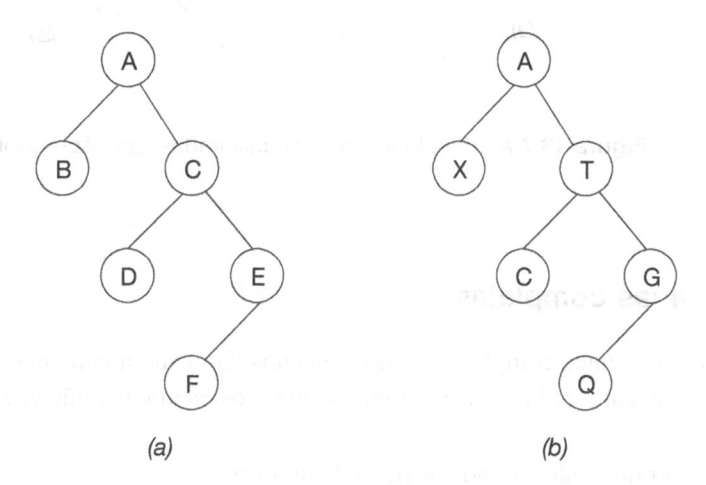

Figura 13.5 Árvores binárias: *(a)* similares, *(b)* equivalentes.

O processamento de árvores binárias equilibradas é mais simples que as árvores não-equilibradas. A Figura 13.6 mostra árvores binárias de diferentes alturas e a Figura 13.7, árvores equilibradas e sem equilíbrio.

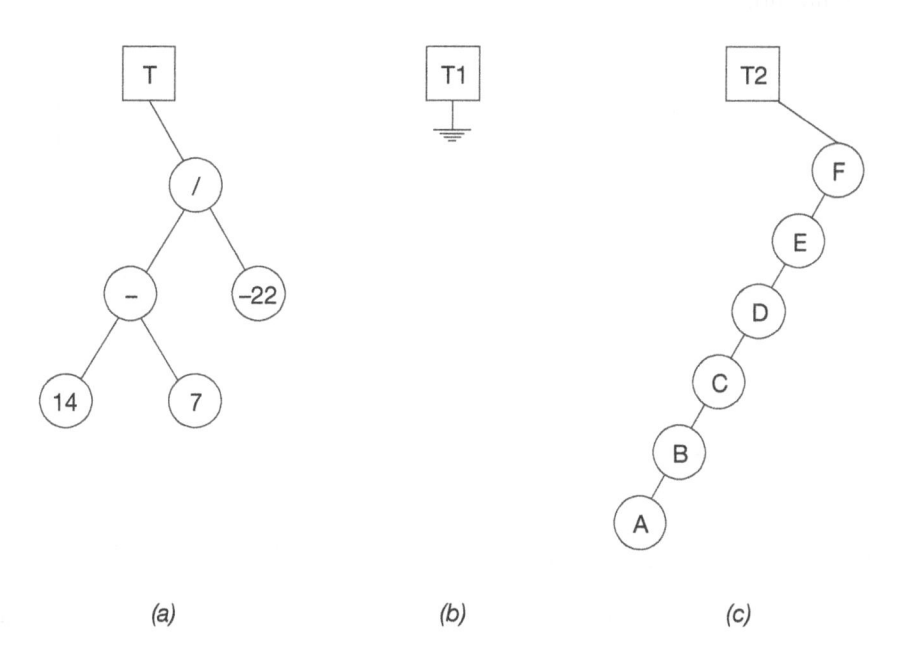

Figura 13.6 Árvores binárias de diferentes alturas: *(a)* altura 3, *(b)* árvore vazia, altura 0, *(c)* altura 6.

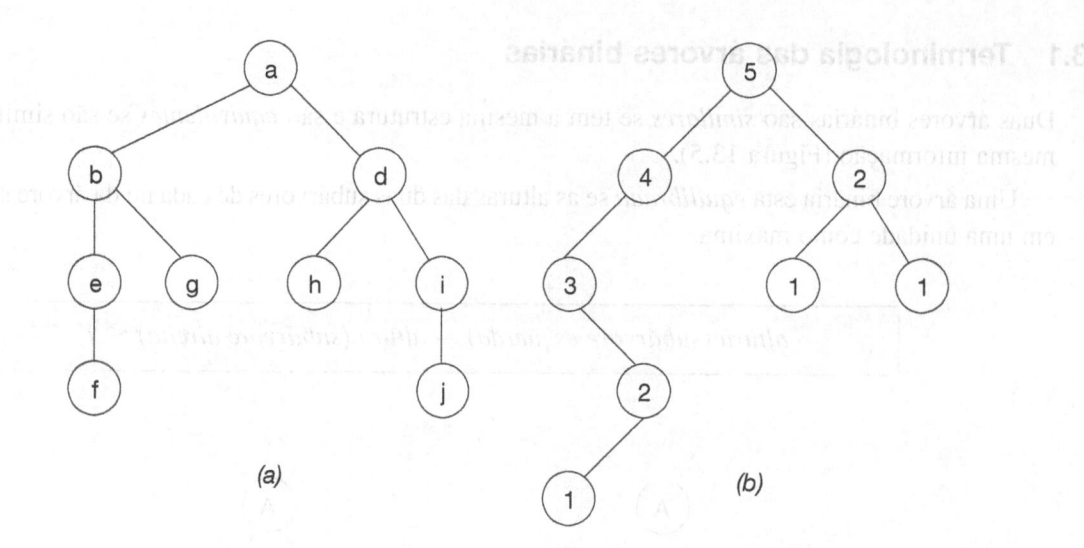

Figura 13.7 Árvores binárias: *(a)* equilibradas, *(b)* não-equilibradas.

13.3.2 Árvores binárias completas

Uma árvore binária é chamada completa se todos seus nós têm exatamente duas subárvores, exceto os nós dos níveis mais baixos. Uma árvore binária completa, onde todos os níveis estão cheios, é chamada *árvore binária cheia*.

Na Figura 13.8 são ilustrados ambos os tipos de árvores.

Uma árvore binária T de nível h pode ter como máximo $2^h - 1$ nós.

A altura de uma árvore binária cheia de n nós é $\log_2(n + 1)$. O inverso, o *número máximo* de nós de uma árvore binária de altura h será $2^h - 1$. Na Figura 13.9 é mostrada a relação matemática que liga os nós de uma árvore.

Por último, denominamos *árvore degenerada* uma árvore em que todos os seus nós têm somente uma subárvore, exceto o último.

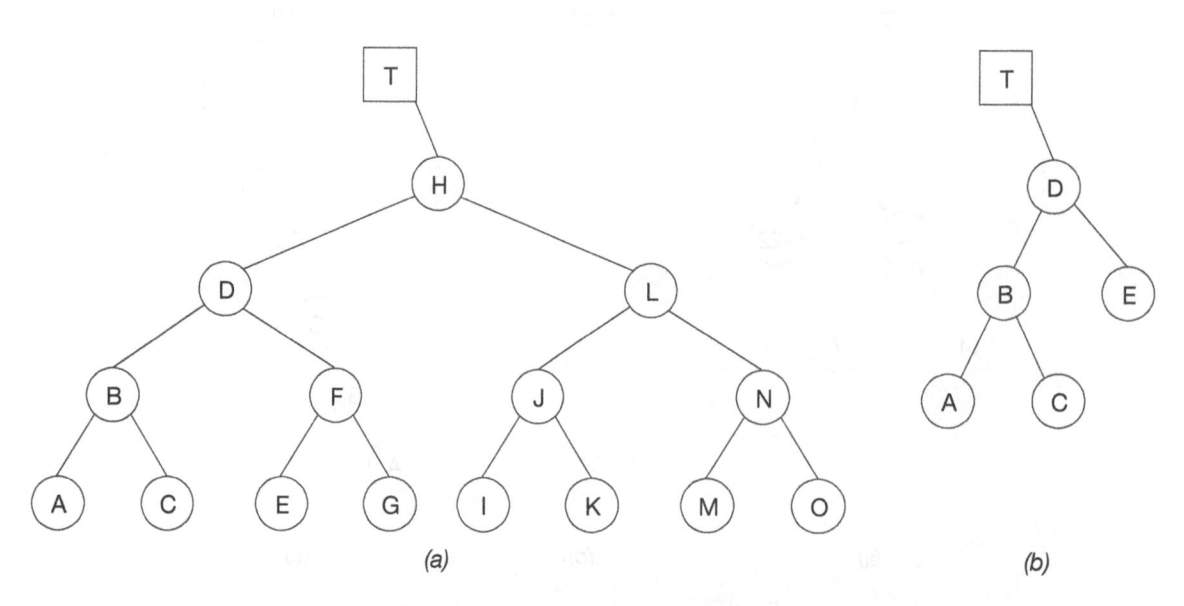

Figura 13.8 *(a)* árvore binária completa de altura 4, *(b)* árvore binária completa de altura 3.

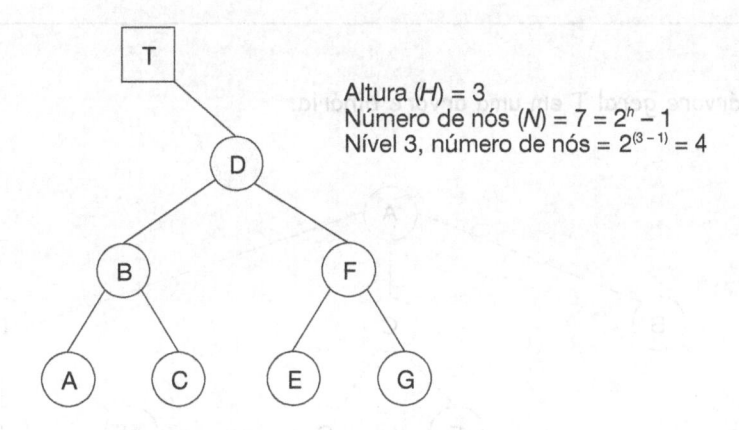

Figura 13.9 Relações matemáticas de uma árvore binária.

Altura (H) = 3
Número de nós (N) = 7 = $2^h - 1$
Nível 3, número de nós = $2^{(3-1)} = 4$

13.3.3 Conversão de uma árvore geral em árvore binária

Como as árvores binárias são a estrutura fundamental na teoria das árvores, é preciso um mecanismo que permita a conversão de uma árvore geral em uma árvore binária.

As árvores binárias são mais fáceis de programar que as árvores gerais. É importante deduzir quantos ramos ou caminhos são desprendidos de um nó em um dado momento. Por isso, e como as árvores binárias sempre se penduram com no máximo duas subárvores, sua programação será mais simples.

Existe uma técnica para converter uma árvore geral em formato binário. Suponhamos que temos a árvore A e queremos converter em uma árvore binária B. O algoritmo de conversão tem três passos simples:

1. A raiz de B é a raiz de A.
2. *a*) Ligar o nó raiz com o caminho que conecta o nó mais à esquerda (seu filho).
   b) Ligar este nó com os restantes descendentes do nó raiz em um caminho, com o qual se forma o nível 1.
   c) A seguir, repetir os passos *a*) e *b*) com os nós do nível 2, ligando sempre no mesmo caminho todos os irmãos — descendentes do mesmo nó. Repetir esses passos até chegar ao nível mais alto.
3. Girar o diagrama resultante 45° para fazer a diferença entre as subárvores da esquerda e da direita.

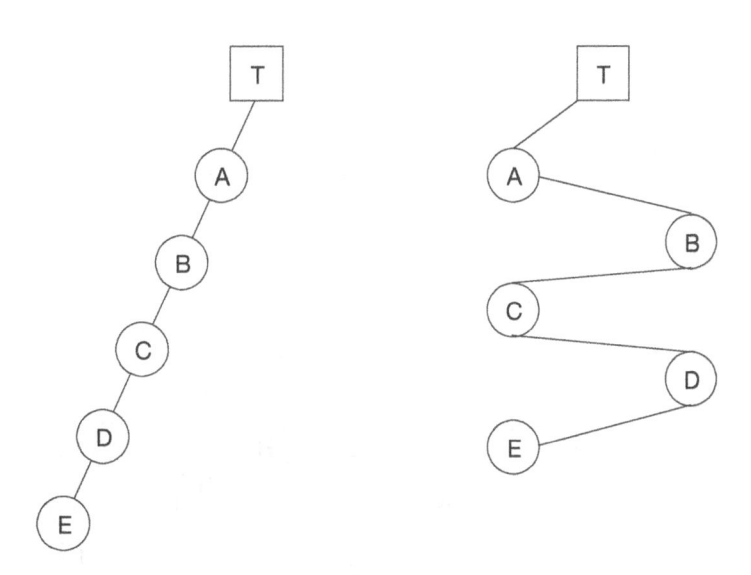

Figura 13.10 Árvores degeneradas.

Exemplo 13.1

Converter uma árvore geral T em uma árvore binária.

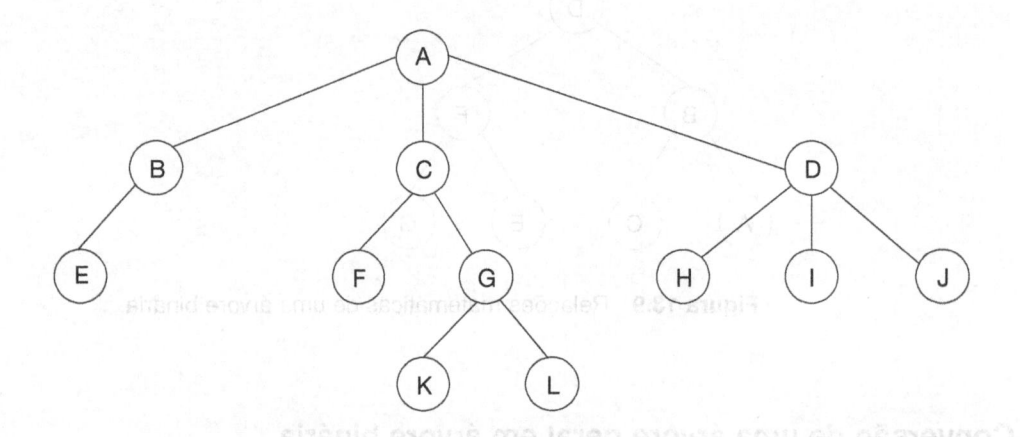

Seguindo os passos do algoritmo.

Passo 1:

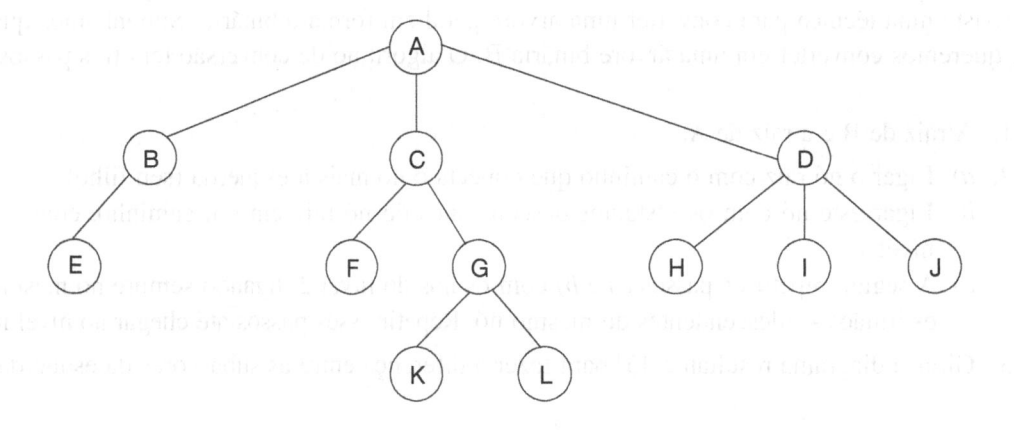

Passo 2:

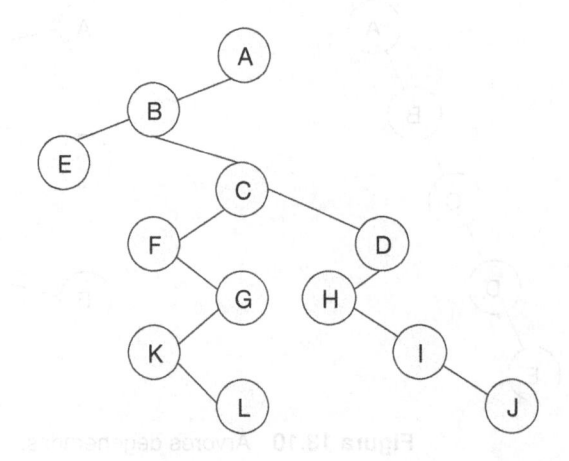

Passo 3:

Observe que não existe caminho entre E e F, porque não são descendentes da árvore original, uma vez que têm diferentes pais B e C.

Na árvore binária, os ponteiros esquerdos resultantes são sempre de um nó pai a seu primeiro filho (mais à esquerda) na árvore original. Os ponteiros direitos são sempre de um nó de seus descendentes na árvore original.

Exemplo 13.2

O algoritmo de conversão pode ser utilizado para converter uma floresta de árvores gerais em uma árvore binária somente.

A floresta a seguir pode ser representada por uma árvore binária.

Floresta de árvores

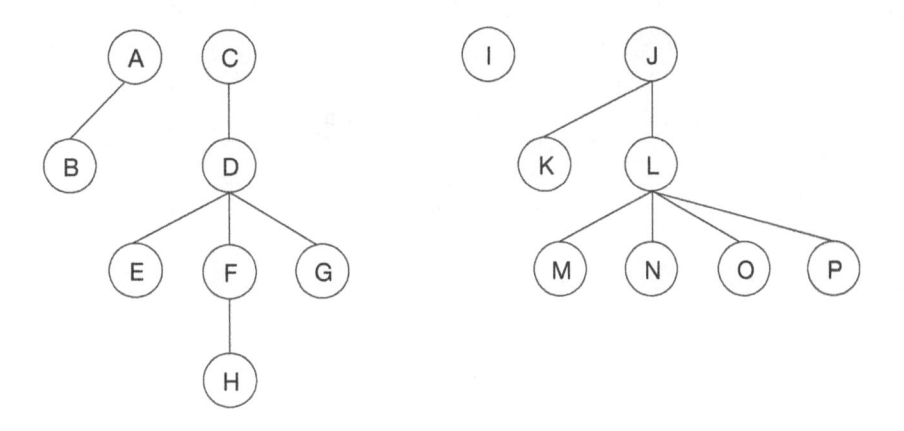

Árvore binária equivalente

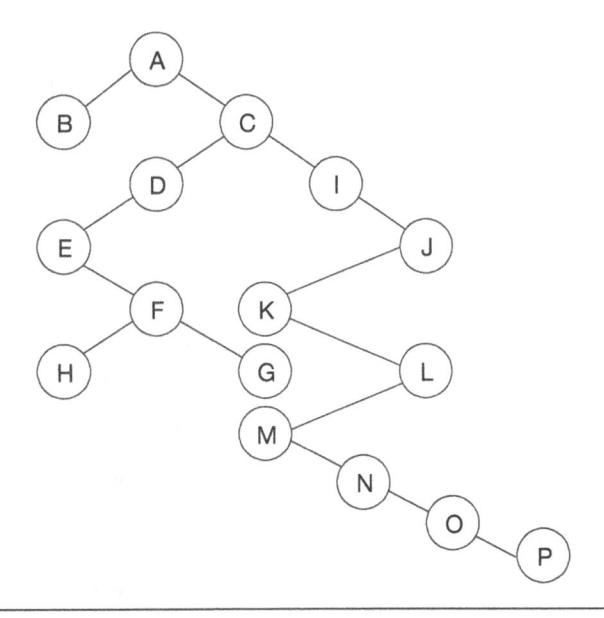

Exemplo 13.3

Converter a árvore geral em árvore binária.

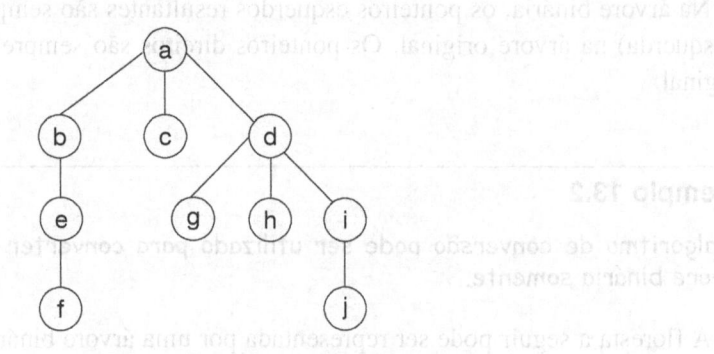

Solução

Passo 1:

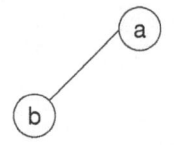

Passo 2:

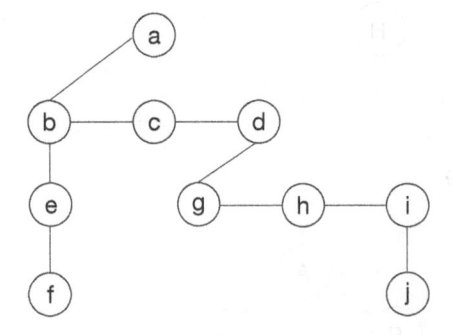

Passo 3:

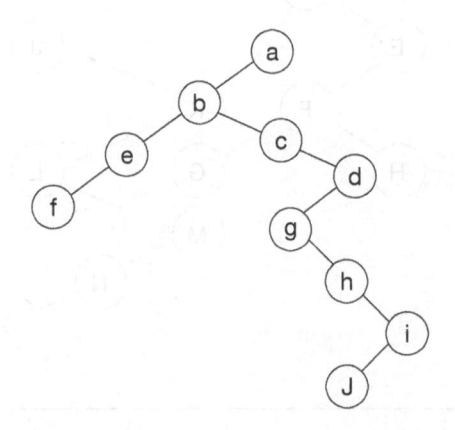

13.3.4 Representação das árvores binárias

As árvores binárias podem ser representadas de duas maneiras diferentes:

- *Mediante ponteiros* (linguagens Pascal e C).
- *Mediante arrays* ou *listas ligadas*.
- *Vinculando nós*, *objetos* com membros que referenciam outros objetos do mesmo tipo.

Representação por ponteiros

Cada nó de uma árvore será um registro que contém pelo menos três campos:

- Um campo de dados com um tipo de dados.
- Um ponteiro ao nó da subárvore esquerda (que pode ser **nulo**-*nil*).
- Um ponteiro ao nó da subárvore direita (que pode ser **nulo**-*nil*).

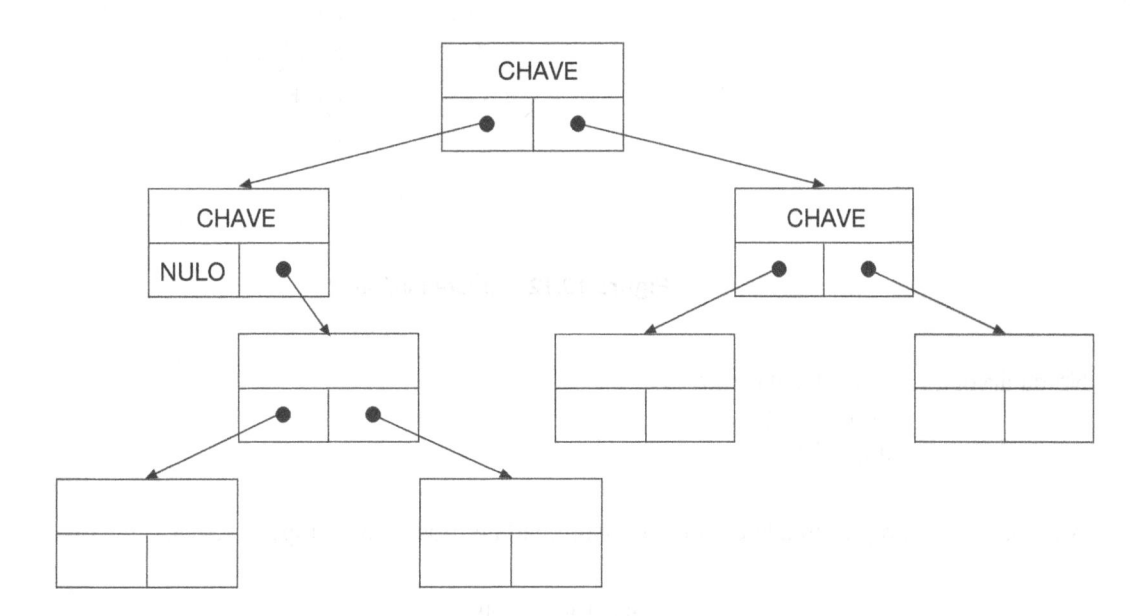

Figura 13.11 Representação de uma árvore com ponteiros.

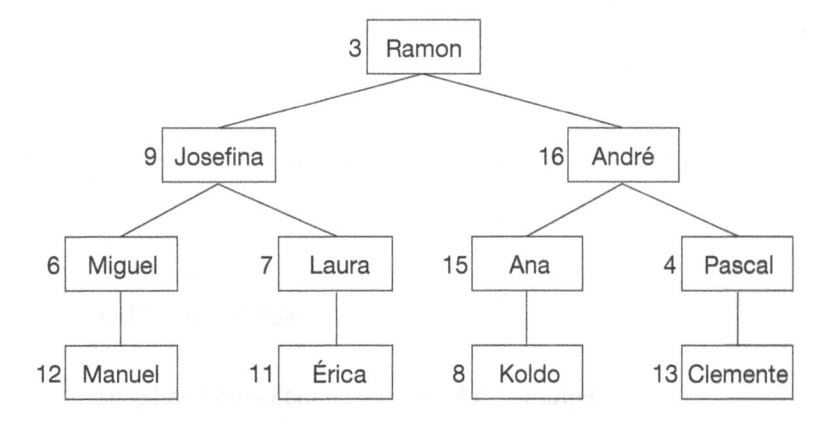

Na linguagem algorítmica teremos

```
tipo nó_árvore
   ponteiro_a nó_árvore: pont
   registro : nó_árvore
      <tipo_elemento> : elemento
      pont: subes, subdir
   fim_registro
```

Representação por listas ligadas

Podemos representar a árvore binária da Figura 13.12, por meio de uma lista ligada.

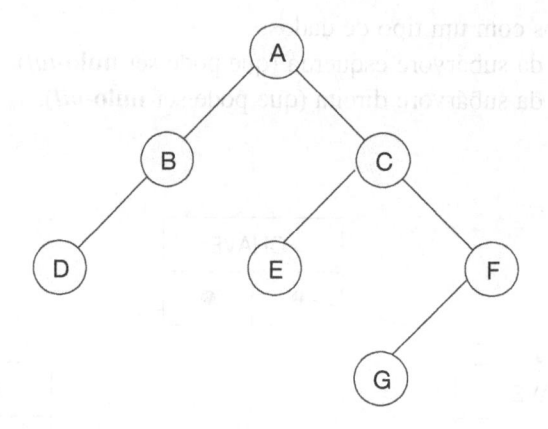

Figura 13.12 Árvore binária.

Nó da árvore: campo 1 INFO (nó)
                campo 2 ESQ (nó)
                campo 3 DIR (nó)

A árvore binária representada como uma lista ligada é mostrada na Figura 13.13.

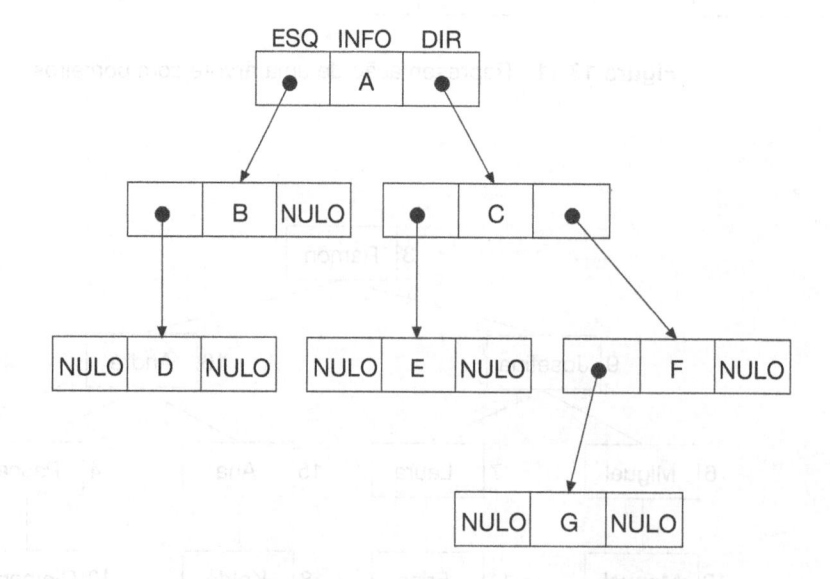

Figura 13.13 Árvore binária como lista ligada.

Representação por arrays

Existem diferentes métodos, um dos mais fáceis é por meio de três arrays lineares paralelos, que consideram o campo de informação e os dois ponteiros de ambas as subárvores. Por exemplo, o nó raiz RAMON terá dois ponteiros ESQ: (9) — JOSEFINA e DIR: (16) — André — enquanto o nó PASCAL, como não tem descendentes, seus ponteiros são considerados zero (ESQ: 0, DIR: 0).

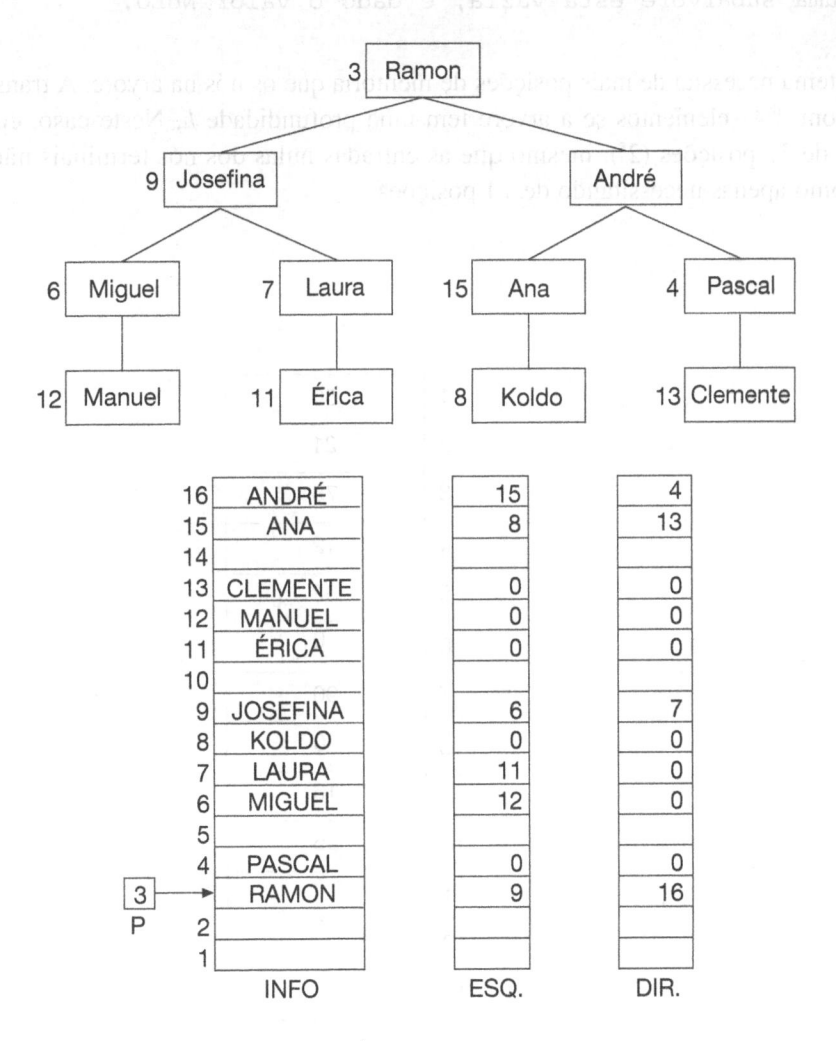

#	INFO	ESQ.	DIR.
16	ANDRÉ	15	4
15	ANA	8	13
14			
13	CLEMENTE	0	0
12	MANUEL	0	0
11	ÉRICA	0	0
10			
9	JOSEFINA	6	7
8	KOLDO	0	0
7	LAURA	11	0
6	MIGUEL	12	0
5			
4	PASCAL	0	0
3	RAMON	9	16
2			
1			

P = 3

Figura 13.14 Árvore binária como arrays.

Outro método mais simples — um array linear; neste caso é selecionado um array linear ÁRVORE.

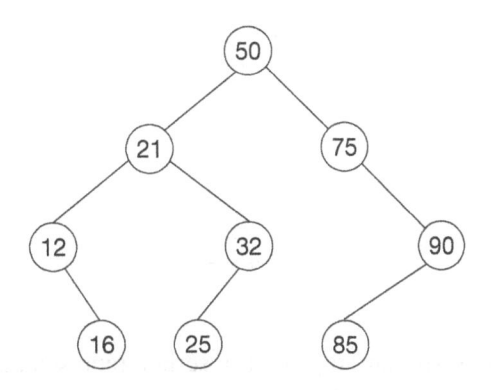

O algoritmo de transformação é:

1. A raiz da árvore é guardada em ÁRVORE [1].
2. **se** um nó *n* está em ÁRVORE [i] **então**
    seu filho esquerdo é posto em ÁRVORE [2*i]
    e seu filho direito na ÁRVORE [2*i + 1]
    se uma subárvore está vazia, é dado o valor NULO.

Esse sistema necessita de mais posições de memória que os nós na árvore. A transformação necessitará de um array com 2^{h+2} elementos se a árvore tem uma profundidade *h*. Neste caso, como a profundidade é 3, necessitará de 32 posições (2^5); mesmo que as entradas nulas dos nós terminais não tenham sido incluídas, veremos como apenas necessitando de 14 posições.

Árvore

1	50
2	21
3	75
4	12
5	32
6	0
7	90
8	0
9	16
10	25
11	
12	
13	
14	85
15	
16	
17	
18	
⋮	

Um terceiro método, muito similar ao primeiro, seria a representação mediante um array de registros.

			INFO	ESQ.	DIR.
P	3	1			
		2			
		3	RAMON	9	16
		4	PASCAL	0	0
		5			
		6	MIGUEL	12	0
		7	LAURA	11	0
		8	KOLDO	0	0
		9	JOSEFINA	6	7
		10			
		11	ÉRICA	0	0
		12	MANUEL	0	0
		13	CLEMENTE	0	0
		14			
		15	ANA	8	13
		16	ANDRÉ	15	4

13.3.5 Varredura de uma árvore binária

Denominamos *varredura de uma árvore* o processo que permite acessar somente uma vez cada um dos nós da árvore. Quando uma árvore é varrida, é examinado o conjunto completo dos nós.

Existem muitas maneiras para varrer uma árvore binária. Por exemplo, há seis diferentes varreduras gerais na árvore binária, simétricas dois a dois.

Os algoritmos de varredura de uma árvore binária apresentam três tipos de atividades comuns:

- *Visitar* o nó raiz.
- *Varrer* a subárvore esquerda.
- *Varrer* a subárvore direita.

Essas três ações divididas em diferentes ordens proporcionam as diferentes varreduras da árvore. As mais freqüentes têm sempre em comum varrer primeiro a subárvore esquerda e depois a subárvore direita. Os algoritmos anteriores são chamados *pré-ordem*, *pós-ordem*, *in-ordem* e seu nome é reflexo do momento em que visitamos o nó raiz. No in-ordem a raiz está no meio da varredura, no pré-ordem a raiz está no primeiro e no pós-ordem a raiz está no último:

Varredura pré-ordem

1. Visitar a raiz.
2. Varrer a subárvore esquerda em pré-ordem.
3. Varrer a subárvore direita em pré-ordem.

Varredura in-ordem

1. Varrer a subárvore esquerda em in-ordem.
2. Visitar a raiz.
3. Varrer a subárvore direita em in-ordem.

Varredura pós-ordem

1. Varrer a subárvore esquerda em pós-ordem.
2. Varrer a subárvore direita em pós-ordem.
3. Visitar a raiz.

Observe que todas essas definições têm natureza recursiva.
A Figura 13.15 mostra as varreduras das diferentes árvores binárias.

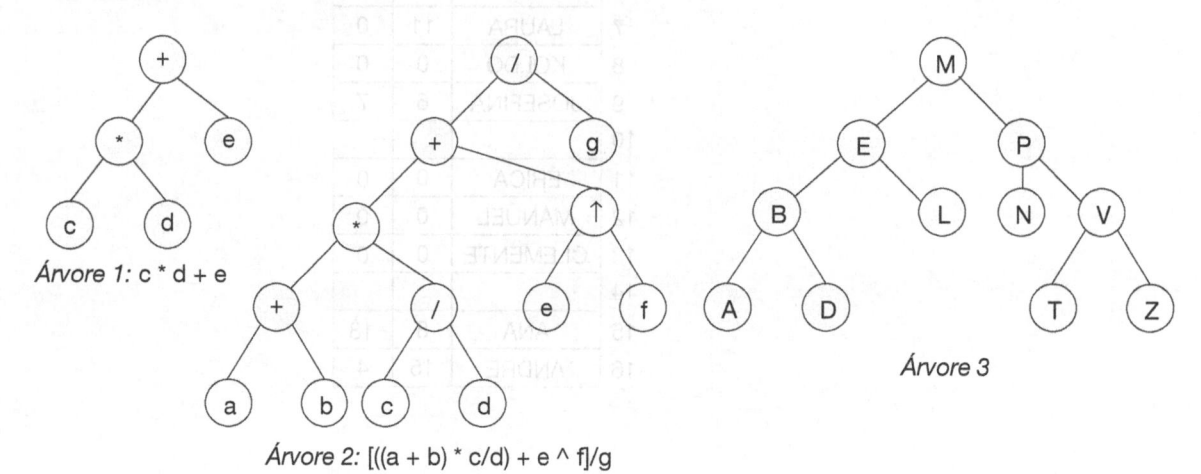

Árvore 1: c * d + e

Árvore 2: [((a + b) * c/d) + e ^ f]/g

Árvore 3

Figura 13.15 Varredura das árvores binárias.

Árvore 1	Pré-ordem	+ * c d e
	In-ordem	c * d + e
	Pós-ordem	c d * e +
Árvore 2	Pré-ordem	/ + * + a b / c d ^ e f g
	In-ordem	a + b * c / d + e ^ f / g
	Pós-ordem	a b + c d / * e f ^ + g /
Árvore 3	Pré-ordem	mebadlpnvtz
	In-ordem	abdelmnptvz
	Pós-ordem	adblentzvpm

Exemplo 13.4

Calcular as varreduras da árvore binária.

Solução

Varredura pré-ordem	/ * + ab − cde
Varredura in-ordem	a + b * c − d/e
Varredura pós-ordem	ab + cd − * e/

Exemplo 13.5

Efetuar as varreduras da árvore binária.

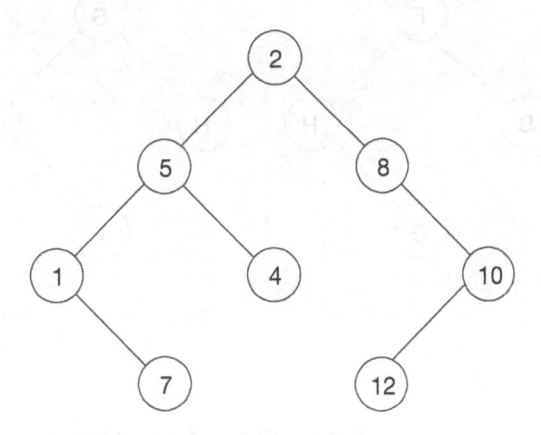

```
              2
           /     \
          5       8
         / \       \
        1   4       10
             \     /
              7   12
```

Solução

Varredura pré-ordem	2	5	1	7	4	8	10	12
Varredura in-ordem	1	7	5	4	2	8	12	10
Varredura pós-ordem	7	1	4	5	12	10	8	2

13.4 ÁRVORE BINÁRIA DE BUSCA

No Capítulo 10 vimos que, para localizar um elemento em um array, poderíamos realizar uma busca linear. Entretanto, se o array fosse grande, uma busca linear tornava-se ineficaz pela sua lentidão, especialmente se o elemento não estava no array, pois requeria a leitura completa do array. Ganhava-se tempo se o array era classificado e se utilizava uma busca binária. No processo de arrays, as inserções e eliminações são contínuas, motivo pelo qual será complexo em qualquer método.

Nos casos de grande número de operações sobre arrays ou listas, o que é necessário é uma estrutura onde os elementos podem ser eficazmente localizados, inseridos ou apagados. Uma solução para esse problema é uma variante da árvore binária que é conhecida como *árvore binária de busca* ou *árvore binária classificada* (*binary search tree*).

Ela será construída de acordo com as seguintes condições:

- O primeiro elemento é utilizado para criar o nó raiz.
- Os valores da árvore devem ser de tal forma que possa existir uma ordem (inteira, real, lógica ou caractere e inclusive definida pelo usuário implicando uma ordem).
- Em qualquer nó, todos os valores da subárvore direita devem ser maiores que os valores do nó.

Se essas condições são mantidas, é simples provar que a varredura *in-ordem* da árvore produz os valores classificados pela ordem. Na Figura 13.16, mostramos uma árvore binária.

As três varreduras da árvore são:

Pré-ordem	P	F	B	H	G	S	R	Y	T	W	Z
In-ordem	B	F	G	H	P	R	S	T	Y	W	Z
Pós-ordem	B	G	H	F	R	T	W	Z	Y	S	P

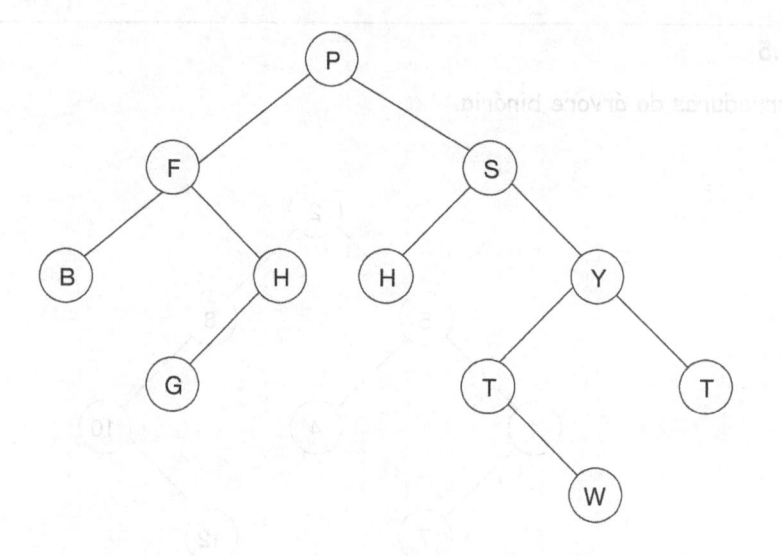

Figura 13.16 Árvore binária.

Uma árvore binária contém essencialmente uma chave em cada nó que atende às três condições anteriores. Uma árvore com as propriedades anteriores é denominada *árvore binária de busca*.

Exemplo 13.6

Suponhamos que temos um array que contém os seguintes caracteres:

D F E B A C G

Construir uma árvore binária de busca.

Os passos para a construção do algoritmo são:

1. Nó raiz da árvore: D.
2. O elemento seguinte é convertido no descendente direito, dado que F é alfabeticamente maior que D.
3. Depois comparamos E com a raiz. Dado que E é maior que D, passará a ser um filho de F e como E < F, será o filho esquerdo.
4. O elemento B seguinte é comparado com a raiz D e como B < D e é o primeiro elemento que cumpre esta condição, B será o filho esquerdo de D.
5. Repetimos os passos até o último elemento.

A árvore binária de busca resultante seria:

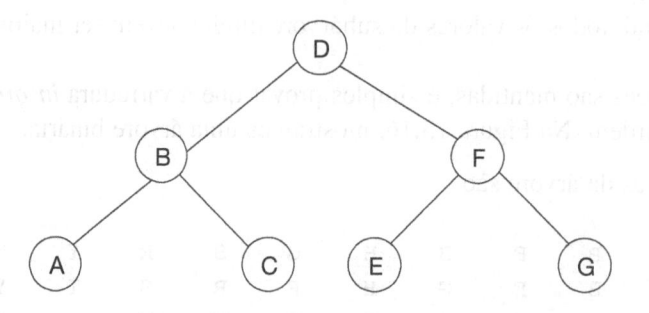

Exemplo 13.7

Construir a árvore binária de busca correspondente à lista de números.

4 19 -7 49 100 0 22 12

O primeiro valor é a raiz da árvore, ou seja, 4. O valor seguinte, 19, se compara com 4: como é maior, é levado à subárvore direita de 4. O valor seguinte, –7, é comparado com a raiz e é menor que seu valor, 4, portanto, movemos para a subárvore esquerda. A Figura 13.17 mostra os próximos passos.

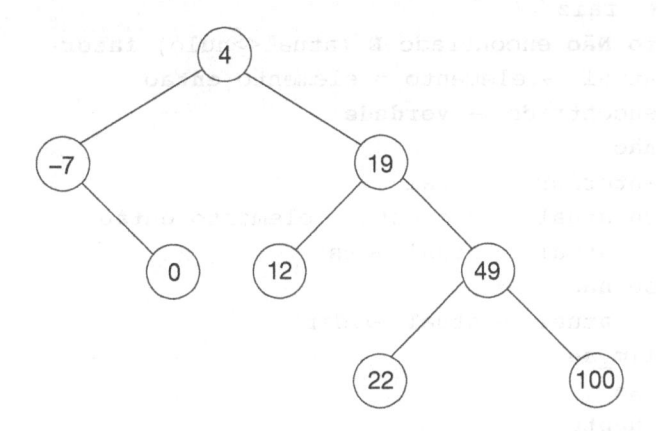

Figura 13.17 Construção de uma árvore binária.

13.4.1 Busca de um elemento

A busca em uma árvore binária ordenada é dicotômica, já que a cada exame de um nó é eliminado das subárvores aquele que não contém o valor procurado (todos os valores são inferiores ou superiores).

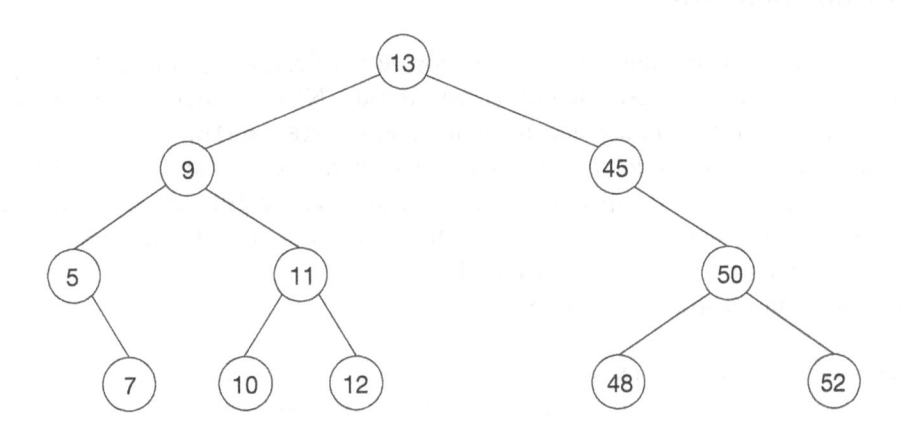

O algoritmo de busca do elemento — chave x — é realizado comparando-o com a chave da raiz da árvore. Se não é o mesmo, passamos para a subárvore direita ou esquerda; segundo o resultado da comparação, repetimos a busca nesta subárvore. O fim do procedimento será produzido quando:

- Encontramos a chave.
- Não encontramos a chave, e continuamos até encontrar uma subárvore vazia.

```
procedimento buscar (E ponto: RAIZ
                    E <tipo_elemento>: elemento;
                    S pont : ATUAL, ANTERIOR)

    var
        lógico: encontrado
    início
        encontrado ← falso
        anterior ← nulo
        atual ← raiz
        enquanto Não encontrado E (atual<>nulo) fazer
            se atual →.elemento = elemento então
                encontrado ← verdade
            se_não
                anterior ← atual
                se atual →.elemento > elemento então
                    atual ← atual →.esq
                se_não
                    atual ← atual →.dir
                fim_se
            fim_se
        fim_enquanto
        se Não encontrado então
            escrever ('não existe', elemento)
        se_não
            escrever (elemento, 'existe')
        fim_se
    fim_procedimento
    //<tipo_elemento> neste algoritmo é um tipo de dado SIMPLES
```

13.4.2 Inserir um elemento

Para inserir um elemento em uma árvore A, temos de verificar, em primeiro lugar, que o elemento não se encontre na árvore, já que seu caso não precisa ser inserido. Não existindo esse elemento, a inserção se realiza em um nó, onde pelo menos um dos dois ponteiros ESQ ou DIR é **nulo**.

Para efetuar a condição anterior, descendemos do nó da raiz, da esquerda para a direita de um nó, conforme o valor a inserir seja inferior ou superior ao valor do campo-chave INFO desse nó. Quando alcançamos um nó que não podemos continuar, o novo elemento entra à esquerda ou à direita desse nó em função de que seu valor seja inferior ou superior ao do nó alcançado.

O algoritmo de inserção do elemento x é:

```
procedimento inserir (E/S pont: raiz;
                    E <tipo_elemento> : elemento)
var
    pont : novo,
           atual,
           anterior
início
    buscar (raiz, elemento, atual, anterior)
    se ATUAL<> NULO então
        escrever ('elemento duplicado')
```

```
se_não
    reservar (novo)
    novo→.elemento ← elemento
    novo→.esq ← nulo
    novo→.dir ← nulo
    se anterior = nulo então
        raiz ← novo
    se_não
        se anterior→.elemento > elemento então
            anterior→.esq ← novo
        se_não
            anterior→.dir ← novo
        fim_se
    fim_se
fim—se
fim_procedimento
// <tipo_elemento> é um tipo SIMPLES
```

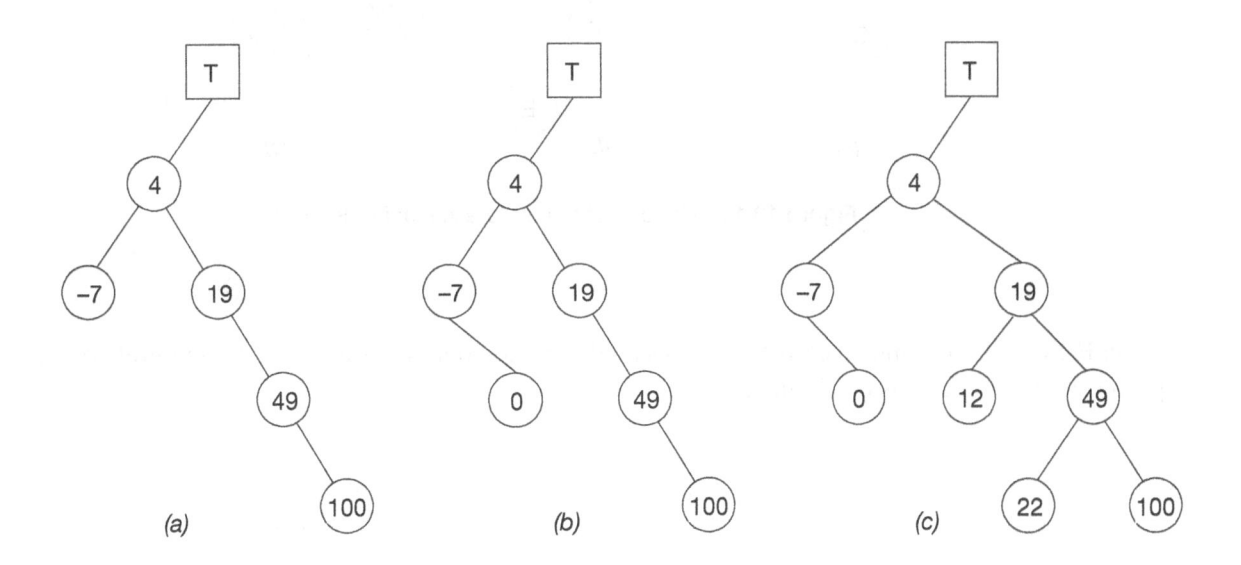

Figura 13.18 Inserções em uma árvore de busca binária: *(a)* inserir 100, *(b)* inserir (0), *(c)* inserir 22 e 12.

Para inserir o valor x em uma árvore ordenada, necessitaremos chamar o subprograma `inserir`.

13.4.3 Eliminar um elemento

Para eliminar um elemento, devemos conservar a ordem dos elementos da árvore. Consideramos diferentes casos, conforme a posição do elemento ou nó nesta árvore:

- Se o elemento é uma folha, simplesmente será suprimida.
- Se o elemento não tem mais que um descendente, substituímos por esse descendente.
- Se o elemento tem dois descendentes, substituímos pelo elemento imediato inferior situado mais à direita possível de sua subárvore à esquerda.

Para podermos realizar essas ações, será preciso conhecer a seguinte informação do nó a ser eliminado:

- Conhecer sua posição na árvore.
- Conhecer a direção de seu pai.
- Conhecer se o nó a ser eliminado tem filhos, se são 1 ou 2 filhos, e se for só um, saber se ele é direito ou esquerdo.

A Figura 13.19 mostra os três casos possíveis de eliminação de um nó: *(a)* eliminar C, *(b)* eliminar F, *(c)* eliminar B.

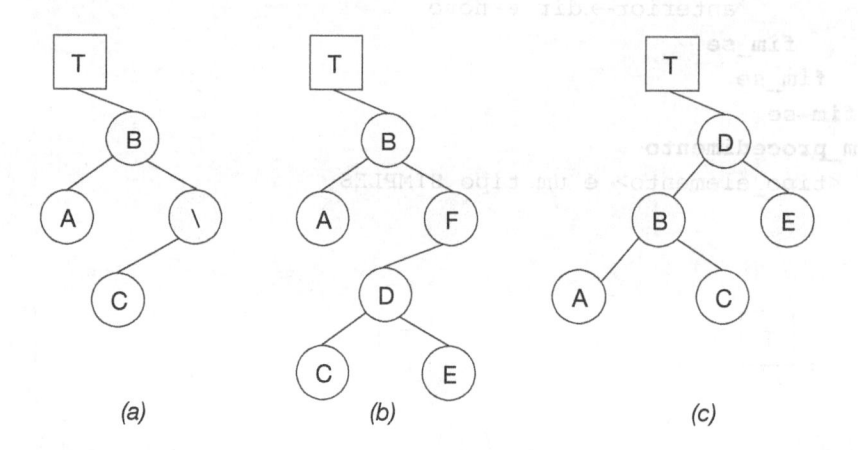

Figura 13.19 Casos possíveis de eliminação de um nó.

Na Figura 13.20, vemos o caso de eliminação de um nó com uma subárvore em um gráfico comparativo que mostra antes e depois da eliminação.

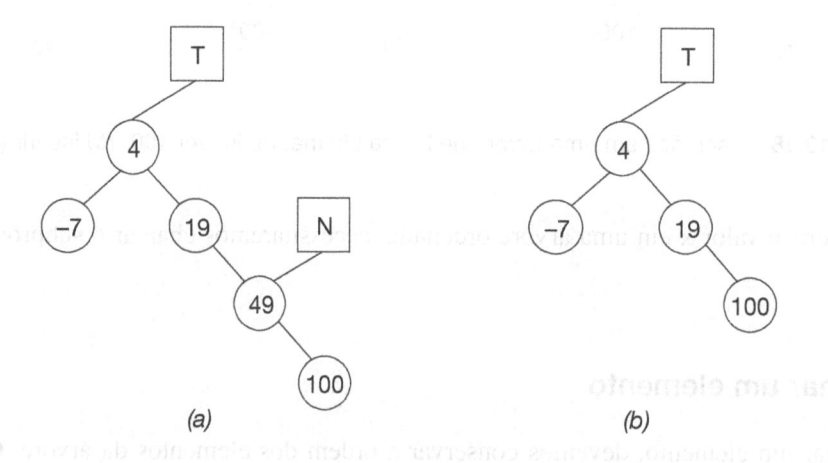

Figura 13.20 Eliminação de um nó com uma subárvore.

A Figura 13.21 mostra o caso de eliminação de um nó (27) que tem duas subárvores não-nulas. Nesse caso, buscamos o nó sucessor cujo campo de informação o segue em ordem ascendente, ou seja, 42, e o intercalamos com o elemento que desejamos apagar, 27.

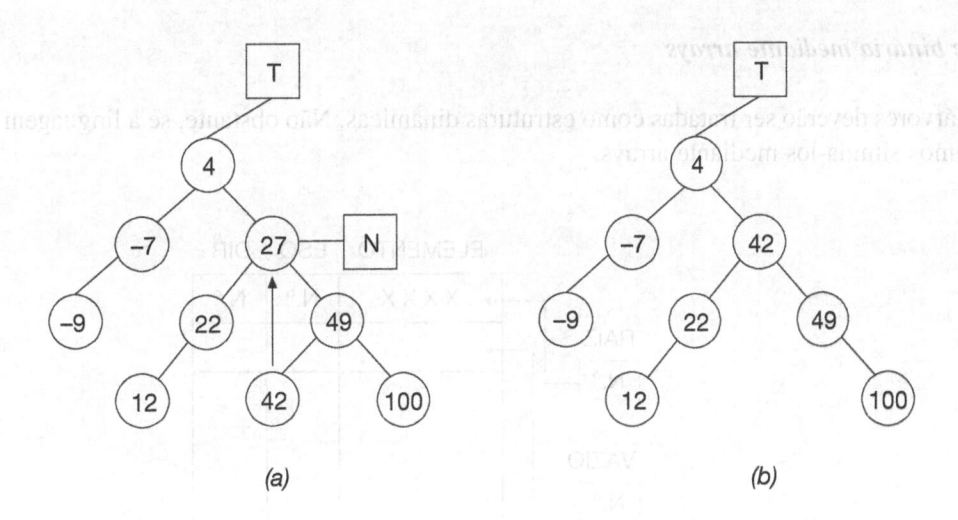

Figura 13.21 Eliminação de um nó com duas subárvores não-nulas.

Exemplo 13.8

Deduzir as árvores resultantes ao eliminar o elemento 3 na árvore A e o elemento 7 na árvore B.

Árvore A

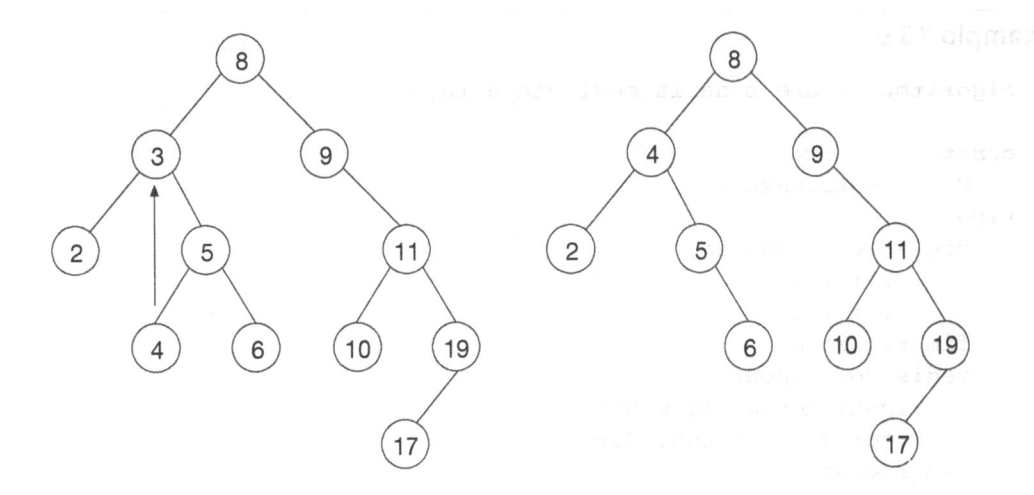

Árvore B

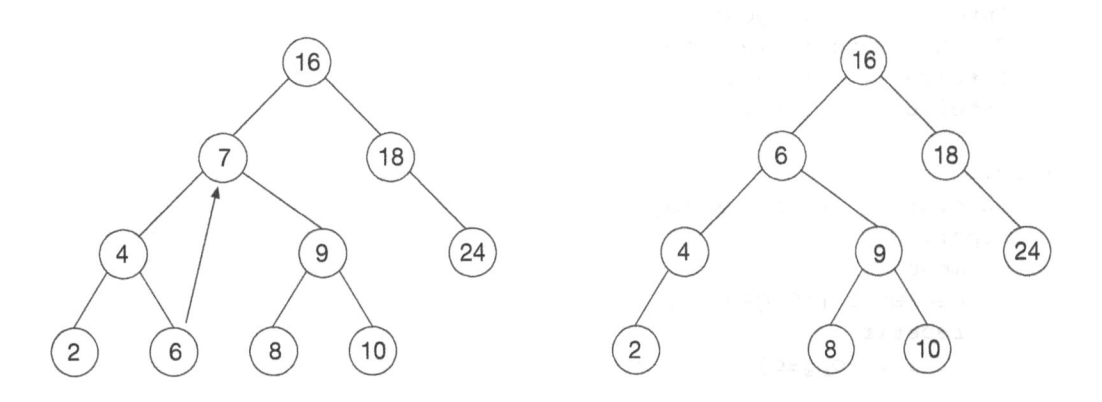

Árvore binária mediante arrays

As árvores deverão ser tratadas como estruturas dinâmicas. Não obstante, se a linguagem não tem ponteiros, poderemos simulá-los mediante arrays.

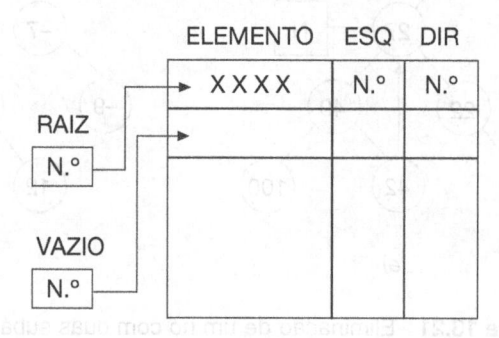

```
              ELEMENTO  ESQ  DIR
            ┌─► X X X X  N.°  N.°
    RAIZ    │
    ┌───┐───┘
    │N.°│  ┌─►
    └───┘  │
    VAZIO  │
    ┌───┐──┘
    │N.°│
    └───┘
```

ESQ e DIR serão dois campos numéricos para indicar a posição em que estão os filhos esquerdo e direito. O valor 0 indica que não tem filho.

Trataremos o array como uma lista LIGADA e necessitaremos uma LISTA DE VAZIOS e uma variável VAZIO que aponte o primeiro elemento da lista de vazios. Para armazenar a lista de vazio, é indiferente que utilizemos o campo Esq ou Dir.

Exemplo 13.9

```
algoritmo árvore_binária_mediante_arrays

const
    Máx = <expressão>
tipo
    registro: TipoElemento
       ... : ...
       ... : ...
    fim_registro
    registro: TipoNó
        TipoElemento: Elemento
        Inteiro     : Esq, Dir
    fim_registro
    array[1... Máx] de TipoNó : Arr

var
    Arr           : a
    Inteiro       : opção
    TipoElemento  : elemento
    Inteiro       : raiz
    Inteiro       : vazio

início
    iniciar (a, raiz, vazio)
    repetir
        menu
        escrever ('OPÇÃO: ')
        repetir
            ler (opção)
```

```
            até_que (opção >= 0) E (opão <= 3)
            conforme_seja opção fazer
               1 :
                   listagem (a, raiz)
                   escrever ('INTRODUZA NOVO ELEMENTO: ')
                   proc_ler (elemento)
                   cargas (a, elemento, raiz, vazio)
                   listagem (a, raiz)
                   pausa
               2 :
                   listagem (a, raiz)
                   escrever ('INTRODUZA ELEMENTO PARA SER DADO BAIXA: ')
                   proc_ler  (elemento)
                   descargas (a, elemento, raiz, vazio)
                   listagem (a, raiz)
                   pausa

               3 :
                   listagem (a, raiz)
                   pausa
         fim_conforme
      até_que opção = 0
fim

procedimento pausa
var
   cadeia : c
início
   escrever('PRESSIONE RETURN PARA CONTINUAR')
   ler(c)
fim_procedimento

procedimento menu
início
   escrever ('1.— CARGAS')
   escrever ('2.— DESCARGAS')
   escrever ('3.— LISTAGEM')
   escrever ('0.— FIM')
fim_procedimento

procedimento iniciar (S Arr : a; S Inteiro: raiz, vazio)
var
   Inteiro: i
início
   raiz ← 0
   vazio ← 1
  desde I ← 1 até Máx — 1 fazer
      a[i].dir ← i + 1
   fim_desde
        a[Máx].dir ← 0
fim_procedimento

lógico função ÁrvoreVazia (E Inteiro: raiz)
início
   se raiz = 0 então
       devolver (verdade)
```

```
            se_não
               devolver (falso)
            fim_se
         fim_função

         lógico função ÁrvorePreenchida (E Inteiro: vazio)
         início
            se vazio = 0 então
               devolver (verdade)
            se_não
               devolver (falso)
            fim_se
         fim_função

         procedimento inordem(E/S Arr: a; E Inteiro: raiz)
         início
            se raiz <> 0 então
               inordem(a,a[raiz].Esq)
               proc_escrever(a[raiz].elemento)
               inordem(a,a[raiz].Dir)
            fim_se
         fim_procedimento

         procedimento préordem (E/ S Arr: A; E Inteiro: raiz)
         início
            se raiz <> 0 então
               proc_escrever(a[raiz].elemento)
               préordem(a,a[raiz].Esq)
               préordem(a,a[raiz].Dir)
            fim_se
         fim_procedimento

         procedimento pósordem(E/S Arr: A; E inteiro: raiz)
         início
            se raiz <> 0 então
               pósordem(a,a[raiz].Esq)
               pósordem(a,a[raiz].Dir)
               proc_escrever(a[raiz].elemento)
            fim_se
         fim_procedimento

         procedimento buscar(E/S Arr: A; E Inteiro: raiz;
                             E TipoElemento: elemento;
                             S inteiro: at, ant)
         var
            lógico: encontrado
         início
            Encontrado ← falso
            at ← raiz
            ant ← 0
            enquanto não encontrado e (at<>0) fazer
               se igual(elemento, a[at].elemento) então
                  encontrado ← verdade
               se_não
                  ant ← at
                  se maior(a[at].elemento, elemento) então
                     at ← a[at].Esq
```

```
            se_não
               at ← a[at].Dir
            fim_se
         fim_se
      fim_enquanto
fim_procedimento

procedimento cargas (E/S Arr: A; E TipoElemento: elemento;
                     E/S inteiro: raiz, vazio)
var
   inteiro: at, ant, auxi
início
   se vazio <> 0 então
      buscar(a, raiz, elemento, at, ant)
      se at < 0 então
         escrever ('ESSE ELEMENTO JÁ EXISTE')
      se_não
         auxi ← vazio
         vazio ← a[auxi].Dir
         a[auxi].elemento ← elemento
         a[auxi].Esq ← 0
         a[auxi].Dir ← 0
         se ant = 0 então
            raiz ← auxi
         se_não
            se maior(a[ant].elemento, elemento) então
               a[ant].Esq ← auxi
            se_não
               a[ant].Dir ← auxi
            fim_se
         fim_se
      fim_se
   fim_se
fim_procedimento

procedimento descargas(E/S Arr: A; E TipoElemento: elemento;
                     E/S inteiro: raiz, vazio)
var
   inteiro: at, ant, auxi
início
   buscar (a, raiz, elemento, at, ant)
   se at = 0 então
      escrever('ESSE ELEMENTO NÃO EXISTE')
   se_não
      se (a[at].Esq = 0) E (a[at].Dir = 0) então
         se ant = 0 então
            raiz ← 0
         se_não
            se a[ant].Esq = at então
               a[ant].Esq ← 0
            se_não
               a[ant].Dir ← 0
            fim_se
         fim_se
```

```
            se_não
                se (a[at].Esq <> 0) E (a [at].Dir <> 0) então
                    ant ← at
                    auxi ← a[at].Esq
                    enquanto a[auxi].Dir <> 0 fazer
                        ant ← auxi
                        auxi ← a[auxi].Dir
                    fim_enquanto
                    a[at].Elemento ← a[auxi].Elemento
                    se ant = at então
                        a[ant].Esq ← a[auxi].Esq
                    se_não
                        a[ant].Dir ← a[auxi].Esq
                    fim_se
                    at ← auxi
                se_não
                    se a[at].Dir <> 0 então
                        se ant = 0 então
                            raiz ← a[at].Dir
                        se_não
                            se a[ant].Esq = at então
                                a[ant].Esq ← a[at].Dir
                            se_não
                                a[ant].Dir ← a[at].Dir
                            fim_se
                        fim_se
                    se_não
                        se ant = 0 então
                            raiz ← a[at].Esq
                        se_não
                            se a[ant].Dir = at então
                                a[ant].Dir ← a[at].Esq
                            se_não
                                a[ant].Esq ← a[at].Esq
                            fim_se
                        fim_se
                    fim_se
                fim_se
            fim_se
            a[at].Dir ← vazio
            vazio ← at
    fim_se
fim_procedimento

procedimento listagem (E Arr: a; E inteiro: raiz)
início
    escrever ('INORDEM: ')
    inordem (a, raiz)
    escrever ('PRÉORDEM: ')
    préordem (a, raiz)
    escrever ('PÓSORDEM: ')
    pósordem (a, raiz)
fim_procedimento
```

Iniciar	ELEMENTO	DIR		Iniciar					
RAIZ		2		elemento 1	3	2	elemento 1	3	0
0		3		elemento 2	0	0	elemento 2	4	0
		4	Array	elemento 3	0	0	elemento 3	0	0
VAZIO		5			5			5	
1		6			6			6	
		7			7			7	
		0			0			0	

	RAIZ	VAZIO		RAIZ	VAZIO
	1	4		1	2

13.5 GRAFOS

Os grafos são outras estruturas de dados não-lineares e que têm um grande número de aplicações. Durante séculos a análise de grafos interessou aos matemáticos e representa uma parte importante da teoria combinatória na matemática. Mesmo sendo complexa e ampla, nesta seção faremos uma introdução à teoria de grafos e aos algoritmos que permitem sua solução no computador.

As árvores binárias representam estruturas hierárquicas com limitações de duas subárvores por nó. Eliminando as restrições de que cada nó pode apontar no máximo dois nós e cada nó pode ser apontado por no máximo outro nó, desse modo temos um grafo.

Como exemplos de grafos temos a rede de estradas de um Estado ou região, a rede ferroviária ou aéreas nacionais etc.

Em uma rede de estradas, os nós representam os *vértices* dos grafos e as estradas da união de duas cidades, os *arcos*, de modo que cada arco é associado a uma informação tal como a distância, o consumo em gasolina por automóvel etc.

Os grafos podem nos ajudar a resolver problemas como esses. Suponhamos que certas estradas do norte do Estado foram bloqueadas por um recente alagamento. Como podemos saber se todas as cidades desse Estado podem ser alcançadas pela estrada saindo da capital ou se existem cidades isoladas? Evidentemente existe a solução do estudo de um mapa de estradas; entretanto, se existem muitas cidades, obter a solução pode ser árduo e demorado. Um computador e um algoritmo adequado de grafos irão solucionar facilmente o problema.

13.5.1 Terminologia de grafos

Formalmente, um *grafo* é um conjunto de pontos — uma estrutura de dados — e um conjunto de linhas, cada uma das quais une os pontos a outro. Os pontos são chamados *nós* ou *vértices* do grafo e as linhas são chamadas *arestas* ou *arcos* (*edges*).

O conjunto de vértices de um grafo dado G é representado por V_G e o conjunto de arcos, por A_G. Por exemplo, no grafo G da Figura 13.23:

```
V_G = {a, b, c, d}
A_G = {1, 2, 3, 4, 5, 6, 7, 8}
```

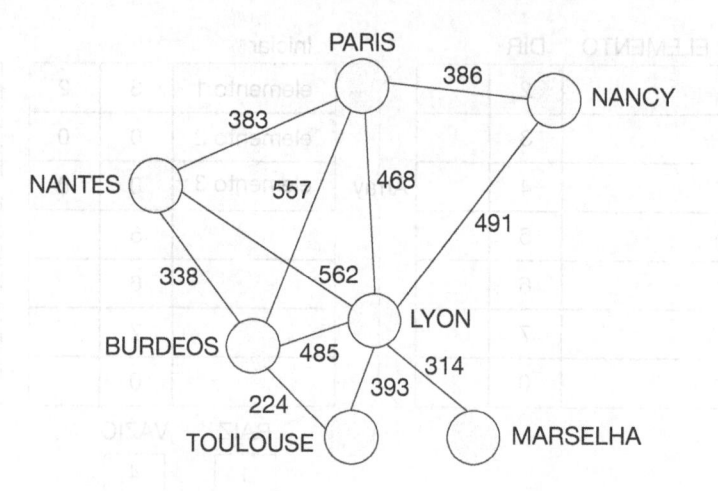

Figura 13.22 Grafo de uma rede de estradas.

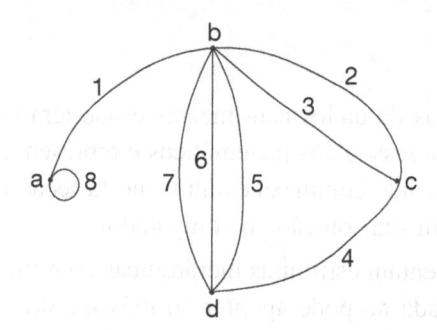

Figura 13.23 Grafo G.

O número de elementos de v_G é chamado *ordem* do grafo. Um grafo *nulo* é de ordem zero.

Uma aresta é representada pelos vértices que conecta. A aresta 3 conecta os vértices b e c, e é representada por *V(b, c)*. Alguns vértices podem conectar um nó com ele mesmo; por exemplo, a aresta 8 tem o formato *V(a, a)*. Estas arestas são denominadas *laços*.

Um grafo G é denominado *simples* se as seguintes condições são cumpridas:

- Não tem laços, não existe um arco em A_G da forma *(V, V)* onde está em V_G.
- Não existe mais que um arco para unir dois nós, ou seja, não existe mais que um arco (V_1, V_2) para qualquer par de vértices V_1, V_2.

A Figura 13.24 representa um grafo simples.

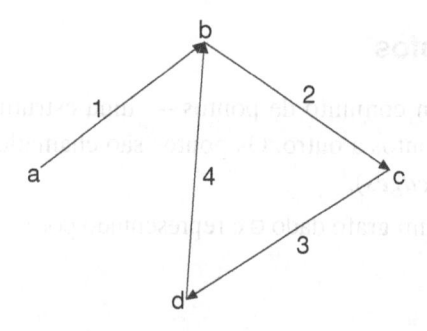

Figura 13.24 Grafo simples.

Um grafo que não é simples é denominado *grafo múltiplo*.

Um *caminho* é uma seqüência de um ou mais arcos que conectam dois nós. Representaremos por $C(V_i, V_j)$ um caminho que conecta os vértices V_1 e V_2.

O *comprimento* de um caminho é o número de arcos que são compreendidos nele. No grafo da Figura 13.24, existem os seguintes caminhos entre os nós b e d.

```
C(b,d) = (b,c) (c,d)              comprimento = 2
C(b,d) = (b,c) (c,b) (b,c) (c,d)  comprimento = 4
C(b,d) = (b,d)                    comprimento = 1
C(b,d) = (b,d) (c,b) (b,d)        comprimento = 3
```

Dois vértices são *adjacentes* se há um arco que os una. Assim, V_i e V_j, são adjacentes se existe um caminho que os una. Essa definição é muito ampla e em geral se particulariza; se existe um caminho de A a B dizemos que *A é adjacente a B* e *B é adjacente de A*. Assim, no grafo da Figura 13.25, Las Vegas é adjacente a Nova York, mas Nova York não é adjacente a Las Vegas.

São considerados dois tipos de grafos:

Direcionados   os vértices apontam uns aos outros, os arcos estão direcionados ou têm direção.
Não-direcionados os vértices estão relacionados, mas não apontados uns aos outros; a direção não é importante.

Na Figura 13.25, o grafo é direcionado, dado que a direção é importante; então, existe um vôo entre Las Vegas e Nova York, mas no sentido contrário.

Grafo conectado   existe sempre um caminho que une dois vértices quaisquer.
Grafo desconectado existem vértices que não estão unidos por um caminho.

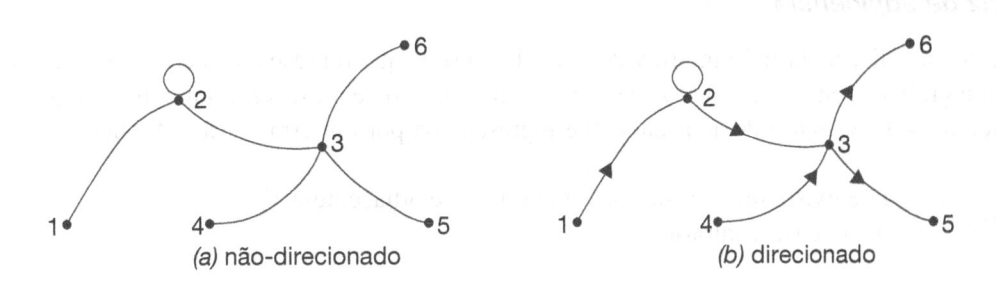

Figura 13.25 Grafos: *(a)* não-direcionado, *(b)* direcionado.

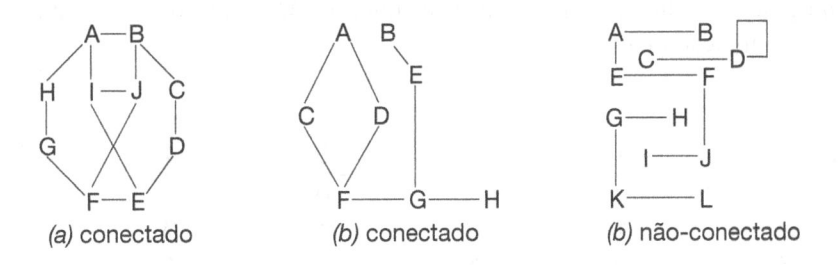

Figura 13.26 Grafos conectados e não conectados.

Outros tipos de grafos de grande interesse são mostrados na Figura 13.27. Um *grafo completo* é aquele em que cada vértice está conectado com todos e cada um dos nós restantes. Se existem *n* vértices, haverá $n(n-1)$ arestas em um grafo completo e direcionado, e $n(n-1)/2$ arestas em um grafo não-direcionado completo.

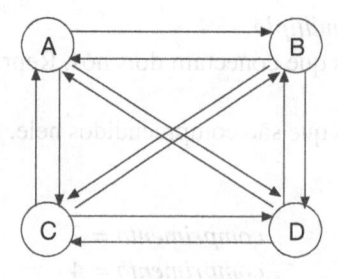

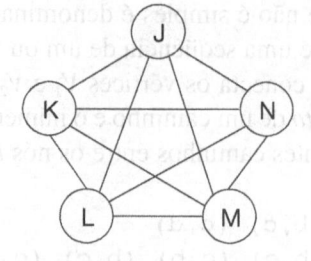

(a) grafo completo direcionado   *(b)* grafo completo não-direcionado

Figura 13.27 Grafos completos.

Um *grafo ponderado ou com peso* é aquele em que cada aresta tem um valor. Os grafos com peso costumam ser importantes, já que podem representar situações de grande interesse, por exemplo, os vértices podem ser cidades e as arestas, distâncias ou preços de passagem de trem ou avião entre ambas as cidades. Isso nos pode permitir calcular qual é o percurso mais econômico entre as cidades, somando os gastos das passagens das cidades existentes no caminho, e assim tomar uma decisão acertada em relação à viagem e estudar a possível mudança de meio de transporte: avião ou automóvel, se estes forem os mais baratos.

A solução de encontrar o caminho mais curto e o mais econômico entre dois vértices de um grafo é um algoritmo importante na teoria dos grafos. (O *algoritmo de Dijkstra* é um algoritmo típico para a solução desses problemas.)

13.5.2 Representação de grafos

Existem duas técnicas-padrão para representarmos os grafos G: *a matriz de adjacência* (mediante arrays) e a *lista de adjacência* (mediante ponteiros/listas ligadas).

Matriz de adjacência

A matriz de adjacência M é um array de duas dimensões que representa as conexões entre pares de verticais. Seja um grafo G, com um conjunto de nós V_G e um conjunto de arestas A_G. Suponhamos que o grafo é de ordem N, onde N >= 1. A matriz de adjacência M é representada por um array N, X > N, onde:

$$M(i,j) = \begin{cases} 1 \text{ se existe uma aresta}(V_i, V_j) \text{ em } A_G, V_i \text{ é adjacente a } V_j \\ 0, \text{ em caso contrário} \end{cases}$$

As colunas e as linhas da matriz representam os vértices do grafo. Se existe uma aresta de *i* a *j* (isto é, o vértice *i* é adjacente a *j*), o custo ou peso da aresta de *i* a *j* é introduzido; se não existe a aresta, introduzimos um 0; logicamente, os elementos da diagonal principal são todos zeros, já que o custo da aresta *i* a *i* é 0.

Se G é um grafo não-direcionado, a matriz é simétrica $M(i,j) = M(j,i)$. A matriz de adjacência do grafo da Figura 13.25 é indicada na Figura 13.28.

i \ j	1	2	3	4	5	6
1	0	1	0	0	0	0
2	1	0	1	0	0	0
3	0	1	0	1	1	1
4	0	0	1	0	0	0
5	0	0	1	0	0	0
6	0	0	1	0	0	0

Figura 13.28 Matriz de adjacência.

Se o grafo fosse direcionado, sua matriz resultante seria:

i \ j	1	2	3	4	5	6
1	0	1	0	0	0	0
2	0	0	1	0	0	0
3	0	0	0	0	1	1
4	0	0	1	0	0	0
5	0	0	0	0	0	0
6	0	0	0	0	0	0

Exemplo 13.10

Deduzir a matriz de adjacência do grafo seguinte:

A matriz de adjacência resultante desse grafo, cujos vértices representam cidades, e os pesos das arestas, os preços de passagens de avião em dólares, é

	SF	LA	LV	KC	NY
SF		1000			
LA	1000		390	2000	
LV		390		3000	2500
KC		2000	3000		
NY	1500			350	

Exemplo 13.11

Seja um grafo com arestas ponderadas. Os vértices representam cidades e as arestas, as rotas utilizadas pelos caminhões de uma empresa de transporte de mercadorias. Cada aresta está rotulada com a distância entre os pares de cidades ligadas diretamente. Nesse caso, utilizaremos uma matriz triangular.

> **Nota**
>
> Observe, como conseqüência desse exemplo, que as arestas ponderadas têm uma grande aplicação.

- É comum representarmos, em transportes, distâncias, preços de passagens, tempos.
- Em hidráulica, capacidades. Por exemplo, a quantidade de um oleoduto em litros/segundos entre diferentes cidades.

Lista de adjacência

O segundo método utilizado para representar grafos é útil quando um grafo tem muitos vértices e poucas arestas; é a *lista de adjacência*. Nessa representação, utilizamos uma lista ligada por cada vértice *v* do grafo que tenha vértices adjacentes *provenientes* dele.

O grafo completo inclui duas partes: um diretório e um conjunto de listas ligadas. Existe uma entrada no diretório por cada nó do grafo. A entrada no diretório do nó *i* aponta uma lista ligada que representa os nós que são conectados ao nó *i*. Cada registro da lista ligada tem dois campos: uma é um identificador de nó, outra é um enlace ao elemento seguinte da lista; a lista ligada representa arcos.

Uma lista de adjacência do grafo da Figura 13.25 está na Figura 13.29.

DIRETÓRIO

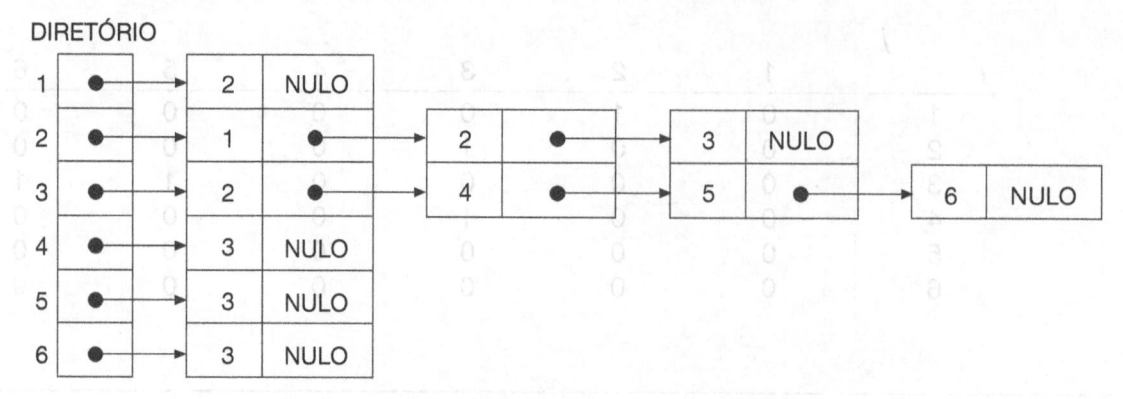

```
1 → [2 | NULO]
2 → [1 | •] → [2 | •] → [3 | NULO]
3 → [2 | •] → [4 | •] → [5 | •] → [6 | NULO]
4 → [3 | NULO]
5 → [3 | NULO]
6 → [3 | NULO]
```

Figura 13.29 Lista de adjacência.

Um grafo não-direcionado de ordem N com A arcos requer N entradas no diretório e 2*A entradas de listas ligadas, exceto se existem laços que reduzem o número de listas ligadas em 1.

Um grafo direcionado de ordem N com A arcos requer N entradas no diretório e A entradas de listas ligadas.

DIRETÓRIO

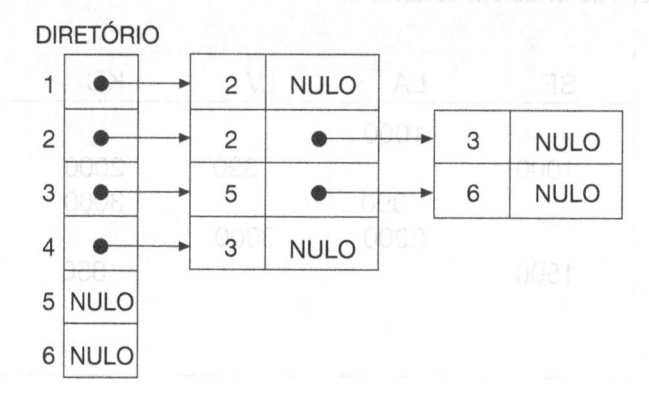

```
1 → [2 | NULO]
2 → [2 | •] → [3 | NULO]
3 → [5 | •] → [6 | NULO]
4 → [3 | NULO]
5   NULO
6   NULO
```

Figura 13.30

Exemplo 13.12

A lista de adjacência do grafo do Exemplo 13.10 é

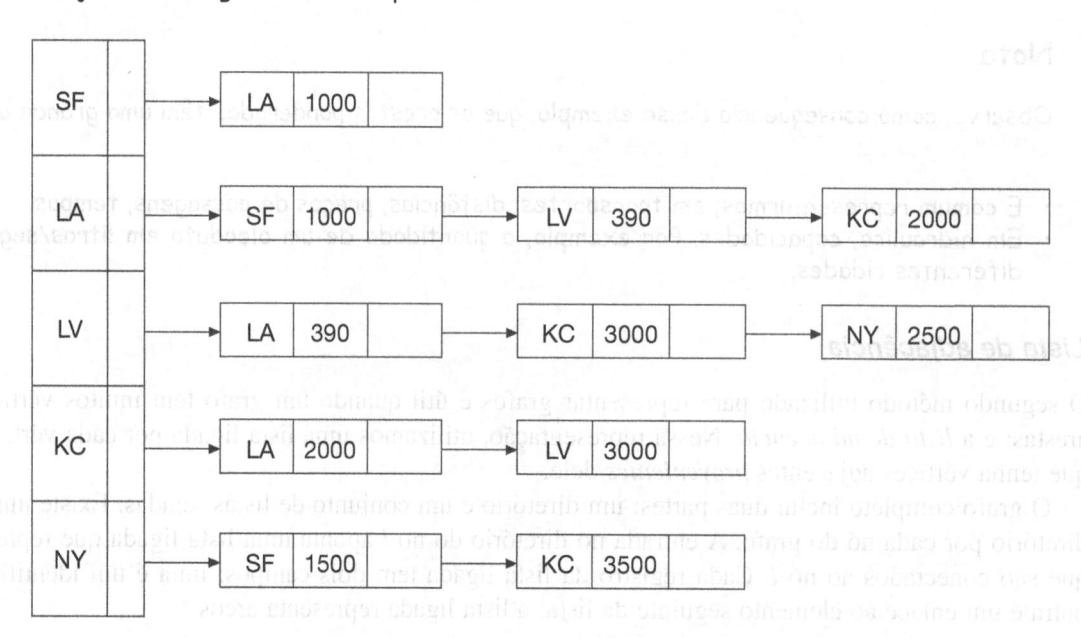

```
SF → [LA | 1000]
LA → [SF | 1000] → [LV | 390] → [KC | 2000]
LV → [LA | 390] → [KC | 3000] → [NY | 2500]
KC → [LA | 2000] → [LV | 3000]
NY → [SF | 1500] → [KC | 3500]
```

A escolha da representação depende do algoritmo particular que vamos implementar e se o grafo é "disperso" ou "denso". Um grafo disperso é aquele cujo número de vértices N é muito maior que o número de arcos. Em um grafo denso, o número de arcos se aproxima do máximo.

ATIVIDADES DE PROGRAMAÇÃO RESOLVIDAS

13.1 Deduzir as fórmulas das expressões representadas pelas seguintes árvores de expressão:

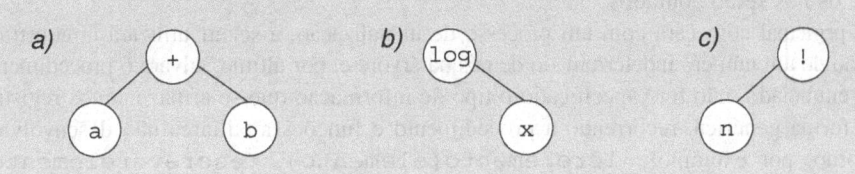

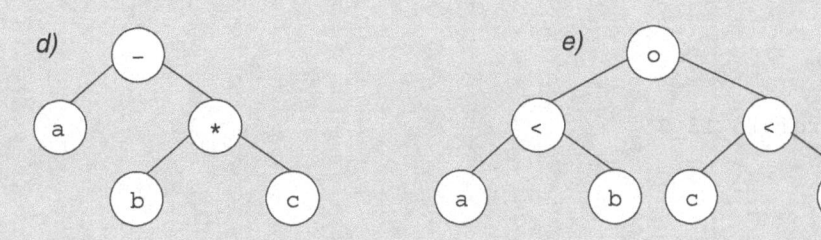

a) $a + b$
b) $\log x$
c) $n!$
d) $a - (b * c)$
e) $(a < b)$ ou $(c < d)$

13.2 Deduzir a fórmula que representa a seguinte árvore de expressão:

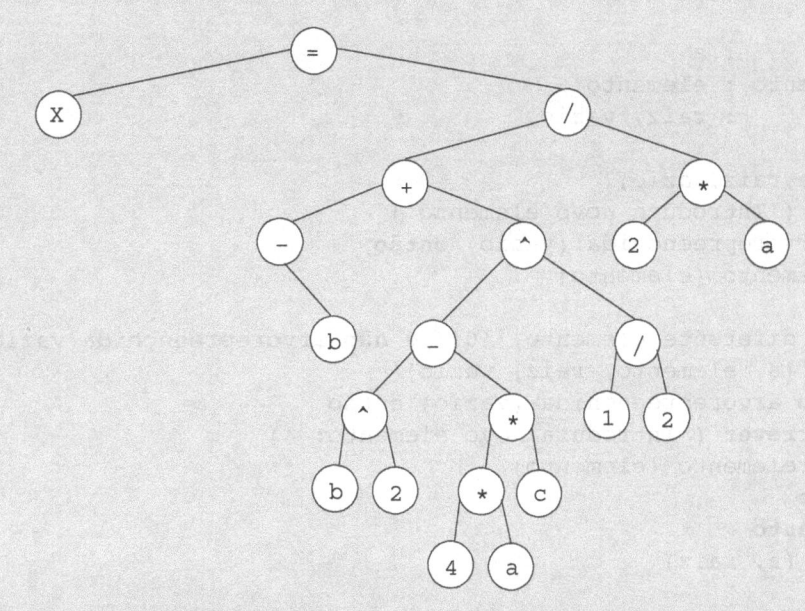

$x \leftarrow (-b + (b^2 - 4 * a * c)^{(1/2)})/(2 * a)$

ou seja, as raízes solução da equação de 2º grau:

$ax^2 + bx + c = 0$.

13.3 Sabendo que nossa linguagem de programação não lida com estruturas dinâmicas de dados, escrever um procedimento que insira um novo nó em uma árvore binária no lugar correspondente, conforme seu valor. Escrever outro procedimento que permita descobrir o número de nós de uma árvore binária. Utilizar ambos os procedimentos de um algoritmo que crie uma árvore e nos informe sobre seu número de nós.

Análise do problema

O procedimento de inserção será análogo ao de cargas que aparece no exercício 13.1. Para conhecer o número de nós da árvore, é realizada sua varredura, por qualquer um dos métodos já comentados — in-ordem pré-ordem, pós-ordem — e os nós serão contados.

O programa principal começará com um processo de inicialização, a seguir utilizará uma estrutura repetitiva que permita a inserção de um número indeterminado de nós na árvore e, por último, ativará o procedimento para contá-los.

Quando, no enunciado, não for especificado o tipo de informação que se armazena nos registros da árvore, esta será tratada de forma genérica, recorrendo a procedimento e funções auxiliares não desenvolvidas que permitam manipulá-la, como, por exemplo, `lerelemento(elemento)`, `escreverelemento(elemento)`, `diferente(elemento, '0')`.

Projeto do algoritmo

```
algoritmo exercício_13_3
const
   Máx = ...
tipo
   registro: tipoelemento
      ... : ...
      ... : ...
   fim_registro : tiponó
      tipoelemento: elemento
      inteiro     : esq, dir
   fim_registro
   array [1...Máx] de tiponó: arr
var
   arr           : a
   tipoelemento : elemento
   inteiro      : raiz, vazio
início
   iniciar(a,raiz,vazio)
   escrever ('Introduza novo elemento')
   se não árvorepreenchida (vazio) então
      lerelemento (elemento)
   fim_se
   enquanto diferente(elemento, '0') e não árvorepreenchida(vazio) fazer
      carga (a, elemento, raiz, vazio)
      se não árvorepreenchida (vazio) então
         escrever ('Introduza novo elemento: ')
         lerelemento (elemento)
      fim_se
   fim_enquanto
   listagem (a, raiz)
fim

procedimento iniciar(S arr: a ; S inteiro: raiz, vazio)
var
   inteiro: i
```

```
início
   raiz ← 0
   vazio ← 1
   desde i ← 1 até máx—1 fazer
      a[i].dir ← i + 1
   fim_desde
   a[máx].dir ← 0
fim_procedimento

lógico função árvorepreenchida(E inteiro: vazio)
início
   se vazio = 0 então
      devolver(verdade)
   se_não
      devolver (falso)
   fim_se
fim_função

procedimento inordem(E arr: a ; E inteiro: raiz ; E/S inteiro: cont)
início
   se raiz <> 0 então
      inordem(a,[raiz].esq, cont)
      cont ← cont + 1
      escreverelemento(a[raiz].elemento)
      // Além de contar os nós visualiza a
      // informação armazenada neles
      inordem(a, a[raiz].dir, cont)
   fim_se
fim_procedimento

procedimento buscar(E arr: a ; E tipoelemento:elemento;
                    E inteiro: at, ant)
var
   lógico: encontrado
início
   encontrado ← falso
   at ← raiz
   ant ← 0
   enquanto não encontrado e (at <> 0) fazer
      se igual(elemento, a[at].elemento) então
         encontrado ← verdade
      se_não
         ant ← at
         se maior(a[at].elemento, elemento) então
            at ← a[at].esq
         se_não
            at ← a[at].dir
         fim_se
      fim_se
   fim_enquanto
fim_procedimento

procedimento cargas(E/S arr: a; E tipoelemento: elemento;
                    E/S inteiro: raiz, vazio)
```

```
var
   inteiro: at, ant, auxi
início
   se não árvorepreenchida(vazio) então
      buscar(a, elemento, at, ant)
      se at <> 0 então
         escrever('Esse elemento já existe')
      se_não
         auxi ← vazio
         vazio ← a[auxi].dir
         a[auxi].elemento ← elemento
         a[auxi].esq ← 0
         a[auxi].dir ← 0
         se ant = 0 então
            raiz ← auxi
         se_não
            se maior(a[ant].elemento, elemento) então
               a[ant].esq ← auxi
            se_não
               a[ant].dir ← auxi
            fim_se
         fim_se
      fim_se
   fim_se
fim_procedimento

procedimento listagem (E arr: a; E inteiro: raiz)
var
   inteiro: cont
início
   escrever ('inordem: ')
   cont ← 0
   inordem (a, raiz, cont)
   escrever('O número de nós é ', cont)
fim_procedimento
```

13.4 Escrever um procedimento que nos permita contar as folhas de uma árvore mediante estruturas dinâmicas.

Análise do problema

Varrer a árvore, contando, unicamente, os nós que não têm filhos.

Projeto do algoritmo

```
procedimento contarfolhas(E pont: raiz; E/S inteiro: cont)
início
   se raiz <> nulo então
      se (raiz→.esq = nulo) e (raiz→.dir = nulo) então
         cont ← cont + 1
      fim_se
      contarfolhas(raiz→.esq, cont)
      contarfolhas(raiz→.dir, cont)
   fim_se
fim_procedimento
```

13.5 Projetar uma função que permita verificar se são iguais duas árvores cujos nós têm a seguinte estrutura:

```
tipo
   ponteiro_a nó: pont
   registro: nó
   inteiro : elemento
   pont    : esq, dir
fim_registro
```

Análise do problema

Trata-se de uma função recursiva que compara nó a nó a informação armazenada em ambas as árvores. As condições de saída do processo recursivo serão:

- que termine de varrer uma das duas árvores,
- que termine de varrer ambas,
- que encontre diferentes informações nos nós comparados.

Terminando de varrer simultaneamente as árvores, significa que ambas têm o mesmo número de nós e a informação comparada não é diferente. Portanto, a função devolverá verdade; em qualquer outro caso, ela devolverá falso.

Projeto do algoritmo

```
lógico função iguais(E pont: raiz1, raiz2)
início
   se raiz1 = nulo então
      se raiz2 = nulo então
         devolver (verdade)
      fim_se
   se_não
      se raiz2 = nulo então
         devolver (falso)
      se_não
         se raiz1→.elemento <> raiz2→.elemento então
            devolver (falso)
         se_não
            devolver(iguais(raiz1→.esq, raiz2→.esq)
                   e iguais(raiz1→.dir, raiz2→.dir))
         fim_se
      fim_se
   fim_se
fim_função
```

REVISÃO DO CAPÍTULO

Conceitos-chave

- Árvore
- Árvore binária de busca
- In-ordem
- Grafo direcionado
- Folha
- Matriz de adjacência
- Nó
- Pré-ordem
- Raiz
- Varredura de uma árvore
- Árvore binária
- Dígrafo

- Grafo
- Grafo não-direcionado
- Lista de adjacência
- Nível
- Pós-ordem
- Profundidade
- Ramo
- Subárvore

Resumo

As estruturas de dados dinâmicas, árvores e grafos, são muito potentes para a resolução de problemas complexos de tipo gráfico, hierárquico ou em rede.

A estrutura árvore mais utilizada normalmente é a **árvore binária**. Uma árvore binária é uma árvore onde cada nó tem como máximo dois filhos, chamados subárvores esquerda e subárvore direita.

Em uma árvore binária, cada elemento tem zero, um ou dois filhos. O nó raiz não tem um pai, mas, sim, cada elemento restante. Quando um elemento tem um pai x, x é um antecessor ou antecedente do elemento y.

A altura de uma árvore binária é o número de ramos entre a raiz e a folha mais afastada mais 1. Se a árvore A for vazia, a sua altura é 1. O nível ou profundidade de um elemento é um conceito similar ao da altura.

Uma árvore binária não-vazia está equilibrada totalmente se suas subárvores esquerda e direita têm a mesma altura e ambas são vazias ou totalmente equilibradas.

As árvores binárias apresentam dois tipos característicos: árvores binárias de busca e árvores binárias de expressões. As árvores binárias de busca são utilizadas fundamentalmente para manter uma coleção ordenada de dados, e as árvores binárias de expressões, para armazenar expressões.

Os grafos são outra estrutura de dados não-linear e que têm grande número de aplicações. As árvores binárias representam estruturas hierárquicas com limitações de duas subárvores por nó. Se são eliminadas as restrições de que cada nó pode apontar dois nós — como máximo — e que cada nó pode ser apontado por outro nó — como máximo — temos um grafo. *Exemplos de grafos* na vida real são a rede de estradas de um estado ou região, a rede de linhas ferroviárias ou aéreas nacionais etc.

Um grafo G consta de dois conjuntos (G = {V, E}): um conjunto V de vértices ou nós e um conjunto E de arestas (pares de vértices distintos) que conectam os vértices. Se os pares não estão ordenados, G é denominado *grafo não-direcionado*; se os pares estão ordenados, então G é denominado *grafo direcionado*. O grafo direcionado costuma também ser designado como *dígrafo* e o termo grafo sem classificação significa grafo não-direcionado.

Os grafos podem ser implementados de duas maneiras típicas: *matriz de adjacência* e *lista de adjacência*. A escolha depende da necessidade da aplicação concretamente, já que cada uma das maneiras tem suas vantagens e seus inconvenientes.

A varredura de um grafo pode ser em analogia com as árvores, varrendo em profundidade e varrendo em largura. A varredura em profundidade é aplicável aos grafos direcionados e aos não-direcionados e é uma generalização da varredura pré-ordem de uma árvore. A *varredura em largura* também é aplicável a grafos direcionados e não-direcionados, que generalizam o conceito de varredura por níveis de uma árvore.

EXERCÍCIOS

13.1 Dada uma árvore binária de números inteiros ordenados, desejamos um subalgoritmo que busque um elemento com um processo recursivo.

13.2 Projete um subalgoritmo que busque um elemento em uma árvore binária de números inteiros ordenados, efetuado com um processo repetitivo.

13.3 Descreva a ordem em que os vetores das seguintes árvores binárias serão visitadas em: *a*) pré-ordem, *b*) in-ordem, *c*) pós-ordem.

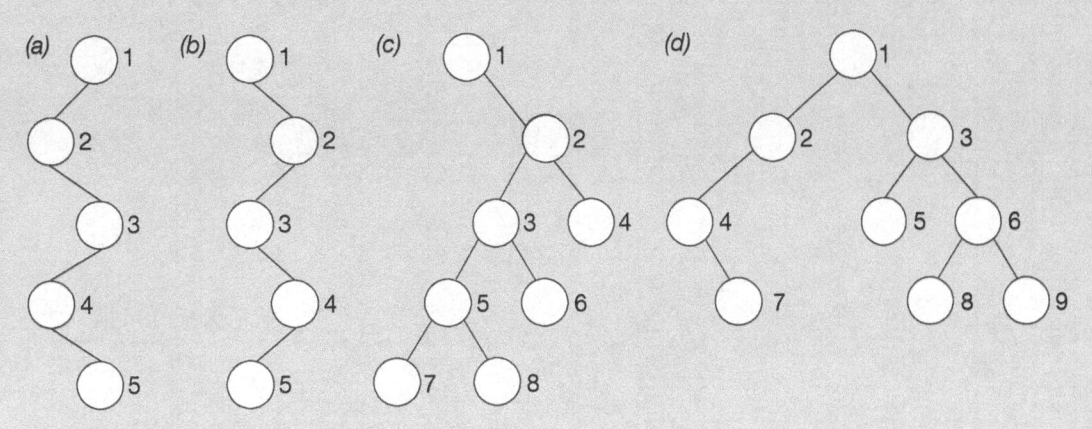

13.4 Projete a expressão árvore para cada uma das seguintes expressões e dê a ordem de visita aos nós em: *a*) pré-ordem, *b*) in-ordem, *c*) pós-ordem:

1. log n!
2. $(a - b) - c$
3. $a - (b - c)$
4. $(a < b)$ e $(b < c)$ e $(c < d)$

13.5 Escreva um subalgoritmo recursivo que liste os nós de uma árvore binária em pré-ordem.

13.6 Escreva um subalgoritmo que elimine um nó determinado de uma árvore de inteiros.

13.7 Dispondo de uma árvore de números reais desordenados, escreva um subalgoritmo que insira um nó no lugar correspondente de acordo o seu valor.

13.8 Escreva um subalgoritmo que permita conhecer o número de nós de uma árvore binária.

13.9 Considere a árvore binária:

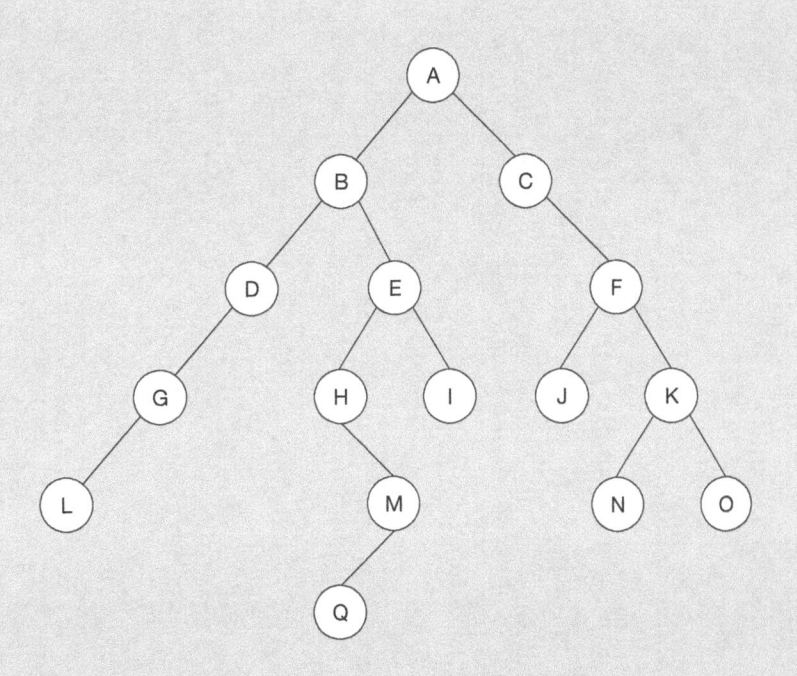

Liste os nós da árvore em: *a*) pré-ordem, *b*) in-ordem, *c*) pós-ordem.

14
RECURSIVIDADE

SUMÁRIO

14.1 A natureza da recursividade
14.2 Recursividade direta e indireta
14.3 Recursão *versus* iteração
14.4 Recursão infinita
14.5 Resolução de problemas complexos com recursividade

REVISÃO DO CAPÍTULO
    Conceitos-chave
    Resumo
EXERCÍCIOS
PROBLEMAS

A recursividade (recursão) é aquela propriedade que possui uma função pela qual essa função pode ser ativada por si mesma. Podemos utilizar a recursividade como uma alternativa à iteração. Uma solução recursiva geralmente é menos eficiente em termos de tempo do computador do que uma solução iterativa por causa das operações auxiliares que levam em si as ativações suplementares às funções; entretanto, em muitas circunstâncias o uso da recursão permite aos programadores especificar soluções naturais, simples, que seriam, em outro caso, difíceis de resolver. Por causa disso, a recursão é uma ferramenta poderosa e importante na resolução de problemas e na programação.

14.1 A NATUREZA DA RECURSIVIDADE

Os programas examinados até agora, geralmente estruturados, são compostos de uma série de funções que chamam umas as outras de maneira disciplinada. Em alguns problemas, é útil dispor de funções que sejam ativadas por si mesmas. Um *subprograma recursivo* é um subprograma que é ativado por si mesmo, direta ou indiretamente. A recursividade é um tópico importante examinado com freqüência em cursos de programação e de introdução às ciências da computação.

Neste livro daremos especial importância às idéias conceituais que fundamentam a recursividade. Em matemática e na vida cotidiana, existem numerosas funções que têm caráter recursivo.

Até o momento, temos visto subprogramas que ativam outros subprogramas diferentes. Assim, dispondo de dois procedimentos proc1 e proc2, a organização de um programa como visto até aqui poderia adotar uma maneira similar a esta:

```
procedimento proc1(...)
início
    ...
fim_procedimento

procedimento proc2(...)
início
    ...
    proc1(...)        // ativa proc1
    ...
fim_procedimento
```

Ao projetarmos programas recursivos, teremos esta situação:

```
procedimento proc1(...)
início
    ...
    proc1(...)
    ...
fim_procediemnto
```

ou esta outra:

```
procedimento proc1(...)
início
    ...
    proc2(...)        //ativa proc2
    ...
fim_procedimento

procedimento proc2(...)
início
    ...
    proc1(...)        //ativa proc1
    ...
fim_procedimento
```

Exemplo 14.1

O fatorial de um inteiro negativo *n*, escrito *n!* (e pronunciado *n* fatorial), é o produto:

```
n! = n.(n − 1) . (n − 2)...
```

no qual

```
0! = 1
1! = 1
2! = 2*1 = 2*1!
3! = 3*2*1 = 3*2!
4! = 4*3*2*1...= 4*3!
...
```

assim:

```
5! = 5 . 4 . 3 . 2 . 1 = 5 . 4! = 120
```

de modo que uma definição recursiva da função fatorial *n é* :

```
n! = n*(n - 1)!    para    n >1
```

O fatorial de um inteiro *n,* superior ou igual a 0, pode ser calculado de modo *iterativo* (não-recursivo), tendo presente a definição de *n!* da seguinte maneira:

```
n! = 1                se    n = 0
n! = n * (n — 1)!     se    n > 0
```

O algoritmo que resolve a solução iterativa de um inteiro *n,* superior ou igual a 0, pode ser calculado utilizando-se um laço `for`:

```
var
    real: contador, fatorial
início
    ...
    fatorial ← 1;
    desde contador ← n até 1 decremento 1
        fatorial ← fatorial * contador
    fim_desde
fim
```

No caso de implementar a função, ela irá requer uma sentença de retorno que devolva o valor do fatorial, tal como

devolver(fatorial)

O algoritmo que resolve a função de maneira *recursiva* tem de ter presente uma condição de saída. No caso do cálculo de 6!, a definição é 6 ! = 6 x 5!, e 5! de acordo com a definição, é 5 x 4!. Esse processo continua até que 1 ! = 1 x 0! por definição. O método de definição de uma função em termos de si mesma é chamado em matemática uma definição **indutiva** e conduz naturalmente a uma implementação recursiva. O caso-base de 0! = 1 é essencial, dado que se detém, potencialmente, uma cadeia de chamadas recursivas. Esse caso-base ou condição de saída deve fixar-se em cada caso de uma solução recursiva. O algoritmo que resolve n! de maneira recursiva é apoiado na definição seguinte:

```
n! = 1                            se n = 0
n! = n*(n — 1 )*( n — 2)*...*     se n > 0
```

conseqüentemente, o algoritmo mencionado que calcula o fatorial será:

```
se (n = 0) então
    fat ← 1
se_não
    contador = n — 1
    fat ← n * fat(contador)
fim_se
```

Outro pseudocódigo que resolve a função fatorial é:

```
se n = 1 então
    fat ← n
se_não
    fat ← n*fat(n - 1)
fim_se
```

Assim, uma função recursiva de fatorial é:
```
inteiro função fatorial(E inteiro: n)
    início
        se (n = 1) então
            devolver (1)
        se_não
            devolver (n * fatorial (n - 1))
        fim_se
fim_função
```

> **Nota**
>
> Dado que o valor de um fatorial de um número inteiro aumenta consideravelmente à medida que aumenta o valor de *n*, é conveniente, no projeto do algoritmo, definir o tipo de dado a ser devolvido pela função como um valor real ao objeto para não ter problema de transbordamento quando traduzir um código-fonte em uma linguagem de programação.

Exemplo 14.2

Deduzir a definição recursiva do produto de números naturais.

O produto $a * b$, onde a e b são inteiros positivos, tem duas soluções:

Solução iterativa $\quad a * b = \underbrace{a + a + a + + \ldots + a}_{b \text{ vezes}}$

Solução recursiva
$a * b = a$ se $b = 1$
$a * b = a * (b - 1) + a$ se $b > 1$

Assim, por exemplo, 7×3 será:

$7 * 3 = 7 * 2 + 7 = 7 * 1 + 7 + 7 = 7 + 7 + 7 = 21$

Exemplo 14.3

Definir a natureza da **série de Fibonacci**: 0, 1, 1, 2, 3, 5, 8, 13, 21...

Observe que essa série começa com 0 e 1, e tem a propriedade de que cada elemento é a soma dos dois elementos anteriores, por exemplo:
0 + 1 = 1
1 + 1 = 2
2 + 1 = 3
3 + 2 = 5
5 + 3 = 8
...

Podemos dizer que:

```
fibonacci(0) = 0
fibonacci(1) = 1
...
fibonacci(n) fibonacci(n - 1) + fibonacci(n - 2)
```

e a definição recursiva será:

```
fibonacci(n) = n                                se n = 0   ou n = 1
fibonacci(n) = fibonacci(n - 1) + fibonacci(n - 2)   se n >= 2
```

Observe que a definição recursiva dos números de fibonacci é diferente das definições recursivas do fatorial de um número e do produto de dois números. Assim, por exemplo, simplificando o nome da função por fib.

```
fib(6) = fib(5) + fib(4)
```

ou o que é igual, fib(6) tem de aplicar-se em maneira recursiva duas vezes, e assim sucessivamente. As funções iterativa e recursiva implementadas em Java são

```java
public class Fibonacci
{
   //Fibonacci iterativo
   public static long fibonacci(int n)
   {
      long f = 0, fsig = 1;
      for (int i = 0; i < n; i++)
      {
         long aux = fsig;
         fsig += f;
         f = aux:
      }
      return(f);
   }
   //Fibonacci recursivo
   public static long fibonacci(int n)
   {
   // se n é menor que 0 devolve -1 como sinal de erro
   if (n < 0 )
      return -1;
   // especificar else não é necessário, já que
   // quando se executa return se retorna à sentença ativadora
   // e a instrução seguinte já não se executa
   if (n == 0)
      return(0);
   else
      if (n == 1)
         return(1);
      else
         return(fibonacci(n-1)+fibonacci(n-2));
   }

   public static void main(String[] args)
   {
      Systen.out.println("Fibonacci_iterativo("+8+")="+fibonacci(8()));
      Systen.out.println("Fibonacci_recursivo("+8+")="+fibonacci(8()));
   }
}
```

14.2 RECURSIVIDADE DIRETA E INDIRETA

Em **recursão direta**, o código do subprograma recursivo F contém uma sentença que chama F, enquanto em **recursão indireta** o subprograma F chama o subprograma G que chama o subprograma P, e assim sucessivamente até que invoquemos de novo o subprograma F.

> Se uma função, um procedimento ou método invoca a si mesmo, o processo é denominado *recursão direta*; se uma função, um procedimento ou método pode invocar uma segunda função, procedimento ou método, que por sua vez invoca a primeira, este processo é conhecido como *recursão indireta* ou *mútua*.

Um requisito para que um algoritmo recursivo seja correto é que não gere uma seqüência infinita de chamadas sobre si mesmo. Qualquer algoritmo que gere uma seqüência desse tipo não pode terminar nunca. Conseqüentemente, a definição recursiva deve incluir um **componente-base** (*condição de saída*) em que $f(n)$ é definida diretamente (ou seja, não recursivamente) para um ou mais valores de n.

Deve existir uma "maneira de sair" da seqüência de chamadas recursivas. Assim, a função $f(n) = n!$ para n inteiro:

$$f(n) \begin{cases} 1 & n \leq 1 \\ n.f(n-1) & n > 1 \end{cases}$$

a condição de saída ou base é $f(n) = 1$ para $n \leq 1$.

No caso da série de Fibonacci:

$F_0 = 0, F_1 = 1, F_n = F_{n-1} + F_{n-2}$ *para* $n > 1$

$F_0 = 0$ e $F_1 = 1$ constituem o componente-base ou as condições de saída e $F_n = F_{n-1} + F_{n-2}$ é o componente recursivo.

C++ permite escrever funções recursivas, Uma função recursiva correta deve incluir um componente-base ou condição de saída.

Problema 14.1

Escrever uma função recursiva em C++ que calcule o fatorial de um número *n* e um programa que implemente essa função.

Lembrando que

n! = 1   se n = 0
n! = n.(n - 1)   se n > 1

A função recursiva que calcula *n!*

```
int Fatorial (int n)
{
   // cálculo de n!
   if (n <= 1)
      return 1;
   return n * Fatorial(n - 1);
}
```

No algoritmo anterior, consideramos que o valor resultante é do tipo inteiro; entretanto, observe a seqüência dos valores da função fatorial.

n	n!
0	1
1	1
2	2
3	6
4	24
5	120
6	720
7	5040
8	40320
9	362880
10	3628800

Como podemos ver, os valores crescem rapidamente, e para $n = 8$ já ultrapassa o valor normal do maior inteiro manipulado em computadores de 16 bits (32767). Portanto, será preciso mudar o tipo de dado devolvido para `float`, `double`, `unsigned int`, `long` etc. Assim, o programa `fac.cpp` que calcula o fatorial de um número pode ser:

```
//Programa fac.cpp
# include <iostrream.h>

// em C++ as funções devem ser declaradas
// ou definidas antes de seu uso

double Fatorial (int n);

int main( )
{
  // declaração
  int núm;

  // escrever ('Por favor introduza um número: ')
  cout << "Por favor introduza um número: ";

  // ler (núm)
  cin >> núm;

  // escrever (núm, ' != ', Fatorial(núm); NL)
  // NL significa salto de linha
  cout << núm <<" != " << Fatorial(núm) << endl;
  // devolver êxito, ou seja, execução válida
  return 0;
}

// definição da função fatorial
// o passo de parâmetros de tipo simples por default é pelo valor
```

```cpp
double Fatorial (int n)
{
   if (n <=1)
      return (1);
   else
      return (n * Fatorial(n — 1));
   // em C++ os parênteses na sentença return são opcionais
}
```

Uma variante desse programa poderia ser o cálculo do fatorial correspondente aos números naturais 0 a 10. Para isso, bastaria substituir a função main anterior por uma função como esta incluindo uma chamada ao arquivo #include <iomanip.h>.

```cpp
// Programa principal

// a especificação do tipo de dado devolvido por main é opcional
int main( )
{
   int i;
   for (i. = 0 ; i<=10; i++)
      cout << setw(2) << i << " != " << Fatorial(i) << endl;
      // setw dá formato à saída e estabelece a largura do
      // campo em 2
   reutrn 0;
}
```

Problema 14.2

Escrever uma função de Fibonacci de maneira recursiva e um programa que manipule essa função, de modo que calcule o valor do elemento de acordo com a posição ocupada na série.

> **Nota**
>
> O código-fonte desse programa foi escrito em linguagem C++.

```cpp
// Função de Fibonacci : fibo.cpp
#include <iostream.h>

long fibonacci (long n);

main( )
{
   long resultado, núm;

   cout << "Introduza um inteiro : ";
   cin >> núm;
   resultado = Fibonacci (núm);
   cout << "O valor de Fibonacci("<< núm << ") = "resultado << endl;
   return 0;
}
// definição recursiva da função de Fibonacci
long fibonacci(long n)
{
```

```
        if ((n == 0) || (n == 1))
            return n;
        // não é necessária a especificação de else, mas podemos colocar
        return fibonacci(n - 1) + fibonacci (n - 2) ;
}
```

A saída resultante da execução do programa anterior:

```
Introduza um inteiro : 2
O valor de Fibonacci (2) = 1

Introduza um inteiro : 20
O valor de Fibonacci (20) = 832040
```

14.2.1 Recursividade indireta

A recursividade indireta é produzida quando um subprograma ativa outro, que terminará ativando novamente o primeiro. O programa ALFABETO.CPP visualiza o alfabeto utilizando recursão mútua ou indireta.

> **Nota**
>
> O código-fonte desse programa também foi escrito em linguagem C++.

```
// Listagem ALFABETO.CPP
#include <iostream.h>
#include <stdio.h>

// A e B equivalem a procedimentos
void A (int c);
void B (int c);

main( )
{
    A ('Z');
    cout << endl;
    return 0;
}

void A (int c)
{
    if (c > 'A')
        B(c);
    putchar(c);
}

void B (int c)
{
    A (--c);
}
```

O programa principal ativa a função recursiva A() com o argumento 'Z' (a última letra do alfabeto). A função A examina seu parâmetro c. Se c está em ordem alfabética depois que 'A', a função ativa B(), que imediatamente ativa A(), passando-lhe um parâmetro precursor de c. Esta ação faz que A() volte a examinar c, e novamente uma ativação a B(), até que c seja igual a 'A'. Neste momento, a recursão termina executando putchar() 26 vezes e visualizando o alfabeto, caractere a caractere.

14.2.2 Condição de encerramento da recursão

Quando implementamos um subprograma recursivo, é preciso considerar uma condição de encerramento, já que, caso contrário, o subprograma continuaria indefinidamente ativando-se a si mesmo e chegaria um momento em que a memória estaria esgotada. Portanto, será necessário estabelecer em qualquer subprograma recursivo a condição de parada que termine as chamadas recursivas, e evitar indefinidamente as chamadas. Por exemplo, no caso da função fatorial, definida anteriormente, a condição de saída pode ser quando o número seja 1 ou 0, já que, em ambos os casos, o fatorial é 1.

```
real função fatorial (E inteiro: n)
início
    se (n = 1) ou (n = 0) então
        devolver (1)
    se_não
        devolver (n * fatorial (n — 1))
    fim_se
fim_função
```

14.3 RECURSÃO *VERSUS* ITERAÇÃO

Nos itens anteriores, foram estudadas várias funções que podem ser implementadas facilmente ou de modo recursivo ou iterativo. Neste item compararemos os dois enfoques e examinaremos as razões pelas quais o programador pode escolher um enfoque ou outro segundo a situação específica.

Tanto a iteração como a recursão são baseadas em uma estrutura de controle: *a iteração utiliza uma estrutura repetitiva* e *a recursão utiliza uma estrutura de seleção*. A iteração e a recursão implicam ambas repetição: a iteração utiliza explicitamente uma estrutura repetitiva, enquanto a recursão consegue a repetição por meio de chamadas repetidas. Implicam cada uma um teste de encerramento (*condição de saída*). A iteração termina quando a condição do laço não se cumpre, enquanto a recursão termina quando reconhecemos um caso-base ou a condição de saída é alcançada.

A recursão tem muitas desvantagens: quando invocamos repetidamente o mecanismo de recursividade, em conseqüência, necessitamos de tempo complementar para realizar as mencionadas ativações.

Esta característica pode resultar cara quanto ao tempo de processador e espaço na memória. Cada ativação de uma função recursiva cria outra cópia da função (realmente só as variáveis de função); isso pode consumir muita memória. Ao contrário, a iteração é produzida dentro de uma função, de modo que as operações complementares das ativações da função e atribuição de memória adicional são omitidas.

Portanto, quais são as razões para escolher a recursão? A razão fundamental é que existem numerosos problemas complexos que possuem natureza recursiva e, conseqüentemente, são mais fáceis de implementar com algoritmos deste tipo. Entretanto, em condições críticas de tempo e de memória, ou seja, quando o consumo de tempo e memória é decisivo ou conclusivo para a resolução do problema, a solução escolhida deve ser, geralmente, a iterativa.

> Qualquer problema que pode ser resolvido por recursão também pode sê-lo por iteração. Um enfoque recursivo é escolhido com preferência a um enfoque iterativo quando o enfoque recursivo é mais natural para a resolução do problema e produz um programa mais fácil de compreender e depurar. Outra razão para escolher uma solução recursiva é que uma solução iterativa pode não ser clara nem evidente.

Conselho de programação

Devemos evitar a utilização da recursividade em situações de rendimento crítico ou exigência de altas prestações em tempo e memória, já que as ativações recursivas empregam tempo e consomem memória adicional.

> **Conselho geral**: Se uma solução de um problema pode ser expressa iterativa ou recursivamente com igual facilidade, é preferível a solução iterativa, já que é executada mais rapidamente (não existem ativações adicionais a funções que consomem tempo de processo) e utiliza menos memória (a pilha necessária para armazenar as sucessivas ativações necessárias na recursão). Entretanto, algumas vezes a solução recursiva é preferível.

Exemplo 14.4

A função fatorial de um número já exposta anteriormente oferece um exemplo claro de comparação entre funções definidas de maneira iterativa ou maneira recursiva; a seguir, mostra-se sua implementação em *C#*.

O fatorial *n!*, de um número *n* era

```
0! = 1
n! = n * (n — 1) para n > 0
```

Solução recursiva

```csharp
// código em C#
public class Teste1
{
   // fatorial recursivo
   // Pré-condição   n está definido e n >= 0
   // Pós-condição   nenhuma
   // Devolve        n!
   public static long fatorial (int n)
   {
      if (n < 0)
         return — 1;
      if (n == 0)
         return  1;
      else
         return n * fatorial (n — 1);
      }
   public static void Main ( )
   {
      // escrever(fatorial(4))
      System.Console.WriteLine(fatorial(4));
   }
}
```

Solução iterativa

```csharp
// código em C#
public class Teste2
{
   // fatorial iterativo
   // Pré-condição   n está definido e n >= 0
```

```
        // Pós-condição    nenhuma
        // Devolve          n!
        public static long fatorial(int n)
        {
            if (n < 0)
                return − 1;
            long fat = 1;
            while (n > 0)
            {
                fat = fat * n:
                n = n − 1;
            }
            return fat;
        }
        public static void Main( )
        {
            // escrever(fatorial(4))
            System.Console.WriteLine(fatorial(4));
        }
    }
```

> **Diretrizes na tomada de decisão iteração/recursão**
>
> 1. Considere uma solução recursiva somente quando uma solução iterativa *simples* não for possível.
> 2. Utilize uma solução recursiva somente quando a execução e a eficiência da memória da solução estejam dentro dos limites aceitáveis considerando as limitações do sistema.
> 3. Sendo possível as duas soluções, iterativa e recursiva, a solução recursiva sempre irá requerer mais tempo e espaço por causa das ativações adicionais que são efetuadas.
> 4. Em certos problemas, a recursão conduz naturalmente a soluções que são muito mais fáceis de ler e compreender que sua correspondente iterativa. Nesses casos, os benefícios obtidos com a clareza da solução costumam compensar o corte extra (em tempo e memória) da execução de um programa recursivo.

14.4 RECURSÃO INFINITA

A iteração e a recursão podem ser produzidas infinitamente. Um laço infinito ocorre se o teste de seguimento do laço nunca se tornar falso; uma recursão infinita ocorre se a etapa de recursão não reduz o problema em cada ocasião de modo que convirja sobre o caso-base ou condição de saída.

Na realidade, a **recursão infinita** significa que cada ativação recursiva produz outra ativação recursiva e assim sucessivamente. Na prática, esse código será executado até que o computador esgote a memória disponível e produza um encerramento anormal do programa.

O fluxo de controle de um algoritmo recursivo requer três condições para um encerramento normal:

- Um teste para deter (ou continuar) a recursão (*condição de saída* ou *caso-base*).
- Uma ativação recursiva (para continuar a recursão).
- Um caso final para terminar a recursão.

Exemplo 14.5

Desejamos calcular a soma dos primeiros N inteiros positivos.

A função não-recursiva que realiza a tarefa solicitada é:

```
inteiro função CálculoSoma (E inteiro N)
var
    inteiro: soma, i
```

```
início
   soma ← 0
   desde i ← 1 até N fazer
      soma ← soma + i
   fim_desde
   devolver (soma)
fim_função
```

A função CálculoSoma implementada recursivamente requer a definição prévia da soma dos primeiros N inteiros matematicamente em maneira recursiva, tal como mostrado a seguir:

$$\text{soma}(N) = \begin{cases} 1 & \text{se} \quad N = 1 \\ N + \text{soma}(N-1) & \text{caso contrário} \end{cases}$$

A definição anterior significa que, se N for 1, então a função soma(N) recebe o valor 1. Caso contrário, significa que a função soma(N) recebe o valor resultante da soma de N e o resultado da soma(N – 1). Por exemplo, a função soma(4) é avaliada tal como mostramos na Figura 14.1.

O pseudocódigo-fonte da função recursiva soma é:

```
inteiro função soma(E inteiro: n)
início
   // teste para parar ou continuar (condição de saída)
   se (n = 1) então
      devolver (1)
      //caso final — se detém a recursão
   se_não
      devolver (n + soma (n – 1))
      //caso recursivo
      //a recursão continua com uma ativação recursiva
   fim_se
fim_função
```

e o código-fonte em Turbo Pascal é:

```
programa Somas;
   function CálculoSoma (N: integer): integer;
   var
```

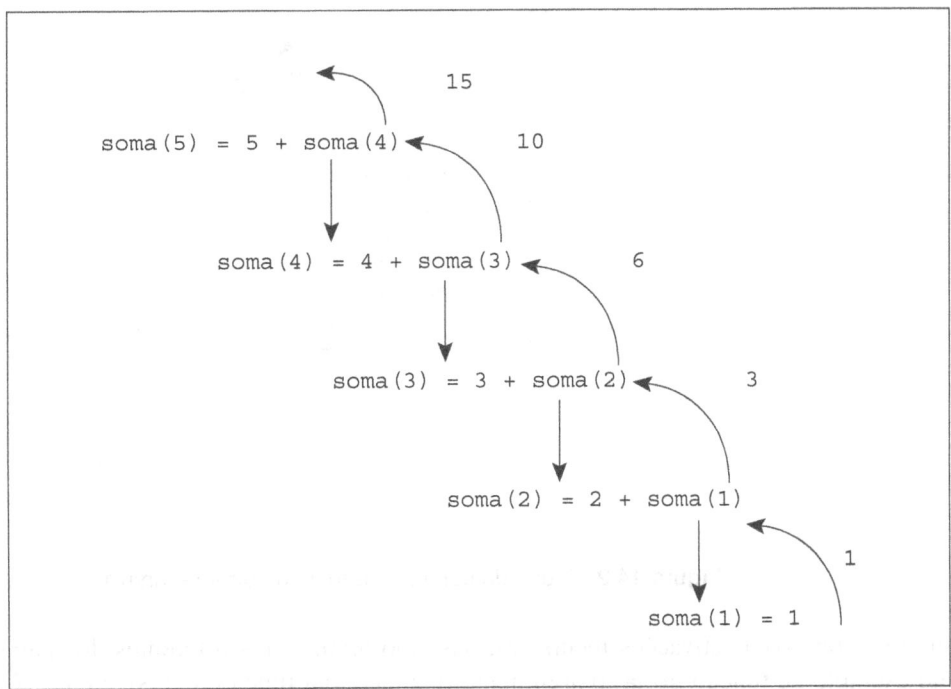

```
                          15
      soma(5) = 5 + soma(4) ←
                          10
           soma(4) = 4 + soma(3) ←
                                6
                soma(3) = 3 + soma(2) ←
                                    3
                     soma(2) = 2 + soma(1)
                                         1
                          soma(1) = 1
```

Figura 14.1 Seqüência de ativações recursivas que avaliam a função Soma(N) (no exemplo Soma(4)).

```
            soma, i: integer;
begin
   soma := 0;
   for i:= 1 to N do
      soma := soma + i;
   CálculoSoma := soma
end;

function soma(n: integer): integer;
begin
   {teste para parar ou continuar (condição de saída)}
   if n = 1 then
      soma := 1
   {caso final — pára a recursão}
      a recursão continua com uma ativação recursiva}
   end;
begin
   writeln('Soma recursiva ', soma(4))
   writeln('Soma iterativa ', CálculoSoma(4))
end
```

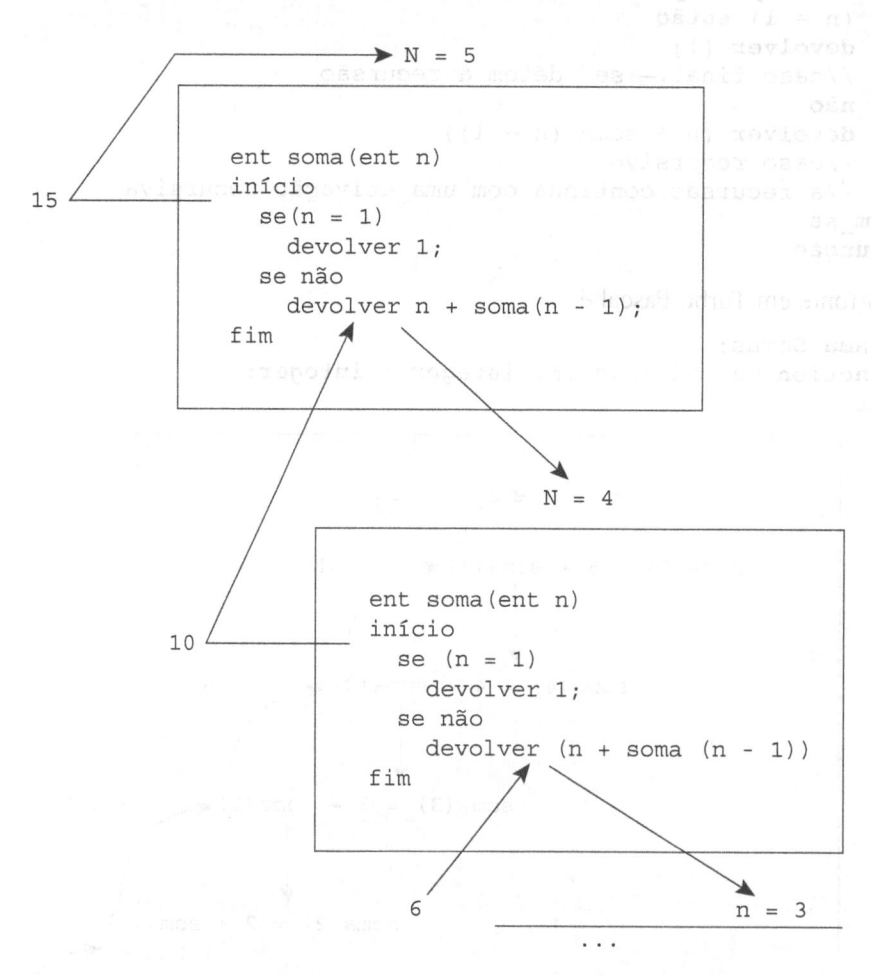

```
                                        N = 5

                        ent soma(ent n)
                        início
         15               se(n = 1)
                             devolver 1;
                          se não
                             devolver n + soma(n - 1);
                        fim


                                                N = 4


                        ent soma(ent n)
                        início
         10               se (n = 1)
                             devolver 1;
                          se não
                             devolver (n + soma (n - 1))
                        fim

                             6                          n = 3
                                      ...
```

Figura 14.2 Fluxo de controle da função soma recursiva.

Quando são realizadas ativações recursivas, passarão argumentos diferentes dos parâmetros de entrada; assim, no exemplo de função soma, o argumento que passa na função recursiva é *n − 1* e o parâmetro é *n*. A Figura 14.2 mostra o fluxo de controle da função soma de modo recursivo.

Problema 14.2

Deduzir qual é a condição de saída da função mdc( ) que calcula o maior divisor comum de dois números inteiros b1 e b2 (o **mdc**, máximo divisor comum, é o maior inteiro que divide ambos os números) e um programa que a manipule.

O mdc dos inteiros *b1* e *b2* é definido como o maior inteiro que divide ambos os números. O mdc não está definido se *b1* e *b2* forem zero. Os valores negativos de *b1* e *b2* são substituídos por seus valores absolutos. Suponhamos dois números 6 e 124; o procedimento clássico para obter o **mdc** é a realização de divisões sucessivas; começamos dividindo ambos os números (124 entre 6), se o resto não for 0, dividimos o número menor pelo resto e assim sucessivamente até que o resto seja 0.

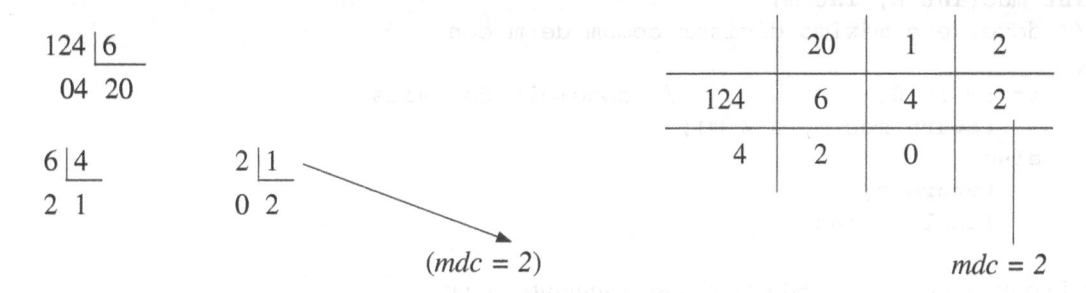

```
124 | 6
 04   20
```

```
6 | 4        2 | 1
2   1        0   2
                        (mdc = 2)
```

	20	1	2
124	6	4	2
4	2	0	

mdc = 2

Neste caso de 124 e 6, o **mdc** é 2, suponhamos agora que os números são *b1 = 18* e *b2 = 45*:

```
18 | 45
18   0
```

```
        45 | 18
        09   2
```

```
                18 | 9
                 0   2        (mdc = 9)
```

O **mdc** de 18 e 45 é 9. Conseqüentemente, a condição de saída é que o resto seja zero. Portanto:

1. Se *b2* for zero, a solução é *b1*.
2. Se *b2* não for zero, a solução é *mdc(b2, b1 mod b2)*.

O código-fonte da função é:

```
inteiro função mdc(E inteiro: b1, b2)
início
   se (b2 <> 0) então      // condição de saída
      devolver ( mdc(b2, b1 mod b2))
   se_não
      devolver (b1)
   fim_se
fim_função
```

Um programa em C++ que governa a função mdc é mdc.cpp.

```
#include <iostream.h>

// Programa mdc.cpp, escrito em linguagem C++
int mdc(int n, int m);
```

```cpp
void main()
{
   // dados locais
   int m, n;

   cout << "Introduza dois inteiros positivos :";
   cin >> m >> n;
   cout << endl;
   cout << "O máximo divisor comum é : " << mdc(m, n) << endl;
}

// Função recursiva mdc
   int mdc(int n, int m)
   // devolve o máximo divisor comum de m e n
   {
      if (m != 0)                  // condição de saída
         return mdc(m, n % m);
      else
         return n;
   }  // final de mdc
```

Quando o programa é executado, produz-se a seguinte saída:

```
Introduza dois inteiros positivos : 6    40
O máximo divisor comum é : 2
```

O código da função recursiva em Turbo Pascal é

```pascal
function mdc (n, m: integer): integer;
begin
   if m <> 0 then
      mdc := mdc (m, n mod m)
   else
      mdc := n
end;
```

14.5 RESOLUÇÃO DE PROBLEMAS COMPLEXOS COM RECURSIVIDADE

Muitos problemas no computador têm uma formulação simples que é traduzida diretamente para o código recursivo. Neste item são descritos alguns exemplos que incluem problemas clássicos resolvidos mediante a recursividade. Entre eles se destacam problemas matemáticos, as Torres de Hanói, método de busca binária, ordenação rápida, árvores de expressão etc. Explicaremos com detalhes alguns deles.

14.5.1 Torres de Hanói

Esse jogo (um algoritmo clássico) tem suas origens em uma cultura oriental e em uma lenda sobre o Templo de Brahma. O problema em questão supõe a existência de 3 varetas ou postes onde são alojados discos, cada disco é ligeiramente inferior em diâmetro ao que está abaixo dele, e pretende determinar os movimentos necessários para transportar os discos de uma vareta a outra cumprindo as seguintes regras:

- Em cada movimento, somente podemos fazer uma intervenção em um disco.
- Nunca pode ficar um disco sobre outro de menor tamanho.

A Figura 14.3 ilustra o problema. Desejamos transportar os quatro discos situados na vareta I para a vareta F conservando a condição de que cada disco seja ligeiramente inferior em diâmetro ao que está situado debaixo dele.

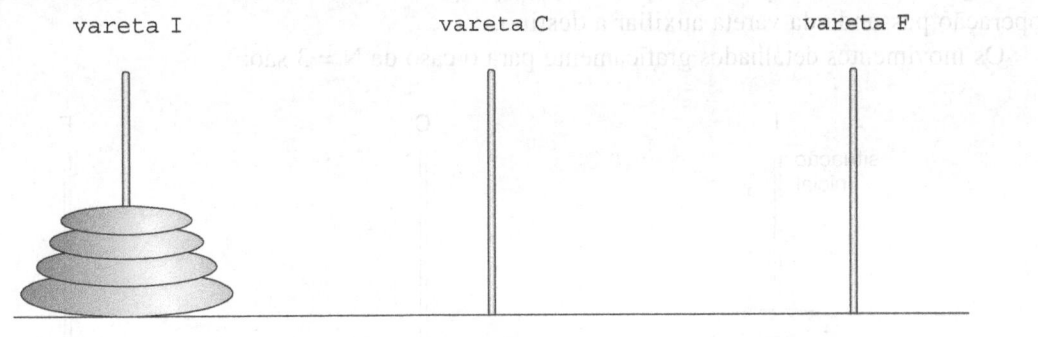

Figura 14.3.

Este problema é claramente recursivo, pois mover quatro discos da vareta I para a F consiste em transportar os três discos superiores da vareta de origem para outra considerada como auxiliar (C). Veja as Figuras 14.3 e 14.4.

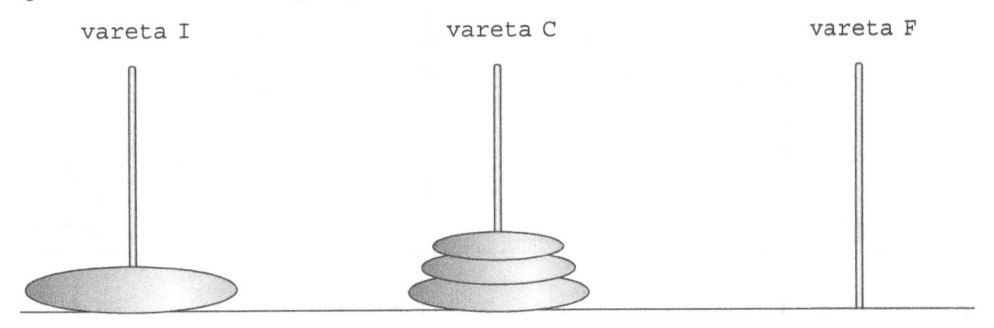

Figura 14.4.

Em seguida, transportar o disco maior da vareta de origem para o destino (de I a F). Figuras 14.4 (antes) e 14.5 (depois)

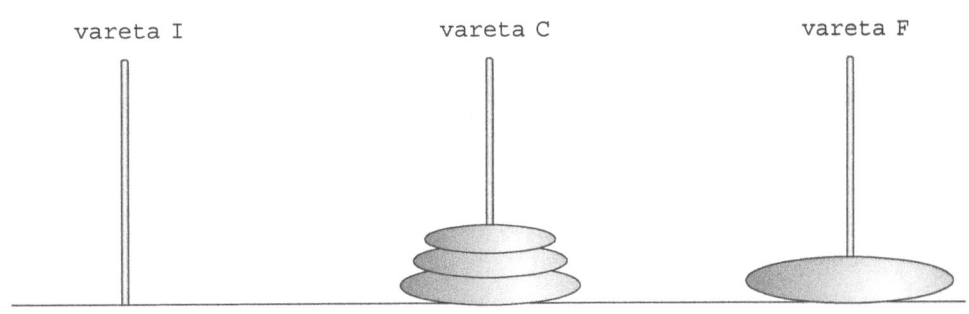

Figura 14.5.

e passar os três da vareta auxiliar para o destino. Figuras 14.5 (antes) e 14.6 (depois).

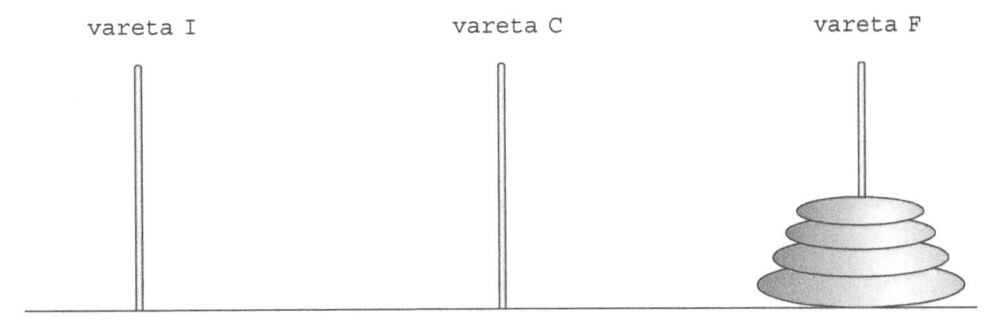

Figura 14.6.

Novamente, observe que mover os três discos superiores de origem para um destino requer mover dois de origem a auxiliar, um de origem a destino e dois de auxiliar a destino. Por último, transportar dois discos de origem a destino implica transportar um de origem a auxiliar, outro de origem a destino, e completar a operação passando da vareta auxiliar a destino.

Os movimentos detalhados graficamente para o caso de N = 3 são:

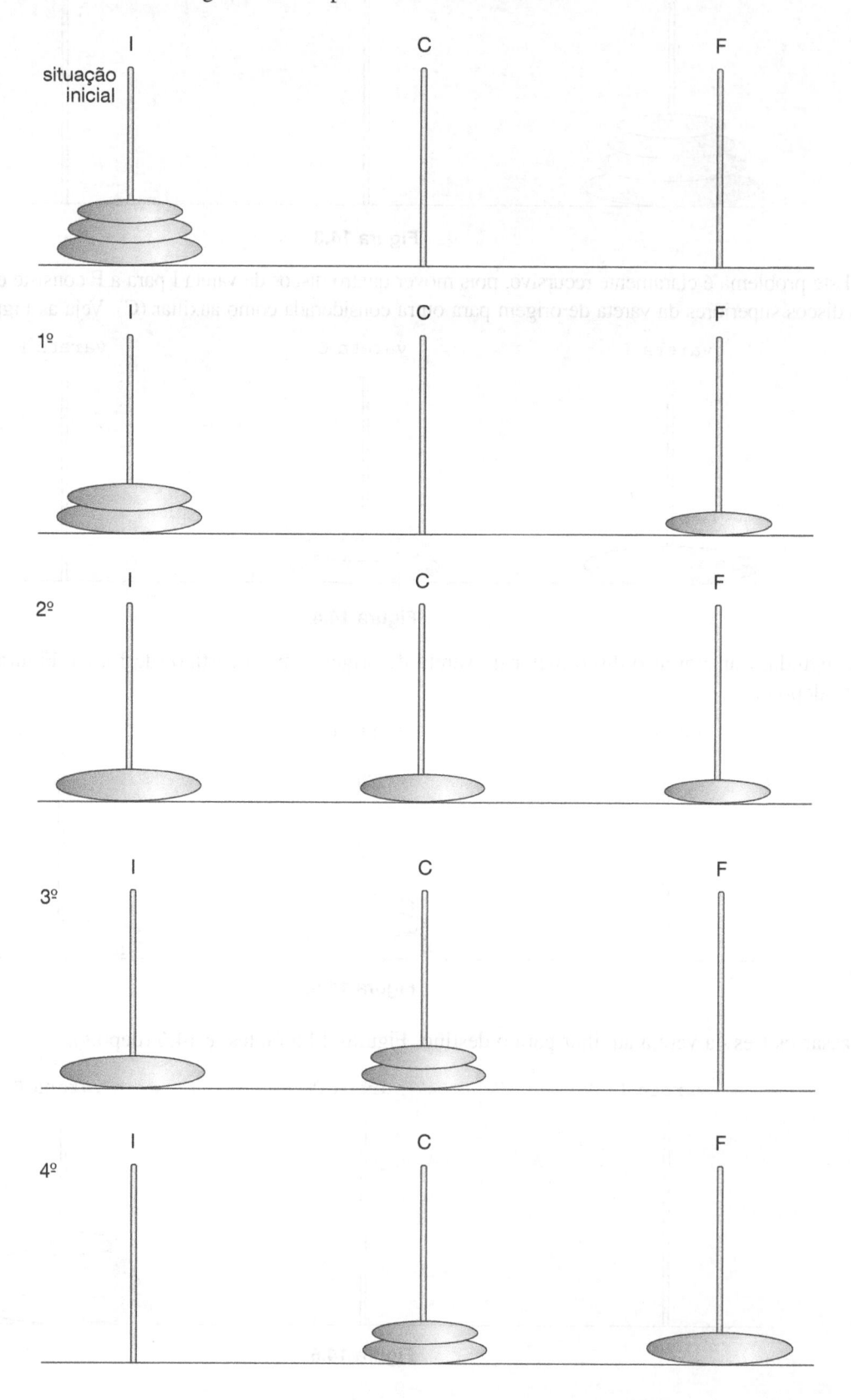

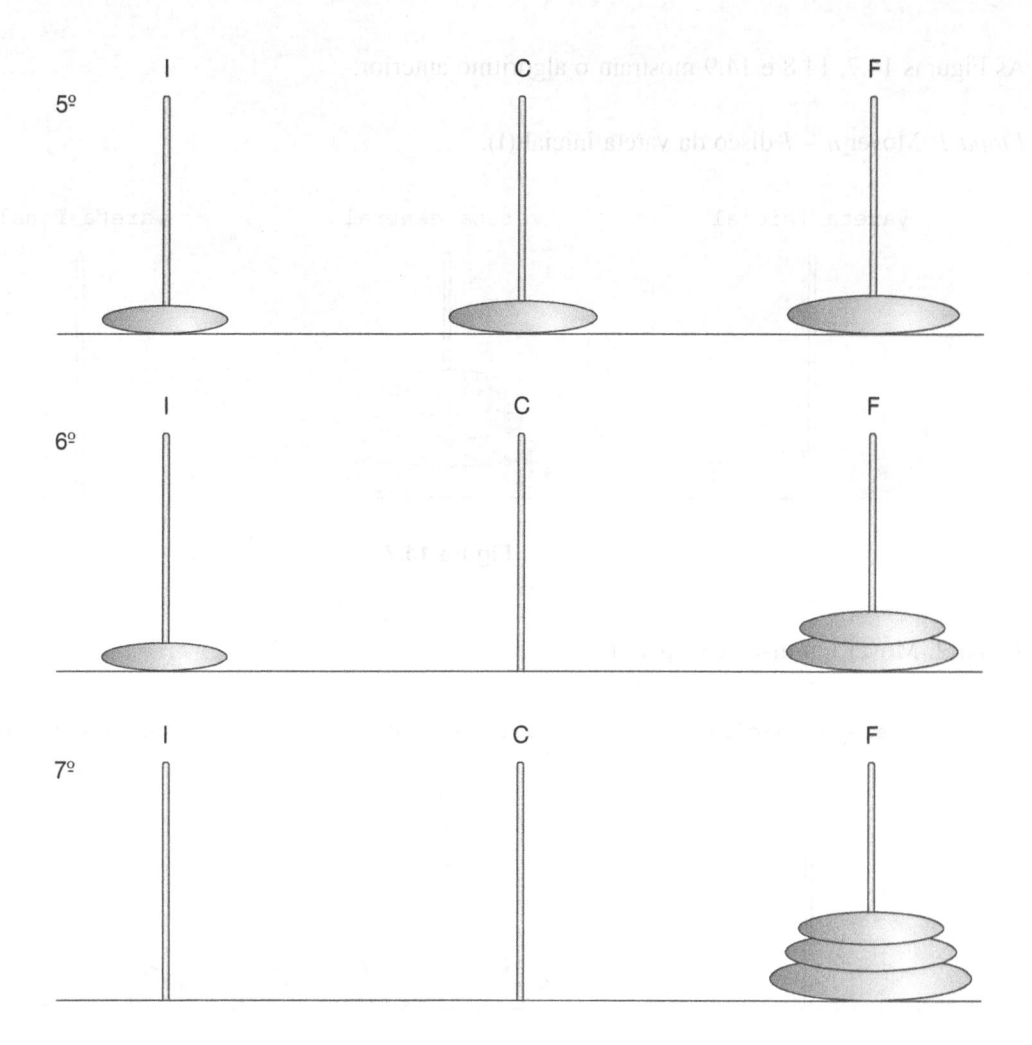

Projeto do algoritmo

O algoritmo é escrito generalizando para *n* discos e três varetas. A função de Hanói declara as varetas ou postes como objetos cadeia. Na lista de parâmetros, a ordem das variáveis ou varetas é:

    varinicial   varcentral   varfinal

o que indica que estão em movimento os discos da vareta inicial para a final utilizando a vareta central como auxiliar para armazenar os discos. Se *n = 1* temos a condição de parada, já que podemos manipular movimentando o único disco da vareta inicial para a final. O algoritmo seria o seguinte:

1. **Se** *n* **é 1**
   1.1 Mover o disco 1 da varinicial para a varfinal
2. **Se_não**
   1.2 Mover *n - 1* discos da varinicial até a vareta auxiliar utilizando varfinal
   1.3 Mover o disco *n* da vareta inicial varinicial para a varfinal
   1.4 Mover *n - 1* discos da vareta auxiliar ou central para a varfinal utilizando a vareta inicial.

Em outras palavras, se n é 1, é alcançada a condição de saída ou encerramento do algoritmo. Se n é maior que 1, as etapas recursivas 1.2, 1.3 e 1.4 são três subprogramas menores, que se aproximam da condição de saída.

As Figuras 14.7, 14.8 e 14.9 mostram o algoritmo anterior:

Etapa 1: Mover $n - 1$ disco da vareta inicial (I).

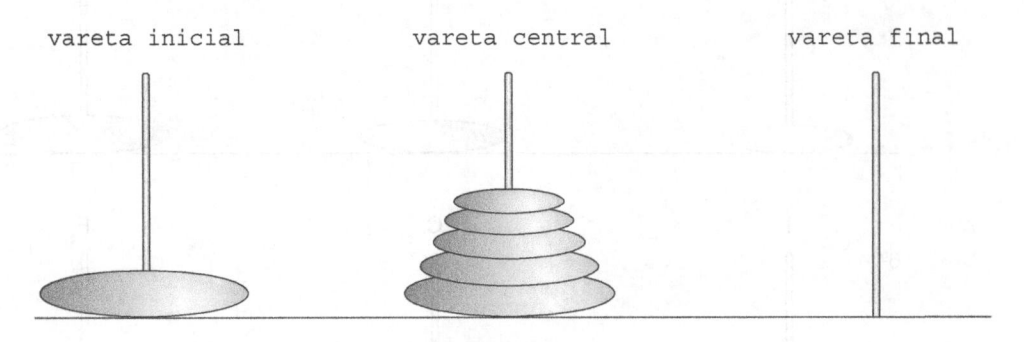

Figura 14.7.

Etapa 2: Mover um disco de I para F.

Figura 14.8.

Etapa 3: Mover $n - 1$ discos da vareta central (C).

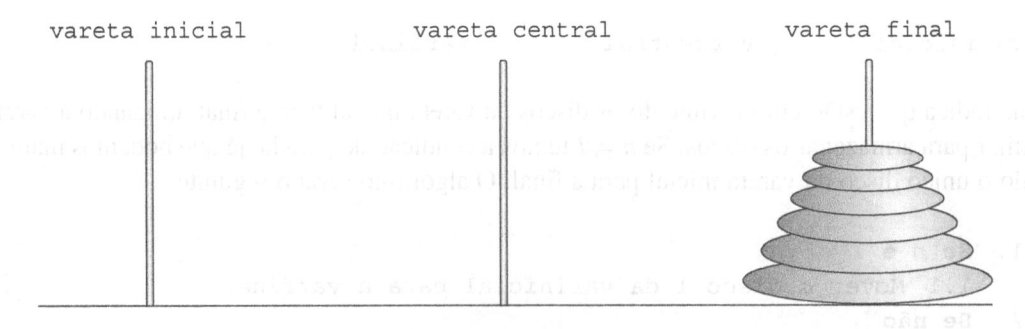

Figura 14.9.

A primeira etapa no algoritmo move $n - 1$ discos da vareta inicial para a vareta central utilizando a vareta final. Conseqüentemente, a ordem de parâmetros na ativação da função recursiva é *varinicial*, *varfinal* e *varcentral*.

```
// utilizar varfinal como armazenamento auxiliar
Hanói(n - 1, varinicial, varfinal, varcentral);
```

A segunda etapa move simplesmente o disco maior do ponto de vista inicial para a vareta final:

```
cout << "mover" << varinicial << "a" << varfinal << endl;
```

A terceira etapa do algoritmo move *n – 1* discos da página central para a vareta final utilizando `varinicial` para armazenamento temporal. Conseqüentemente, a ordem de parâmetro na ativação da função recursiva é: `varcentral`, `varinicial` e `varfinal`.

```
// utilizar varinicial como armazenamento auxiliar
Hanói (n — 1, varcentral, varinicial, varfinal);
```

Implementação das Torres de Hanói em C++

A implementação de algoritmo é apoiada no nome das três varetas ou arames `"inicial"`, `"central"` e `"final"` que passam como parâmetros da função. O programa começa solicitando ao usuário que introduza o número de discos *N*. Ativamos a função recursiva `Hanói` para obter uma listagem dos movimentos que transferirão os N discos da vareta `"inicial"` para a vareta `"final"`. O algoritmo requer $2^N - 1$ movimentos. Para o caso de 10 discos, o jogo irá requerer 1.023 movimentos. No caso de teste para *N* = 3, o número de movimentos é $2^3 - 1 = 7$.

```
// arquivo Torres.cpp
// função recursiva Torres de Hanói

void Hanói (char varinicial, char varfinal, char varcentral, int n)
{
   if (n == 1)
      cout << "Mover disco 1 de vareta" << varinicial << "a vareta"
           << varfinal << endl;

   else
   {
      Hanói(varinicial, varcentral, varfinal, (n — 1));
      cout << "Mover o disco" << n << "de vareta" << varinicial <<
              "para torre" << varfinal << endl;
      Hanói (varcentral, varfinal, varinicial, n — 1);
   }
}
```

A uma execução da função, para o caso de movermos três discos das varetas A para C assumindo a vareta B como vareta central ou auxiliar, podemos dar seqüência com a sentença:

```
Hanói ('A', 'C', 'B', 3);
```

que resolve o problema de três discos de A para C. A saída gerada seria:

```
Mover disco 1 de vareta A para vareta C
Mover disco 2 de vareta A para vareta B
Mover disco 1 de vareta C para vareta B
Mover disco 3 de vareta A para vareta C
Mover disco 1 de vareta B para vareta A
Mover disco 2 de vareta B para vareta C
Mover disco 1 de vareta A para vareta C
```

Considerações de eficiência nas Torres de Hanói

Vale destacar que a função `Hanói` resolverá o problema das Torres de Hanói para qualquer número de discos. O problema de três discos é resolvido em um total de 7 ($2^3 - 1$) ativações da função `Hanói` mediante 7 movimentos de disco. O problema de cinco discos é resolvido com 31 ($2^5 - 1$) ativações e 31 movimentos. Em geral, como já expressamos, o número de movimentos requeridos para resolver o problema de n discos é $2^n - 1$. Cada ativação da função requer a atribuição e inicialização de uma área local de dados na memória, onde o tempo do computador é incrementado exponencialmente com o tamanho do problema. Por essa razão, a execução do programa com um valor de n maior que 10 requer grande quantidade de prudência para evitar transbordamento de memória e lentidão.

14.5.2 Busca binária recursiva

Lembre-se de que a busca binária é o método de busca de uma chave especificada dentro de uma lista ou array ordenado de n elementos que realizava uma exploração da lista até que fosse encontrada ou não a coincidência com a chave especificada. O algoritmo de busca binária pode ser descrito recursivamente.

Suponhamos que temos uma lista ordenada A com um limite inferior e um limite superior. Dada uma chave (valor buscado), começamos a busca na posição central da lista (índice central).

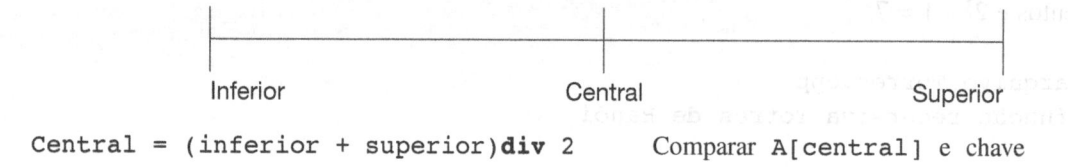

```
Central = (inferior + superior) div 2     Comparar A[central] e chave
```

Quando se tem coincidência (encontra-se a chave), tem-se a condição de encerramento que permite deter a busca e devolver o índice central. Se não é produzida a coincidência (não se encontra a chave), dado que a lista está ordenada, centralizaremos a busca na "sublista inferior" (à esquerda da posição central) ou na "sublista direita" (à direita da posição central).

1. Se `chave < A[central]`, o valor buscado somente pode estar na metade esquerda da lista com elementos no intervalo `inferior` a `central − 1`.

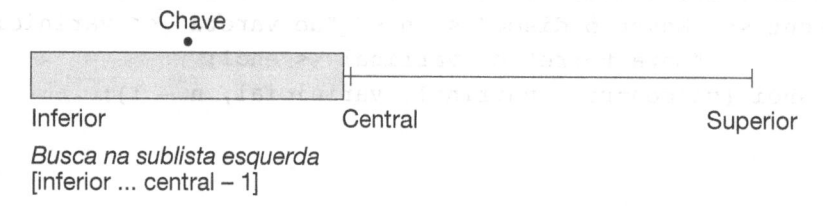

   Busca na sublista esquerda
   [inferior ... central − 1]

2. Se `chave > A[central]`, o valor buscado somente pode estar na metade direita da lista com elementos no intervalo de índices, `Central + 1` a `Superior`.

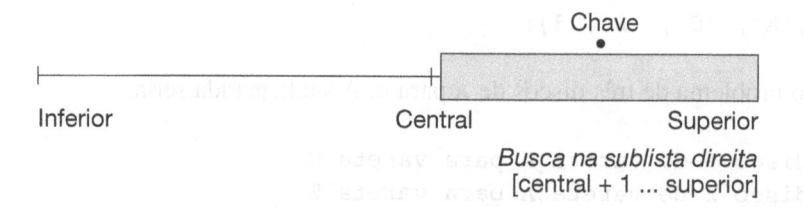

   Busca na sublista direita
   [central + 1 ... superior]

3. O processo recursivo continua a busca em sublistas cada vez menores. A busca termina ou com o êxito (*aparece a chave buscada*) ou sem êxito (*não aparece a chave buscada*), situação que ocorrerá quando o limite superior da lista for menor que o limite inferior. A condição `Inferior > Superior` será a condição de saída ou encerramento e o algoritmo devolve o índice − 1.

Em notação matemática e algorítmica, poderíamos representar a busca binária da seguinte maneira:

```
BuscaBR(inferior, superior, chave)        // BR, binária recursiva

  ⎧ devolver não encontrado
  ⎪     se inferior > superior
  ⎪ devolver central
  ⎪     se elemento [central] == chave
= ⎨ devolver BuscaBR(central + 1, superior, chave)
  ⎪     se elemento[central] < chave
  ⎪ devolver BuscaBR(inferior, central - 1, chave)
  ⎩     se elemento [central] > chave
```

onde `central` é o ponto central entre `inferior` e `superior`. Sua codificação em Java poderia ser:

```java
public classs Bbin
{
   private int buscaBinária(int[] a, int esq, int dir, int c)
   {
      int central:

         if (dir < esq)
            return (- 1);
      else
      {
         central = (esq + dir)/2;
         if (c < a[central])
            return(buscaBinária(a, central + 1, dir, c));)
         else
            if (a[central] < c )
               return(buscaBinária (a, central + 1, dir, c));
            else
               return(central);
      }
   }

   public int buscaB(int[] a, int c)
   {
      / / os arrays em Java começam com o subíndice 0
      / / a.length se encontra predefinida e devolve
      / / o comprimento do array
      return(buscaBinária(a,0,a.length - 1,c));
   }
}
```

14.5.3 Ordenação rápida (*QuickSort*)

O algoritmo conhecido como *quicksort* (ordenação rápida) recebeu este nome do seu autor, Tony Hoare. A idéia do algoritmo é simples, e é baseada na divisão em partições da lista a ser ordenada. O método é, possivelmente, o de menor código, mais rápido, mais interessante e eficiente dos algoritmos conhecidos de ordenação.

O método divide os *n* elementos da lista a ser ordenada em três partes ou partições: uma partição *esquerda*, uma partição *central* que contém apenas um elemento denominado *pivô* ou elemento de partição, e uma partição *direita*. A partição ou divisão é feita de tal maneira que todos os elementos da primeira sublista (partição esquerda) são menores que todos os elementos da segunda sublista (partição direita). As duas sublistas são ordenadas, então, independentemente.

A lista é dividida em partições (sublistas) escolhendo-se um dos elementos da lista e utilizando-o como *pivô* ou *elemento de partição*. Escolhendo uma lista qualquer com os elementos em ordem aleatória, podemos escolher qualquer elemento da lista como pivô; por exemplo, o primeiro elemento da lista. Se a lista tem alguma ordem parcial, que é conhecida, podemos tomar outra decisão para o pivô. O pivô deve ser escolhido de modo que a lista seja dividida exatamente pela metade, de acordo com o tamanho relativo das chaves. Por exemplo, tendo uma lista de inteiros de 1 a 10, 5 ou 6 seriam pivôs ideais, enquanto 1 ou 10 seriam eleitos "pobres" de pivôs.

Uma vez que o pivô tenha sido escolhido, utilizamos para ordenar o resto da lista em duas sublistas: uma tem todas as chave menores que o pivô e a outra em que todos os elementos (chaves) são superiores ou iguais ao pivô (ou ao contrário). Essas duas listas parciais são ordenadas recursivamente utilizando o mesmo algoritmo; ou seja, ativamos sucessivamente o próprio algoritmo *quicksort*. A lista final ordenada é conseguida concatenando-se a primeira sublista, o pivô e a segunda sublista, nessa ordem, em uma única lista. A primeira etapa de *quicksort* é a divisão ou "partição" recursiva da lista até que todas as sublistas contenham somente um elemento.

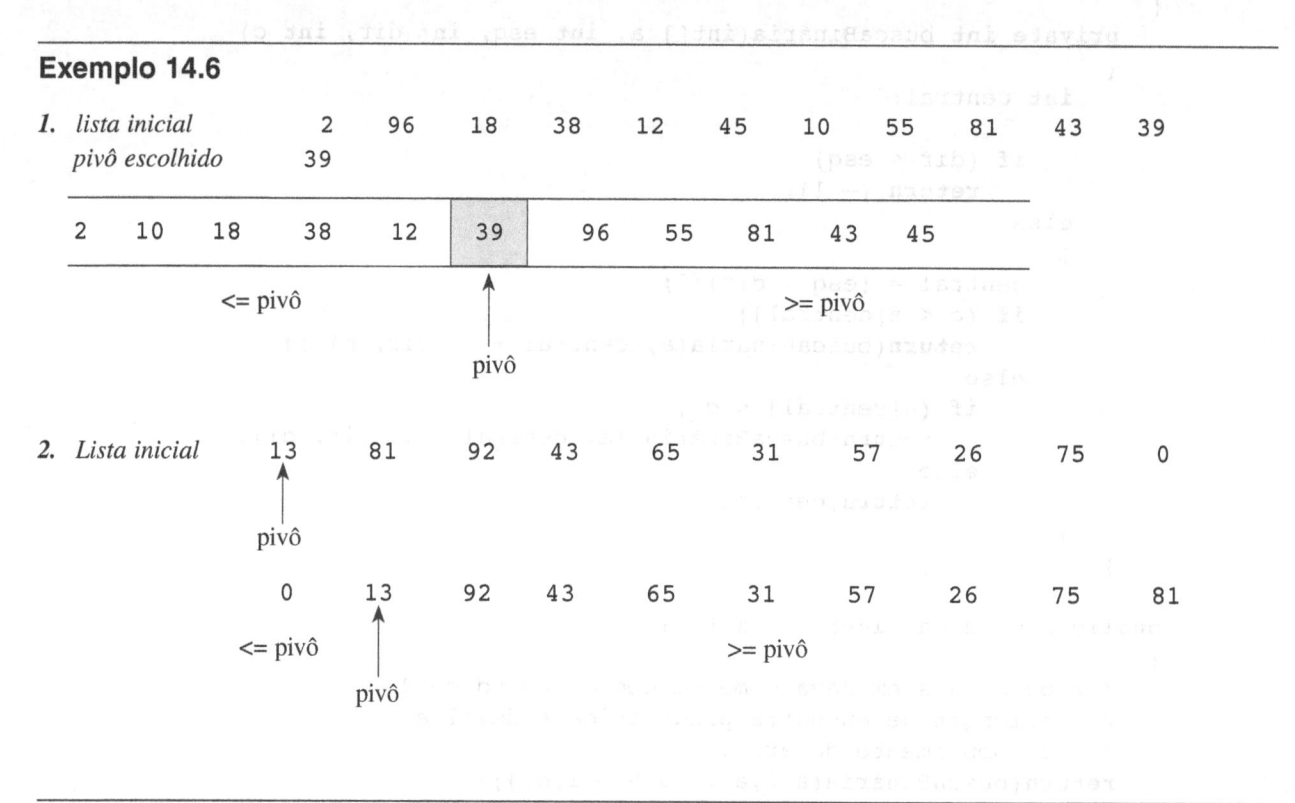

Exemplo 14.6

1. lista inicial   2   96   18   38   12   45   10   55   81   43   39
    pivô escolhido   39

2	10	18	38	12	39	96	55	81	43	45

          <= pivô   ↑   >= pivô
                            pivô

2. Lista inicial   13   81   92   43   65   31   57   26   75   0
                 ↑
              pivô

                 0   13   92   43   65   31   57   26   75   81
                     ↑
             <= pivô   >= pivô
                     pivô

Exemplo 14.7 (Pivô: primeiro elemento da lista)

1. Lista original | 5 | 2 | 1 | 8 | 3 | 7 | 9 |

    pivô *eleito* | 5 |

    sublista esquerda1 (elementos menores que 5) | 2 | 1 | 3 |

    sublista direita1 (elementos maiores ou iguais a 5) | 8 | 7 | 9 |

2. Sublista Esq1

```
   2   1   3
   ↑
 pivô2
```
sublista Esq2   1
sublista Dir2   3

Sublista Esq1   Esq   pivô2   Dir

```
   1   2   3
```

3. Sublista Dir1

```
   8   7   9
   ↑
 pivô3
```
sublista Esq2   7
sublista Dir2   9

Sublista Dir1   Esq   pivô3   Dir

```
   7   8   9
```

4. Lista ordenada final

Sublista esquerda   Pivô   Sublista direita

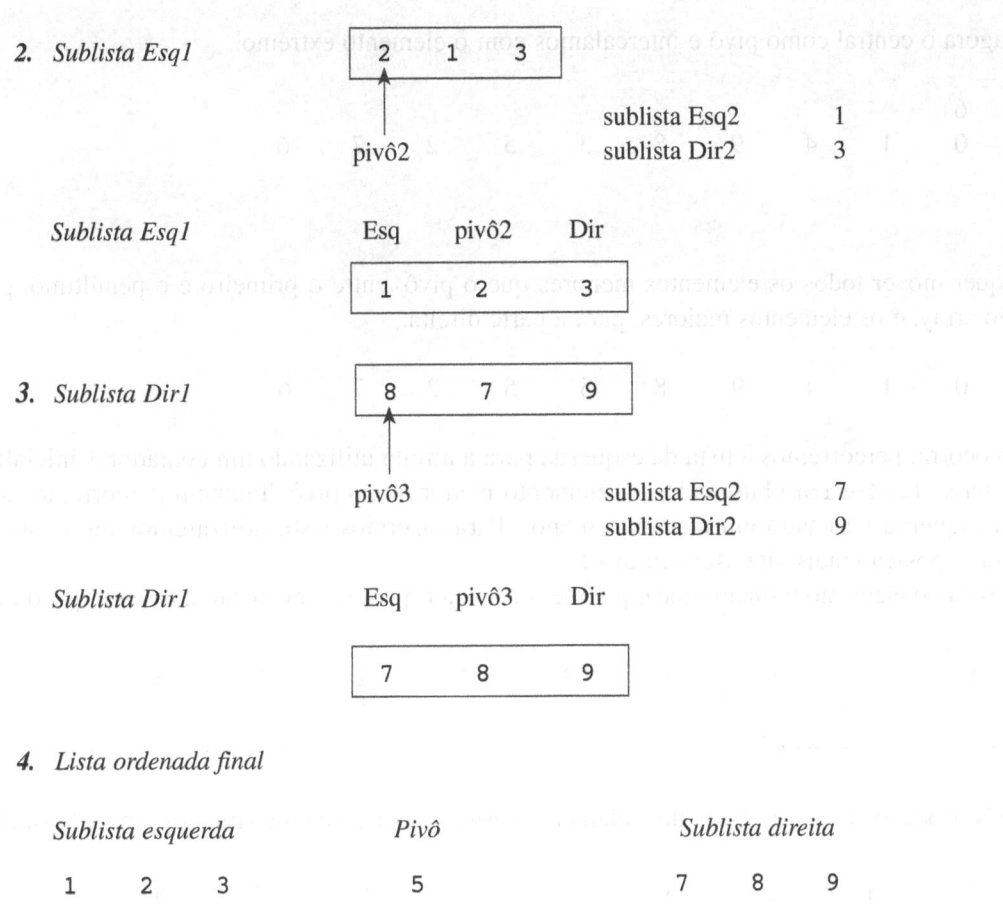

1   2   3   5   7   8   9

O algoritmo *quicksort* requer uma estratégia de partição e a seleção independente do pivô. As etapas fundamentais do algoritmo dependem do pivô escolhido, ainda que a estratégia de partição costume ser similar. A primeira etapa no algoritmo de partição é obter o elemento pivô; uma vez que ele foi selecionado, temos de buscar o sistema para situar na sublista esquerda todos os elementos inferiores ou iguais ao pivô e na sublista direita todos os elementos maiores que o pivô e deixar o pivô como separador de ambas as sublistas.

Exemplo 14.8

Lista :   8   1   4   9   6   3   5   2   7   0

Etapa 1:

Nessa etapa efetuamos a seleção do pivô. O que fazemos primeiro é calcular a posição central e, se o primeiro elemento é maior que o central, se intercalam,

Lista: 6   1   4   9   8   3   5   2   7   0

se o primeiro elemento é maior que o último, se intercalam,

Lista: 0   1   4   9   8   3   5   2   7   6

se o central é maior que o último, se intercalam.

Lista: 0   1   4   9   6   3   5   2   7   8

Assumimos agora o central como pivô e intercalamos com o elemento extremo.

Pivô: 6
Lista: 0   1   4   9   8   3   5   2   7   6

Etapa 2:

A etapa 2 requer mover todos os elementos menores que o pivô, entre o primeiro e o penúltimo, para a parte esquerda do array, e os elementos maiores, para a parte direita.

0   1   4   9   8   3   5   2   7   6

Para que isso ocorra, percorremos a lista da esquerda para a direita utilizando um contador i inicializado na posição mais baixa (`inferior`) buscando um elemento menor que o pivô. Também percorremos a lista da direita para a esquerda buscando um elemento menor. Para fazermos isso, utilizaremos um contador j inicializado em uma posição mais alta, `Superior-1`.

O contador i pára no elemento 9 (maior que o pivô) e o contador j pára no elemento 2 (menor que o pivô).

0   1   4   **9**   8   3   5   **2**   7   6
i————————————▶   ◀————————j

Agora 9 e 2 são trocados para que esses dois elementos estejam corretamente situados em cada sublista.

0   1   4   2   8   3   5   9   7   6

À medida que o algoritmo continua, i pára no elemento maior, 8, e j pára no menor, 5.

0   1   4   2   **8**   **3**   5   9   7   6
                    ↑   ↑
                    i   j

Trocam-se os elementos enquanto i e j não se cruzam, portanto, trocam-se 8 e 5.

0   1   4   2   8   3   5   9   7   6

Continua a exploração.

0   1   4   2   5   3   **8**   **9**   7   6
                              ↑   ↑
                        ◀────j   i────▶

Nesta posição os contadores i e j se encontram sobre o mesmo elemento do array e nesse caso pára a busca e não é realizada nenhuma troca, já que o elemento que acessa o contador j está corretamente situado. As duas sublistas foram criadas (a lista original foi dividida em duas partições).

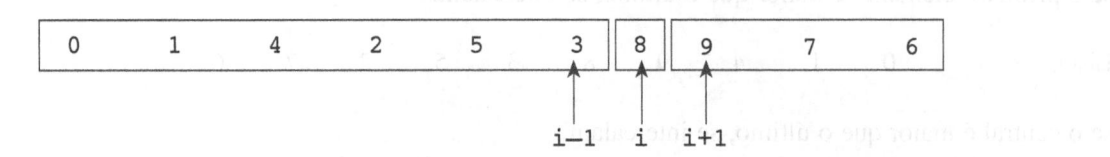

| 0 | 1 | 4 | 2 | 5 | 3 | 8 | 9 | 7 | 6 |

                              i-1   i   i+1

O único que necessitamos trocar agora é o elemento que está na posição i com o elemento pivô.

Etapa 3:
Intercalar o elemento da posição i com o pivô, de maneira que teremos a seqüência prevista inicialmente:

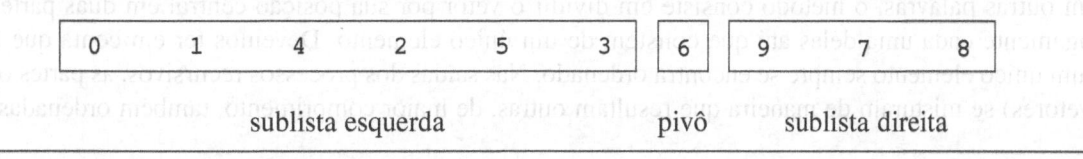

| 0 | 1 | 4 | 2 | 5 | 3 | 6 | 9 | 7 | 8 |

sublista esquerda   pivô   sublista direita

Resumindo, o processo geral seria:

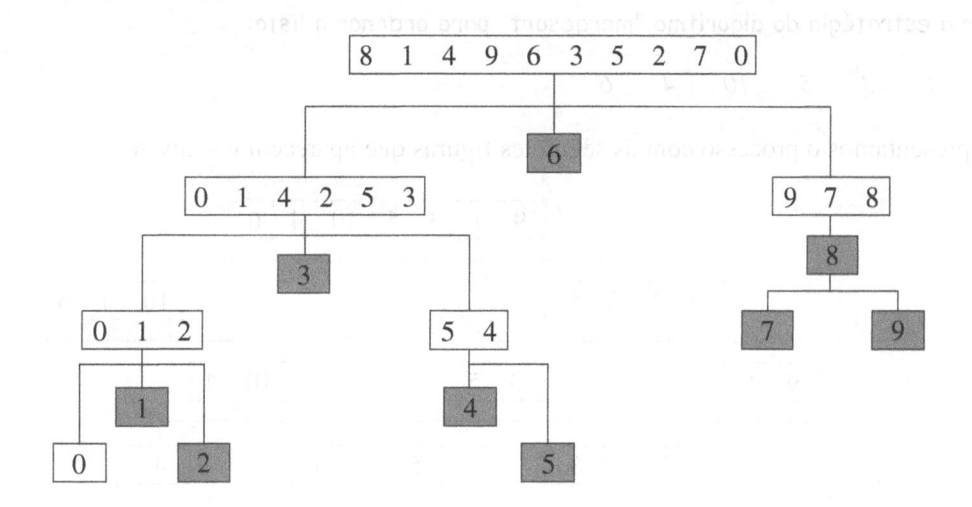

```
                8 1 4 9 6 3 5 2 7 0
                         |
                         6
                /                 \
         0 1 4 2 5 3            9 7 8
              |                    |
              3                    8
           /     \               /   \
        0 1 2   5 4             7     9
          |      |
          1      4
         / \     |
        0   2    5
```

Algoritmo quicksort

O primeiro problema para ser resolvido no projeto do algoritmo de *quicksort* é selecionar o pivô. Mesmo que a posição do pivô, a princípio, possa ser qualquer uma, uma das decisões mais ponderadas é aquela que considera o pivô como o elemento central ou próximo ao central da lista. A Figura 14.10 mostra as operações do algoritmo para ordenar a lista de elementos inteiros L.

```
// algoritmo quicksort
// ordenar a[0:n-1]

Selecionar um elemento de a[0:n-1] como elemento central
     (este elemento é o pivô)
Dividir os elementos restantes em partições esquerda e direita,
     de maneira que nenhum elemento da esquerda tenha uma chave valor
     maior que o pivô e que nenhum elemento da direita tenha uma
     chave menor que a do pivô.
Ordenar a partição esquerda utilizando quicksort recursivamente.
Ordenar a partição direita utilizando quicksort recursivamente.
```

14.5.4 Ordenação MERGESORT

A idéia básica desse método de ordenação é a mistura (*merge*) de listas já ordenadas. Podemos considerar que o algoritmo aplica a técnica "dividir para conquistar". O processo é simples: ordenar a primeira metade da lista, ordenar a segunda metade da lista e, uma vez ordenadas, misturar. A mistura dá lugar a uma lista de elementos ordenados. Por sua vez, a ordenação das sublistas segue os mesmos passos, ordenar a primeira metade, ordenar a segunda metade e misturar. A sucessiva divisão da lista atual em duas faz que o problema (número de elementos) seja cada vez menor, até que a lista atual tenha um elemento e, portanto, seja considerada ordenada, que é o caso-base, de duas sublistas de um número mínimo de elementos, que se misturam dando lugar a listas ordenadas de mais elementos até alcançar a lista total.

Em outras palavras, o método consiste em dividir o vetor por sua posição central em duas partes e tratar analogamente cada uma delas até que constem de um único elemento. Devemos ter em conta que um vetor com um único elemento sempre se encontra ordenado. Nas saídas dos processos recursivos, as partes ordenadas (subvetores) se misturam de maneira que resultam outras, de maior comprimento, também ordenadas.

Exemplo 14.9

Seguir a estratégia do algoritmo "mergesort" para ordenar a lista:

9   1   3   5   10   4   6

Representamos o processo com as seguintes figuras que aparecem nas divisões.

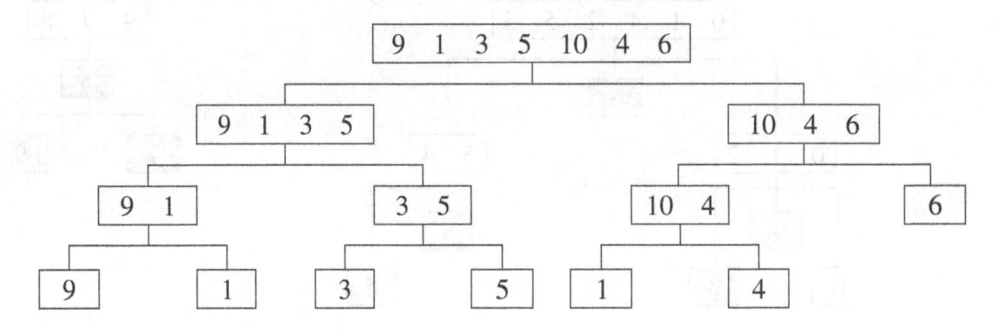

A mistura começa com as sublistas de um só elemento, que dão lugar a outra sublista de duplos elementos ordenados. O processo continua até que seja construída uma única lista ordenada. A seguir mostramos a criação das sublistas ordenadas:

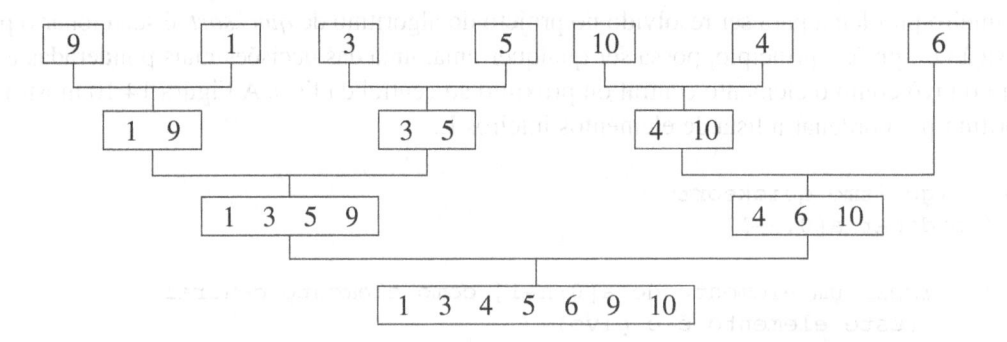

Algoritmo mergesort em JAVA

Projeta-se esse algoritmo de ordenação facilmente com a ajuda das ativações recursivas para dividir as listas em duas metades; posteriormente, ativamos o método de mistura de duas listas ordenadas. A delimitação das duas listas pode ser feita com três índices: primeiro, central e último, que apontam os elementos do array significados pelos identificadores. Assim, se temos uma lista de 10 elementos, os valores dos índices:

primeiro = 0; último = 9;   central = (primeiro+último)/2 = 4

A primeira sublista compreende os elementos $a_0 \ldots a_4$ e a segunda, os elementos seguintes $a_{4+1} \ldots a_9$. Os passos do algoritmo mergesort para o array a são:

```
procedimento mergesort (E/S arr: a, E inteiro: primeiro, último)
início
    se primeiro < último então
        central ← (primeiro+último) div 2
```

```
        mergesort(a, primeiro, central)
        // ordena primeira metade da lista
        mergesort(a, central+1, último)
        // ordena segunda metade da lista
        mistura(a, primeiro, central, último)
        {fusão das duas sublistas ordenadas, delimitadas
        pelos extremos}
    fim_se
fim_procedimento
```

A codificação em Java consta do método mergesort( ) e do método auxiliar mistura( ).

```java
public class TesteMS
{
    public void mergesort(duplo)[ ] a, int primeiro, int último)
    {
        int central;
        if (primeiro<último)
        {
            central = (primeiro+último)/2;
            // divisão inteira posto que os operandos são inteiros
            mergesort(a, primeiro, central);
            mergesort(a, central+1, último);
            mistura(a, primeiro, central, último);
        }
    }

    private void mistura(duplo[ ] a, int esq, int médio, int dir)
    {
        duplo [ ] tmp = new duplo[a.length];
        int x, y, z;

        x = z = esq;
        y = médio+1;
        // laço para a mistura, utiliza tmp[ ] como array auxiliar
        while (x<=médio&& y<=direita)
        {
            if (a[x]<=a[y])
                tmp[z++] = a[x++];
            else
                tmp[z++] = a[y++];
        }
        // laço para mover elementos que ficam das sublistas
        while (x<=médio)
            tmp[z++] = a[x++];
        while (y<=direita)
            tmp[z++] = a[y++];

        // Cópia de elementos de tmp[] para o array a[]
        System.arraycopy(tmp, esq, a, esq, dir-esq+1);
    }

    public static void main(String[] args)
    {
        TesteMS up=new TesteMS();
        duplo[ ]a = {9, 1, 3, 5, 10, 4, 6};
        up.mergesort(a, 0, a.length-1);
        for(int i = 0; i < a.length; i++)
            System.out.println(a[i]);
    }
}
```

REVISÃO DO CAPÍTULO

Conceitos-chave

- Conceito de recursividade
- Classes de recursividade: direta e indireta
- Requisitos de um algoritmo recursivo
- Iteração *versus* recursão
- Eficiência quanto ao tempo de execução
- *Notação O*
- Complexidade dos métodos de ordenação

Resumo

Dizemos que um subprograma é recursivo se tem uma ou mais sentenças que são ativadas por si mesmos. A recursividade pode ser direta e indireta; a recursividade indireta ocorre quando o subprograma — método, procedimento ou função — f() ativa p() e este por sua vez ativa f(). A recursividade é uma alternativa à iteração na resolução de alguns problemas matemáticos. Os aspectos mais importantes para levarmos em conta no projeto e construção dos métodos recursivos são:

- Um algoritmo recursivo correspondente a um método, em geral, contém dois tipos de casos: um ou mais casos que incluem pelo menos uma ativação recursiva, e um ou mais casos de encerramento ou parada do problema em que este é solucionado sem nenhuma ativação recursiva, e sim com uma sentença simples. De outra maneira, um método recursivo deve ter duas partes: uma parte de encerramento na qual se deixa de fazer ativações, é o caso-base, e uma ativação recursiva com seus próprios parâmetros.
- Muitos problemas têm natureza recursiva e a solução mais fácil é mediante um método recursivo. Da mesma forma, aqueles problemas que não apresentam uma solução recursiva deverão continuar sendo resolvidos mediante algoritmos iterativos.
- Todo algoritmo recursivo pode ser transformado em outro de tipo iterativo, mas, para isso, às vezes é necessário utilizar pilhas onde são armazenados os cálculos parciais.
- Os métodos com ativações recursivas utilizam memória extra nas ativações; existe um limite nas ativações, que depende da memória do computador. No caso de superação desse limite, ocorre um erro de transbordamento (*overflow*).
- Quando codificamos um método recursivo, devemos verificar sempre que tenha uma condição de encerramento; ou seja, que não será produzida uma recursão infinita. Durante a aprendizagem da recursividade, é comum a produção desse erro.
- Para assegurarmos que o projeto de um método recursivo é correto, devemos cumprir as seguintes três condições:

    1. Não existe recursão infinita. Uma ativação recursiva pode ser conduzida a outra ativação recursiva e esta conduzir a outra, e assim sucessivamente, mas cada ativação deve aproximar-se da condição de encerramento.
    2. Para a condição de encerramento, o método devolve o valor correto para esse caso.
    3. Nos casos que implicam ativações recursivas: se cada um dos métodos devolve um valor correto, então o valor final devolvido pelo método é o valor correto.

- Uma das técnicas mais utilizadas na resolução de problemas é a denominada "*dividir para conquistar*". A implementação desses algoritmos pode ser realizada com métodos recursivos.
- Para avaliar a eficiência quanto ao tempo de execução de um algoritmo, devemos obter uma função, $T(n)$, que devolva o número de sentenças a serem executadas segundo a quantidade de dados de entrada. O que interessa na realidade é a *taxa de crescimento*, ou seja, como aumentam as sentenças a serem executadas e, portanto, o tempo para aumentar o número de dados.
- O tempo que um algoritmo demora para ser executado pode depender também da entrada específica. Por exemplo, o tempo consumido por um método de ordenação pode depender da ordem na qual se encontram inicialmente os dados. Portanto, a avaliação do tempo poderá ser feita considerando o pior, o melhor e o caso médio.
- O tempo de execução de um programa é expressado utilizando a *notação O*. Assim, quando dizemos que um algoritmo é "O de $g(n)$", significa que, para n suficientemente grande, a função $g(n)$ pode atuar como limite superior ao mais baixo possível da função que representa o tempo $T(n)$ consumido pelo algoritmo. Dizemos que $g(n)$ é uma função mais simples, que se aproxima da original quando o número de dados é grande.
- A complexidade dos diferentes métodos de ordenação estudados até o momento torna aconselhável o emprego do método *QuickSort* quando trabalhamos com grandes volumes de dados. Outros métodos recomendáveis por sua complexidade são *MergeSort* e *Shell*. Os seguintes métodos: Bolha, Seleção e Inserção somente interessam quando o número de elementos a serem ordenados é pequeno.

EXERCÍCIOS

14.1 A soma de uma série de números consecutivos de 1 pode ser definida recursivamente como:

```
soma(1) = 1
soma(n) = n + soma(n-1)
```

Escreva a função recursiva que aceite *n* como um argumento e calcule a soma dos números de 1 a *n*.

14.2 O valor de x^n pode ser definido recursivamente como:

$x^0 = 1$
$x^n = x * x^{n-1}$

Escreva uma função recursiva que calcule e retorne o valor de x^n.

14.3 Reescreva a função escrita no Exercício 14.2 de maneira que se utilize um algoritmo repetitivo para calcular o valor de x^n.

14.4 Converta a seguinte função iterativa em uma recursiva. A função calcula um valor aproximado de *e*, a base dos logaritmos naturais, somando as séries:

$1 + 1/1! + 1/2! + ... + 1/n!$

até que os termos adicionados não afetem a aproximação:

```
real função loge( )
   var
   // Dados locais
   real: en1, delta, fat
   inteiro: n
início
   en1 ← 1.0
   fat ← 1.0
   delta ← 1.0
   fazer
      en1 ← delta
      n ← n + 1
      fat ← fat * n
      delta ← 1.0 / fat
   enquanto (en1) <> en1 + delta)
   devolver (en1)
fim_função
```

14.5 Explique por que a seguinte função pode produzir um valor incorreto quando é executada:

```
real função fatorial (E real: n)
início
   se (n = 0 ou n = 1) então
      devolver(1)
   se_não
      devolver (n * fatorial (n-1))
   fim_se
fim_função
```

14.6 Forneça funções recursivas que representem os seguintes conceitos:

 a) O produto de dois números naturais.
 b) O conjunto de permutações de uma lista de números.

14.7 Suponha que a função G está definida recursivamente da seguinte maneira:

$$G(x, y) = \dfrac{1}{G(x - y + 1)} \quad \begin{array}{l} \text{se } x \leq y \\ \text{se } y < x \end{array}$$

sendo x e y inteiros positivos. Encontre o valor de: a) $G(8,6)$; b) $G(100, 10)$.

14.8 Escreva uma função recursiva que calcule a função de Ackermann definida da seguinte maneira:

$A(m, n) = n + 1$ se $m = 0$
$A(m, n) = A(m - 1, 1)$ se $n = 0$
$A(m, n) = A(m - 1, A(m, n - 1))$ se $m > 0, e\ n > 0$

14.9 O elemento maior de um array inteiro de n *elementos* pode ser calculado recursivamente. Defina a função:

inteiro função Máx (**E inteiro:** x, y)

que devolva o maior de dois inteiros x e y. Definir a função

inteiro função máxarray (**E** arr: a, **E inteiro:** n)

que utiliza recursão para devolver o elemento maior de a

Condição de parada: n == 1
incremento recursivo: máxarray = Máx(máx (a[0] ... a [n–2]), a[n–1])

14.10 Escreva a função recursiva

inteiro função mdc (**E inteiro:** a, b)

que calcule o maior divisor comum de inteiros estritamente positivos a e b.

PROBLEMAS

14.1 A expressão matemática $C(m, n)$ no mundo da teoria combinatória dos números representa o número de combinações de m elementos assumidos de n em n elementos

$$C(m, n) = \dfrac{m!}{n!(m - n)!}$$

Escreva e teste uma função que calcule $C(m, n)$ onde $n!$ é o fatorial de n.

14.2 Um palíndromo é uma palavra que é lida exatamente igual da esquerda para a direita e vice-versa. Tais palavras como ovo, ala etc. são exemplos de palíndromos. Escreva uma função recursiva que devolva um valor de 1 (verdadeiro) se uma palavra passada como argumento é um palíndromo e devolve 0 (falso) caso contrário.

14.3 Escreva uma função recursiva que liste todos os subconjuntos de duas letras para um conjunto dado de letras:

[A, C, E, K] → [A, C], [A, E], [A, K], [C, E], [C, K], [E, K]

14.4 O problema das OITO RAINHAS é um famoso problema relativo ao xadrez que tem por objetivo situar oito rainhas em um tabuleiro de xadrez, de maneira que nenhuma delas seja capaz de atacar qualquer outra. Uma rainha pode se movimentar em qualquer número de casas (quadrados) verticalmente, horizontalmente ou nas diagonais no tabuleiro (um quadriculado de 8 por 8). Escreva um programa que contenha uma rotina recursiva que resolva o problema das Oito Rainhas.

Sugestão: Proposta de numeração de casas do tabuleiro:

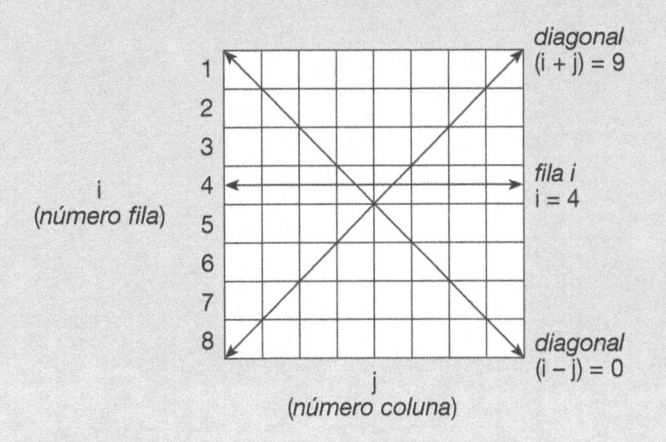

14.5 A soma dos primeiros *n* números inteiros responde à fórmula:

$1 + 2 + 3 + ... + n = n(n + 1)/2$

Inicie o array A que contém os primeiros 50 inteiros. A média desses elementos do array é 51/2 = 25,5. Teste a solução aplicando a função recursiva média (média (float a[], int n)).

14.6 Desenvolva uma função recursiva que conte o número de números binários de *n*-dígitos que não tenham dois 1 em uma fila. (Sugestão: O número começa com um 0 ou um 1. Começando com 0, o número de possibilidades é determinado pelos restantes $n - 1$ dígitos. Começando com 1, qual deve ser o seguinte?)

14.7 Leia um número inteiro positivo $n < 10$. Calcule o desenvolvimento do polinômio $(x + 1)^n$. Imprima cada potência x^2 na forma x**i.

Sugestão

$(x + 1)^n = C_{n,n}x^n + C_{n,n-1}x^{n-1} + C_{n,n-2}x^{n-2} + ... + C_{n,2}x^2 + C_{n-1}x^1 + C_{n10}x^0$

onde $C_{n,n}$ e $C_{n,0}$ são 1 para qualquer valor de *n*.

A relação de recorrência dos coeficientes binominais é:

$C(n, 0) = 1$
$C(n, n) = 1$
$C(n, k) = C(n-1, k-1) + C(n-1, k)$

Esses coeficientes constituem o famoso Triângulo de Pascal; defina a função que gera o triângulo

```
1
1   1
1   2   1
1   3   3   1
1   4   6   4   1
...
```

14.8 Escreva um programa em que o usuário introduza 10 inteiros positivos e calcule e imprima seu fatorial.

PARTE III

PROGRAMAÇÃO ORIENTADA A OBJETOS

PARTE III

PROGRAMAÇÃO ORIENTADA A OBJETOS

15
CONCEITOS FUNDAMENTAIS DE ORIENTAÇÃO A OBJETOS

SUMÁRIO

- 15.1 O que é programação orientada a objetos?
- 15.2 Um mundo de objetos
- 15.3 Comunicações entre objetos: as mensagens
- 15.4 Estrutura interna de um objeto
- 15.5 Classes
- 15.6 Herança
- 15.7 Sobrecarga
- 15.8 Ligação dinâmica
- 15.9 Objetos compostos
- 15.10 Reutilização com orientação a objetos
- 15.11 Polimorfismo
- 15.12 Terminologia de orientação a objetos

REVISÃO DO CAPÍTULO
  Conceitos-chave
EXERCÍCIOS

INTRODUÇÃO

A programação orientada a objetos é um importante conjunto de técnicas que podem ser utilizadas para realizar o desenvolvimento de programas mais eficientes, melhorando a confiabilidade dos programas de computação. Na programação orientada a objetos, os objetos são os elementos principais de construção. Entretanto, a simples compreensão do que é um objeto, ou o uso de objetos em um programa, não significa que estamos programando de uma maneira orientada a objetos. O que conta é o sistema no qual os objetos se interconectam e se comunicam entre si.

Este texto se limita ao campo da programação, mas é também possível falar de sistemas de administração de bases de dados orientadas a objetos, sistemas operacionais orientados a objetos, interfaces de usuários orientadas a objetos etc.

Neste capítulo, introduzimos o conceito de *herança* e mostramos como criar *classes derivadas*. A herança torna possível criar hierarquias de classes relacionadas e reduz a quantidade de código redundante em componentes de classes. O suporte da herança é uma das propriedades que diferencia as linguagens *orientadas a objetos* das linguagens *baseadas em objetos* e *linguagens estruturadas*.

A *herança* é a propriedade que permite definir novas classes usando como base as classes já existentes. A nova classe (*classe derivada*) herda os atributos e comportamento que são específicos dela. A herança é uma ferramenta poderosa que proporciona um marco adequado para produzir software confiável, compreensível, com baixo custo, adaptável e reutilizável.

15.1 O QUE É PROGRAMAÇÃO ORIENTADA A OBJETOS?

Grady Booch, autor do método *Booch* do projeto orientado a objetos, muito popular na década de 1990, criador da empresa Rational — fabricante da ferramenta Rose para engenharia de software orientado a objetos — e impulsor da linguagem unificada de modelo **UML**, define a *programação orientada a objetos* (**POO**) como

> "um método de implementação no qual os programas são organizados como coleções cooperativas de objetos, cada uma das quais representando uma instância de alguma classe e cujas classes são membros de uma hierarquia de classes unidas mediante relações de herança"[1].

Existem três partes importantes na definição: a programação orientada a objetos (1) utiliza *objetos*, não algoritmos, como blocos de construção lógicos (*hierarquia de objetos*); (2) cada objeto é uma instância de uma *classe*, e (3) as classes se relacionam umas com as outras por meio de relações de herança.

Um programa pode parecer orientado a objetos, mas, se qualquer desses elementos não existe, não é um programa orientado a objetos. Especificamente, a programação sem herança é diferente da programação orientada a objetos, e a denominamos *programação com tipos abstratos de dados ou programação baseada em objetos*.

Um conceito de objeto, como os tipos abstratos de dados ou tipos definidos pelo usuário, é uma coleção de elementos de dados, juntamente com as funções associadas para operar sobre esses dados. Entretanto, a potência real dos objetos reside na maneira como eles podem definir outros objetos. Este processo, já comentado, é denominado *herança* e é o mecanismo que ajuda a construir programas que se modificam facilmente e se adaptam a aplicações diferentes.

Os conceitos fundamentais de programação são: *objetos, classes, herança, mensagem* e *polimorfismo*.

> Os programas orientados a objetos constam de objetos. Os objetos de um programa se comunicam com cada um dos restantes passando mensagens.

15.1.1 O objeto

A idéia fundamental das linguagens orientadas a objetos é combinar em uma só unidade *dados* e *funções que operam sobre esses dados*. Tal unidade é denominada *objeto*. Conseqüentemente, dentro dos objetos residem os dados das linguagens de programação tradicionais, como números, arrays, cadeias e registros, assim como funções ou sub-rotinas que operam sobre eles.

As funções dentro do objeto (*funções membro em C++, métodos* em Object Pascal, Java e C#) são o único meio de acessar os dados privados de um objeto. Desejando ler um elemento dado de um objeto, ativamos a função membro do objeto. O elemento é lido e devolvemos o valor. Não podemos acessar os dados diretamente. Os dados estão ocultos, e isso assegura que não podemos modificar acidentalmente por funções externas ao objeto.

Dizemos que os dados e as funções (procedimentos em Object Pascal) associados estão *encapsulados* em uma única entidade ou módulo. Os dados *encapsulados* e ocultos são termos importantes na descrição de linguagens orientadas a objetos.

Desejando modificar os dados de um objeto, conhecemos exatamente quais são as funções que interagem com o objeto. Nenhuma outra função pode acessar os dados. Essas características simplificam a escrita, depuração e manutenção do programa.

---

[1] BOOCH, Grady. *Análisis y diseño orientado a objetos con aplicaciones*. 2. ed. Addison-Wesley/Diaz de Santos, 1995.

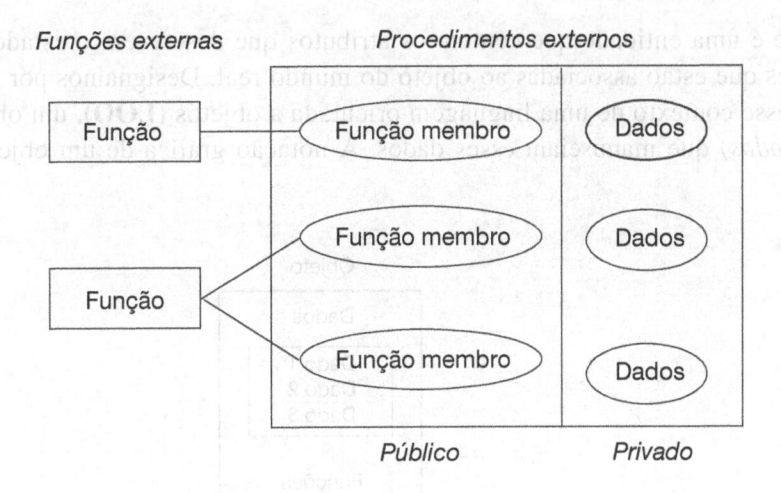

Figura 15.1 Modelo objeto.

15.1.2 Exemplos de objetos

Que classe de coisas pode ser objeto em um programa orientado a objetos? A resposta está apenas limitada a sua imaginação. Alguns exemplos típicos podem ser:

- *Objetos físicos:*

    Aviões em um sistema de controle de tráfego aéreo
    Automóveis em um sistema de controle de tráfego terrestre
    Casas

- *Elementos de interfaces gráficas de usuários de computadores:*

    Janelas
    Menus
    Objetos gráficos (quadrados, triângulos etc.)
    Teclados, impressoras, unidades de disco
    Caixas de diálogo
    Mouse, telefones celulares

- *Animais:*

    Animais vertebrados
    Animais invertebrados
    Peixes

- *Tipos de dados definidos pelo usuário:*

    Dados complexos
    Pontos de um sistema de coordenadas

- *Alimentos:*

    Carnes
    Frutas
    Peixes
    Verduras
    Bolos

Um objeto é uma entidade que contém os atributos que descrevem o estado de um objeto do mundo real e as ações que estão associadas ao objeto do mundo real. Designamos por um nome ou identificador do objeto. Nesse contexto de uma linguagem orientada a objetos (**LOO**), um objeto encapsula dados e as funções (*métodos*) que manuseiam esses dados. A notação gráfica de um objeto varia de acordo com a metodologia.

Figura 15.2 Notação gráfica de um objeto.

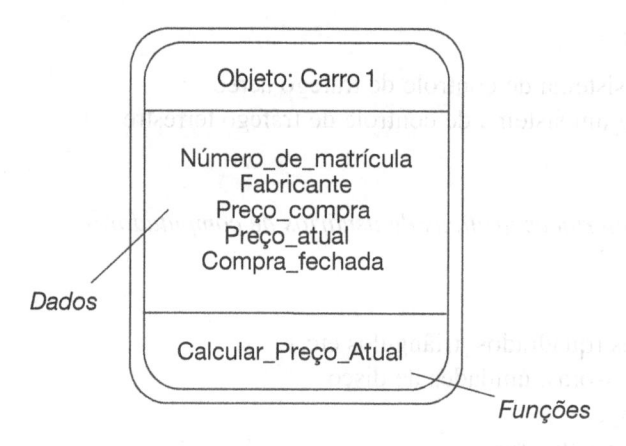

Figura 15.3 O objeto `Carro1`.

Atributos: Dados ou variáveis que caracterizam o estado de um objeto.
Métodos: Procedimentos ou ações que mudam o estado de um objeto.

Vamos considerar uma ilustração de um carro vendido por um distribuidor de automóveis. O identificador do objeto é `Carro1`. Os atributos associados podem ser: `número_de_matrícula, fabricante, preço_compra, preço_atual, data_compra`... e uma operação ligada ao objeto pode ser `Calcular_preço_atual`. O objeto `Carro` é mostrado na Figura 15.3.

O objeto retém certa informação e "sabe" como realizar certas operações. O encapsular de operações e informação é muito importante. Os métodos de um objeto só podem ser manipulados diretamente de dados associados a esse objeto. Esse encapsular é a propriedade que permite incluir em uma única entidade (o módulo ou objeto) a *informação* (os dados ou atributos) e as *operações* (os métodos ou funções) que operam sobre essa informação.

Os objetos têm uma interface pública e uma representação privada que permitem ocultar a informação que desejamos ao exterior.

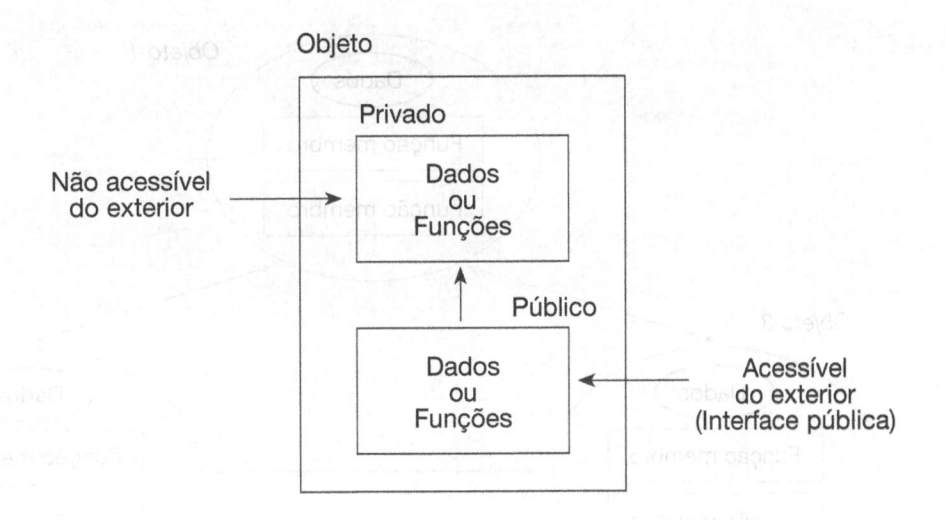

Figura 15.4 Estado de um objeto (partes pública e privada).

15.1.3 Métodos e mensagens

Um programa orientado a objetos consiste em um número de objetos que se comunicam uns com os outros ativando as funções membro. As *funções membro* (em C++) são denominadas *métodos* em outras linguagens orientadas a objetos (como Smalltalk, Object Pascal, Java e C#).

Os procedimentos e funções, denominados *métodos* ou *funções membro*, residem no objeto e determinam como os objetos atuam quando recebem uma mensagem. Uma *mensagem* é a ação que tem um objeto. Um método é o procedimento ou função que é invocado para atuar sobre um objeto e especifica *como* é executada uma mensagem.

O conjunto de mensagens às quais um objeto pode responder é denominado *protocolo* do objeto. Por exemplo, o protocolo de um ícone pode constar de mensagens invocadas pelo clique de um botão do mouse quando o usuário localiza um ponteiro sobre um ícone.

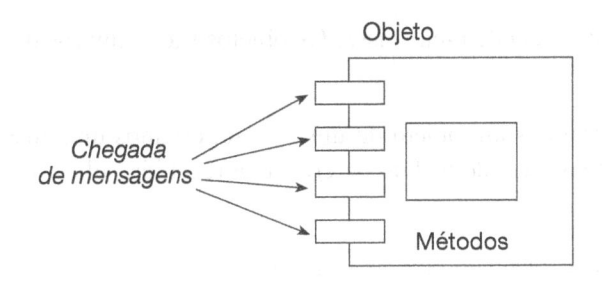

Figura 15.5 Métodos e mensagens de um objeto.

Assim como na caixa preta, a estrutura interna de um objeto está oculta dos usuários e programadores. As mensagens que o objeto recebe são os únicos condutores que conectam o objeto com o mundo externo. Os dados de um objeto estão disponíveis para serem manuseados somente pelos métodos do próprio objeto.

Quando executamos um programa orientado a objetos ocorrem três processos. Primeiro, os objetos são criados à medida que são necessários. Segundo, as mensagens se movem de um objeto para outro (ou do usuário para um objeto) à medida que o programa processa internamente informação ou responde à entrada do usuário. Terceiro, quando os objetos já não são necessários, são apagados e é liberada a memória. A Figura 15.6 representa um diagrama orientado a objetos e as mensagens de comunicação entre eles.

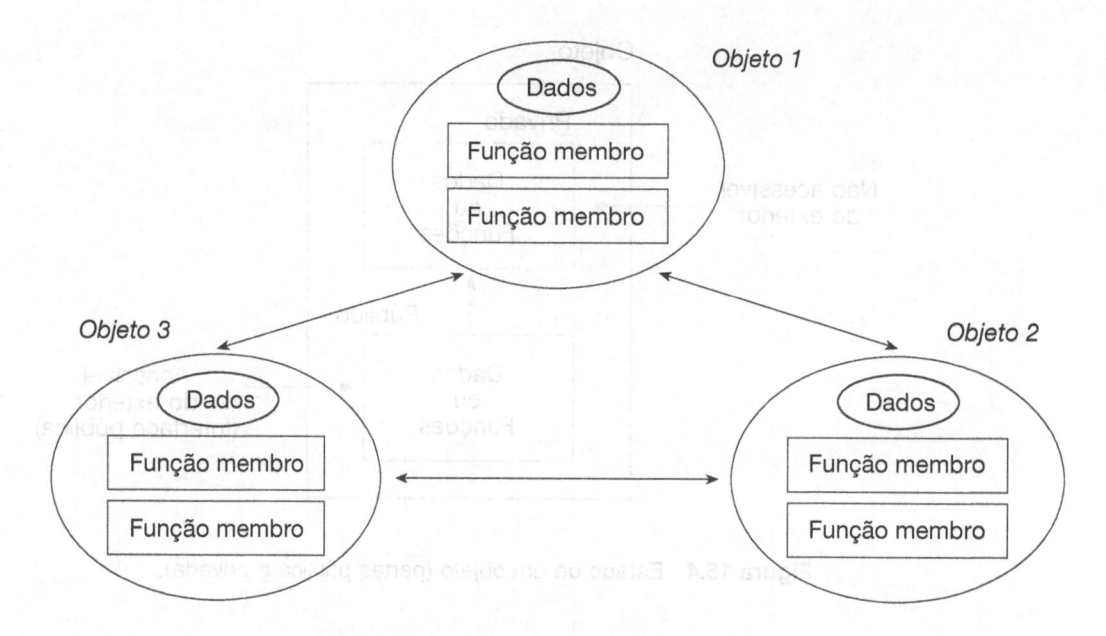

Figura 15.6 Diagrama orientado a objetos.

15.1.4 Classes

Uma *classe* é a descrição de um conjunto de objetos; consta de métodos e dados que resumem características comuns de um conjunto de objetos. Podemos definir muitos objetos da mesma classe, ou seja, uma classe é a declaração de um tipo objeto.

As classes são similares aos tipos de dados e equivalem a modelos ou planilhas que descrevem como são construídos certos tipos de objetos. Cada vez que construímos um objeto partindo de uma classe, estamos criando o que chamamos de *uma instância* dessa classe. Portanto, os objetos não são mais que instâncias de uma classe. *Uma instância é uma variável de tipo objeto*. Geralmente, instância de uma classe e objeto são termos intercalados.

> Em POO:
> Um objeto é uma instância de uma classe. Os objetos são membros de uma classe.

Cada vez que construímos um objeto de uma classe, criamos uma instância dessa classe. Os objetos são criados quando uma mensagem de pedido de criação é recebida pela classe.

> - Uma classe é uma coleção de objetos similares.
> - `Serrat, Joaquín Sabina, Juanes, Shakira` e `Carlos Vives` são objetos de uma classe `"cantores_latinos"`, ou seja, pessoas específicas com nomes específicos são objetos dessa classe, se possuírem certas características.

15.2 UM MUNDO DE OBJETOS

Uma das vantagens claras da orientação a objetos é a possibilidade de refletir sucessos do mundo real mediante tipos abstratos de dados extensíveis a objetos. Assim, consideremos uma bicicleta, um automóvel, uma moto ou um avião: você sabe que esses veículos compartilham muitas características, enquanto diferem em outras. Por exemplo, qualquer veículo pode ser conduzido: ainda que os mecanismos de condução difiram uns dos outros, podemos generalizar o fenômeno da condução. Nessa consideração, diante de um novo tipo de veículo (por exemplo, uma nave espacial), podemos supor que existe algum meio para conduzi-lo. Podemos dizer que *veículo* é um tipo base e *nave espacial* é um tipo derivado dela.

Conseqüentemente, podemos criar um tipo base que representa o comportamento e características comuns aos tipos derivados desse tipo base.

Um objeto é, na realidade, uma classe especial de variável de um novo tipo que um programador criou. Os tipos objetos definidos pelo usuário se comportam como tipos incorporados que têm dados internos e operações externas. Por exemplo, um número em vírgula flutuante tem um expoente, matriz e bit de signo e soma a si mesmo com outro número de vírgula flutuante.

Os tipos objetos definidos pelo usuário contêm dados definidos pelo usuário (*características*) e operações (*comportamento*). As operações definidas pelo usuário são denominadas *métodos*. Para ativar um desses métodos é feita uma petição ao objeto: esta ação é conhecida como "enviar uma mensagem ao objeto". Por exemplo, para deter um objeto automóvel, enviamos uma mensagem de *parada* ("stop"). Observamos que essa operação se baseia na noção de encapsular: indicamos ao objeto o que tem de fazer, mas os detalhes de como funciona estão encapsulados (ocultos).

15.2.1 Definição de objetos[2]

Um *objeto* (do ponto de vista formal, deveríamos falar de **classe**), como já comentamos, é uma abstração de coisas (entidades) do mundo real, como:

- Todas as coisas do mundo real dentro de um conjunto — são denominadas *instâncias* — têm as mesmas características.
- Todas as instâncias seguem as mesmas regras.

Cada objeto consta de:

- Estado *(atributos)*.
- Operações ou comportamentos (métodos invocados por mensagens).

Do ponto de vista da informática, os objetos são *tipos abstratos de dados* (tipos que encapsulam dados e funções que operam sobre esses dados).

Alguns exemplos típicos de objetos:

- *Número racional*
  Estado (valor atual).
  Operações (somar, multiplicar, nomear...).

- *Veículo*
  Estado (velocidade, posição, preço...).
  Operações (acelerar, frear, parar...)

- *Conjunto*
  Estado (elementos).
  Operações (somar, retirar, visualizar...).

- *Avião*
  Estado (fabricante, modelo, matrícula, número de passageiros...).
  Operações (pousar, decolar, navegar...).

---

[2] Genericamente, deveríamos falar em CLASSES, dado que a classe no tipo de dado e objeto é apenas uma instância, um exemplo ou caso da classe. Mantivemos aqui o termo objeto para conservar o rigor da definição "orientado a objeto", ainda que na realidade a definição, do ponto de vista técnico, seria classe.

15.2.2 Identificação de objetos

O primeiro problema que aparece ao analisarmos um problema que desejamos implementar mediante um programa orientado a objetos é *identificar os objetos,* ou seja: que coisas são objetos? Como deduzimos os objetos dentro do domínio da definição do problema?

A identificação de objetos é obtida examinando-se a descrição do problema (análise gramatical aparente do enunciado ou descrição) e localizando os nomes ou cláusulas nominais. Geralmente, esses nomes e seus sinônimos costumam ser escritos em uma tabela da qual logo deduziremos os objetos reais.

Os objetos, segundo Shlaer, Mellor e Coad/Yourdon, podem enquadrar-se nas seguintes categorias:

- *Coisas tangíveis* (avião, reator nuclear, fonte de alimentação, televisão, livro de automóveis).
- *Papéis* jogados ou representados por pessoas (gerente, cliente, empregado, médico, paciente, engenheiro).
- *Organizações* (empresa, divisão, equipe...).
- *Incidentes* (representa um evento — ou ocorrência — como vôo, acidente, chamada a um serviço de assistência técnica...).
- *Interações* (implicam geralmente uma transação ou contrato e relacionam dois ou mais objetos do modelo: compras — comprador, vendedor, artigo; casamento — esposo, esposa, data do casamento).
- *Especificações* (mostram aplicações de inventário ou fabricação: geladeira, freezer...).
- *Lugares* (sala de embarque, galpão de carga...).

Uma vez identificados os objetos, será preciso identificar os atributos e as operações que atuam sobre eles. Os *atributos* descrevem a abstração de características individuais que todos os objetos possuem.

```
AVIÃO
Registro
Brevê do piloto
Nome do avião
Capacidade de carga
Número de passageiros
```

```
EMPREGADO
Nome
Número de identidade
Salário
Endereço
Departamento
```

As *operações* mudam o objeto — seu comportamento — de alguma maneira, ou seja, mudam valores de um ou mais atributos contidos no objeto. Mesmo existindo um grande número de operações que podem ser realizadas sobre um objeto, em geral elas se dividem em três grandes grupos[3]:

- Operações que *manipulam* os dados de alguma maneira específica (somar, apagar, mudar formato...).
- Operações que realizam um *cálculo* ou *processo.*
- Operações que verificam (*monitoram*) um objeto na ocorrência de algum evento de controle.

A identificação das operações é realizada fazendo-se uma nova análise gramatical da descrição do problema e buscando e separando os verbos do texto.

15.2.3 Duração dos objetos

Os objetos são entidades que existem no tempo; por isso, devem ser criados ou instanciados (normalmente, por meio de outros objetos). Essa operação é feita mediante operações especiais chamadas *construtores* ou *iniciadores,* que serão executados implicitamente pelo compilador ou explicitamente pelo *programador* por meio da invocação dos citados construtores.

---

[3] PRESSMAN, Roger: *Engenharia de software. Um enfoque prático,* 6ª edição, McGraw-Hill, 2006.

15.2.4 Objetos e classes — Representação gráfica (notação de Ege)

Os objetos e as classes são comparados a *variáveis* e *tipos* em linguagens de programação convencional. Uma variável é uma instância de um tipo, como um objeto é uma instância de uma classe, entretanto, uma classe é mais expressiva que um tipo. Expressa a estrutura e todos os procedimentos e funções que podemos aplicar a uma de suas instâncias.

Em uma linguagem estruturada, um tipo `integer`, por exemplo, define a estrutura de uma variável inteira, por exemplo, uma seqüência de 16 bits e os procedimentos e funções que podemos realçar sobre inteiros. De acordo com nossa definição de "classe", o tipo `integer` será uma classe. Entretanto, nestas linguagens de programação não é possível agrupar novos tipos e suas correspondentes novas funções e seus procedimentos em uma única unidade. Em uma linguagem orientada a objetos, uma classe proporciona este serviço. Além dos termos objetos e classes, existem outros termos em orientação a objeto. As variáveis ou campos que são declarados dentro de uma classe são denominados *dados membro* ou *variáveis de instância*. As funções declaradas dentro de uma classe denominam-se *função membro* ou *método*. As funções e campos membro são conhecidos como *características membro*, ou simplesmente *membros*. Às vezes se invertem as palavras, e a *função membro* é conhecida como *membro função* e os campos são denominados *membros dado*.

É útil ilustrar objetos e classes com diagramas[4]. A Figura 15.7 mostra o esquema geral de um diagrama objeto. Um objeto é projetado como uma caixa. A caixa é etiquetada com o nome do objeto e representa o limite ou fronteira entre o interior e o exterior de um objeto.

Um campo é projetado por uma caixa retangular; uma função, por um hexágono grande. Os campos e funções são etiquetados com seus nomes. Se uma caixa retangular contém algo, então representamos o valor do campo para o objeto projetado. Os campos e funções membro no interior da caixa estão ocultos do exterior, o que significa estar *encapsulados*. O acesso às características dos membros (campos e funções) é possível pela interface do objeto. Em uma classe em C++, a interface é construída de todas as características que são listadas depois da palavra reservada `public`; podem ser funções e campos.

A Figura 15.8. mostra o diagrama do objeto `"Olá mundo"`. Chamamos `BoasVindas1` e permitimos acessar seu estado interno pelas funções membro públicas `mudar` e `anunciar`. O campo membro privado contém o valor `Isto são BoasVindas1`.

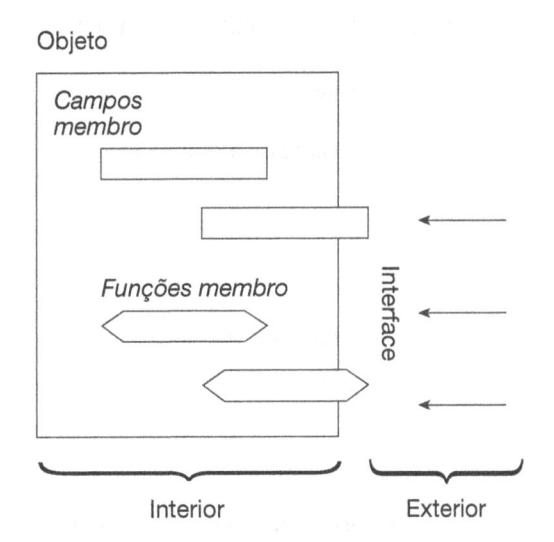

Figura 15.7 Diagrama de um objeto.

---

[4] Devemos a Raimund K. Ege as notações de classes e objetos utilizadas nesta seção, e que nos foram mostradas em seu livro *Programming in an object-oriented environment,* Academic Press (AP), 1992.

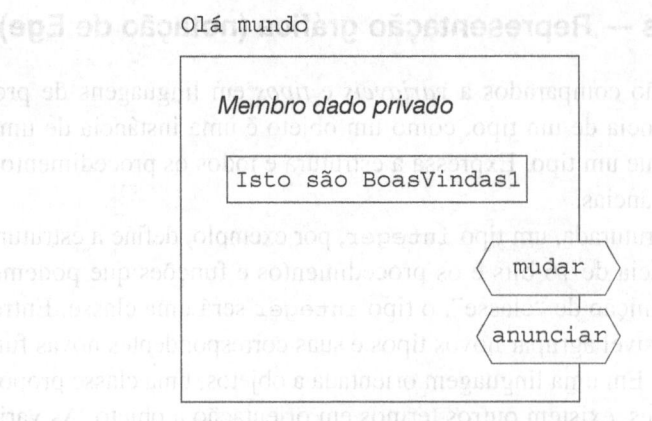

```
            Olá mundo
    ┌─────────────────────────┐
    │   Membro dado privado   │
    │   ┌─────────────────┐   │
    │   │ Isto são BoasVindas1 │
    │   └─────────────────┘   │
    │                         │
    │              ⬡ mudar    │
    │                         │
    │              ⬡ anunciar │
    └─────────────────────────┘
```

Figura 15.8 O objeto `BoasVindas1`.

Qual é a diferença entre classe e objeto?

Um objeto é um elemento simples, não importa quão complexo possa ser. Uma classe, ao contrário, descreve uma família de elementos similares. Na prática, uma classe é como um esquema ou planilha utilizados para definir ou criar objetos.

De uma classe podemos definir um número determinado de objetos. Cada um desses objetos geralmente terá um estado particular próprio (uma caneta esferográfica pode estar cheia, outra pode estar pela metade e outra, totalmente vazia) e outras características (como sua cor), ainda que compartilhem algumas operações comuns (como "escrever" ou "preencher seu depósito de tinta"). Os objetos têm as seguintes características:

- São agrupados em tipos *classes*.
- Têm *dados internos* que definem seu estado atual.
- Suportam *ocultação de dados*.
- Podem *herdar* propriedades de outros objetos.
- Podem se comunicar com outros objetos passando *mensagens*.
- Têm *métodos* que definem seu *comportamento*.

A Figura 15.9. mostra o projeto geral de diagramas que representam uma classe e objetos que pertencem a ela.

```
        Classe
   ┌──────────────────┐
   │  Campos membro   │
   │  ┌─────────┐     │
   │  └─────────┘     │
   │       ┌────────┐ │
   │       └────────┘ │
   │                  │
   │  Funções membro  │
   │  ⬡────────⬡      │
   │                  │
   │        ⬡────────⬡│
   └──────────────────┘
```

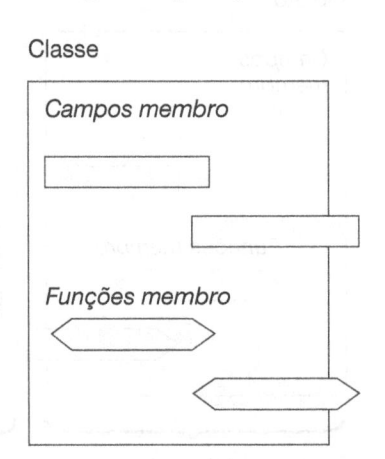

Figura 15.9 Diagrama de uma classe.

Uma classe é um tipo definido que determina as estruturas de dados e operações associadas a esse tipo. As classes são como planilhas que descrevem como estão construídos certos tipos de objetos. Cada vez que construímos um objeto de uma classe, estamos criando o que chamamos uma *instância* (modelo ou exemplar) de uma classe e a operação correspondente chamamos *instanciação* (criação de instâncias). Portanto, os objetos não são mais que instâncias de classes. Em geral, os termos objeto e instância de uma classe podem ser utilizados indistintamente.

Conceitos fundamentais de orientação a objetos **547**

- Um objeto é uma instância de uma classe.
- Uma classe pode ter muitas instâncias e cada uma é um objeto independente.
- Uma classe é uma planilha que utilizamos para descrever um ou mais objetos de um mesmo tipo.

15.2.5 Dados internos

Uma propriedade importante dos objetos é que armazenam informação de seu *estado* em forma de dados internos. O estado de um objeto é simplesmente o conjunto de valores de todas as variáveis contidas dentro do objeto em um instante dado. Às vezes denominamos as variáveis que representam os objetos *variáveis de estado*. Assim, por exemplo, tendo uma classe janela em C++:

```
class janela {
   int posx, posy;
   int tipo_janela;
   in tipo_borda;
   int cor_janela;
public:
   void move_hor (int dir, int ang);
   void move_ver (int dir, int ang);
   void subir (int f);
   ...
};
```

As variáveis de estado podem ser as coordenadas atuais da janela e seus atributos de cores atuais.

Em muitos casos, as variáveis de estado são utilizadas apenas indiretamente. Assim, no caso do exemplo da janela, supomos que uma ordem (mandado) típica à janela é:

```
Subir 5 filas
```

Isso significa que a janela irá mover-se até acima de uma quantidade dada pelas 5 filas e 6 colunas.

Mensagem `subir (5)`

Não necessitamos guardar a posição atual da janela, já que o objeto faz essa operação por nós. A posição atual é armazenada em uma variável de estado que mantém internamente a janela.

15.2.6 Ocultação de dados

Com a finalidade de manter as características de caixa preta de POO, devemos considerar como acessamos um objeto no seu projeto. Normalmente é uma boa prática restringir o acesso às variáveis estado de um objeto e as outras informações internas que utilizamos para definir o objeto. Quando utilizamos um objeto, não é necessário conhecer todos os detalhes da implementação. Essa prática de limitação do acesso a certa informação interna é chamada *ocultação de dados*.

No exemplo anterior da janela, o usuário não precisa saber como implementamos a janela, apenas como utilizamos. Os detalhes internos da implementação podem e devem ser ocultados. Considerando esse enfoque, somos livres para mudar o projeto da janela (para melhorar sua eficiência ou para obter seu trabalho em um hardware diferente), sem ter de mudar o código que utiliza.

C++, **Java** e **C#** suportam as características de ocultação de dados com as palavras reservadas `public`, `private` e `protected`.

15.3 COMUNICAÇÕES ENTRE OBJETOS: AS MENSAGENS

Já mencionamos em seções anteriores que os objetos realizam ações quando recebem mensagens. A mensagem é essencialmente uma ordem enviada a um objeto para indicar-lhe que realize alguma ação. Essa técnica de enviar mensagens a objetos denomina-se *passagem de mensagens*. Os objetos se comunicam entre si enviando mensagens, como acontece com as pessoas. As mensagens têm uma contrapartida denominada métodos. Mensagens e métodos são duas caras da mesma moeda. Os *métodos* são os procedimentos invocados quando um objeto recebe uma *mensagem*. Em terminologia de programação tradicional, uma mensagem é uma *ativação a uma função*. As mensagens desempenham um papel crítico em POO. Sem elas os objetos definidos não poderão comunicar-se entre si. Um exemplo prático seria enviar uma mensagem como *subir 5 linhas* ao objeto `janela` definido anteriormente. O aspecto importante não é como implementamos uma mensagem, mas como a utilizamos.

Consideremos de novo nosso objeto `janela`. Suponhamos que desejamos mudar seu tamanho, de modo que lhe enviamos a mensagem:

```
janela1.reduzir_dir (3)          // reduzir 3 colunas pela direita
```

Observe que não indicamos à janela como mudar seu tamanho, a janela maneja a operação por si mesma. De fato, podemos enviar a mesma mensagem a diferentes classes de janelas e esperar que cada uma realize a mesma ação.

As mensagens podem vir de outros objetos ou de fontes externas, como um mouse ou um teclado.

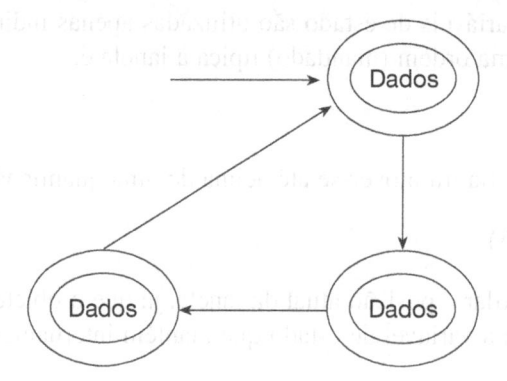

Figura 15.10 Mensagens entre objetos.

Uma aplicação *Windows* é um bom exemplo de como empregamos mensagens para a comunicação entre os objetos. O usuário clica um botão para enviar (remeter, despachar) mensagens a outros objetos que realizam uma função específica. Clicando o botão `Exit`, enviamos uma mensagem ao objeto responsável de fechar a aplicação. Se a mensagem é válida, é invocado o método interno. Então, fecha-se a aplicação.

15.3.1 Mensagens

Podemos acessar os objetos apenas por meio de sua interface pública. Como é permitido o acesso a um objeto? Um objeto acessa a outro enviando uma mensagem; nesses casos, dizemos que o objeto foi ativado.

Uma *mensagem* é um pedido de um objeto a outro para executar um de seus métodos. Por conveniência, o objeto que envia o pedido é denominado *emissor* e o objeto que recebe o pedido, *receptor*.

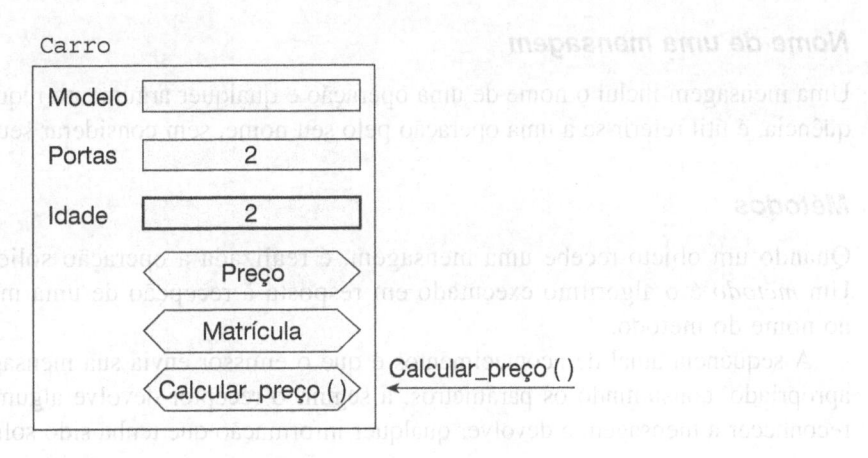

Figura 15.11 Envio de uma mensagem.

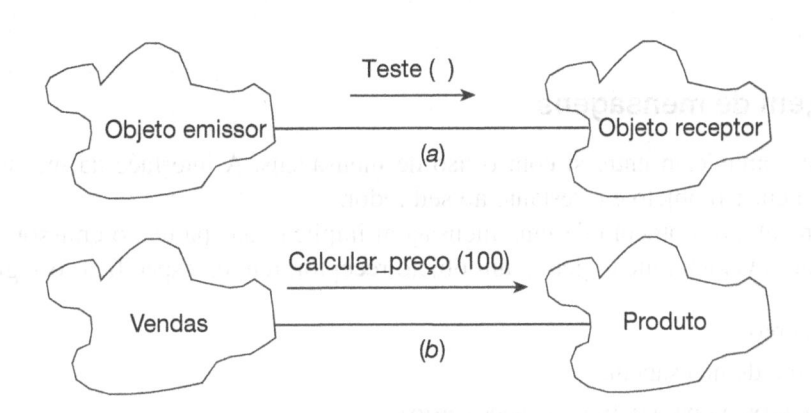

Figura 15.12 Objetos emissor e receptor de uma mensagem.

Estruturalmente, uma mensagem consta de três partes:

- *Identidade* do receptor.
- O *método* que deve ser executado.
- *Informação especial* necessária para realizar o método invocado (argumentos ou parâmetros requeridos).

Quando um objeto está inativo (dormindo) e recebe uma mensagem, ele se ativa. A mensagem enviada por outros objetos ou fontes tem um método associado que será ativado quando o receptor a recebe. O pedido não especifica *como* é realizada a operação. Tal informação é sempre ocultada ao emissor.

O conjunto de mensagens a que um objeto responde é denominado *comportamento* do objeto. Nem todas as mensagens de um objeto respondem; é preciso que pertençam à interface acessível.

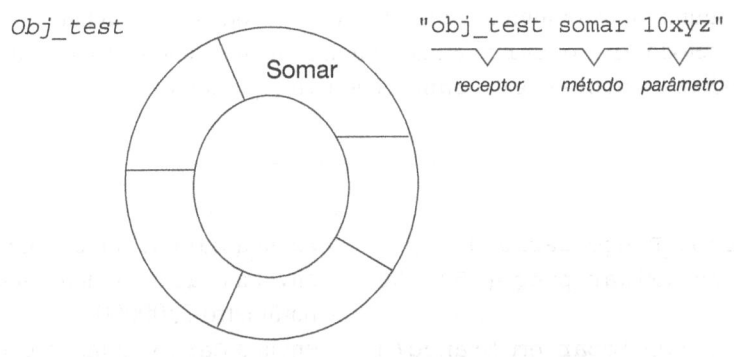

Figura 15.13 Estrutura de uma mensagem.

Nome de uma mensagem

Uma mensagem inclui o nome de uma operação e qualquer argumento requerido por essa operação. Com freqüência, é útil referir-se a uma operação pelo seu nome, sem considerar seus argumentos.

Métodos

Quando um objeto recebe uma mensagem, é realizada a operação solicitada executando-se um método. Um *método* é o algoritmo executado em resposta à recepção de uma mensagem cujo nome corresponde ao nome do método.

A seqüência atual de acontecimentos é que o emissor envia sua mensagem; o receptor executa o método apropriado, consumindo os parâmetros; a seguir, o receptor devolve algum tipo de resposta ao emissor para reconhecer a mensagem e devolver qualquer informação que tenha sido solicitada.

> O receptor responde a uma mensagem.

15.3.2 Passagem de mensagens

Os objetos se comunicam entre si com o uso de mensagens. A interface da mensagem é definida em uma interface clara entre o objeto e o restante ao seu redor.

Essencialmente, o protocolo de uma mensagem implica duas partes: o emissor e o receptor. Quando um objeto emissor envia uma mensagem a um objeto receptor, tem de especificar o seguinte:

1. Um receptor.
2. Um nome de mensagem.
3. Argumentos ou parâmetros (se necessário).

Em primeiro lugar, um objeto receptor deve receber a mensagem que foi especificada. Os objetos não especificados pelo emissor não responderão. O receptor trata de concordar o nome da mensagem com as mensagens que ele entende. Se a mensagem não é entendida, o objeto receptor não será ativado. Se a mensagem é entendida pelo objeto receptor, este aceitará e responderá a mensagem invocando o método associado.

Os parâmetros ou argumentos podem ser:

1. Dados utilizados pelo método invocado.
2. Uma mensagem, propriamente dita.

A estrutura de uma mensagem pode ser:

```
Enviar <Objeto A>.<Método1 (parâmetro1 ... parâmetroN)>
```

O exemplo seguinte mostra algumas mensagens que podem ser enviadas ao objeto `Carro1`. A primeira dessas invoca o método `Preço_Carro` e não tem argumentos, enquanto a segunda, `Fixar_Preço`, envia os parâmetros 3500000, e `Colocar_em_branco` não tem argumentos.

Exemplo 15.1

```
enviar Carro1_Preço_Carro()          envia a Carro1 a mensagem Preço_Carro
enviar Carro1.Fixar_preço(3500000)   envia a Carro1 a mensagem Fixar_preço com o
                                     parâmetro 3500000
enviar Carro1.Colocar_em_branco()    envia a Carro1 a mensagem Colocar_em_branco
```

15.4 ESTRUTURA INTERNA DE UM OBJETO

A estrutura interna de um objeto consta de dois componentes básicos:

- Atributos.
- Métodos (operações ou serviços).

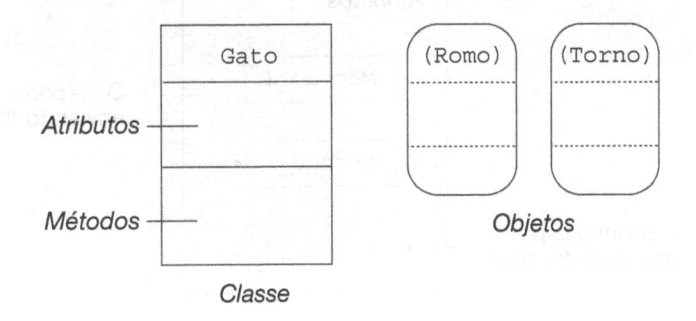

Figura 15.14 Notação gráfica OMT de uma classe e de um objeto.

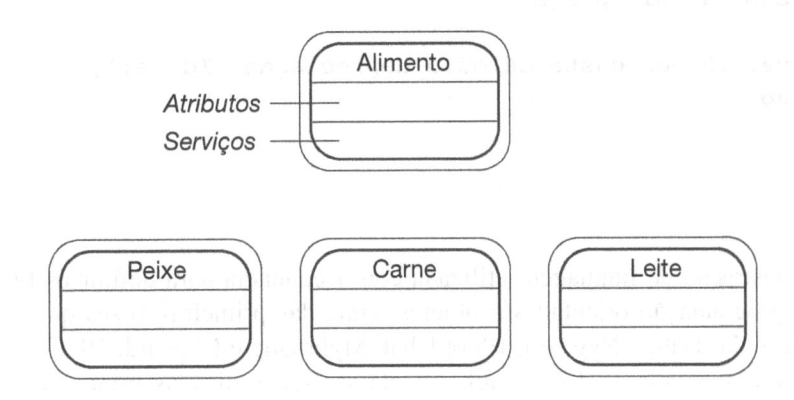

Figura 15.15 Objetos em notação Coad/Yourdon.

15.4.1 Atributos

Os **atributos** descrevem o estado do objeto. Um atributo consta de duas partes: um nome de atributo e um valor de atributo.

Os objetos simples podem constar de tipos primitivos, como inteiros, caractere, boolean, reais, ou tipos simples definidos pelo usuário. Os objetos complexos podem constar de pilhas, conjuntos, listas, arrays etc., inclusive estruturas recursivas de algum ou todos os elementos.

Os construtores são utilizados para construir esses objetos complexos de outros objetos complexos.

15.4.2 Métodos

Os **métodos** (operações ou serviços) descrevem o *comportamento* associado a um objeto. Representam as ações que podem ser realizadas por um objeto ou sobre um objeto. A execução de um método pode conduzir à mudança do estado do objeto ou do dado local do objeto.

Cada método tem um nome e um corpo que realiza a ação ou comportamento associado ao nome do método. Em um LOO, o corpo de um método consta de um bloco de código procedimental que executa a ação requerida. Todos os métodos que alteram ou acessam os dados de um objeto são definidos dentro do objeto. Um objeto pode modificar diretamente ou acessar os dados de outros objetos.

Um método dentro de um objeto é ativado por uma mensagem que é enviada por outro objeto ao objeto que contém o método. De maneira alternativa, podemos ativar um outro método no mesmo objeto por uma mensagem local enviada de um método a outro dentro do objeto.

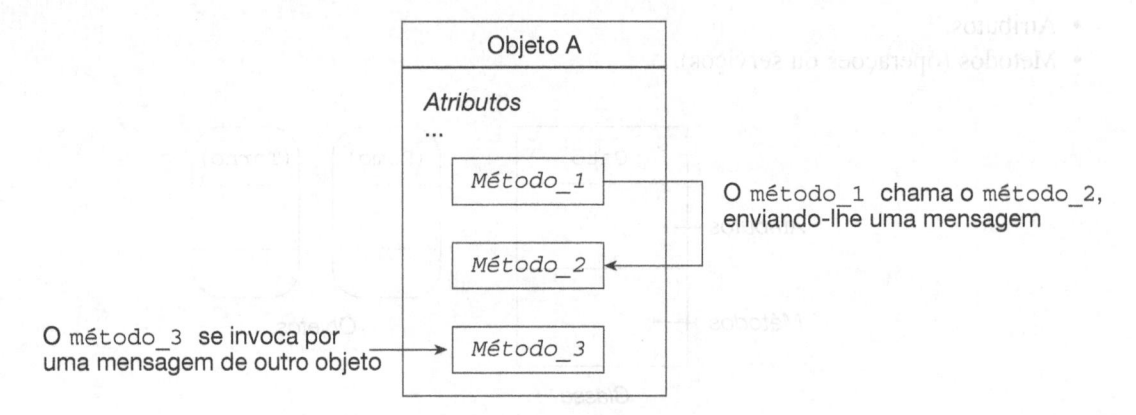

Figura 15.16 Invocação de um método.

```
real função Cálculo_preço( )
início
    devolver (Preço_custo_cálculo_depreciação (Idade));
fim_função
```

15.5 CLASSES

A classe é a construção de linguagem utilizada com freqüência para definir os tipos abstratos de dados em linguagens de programação orientadas a objetos. Uma das primeiras vezes que foi utilizado o conceito de classe foi em Simula (Dahl e Nygaard, 1966; Dhal, Myhrhang e Nygaard, 1970)[5], como entidade que declara conjuntos de objetos similares. Em Simula, as classes são utilizadas principalmente como padrões para a criação de objetos de uma mesma estrutura. Os atributos de um objeto podem ser tipos base, como inteiros, reais e *booleanos*, ou podem ser arrays, procedimentos ou instâncias de outras classes.

Geralmente, uma classe pode ser definida como uma descrição abstrata de um grupo de objetos, cada um dos quais diferenciado por um *estado* específico e capaz de realizar uma série de *operações*. Por exemplo, uma caneta esferográfica é um objeto que tem um estado (cheia de tinta ou vazia) que pode realizar algumas operações (escrever, colocar/retirar a tampa, encher se está vazia).

Em programação, uma classe é uma estrutura que contém dados e procedimentos (ou funções) que são capazes de operar sobre esses dados. Uma classe caneta esferográfica pode ter, por exemplo, uma variável que indica se está cheia ou vazia; outra variável pode conter a quantidade de tinta carregada realmente. A classe irá conter algumas funções que operam ou utilizam essas variáveis. Dentro de um programa, as classes têm dois propósitos principais: definir abstrações e favorecer a modularidade.

Qual é a diferença entre uma classe e um objeto, com independência de sua complexidade? Uma classe verdadeiramente descreve uma família de elementos similares. Na realidade, uma classe é uma planilha para um tipo particular de objetos. Trabalhando com muitos objetos do mesmo tipo, apenas teremos de definir as características gerais desse tipo uma vez, e não em cada objeto.

---

[5] Lamentavelmente, em agosto de 2002, durante a escrita do primeiro rascunho deste capítulo, a imprensa mundial anunciou o falecimento de Krysten Nygaard, o inventor da Simula, aos 75 anos. Esse pesquisador norueguês não é considerado somente um dos pais da programação orientada a objetos, mas também como um dos pais da Internet, dado que seus trabalhos de simulação contribuíram para e incentivaram a criação da rede Internet tal como a conhecemos hoje; que essa breve nota necrológica sirva como pequena e sincera homenagem a sua obra.

De uma classe podemos definir um número de objetos. Cada um desses objetos terá, em geral, um estado peculiar próprio (uma caneta pode estar preenchida, outra pode estar meio vazia e outra estar totalmente vazia) e outras características (como sua cor), ainda que compartilhem operações comuns (como "escrever", "preencher", "colocar a tampa" etc.).

Resumindo, um objeto é uma instância de uma classe.

15.5.1 Uma comparação com tabelas de dados

Uma *classe* pode ser considerada a extensão de um registro. Aquelas pessoas familiarizadas com sistemas de base de dados podem associar classe e instâncias a tabelas e registros, respectivamente. Como uma classe, uma tabela define os nomes e os tipos de dados da informação que contenha. Da mesma maneira que uma instância, um registro dessa tabela proporciona os valores específicos para uma entrada particular. A principal diferença, conceitualmente, é que as classes contêm métodos, além das definições de dados.

Uma classe é uma caixa preta ou módulo em que é permitido conhecer o *que faz* a classe, mas não *como* ela faz.

Uma classe será um *módulo* e um *tipo*. Como *módulo*, a classe encapsula os recursos que oferece a outras classes (seus clientes). Como *tipo*, descreve um conjunto de *objetos* ou *instâncias* que existem em tempo de execução.

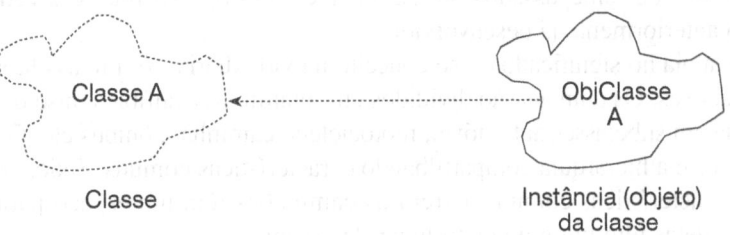

Figura 15.17 Uma classe e uma instância (objeto) da classe (notação Booch).

Instâncias como registros			
Serviço	Horas	Freqüência	Desconto
S2020	4,5	6	10
S1010	8	2	20
S4040	5	3	15

Figura 15.18 Classe Conta e instâncias de uma classe (notação OMT).

Os objetos ocupam espaço na memória, portanto existem no tempo, e deverão ser *criados* ou *instanciados*. Pela mesma razão, devemos liberar o espaço na memória ocupado pelos objetos. Duas operações comuns típicas em qualquer classe são:

- *Construtor*, uma operação que cria um objeto e/ou inicia seu estado.
- *Destruidor*, uma operação que libera o estado de um objeto e/ou destrói o próprio objeto.

Os construtores e destruidores são declarados como parte da definição de uma classe. A criação costuma ser feita por meio de operações especiais cujo nome costuma ser o mesmo que a classe à qual servem; tais operações serão aplicadas implicitamente ou deverão ser ativadas explicitamente por outros objetos, como ocorre em linguagens como C++ ou Java. Quando desejamos criar uma nova instância de uma classe, ativamos um método da própria classe para realizar o processo de construção. Os métodos construtores são definidos como métodos da classe.

De modo similar, os métodos empregados para destruir objetos e liberar a memória ocupada são denominados *destruidores* e costumam também ser definidos dentro da classe (no caso de C++ o nome se antepõe ao caractere tilde : `nomeDestruidor`)

> Um objeto é uma *instância* (exemplar, caso ou ocorrência) de uma classe.

15.6 HERANÇA

O encapsulamento é uma característica muito potente e, juntamente com a ocultação da informação, representa o conceito avançado de objeto, que adquire sua maior relevância quando encapsula e integra dados, mais as operações que manipulam os dados nesta entidade. Entretanto, a orientação a objetos se caracteriza, além de pelas propriedades anteriores, por incorporar a característica de *herança*, propriedade que permite aos objetos serem construídos de outros objetos, ou sseja, a capacidade de um objeto para utilizar as estruturas de dados e os métodos previstos em antepassados ou ascendentes. O objetivo final é a **reutilização** (*reusability*), isto é, reutilizar código anteriormente já desenvolvido.

A herança se apóia no significado desse conceito na vida diária. Assim, as classes básicas ou fundamentais se dividem em subclasses. Os animais são divididos em: mamíferos, anfíbios, insetos, pássaros, peixes etc. A classe veículo é dividida em subclasses automóvel, motocicleta, caminhão, ônibus etc. O princípio em que está baseada a divisão de classes é a hierarquia compartilhando características comuns. Todos os veículos citados têm motor e rodas, que são características comuns, porém os caminhões têm um espaço para transportar mercadorias, enquanto as motocicletas têm um guidão no lugar de volante.

A herança supõe uma *classe base* e uma *hierarquia de classes* que contém as *classes derivadas* da classe base. As classes derivadas podem herdar o código e os dados de sua classe base acrescentando-se seu próprio código especial e dados, inclusive mudar aqueles elementos da classe base que necessita que sejam diferentes.

Não devemos confundir as relações dos objetos com as classes e com as relações de uma classe base com suas classes derivadas. Os objetos existentes na memória do computador expressam as características exatas de sua classe que servem como um módulo ou planilha. As classes derivadas herdaram características de sua classe base, mas somam outras características próprias.

> Uma classe *herda* suas características (dados e funções) de outra classe.

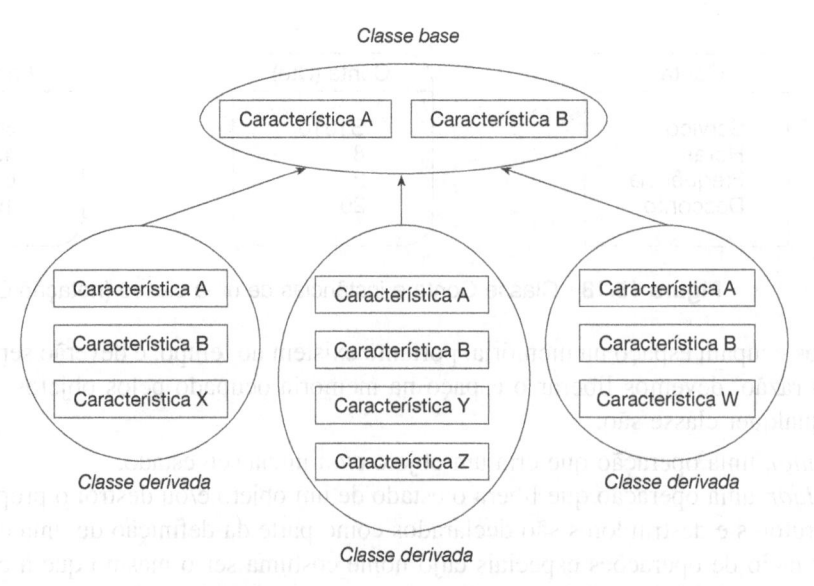

Figura 15.19 Hierarquia de classes.

Assim, podemos dizer que uma classe de objetos é um conjunto de objetos que compartilham características e comportamentos comuns. Tais características e comportamentos são definidos em uma classe base. As classes derivadas são criadas em um processo de definição de novos tipos e reutilização do código anteriormente desenvolvido na definição de suas classes base. Este processo é denominado *programação por herança*. As classes que herdaram propriedades de uma classe base podem, por sua vez, servir como definições base de outras classes. As hierarquias de classes são organizadas em forma de árvore.

Como exemplo, vamos considerar a hierarquia de herança mostrada na Figura 15.20. As classes de objeto `mamífero`, `pássaro` e `inseto` são definidas como *subclasses* de animal; a classe de objeto pessoa, como uma subclasse de mamífero, e homem e mulher são subclasses de pessoa. As definições de classes dessa hierarquia podem ser feitas com esta sintaxe.

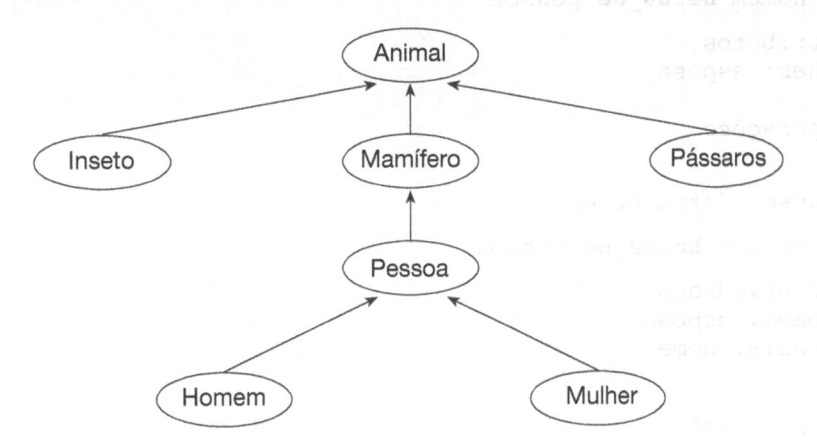

Figura 15.20 Hierarquia de herança.

```
classe criatura

    // atributos
    cadeia      : tipo
    real        : peso
    tipoHabitat : habitat

    // operações
    construtor criatura( )
    início
       ...
    fim_construtor

    método predadores(E criatura: predador)
    início
       ...
    fim_método

    inteiro função esperança_vida( )
    início
       ...
    fim_função
    ...
fim_classe   //fim criatura

classe mamífero herda_de criatura

    // atributos ou propriedades
    real: período_gestação
    //     operações
           ...
fim_classe   //fim mamífero

classe pessoa herda_de mamífero
```

```
    // propriedades
    cadeia : sobrenomes, nome
    data   : data_nascimento
    // data é um tipo de dado composto que costuma vir
    // predefinido nas linguagens orientadas a objetos modernas
        país : origem
    ...
    //operações
    ...
fim_classe     //fim pessoa

classe homem herda_de pessoa

    //atributos
    mulher: esposa
    ...
    //operações
    ...
fim_classe    //fim homem

classe mulher herda_de pessoa

    //propriedades
       homem: esposo
       cadeia: nome
    ...
    // operações
    ...
fim_classe    // fim mulher
```

A herança é um mecanismo potente para tratar com a evolução natural de um sistema e com modificação incremental [Meyer, 1988]. Existem dois tipos diferentes de herança: *simples* e *múltipla*.

15.6.1 Tipos de herança

Existem dois mecanismos de herança utilizados comumente em programação orientada a objetos: *herança simples* e *herança múltipla*.

Herança simples é aquele tipo de herança no qual um objeto (*classe*) pode ter apenas um ascendente, ou seja, uma subclasse pode herdar dados e métodos de uma única classe, assim como somar ou retirar comportamentos da classe base. **Herança múltipla** é aquele tipo de herança na qual uma classe pode ter mais de um ascendente imediato, ou seja, pode adquirir dados e métodos de mais de uma classe. **Object Pascal**, **Smalltalk**, **Java**, e **C** apenas admitem herança simples, enquanto **Eiffel** e **C++** admitem herança simples e múltipla.

A Figura 15.21 representa os gráficos de herança simples e herança múltipla da classe `Figura` e `Pessoa`, respectivamente.

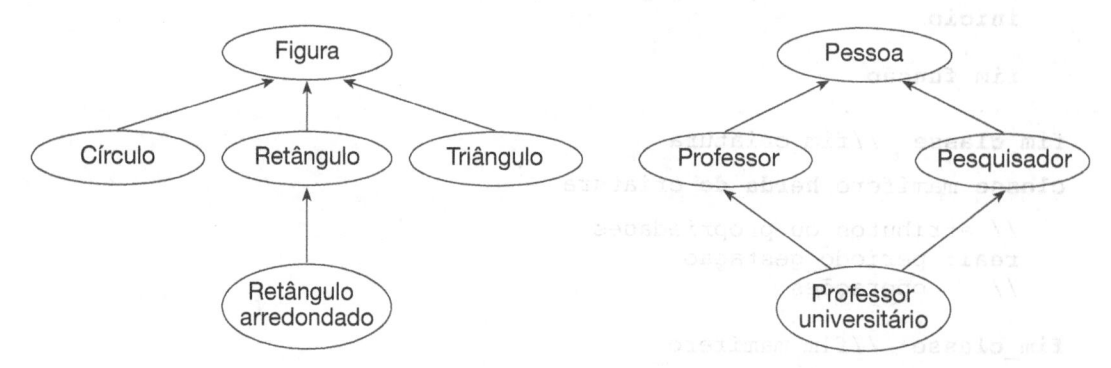

Figura 15.21 Tipos de herança.

À primeira vista podemos supor que a herança múltipla é melhor que a herança simples; entretanto, conforme comentaremos, nem sempre será assim. Geralmente, quase tudo o que podemos fazer com herança múltipla podemos fazer com herança simples, ainda que às vezes seja mais difícil. Uma dificuldade surge com a herança múltipla quando se combinam diferentes tipos de objetos, cada um dos quais define métodos ou campos iguais. Suponhamos dois tipos de objetos pertencentes às classes `Gráficos` e `Sons`, e a partir deles, é criado um novo objeto denominado `Multimídia`. `Gráficos` tem três campos dados: `tamanho`, `cor` e `mapasDeBits`, e os métodos `desenhar, carregar, armazenar` e `escala`; `Sons` têm dois campos dados, `duração`, `voz` e `tom`, e os métodos `reproduzir, carregar, escala` e `armazenar`. Assim, para um objeto `Multimídia`, o método `escala` significa colocar o som em diferentes tonalidades, ou aumentar/reduzir o tamanho da escala do gráfico.

Naturalmente, o problema é a ambigüidade, e teremos de resolver com uma operação de prioridade que a linguagem correspondente deverá suportar e entender em cada caso.

Na realidade, nem a herança simples nem a herança múltipla são perfeitas em todos os casos, e ambas podem requerer um pouco mais de código extra que represente as diferenças no modo de trabalho.

15.6.2 Herança simples (*herança hierárquica*)

Nesta hierarquia cada classe tem como máximo somente uma superclasse. A herança simples permite que uma classe herde as propriedades de sua superclasse em uma cadeia hierárquica.

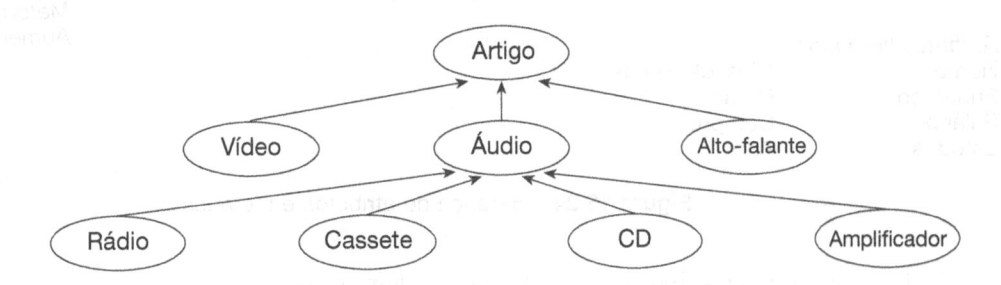

Figura 15.22 Herança simples.

15.6.3 Herança múltipla (*herança em rede*)

Uma rede ou reticulado consta de classes, cada uma das quais pode ter uma ou mais superclasses imediatas. Uma herança múltipla é aquela na qual cada classe pode herdar métodos e variáveis de qualquer número de superclasse.

Na Figura 15.23, a classe C tem duas superclasses, A e D. Portanto, a classe C herda as propriedades das classes A e D. Evidentemente, esta ação pode produzir um conflito de nomes, em que a classe C herda as mesmas propriedades de A e D.

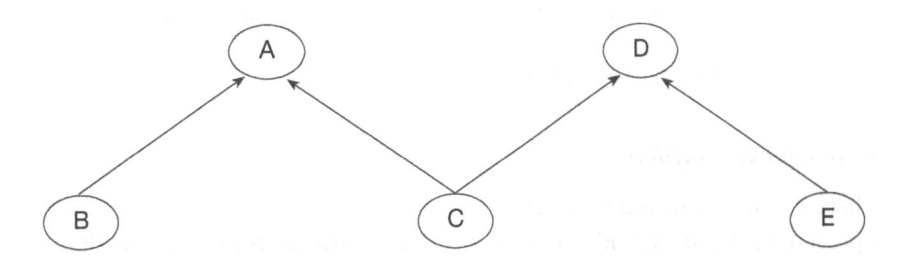

Figura 15.23 Herança múltipla.

Herança seletiva

A herança seletiva é a herança em que algumas propriedades das superclasses são herdadas seletivamente por parte da classe herdada. Por exemplo, a classe B pode herdar algumas propriedades da superclasse A, enquanto a classe C pode herdar seletivamente algumas propriedades da superclasse A e algumas da superclasse D.

Herança múltipla

Problemas

1. A propriedade referida somente está em uma das subclasses pai.
2. A propriedade concreta existe em mais de uma superclasse.

Caso 1. Não tem problemas.

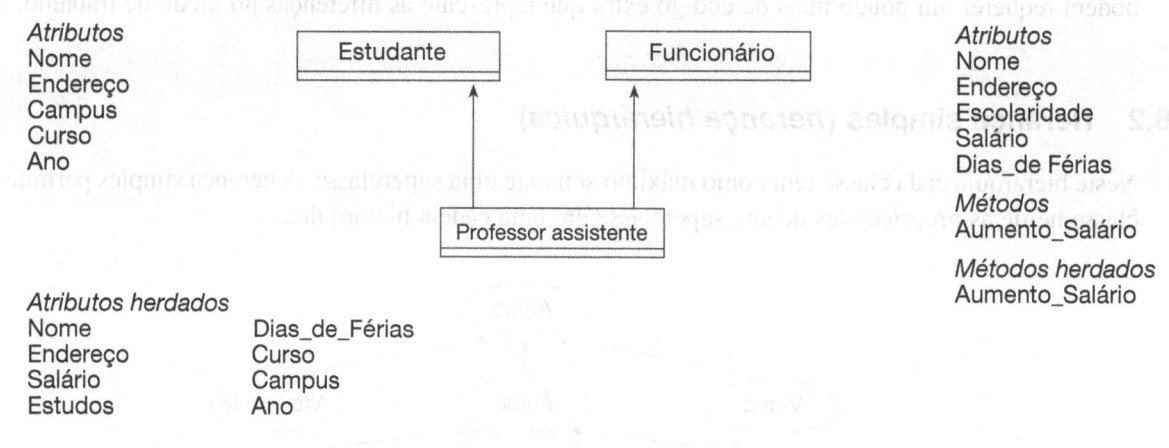

```
Atributos                                              Atributos
Nome              Estudante        Funcionário         Nome
Endereço             ▲                 ▲               Endereço
Campus               │                 │               Escolaridade
Curso                │                 │               Salário
Ano                  │                 │               Dias_de_Férias
                     └─────┬───────────┘
                           │                           Métodos
                  Professor assistente                 Aumento_Salário

Atributos herdados                                     Métodos herdados
Nome              Dias_de_Férias                       Aumento_Salário
Endereço          Curso
Salário           Campus
Estudos           Ano
```

Figura 15.24 Herança de atributos e métodos.

Caso 2. Existem diferentes tipos de conflitos que podem ocorrer:

- Conflitos de nomes.
- Conflitos de valores.
- Conflitos por default.
- Conflitos por domínio.
- Conflitos por restrições.

Por exemplo

```
Conflitos de nomes      Nome      Nome_estudante

    Nome_empregado

    Valores     Atributos com igual nome, tem valores em cada classe.

    Universidade com diversos campi.
```

Regras de resolução de conflitos

1. Uma lista de precedência de classes.
2. Uma precedência especificada pelo usuário para herança, como em Smalltalk.
3. Lista de precedência do usuário, e se não acontece assim, a lista de precedência das classes por profundidade.

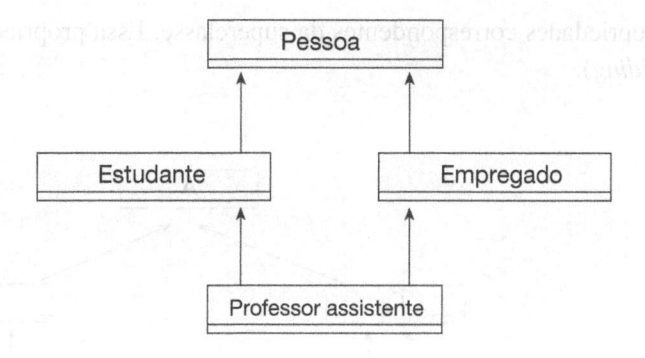

Conceitos fundamentais de orientação a objetos **559**

Figura 15.25 Classe derivada por herança múltipla.

15.6.4 Classes abstratas

Com freqüência, quando projetamos um modelo orientado a objetos, é útil introduzir classes em certo nível que podem não existir na realidade, mas que são construções conceituais úteis. Essas classes são conhecidas como *classes abstratas*.

Uma classe abstrata normalmente ocupa uma posição adequada na hierarquia de classes que lhe permite atuar como um depósito de métodos e atributos compartilhados para as subclasses de nível imediatamente inferior.

As classes abstratas não têm instâncias diretamente. São utilizadas para agrupar outras classes e capturar informações comuns ao grupo. Entretanto, as subclasses de classes abstratas que correspondem a objetos do mundo real podem ter instâncias.

Uma classe abstrata é AUTO_TRANSPORTE_PASSAGEIROS. Uma subclasse é SEAT, que pode ter instâncias diretamente, por exemplo, Auto1 e Auto2.

> Uma classe abstrata é uma classe que serve como classe base comum, mas não terá instâncias.

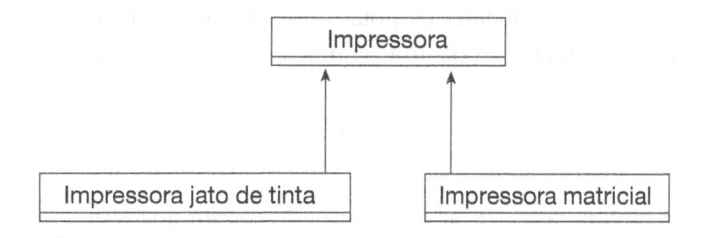

Figura 15.26 A classe abstrata de impressora.

As classes derivadas de uma classe base são conhecidas como *classes concretas,* que podem *instanciar-se* (ou seja, podem ter *instâncias*).

15.6.5 Anulação/substituição

Como já comentamos, os atributos e métodos definidos na superclasse foram herdados pelas subclasses. Entretanto, se a propriedade é definida outra vez na subclasse, ainda que tenha sido definida anteriormente no nível de superclasse, então a definição realizada na subclasse é a utilizada nessa subclasse. Então dizemos que se anulam as propriedades correspondentes da superclasse. Essa propriedade é denominada **anulação** ou **substituição** (*overriding*).

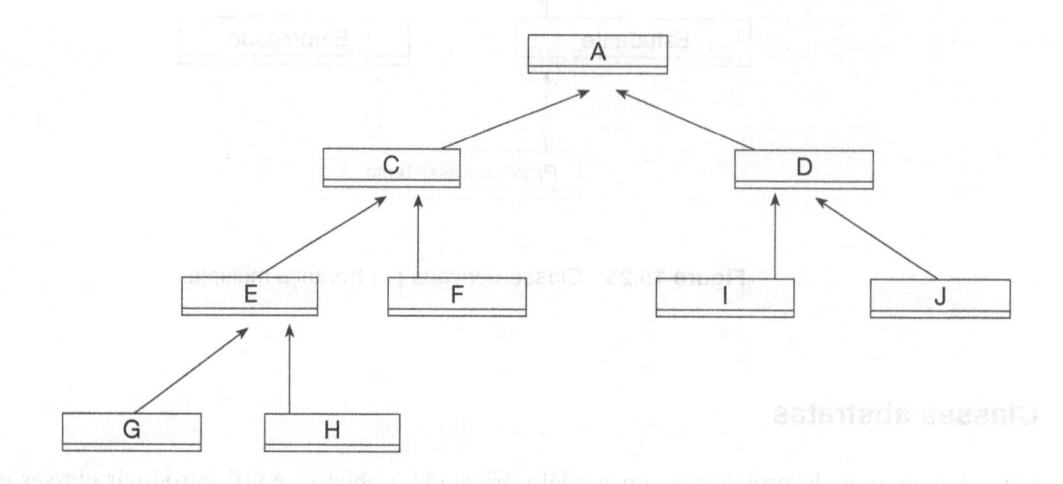

Figura 15.27 Anulação de atributos e métodos em classes derivadas.

Suponhamos que certos atributos e métodos definidos na classe A se redefinam na classe C. As classes E, F, G e H herdam esses atributos e métodos. A questão produzida é se as classes herdam as definições dadas na classe A ou as dadas na classe C. O acordo adotado é que, uma vez que um atributo ou método se redefinem em um nível de classes específico, então qualquer filho dessa classe, ou seus filhos em qualquer profundidade, utiliza esse método ou atributo redefinido. Portanto, as classes E, F, G e H utilizarão a redefinição dada na classe C, no lugar da definição dada na classe A.

15.7 SOBRECARGA

A sobrecarga é uma propriedade que descreve uma característica adequada que utiliza o mesmo nome de operação para representar operações similares que se comportam de maneira diferente quando são aplicadas a classes diferentes. Conseqüentemente, os nomes das operações podem sobrecarregar, isto é, as operações são definidas em classes diferentes e podem ter nomes idênticos, ainda que seu código programado possa ser diferente.

Se os nomes de uma operação são utilizados para novas definições em classes de uma hierarquia, dizemos que a operação no nível inferior anula a operação em um nível mais alto.

Um exemplo que podemos observar na Figura 15.28, em que a operação Incrementar está sobrecarregada na classe Empregado e na subclasse Administrativo. Dado que Administrativo é uma subclasse de Empregado, a operação Incrementar, definida no nível Administrativo, anula a operação correspondente ao nível Empregado. Em Engenheiro e a operação Incrementar foi herdada de Empregado. De outra forma, a sobrecarga pode estar situada entre duas classes que não estão relacionadas hierarquicamente. Por exemplo, Cálculo_Comissão é enviada ao objeto Engenheiro, a operação correspondente associada a Engenheiro é ativada.

Atualmente, a sobrecarga é aplicada a operações, ainda que seja possível estender a propriedade a atributos e relações específicos do modelo proposto.

A sobrecarga não é uma propriedade específica das linguagens orientadas a objetos. Linguagens como C e Pascal suportam operações sobrecarregadas, ainda que não tenham o campo de aplicação tão grande. Alguns exemplos são os operadores aritméticos, operações de E/S e operadores de atribuição de valores.

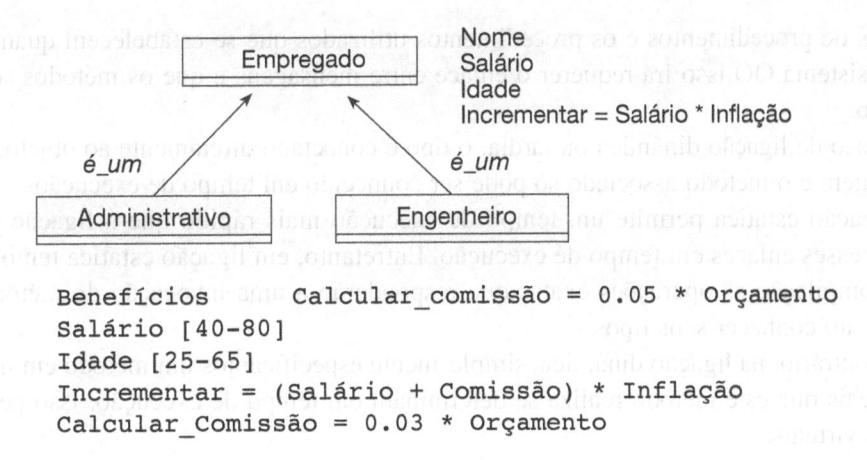

```
              Empregado         Nome
                                Salário
              /        \        Idade
             /          \       Incrementar = Salário * Inflação
          é_um         é_um
         /                \
   Administrativo      Engenheiro

   Benefícios          Calcular_comissão = 0.05 * Orçamento
   Salário [40-80]
   Idade [25-65]
   Incrementar = (Salário + Comissão) * Inflação
   Calcular_Comissão = 0.03 * Orçamento
```

Figura 15.28 Sobrecarga.

Na maioria das linguagens, os operadores aritméticos "+", "–" e "*" são utilizados para somar, subtrair ou multiplicar números inteiros ou reais. Esses operadores funcionam mesmo que as implementações de aritmética inteira e real (ponto flutuante) sejam bastante diferentes. O compilador gera código objeto para invocar a implementação apropriada, com base na classe (inteiro ou ponto flutuante) dos operandos.

Assim, por exemplo, as operações de E/S (Entrada/Saída) são utilizadas com freqüência para ler números inteiros, caracteres ou reais. Em Pascal podemos utilizar `read(x)` (`ler(x)`, em nosso pseudocódigo), sendo `x` um inteiro, um caractere ou um real. Naturalmente, o código de máquina real executado para ler uma cadeia de caracteres é muito diferente do código de máquina para ler inteiros. `read(x)` é uma operação sobrecarregada que suporta tipos diferentes. Outros operadores, como os de atribuição (":=" em Pascal ou "=" em C) são sobrecarregados. Os mesmos operadores de atribuição são utilizados para variáveis de diferentes tipos.

As linguagens de programação convencionais suportam sobrecarga para algumas das operações sobre alguns tipos de dados, como inteiros, reais e caracteres. Os *sistemas orientados a objetos carregam um pouco mais na sobrecarga e tornam-se disponíveis para operações sobre qualquer tipo objeto.*

Por exemplo, as operações binárias podem sobrecarregar para números complexos, arrays, conjuntos ou listas que foram definidos como tipos estruturados ou classes. Assim, o operador binário "+" pode ser utilizado para somar as partes reais correspondentes e imaginárias dos números complexos. Se A1 e A2 são dois arrays de inteiros, podemos definir:

```
A ← A1 + A2
```

para somar:

```
A[i] ← A1[i] + A2[i]          // para todo i
```

De modo semelhante, se S1 e S2 são dois conjuntos de objetos, podemos definir:

```
S ← S1 + S2
```

> No caso de Java ocorre que o operador + serve para concatenar tipos de dados string; ou seja, se +1 é um tipo de cadeia e +2 é outro tipo, +1 + +2 é uma cadeia que resulta de colocar +1 e a seguir +2, ou seja, concatenar ambas as cadeias na ordem escrita previamente.

15.8 LIGAÇÃO DINÂMICA

As linguagens OO têm a característica de poder executar ligação tardia (*dinâmica*), ao contrário das linguagens imperativas, que empregam uma ligação precoce (*estática*). Conseqüentemente, os tipos de variáveis, expressões e funções são conhecidos em tempo de compilação para essas linguagens imperativas. Isso permite ligar entre ativações de procedimentos e os procedimentos utilizados que se estabelecem quando cumprimos o código. Em um sistema OO isso irá requerer o enlace entre mensagens e que os métodos se estabeleçam em tempo dinâmico.

No caso de ligação dinâmica ou tardia, o tipo é conectado diretamente ao objeto. Portanto, o enlace entre a mensagem e o método associado só pode ser conhecido em tempo de execução.

A ligação estática permite um tempo de execução mais rápido que a ligação dinâmica, que necessita resolver esses enlaces em tempo de execução. Entretanto, em ligação estática temos de especificar em tempo de compilação as operações exatas que responderão a uma invocação do método ou função específica, assim como conhecer seus tipos.

Ao contrário, na ligação dinâmica, simplesmente especificamos um método em uma mensagem, e as operações reais que este método realiza se determinam em tempo de execução. Isso permite definir funções ou métodos virtuais.

15.8.1 Funções ou métodos virtuais

Tanto em C# como em C++ é possível especificar um método como virtual na definição de uma classe particular. Um método virtual pode ser redefinido nas subclasses derivadas e a implementação real do método se determina em tempo de execução. Nesse caso, a seleção do método se faz em tempo de compilação, mas o código real do método utilizado é determinado utilizando-se ligação dinâmica ou tardia em tempo de compilação.

Isso permite definir o método de um número de várias maneiras diferentes para cada uma das diferentes classes. Vamos considerar a hierarquia de classes definida na Figura 15.29.

Aqui o método virtual se define na classe FIGURA e o código procedimental utilizado é definido em cada uma das subclasses CÍRCULO, QUADRADO, RETÂNGULO e LINHA. Agora, se uma mensagem for enviada para uma classe específica, executa o código associado a ela — o que contrasta com um enfoque mais convencional que requer definir os procedimentos por default, com nomes diferentes, tais como Projetar_círculo, Projetar_quadrado etc. Também irá utilizar uma ativação do nome da função específica quando for necessário.

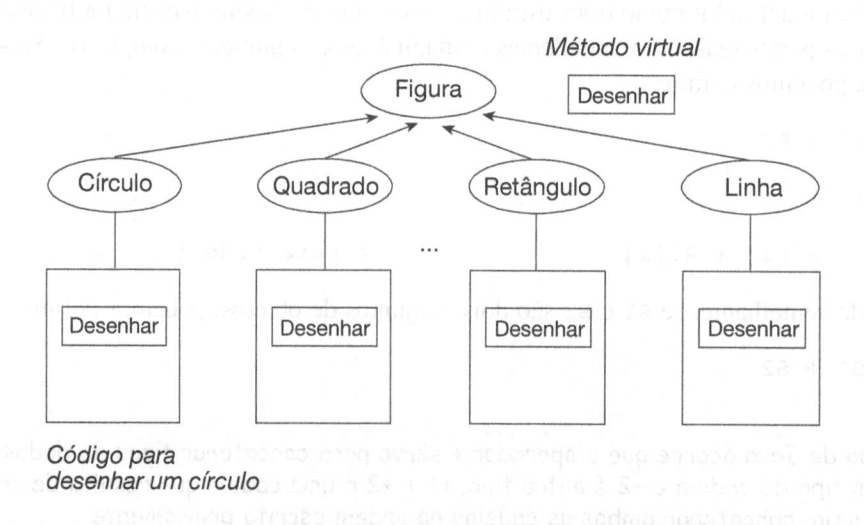

Figura 15.29 Métodos ou funções virtuais.

A capacidade de utilizar funções virtuais e executar sobrecarga conduz a uma característica importante dos sistemas OO, conhecida como *polimorfismo*, que essencialmente permite desenvolver sistemas nos quais objetos diferentes podem responder de maneira diferente à mesma mensagem. No caso de um método virtual, podemos ter especialização incremental de, ou adição incremental a, um método definido anteriormente na hierarquia (*adiante voltaremos a tratar desse conceito*).

15.9 OBJETOS COMPOSTOS

Uma das características que fazem os objetos ser muito potentes é que podem conter outros objetos. Os objetos que contêm outros são conhecidos como *objetos compostos*.

Na maioria dos sistemas os objetos não "contêm", em sentido estrito, outros objetos, mas as referências a outros objetos. A referência armazenada na variável é chamada identificador do objeto (ID do objeto).

Essa característica oferece duas vantagens importantes:

1. Os objetos "contidos" podem mudar em tamanho e composição, sem afetar o objeto composto que os contêm. Isso faz que a manutenção de sistemas complexos de objetos aninhados seja mais simples do que seria em caso contrário.
2. Os objetos contidos estão livres para participar em qualquer número de objetos compostos, em lugar de estar bloqueados em um único objeto composto.

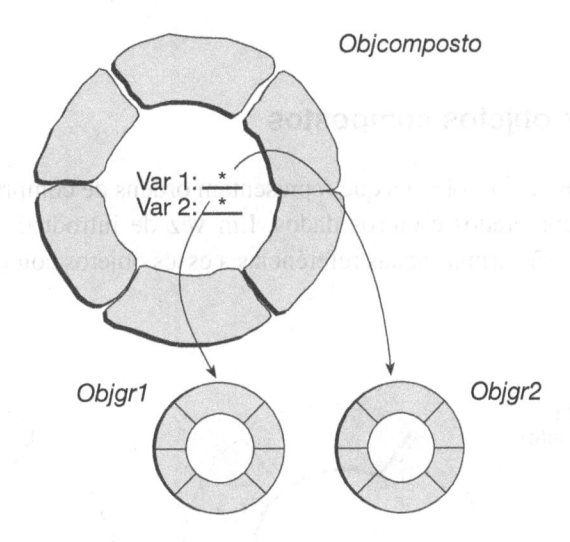

Figura 15.30 Um objeto composto.

Um objeto composto possui uma coleção de dois ou mais objetos componentes. Os objetos componentes têm uma relação **part-of** (*parte-de*) ou **component-of** (*componente-de*) com objeto composto. Quando um objeto composto se instancia para produzir uma instância do objeto, todos os seus objetos componentes devem se instanciar ao mesmo tempo. Cada objeto componente pode ser, por sua vez, um objeto composto[6].

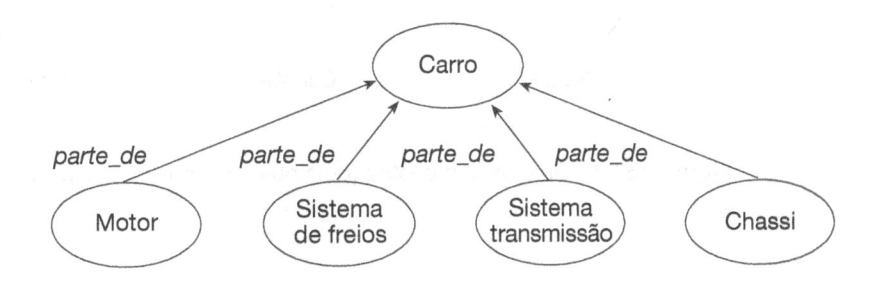

Figura 15.31 Relação de agregação (*parte*_de).

---

[6] TAYLOR, David. *Object_oriented information system*. Wiley, 1992.

A relação *parte_de* pode ser representada também por **has_a** (*tem_um*), que indica a relação que une o objeto *agregado* ou *continente*. No caso do objeto composto `CARRO`, leremos: `CARRO` *tem_um* `MOTOR`, *tem_um* `SISTEMA_DE_FREIOS` etc.

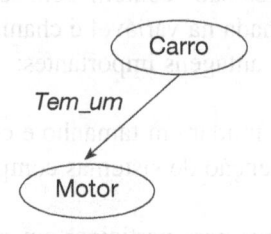

Figura 15.32 Relação de agregação (*tem_um*).

15.9.1 Um exemplo de objetos compostos

A ilustração a seguir mostra dois objetos que representam ordens de compra. Suas variáveis contêm informação sobre clientes, artigos comprados e outros dados. Em vez de introduzir toda a informação diretamente nos objetos `ordem_compra`, são armazenadas referências a esses objetos componentes no formato do identificador do objeto (IDO).

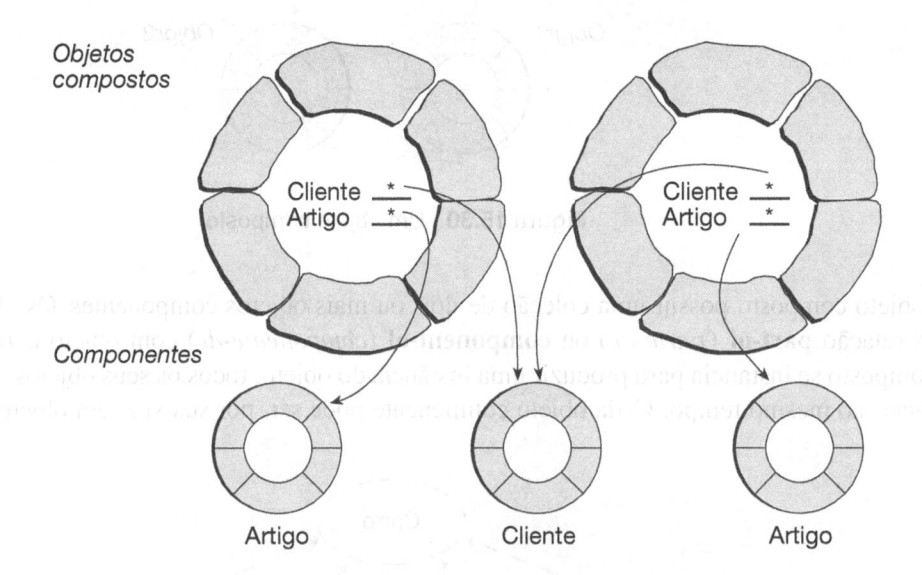

Figura 15.33 Objetos compostos (dois objetos `ordem_compra`)[7].

---

[7] Este exemplo está citado em: TAYLOR, David, op. cit., p. 45. Mesmo assim, a notação de objetos empregada por Taylor foi mantida em vários exemplos de nossa obra, já que a consideramos uma das mais adequadas para refletir o conceito de objeto; esta e outras obras suas sobre o mesmo tema são consideradas como contribuições notáveis para o mundo científico dos objetos.

15.9.2 Níveis de profundidade

Os objetos contidos em objetos compostos podem por si mesmo ser objetos compostos, e esse aninhar pode ir até qualquer profundidade. Isso significa que podem ser construídas estruturas de qualquer complexidade conectando objetos juntos. Isso é importante, pois normalmente necessitamos de mais de um nível de modulação para evitar o caos em sistemas de grande escala.

```
AUTO
atributos
    Números_carros_vendidos
atributos compartilhados
    Concessionária: SEAT Andalúcia
atributos instância
    Modelo
    Cor
    Preço
objetos componentes
    MOTOR
    SISTEMA_FREIOS
    SISTEMA_TRANSMISSÃO
    CHASSI
```

```
MOTOR
Atributos:
    Números_cilindros
    Potência
    Cilindrada
    Válvulas_cilindro
```

```
SISTEMA_FREIOS
Atributos:
    TIPO:
    ABS:
    Provedor:
```

```
SISTEMA_TRANSMISSÃO
Atributos:
    Tipo_embreagem:
    Caixa_câmbio:
```

```
CHASSI
Atributos:
    Tipo:
    Cor:
```

Um objeto composto, em geral, consta de uma coleção de dois ou mais objetos relacionados conhecidos como objetos componentes. Os objetos componentes têm uma relação uma *parte-de* ou um *componente-de* com objeto composto. Quando um objeto composto se instancia para produzir um objeto instância, todos os seus objetos componentes devem se instanciar ao mesmo tempo. Cada objeto componente pode, por sua vez, ser um objeto composto, resultando, conseqüentemente, uma hierarquia de *componentes-de*.

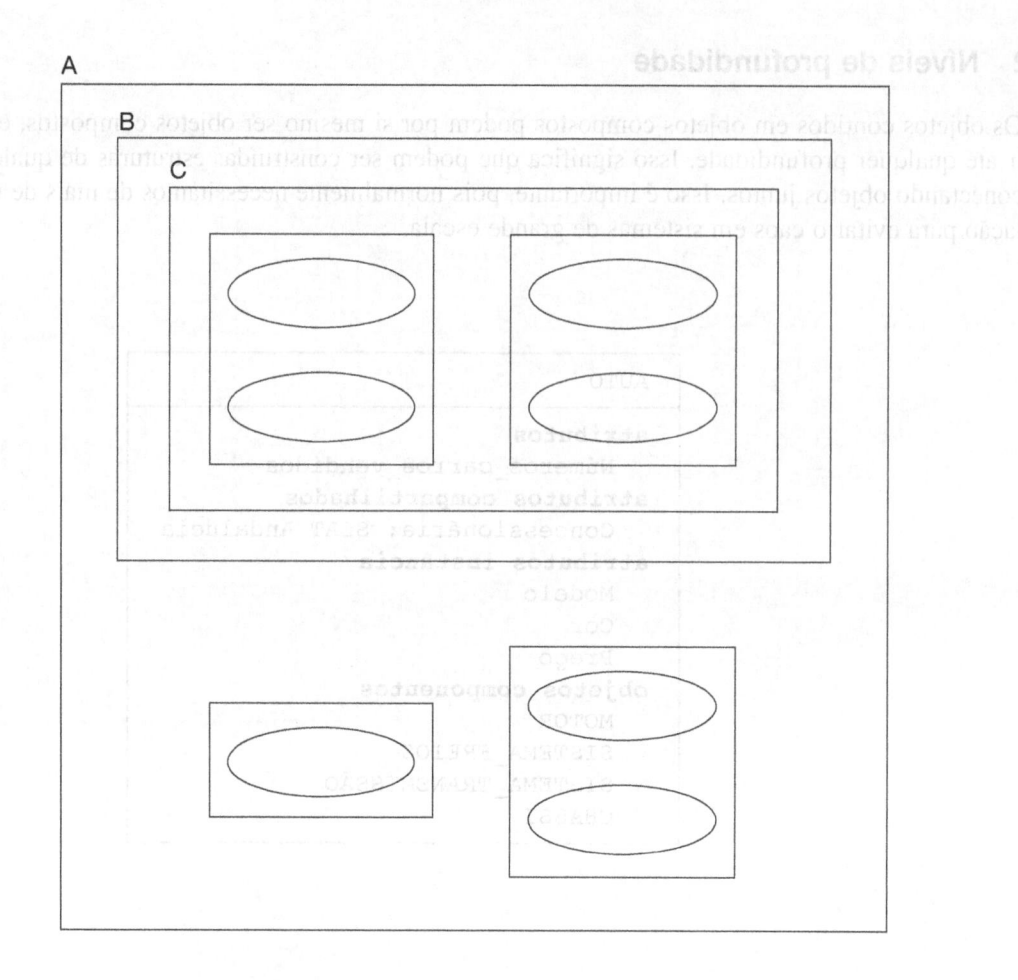

Figura 15.34 Hierarquia de componentes agregados.

Um exemplo de um objeto composto é a classe AUTO. Um carro consta de diversas partes, como um motor, um sistema de freios, um sistema de transmissão e um chassi: podemos considerar como um objeto composto que consta de partes diferentes: MOTOR, SISTEMA_FREIOS, SISTEMA_TRANSMISSÃO, CHASSI. Essas partes constituem os objetos componentes do objeto CARRO de modo que cada um destes objetos componentes possa ter atributos e métodos que o caracterizam.

As hierarquias *componente-de* (*parte-de*) podem ser aninhadas. Uma hierarquia aninhada consta de objetos que são componentes de mais de um objeto pai.

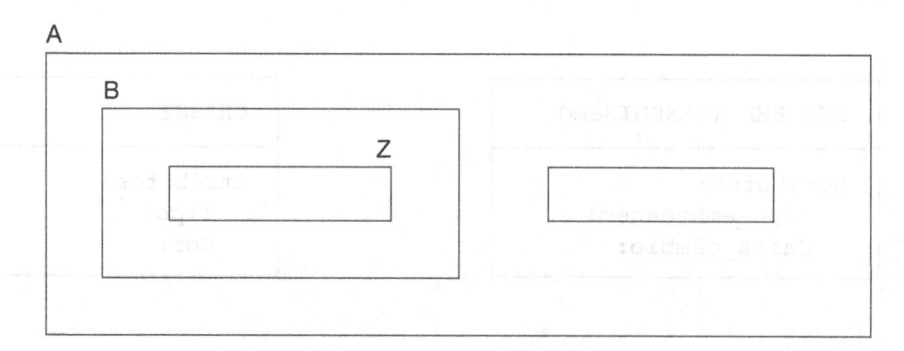

Figura 15.35 Aninhar objetos.

Uma hierarquia aninhada consta de objetos que são componentes de um objeto pai, que, por sua vez, pode atuar como componente de outro objeto. O objeto Z é um componente do objeto B, e o objeto B é um componente de um objeto complexo maior, A.

Um exemplo típico de um objeto composto aninhado é um arquivo. Ele contém gavetas, uma gaveta contém pastas e uma pasta contém documentos. O exemplo CARRO, citado, é também um objeto composto aninhado.

15.10 REUTILIZAÇÃO COM ORIENTAÇÃO A OBJETOS

Reutilização é a propriedade pela qual o software desenvolvido pode ser utilizado quantas vezes for necessário em mais de um programa. Por exemplo, necessitando de uma função que calcule o quadrado ou o cubo de um número, podemos criar a função que realize a tarefa de que o programa necessita. Com um esforço suplementar podemos criar uma função que possa elevar qualquer número a qualquer potência. Esta função deve ser guardada para que possa ser utilizada como ferramenta de propósito geral quantas vezes for necessário.

As vantagens da reutilização são evidentes. A economia de tempo é, sem dúvida, uma das vantagens mais consideradas, além da facilidade para manipular software desenvolvido por diferentes programadores.

Na programação tradicional, as bibliotecas de funções (casos de FORTRAN ou C) evitam que estas tenham de ser escritas cada vez que necessitamos.

Ada e Modula-2 incorporam o tipo de dado *pacote* (**package**) e *módulo* (**module**) que consta de definição de tipos e códigos e que são a base da reutilização dessas linguagens.

15.10.1 Objetos e reutilização

A programação orientada a objetos proporciona a forma adequada para a reutilização das classes. Os conceitos de encapsulamento e herança são as bases que facilitam a reutilização. Um programador pode utilizar uma classe existente, e sem modificá-la acrescentar novas características e novos dados. Conseguimos esta operação derivando uma classe da classe base existente. A nova classe herda as propriedades da antiga, mas podem ser somadas novas propriedades. Por exemplo, suponhamos que escrevendo (ou comprando) uma classe menu que cria um sistema de menu (barras de ferramentas, quadros de diálogos, botões etc.); com o tempo, ainda que a classe funcione bem, observamos que seria interessante que as legendas das opções dos menus mudassem de cor. Para realizar essa tarefa, projetamos uma classe derivada de menu que agregue as novas propriedades de mudança de cor.

A facilidade para reutilizar classes (e, conseqüentemente, objetos) é uma das propriedades fundamentais que justificam o uso da programação orientada a objetos. Por esta razão os sistemas e, particularmente, as linguagens orientadas a objetos costumam ter um conjunto (*biblioteca*) de classes predefinidas, que permite ganhar tempo e esforço no desenvolvimento de qualquer aplicação. Esta ferramenta — *biblioteca de classes* — é um dos parâmetros fundamentais para termos em conta no momento de avaliar uma linguagem orientada a objetos.

15.11 POLIMORFISMO

Outra propriedade importante da programação orientada a objetos é o *polimorfismo*. Essa propriedade, em seu conceito básico, está em quase todas as linguagens de programação. O polimorfismo, em sua expressão mais simples, é o uso de um nome ou um símbolo — por exemplo, um operador — para representar ou significar mais de uma ação. Assim, em **C, Pascal, FORTRAN** — entre outras linguagens — os operadores aritméticos representam um exemplo dessa característica. O símbolo +, quando utilizado com inteiros, representa um conjunto de instruções de máquina distinto de quando os operadores são valores reais de dupla precisão. De igual maneira, em algumas linguagens o símbolo + serve para realizar somas aritméticas, ou para concatenar (unir) cadeias, como são os casos de **FORTRAN** e de **JAVA**, que permitem concatenar cadeias.

A utilização de operadores ou funções de maneiras diversas, dependendo de como estejam operando, denomina-se *polimorfismo* (múltiplas formas). Quando a um operador existente na linguagem, tal como +, = ou *, atribuímos a possibilidade de operar sobre um novo tipo de dado, dizemos que está *sobrecarregado*. A *sobrecarga* é uma classe de polimorfismo, que também é uma característica importante de POO.

Um uso típico dos operadores aritméticos é a sobrecarga deles para atuar sobre tipos de dados definidos pelo usuário (objeto), além de sobre os tipos de dados predefinidos. Suponhamos que temos tipos de dados que representam as posições de pontos na tela de um computador (coordenadas *x* e *y*). Em uma linguagem orientada a objetos, podemos realizar a operação aritmética

```
posição1 = origem + posição2
```

onde as variáveis *posição1*, *posição2* e *origem* representam cada uma das posições de pontos, sobrecarregando o operador mais (+) para realizar soma de posições de pontos (*x*, *y*). Além dessa operação de soma, poderíamos realizar outras operações, como subtração, multiplicação etc., sobrecarregando convenientemente os operadores -, * etc.

A grande vantagem oferecida pelo polimorfismo e a sobrecarga, particularmente, é permitir que os novos tipos de dados sejam manipulados de maneira similar aos tipos de dados predefinidos, logrando assim ampliar a linguagem de programação de uma forma mais ortogonal.

Em um sentido mais geral, o polimorfismo supõe que uma mesma mensagem pode produzir ações (resultados) totalmente diferentes quando recebida por objetos diferentes. Com polimorfismo, um usuário pode enviar uma mensagem genérica e deixar os detalhes da implementação exata para o objeto que recebe a mensagem. O polimorfismo é fortalecido com o mecanismo de herança.

Suponhamos um tipo de objeto chamado `veículo` e tipos de objetos chamados `bicicleta`, `automóvel`, `moto` e `embarcação`. Ao enviarmos uma mensagem conduzir para o objeto `veículo`, qualquer tipo que herde de veículo pode também aceitar a mensagem. Como acontece na vida real, a mensagem `conduzir` reagirá de modo diferente em cada objeto, uma vez que cada veículo requer uma maneira distinta de conduzir.

15.12 TERMINOLOGIA DE ORIENTAÇÃO A OBJETOS

As linguagens de programação orientadas a objetos utilizadas atualmente são numerosas e mesmo a maioria que segue critérios de terminologia universais pode ter algumas diferenças relativas a sua consideração de *puras* (**Smalltalk**, **Eiffel**, ...) e *híbridas* (**Object Pascal**, **VB.NET**, **C++**, **Java**, **C#**, ...). A Tabela 15.1 sintetiza a terminologia utilizada nos manuais de programação de cada linguagem respectiva:

Tabela 15.1 Terminologia de Orientação a Objetos em diferentes linguagens de programação

CONCEITO	Object Pascal	VB. NET	C++	Java	C#	Smalltalk	Eiffel
Objeto	Objeto	Objeto	Objeto	Objeto	Objeto	Objeto	Objeto
Classe	Tipo objeto	Classe	Classe	Classe	Classe	Classe	Classe
Método	Método	Método	Função membro	Método	Método	Método	Rotina
Mensagem	Mensagem	Mensagem	Mensagem	Mensagem	Mensagem	Mensagem	Aplicação
Herança	Herança	Herança	Herança	Herança	Herança	Herança	Herança
Superclasse		Classe base	Classe base	Superclasse	Classe base	Superclasse	Ascendente
Subclasse	Descendente	Classe derivada	Classe derivada	Subclasse	Classe derivada	Subclasse	Descendente

REVISÃO DO CAPÍTULO

Conceitos-chave

- Abstração
- ADT
- Atributos
- Classe
- Classe base
- Classe derivada
- Comportamento
- Comunicação entre objetos
- Encapsulamento
- Estado
- Função membro
- Herança múltipla
- Herança simples
- Herança
- Instância
- Ligação
- Mensagem
- Método
- Objeto
- Objeto composto
- Operações
- Polimorfismo
- Reutilização
- Sobrecarga
- TDA, TAD
- Tipo Abstrato de Dados
- Variável de instância

Resumo

O tipo abstrato de dados é implementado por meio de classes. Uma classe é um conjunto de objetos que constituem instâncias da classe, cada uma das quais tem os mesmos comportamento e estrutura. Uma classe tem um nome, uma coleção de operações para manipular suas instâncias e uma representação. As operações que manipulam as instâncias de uma classe são chamadas *métodos*. O estado ou representação de uma instância é armazenado em variáveis de instância. Esses métodos são invocados mediante o envio de *mensagens* a instâncias. O envio de mensagens a objetos (instâncias) é similar à chamada a procedimentos em linguagens de programação tradicionais.

O mesmo nome de um método pode ser sobrecarregado com diferentes implementações; o método `Imprimir` pode ser aplicado a inteiros, arrays e cadeias de caracteres. A sobrecarga de operações permite aos programas serem estendidos de um modo elegante. A sobrecarga permite a ligação de uma mensagem à implementação de código da mensagem e é feito em tempo de execução. Essa característica é chamada ligação dinâmica. O *polimorfismo* permite desenvolver sistemas em que os objetos diferentes podem responder de maneira diferente à mesma mensagem. A ligação dinâmica, a sobrecarga e a herança permitem suportar o polimorfismo em linguagens de programação orientadas a objetos.

Os programas orientados a objetos podem incluir *objetos compostos*, que são objetos que contêm outros objetos, aninhados ou integrados neles mesmos.

Os pontos-chave tratados neste capítulo são:
- A programação orientada a objetos incorpora estes seis componentes importantes:
  - Objeto
  - Classe
  - Métodos
  - Mensagens
  - Herança
  - Polimorfismo
- Um objeto é composto de dados e funções que operam sobre esses objetos.
- A técnica de situar dados dentro de objetos de maneira que os dados não podem ser acessados diretamente é chamada *ocultação da informação*.
- Uma classe é uma descrição de um conjunto de objetos. Uma instância é uma variável de tipo objeto e um objeto é uma instância de uma classe.
- A herança é a propriedade que permite a um objeto passar suas propriedades para outro objeto, ou seja, um objeto pode herdar de outro objeto.
- Os objetos se comunicam entre si passando mensagens.
- A classe pai ou ascendente é denominada *classe base* e as classes descendentes, classes derivadas.
- A reutilização de software é uma das propriedades mais importantes que a programação orientada a objetos apresenta.
- O polimorfismo é a propriedade pela qual uma mesma mensagem pode atuar de diferente maneira quando atua sobre objetos diferentes ligados pela propriedade da herança.

EXERCÍCIOS

15.1 Descreva e justifique os objetos que são obtidos em cada um destes casos:
   a) Os habitantes da Europa e seus endereços postais.
   b) Os clientes de um banco que têm um cofre alugado.
   c) Os endereços de correio eletrônico de uma universidade.
   d) Os empregados de uma empresa e suas chaves de acesso aos sistemas de segurança.

15.2 Quais seriam os objetos que devem ser considerados nos seguintes sistemas?
   a) Um programa para editar uma revista.
   b) Um atendente de telefone.
   c) Um sistema de controle de elevadores.
   d) Um sistema de assinaturas de uma revista.

15.3 Definir os seguintes termos:
   a) classe
   b) objeto
   c) sessão de declaração
   d) sessão de implementação
   e) variável de instância
   f) função membro
   g) membro dado
   h) construtor
   i) instância de uma classe
   j) métodos ou serviços
   k) sobrecarga
   l) interface

15.4 Escrever uma declaração de classes para cada uma das especificações seguintes. Em cada caso, incluir um protótipo para um construtor e uma função membro `visualizar dados` que possam ser utilizados para visualizar os valores dos membros.
   a) Uma classe chamada `Hora` que tenha membros dados inteiros denominados segundos, minutos e horas.
   b) Uma classe `Complexo` que tenha membros dados inteiros denominados `xcentro` e `ycentro` e um membro dado em ponto flutuante chamado `raio`.
   c) Uma classe denominada `Sistema` que tenha membros dado de tipo caractere `computador`, `impressora` e `tela`, cada uma capaz de conter 30 caracteres e membros dados reais denominados `PreçoComputador`, `PreçoImpressora` e `PreçoTela`.

15.5 Deduzir os objetos necessários para projetar um programa de computador que permita jogar diferentes jogos de cartas.

15.6 Determinar atributos e operações que possam ser de interesse para os seguintes objetos, partindo do princípio que vão ser os elementos de uma loja de presentes: um livro, um disco, um gravador de vídeo, uma fita de vídeo, uma televisão, um rádio, uma torradeira, uma cadeia de música, uma calculadora e um telefone celular (móvel).

15.7 Criar uma classe que descreva um retângulo que possa ser visualizado em uma tela do computador, mudar de tamanho, modificar sua cor de fundo e as cores laterais.

15.8 Construir uma classe `Data` que permita verificar que todos os dias úteis estão compreendidos entre 1 e 31, mas considerando todos os meses do ano. A classe deverá ter entre suas funções a possibilidade de calcular a data do dia seguinte e assim mesmo decidir se o ano em questão é ou não bissexto.

15.9 Representar uma classe `elevador` que tenha as funções usuais de subir, baixar, parar entre níveis (andares), alarme, sobrecarga e, em cada andar, botões de chamada para subir ou descer.

15.10 Projetar um diagrama de objetos que representa a estrutura de um carro. Indicar as possíveis relações de associação, generalização e agregação.

15.11 Projetar diagramas de objetos que representem a hierarquia de objetos do modelo `Figura`.

15.12 Construir uma classe `Pessoa` com as funções membro e atributos que criam oportunos.

15.13 Construir uma classe chamada `Luz` que simule um semáforo de tráfego. O atributo cor da classe deve mudar de `Verde` a `Amarelo` e `Vermelho` e de novo voltar para `Verde` mediante a função mudança. Quando um objeto `Luz` é criado sua cor inicial será o `Vermelho`.

15.14 Construir uma definição de classe que possa ser utilizada para representar um empregado de uma companhia. Cada empregado é definido por um número inteiro ID, um salário e o número máximo de horas de trabalho por semana. Os serviços que devem proporcionar a classe, pelo menos devem permitir introduzir dados de um novo empregado, visualizar os dados existentes de um novo empregado e capacidade para processar as operações necessárias para a inserção e o cancelamento na seguridade social e nos seguros que a companhia tenha contratado.

15.15 Declarar uma classe `Data` com os dados fundamentais de um dia do ano e que pelo menos tenha um método que permita aceitar dois valores de datas diferentes e devolva a data mais próxima do dia atual.

16
PROJETO DE CLASSES E OBJETOS:
Representações Gráficas em UML

SUMÁRIO

16.1 Projeto e representação gráfica de objetos em **UML**
16.2 Projeto e representação gráfica de classes em **UML**
16.3 Declaração de objetos de classes
16.4 Construtores
16.5 Destrutores
16.6 Implementação de classes em C++
16.7 Coleta de lixo
REVISÃO DO CAPÍTULO
    Conceitos-chave
    Resumo
EXERCÍCIOS
LEITURAS RECOMENDADAS

Até agora aprendemos o conceito de estruturas, que são um meio para agrupar dados. Também examinamos funções que servem para realizar ações determinadas e que recebem um nome. Neste capítulo trataremos das classes, um novo tipo de dado cujas variáveis serão objetos. Uma **classe** é um tipo de dado que contém código (funções) e dados. Uma classe permite encapsular todo o código e os dados necessários para gerenciar um tipo específico de um elemento de programa, tal como uma janela na tela, um dispositivo conectado a um computador, uma figura de um programa de desenho ou uma tarefa realizada por um computador. Também aprenderemos a criar (definir e especificar) e utilizar classes individuais, e nos capítulos posteriores, veremos como definir e utilizar hierarquias e outras relações entre classes.

O paradigma orientado a objetos foi criado em 1969 pelo norueguês Kristin Nygaard que, ao tentar escrever um programa de computador que descrevesse o movimento dos barcos em um fiorde, descobriu ser muito difícil simular as marés, os movimentos dos barcos e as formas da linha da costa com os métodos de programação existentes naquele momento. Ele descobriu que os elementos do ambiente que pretendia modelar — barcos, marés e linhas da costa dos fiordes — e as ações que cada elemento podia executar constituíam relações mais fáceis de serem manuseadas.

As tecnologias orientadas a objetos evoluíram muito, mas preservam a razão de ser do paradigma: combinação da descrição dos elementos em um ambiente de processo de dados com as ações executadas por esses elementos. As classes e os objetos como instâncias ou exemplos delas são os elementos-chave sobre os quais são articuladas as orientações a objetos.

16.1 PROJETO E REPRESENTAÇÃO GRÁFICA DE OBJETOS EM UML

Um objeto é a instância de uma classe. O `senhor Mackoy` é um objeto da classe `Pessoa`. Um objeto é simplesmente uma coleção de informação e funcionalidade relacionada. Um objeto pode ser algo que tenha uma manifestação ou correspondência no mundo real (tal como um objeto empregado), algo que tenha algum significado virtual (como uma janela na tela) ou alguma abstração adequada em um programa (uma lista de trabalhos para serem realizados, por exemplo). Um objeto é uma entidade atômica formada pela união do estado e do comportamento. Proporciona uma relação de encapsulamento que assegura uma forte coesão interna e um débil acoplamento com o exterior. Ele revela seu verdadeiro papel e a responsabilidade quando enviando mensagens se converte em parte de um cenário de comunicações. Um objeto contém seu próprio estado interno e um comportamento acessível a outros objetos.

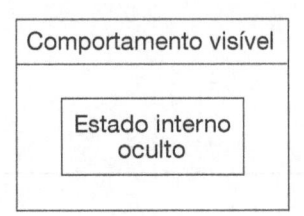

Figura 16.1 Objeto: estado e comportamento.

O mundo em que vivemos é composto de objetos tangíveis de todo tipo. O tamanho desses objetos é variável, pequenos como um grão de areia a grandes como uma montanha. Nossa idéia intuitiva de objeto vem diretamente relacionada com o conceito de massa, ou seja, a propriedade que caracteriza a quantidade de matéria dentro de um determinado corpo. Entretanto, é possível definir outros objetos que não tenham nenhuma massa, tal como conta corrente, uma apólice de seguros, uma equação matemática ou os dados pessoais de um aluno de uma universidade. Estes objetos correspondem a conceitos, em lugar de entidades físicas.

Podemos ir mais longe e estender a idéia de objeto fazendo que pertençam a "mundos virtuais" (associados à Internet, por exemplo) com o objetivo de criar comunidades de pessoas que não estejam localizadas na mesma área geográfica. Objetos de software definem uma representação abstrata das entidades do mundo real com o objetivo de controlá-lo ou simulá-lo. Os objetos software podem ir das listas ligadas, árvores ou grafos até arquivos completos ou interfaces gráficas do usuário.

Em síntese, um objeto é composto de dados que descrevem o objeto e as operações que podem ser executadas nesse objeto. A informação armazenada em um objeto empregado, por exemplo, pode ser informação de identificação (nome, endereço, idade, titulação), informação profissional (título do trabalho, salário, tempo na empresa) etc. As operações realizadas podem incluir a criação do salário do empregado ou da sua promoção.

Assim como os objetos do mundo real que nascem, vivem e morrem, os objetos do mundo do software têm uma representação similar conhecida como seu ciclo de vida.

Nota

Um objeto é algo que encapsula informação e comportamento. É um termo que representa uma coisa concreta do mundo real.

Exemplos de objetos

- Vôo 6520 da Ibéria (Santo Domingo-Madri com escala em San Juan de Porto Rico).
- Casa nº 31 da Avenida de Andaluzia, em Carchele (Jaén).
- Flor vermelha no parapeito do terraço do professor Mackoy.

No mundo real, as pessoas identificam os objetos como coisas que podem ser percebidas pelos cinco sentidos. O objeto tem propriedades específicas, como posição, tamanho, cor, forma, textura etc., que definem seu estado. Os objetos também têm certos comportamentos que os fazem diferentes dos outros objetos.

Booch[1] define um *objeto* como "algo que tem um estado, um comportamento e uma identidade". Suponhamos uma máquina de uma fábrica. O *estado* da *máquina* pode estar *funcionando/parado* ("on/of"), sua potência, velocidade máxima, velocidade atual, temperatura etc. Seu *comportamento* pode incluir ações para ligar e parar a máquina, obter sua temperatura, ativar ou desativar outras máquinas, condições do sinal de erro ou mudar de velocidade. Sua *identidade* é baseada no fato de que cada instância de uma máquina é única, talvez identificada por um número de série. As características que são escolhidas para enfatizar o estado e o comportamento serão apoiadas em como um objeto-máquina será utilizado em uma aplicação. Em um projeto de um programa orientado a objetos, criamos uma abstração (um modelo simplificado) da máquina com base nas propriedades e no comportamento que são úteis no tempo.

Martin e Odell definem um objeto como "qualquer coisa, real ou abstrata, onde são armazenados dados e aqueles métodos (operações) que manipulam os dados". Para realizar essa atividade, são somados a cada objeto da classe os próprios dados e associados a suas próprias funções membro que pertencem à classe.

Qualquer programa orientado a objetos pode manusear muitos objetos. Por exemplo, um programa que manipula o inventário de uma loja utiliza pelo menos um objeto de cada produto manipulado na loja. O programa utiliza os mesmos dados de cada objeto, incluindo o número de produto, descrição do produto, preço, número de artigos do estoque e o momento de novos pedidos.

Cada objeto conhece também como executar ações com seus próprios dados. O objeto produto do programa de inventário, por exemplo, conhece como criar a si mesmo e estabelecer os valores iniciais de todos os seus dados, como modificar seus dados e como avaliar se há artigos suficientes no estoque para cumprir um pedido de compra. Essencialmente, a coisa mais importante de um objeto é reconhecer que consta de dados, e as ações que podem executar.

Um objeto de um programa de computador não é algo que podemos tocar. Quando um programa é executado, a maioria existe na memória principal. Os objetos são criados por um programa para seu uso enquanto o programa está sendo executado. A menos que sejam guardados os dados de um objeto em um disco, o objeto se perde quando o programa termina (este objeto é chamado *transitório* para diferenciá-lo do objeto *permanente* que se mantém depois do término do programa).

Uma *mensagem* consiste em uma instrução que é enviada para um objeto e que, quando é recebida, executa suas ações. Uma mensagem inclui um identificador que contém a ação que deve executar o objeto junto com os dados que o objeto necessita para realizar seu trabalho. As mensagens, conseqüentemente, formam uma janela do objeto para o mundo exterior.

O usuário de um objeto se comunica com o objeto mediante sua *interface*, um conjunto de operações definidas pela classe do objeto de modo que sejam todas visíveis ao programa. Uma interface pode ser considerada como uma visão simplificada de um objeto. Por exemplo, um dispositivo eletrônico tal como uma máquina de fax tem uma interface do usuário bem definida: essa interface inclui o mecanismo de avanço do papel, botões de marcador, receptor e o botão de "enviar". O usuário não precisa saber como é construída a máquina internamente, o protocolo de comunicações e outros detalhes. De fato, a abertura da máquina durante o período de garantia pode anulá-la.

---

[1] BOOCH, Grady. *Análisis y diseño orientado a objetos con aplicaciones*. Madri: Diaz de Santos/Addison-Wesley, 1995.

16.1.1 Representação gráfica em UML

Em UML, um objeto é representado por um retângulo em cujo interior escrevemos o nome do objeto em destaque. O diagrama de representação tem três modelos (Figura 16.2):

| Um objeto | : Estudante | IB6520 : Vôo |

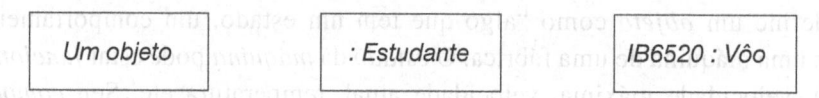

Figura 16.2 Representação de um objeto.

O diagrama da Figura 16.3 representa diferentes clientes de um banco e as contas associadas a cada um desses clientes. As linhas que conectam esses objetos representam as ligações que existem entre um cliente determinado e suas contas. O diagrama mostra também um retângulo com dobra no canto superior direito: esse diagrama representa um comentário (uma nota, um texto de informação livre concebida com propósito de deixar clara a figura e de facilitar a compreensão do diagrama); as linhas pontilhadas implementam a conexão de qualquer elemento do modelo a uma nota descritiva ou de comentário.

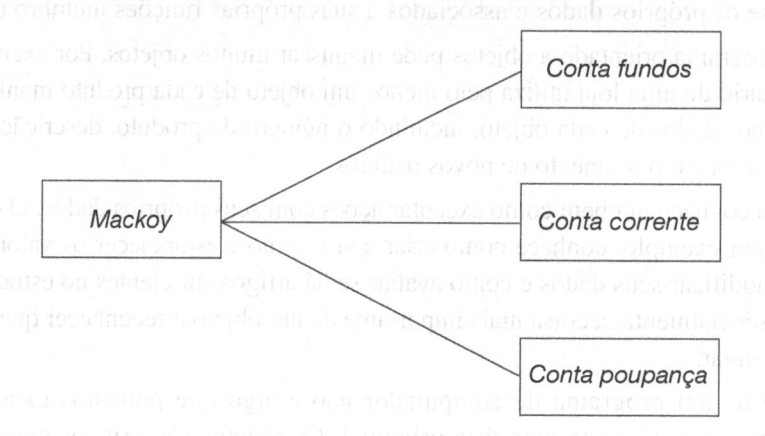

Mackoy → Conta fundos, Conta corrente, Conta poupança

Figura 16.3 Ligações entre objetos das classes `Cliente` e `Conta`.

Às vezes é difícil encontrar um nome para cada objeto, por essa razão costumamos utilizar com maior freqüência um nome genérico em vez de um nome individual. Essa característica permite identificar os objetos com termos genéricos e evitar abreviaturas de nomes ou letras, tal como era feito antigamente, a, b ou c.

O diagrama a seguir (Figura 16.4) mostra estudantes e professores. A ausência de qualquer texto precedente antes dos pontos significa que estamos falando de tipos de objetos genéricos ou anônimos de tipos `Estudante` e `Professor`.

| : Estudante | Professor | Estudante |

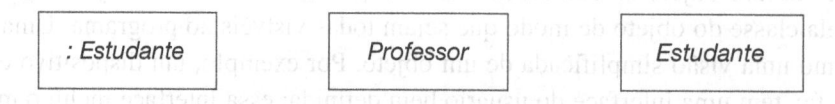

Figura 16.4 Diferentes representações de objetos (Exemplo: `Professor` e `Estudante`).

16.1.2 Características dos objetos

Todo objeto tem três características ou propriedades fundamentais que servem para defini-lo de maneira inequívoca: *um estado*, *um comportamento* e *uma identidade*.

> Objeto = Estado + Comportamento + Identidade

Um objeto deve ter todas ou algumas das propriedades anteriores. Um objeto sem o estado ou sem o comportamento pode existir, mas um objeto sempre tem uma identidade.

Estado

O estado agrupa os valores de todos os **atributos** de um objeto em um momento dado, e cada atributo é uma parte da informação que qualifica o objeto continente. Cada atributo pode receber um valor dado em um domínio de definição dado. *O estado de um objeto, em um momento dado, corresponde a uma seleção determinada de valores partindo de valores possíveis dos diversos atributos.* Essencialmente, um atributo é uma propriedade ou característica de uma classe e descreve uma gama de valores que a propriedade poderá conter nos objetos da classe. Uma classe poderá conter nenhum ou vários atributos.

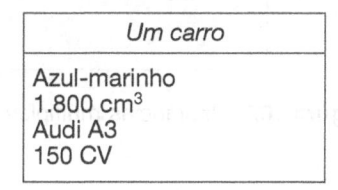

Um carro
Azul-marinho
1.800 cm^3
Audi A3
150 CV

Figura 16.5 Estado de um objeto.

Um atributo é representado com uma única palavra em letras minúsculas; de outra forma, se o nome contém mais de uma palavra, cada palavra será unida à anterior e começará com uma letra maiúscula, com exceção da primeira palavra, que começará em minúscula. A lista de atributos é iniciada na segunda faixa do ícone da classe. Todo objeto da classe tem um valor específico em cada atributo. O nome de um objeto se inicia com uma letra minúscula e é precedido de dois pontos, que, por sua vez, estão precedidos do nome da classe, e todo o nome está sublinhado.

O nome `meuComputador:Computador` é uma instância com nome (um objeto), mas também é possível ter um objeto ou instância anônima e representada tal como `:Computador`.

Exemplos de objetos

- Vôo IB 525.
- A casa na Rua Real 25, Carchelejo (Jaén).
- O carro amarelo que está estacionado na rua ao lado da minha janela.

Cada objeto encapsula uma informação e um comportamento. O objeto Vôo IB 525, por exemplo. A data de saída é 16 de agosto de 2002, a hora de saída é 22h30 min da manhã, o número do vôo é 6170, a companhia de aviação é Ibéria, a cidade de partida é Santo Domingo e a cidade destino é Madri com breve escala em San Juan de Porto Rico. O objeto vôo também tem um comportamento. São conhecidos os procedimentos de como acrescentar um passageiro no vôo, retirar um passageiro do vôo ou determinar quando o vôo está completo; ou seja, `acrescentar, retirar, estáCompleto`. Ainda que os valores dos atributos mudem com o tempo (o vôo IB 525 terá uma data de saída, o dia seguinte, 17 de agosto), os atributos por si nunca mudarão. O vôo 6170 sempre terá uma data de saída, uma hora de saída e uma cidade de saída; ou seja, seus atributos são fixos.

Em UML, podemos representar os tipos e valores dos atributos. Para indicar um tipo, utilize dois-pontos (:) para separar o nome do atributo de seu tipo.

:Vôo	Vôo 6520: Vôo
Data da saída: 16-08-2002	Data de saída: 18-08-2002

Os valores do atributo Data de saída são variáveis.

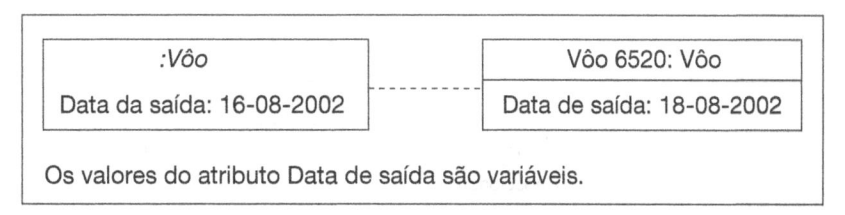

Figura 16.6 Um objeto com atributos, seus tipos, assim como seus valores predeterminados.

16.1.3 Múltiplas instâncias de um objeto

Em um diagrama de classes, podemos representar múltiplas instâncias de um objeto mediante ícones múltiplos. Por exemplo, se necessitamos representar uma lista de vôos da Ibéria para sua representação em um diagrama de classes ou objetos, em vez de mostrar cada vôo como um objeto independente, podemos utilizar um ícone com múltiplas instâncias para mostrar a lista de vôos. A notação UML, para representar instâncias múltiplas, é representada na Figura 16.7.

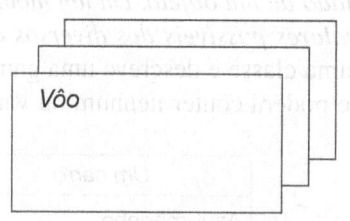

Figura 16.7 Instâncias múltiplas do objeto Vôo.

> **Nota**
>
> Os atributos são as partes de informação contidas em um objeto. Os valores dos atributos podem mudar durante a vida do objeto.

16.1.4 Evolução de um objeto

O estado de um objeto evolui com o tempo. Por exemplo, o objeto Carro tem os atributos: Marca, Cor, Modelo, Capacidade de carga ou tanque de gasolina, Potência (em cavalos de força). Se o automóvel começa uma viagem, normalmente encheremos o tanque (o atributo Capacidade pode receber, por exemplo, o valor 50 "litros"), a cor do carro, no início, não mudará (azul-celeste), a potência também não será mudada (150 Cavalos, HP), ou seja, existem atributos cujo valor é variável, tal como a capacidade (já que, de acordo com seu avanço, diminuirá a quantidade que o tanque contém), mas haverá outros que normalmente não mudarão, como a cor e a potência do carro, ou a marca e o modelo, inclusive o país onde foi feito.

O diagrama seguinte (Figura 16.8) representará a evolução da classe Auto com um comentário explicativo da diminuição da gasolina no tanque por causa dos quilômetros percorridos.

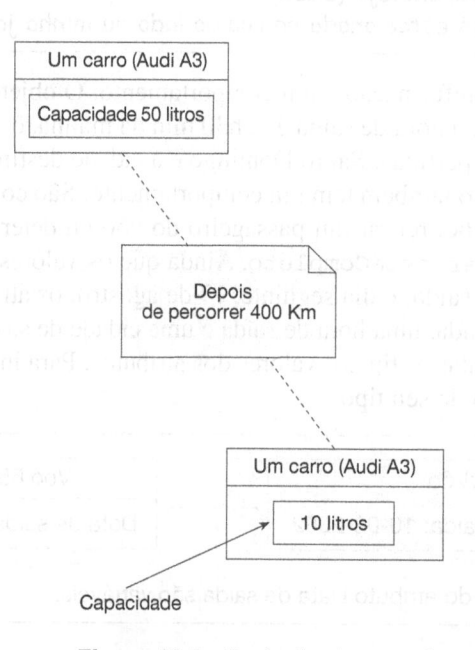

Figura 16.8 Evolução de uma classe.

> Os objetos de software (objetos) encapsulam uma parte do conhecimento do mundo em que eles evoluem.

16.1.5 Comportamento

O comportamento é o conjunto de capacidades e atitudes de um objeto e descreve as ações e reações desse objeto. Cada componente de comportamento individual de um objeto é denominado **operação**. Uma **operação** é algo que a classe pode realizar ou que podemos fazer a uma classe. As operações de um objeto são acionadas (ativadas) como resultado de um estímulo externo representado na forma de uma mensagem enviada a outro objeto.

Na Figura 16.9, `operação1` e `operação2` são ativadas dependendo do conteúdo da mensagem.

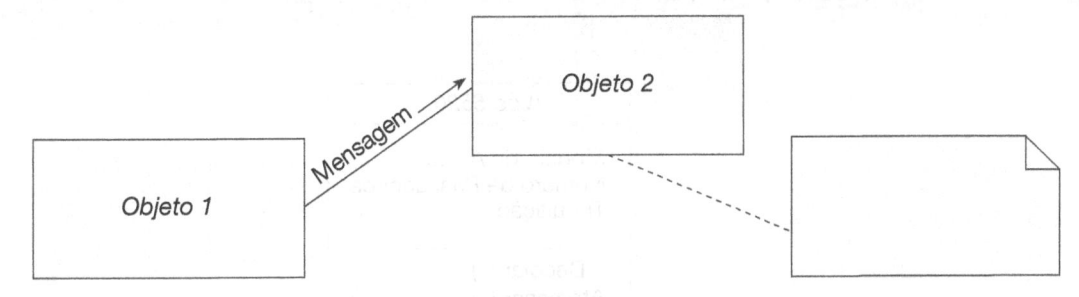

Figura 16.9 Mensagem entre objetos.

As interações entre objetos são representadas utilizando diagramas nos quais os objetos que interagem são unidos aos restantes por meio de linhas contínuas denominadas **ligações**. A existência de uma ligação indica que um objeto conhece ou vê outro objeto. As mensagens navegam junto às ligações, normalmente em ambas as direções.

Exemplo: O objeto `A` envia uma mensagem `Almoçar` ao objeto `B` e o objeto `B` envia uma mensagem `TirarUmCochilo` ao objeto `C`. As operações realizadas mediante a comunicação de mensagens supõem que o objeto `C` é capaz de ir tirar um cochilo.

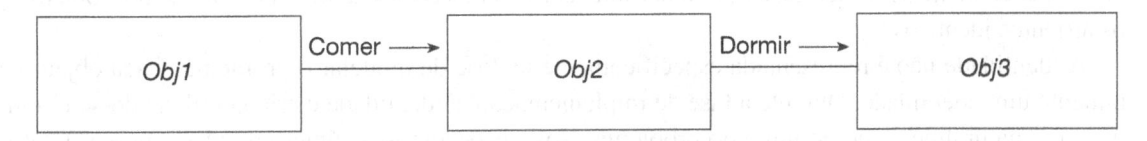

Figura 16.10 Envio de mensagens.

O estado e o comportamento estão ligados; o comportamento em determinado momento depende do estado atual e o estado pode ser modificado pelo comportamento. É possível pousar um avião somente se está voando, de maneira que o comportamento `pousar` é válido somente se a informação `emVôo` é verdadeira. Depois de pousar, a informação `emVôo` torna-se `falsa` e a operação `pousar` já não tem sentido; neste caso, teria sentido `decolar`, já que a informação do atributo `emVôo` é falsa quando o avião está em terra esperando decolar. O diagrama de colaboração de classes ilustra a conexão entre o estado e o comportamento dos objetos das classes. No caso do objeto `vôo 6520`, as operações do objeto `vôo` podem ser acrescentar ou retirar um passageiro e checar para verificar se o vôo está completo.

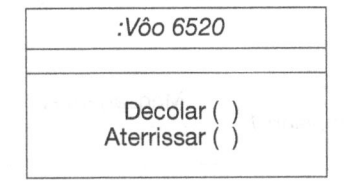

Figura 16.11 Objeto `Vôo 6520`.

> **Definição**
>
> O comportamento de um objeto é um conjunto de suas operações.

> **Nota**
>
> Tanto o nome de um atributo como os de uma operação são escritos em minúscula se forem apenas uma palavra. No caso de ser mais de uma palavra, unem-se e iniciam-se todas com maiúsculas, exceto a primeira. A lista de operações é iniciada na terceira faixa do ícone da classe e justamente abaixo da linha que separa as operações dos atributos.

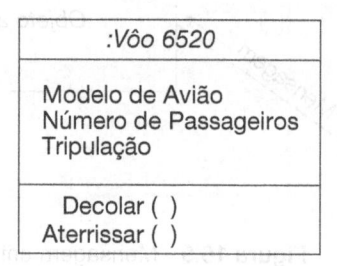

```
:Vôo 6520

Modelo de Avião
Número de Passageiros
Tripulação

Decolar ( )
Aterrissar ( )
```

Figura 16.12 Representação gráfica de uma classe com estado e comportamento.

16.1.6 Identidade

A **identidade** é a propriedade que diferencia um objeto de outro similar. Essencialmente, a identidade de um objeto caracteriza sua própria existência. A identidade torna possível distinguir qualquer objeto sem ambigüidade e, independentemente de seu estado, isso permite, entre outras coisas, a diferenciação de dois objetos que tenham os atributos idênticos.

A identidade não é representada especificamente na fase de modelar o problema. Cada objeto tem implicitamente uma identidade. Durante a fase de implementação, a identidade é criada utilizando-se um identificador que vem naturalmente do domínio do problema. Nos carros temos o número da placa, nossos telefones celulares têm um número no qual podemos ser chamados e podemos ser identificados pelo número do passaporte ou o número do RG. O tipo de identificador, denominado também "chave natural", pode ser acrescentado aos estados do objeto a fim de diferenciá-los. Entretanto, é apenas um artefato de implementação, de maneira que o conceito de identidade permanece independente do conceito de estado.

16.1.7 As mensagens

A mensagem é o fundamento de uma relação de comunicação que liga dinamicamente os objetos que foram separados no processo de decomposição de um módulo. Na prática, uma **mensagem** é uma comunicação entre objetos na qual um objeto (o cliente) solicita a outro objeto (o provedor ou servidor) que faça ou execute alguma ação.

```
                  Mensagem A
Formulário 1  ───────────────▶  Formulário 2
```

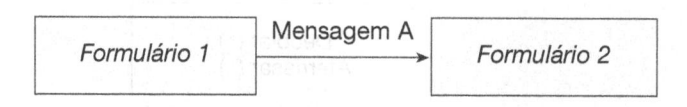

Figura 16.13 Comunicação entre objetos.

Também podemos mostrar em UML, mediante um diagrama de seqüência (Figura 16.14).

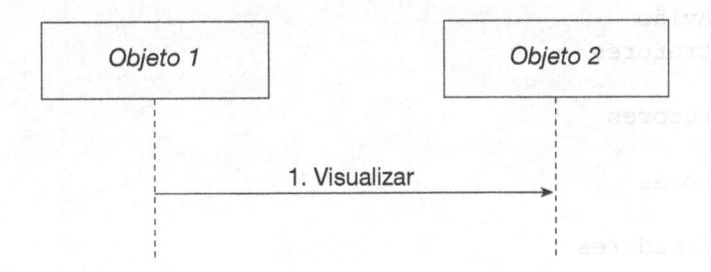

Figura 16.14 Diagrama de seqüência.

A mensagem pode ser reflexiva: um objeto envia uma mensagem para si mesmo:

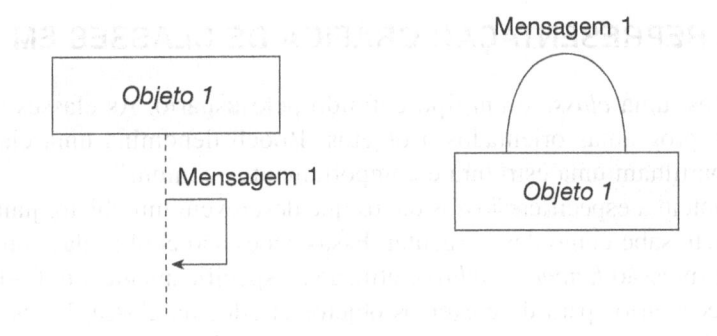

Figura 16.15 Mensagem reflexiva.

A noção de uma mensagem é um conceito abstrato que podemos implementar de várias maneiras, como uma ativação a uma função, um evento, uma interrupção, uma busca dinâmica etc. Na realidade, uma mensagem combina fluxos de controle e fluxos de dados em uma única entidade. As setas simples indicam o *fluxo de controle* e as setas com um pequeno círculo na origem são *fluxos de dados*.

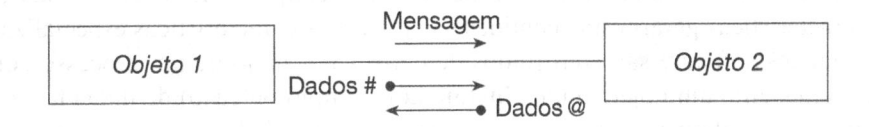

Figura 16.16 Representação gráfica de uma mensagem com fluxos de controle e de dados.

Tipos de mensagens

Existem diferentes categorias de mensagens:

- *Construtores* (criam objetos).
- *Destrutores* (destroem objetos).
- *Seletores* (devolvem tudo ou parte do estado de um objeto).
- *Modificadores* (mudam tudo ou parte do estado de um objeto).
- *Iteradores* (visitam o estado de um objeto ou o conteúdo de uma estrutura de dados que incluem vários objetos).

Exemplo

```
classe VôoAvião
    // construtores
    ...
    // destrutores
    ...
    // seletores
    ...
    // modificadores
    ...
    // iteradores
    ...
    // atributos do vôo
fim_classe
```

16.2 PROJETO E REPRESENTAÇÃO GRÁFICA DE CLASSES EM UML

Em termos práticos, uma *classe* é um tipo definido pelo usuário. As classes são os blocos de construção fundamentais dos programas orientados a objetos. Booch denomina uma classe como "um conjunto de objetos que compartilham uma estrutura e comportamentos comuns".

Uma classe contém a especificação dos dados que descrevem um objeto, juntamente com a descrição das ações que um objeto sabe como deve executar. Essas ações são conhecidas como *serviços, métodos* ou *funções membro*. A expressão *função membro* é utilizada, especificamente, em C++. Uma classe inclui também todos os dados necessários para descrever os objetos criados da classe. Esses dados são conhecidos como *atributos* ou *variáveis*. O termo *atributo* é utilizado na análise e no projeto orientado a objeto e o termo *variável* costuma ser utilizado em programas orientados a objetos.

O mundo real é composto de um grande número de objetos que interagem entre si. Esses objetos, em inúmeras situações, resultam muito complexos para ser entendidos em sua totalidade. Por isso, costumam ser agrupados com elementos similares e com características comuns em função das propriedades mais em destaque e ignorando aquelas outras não tão relevantes. Esse é o processo de abstração citado anteriormente.

Esse processo de abstração costuma começar com a identificação de características comuns de um conjunto de elementos e prossegue com a descrição concisa dessas características que convencionalmente chamamos de **classe**.

Uma classe descreve o domínio da definição de um conjunto de objetos. Cada objeto pertence a uma classe. As características gerais estão contidas na classe e as características especializadas estão contidas nos objetos. Os objetos software são construídos de classes por meio de um processo conhecido como **instanciação**. Dessa maneira, um objeto é uma **instância** (exemplo ou caso) de uma classe.

Assim, uma classe define a estrutura e o comportamento (dados e código) que serão compartilhados por um conjunto de objetos. Cada objeto de uma classe dada contém a estrutura (o estado) e o comportamento definido pela classe, e os objetos, como já definido, costumam ser conhecidos por instâncias de uma classe. Conseqüentemente, uma classe é uma estrutura lógica; um objeto tem realidade física.

> Uma classe é uma entidade que encapsula informação e comportamento.

Quando se cria uma classe, especificam-se o código e os dados que constituem essa classe. De maneira geral, estes elementos são chamados *membros* da classe. De modo específico, os dados definidos na classe são denominados *variáveis membro* ou *variáveis de instância*. O código que opera sobre os dados é conhecido como *métodos membro* ou simplesmente métodos. Na maioria das classes, as variáveis de instância são manipuladas ou acessadas pelo método definido por essa classe. Conseqüentemente, são os métodos que determinam como podemos utilizar os dados da classe.

As variáveis definidas no interior de uma classe são chamadas variáveis de instância em razão de cada instância da classe (ou seja, cada objeto da classe) conter sua própria cópia dessas variáveis. Portanto, os dados de um objeto são independentes e únicos quanto aos dados de outro objeto.

> **Nota**
>
> - Os métodos e as variáveis definidos em uma classe são denominados *membros* da classe.
> - Em Java as operações são denominadas *métodos*.
> - Em C/C++ as operações são denominadas *funções*.
> - Em C# as operações são denominados métodos, ainda que admitam o termo *função*.

Dado que o propósito de uma classe é encapsular complexidade, existem mecanismos para ocultar a complexidade da implementação dentro da classe. Cada método ou variável de uma classe pode ser assinalado como público ou privado. A interface pública de uma classe representa tudo o que os usuários externos da classe necessitam conhecer ou podem conhecer. Os métodos privados e os dados privados podem ser acessados apenas pelo código que é membro da classe. Conseqüentemente, qualquer outro código que não é membro da classe não pode acessar um método privado ou variável privada. Dado que os membros privados de uma classe só podem ser acessados por outras partes de seu programa por meio dos métodos públicos da classe, pode-se assegurar que não acontecerá nenhuma ação indesejada. Isso significa que a interface pública deve ser projetada com cuidado para não expor desnecessariamente a classe.

16.2.1 Representação gráfica de uma classe

Cada classe é representada como um retângulo subdividido em três compartimentos ou faixas. O primeiro compartimento contém o nome da classe, o segundo contém os atributos e o último contém as operações. Por default, os atributos estão ocultos e as operações são visíveis. Esses compartimentos podem ser omitidos para simplificar os diagramas.

Nome da classe
Atributos
Operações ( )

Exemplos

A classe **Carro** contém os atributos Cor, Motor e VelocidadeMáxima. A classe pode ser agrupada nas operações **Arrancar**, **Acelerar** e **Frear**.

Carro
Cor Motor Velocidade Máxima
Arrancar ( ) Acelerar ( ) Frear ( )

Figura 16.17 Classe Carro.

Reprodutor/Gravador de vídeo

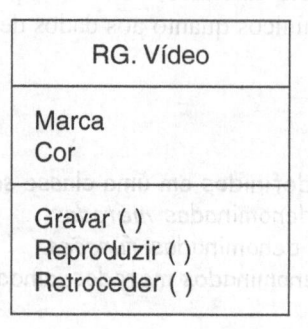

RG. Vídeo
Marca Cor
Gravar ( ) Reproduzir ( ) Retroceder ( )

Figura 16.18 Classe RG de vídeo.

Números complexos

São aqueles números que contêm uma parte real e uma parte imaginária. Os elementos essenciais de um número complexo são suas coordenadas e podem ser realizadas inúmeras operações, como somar, subtrair, dividir, multiplicar etc.

Número completo Formato 1
• Parte real • Parte imaginária
Soma ( ) Subtração ( ) Multiplicação ( ) Divisão ( )

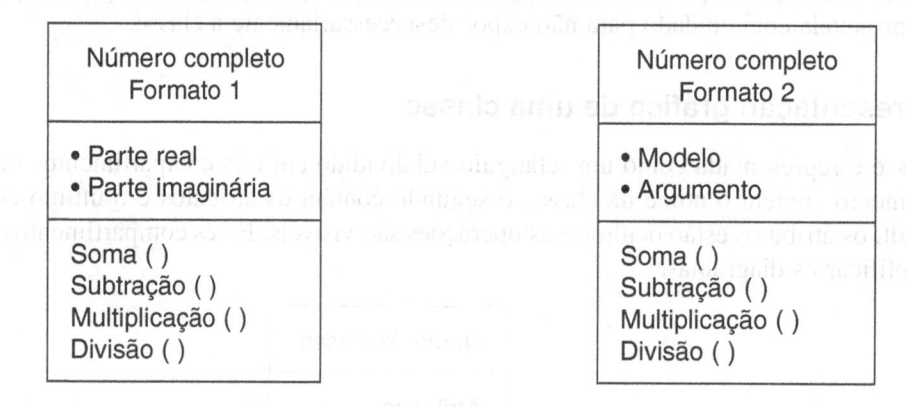

Número completo Formato 2
• Modelo • Argumento
Soma ( ) Subtração ( ) Multiplicação ( ) Divisão ( )

Figura 16.19 Classe de Número Completo.

Televisão

É um dispositivo eletrônico de complexidade considerável, mas que pode ser utilizada por adultos e crianças. A TV oferece um alto grau de abstração em relação a suas operações elementares.

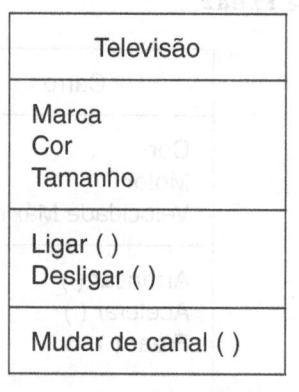

Televisão
Marca Cor Tamanho
Ligar ( ) Desligar ( )
Mudar de canal ( )

Figura 16.20 Classe Aparelho de televisão.

Estrutura de dados

Representar os tipos abstratos de dados que manipulam as estruturas dinâmicas de dados fundamentais: listas, pilhas e filas.

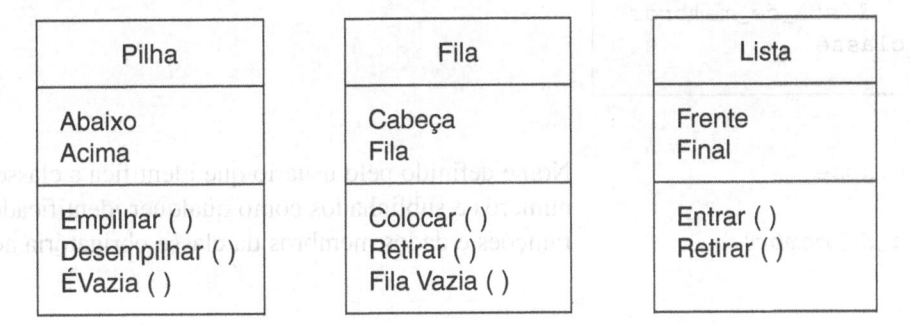

Pilha	Fila	Lista
Abaixo Acima	Cabeça Fila	Frente Final
Empilhar ( ) Desempilhar ( ) ÉVazia ( )	Colocar ( ) Retirar ( ) Fila Vazia ( )	Entrar ( ) Retirar ( )

Figura 16.21 Classes de estruturas de dados.

16.2.2 Declaração de uma classe

A declaração de uma classe é dividida em duas partes:

- A *especificação* de uma classe descreve o domínio da definição e as propriedades das instâncias dessa classe, correspondendo à noção de um tipo como é definido nas linguagens da programação convencional.
- A *implementação* de uma classe descreve como implementamos a especificação e contém os corpos das operações e os dados necessários para que as funções atuem adequadamente.

As linguagens modulares permitem a compilação independente da especificação e da implementação de maneira que é possível validar primeiro a consistência das especificações (também chamadas interfaces) e a seguir validar a implementação em uma etapa posterior. Em linguagens de programação, os conceitos de tipo, descrição e módulo se integram no conceito de classe em maior ou menor extensão.

- Em C++, a classe se implementa diretamente por uma construção sintática que incorpora o conceito de tipo, descrição e módulo. A classe pode ser utilizada para se obter um módulo único acrescentando a palavra reservada `static` na frente de todas as operações.
- Em Java, a classe também é a integração dos conceitos de tipo, descrição e módulo. Também existe um conceito geral de módulos (o pacote) que pode conter várias classes.

A divisão entre especificação e implementação joga um papel importante quanto à abstração e, conseqüentemente, ao encapsulamento. As características mais notáveis são descritas na especificação, enquanto os detalhes se circunscrevem à implementação.

Especificação de uma classe

Antes que um programa possa criar objetos de qualquer classe, esta deve ser *definida*. A definição de uma classe significa que devemos dar a ela um nome, dar nome aos elementos que armazenam seus dados e descrever as funções que realizarão as ações consideradas nos objetos.

As *definições* ou *especificações* não são código de programa executável. São utilizadas para alocar armazenamento para os valores dos atributos usados pelo programa e reconhecer as funções que serão utilizadas pelo programa. Normalmente se situam em arquivos diferentes dos arquivos de código executáveis, utilizando um arquivo para cada classe. Conhecemos como *arquivo de cabeçalho* que são armazenados com um nome de arquivo com extensão *.h* no caso da linguagem de programação C++.

Formato

```
classe NomeClasse
      lista_de_membros
fim_classe
```

NomeClasse   Nome definido pelo usuário que identifica a classe (pode incluir letras, números e sublinhados como qualquer identificador válido).
lista_de_membros   Funções e dados membros da classe obrigatória ao final da definição.

Exemplo 16.1

Definição em pseudocódigo de uma classe chamada Ponto que contém as coordenadas x e y de um ponto em um plano.

```
classe Ponto
   //por omissão dos atributos também são privados
   var
      privado inteiro: x, y     //coordenadas

   //por omissão os métodos também são públicos
   público inteiro função DevolverX()
   //devolve o valor de x
      início
         devolver(x)
      fim_função

   público procedimento FixarX(E inteiro: cx)
   //estabelece o valor de x
      início
         x ← cx
      fim_procedimento

   público inteiro função DevolverY()
   //devolve o valor de x
      início
         devolver(y)
      fim_função

   público procedimento FixarY(E inteiro: cy)
   //estabelece o valor de x
      início
         y ← cy
      fim_procedimento
fim_classe
```

A definição de uma classe não reserva espaço na memória. O armazenamento é alocado quando criamos um objeto de uma classe *(instância* de uma classe). As palavras reservadas **público** e **privado** são chamadas especificadores de acesso.

Exemplo 16.2

A definição em Java da classe Ponto é

```
classe Ponto
{
   private int x, y;

   public int devolverX()
   {
      return 8x);
   }
   public void fixarX(int cx)
   {
      x = cx;
}
   public int devolverY()
   {
      return (y);
   }
   public void fixarY (int cy)
   {
      y = cy;
   }
}
public class TestePonto
{
   public static void main(String[] args)
   {
      Ponto p;
      p = new Ponto();
      p.fixarX(4);
      p.fixarY(6);
   }
}
```

16.2.3 Regras de visibilidade

As regras de visibilidade complementam ou refinam o conceito de encapsulamento. Os diferentes níveis de visibilidade dependem da linguagem de programação com a qual se trabalhe, mas geralmente seguem o modelo de C++, ainda que as linguagens de programação Java e C# sigam também essas regras. Estes níveis de visibilidade são:

- O nível mais forte é denominado nível "privado"; a sessão privada de uma classe é totalmente opaca e apenas os amigos (termo como se conhecem em C++) podem acessar a atributos localizados na sessão privada.
- É possível aliviar o nível de ocultação situando alguns atributos na sessão "protegida" da classe. Esses atributos são visíveis tanto para amigos como para as classes derivadas da classe servidor. Para as classes restantes, permanecem invisíveis.
- O nível mais débil é obtido situando os atributos na sessão pública da classe, com a qual se tornam visíveis todas as classes.

Uma classe pode ser visualizada como na Figura 16.22.

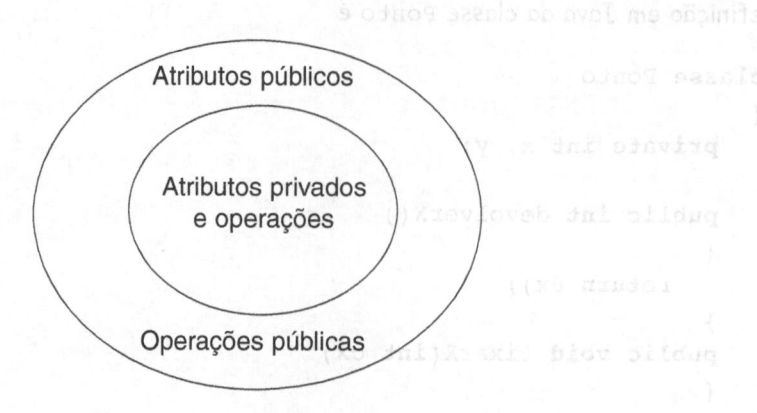

Figura 16.22 Representação de atributos e operações com uma classe.

O nível de visibilidade pode ser especificado na representação gráfica das classes em UML com os símbolos ou caracteres #, + e –, que correspondem aos níveis público, protegido e privado, respectivamente.

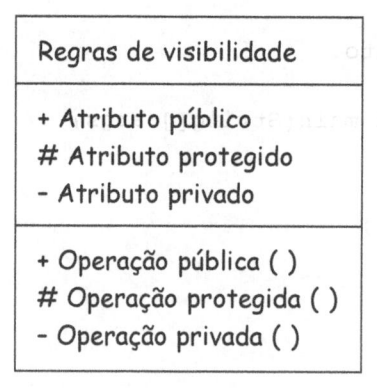

```
Regras de visibilidade

+ Atributo público
# Atributo protegido
- Atributo privado

+ Operação pública ( )
# Operação protegida ( )
- Operação privada ( )
```

Os atributos privados estão contidos no interior da classe, ocultos a qualquer outra classe. Já que os atributos estão encapsulados dentro de uma classe, será necessário definir quais são as classes com acesso a visualizar e mudar os atributos. Esta característica é conhecida como *visibilidade dos atributos*. Como já comentamos, existem três opções de visibilidade (ainda que algumas linguagens como Java e C# admitam uma quarta opção de visibilidade denominada "pacote" ou "implementação"). O sistema de cada visibilidade é o seguinte:

- *Público.* O atributo é visível a todas as classes restantes. Qualquer outra classe pode visualizar ou modificar o valor do atributo. A notação UML de um atributo público é um sinal mais (+).

- *Privado.* O atributo não é visível a nenhuma outra classe. A notação UML de um atributo privado é um sinal menos (–).

- *Protegido.* A classe e qualquer de seus descendentes têm acesso aos atributos. A notação UML de um atributo protegido é o caractere "jogo da velha"(#).

Exemplo

Representar uma classe Empregado

```
┌─────────────────────────────┐
│         Empregado           │
├─────────────────────────────┤
│ - EmpregadoID: inteiro = 0  │
│ # INSS: cadeia              │
│ # Salário: real             │
│ + Endereço: cadeia          │
│ + Cidade: cadeia            │
│ + Estado: cadeia            │
│ + CódigoPostal: cadeia      │
├─────────────────────────────┤
│ + Contratar ( )             │
│ + Demitir ( )               │
│ + Promover ( )              │
│ + Não promover ( )          │
│ # Transferir ( )            │
└─────────────────────────────┘
```

Regras práticas de visibilidade de atributos e operações.

> Geralmente, recomendamos a visibilidade privada ou protegida para os atributos.

Exemplo

Representação da classe de número complexo

```
┌─────────────────────────┐
│     Número complexo     │
├─────────────────────────┤
│ - Parte Real            │
│ - Parte Imaginária      │
├─────────────────────────┤
│ + Soma ( )              │
│ + Subtração ( )         │
│ + Multiplicação ( )     │
│ + Divisão ( )           │
└─────────────────────────┘
```

16.2.4 Sintaxe

Uma classe é declarada utilizando a palavra reservada **classe** da linguagem UPSAM 2.0 (**class** em C++, Java, C#).

```
classe <nome_de_classe>

   //Declaração de atributos
   const
      [privado | público | protegido]
         <tipo_de_dado> : <nome_atributo> = <valor>
      ...
   var
      [estático] [público | privado | protegido]
         <tipo_de_dado> : <nome_atributo> = [<valor_inicial>]
      ...

   //Declarações de métodos

   construtor <nome_de_classe> ([<lista_de_parâmetros_formais>])
      // Declaração de variáveis locais
      início
         ...
   fim_construtor

   ...

   [estático] [abstrato] [público | privado | protegido]
      <tipo_de_retorno> função <nome_func>
      ([<lista_de_parâmetros_formais>])
   início
      ...
      devolver(<resultado>)
   fim_função

   ...

   [estático] [abstrato] [público | privado | protegido]
      procedimento <nome_proc> ([<lista_de_parâmetros_formais>])
   início
      ...
   fim_procedimento

   destrutor <nome_de_classe> ()
      // Declaração de variáveis locais
      início
         ...
   fim_destrutor

   ...
fim_classe
```

Exemplo

```
classe Móvel
   var
      público real: largura
      público real: altura
      público real: profundidade
fim_classe
```

> **Nota**
>
> 1. Em Java a declaração da classe e a implementação dos métodos são armazenadas no mesmo lugar e não são definidas separadamente.
> 2. Em *C++*, em geral, a declaração da classe e a implementação dos métodos são definidas separadamente.

16.3 DECLARAÇÃO DE OBJETOS DE CLASSES

Uma vez que uma classe tenha sido definida, um programa pode conter uma *instância* da classe, denominada um *objeto da classe*. Quando criamos uma classe, estamos criando um novo tipo de dado. Podemos utilizar esse tipo para declarar objetos desse tipo.

Formato

```
nome_classe: identificador
```

Exemplo

```
Ponto: p // Classe Ponto, objeto p
```

Em algumas linguagens de programação, é necessário um processo em duas etapas para a declaração e alocação de um objeto.

1. Declaramos uma variável do tipo classe. Essa variável não define um objeto, é simplesmente uma variável que pode se referir a um objeto.
2. Devemos adquirir uma cópia física, real, do objeto e alocarmos uma variável utilizando o operador **novo** (em inglês, **new**). O operador novo aloca dinamicamente, ou seja, em tempo de execução, memória para um objeto e devolve uma referência a ele. Esta referência vem a ser um endereço de memória do objeto alocado por **novo**. Ela é armazenada na variável[2].

Sintaxe

```
varClasse = novo nomeClasse()
```

---

[2] Em Java, todos os objetos de uma classe devem ser alocados dinamicamente.

Exemplo

Declarar uma classe Livro e criar um objeto dessa classe.

```
classe Livro
    var
        real: largura
        real: altura
        real: profundidade
    construtor Livro (real:a,b,c)
        início
            largura ← a
            altura ← b
            profundidade ← c
        fim_construtor
fim_classe
...
```

As duas etapas citadas anteriormente são:

```
Livro: meulivro // declara uma referência ao objeto
meuLivro = novo Livro(5, 30, 20) // aloca um objeto Livro
```

Formato de declaração

```
nome_classe: identificador
```

Assim, a definição de um objeto Ponto é:

```
Ponto: P
```

O *operador de acesso* a um membro (.) seleciona um membro individual de um objeto da classe. As sentenças seguintes, por exemplo, criam um ponto P, que fixa sua coordenada x e visualiza sua coordenada x.

```
Ponto: p
P.FixarX (100);
Escrever "coordenada x é", P.DevolverX()
```

O operador ponto utiliza nomes das funções membro para especificar que são membros de um objeto.

Exemplo: Classe DiaSemana contém uma função Visualizar
```
        DiaSemana: Hoje       // Hoje é um objeto
        Hoje.Visualizar()     // executa a função Visualizar
```

16.3.1 Acesso a membros da classe: encapsulamento

Um princípio fundamental em programação orientada a objetos é *ocultar a informação,* que significa que determinados dados do interior de uma classe não podem ser acessados por funções externas à classe. O mecanismo principal para ocultar dados é colocá-los em uma classe e torná-los *privados.* Os dados ou funções privados podem ser acessados somente do interior da classe. Ao contrário, os dados ou funções públicos são acessíveis do exterior da classe.

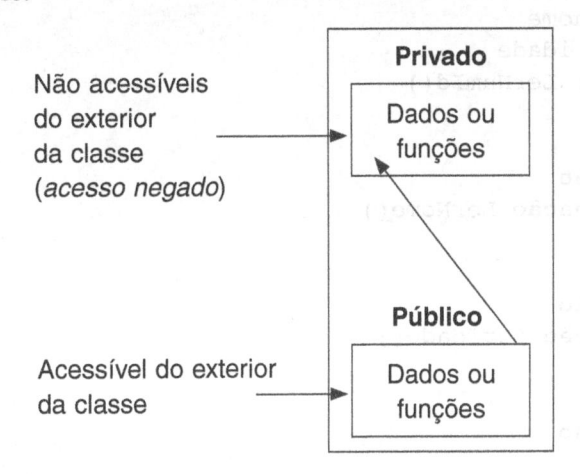

Figura 16.23 Seção publica e privada de uma classe.

Utilizamos três diferentes *especificações de acesso* para controlar o acesso dos membros da classe. São public, private e protected. Utilizamos o formato geral seguinte em definições da classe.

Formato

```
const
    [privado | público | protegido] <tipo_dado>: nome=<valor>
var
    [privado | público | protegido][estático] <tipo_dado>: <nome>
                                = <valor_inicial>
    [estático][abstrato][público | privado | protegido]
         <tipo_de_retorno> função <nome> ([<parâmetros>])
    [estático][abstrato][público | privado | protegido]
procedimento <nome> ([<parâmetros>])
```

O especificador público define membros públicos, que são aqueles aos quais podemos acessar por qualquer função. Os membros que se seguem ao especificador privado somente podemos acessar por funções membro da mesma classe ou por funções e classes amigas[3]. Os membros que se seguem ao especificador protegido podemos acessar por funções membro da mesma classe ou de suas classes derivadas, assim como por amigas. Os membros público, protegido e privado podem aparecer em qualquer ordem.

Na Tabela 16.1, cada "x" indica que o acesso é permitido ao tipo de membro da classe listada na coluna da esquerda.

Tabela 16.1. Visibilidade

Tipo de membro	Membro da mesma classe	Amiga	Membro de uma classe derivada	Função não-membro
private	x	x		
protected	x	x	x	
public	x	x	x	x

---

[3] As funções e classes amigas são próprias de C++.

Se omitirmos o especificador de acesso, o acesso aos atributos será considerado privado, e o método, público. Na seguinte classe `Estudante`, por exemplo, todos os dados são privados, enquanto as funções membro são públicas.

```
classe Estudante
    var
        real: numId
        cadeia: nome
        inteiro: idade
    real função: LerNumId()
        início
            ...
        fim_função
    cadeia função LerNome()
        início
            ...
        fim_função
    inteiro função LerIdade()
        início
            ...
        fim_função
fim_classe
```

Em C++ são estabelecidas sessões públicas e privadas nas classes e o mesmo especificador de acesso pode aparecer mais de uma vez na definição de uma classe, mas, neste caso, não é fácil de ser lido.

```
classe Estudante{
private:
    long numId;
public:
    long LerNumId();
private;
    char nombre[40];
    int idade;
public:
    char* LerNome();
    int LerIdade();
};
```

> O especificador de acesso é aplicado a *todos* os membros que vêm depois dele na definição da classe (até que se encontra outro especificador de acesso).

Ainda que as sessões públicas e privadas possam aparecer em qualquer ordem, em C++ os programadores costumam seguir algumas regras no projeto que citamos a seguir e você pode escolher a que considerar mais eficiente:

1. Colocar a sessão privada primeiro, pois contém os atributos (dados).
2. Pôr a sessão pública primeiro, pois as funções membro e os construtores são a interface do usuário da classe.

A regra 2 apresenta a vantagem de que os dados são algo secundário no uso da classe, e com uma classe definida de maneira adequada, não se costuma nunca necessitar ver como estão declarados os atributos.

Na realidade, talvez o uso mais importante dos especificadores de acesso é implementar a ocultação da informação. Esse princípio indica que toda a interação com um objeto deve ser restringida para utilizar uma interface bem definida que permite que os detalhes de implementação dos objetos sejam ignorados. Conseqüentemente, as funções membro e os membros dados da *sessão pública* formam a interface externa do objeto, enquanto os elementos da *sessão privada* são os aspectos internos do objeto que não necessitam ser acessíveis para usar o objeto.

> O princípio de *encapsulamento* significa que as estruturas de dados internas utilizadas na implementação de uma classe não podem ser acessíveis diretamente ao usuário da classe.

> **Nota**
>
> As linguagens C++, Java e C# proporcionam um especificador de acesso, protected.

16.3.2 Declaração de métodos

As classes normalmente constam de duas coisas: variáveis de instância e métodos. Existem dois formatos para a declaração dos métodos, dependendo de se seguir o modelo C++ (*função membro*) ou o modelo Java/C# (*método*).

C++: `tipo_retorno NomeClasse:: nomeFunção(listaParâmetros)`
```
{
   // corpo da função
}
```

Java: `tipo_retorno NomeClasse(listaParâmetros) {`
```
   // corpo do método
}
```

Os métodos que apresentam um tipo de retorno distinto de `void` devolvem um valor à rotina ativadora utilizando o formato seguinte da sentença `return`:

> `return valor;`

valor é o valor devolvido.

Exemplo

```
//Pseudocódigo

classe Data

   var
      público inteiro: dia, mês, ano

   procedimento FixarData(E inteiro: d, m, a)
      início
         dia ← d
         mês ← m
         ano ← a
   fim_procedimento

   procedimento mostrarData ()
      início
```

```
        escrever(dia, '/', mês, '/', ano)
   fim_procedimento

  fim_classe
```

Notação e alocação de valores aos membros

A sintaxe-padrão para a referência e alocação de valores a membros de uma classe é utilizada nos seguintes formatos:

Formato:

```
nome-objeto.nome-atributo
nome-objeto.nome-função(parâmetros)
```

Código Java

```java
import Java.io.*;

class Data
{
   int dia, mês, ano;

   void fixarData(int d, int m, int a)
   {
      dia = d;
      mês = m;
      ano = a;
   }
   void mostrarData ()
   {

      System.out.println(dia+"/"+mês+"/"+ano);
   }
}
class TesteData
{
   public static void main (String[] args)
   {
      Data f1, f2;
      f1 = new Data();
      f2 = new Data();

      f1.dia = 15;
      f1.mês = 7;
      f1.ano = 2002;
      f1.mostrarData();

      f2.fixarData(20, 8, 2002);
      f2.mostrarData();
   }
}
```

O resultado da execução é:

```
15/7/2002
20/8/2002
```

A seguir mostramos um código em C++ onde são estabelecidos os atributos como privados e as funções membro como públicas. À diferença de Java, a forma de acesso predeterminado em C++ é **private**. Outra diferença com Java é que em C++ as funções membro são declaradas dentro da classe, mas, ainda que possamos fazer dentro, costumam ser definidas fora da classe. Na definição de uma função membro fora da classe, o nome da função tem de ser escrito precedido pelo nome da classe e pelo operador binário de resolução de alcance (::).

```cpp
include <iostream.h>

//Declaração de dados membro e funções membro
class Data
{
        int dia, mês, ano;
    public:
        void fixarData(int, int, int);
        void mostrarData();
};

    void Data::fixarData(int d, int m, int a)
    {
        dia = d;
        mês = m;
        ano = a;
    }
    void Data::mostrarData()

{
    cout << dia <<"/" mês <<"/" << ano;
}

//Teste Data
int main()
{
    Data f;
    f.fixarData(20, 8, 2002);
    cout << "A data é "
    f.mostrarData();
    cout << endl;
    return 0;
}
```

O código em C# seria

```csharp
using System;
class Data
{
    int dia, mês, ano;
    public void fixarData(int d, int m, int a)
```

```
        {
           dia = d;
           mês = m;
           ano = a;
        }
        public void mostrarData()
        {
           Console.WriteLine(dia+"/"+mês+"/"+ano);
        }
   }

   class TesteData
   {
      public static void Main()
      {
         Data f;
         f = new Data();
         f.fixarData(20, 8, 2002);
         f.mostrarData();
      }
   }
```

Os campos de dados nesse último exemplo são privados, pelo que, com o código especificado, a sentença

```
Console.WriteLine(f.dia);
```

daria um erro.

Exemplo 16.3

Os programas anteriores estavam muito simplificados, pelo qual o método `fixarData` não depurava se a data estabelecida não era correta. No programa seguinte (implementado em Turbo Pascal 7.0), o método `fixarData` somente aloca aos atributos os valores que recebe como parâmetros se estes constituem uma data válida. Se a data não é válida, os atributos recebem o valor 0. Os objetos em Turbo Pascal devem ser implementados em unidades, que constituem bibliotecas de declarações que são compiladas separadamente do programa principal.

```
unit ouobjeto;
 interface
  type
   Data = object
      function FixarData(d, m ,a: integer): boolean;
      procedure mostrarData;
      private
        dia, mês, ano: integer;
   end;

implementation
 function Data.fixarData(d, m, a: integer): boolean;
 var
   dataválida, ébissexto: boolean;
   begin
    dataválida := true;
    ébissexto := (a mod 4=0) and (a mod 100<>0) or (a mod 400=0);
```

```
        if (m < 1) or (m > 12) then
            dataválida := false
        else
            if d < 1 then
                dataválida := false
            else
                case m of
                    4, 6, 9, 11: if d > 30 then
                                    dataválida := false;
                    2: if ébissexto and (d > 29) then
                            dataválida := false
                        else
                            if not ébissexto and (d>28) then
                                dataválida := false;
                        else
                            if d > 31 then
                                dataválida := false
                end;
        if dataválida then
            begin
                dia := d;
                mês := m;
                ano := a;
                fixarData := true;
            end
        else
            begin
                dia := 0;
                mês := 0;
                ano := 0;
                fixarData := false;
            end
    end;

    procedure Data.mostrarData;
    begin
        writeln(dia,'/', mês, '/' , ano)
    end;
end.

program Teste;
 uses ouobjeto;
 var
   f: Data;
begin
    if f.fixarData (20, 8,2002) then
      begin
        Write('A data é');
        f.mostrarData
      end
    else
        writeln ('Erro')
end.
```

16.3.3 Tipos de métodos

Os métodos que podem aparecer na definição de uma classe são classificados em função do tipo de operação que representam. Esses métodos têm correspondência com o tipo de mensagens que podem ser enviadas entre os objetos de uma aplicação, como era lógico pensar.

- *Construtores e destrutores* — constituem funções membro aquelas ativadas automaticamente quando um operador é criado ou destruído.
- *Seletores* — que devolvem os valores aos membros dado.
- *Modificadores* ou *mutantes* — permitem a um programa cliente mudar os conteúdos dos membros dado.
- *Operadores* — permitem definir operadores padrão para os objetos das classes.
- *Iteradores* — processam coleções de objetos, tais como arrays e listas.

16.4 CONSTRUTORES

Um **construtor** é um método que tem o mesmo nome que a classe e cujo propósito é inicializar os membros dados de um novo objeto que é executado automaticamente quando se cria um objeto de uma classe. Sintaticamente, é semelhante a um método. Dependendo dos números e tipos dos argumentos proporcionados, uma função ou método construtor é ativada automaticamente cada vez que criamos um objeto. Se não está escrita nenhuma função construtora na classe, o compilador proporciona um construtor por default. Em seu papel como inicializador, um construtor pode também acrescentar outras tarefas quando é ativado.

Um construtor tem o mesmo nome que a própria classe, Quando definimos um construtor, não podemos especificar um valor de retorno, inclusive `nada(void)`; um construtor nunca devolve um valor. Um construtor pode, entretanto, assumir qualquer número de parâmetros (zero ou mais).

> **Nota**
> 1. O construtor tem o mesmo nome que a classe.
> 2. Pode ter zero ou mais parâmetros.
> 3. Não devolve nenhum valor.

Exemplo 16.4

A classe `Retângulo` tem um construtor com quatro parâmetros. O código será mostrado em C++.

```
class Retângulo
{
   private:
      int Esq;
      int Superior;
      int Dir;
      int Inferior;
   public
      //Construtor
      Retângulo(int i, int s, int d, int inf);
      //Definições de outras funções membro
};
```

Quando definimos um objeto, são passados os valores dos parâmetros ao construtor utilizando uma sintaxe semelhante a uma ativação normal da função:

```
Retângulo Ret(25, 25, 75, 75);
```

Essa definição cria uma instância do objeto Retângulo e invoca o construtor da classe passando os parâmetros com valores especificados.

Podemos também passar os valores dos parâmetros ao construtor quando criamos a instância de uma classe utilizando o operador new:

```
Retângulo *Cret = new Retângulo(25, 25, 75, 75);
```

O operador new invoca automaticamente o construtor do objeto que foi criado (essa é uma vantagem importante de utilizar new no lugar de outros métodos de alocação da memória tais como a função malloc).

16.4.1 Construtor por default

Um construtor que não tem parâmetros é chamado *construtor por default*. Um construtor por default normalmente inicializa os membros dado alocando os valores por default.

Exemplo 16.5

O construtor por default inicia x e y em 0.

```cpp
// Classe Ponto implementada em C++
class Ponto
{
  public:
    Ponto
    {
      x = 0;
      y = 0;
    }
  private
    int x;
    int y;
}
```

Uma vez declarado um construtor, quando declaramos um objeto Ponto, seus membros dado se inicializam em 0. Essa é uma boa prática de programação.

```
Ponto P1    // P1.x = 0, P1.y = 0
```

Se Ponto foi declarado dentro de uma função, seu construtor é chamado tão imediatamente quanto a execução do programa alcança a declaração de Ponto:

```cpp
void FuncDemoConstrutorD()
{
  Ponto Pt; // ativação do construtor
  // ...
}
```

> **Nota**
>
> C++ cria automaticamente um construtor por default quando não existem outros construtores. Entretanto, tal construtor não inicializa os membros dado da classe em um valor previsível, de maneira que sempre é conveniente criarmos seu próprio construtor por default dando a opção de inicializar os membros dado com valores previsíveis.

> **Prevenção**
>
> Tenha cuidado com a escrita da seguinte sentença:
>
> Ponto P();
>
> Mesmo parecendo ser efetuada uma ativação do construtor por default, o que fazemos é declarar uma função de nome P que não tem parâmetros e devolve um resultado de tipo Ponto.

Formato

1. Um construtor deve ter o mesmo nome que a classe à qual pertence.
2. Não tem nenhum tipo de retorno (inclusive void).

```java
// Programa em Java
import java.io.*;
class Retângulo
{
   private double comprimento, largura;

   // construtor
   Retângulo(double l, double a)
   {
      comprimento = l;
      largura = a;
   }
   double perímetro()
   {
      return 2*(comprimento + largura);
   }
}
class TesteRetângulo
{
   static void main(String[] args)
   {
      Retângulo r;
      r = new Retângulo(3.5, 6.5);
      System.out.println(r.perímetro()) ;
   }
}
```

```pascal
//Código em Turbo Pascal 7.0

unit ouobjeto2;
   interface
      type
      Retângulo = object
         constructor Retângulo (l, a: real);
         function perímetro: real;
      private
         comprimento, largura: real;
      end;

   implementation
   {podem ser omitidos os parâmetros, pois já estão
    especificados na declaração}
```

```
        constructor Retângulo.Retângulo;
          begin
             comprimento := l;
             largura := a
          end;
     function Retângulo.perímetro;
        begin
            perímetro := 2*(comprimento + largura)
        end;
end;

program TesteR;
   uses ouobjeto2;
   var
       p: ^Retângulo;
   begin
       {new cria um objeto no monte e o inicializa ao
           levar como segundo parâmetro o construtor}
       new (p.retângulo(3.5, 6.5));
       writeln('O perímetro é ', p^.perímetro:0:2);
   end.
```

Também é válido criar uma instância do objeto retângulo sem empregar new e invocar o construtor utilizando uma sintaxe semelhante à empregada para ativar um procedimento.

```
program TesteR;
   uses ouobjeto2;
   var
       r: Retângulo;
   begin
       r.retângulo(3.5, 6.5);
       writeln('O perímetro é ', r.perímetro:0:2);
   end.
```

A classe Retângulo em C++

```
class Retângulo
{
     int comprimento;
     int largura;
     public:
        Retângulo(int l; int a);
        //definições de outras funções membro
}
```

Quando em uma classe não é declarado nenhum construtor, o compilador cria um construtor por default. O construtor por default inicializa todas as variáveis instância em zero, ou, ao contrário, também se refere àquele construtor que não requer a declaração de nenhum parâmetro, ou porque a todos os parâmetros foi dado um valor default.

> **Nota**
>
> Um *construtor* é qualquer função que tem o mesmo nome que sua classe. O propósito principal de um construtor é inicializar as variáveis membro de um objeto quando este é criado. Portanto, um construtor é ativado automaticamente quando é declarado um objeto.
>
> Em geral, uma classe pode conter múltiplos construtores, mas são diferenciados entre si na lista de parâmetros.
>
> Cada construtor deve ser declarado sem nenhum tipo de dado de retorno (inclusive void).

16.5 DESTRUTORES

A contrapartida de um construtor é um destrutor. Os destrutores são funções (métodos) que têm o nome da classe igual ao dos construtores, mas para distingui-los sintaticamente é precedido por um til (~) ou pela palavra reservada destrutor.

Exemplo

```
~Data ( )
```

Como acontece com os construtores, proporcionamos um construtor por default no caso de que não seja incluído explicitamente na declaração da classe. Ao contrário dos construtores, só pode haver um destrutor por classe. Isso se deve ao fato de os destrutores não poderem ter argumentos nem devolver valores.

Os destrutores são ativados automaticamente sempre que um objeto deixe de existir e seu objetivo é limpar qualquer efeito indesejado que tenha podido deixar o objeto.

> **Nota**
>
> Uma função destrutora é ativada sempre que um objeto sai do escopo (desaparece).
> Os destrutores devem ter o mesmo nome que sua classe, mas costumam ser precedidos de um til.
> Pode haver somente um destrutor por classe.

Um destrutor não tem argumentos nem devolve nenhum valor. Se não for incluído nenhum destrutor na classe, o compilador proporciona um destrutor por default.

Exemplo 16.5

```
//C++
class Demo
{
  int dados;
public:
  Demo() {dados = 0;}        //construtor
  ~Demo() {}                 //destrutor
};
```

> **Nota**
>
> • Os destrutores não têm valor de retorno.
> • Tampouco têm argumentos.

O uso mais freqüente de um destrutor é liberar memória que foi alocada pelo construtor. Se um destrutor é declarado explicitamente, cria-se um vazio automaticamente. Se um objeto tem escopo local, seu destrutor é ativado quando o controle sai de seu bloco de definição.

> **Nota em C++**
>
> Se um objeto tem escopo de arquivo, o destrutor é ativado quando termina o programa principal (main). Se um objeto se alocará dinamicamente (utilizando new e delete), o destrutor é ativado quando é invocado o operador delete.

Em C# a memória é liberada automaticamente, por meio de um coletor automático de lixo (*Garbage Collector*) que ativa os destrutores no momento em que se sabe que um objeto já não será utilizado. O coletor de lixo invoca o destrutor, que é o que sabe como liberar o recurso, no momento que considerar oportuno. No bloco de um destrutor devem ser especificadas as instruções especiais que devem ser executadas ao destruir um objeto da classe.

Exemplo 16.6

```
//C#
using System;
classe Ponto
{
   int x, y;
   public Ponto(int cx, int cy) {
      x = cx;
      y = cy;
   }
   ~Ponto() {
      Console.WriteLine("Se ativamos o destrutor de Ponto");
   }
}
classe TesteDestrutores
{
   public static void Main()
   {
      Ponto p = new Ponto(3,4);
      p = null;
      //a seguinte instrução força a coleta de lixo
      GC.Collect();
      //Faz que o fio atual espere que a fila de
      //destrutores fique vazia
      GC>WaitForPendingFinalizers();
   }
}
```

Java também tem coleta automática de lixo, sendo o método `finalize` o que se redefine para efetuar operações especiais de limpeza.

16.6 IMPLEMENTAÇÃO DE CLASSES EM C++

O código-fonte para a implementação de funções membro de uma classe é código executável. São armazenados, conseqüentemente, em arquivos de texto com extensões .cp ou .cpp. Geralmente situamos a implementação de cada classe em um arquivo independente.

Cada implementação de uma função tem a mesma estrutura geral. Observe que uma função começa com uma linha de cabeçalho que contém, entre outras coisas, o nome da função, e seu corpo está delimitado entre um par de signos chave. As classes podem proceder de diferentes fontes:

- Podem ser declaradas e implementadas suas próprias classes. O código-fonte sempre estará disponível.
- Podemos utilizar classes que tenham sido escritas por outras pessoas ou mesmo que tenham sido compradas. Neste caso, podemos dispor do código-fonte ou estar limitados a utilizar o código-objeto da implementação.
- Podemos utilizar classes das bibliotecas do programa que acompanham seu software de desenvolvimento C++. A implementação destas classes se proporciona normalmente como código-objeto.

De qualquer forma, devemos dispor das versões de texto das declarações de classe para que possa ser utilizado seu compilador.

16.6.1 Arquivos de cabeçalhos e de classes

As declarações de classe são armazenadas, em geral, em seus próprios arquivos de código-fonte, independentemente da implementação de suas funções membro. Estes consistem nos *arquivos de cabeçalho* que são armazenados com uma extensão *.h* no nome do arquivo.

```
// Declaração de uma classe armazenada em Demo1.h
classe Demo1

public:
   Demo();
   void Executar();
fim_classe
```

```
// Declaração da classe idade armazenada em idade.h
classe idade
{
   private:
      int idadeFilho, idadePai, IdadeMãe;
   public:
      idade();
      void iniciar(int, int, int);
      int obterFilho();
      int obterPai();
      int obterMãe();
};
```

Figura 16.24 Listagem de declarações de classes.

O uso de arquivos de cabeçalho tem um benefício muito importante: "Podemos ter disponível a mesma declaração de classes para muitos programas sem necessidade de duplicar a declaração". Essa propriedade facilita a reutilização em programas C++.

Para ter acesso aos conteúdos de um arquivo de cabeçalho, um arquivo que contém a implementação das funções da classe declaradas no arquivo de cabeçalho ou um arquivo que cria objetos da classe declarada no arquivo de cabeçalho *inclui* (`include`), ou mistura, o arquivo de cabeçalho utilizando uma *diretiva de compilador*, que é uma instrução para o compilador processada durante a compilação. As diretrizes do compilador começam com o sinal "#".

A diretiva que mistura o conteúdo de um arquivo de cabeçalho em um arquivo que contém o código-fonte de uma função é:

```
#include nome-arquivo
```

Opções de compilação

A maioria dos compiladores suporta duas versões um pouco diferentes dessa diretiva. A primeira instrui o compilador para que busque o arquivo de cabeçalho em um diretório de disco que tenha sido designado como o depósito de arquivos de cabeçalho.

Exemplo

```
#include <iostream>
```

utiliza a biblioteca de classes que suporta E/S.

A segunda versão é produzida quando o arquivo de cabeçalho está em um diretório diferente, então, colocamos o nome do caminho entre aspas duplas.

Exemplo

```
#include "/meu.cabeçalho/cliente.h"
```

16.6.2 Classes compostas

Uma *classe composta* é aquela classe que contém membros dado que são, assim mesmo, objetos de classes. Antes do corpo de um construtor de uma classe composta, devemos construir os membros dado individuais em sua ordem de declaração.

A classe Estudante contém membros dado de tipo Expediente e Endereço:

```
// código em C#
class Expediente
{
   //...
}

class Endereço
{
   //...
}

class Estudante
{
   string id;
   Expediente exp;
   Endereço dir;
   float notaMédia;

   public Estudante()
   {
      ColocarId ("");
      ColocarNotaMédia(0.0F);
      dir = new Endereço();
      exp = new Expediente() ;
   }
   public void ColocarId (string v)
   {
      id = v;
   }
   public void ColocarNotaMédia(float v)
   {
      notaMédia = v;
   }
   public void Mostrar()
   {
   }
}
```

Ainda que Estudante contenha Expediente e Endereço, o construtor de Estudante não tem acesso aos membros privados ou protegidos de Expediente ou Endereço. Quando um objeto Estudante sai de escopo, ativamos o seu destrutor. Mesmo que geralmente a ordem das ativações aos destrutores de classes compostas é exatamente o oposto da ordem de ativação dos construtores, em C++ não temos o controle sobre quando um destrutor vai ser executado, já que são ativados automaticamente pelo coletor de lixo.

16.7 COLETA DE LIXO

Como os objetos são alocados dinamicamente, quando são destruídos será necessário verificar que a memória ocupada por eles tenha sido liberada para ser usada posteriormente. O procedimento de liberação é diferente de acordo com o tipo de linguagem utilizado.

Em C++ os objetos têm um enfoque diferente. Manuseiam a liberação de memória de maneira automática. A técnica que utilizam denomina-se coleta de lixo (*garbage collection*). Seu funcionamento é o seguinte: quando não existe nenhuma referência a um objeto, imaginamos que esse objeto não é necessário, e a memória ocupada por esse objeto pode ser recuperada (liberada). Não há necessidade de destruir objetos explicitamente como faz C++. A coleta de lixo só ocorre esporadicamente durante a execução de seu programa. Não acontece apenas porque os objetos deixam de ser utilizados.

16.7.1 O método `finalize()`

Por vezes necessitamos que um objeto efetue alguma ação quando é destruído. Por exemplo, um objeto contém algum recurso não pertencente a Java tal como um manipulador de arquivos ou uma fonte de caracteres de Windows, então podemos desejar assegurar que esses recursos sejam liberados antes que o objeto seja destruído. O mecanismo que algumas linguagens utilizam, como é o caso de C# e Java, é chamado *finalização*. Utilizando este mecanismo podemos definir ações específicas que ocorrerão quando um objeto está a ponto de ser liberado pelo coletor de lixo.

Para acrescentar um *finalizador* a uma classe, basta definir o método `finalize()` (em Java). Dentro do método `finalize()` serão especificadas aquelas ações que devem ser executadas antes de destruir um objeto. O coletor de lixo é executado periodicamente verificando aqueles objetos que não estão sendo utilizados por nenhum estado de execução ou que são indiretamente referenciados por outros objetos.

Formato

```
// protegido destrutor <nomeclasse>()
início
fim_destrutor
```

A palavra reservada protegido (`protected`) é um especificador que previne o acesso ao destrutor por código definido no exterior de sua classe. Se não for específica, nada estará **protegido**.

> **Lembrete**
>
> Em Java `finalize()` somente é ativado antes da coleta de lixo. Se não é ativado quando um objeto sai do escopo, significa que não podemos conhecer quando — ou inclusive se — será executado `finalize()`. Conseqüentemente, é importantes que seu programa proporcione outros meios de liberar recursos do sistema.

> **Nota C++/Java**
>
> C++ permite definir um destrutor para uma classe que é ativada quando um objeto sai fora do escopo (se destrói).
>
> Java não suporta destrutores. A idéia aproximada do destrutor em Java é o método `finalize()` e suas tarefas são realizadas pelo subsistema de coleta de lixo.

REVISÃO DO CAPÍTULO

Conceitos-chave

- Classe abstrata
- Classe base
- Classe derivada
- Comunicação entre objetos
- Construtor
- Declaração de acesso
- Destrutor
- Encapsulamento
- Função membro
- Função virtual
- Herança
- Herança múltipla
- Herança privada
- Herança pública
- Herança simples
- Mensagem
- Método
- Membro dado
- Objeto
- Ocultar a informação
- Privada
- Protegida
- Pública

Resumo

Uma classe é um conjunto de objetos que constituem instâncias da classe, cada uma das quais tem os mesmos estrutura e comportamento. Uma classe tem um nome, uma coleção de operações para manipular suas instâncias e uma representação. As operações que manipulam as instâncias de uma classe são chamadas *métodos*. O estado ou representação de uma instância é armazenado em variáveis de instância. Esses métodos são invocados pelo envio de *mensagens* a instâncias. O envio de mensagens a objetos (instâncias) é similar à ativação aos procedimentos nas linguagens de programação tradicionais.

O mesmo nome de um método pode sobrecarregar com diferentes implementações: o método `Imprimir` pode ser aplicado a inteiros, arrays e cadeias de caracteres. A sobrecarga de operações permite aos programas ser estendidos de um modo eficaz. A sobrecarga permite a ligação de uma mensagem à implementação de código da mensagem e é feita em tempo de execução. Esta característica é chamada ligação dinâmica.

O *polimorfismo* permitem desenvolver sistemas onde os objetos diferentes podem responder de maneira diferente à mesma mensagem. A ligação dinâmica, a sobrecarga e a herança permitem suportar o polimorfismo em linguagens de programação orientadas a objetos.

Os principais pontos-chave tratados são:

- A programação orientada a objetos incorpora estes seis componentes importantes:
    - Objetos.
    - Classes.
    - Métodos.
    - Mensagens.
    - Herança.
    - Polimorfismo.

- Os objetos são compostos de dados e funções que operam sobre esses objetos.
- A técnica de situar dados dentro de objetos de forma que não possam ser acessados diretamente é chamada *ocultação da informação*.
- Os programas orientados a objetos podem incluir *objetos compostos*, que são objetos que contêm outros objetos, aninhados ou integrados neles mesmos.
- Uma classe é uma descrição de um conjunto de objetos. Uma instância é uma variável de tipo objeto e um objeto é uma instância de uma classe.
- A herança é uma propriedade que permite a um objeto passar suas propriedades a outro objeto; em outras palavras, um objeto pode herdar de outro objeto.
- Os objetos se comunicam entre si passando mensagens.
- A classe pai ou ascendente é denominada *classe base* e as classes descendentes, classes derivadas.
- A reutilização de software é uma das propriedades mais importantes que a programação orientada a objetos apresenta.
- O polimorfismo é a propriedade pela qual uma mesma mensagem pode atuar de diferentes maneiras quando age sobre objetos diferentes ligados pela propriedade da herança.
- Uma **classe** é um tipo de dado definido pelo usuário que serve para representar objetos do mundo real.
- Um objeto de uma classe tem dois componentes – um conjunto de atributos e um conjunto de comportamentos (operações). Os atributos são denominados membros dado e os comportamentos, funções membro.

```
classe círculo
   var
      público real: x_centro,
      y_centro, raio
```

```
    público real função Super-
    fície()
      início
      ...
      fim_função
    fim_classe
```

- Quando criamos um novo tipo de classe, devemos efetuar duas etapas fundamentais: determinar os atributos e o comportamento dos objetos.
- Um objeto é uma instância de uma classe.

```
círculo um_círculo
```

- Uma declaração de uma classe é dividida em três sessões: pública, privada e protegida. A sessão pública contém declarações dos atributos e o comportamento do objeto que são acessíveis aos usuários do objeto. Os construtores recomendam sua declaração na sessão pública. A sessão privada contém as funções membro e os membros dado que são ocultos ou inacessíveis aos usuários do objeto. Essas funções membro e os atributos dado são acessíveis apenas pela função membro do objeto.
- O acesso aos membros de uma classe pode ser declarado como *privado* (`private`, por default), *público* (`public`) ou *protegido* (`protected`).

```
classe círculo
  var
      privado real: centro_x,
      centro_y, raio
    público real função Super-
    fície ()
      início
      ...
      devolver (...)
    fim_função
    público procedimento Fixar-
    Centro (E real; x, y)
      início
      ...
      fim_procedimento
    público procedimento Fixar-
    Raio (E real: r)
      início
      ...
      fim_procedimento
    público real função Devol-
    verRaio ()
      início
      ...
      devolver (...)
    fim_função
fim_classe
```

Os membros dado `centro_x`, `centro_y` e `raio` são exemplos de ocultação de dados.

- O procedimento fundamental de especificar um objeto é

```
círculo :c        // um objeto
```

e para especificar um membro de uma classe

```
raio = 10.0       // Membro da
                     classe
```

O operador de acesso ao membro (o operador ponto).

```
c. raio = 10.0;
```

- Um **construtor** é uma função membro com o mesmo nome que sua classe. Um construtor não pode devolver um tipo, mas pode ser sobrecarregado.

```
classe Complexo
...
construtor Completo (real:
x,y)
início
...
fim_construtor
```

- Um **construtor** é uma função membro especial que é invocada quando criamos um objeto. É utilizado para inicializar os atributos de um objeto. Os argumentos por default deixam o construtor mais flexível e útil.
- O processo de criar um objeto é chamado *instanciação* (criação de instância).
- Um **destrutor** é uma função membro especial que é chamada automaticamente sempre que um objeto da classe é destruído.

```
destrutor Complexo ()
Início
...
fim_destrutor
```

EXERCÍCIOS

16.1 Consideremos uma pilha como um tipo abstrato de dados. Tratamos de definir uma classe que implementa uma pilha de 100 caracteres por meio de um array. As funções membro da classe devem ser:

`colocar, retirar, pilhavazia e pilhacheia.`

16.2 Reescreva a classe pilha que utilize uma lista ligada em lugar de um array (sugestão: utilizar outra classe para representar os modos da lista).

16.3 Crie uma classe chamada hora que tenha membros dado separados de tipo `int` para horas, minutos e segundos. Um construtor iniciará este dado em 0 e outro o iniciará em valores fixos. Uma função membro deverá visualizar a hora em formato 11:59:59. Outra função membro irá somar dois objetos de tipo hora passados como argumentos. Uma função principal `maim()` cria dois objetos inicializados e um que não está inicializado. Some os dois valores inicializados e deixe o resultado no objeto não inicializado. Por último, visualize o valor resultante.

16.4 Crie uma classe chamada empregado que contenha como membro dado o nome e o número de empregado e como funções membro `Lerdados()` e `verdados()` que leiam os dados do teclado e os visualize na tela, respectivamente.
Escreva um programa que utilize a classe, criando um array de tipo empregado e logo preenchendo-o com dados correspondentes a 50 empregados. Uma vez preenchido o array, visualize os dados de todos os empregados.

16.5 Efetue um programa que calcule a distância média correspondente a 100 distâncias entre cidades dadas, cada uma delas em quilômetros e metros.

16.6 Desejamos efetuar uma classe `vetor3d` que permita manipular vetores de três componentes (coordenadas x, y, z) de acordo as seguintes normas:
- Somente possui uma função construtora e é em linha.
- Tem uma função membro `igual` que permite saber se dois vetores têm seus componentes ou coordenadas iguais (a declaração de `igual` será realizada utilizando: *a*) transmissão por valor; *b*) transmissão por endereço; *c*) transmissão por referência).

16.7 Inclua na classe `vetor3d` do exercício anterior uma função membro denominada `normamax`, que permita obter a norma maior de dois vetores. (Nota: A norma de um vetor $v = x, y, z$ é $x^2 + y^2 + z^2$ ou $x*x + y*y + z*z$.)

16.8 Projete uma classe `vetor3d` que permita manipular vetores de três componentes (de tipo `real`), que contenha uma função construtor com valores por default (0) e as funções membro `soma` (soma de dois vetores), `produto escalar` (produto escalar de dois vetores: $v1 = x1, y1, z1$; $v2 = x2, y2, z2$; $v1*v2 = x1*x2 + y1*y2 + z1*z2$).

16.9 Efetue uma classe `Complexo` que permita o gerenciamento de números complexos (um número complexo = dois números reais `double`: uma parte real + uma parte imaginária). As operações a ser implementadas são as seguintes:

- Uma função `estabelecer()` permite inicializar um objeto de tipo `Complexo` de dois componentes `double`.
- Uma função `imprimir()` efetua a visualização formatada de um `Complexo`.
- Duas funções `agregar()` (sobrecarregadas) permitem acrescentar, respectivamente, um `Complexo` a outro e acrescentar dois componentes `double` a um `Complexo`.

16.10 Escreva uma classe `Conjunto` que gerencie um conjunto de inteiros (`int`) com ajuda de uma tabela de tamanho fixo (um *conjunto* contém uma lista não ordenada de elementos e caracteriza-se pelo fato de que cada elemento é único: o mesmo valor não deve ser encontrado duas vezes na tabela). As operações a ser implementadas são as seguintes:

- A função `vazia()` esvazia o conjunto.
- A função `agregar()` soma um inteiro ao conjunto.
- A função `eliminar()` retira um inteiro do conjunto.

- A função `copiar()` copia um conjunto em outro.
- A função `é_membro()` reenvia um valor booleano (lógico, que indica se o conjunto contém um elemento, um inteiro).
- A função `é_igual()` reenvia um valor booleano que indica se o conjunto é igual a outro.
- A função `imprimir()` efetua a visualização formatada do conjunto.

16.11 Criar uma classe `lista` que realize as seguintes tarefas:

- Uma lista simples que contenha zero ou mais elementos de algum tipo específico.
- Criar uma lista vazia.
- Somar elementos à lista.
- Determinar se a lista está vazia.
- Determinar se a lista está cheia.
- Acessar cada elemento da lista e efetuar alguma ação sobre ela.

16.12 Um número complexo tem duas partes: uma parte real e uma parte imaginária; por exemplo, em $(4,5 + 3,0i)$, 4,5 é a parte real e 3,0 é a parte imaginária. Suponhamos que $a = (A, Bi)$ e $c = (C, Di)$. Desejamos projetar uma classe `Complexo` que realize as seguintes operações:

- Soma: `a + c = (A+ , (B + D)i)`.
- Subtração: `a − c = (A − C, B − D)i)`.
- Multiplicação: `a * c = (A * C − B * D, (A * D + B * C)i)`.
- Multiplicação: `x * c = (x * C, x * Di)`, onde `x` é real.
- Conjugado: `~a = (A ;−Bi)`.

16.13 Implemente a classe `Hora`. Cada objeto dessa classe representa uma hora específica do dia, armazenando as horas, os minutos e segundos como inteiros. Temos de incluir um construtor, funções de acesso, uma função `adiantar(int h, int m, int s)` para adiantar a hora atual de um objeto existente, uma função `reiniciar(int h, int m, int s)` que reinicializa a hora atual de um objeto existente e uma função `imprimir()`.

16.14 Implemente uma classe `Random` (aleatória) para gerar números pseudoaleatórios.

16.15 Implemente uma classe `Data` com membros dado para o mês, dia e ano. Cada objeto dessa classe representa uma data, que armazena o dia, mês e ano como inteiros. Devemos incluir um construtor por default, um construtor de cópia, funções de acesso, uma função `reiniciar (int d, int m, int a)` para reiniciar a data de um objeto existente, um função `adiantar (int d, int m, int a)` para avançar a uma data existente (dia d, mês m, e ano a) e uma função `imprimir()`. Utilizar uma função de utilidade `normalizar()` que assegure que os membros dado estão na gama correta $1 \leq$ ano, $1 \leq$ mês ≤ 12, dia $\leq$ dias (Mês), aonde `dias(Mês)` é outra função que devolve o número de dias de cada mês.

16.16 Amplie o programa anterior de maneira que possa aceitar anos bissextos. **Nota**: um ano é bissexto se é divisível por 400, ou se é divisível por 4 mas não por 100. Por exemplo, 1992 e 2000 são anos bissextos ao passo que 1997 e 1900 não são bissextos.

LEITURAS RECOMENDADAS

BOOCH, G. *Object-oriented analysis and design with applications.* Reedwood City, Califórnia: Benjamin-Cummings, 1994.
RUMBAUGH, J. et al. *Object-oriented modeling and design.* Englewood Cliffs, Nova Jersey: Prentice-Hall, 1991.
WIRFS-BROCK, R. et al. *Designing object-oriented software.* Englewood Cliffs, NJ: Prentice-Hall, 1990.
JOYANES, Luis. *Programación orientada a objetos.* 2. ed. Madri: McGraw-Hill, 1998.

17
RELAÇÕES: Associação, Generalização e Herança

SUMÁRIO

17.1 Relações entre classes
17.2 Associações
17.3 Agregações
17.4 Hierarquia de classes: generalização e especialização (relação é-um)
17.5 Herança: classes derivadas
17.6 Tipos de herança
17.7 Herança múltipla
17.8 Ligação
17.9 Polimorfismo
17.10 Ligação dinâmica e ligação estática
REVISÃO DO CAPÍTULO
    Conceitos-chave
    Resumo
EXERCÍCIOS

Neste capítulo serão introduzidos os conceitos fundamentais de relações entre classes. As relações mais importantes suportadas pela maioria das metodologias de orientação a objetos e particularmente UML são: associação, agregação e generalização/especialização. Serão descritas essas relações, assim como as notações gráficas correspondentes em UML.

De maneira especial, introduziremos o conceito de herança como componente direto da relação de generalização/especialização e mostraremos como criar *classes derivadas*. A herança torna possível criar hierarquias de classes relacionadas e reduz a quantidade de código redundante em componentes de classes. O suporte à herança é uma das propriedades que diferencia as linguagens *orientadas a objetos* das linguagens *baseadas em objetos* e *linguagens estruturadas*.

A *herança* é a propriedade que permite definir novas classes usando como base a classe já existente. A nova classe (*classe derivada*) herda os atributos e comportamento que são específicos dela. A herança é uma ferramenta poderosa que proporciona um referencial adequado para produzir softwares confiáveis, compreensíveis, de custo baixo, adaptáveis e regraváveis.

17.1 RELAÇÕES ENTRE CLASSES

Uma relação é uma conexão semântica entre classes. Permite que uma classe conheça os atributos, as operações e relações de outras classes. As relações que podem ser estabelecidas entre classes são: *associações, agregações, dependências, generalizações* e *especificações*.

17.2 ASSOCIAÇÕES

Uma **associação** é uma conexão conceitual ou semântica entre classes. Quando uma associação conecta duas classes, cada classe envia mensagens à outra em um diagrama de colaboração. *Uma associação é uma abstração das ligações que existem entre instâncias de objeto.* Os diagramas seguintes mostram objetos ligados a outros objetos e suas classes correspondentes associadas. As associações são representadas como as ligações. A diferença entre uma ligação e uma associação é determinada de acordo com o contexto do diagrama.

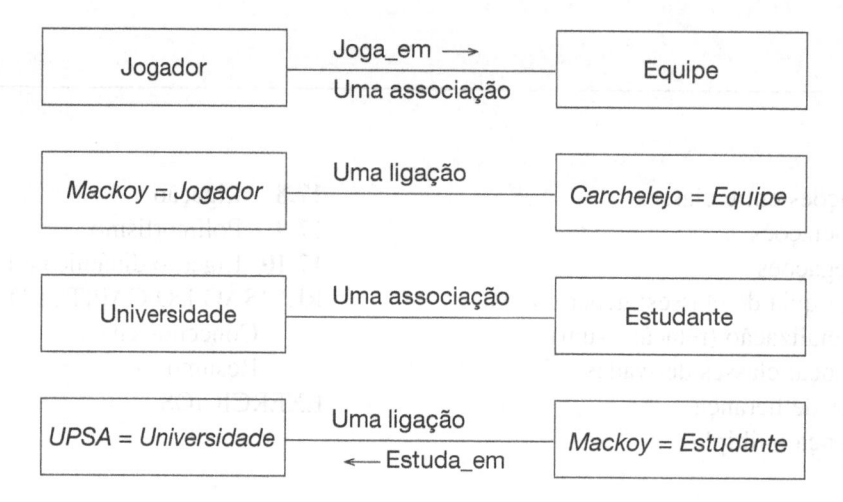

Figura 17.1 Associação entre classes.

As associações podem ser bidirecionais ou unidirecionais. Em UML, as associações bidirecionais são projetadas com setas em ambos os sentidos e as associações unidirecionais contêm uma indicação da direção de navegação. Nas associações podem ser representados os papéis de cada classe. A Figura 17.2 mostra como são representados esses papéis.

O diagrama acima mostra, ainda, que um nome da lista pode ser especificado em qualquer lado da associação. Um dos exemplos ilustra a associação entre a classe `Universidade` e a classe `Pessoa`. O diagrama especifica também que algumas pessoas atuam como `estudantes` e outras como `professores`. A segunda associação leva um nome de papel na classe `Universidade` para indicar que a universidade atua como um empresário (empregador) para seus professores. Os nomes dos papéis são especificamente interessantes quando várias associações conectam duas classes idênticas.

Figura 17.2 Papéis em classes.

17.2.1 Multiplicidade

A multiplicidade representa a quantidade de objetos de uma classe que estão relacionados com um objeto da classe associada. A informação de multiplicidade aparece no diagrama de classes a seguir do papel correspondente. A Tabela 17.1 resume os valores mais típicos de multiplicidade.

Tabela 17.1 Multiplicidade em associações

Símbolo	Significado
1	Um e só um
0 .. 1	Zero ou um
m .. n	De m a n (inteiros naturais)
*	De zero a muitos (qualquer inteiro positivo)
0 .. *	De zero a muitos (qualquer inteiro positivo)
1 .. *	De um a muitos (qualquer inteiro positivo)

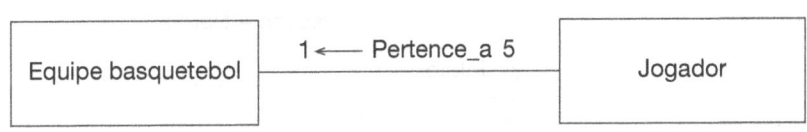

Figura 17.3 A multiplicidade representa o número de objetos de uma classe que podem estar relacionados com um objeto da classe associada.

Exemplo 17.1

Relação de associação entre Universidade e a classe Pessoa. A classe Pessoa pode ser Estudante e Professor. Um estudante normalmente está matriculado em uma universidade e um professor pode dar aula em uma ou mais universidades.

As associações podem ser mais complexas que a conexão de classes individuais entre si. Podem estar conectadas várias classes de uma só vez.

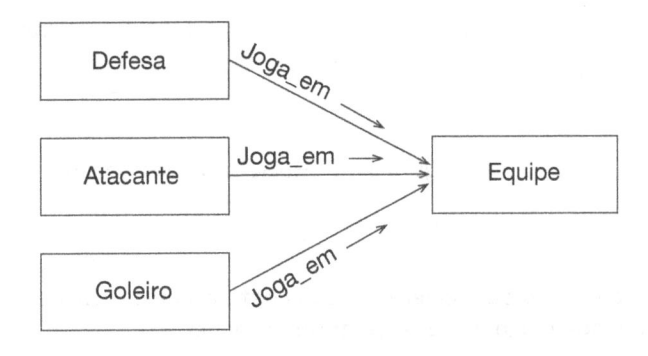

Figura 17.4 Associação de várias classes a uma classe.

Restrições

Em algumas ocasiões, as associações podem estabelecer uma restrição entre as classes. As restrições típicas podem ser (ordenados) {or}

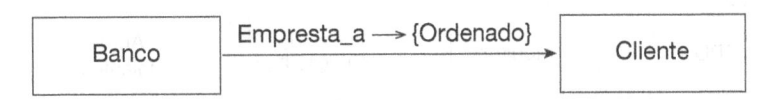

Figura 17.5 Restrições.

Associação qualificada

Quando a multiplicação de uma associação é de um-para-muitos, podemos reduzir essa multiplicação de um-para-um com uma qualificação. O símbolo que representa a qualificação é um pequeno retângulo adjunto à classe correspondente.

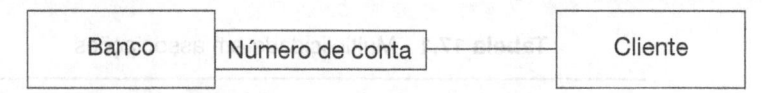

Figura 17.6 Associação qualificada.

17.2.2 Associações reflexivas

Às vezes, uma classe é uma associação consigo mesma. Tal situação pode aparecer quando uma classe tem objetos que podem desempenhar diferentes papéis.

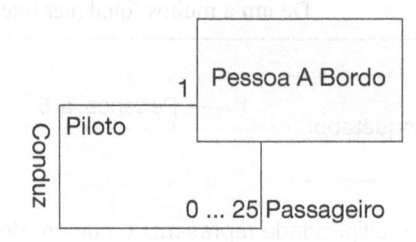

Figura 17.7 Associação reflexiva.

17.3 AGREGAÇÕES

Uma **agregação** é um tipo especial de associação que expressa um acoplamento mais forte entre classes. Uma das classes desempenha um papel importante dentro da relação com as outras classes. A agregação permite a representação de relações, tais como "mestre e escravo", "todo e parte de" ou "composto e componentes". Os componentes e a classe que constituem são uma associação que configura um todo.

As agregações representam conexões bidirecionais e assimétricas. O conceito de agregação, de um ponto de vista matemático, é uma relação que é transitória, assimétrica e pode ser reflexiva.

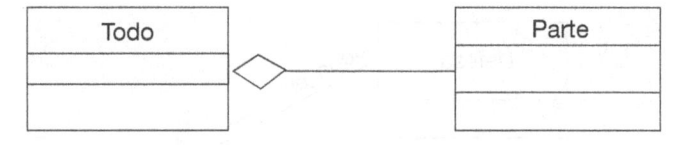

Figura 17.8 Relação de agregação.

Exemplo 17.2

Um computador é um conjunto de elementos que consta de uma unidade central, teclado, mouse, monitor, unidade de CD-ROM, modem, mouse, alto falantes, scanner etc.

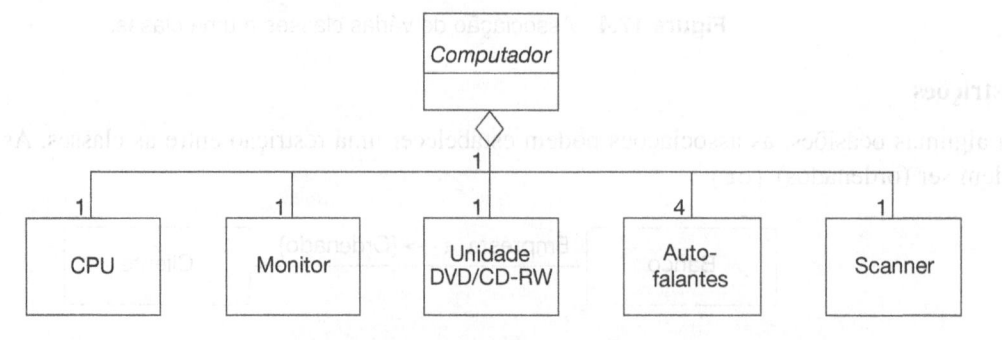

Figura 17.9 Agregação *Computador*.

Restrições nas agregações

Algumas vezes, o conjunto de componentes possíveis em uma agregação é estabelecido dentro de uma relação **O**. Assim, por exemplo, o menu do dia de um restaurante pode constar de: um primeiro prato (a escolher entre dois pratos), um segundo prato e uma sobremesa (a escolher entre duas). O modelo desse tipo é efetuado com a palavra reservada **O** entre chaves em uma linha descontínua que conecta as duas linhas que configuram o todo.

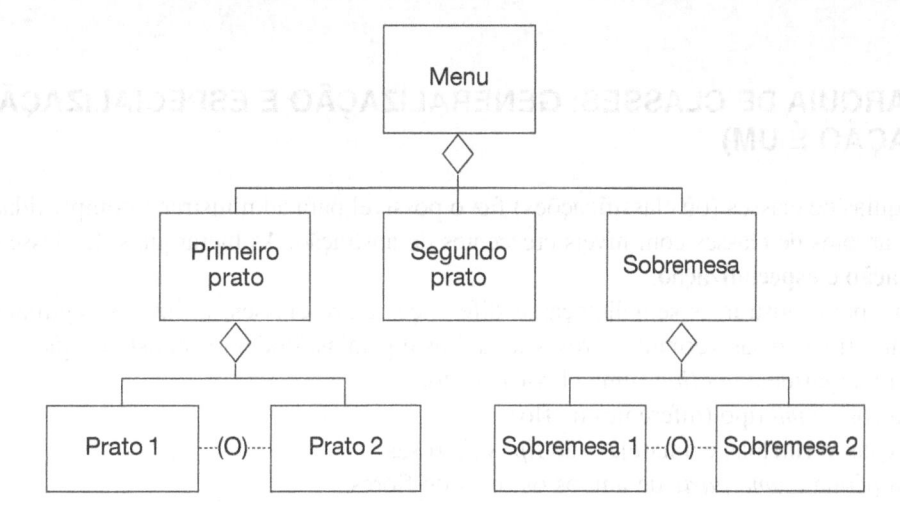

Figura 17.10 Restrições nas agregações.

17.3.1 Composição

Uma **composição** é um tipo especial de agregação. Cada componente dentro de uma composição pode pertencer somente a um todo. O símbolo de uma composição é o mesmo que o de uma agregação, a não ser que o losango esteja preenchido.

Exemplo

Uma mesa para jogar pôquer é uma composição que consta da superfície da mesa e quatro pés.

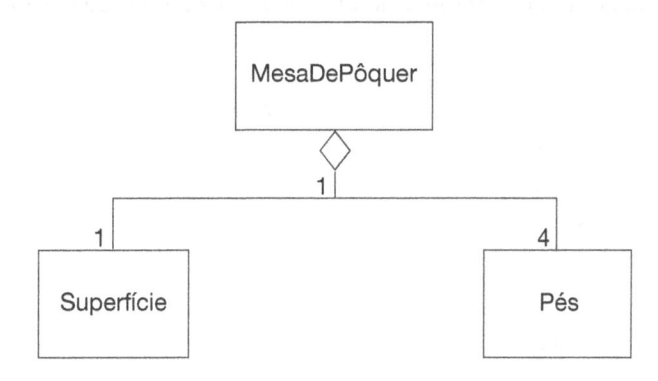

Figura 17.11 Composição.

Exemplo

Um carro tem um motor que não pode fazer parte de outro carro. A eliminação completa do carro supõe a eliminação de seu motor.

> **Notas**
>
> - Cada objeto é uma instância de uma classe.
> - Algumas classes — abstratas — não podem *instanciar* diretamente.
> - Cada ligação é uma instância de uma associação.

17.4 HIERARQUIA DE CLASSES: GENERALIZAÇÃO E ESPECIALIZAÇÃO (RELAÇÃO É-UM)

As hierarquias de classes (ou classificações) faz o possível para administrar a complexidade ordenando objetos dentro de árvores de classes com níveis crescentes de abstração. As hierarquias de classe mais conhecidas são: **generalização** e **especialização**.

Booch[1], para mostrar as semelhanças e diferenças entre classes, utiliza as seguintes classes de objetos: flores, margaridas, rosas vermelhas, rosas amarelas e pétalas. Podemos constatar que:

- Uma margarida *é um tipo* (uma classe) de flor.
- Uma rosa *é um* tipo (diferente) de flor.
- As rosas vermelhas e amarelas são *tipos de* rosas.
- Uma pétala *é uma parte* de ambos os tipos de flores.

Como Booch afirma, as classes e os objetos não podem existir isolados e, conseqüentemente, existirão entre eles relações. As relações entre classes podem indicar alguma forma de compartilhamento, assim como algum tipo de conexão semântica. Por exemplo, as margaridas e as rosas são ambas tipos de flores, significando que ambas têm pétalas coloridas brilhantes, fragrância etc. A conexão semântica se materializa no fato de que as rosas vermelhas, as margaridas e as rosas estão mais estreitamente relacionadas entre si do que estão as pétalas e as flores.

As classes podem ser organizadas em estruturas hierárquicas. A *herança* é uma relação entre classes na qual uma classe compartilha a estrutura ou o comportamento, definida em uma (*herança simples*) ou mais classes (*herança múltipla*). Denominamos *superclasse* à classe da qual outras classes herdam. De maneira semelhante, uma classe que herda de uma ou mais classes é denominada *subclasse*. Uma subclasse herdará atributos de uma superclasse mais elevada na árvore hierárquica. A herança, conseqüentemente, define um "tipo" de hierarquia entre classes, no qual uma subclasse herda de uma ou mais superclasses.

A Figura 17.12. ilustra uma hierarquia de classes `Animal` com duas subclasses que herdam de `Animal`, ou seja, `Mamíferos` e `Répteis`.

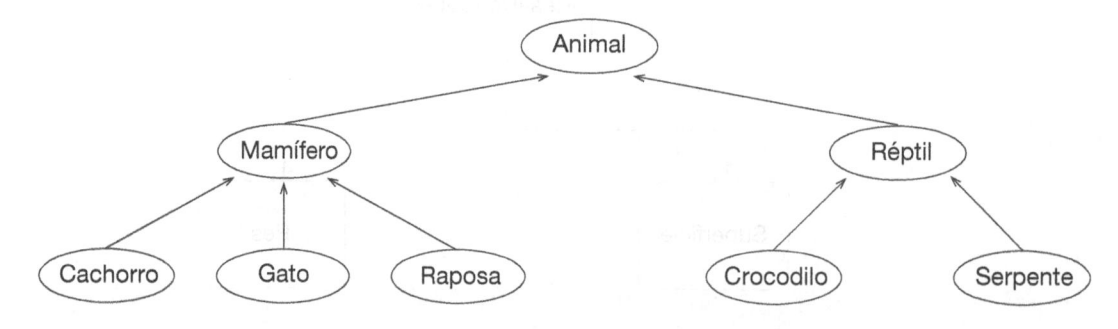

Figura 17.12 Associação entre classes.

---

[1] BOOCH, Grady. *Object-oriented design with applications*. Benjamin/Cummings, 1991, p. 96-100.

Herança é a propriedade pela qual instâncias de uma classe filha (ou subclasse) podem acessar tanto dados como comportamentos (métodos) associados a uma classe pai (ou superclasse). A herança sempre é transitória, de modo que uma classe pode herdar características de superclasses de nível superior, por exemplo, se a classe `cachorro` é uma subclasse das classes `mamífero` e de `animal`.

Uma vez que uma hierarquia se tenha estabelecido, é fácil estendê-la. Para descrever um novo conceito não é necessário descrever todos os seus atributos. Basta descrever suas diferenças partindo de um conceito de uma hierarquia existente. A herança significa que o comportamento e os dados associados às classes filha são sempre uma extensão (isto é, conjunto estritamente maior) das propriedades associadas às classes pai. Uma subclasse deve ter todas as propriedades da classe pai e outras. O processo de definir os novos tipos e reutilizar códigos anteriormente desenvolvidos nas definições da classe base é denominado *programação por herança*. As classes que herdam propriedades de uma classe base podem, por sua vez, servir como classes base de outras classes. Essa hierarquia de tipos, em geral, assume a estrutura de árvore, conhecida como *hierarquia de classes* ou *de tipos*.

A hierarquia de classes é um mecanismo muito eficiente, já que podem ser utilizadas definições de variáveis e métodos em mais de uma subclasse sem duplicar suas definições. Por exemplo, consideremos um sistema que representa várias classes de veículos. Esse sistema conterá uma classe genérica de veículos, com subclasses para todos os tipos especializados. A chave `veículo` irá conter os métodos e variáveis que forem próprios de todos os veículos, ou seja, o número de matrícula, número de passageiros, capacidade do tanque de combustível. A subclasse, por sua vez, irá conter métodos e variáveis adicionais que serão específicos para casos individuais.

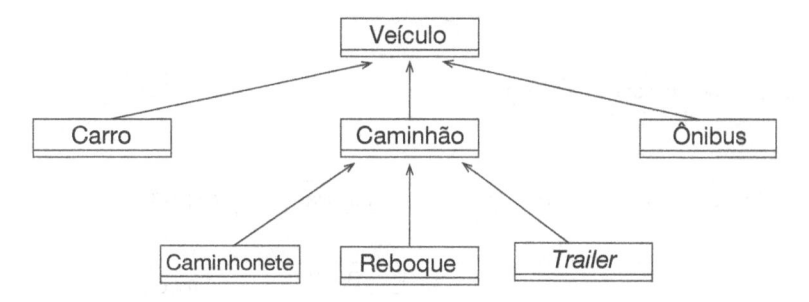

Figura 17.13 Subclasses da classe `Veículo`.

A flexibilidade e a eficiência da herança não são gratuitas, empregamos tempo em buscar uma hierarquia de classes para encontrar um método ou variável, de modo que um programa orientado a objetos pode correr mais lentamente que seu correspondente convencional. Entretanto, os projetistas de linguagens têm desenvolvido técnicas para eliminar essa penalização em velocidade na maioria dos casos, o que permite às classes unir-se diretamente com seus métodos e variáveis herdados, para que não seja necessária nenhuma busca.

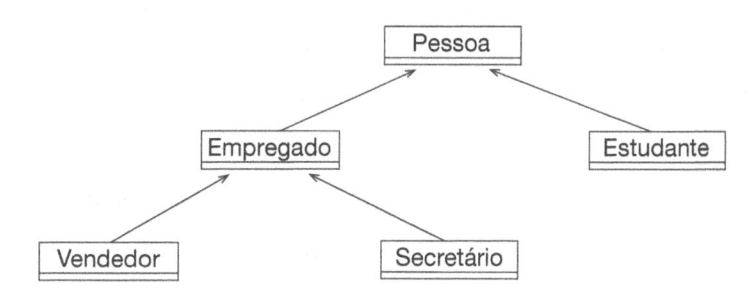

Figura 17.14 Uma hierarquia `Pessoa`.

17.4.1 Hierarquia de generalização/especialização

As classes com propriedades comuns são organizadas em superclasses. Uma **superclasse** representa uma *generalização* das subclasses. Igualmente, uma subclasse de uma classe dada representa uma *especialização* da classe superior (Figura 17.15). A classe derivada *é-um* tipo de classe da classe base ou superclasse.

Uma superclasse representa uma *generalização* das subclasses. Uma subclasse da classe dada representa uma *especialização* da classe ascendente (Figura 17.16).

Na *modelação* ou *modelo* orientado a objetos, é útil introduzir classes em um certo nível que pode não existir na realidade, mas que são construções conceituais úteis. Essas classes são conhecidas como **classes abstratas** e sua propriedade fundamental é que não podemos criar instâncias delas. Exemplos de classes abstratas são `VEÍCULO DE PASSAGEIROS` e `VEÍCULO DE MERCADORIAS`. Por sua vez, das subclasses dessas classes abstratas, que correspondem aos objetos do mundo real, podem ser criadas instâncias diretamente por si mesmas. Por exemplo, de `BMW` podemos obter, por exemplo, duas instâncias, `Carro1` e `Carro2`.

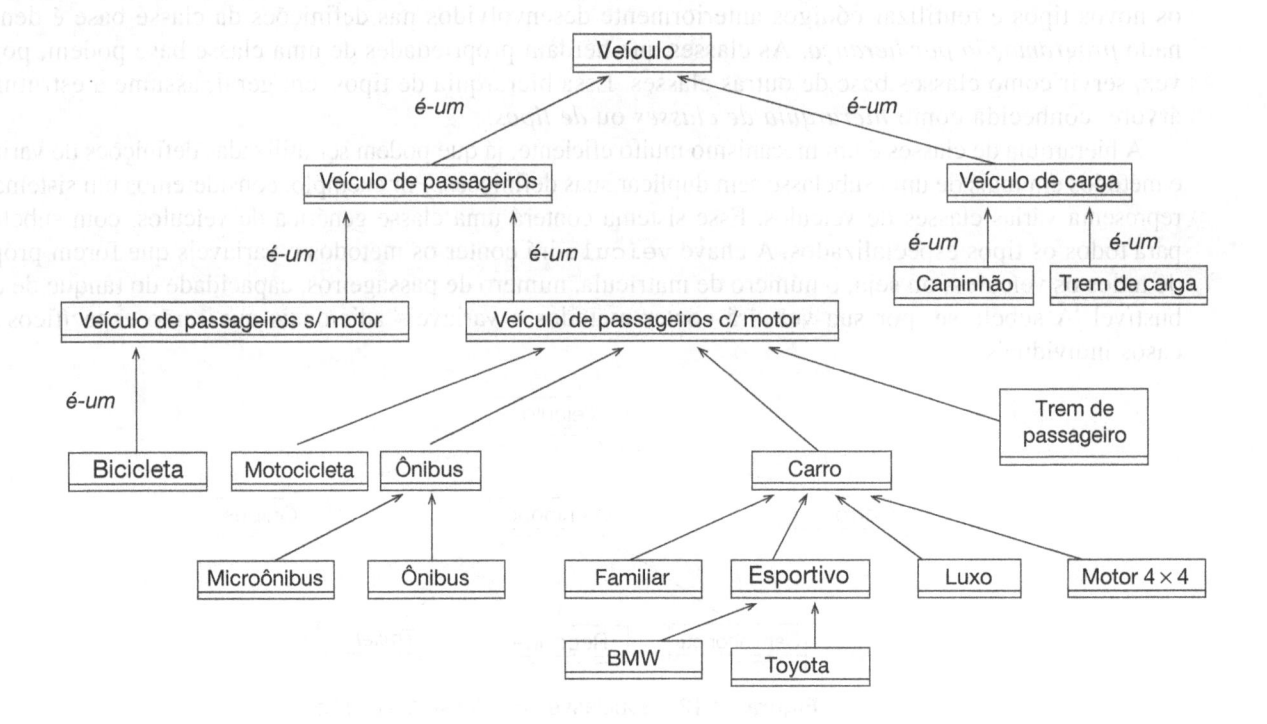

Figura 17.15 Relação de *generalização*.

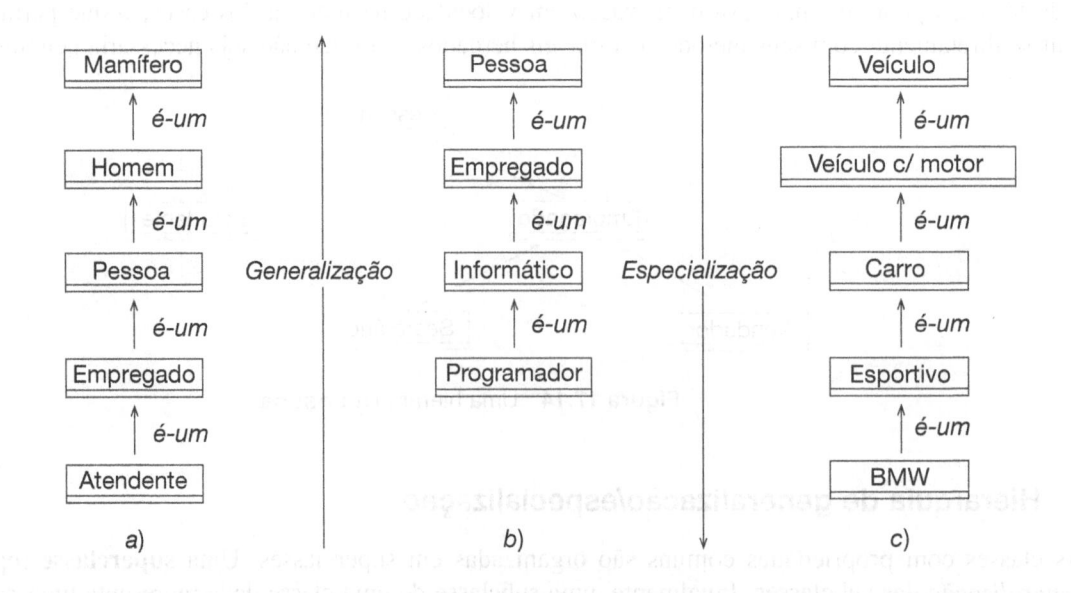

Figura 17.16 Relações de hierarquia *é-um* (*is-a*): *a)*, *c)* generalização; *b)* especialização.

A generalização é uma abstração em que um conjunto de objetos de propriedades similares é representado por meio de um objeto genérico. O método comum para construir relações entre classes é definir generalizações buscando propriedades e funções de um grupo de tipos de objetos similares, que se agrupam para formar um novo tipo genérico. Consideremos o caso de empregados de uma companhia que podem ter propriedades comuns (nome, número de empregado, endereço etc.), e funções comuns (calcular,_folhadepagamento), ainda que esses empregados possam ser muito diferentes com relação a seu trabalho: atendentes, gerentes, programadores, engenheiros etc. Nesse caso, o normal será criar um objeto genérico ou superclasses empregados, que definirá uma classe de empregados individuais. Por exemplo, analistas, programadores e operadores podem ser generalizados na classe informático. Um programador determinado (Mortimer) será membro das classes programador, informático e empregado; entretanto, os atributos significativos desse programador irão variar de uma classe a outra.

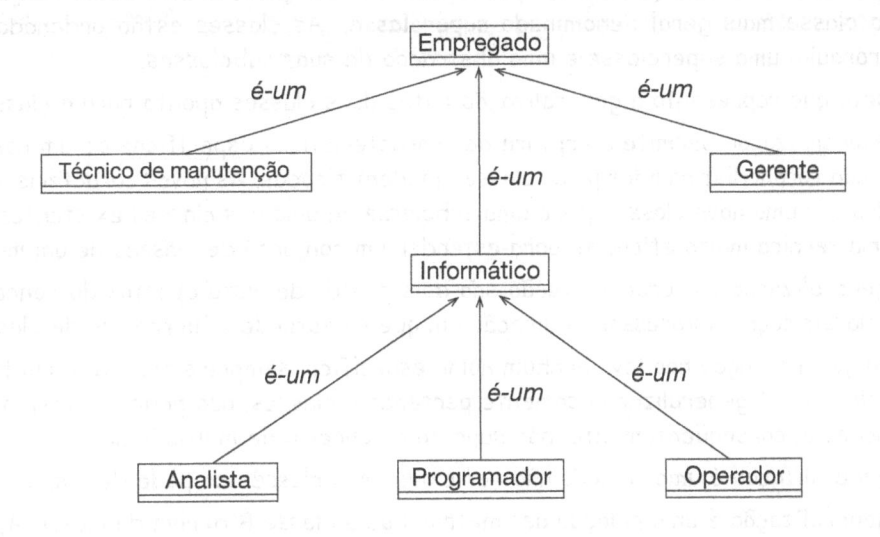

Figura 17.17 Uma hierarquia de generalização de empregados.

A hierarquia de generalização/especialização tem duas características fundamentais e notáveis. Primeira, um tipo objeto não descende mais de que um tipo objeto genérico; segunda, os descendentes imediatos de qualquer nó não necessitam ser objetos de classes exclusivas mutuamente. Por exemplo, os gerentes e os informáticos não têm motivo de serem exclusivos mutuamente, mas podem ser tratados como dois objetos distintos; é o tipo de relação que é denominada *generalização múltipla*.

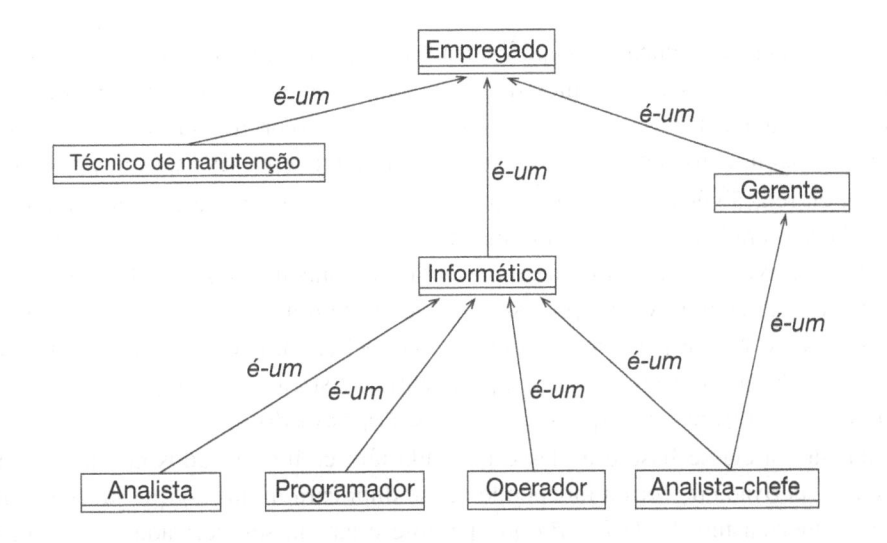

Figura 17.18 Uma hierarquia de generalização múltipla.

> UML define a generalização como herança. Na realidade, generalização é o conceito, e herança considera-se a implementação do conceito em uma linguagem de programação.

Síntese de generalização/especialização [Muller 97]

1. A generalização é uma relação de herança entre dois elementos de um modelo tal como classes. Permite a uma classe herdar atributos e operações de outra classe. Na realidade, é a fatorização de elementos comuns (atributos operacionais e restrições) dentro de um conjunto de classes em uma classe mais geral denominada **superclasse**. As classes estão ordenadas dentro de uma hierarquia: uma superclasse é uma abstração de suas subclasses.
2. A seta que representa a generalização entre duas classes aponta para a classe mais geral.
3. A especialização permite a captura das características específicas de um conjunto de objetos que não foram distinguidos pelas classes já identificadas. As novas características são representadas por uma nova classe, que é uma subclasse de uma das classes existentes. A especialização é uma técnica muito eficiente para estender um conjunto de classes de um modo coerente.
4. A generalização e a especialização são dois pontos de vista opostos do conceito de hierarquia de classificação; expressam a direção em que se estende a hierarquia de classes.
5. Uma generalização não leva nenhum nome específico; sempre significa "é um tipo de", "é um", "é um de" etc. A generalização somente pertence a classes, não pode ser instanciada por meio de ligações e, conseqüentemente, não suporta o conceito de multiplicidade.
6. A generalização é uma relação não-reflexiva: uma classe não pode derivar de si mesma.
7. A generalização é uma relação assimétrica: se a classe B deriva da classe A, então a classe A não pode derivar da classe B.
8. A generalização é uma relação transitória: se a classe C deriva da classe B, que, por sua vez, deriva da classe A, então a classe C deriva da classe A.

17.5 HERANÇA: CLASSES DERIVADAS

Como já comentamos, a herança é a manifestação mais clara da relação de generalização/especialização e é uma das propriedades mais importantes da orientação a objetos e, possivelmente, sua característica mais conhecida e de destaque. Todas as linguagens de programação orientadas a objetos suportam diretamente em sua própria linguagem construções que implementam de maneira direta a relação entre classes derivadas.

A *herança* ou relação *é-um* é a relação que existe entre duas classes, na qual uma classe denominada *derivada* é criada de outra já existente, denominada *classe base*. Esse conceito nasce da necessidade de construir uma nova classe e existe uma classe que representa um conceito mais geral; nesse caso, a nova classe pode *herdar* da classe já existente. Assim, por exemplo, se existe uma classe Figura e desejamos criar uma classe Triângulo, a classe Triângulo pode ser derivada de Figura, já que terá em comum um estado e um comportamento, mesmo que logo terá suas próprias características. Triângulo *é-um* tipo de Figura. Outro exemplo pode ser Programador que *é-um* tipo de Empregado.

Evidentemente, a classe base e a classe derivada têm código e dados comuns, de maneira que, quando criamos a classe derivada de forma independente, se duplicará muito do que já foi escrito para a classe base. C++ suporta o mecanismo de *derivação* que permite criar classes derivadas, de maneira que a nova classe *herda* todos os membros dados e as funções membro que pertencem à classe já existente.

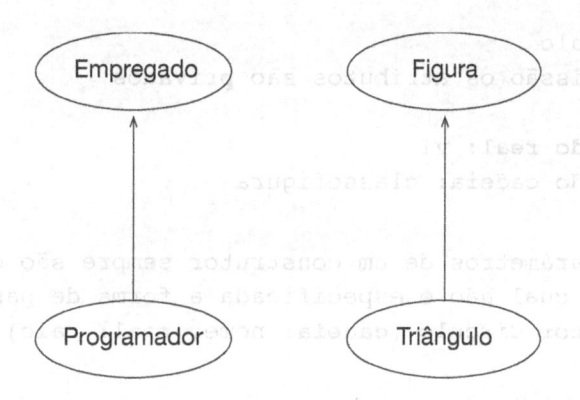

Figura 17.19 Classes derivadas.

A declaração de derivação de classes deve incluir o nome da classe base da qual são derivadas e o especificador de acesso que indica o tipo de herança (*pública*, *privada* e *protegida*). A primeira linha de cada declaração deve incluir o seguinte formato:

```
class nome_classe herda_de tipo_herança nome_classe_base
```

> **Nota**
>
> Geralmente, devemos incluir a palavra reservada `public` na primeira linha da declaração da classe derivada, e representa herança pública. Essa palavra reservada produz que todos os membros que são públicos na classe base permaneçam públicos na classe derivada.

Exemplo 17.3

Declaração das classes Programador e Triângulo.

1. **classe** Programador **herda_de público** Empregado
   // em nosso pseudocódigo quando não especificamos nada
   // interpretamos herança pública, ainda que esta não seja assim
   // em C++

       // novas propriedades
       // sem especificador de acesso caso sejam consideradas privadas
       ...
       // novas operações
       // sem especificador de acesso caso sejam consideradas públicas
       ...
       fim_classe

2. **classe** Triângulo **herda_de protegido** Figura
   {
     // novas propriedades
     ...
     // novas operações
     ...
     fim_classe

3. **classe** Círculo
   // por omissão os atributos são privados
   var
     protegido real: v1
     protegido cadeia: classefigura

     // os parâmetros de um construtor sempre são de entrada
     // pelo qual não é especificada a forma de passagem
     construtor Círculo (**cadeia:** nome, **real:** raio)
     início
       v1 ← raio
       classefigura ← nome
     fim_construtor

     //por omissão os métodos são considerados virtuais e públicos
     real_função Área()
     início
       devolver(3.1416*v1*v1)
     fim_função
   fim_classe

   //o tipo de herança por default é público
   classe Cilindro **herda_de** Círculo
     var
       protegido real: v2
     construtor Cilindro (**cadeia:** nome, **real:** raio, altura)
     início
       super (nome, raio)
       v2 ← altura
     fim_construtor

     real função Área()
     início
       devolver (2*(base.Área()) + 2*PI*v1*v2)
     fim_função
   fim_classe

Dado que a classe derivada herda os membros da classe base ou superclasse, que têm modificadores de acessibilidade, a acessibilidade dos membros herdados na classe derivada será dada pela combinação dos modificadores dos membros na classe base com o tipo de herança, tal como é refletida na Tabela 17.2.

Uma vez criada uma classe derivada, o passo seguinte é acrescentar novos membros necessários para cumprir as necessidades específicas da nova classe.

      / classe derivada / classe base

classe Diretor **herda_de** empregado
   // *novos membros*
   ...
   fim_classe

Tabela 17.2 Tipos de herança considerados no pseudocódigo e acessos permitidos.

Tipo de herança	Acesso a membro classe base	Acesso a membro classe derivada
privado	privado protegido público	inacessível privado privado
protegido	privado protegido público	inacessível protegido protegido
público	público protegido público	público protegido público
(omitido)	público protegido público	público protegido público

Na definição da classe `Diretor` somente são especificados os novos membros (funções e dados). Todas as funções membro e os membros dado da classe `Empregado` são herdados automaticamente pela classe `Diretor`. Por exemplo, a função `calcular_salário` de `Empregado` é aplicada automaticamente aos diretores:

```
Diretor: d
......
d.calcular_salário(325000)
```

Exemplo 17.4

Considere uma classe Círculo e duas classes derivadas dela: Esfera e Cilindro.

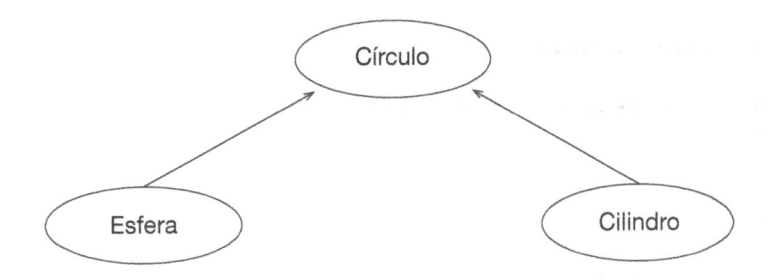

Em C#, quando uma classe não é declarada dentro de outra (ou seja, quando não são classes aninhadas), somente pode ser `public` ou `internal`; em ambos os casos, isso implica que é acessível no montador ou conjunto de módulos no qual tenha sido compilada, ainda que `public`, na realidade, indique que é acessível sempre. Desejando que seja `public`, é necessário que o especifiquemos; quando não colocamos nenhum modificador, a classe é considerada `internal`. Em C# as classes solicitadas no exemplo serão especificadas assim:

```
// se omitíssemos o modificador, a classe seria internal e
// o programa também funcionaria

public class Círculo
```

```csharp
    {
        //em C# os membros de uma classe por default são privados
        public const double PI = System.Math.PI;
        protected double v1;

        //Construtores de Círculo
        public Círculo (double raio)
        {
            v1 = raio;
        }

        public virtual double Área()
        {
            return PI*v1*v1;
        }
    }
    // herda_de se representa por:

    class Esfera: Círculo
    {
        //Construtor de Esfera que invoca o construtor de Círculo
        public Esfera (double raio): base (raio)
        {
        }

        public override double Área ( )
        {
            return 4*PI*v1*v1;
        }
    }

    class Cilindro : Círculo
    {
        protected double v2;
        //Construtor de Cilindro que invoca ao construtor de Círculo
        public Cilindro (double raio, double altura): base (raio)
        {
            v2 = altura;
        }
        public override double Área()
        {
            return 2* (base.Área()) + 2*PI*v1*v2;
        }
    }

    class Teste
    {
        public static void Main()
        {
            double raio, altura;
            raio = 5;
            altura = 10;
            Círculo umCírculo = new Círculo (raio);
            Esfera umaEsfera = new Esfera (raio);
            Círculo umCírculo = new Círculo (raio, altura);
            System.Console.WriteLine ("Áreas");
            System.Console.WriteLine ("Círculo = {0:N}", umCírculo.Área());
            System.Console.WriteLine ("Esfera = {0:N}", umaEsfera.Área());
            System.Console.WriteLine ("Cilindro = {0:N}", umCilindro.Área());
        }
    }
```

17.5.1 Declaração de uma classe derivada

A sintaxe para a declaração de uma classe derivada é:

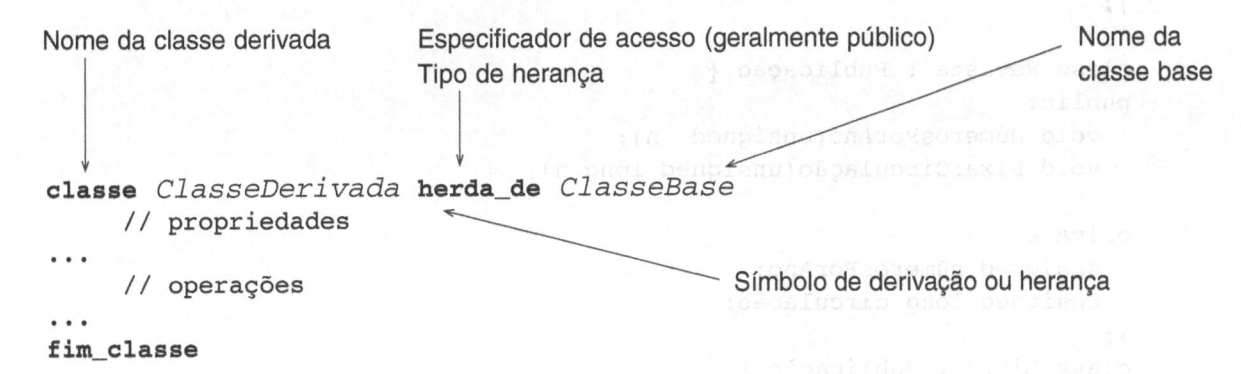

Nome da classe derivada   Especificador de acesso (geralmente público)   Nome da classe base
Tipo de herança

```
classe ClasseDerivada herda_de ClasseBase
    // propriedades
...
    // operações
...
fim_classe
```

Símbolo de derivação ou herança

Especificador de acesso `public` significa que os membros públicos da classe base são membros públicos da classe derivada.

- *Herança pública* é aquela na qual o especificador de acesso é `public` (*público*).
- *Herança privada* é aquela na qual o especificador de acesso é `private` (*privado*).
- *Herança protegida* é aquela na qual o especificador de acesso é `protected` (*protegido*).

O especificador de acesso que declara o tipo de herança é opcional (pública, `privada` ou `protegida`); se omitirmos o especificador de acesso, consideramos, por default, pública. A *classe base* (`Classebase`) é o nome da classe da qual deriva a nova classe. A *lista de membros* consta de dados e funções membro:

```
classe nome_classe herda_de [especificador_acesso] ClasseBase
// membros
fim_classe
```

Exercício 17.1

Representar a hierarquia de classes de publicações que se distribuem em uma biblioteca: revistas, livros etc.

Todas as publicações têm em comum uma editora e uma data de publicação. As revistas têm uma determinada periodicidade, o que implica o número de exemplares que são publicados ao ano e, por exemplo, o número de exemplares que estão colocados em circulação controlados oficialmente. Os livros, pelo contrário, têm um código de ISBN e o nome do autor.

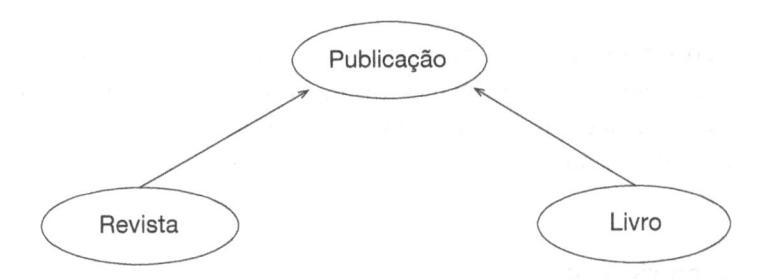

As classes em C++ são especificadas assim:

```
classe Publicação {
public:
  void NomearEditora(const char *S);
  void ColocarData (unsigned long fe);
```

```
        private;
          Dstring editor;
          unsigned long data;
        };
    class Revista : Publicação {
    public:
      void NúmerosPorAno(unsigned  n);
      void FixarCirculação(unsigned long n);

    private:
      unsigned númerosPorAno;
      unsigned long circulação:
    };
    class Livro : Publicação {
    public:
      void ColocarISBN(const char *s);
      void ColocarAutor(const char *s);

    private;
      Dstring ISBN;
      Dstring autor;
    };
```

Assim, no caso de um objeto `Livros`, ele contém membros dado e funções herdados do objeto `Publicação`, como ISBN e nome de autor. Desse modo, serão possíveis as seguintes operações:

```
Livro L;
L.NomeEditora("McGraw-Hill");
L.ColocarData(990606);

B.ColocarISBN("84-481-2015-9");
B.ColocarAutor("Mackoy, José Luis");
```

Por sua vez, as seguintes operações somente podem ser executadas sobre objetos `Revista`:

```
Revista R;
R.NúmerosPorAno(12);
R.FixarCirculação(300000L);
```

Se não existe a possibilidade de utilizar a herança, é necessário fazer uma cópia do código-fonte de uma classe, dar-lhe um novo nome e acrescentar novas operações e/ou membros dado. Esta situação provocaria uma difícil situação de manutenção, já que, sempre que fazemos mudanças na classe original, as correspondentes mudanças terão de ser feitas também em qualquer "classe copiada".

17.5.2 Considerações do projeto

Às vezes é difícil decidir qual é a relação de herança melhor entre as classes no projeto de um programa. Consideremos, por exemplo, o caso dos empregados ou trabalhadores de uma empresa. Há diferentes tipos de classificações segundo o critério de seleção (costuma ser chamado *discriminador*) e podem ser: forma de pagamento (salário fixo, por hora, por comissão); dedicação à empresa (total ou parcial), ou estado de sua relação de trabalho com a empresa (fixo ou temporário).

Uma visão dos empregados com base na forma de pagamento pode dividir os empregados com salário mensal fixo; empregados com pagamento por horas de trabalho; e empregados por comissão pelas vendas realizadas.

```
                    Empregado
                   /    |    \
           Assalariado Por comissão Por horas
```

Uma visão parcial dos empregados com base no estado de dedicação à empresa: dedicação total ou parcial.

```
                Empregado
               /         \
      Dedicação_Total   Dedicação_Parcial
```

Uma visão de empregados com base no estado da relação de trabalho do empregado com a empresa: fixo ou temporário.

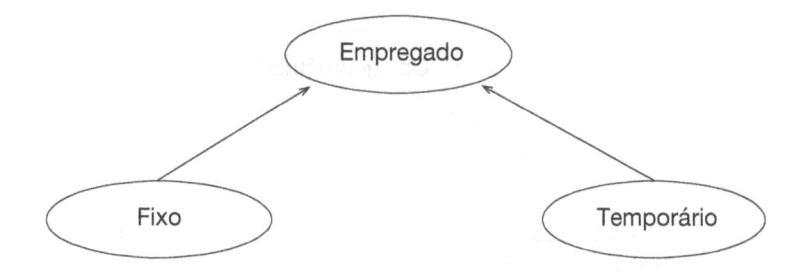

```
           Empregado
          /         \
        Fixo      Temporário
```

Uma dificuldade que costuma ser enfrentada pelo projetista é que, nos casos anteriores, um mesmo empregado pode pertencer a diferentes grupos de trabalhadores. Um empregado com dedicação total pode ser remunerado com um salário mensal. Um empregado com dedicação parcial pode ser remunerado mediante comissões e um empregado fixo pode ser remunerado por horas. Uma pergunta comum é: qual a relação de herança que descreve a maior quantidade de variação nos atributos das classes e operações? Esta relação tem de ser o fundamento do projeto de classes? Evidentemente, a resposta adequada só poderá ser dada quando tenhamos presente a aplicação real a desenvolver.

17.6 TIPOS DE HERANÇA

Em uma classe há sessões públicas, privadas e protegidas. Os elementos públicos são acessíveis a todas as funções, os elementos privados são acessíveis somente aos membros da classe em que estão definidos, e os elementos protegidos podem ser acessados por classes derivadas por causa da propriedade da herança. Em correspondência ao anterior, há três tipos de herança: *pública, privada* e *protegida*. Em geral, o tipo de herança mais utilizado é a herança pública.

Independentemente do tipo de herança, uma classe derivada não pode acessar variáveis e funções privadas de sua classe base. Para ocultar os detalhes da classe base e de classes e funções externas à hierarquia de classes, uma classe base utiliza normalmente elementos protegidos no lugar de elementos privados. Supondo herança pública, os elementos protegidos são acessíveis às funções membro de todas as classes derivadas.

> **Precaução**
>
> Em algumas linguagens, como C#, por default, a herança é privada. Se, acidentalmente, esquecemos a palavra reservada public, os elementos da classe base serão inacessíveis. O tipo de herança é, portanto, uma das primeiras coisas que devemos verificar se um compilador devolve uma mensagem de erro que indique que as variáveis ou funções são inacessíveis.

17.6.1 Herança pública

Em geral, *herança pública* significa que uma classe derivada tem acesso aos elementos públicos e privados de sua classe base. Os elementos públicos são herdados como elementos públicos, os elementos protegidos permanecem protegidos. A herança pública é representada com o especificador public na derivação de classes.

Formato

```
classe ClasseDerivada herda_de pública Classe Base
// membros
...
fim_classe
```

Exercício 17.2 (Código em C++)

Considerando a hierarquia Obj_geométrico, Quadrado e Círculo.

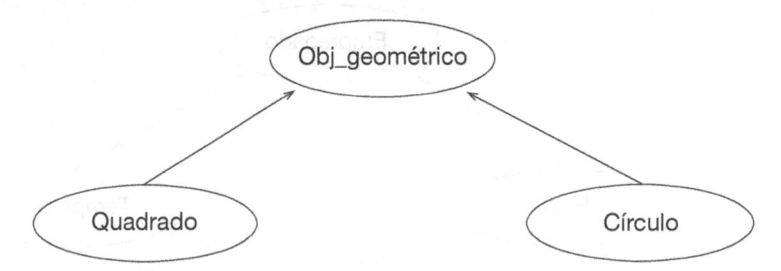

A classe Obj_geom de objetos geométricos é declarada como a seguir:

```
#include <iostream.h>

class obj_geom {
public:
  Obj_geom(float x=0, float y=0) :xC(x), yC(y) {}
  void imprimircentro() const
{
    cout << xC << " " << yC << endl;
  }
protected:
  float xC, yC;
};
```

Um círculo é caracterizado por seu centro e seu raio. Um quadrado pode ser representado também por seu centro e um de seus quatro vértices. Declaremos as duas figuras geométricas como classes derivadas.

```
Const float PI = 3,14159265;
class círuclo : public obj_geom {
```

```
public:
  círculo(float x_C, float y_C, float r) : Obj_geom (x_C, y_C)
  {
    raio = r;
  }
  float área() const {return PI * raio * raio; }
private :
  float raio;
};
class quadrado :public obj_geom {
public :
```

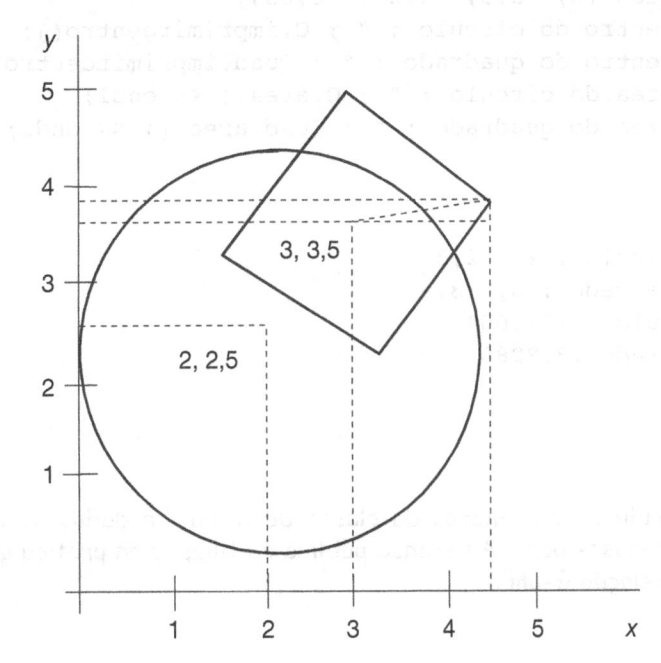

Figura 17.20 Círculo (centro: 2, 2,5), quadrado (centro: 3, 3,5).

```
quadrado(float x_C, float yac, float x, float y)
      : obj_geom(x_C, y_C)
{
  x1 = x;
  y1 = y;
}
float área() const
{
  float a, b
  a = x1 − xC;
  b = y1 − yC;
  return 2 * (a * a + b * b);
}
private:
  float x1, y1;
};
```

Todos os membros públicos da classe base obj_geom são considerados também como membros públicos da classe derivada quadrado. A classe quadrado é derivada publicamente de obj_geom. Podemos escrever

```
quadrado C(3,  3,5,  4,37,  3,85);
C.imprimircentro();
```

Mesmo que `imprimircentro` não suceda diretamente na declaração da classe quadrado, é uma de suas funções membro públicas, já que é um membro público da classe `obj_geom` da qual é derivada publicamente quadrado. Outro ponto observado é o uso de `xC` e `yC` na função membro área da classe quadrado. Estes são membros protegidos da classe base `obj_geom`, tendo-se acesso a eles da classe derivada.

Uma função main que utiliza as classes quadrado e círculo e a saída que é produzida depois de sua execução:

```
int main()
{
  círculo C (2,  2,5,  2);
  quadrado Quad (3,  3,5,  4,37,  3,85);
  cout << "centro do círculo : " ; C.imprimircentro();
  cout << "centro do quadrado : " ; Quad.imprimircentro();
  cout << "Área do círculo : " ; C.área() << endl;
  cout << "Área do quadrado : " ; Quad.área () << endl;
  return 0;
}

Centro do círculo : 2,  2,5
Centro do quadrado : 3,  3,5
Área do círculo : 12,5664
Área do quadrado :3,9988
```

> **Nota**
>
> Com herança pública, os membros da classe derivada, herdados da classe base, têm a mesma proteção que na classe base. A herança pública é utilizada na prática quase sempre, já que molda diretamente a relação **é-um**.

17.6.2 Herança privada

A herança privada significa que uma classe derivada não tem acesso a nenhum de seus elementos da classe base. O formato é:

```
class ClasseDerivada herda_de private ClasseBase
// membros
fim_classe
```

Com herança privada, os membros públicos e protegidos da classe base se voltam para os membros privados da classe derivada. Efetivamente, os usuários da classe derivada não têm acesso às facilidades proporcionadas pela classe base. Os membros privados da classe base são inacessíveis às funções membro da classe derivada.

A herança privada será utilizada com menor freqüência do que a herança pública. Esse tipo de herança oculta a classe base do usuário e, assim, é possível mudar a implementação da classe base ou eliminá-la sem necessitar nenhuma mudança ao usuário da interface.

17.6.3 Herança protegida

Com herança protegida, os membros públicos e protegidos da classe se convertem em membros protegidos da classe derivada, e os membros privados da classe base tornam-se inacessíveis. A herança protegida é apropriada quando as facilidades ou atitudes da classe base são úteis na implementação da classe derivada, mas não são partes da interface que o usuário da classe vê. A herança protegida é, entretanto, menos freqüente que a herança privada.

Tabela 17.3 Tipos de herança e acessos que permitem em C++

Tipos de herança	Acesso a membro classe base	Acesso a membro classe derivada
public	public protected private	public protected *inacessível*
protected	public protected private	protected protected *inacessível*
private	public protected private	private private *inacessível*

A Tabela 17.3 resume os efeitos dos três tipos de herança na acessibilidade dos membros da classe derivada na linguagem C++. A entrada *inacessível* indica que a classe derivada não tem acesso ao membro da classe base.

Em Java existem *pacotes*. Um *pacote* é uma coleção de classes que são compiladas em uma unidade de compilação. Quando, em Java, não colocamos nenhum modificador de acessibilidade às classes aos ou membros, esses são considerados acessíveis dentro do pacote.

Exemplo 17.3

Declarar uma classe base (Base) e três classes derivadas dela, D1, D2 e D3.

```
classeBase {
  public;
    int i1;
  protected;
    int i2;
  private:
    int i3;
};

class D1 : private Base {
  void f();
};
class D2 : protected Base {
  void g();
};
class D3 : public Base {
  void h();
};
```

Nenhuma das subclasses tem acesso ao membro i3 da classe Base. As três classes podem acessar os membros i1 e i2. Na definição da função membro f() ocorre:

```
void D1::f(){
i1 = 0;   // Correto
i2 = 0;   // Correto
i3 = 0;   // Erro
};
```

17.7 HERANÇA MÚLTIPLA

Herança múltipla é um tipo de herança na qual uma classe herda o estado (estrutura) e o comportamento de mais de uma classe base. Em outras palavras, temos a herança múltipla quando uma classe herda mais de uma classe; ou seja, existem múltiplas classes base (*ascendentes* ou *pais*) para a classe derivada (*descendente* ou *filha*).

A herança múltipla traz um conceito mais complicado que a herança simples, não somente com respeito a sintaxes, mas também ao projeto e à implementação do compilador. A herança múltipla também aumenta as operações auxiliares e complementares e produz ambigüidades potenciais. Além disso, o projeto com classes derivadas por derivação múltipla tende a produzir mais classes que o projeto com herança simples. Entretanto, apesar dos inconvenientes e de o tema ser controvertido, a herança múltipla pode simplificar os programas e proporcionar soluções para resolver problemas difíceis. Na Figura 17.21 mostram-se diferentes exemplos de herança múltipla.

> **Nota**
>
> Na herança simples, uma classe derivada herda exatamente de uma classe base (tem somente um pai). Herança múltipla implica múltiplas classes base (uma classe derivada tem vários pais).

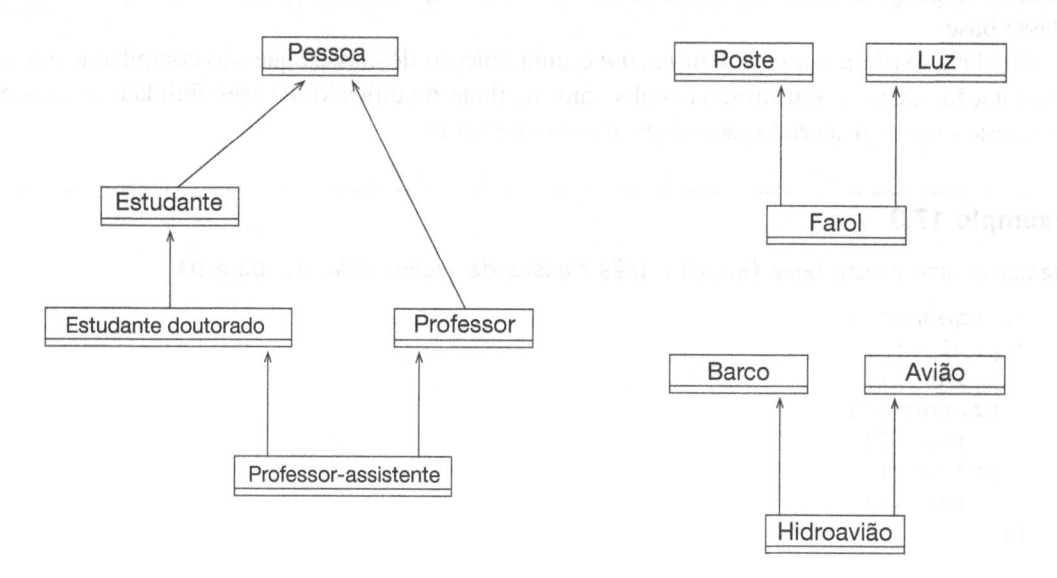

Figura 17.21 Exemplos de herança múltipla.

Na herança simples, o cenário é bastante simples, em termos de conceito e de implementação. Na herança múltipla, os cenários variam, já que as classes base podem proceder de diferentes sistemas e necessitam da hora de implementação de um compilador de uma linguagem que suporte este tipo de herança (C++ ou Eiffel). Por que utilizar herança múltipla? Pensamos que a herança múltipla soma fortaleza aos programas e, se há precaução na base da análise e no posterior projeto, ajuda bastante na resolução de muitos problemas que assumem natureza de herança múltipla.

Também, a herança múltipla sempre pode ser eliminada e convertida em herança simples se a linguagem de implementação não suportar ou considerar que terá dificuldades nas etapas posteriores à implementação real. A sintaxe da herança múltipla é:

```
classe <derivada> herda_de [especificador_acesso] Base1, ...,
    // membros              [especificador_acesso] BaseN
    ...
fim_classe
```

```
privado:
  // sessão privada
  ...
};
```

`CDerivada`	Nome da classe derivada
`Base1, Base2,...`	Classe base com nomes diferentes

Funções ou dados membro que tenham o mesmo nome em `Base1`, `Base2`, `BaseN`... serão motivo de ambigüidade.

Java e C# não têm herança múltipla, mas suas *interfaces* podem obter um efeito similar.

Exemplos

```
classe A herda_de públicoB, públicoC
  //membros
fim_classe
classe D herda_de públicoE, privadoF, públicoG
  //membros
fim_classe
```

A palavra reservada `public`, conforme comentamos anteriormente, define a relação "*é-um*" e cria um subtipo para herança simples. Assim, nos exemplos anteriores, a classe A "*é-um*" tipo de B e "*é-um*" tipo de C. A classe D deriva publicamente de E e G e privadamente de F. Essa derivação faz de D um subtipo de E e G, mas não um subtipo de F.

Exemplo

```
class Derivada herda_de public Base1, Base2 {...};
```

`Derivada` especifica derivação pública de `Base1` e derivação privada (por default ou omissão) de `Base2`.

Nota

Devemos especificar um tipo de acesso em todas as classes base para evitar o acesso privado por omissão. Utilize explicitamente `private` quando o necessitar para usar a legibilidade.

```
Class Derivada : public Base1, private Base2 {...}
```

Exemplo

```
class estudante {
  ...
};
class trabalhador {
  ...
};
class estudante_trabalhador : public estudante, public trabalhador {
  ...
};
```

17.7.1 Características da herança múltipla

A herança múltipla estabelece diferentes problemas, como a *ambigüidade* pelo uso de nomes idênticos em diferentes classes base, e o *domínio* ou *preponderância* de funções ou dados.

Ambigüidades

Ao contrário da herança simples, a herança múltipla tem o problema potencial das ambigüidades.

Exemplo

```
class janela {
private:
   ...
public :
   void dimensionar();        // dimensiona uma janela
   ...
};
class Fonte {
private:
   ...
public:
   void dimensionar();        //dimensiona um tipo fonte
   ...
};
```

Uma classe `Janela` tem uma função `dimensionar()` que muda o tamanho da janela; de maneira similar, uma classe `Fonte` modifica os objetos `Fonte` com `dimensionar()`. Se criamos uma classe *Janela Fonte* (`JFonte`) com herança múltipla, podemos produzir ambigüidade no uso de `dimensionar()`.

```
class JFonte : public Janela, public Fonte {...};
JFonte j;
j.dimensionar();        //produz um erro, qual?
```

A ativação de `dimensionar` é ambígua, já que o compilador não saberá que função `dimensionar` deve ser ativada. Essa ambigüidade é resolvida facilmente com o operador de resolução de escopo (`::`).

```
j.Fonte::dimensionar();/         // ativação de dimensionar() de Fonte
j.Janela::dimensionar();         // ativação de dimensionar de Janela
```

> **Precaução**
>
> Não é errado definir um objeto derivado com multiplicidade com ambigüidades. Estas são consideradas ambigüidades potenciais e somente produzem erros em tempo de compilação quando são ativadas de maneira ambígua.

> **Nota**
>
> Uma melhor solução do que a citada anteriormente é resolver a ambigüidade nas próprias definições da função dimensionar().
>
> ```
> class JFonte : public Janela, public Fonte {
>    ...
>    void j_dimensionar() { Janela::dimensionar();}
>    void f_dimensionar() { Fonte::dimensionar();}
> };
> ```

Exemplo 17.5

```
class trabalhador {
public :
   const int não_ss;
   const char* nome;
   ...
};

class estudante {
public:
   const char* nome;
   ...
};
class estudante_trabalhador : public estudante, public trabalhador {
public:
   void imprimir() {cout << "número é" << não_ss << endl;
   cout << nome; ...}// erro
   ...
};
```

Para evitar erro na invocação do nome, devemos fazer uso do operador de resolução de escopo.

```
Estudante::nome
Trabalhador::nome
```

Exemplo 17.6

Projetar e implementar uma hierarquia de classes que represente as relações entre as seguintes classes: estudante, empregado, empregado assalariado e um estudante de doutorado que é, por sua vez, professor de práticas de laboratório.

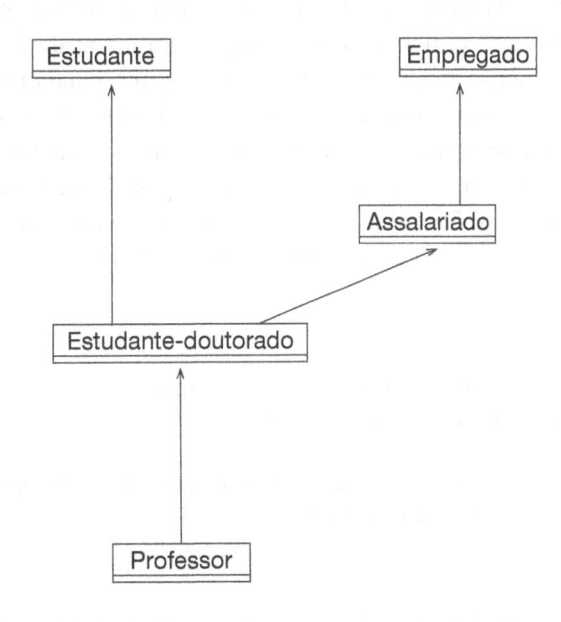

Nota: Deixamos a resolução como exercício para o leitor.

17.8 LIGAÇÃO

Ligação representa geralmente uma conexão entre uma entidade e suas propriedades. Se a propriedade se limita a funções, ligação é a conexão entre a ativação da função e o código que se executa após a ativação. Do ponto de vista de atributos, a *ligação* é o processo de associar um atributo a um nome.

O momento em que um atributo ou função é associado a seus valores ou funções denominamos *tempo de ligação*. A ligação é classificada conforme o tempo ou momento da ligação: *estática* e *dinâmica*. Ligação estática é produzida antes da execução (durante a compilação), enquanto a ligação dinâmica ocorre durante a execução. Um atributo que é ligado dinamicamente é um atributo dinâmico.

Em uma linguagem de programação com ligação estática, todas as referências são determinadas em tempo de compilação. A maioria das linguagens procedimentais é de ligação estática; o compilador e o montador definem diretamente a posição fixa do código que temos de executar em cada ativação da função.

A ligação dinâmica supõe que o código a ser executado em resposta a uma mensagem não será determinado até o momento da execução. Apenas a execução do programa (em geral, o valor de um ponteiro a uma classe base) determinará a ligação efetiva entre as diversas que são possíveis (uma para cada classe derivada).

A principal vantagem da ligação dinâmica em comparação com a ligação estática é que a ligação dinâmica oferece um alto grau de flexibilidade e diversas vantagens práticas e manejar hierarquias de classes de uma maneira muito simples. Entre as desvantagens, a ligação dinâmica é menos eficiente que a ligação estática.

As linguagens orientadas a objetos que seguem estritamente o paradigma orientado a objetos oferecem somente ligação dinâmica. As linguagens que representam um compromisso entre o paradigma orientado a objeto e as linguagens imperativas (tais como Simula e C++) oferecem a possibilidade de escolher um tipo por default. Em Simula e C++, a ligação por default é estática e, quando se utiliza a declaração `virtual`, usa-se ligação dinâmica. Em C++, sempre que omitimos o especificador `virtual`, supomos que as referências sejam resolvidas em tempo de compilação.

A *ligação em C++ é, por default, estática*. A ligação dinâmica é produzida quando fazemos preceder a declaração da função com a palavra reservada `virtual`. Entretanto, pode ocorrer o caso de ligação estática, no que pese utilizar `virtual`, a menos que o receptor seja utilizado como um ponteiro ou como uma referência.

17.8.1 Funções virtuais

Por omissão, as funções C++ têm ligação estática; se a palavra reservada `virtual` precede a declaração de uma função, esta função é chamada virtual e indica ao compilador que pode ser definida (implementado seu corpo) em uma classe derivada e, nesse caso, a função será invocada diretamente por meio de um ponteiro. Devemos qualificar uma função membro de uma classe com a palavra reservada `virtual` somente quando há uma possibilidade de que outras classes possam ser derivadas daquela.

Um uso comum das funções virtuais é a declaração de classes abstratas e a implementação do polimorfismo. Consideremos a classe `figura` como a classe base da qual são derivadas outras classes, tais como `retângulo`, `círculo` e `triângulo`. Cada figura deve ter a possibilidade de calcular sua área e poder projetá-la. Nesse caso, a classe `figura` declara as seguintes funções virtuais:

```
class figura {
public:
  virtual double calcular_área(void) const;
  virtual void projetar(void) const;

  // outras funções membro que definem uma interface a todos os
  // tipos de figuras geométricas
};
```

Cada classe derivada específica deve definir suas próprias versões concretas das funções que foram declaradas virtuais na classe base. Conseqüentemente, se derivarmos classes `círculo` e `retângulo` da classe figura, devemos definir as funções membro calcular_área e projetar em cada classe. Por exemplo, as definições da classe círculo podem ser similares a estas:

```
class círculo : public figura
{
public:
  virtual double calcular_área(void) const;
  virtual void projetar(void) const;
  // ...
private:
  double xc, yc;      // coordenada do centro
  double raio;        // raio do círculo
};
// valor de "pi"
// Implementação de calcular_área
double círculo::calcular : área(void) const
{
  return (PI * raio * raio);
}
// Implementação da função "projetar"
void círculo::projetar(void) const
{
  // ...
}
```

Quando são declaradas as funções projetar e calcular_área na classe derivada, podemos somar opcionalmente a palavra reservada virtual para destacar que essas funções são verdadeiramente virtuais. As definições das funções não necessitam da palavra reservada virtual.

Os métodos em Java são virtuais por default. Em C# um método virtual necessita da palavra virtual; exceto se é abstrato. Os métodos abstratos são implicitamente virtuais.

17.9 POLIMORFISMO

Em POO, o *polimorfismo* permite que diferentes objetos respondam de maneira diferente à mesma mensagem. O polimorfismo adquire sua potência máxima quando é utilizado em união de herança.

Por exemplo, se figura é uma classe base da qual cada figura geométrica herda características comuns, C++ permite que cada classe utilize uma função (método) Copiar como nome de uma função membro.

```
Class figura {
  tipoenum tenum     //tipoenun é um tipo enumerado
public:
  virtual void Copiar();
  virtual void Projetar();
  virtual double Área();
};

class círculo : public figura {
  ...
public :
  void Copiar();
  void Projetar();
  double Área();
};
```

```
class retângulo : public figura {
...
public:
  void Copiar();        // o polimorfismo permite que objetos diferentes
                        // tenham nomes idênticos de funções membro
  void Projetar();
  void Área();
};
```

Outro exemplo pode ser observado na hierarquia de classes:

```
class Polígono {// superclasse
public:
  float Perímetro();
  virtual float Área();
  virtual boolean PontoInterior();
protected:
  void Visualizar();
};
class Retângulo : public Polígono{
public:
  virtual float Área();
  virtual boolean PontoInterior();
  void fixarRetângulo();
private:
  float Alto;
  float Baixo;
  float Esquerdo;
  float Direito;
};
```

17.9.1 O polimorfismo sem ligação dinâmica

Como já foi comentado, o polimorfismo permite que diferentes objetos respondam de maneira diferente à mesma mensagem; por essa razão, nos programas se pode passar a mesma mensagem a objetos diferentes, tais como:

```
switch() {
...
case Círculo:
  MeuCírculo.Projetar();
  d = MeuCírculo.Área();
  break;
case Retângulo:
  MeuRetângulo.Projetar();
  d = MeuRetângulo.Área();
  break;
...
};
```

No exemplo anterior, cada figura recebe a mesma mensagem [por exemplo, `MeuCírculo.Projetar`, `MeuRetângulo.Área()`] etc. Essa solução, entretanto, mesmo que utilize o polimorfismo, não é aceitável, já que impõe as operações implementárias associadas ao registro discriminante. Esse código de discriminação pode ser eliminado utilizando-se ligação dinâmica.

17.9.2 O polimorfismo com ligação dinâmica

Com ligação dinâmica, não é preciso decidir o tipo de objeto até o momento da execução. O exemplo do item anterior envia o programa ao bloco apropriado de código com base no tipo de objeto. Executando essa sentença `switch` no tempo de execução, o programa irá modificar seu fluxo de execução dependendo do valor do registro discriminante e sua manutenção será difícil, já que acrescentar objetos irá requerer modificações a cada sentença `switch` que tenha uso do registro discriminante.

Uma solução que faz uso da ligação dinâmica pode ser esta:

```
// cria e inicializa um array de figuras

figura *figuras[]= {new círculo, new retângulo, new triângulo};
...
figuras[i].Projetar();
```

Esse segmento de código passará a mensagem `Projetar` à figura apontada por `figuras[i]`. A palavra classe `virtual`, que foi posta na função `Projetar`, ao declarar a classe base `Figura`, indicou para o compilador que esta função pode ser ativada por um ponteiro, mediante a ligação dinâmica. O programa determina o tipo de objeto em tempo de execução, eliminando a necessidade do registro discriminante e a sentença `switch` associada.

O polimorfismo pode ser representado com um array de elementos que se referem a objetos de diferentes tipos (classes), como sugere Meyer[2]. Assim, na Figura 17.23 é mostrado um array que inclui ponteiros que apontam diferentes tipos, que são todos derivados de uma superclasse.

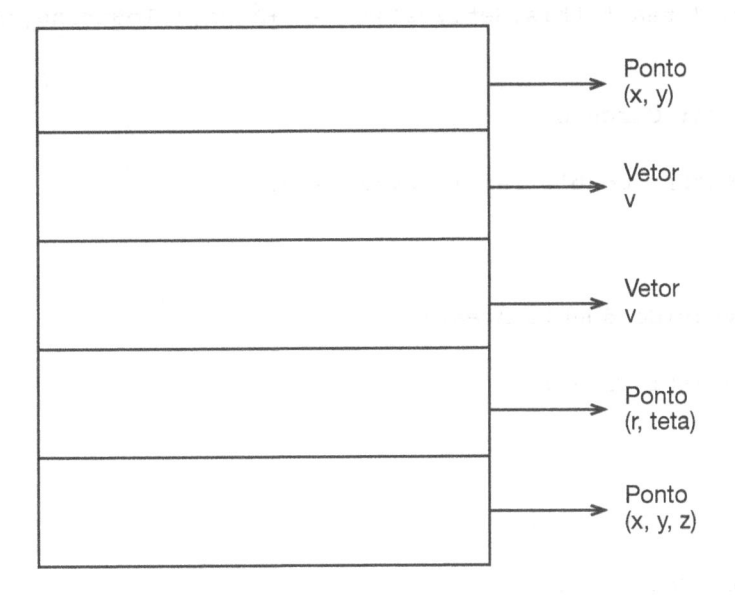

Figura 17.22 Referências polimórficas.

Em uma linguagem de programação que não suporte o polimorfismo, a estrutura correspondente deverá ser implementada com um registro cujos componentes se refiram aos diferentes tipos de pontos; as referências serão estáticas, enquanto as referências polimórficas serão dinâmicas.

---

[2] MEYER, B. *Object-oriented software construction*. Nova York: Prentice-Hall, 1998.

Exemplo 17.7

Considere um classe Círculo e duas classes derivadas Esfera e Cilindro. A forma de declarar essas classes em C# já foi exposta, mas agora iremos modificar o programa para que possamos apreciar com clareza as vantagens da ligação dinâmica. Como pudemos observar por meio de TesteLigação e do novo método Mostrar, o programa determina o tipo do objeto em tempo de execução e utiliza em cada caso o método adequado para o cálculo da área.

```
public class Círculo
{
  public const double PI = System.Math.PI;
  protected double v1;

  public Círculo(double raio)
  {
    v1= raio;
  }

  public virtual double Área()
  {
    return PI*v1*v1;
  }

  public string Mostrar()
  {
    return "Área "+this.GetType()+" = "+Área().ToString("N");
  }
}
class Esfera: Círculo
{
  public Esfera(double raio): base(raio)
  {
  }

  public verride double Área()
  {
    return 4*PI*v1*v1;
  }
}

class Cilindro: Círculo
{
  protected double v2;

  public Cilindro(double raio, double altura): base(raio)
  {
    v2 = altura;
  }

  public override double Área()
  {
    return 2*(base.Área()) + 2*PI*^v1*v2;
  }
}
```

```
class TesteLigação
{
  public static void Main()
  {
    double raio, altura;
    raio = 5;
    Altura = 10;
    Círculo []c = {new Círculo(raio),
                   new Esfera(raio),
                   new Cilindro(raio, altura);
    for(int i=0; i<3; i++)
      System.Console.WriteLine(c[i].Mostrar());
  }
}
```

A execução do programa produz o seguinte resultado:

```
Área Círculo = 78,54
Área Esfera = 314,16
Área Cilindro = 471,24
```

17.10 LIGAÇÃO DINÂMICA E LIGAÇÃO ESTÁTICA

Ligação dinâmica ou *posterior (tardia)* é produzida quando uma função polimórfica é definida para classes diferentes de uma família, mas o código real da função não é conectado ou ligado até o tempo de execução. Uma função polimórfica que se liga dinamicamente é chamada **função virtual**.

A ligação dinâmica é implementada em C++ mediante *funções virtuais*. Com ligação dinâmica, a seleção do código a ser executado quando ativamos uma função virtual retrocede até o tempo de execução. Isso significa que, quando se ativa uma função virtual, o código executável determina em tempo de execução qual é a versão da função que se ativa. Recordemos que as funções virtuais são polimórficas e, conseqüentemente, têm diferentes implementações para classes diferentes da família.

A ligação estática é produzida quando definimos uma função polimórfica para diferentes classes de uma família e o código real da função é conectado ou ligado em tempo de compilação. As funções sobrecarregadas são ligadas estaticamente.

A ligação estática é produzida quando o código da função "se liga" em tempo de compilação. Isso significa que, quando ativamos uma função não-virtual, o compilador determina em tempo de compilação qual é a versão da função a ser ativada. As funções sobrecarregadas se ligam estaticamente, enquanto as funções virtuais são ligadas dinamicamente. Com funções sobrecarregadas, o compilador pode determinar qual é a função a ser ativada com base no número e nos tipos de dados dos parâmetros da função. Entretanto, as funções virtuais têm a mesma interface dentro de uma família de classes dada. Portanto, os ponteiros devem ser utilizados durante o tempo de execução para determinar qual é a função a ser ativada.

As funções virtuais são declaradas em uma classe base em C++ utilizando-se a palavra reservada **virtual**. Quando declaramos uma função como uma função virtual de uma classe base, o compilador conhece qual é a definição da classe base que pode ser anulada em uma classe derivada. A definição da classe base é anulada definindo-se uma implementação diferente para a mesma função da classe derivada. Se a definição da classe base não for anulada em uma classe derivada, então a definição da classe base está disponível à classe derivada.

REVISÃO DO CAPÍTULO

Conceitos-chave

- Declaração de acesso
- Classe base
- Classe derivada
- Construtor
- Destrutor
- Especificadores de acesso
- Relação *é-um*
- Herança
- Herança pública e privada
- Herança simples
- Herança múltipla
- Função virtual
- Ligação estática
- Ligação dinâmica
- Polimorfismo

Resumo

Uma associação é uma conexão semântica entre classes. A associação permite que uma classe conheça os atributos e operações públicos de outra classe.

Uma agregação é uma relação mais forte que uma associação e representa uma classe que é composta de outras classes. Uma agregação representa a relação todo-parte; ou seja, uma classe é o todo e contém todas as partes.

Uma generalização é uma relação de herança entre dois elementos de um modelo tal como classes. Permite a uma classe herdar atributos e operações de outra classe. Sua implementação em uma linguagem orientada a objetos é a herança. A especialização é a relação oposta à generalização.

A relação **é-um** representa a herança. Por exemplo, uma rosa é um tipo de flor; um pastor alemão é um tipo de cachorro etc. A relação é-um é transitiva. Um pastor alemão é um tipo de cachorro e de mamífero, conseqüentemente, um pastor alemão é um mamífero. Uma classe nova que é criada de uma classe já existente, utilizando herança, é denominada classe derivada ou subclasse. A classe pai é denominada classe base ou superclasse.

1. *Herança* é a capacidade de derivar uma classe de outra. A classe inicial utilizada pela classe derivada é conhecida como *classe base, pai* ou *superclasse*. A classe derivada é conhecida como *derivada, filha* ou *subclasse*.

2. *Herança simples* é uma relação entre classes que se produz quando uma nova classe é criada utilizando as propriedades de uma classe já existente. As relações de herança reduzem o código redundante em programas. Um dos requisitos para que uma linguagem seja considerada orientada a objetos é que suporte heranças.

3. A *herança múltipla* é produzida quando uma classe é derivada de duas ou mais classes base. Mesmo sendo uma ferramenta potente, pode criar problemas, especialmente de colisão ou conflito de nomes, o que é produzido quando nomes idênticos aparecem em mais de uma classe base.

4. *Polimorfismo* é a propriedade de que "algo" assume diferentes formas. Em uma linguagem orientada a objetos, o polimorfismo é a propriedade na qual uma mensagem pode significar coisas diferentes dependendo do objeto que as recebe.

5. *Ligação estática* é aquela em que a função invocada é selecionada em tempo de compilação; *ligação dinâmica* é aquela em que a determinação da função invocada é realizada em tempo de execução.

6. Para implementar o polimorfismo, uma linguagem deve suportar ligação dinâmica. A razão pela qual o polimorfismo é útil é que proporciona a capacidade de manipular instâncias de classes derivadas por meio de um conjunto de operações definidas em sua classe base. Cada classe derivada pode implementar as operações definidas na classe base.

EXERCÍCIOS

17.1 Defina uma classe base `Pessoa` que contenha informação de propósito geral comum a todas as pessoas (nome, endereço, data de nascimento, sexo etc.). Projete uma hierarquia de classes que contemple as classes seguintes: `estudante, empregado, estudante_empregado`.

Escreva um programa que leia um arquivo de informação e crie uma lista de pessoas: *a)* geral; *b)* estudantes; *c)* empregados; *d)* estudantes empregados. O propósito deve permitir ordenar alfabeticamente pelo primeiro sobrenome.

17.2 Implemente uma hierarquia `Biblioteca` que tenha pelo menos uma dezena de classes. Consideramos uma *biblioteca* que tenha coleções de livros na área de literatura, humanas, tecnologia etc.

17.3 Projete uma hierarquia de classe que utilize como classe base ou raiz uma classe LAN (rede de área local).

As subclasses derivadas devem representar diferentes topologias como *estrela, anel, barramento* e *hub*. Os membros dados devem representar propriedades, tais como *suporte de transmissão, controle de acesso, formato do referencial de dados, padrões, velocidade de transmissão* etc. **Desejamos simular a atividade dos nós da LAN**.

A rede consta de nós, que podem ser dispositivos, tais como computadores pessoais, estações de trabalho, máquinas de Fax etc. Uma tarefa principal da LAN é suportar comunicações de dados entre seus nós. O usuário do processo de simulação deve, no mínimo, poder:

- Enumerar os nós atuais da rede LAN.
- Somar um novo nó na rede LAN.
- Retirar um nó da rede LAN.
- Configurar a rede, proporcionando uma topologia de *estrela* ou *barramento*.
- Especificar o tamanho do pacote, que é o tamanho em bytes da mensagem que vai de um nó a outro.
- Enviar um pacote de um nó específico a outro.
- Difundir um pacote do nó a todos os demais da rede.
- Efetuar estatísticas da LAN, tais como tempo médio que emprega um pacote.

17.4 Implemente uma hierarquia `Empregado` de qualquer tipo de empresa que seja familiar. A hierarquia deve ter pelo menos quatro níveis, com herança de membros dado, e métodos. Os métodos devem calcular salários, demissões, promoção, dar alta, aposentadoria etc. Os métodos devem permitir também calcular aumentos salariais para `Empregados` de acordo com sua categoria e produtividade. A hierarquia de herança deve poder ser utilizada para proporcionar diferentes tipos de acesso a `Empregados`. Por exemplo, o tipo de acesso garantido ao público diferirá do tipo de acesso proporcionado a um supervisor de empregado, ao departamento de folha de pagamento, ou ao Ministério da Fazenda. Utilize a herança para distinguir entre pelo menos quatro tipos diferentes de acesso à informação de `Empregado`.

17.5 Implemente uma classe `Automóvel` (*Carro*) dentro de uma hierarquia de herança múltipla. Considere que, além de ser um *Veículo*, um automóvel é também uma *comodidade, um símbolo de estado social, um meio de transporte* etc. `Automóvel` deve ter pelo menos três classes base e três classes derivadas.

17.6 Escreva uma classe `FigGeométrica` que representa figuras geométricas como *ponto, linha, retângulo, triângulo* e similares. Deve proporcionar métodos que permitam projetar, ampliar, mover e destruir tais objetos. A hierarquia deve constar pelo menos de uma dezena de classes.

17.7 Implemente uma hierarquia de tipos dados numéricos que estenda os tipos de dados fundamentais, como `int` e `float`, disponíveis em C++. As classes a serem projetadas podem ser `Complexo`, `Fração`, `Vetor`, `Matriz` etc.

17.8 Implemente uma hierarquia de herança de animais tal que contenha pelo menos seis níveis de derivação e 12 classes.

17.9 Projete a seguinte hierarquia de classes:

Pessoa
Nome
idade
visualizar()

Estudante		*Professor*	
nome	herdado	nome	herdado
idade	herdado	idade	herdado
id	definido	salário	definido
visualizar()	*redefinido*	visualizar	*herdado*

Escreva um programa que manipule a hierarquia de classes, leia um objeto de cada classe e o visualize:
a) Sem utilizar funções virtuais.
b) Utilizando funções virtuais.

17.10 Crie uma classe base denominada Ponto que consta das coordenadas x e y. Dessa classe, derive uma classe denominada Círculo que tenha um novo atributo denominado raio. Para essa classe derivada, os membros dados x e y representam as coordenadas do centro de um círculo. Entre as funções membro da primeira classe, deverá existir uma função distância() que devolva a distância entre dois pontos, onde

$$\text{Distância} = (x_2 - x_1) + (y_2 - y_1)$$

17.11 Utilizando a classe construída no Exercício 17.10, obtenha uma classe derivada Cilindro derivada de Círculo. A classe Cilindro deverá ter uma função membro que calcule a superfície desse cilindro. A fórmula que calcula a superfície do cilindro é $S = 2r(1 + r)$ onde r é o raio do cilindro e 1 é o comprimento.

17.12 Crie uma classe base denominada Retângulo que contenha como membros dados, comprimento e largura. Desta classe, derive uma classe denominada Caixa que tenha um membro adicional denominado profundidade e outra função membro que permita calcular seu volume.

17.13 Projete um diagrama de objetos que represente a estrutura de um carro. Indique as possíveis relações de associação, generalização e agregação.

PARTE IV

METODOLOGIA DA PROGRAMAÇÃO E DESENVOLVIMENTO DE SOFTWARE

18
RESOLUÇÃO DE PROBLEMAS E DESENVOLVIMENTO DE SOFTWARE: Metodologia da Programação

SUMÁRIO

- **18.1** Abstração e resolução de problemas
- **18.2** O ciclo da vida do software
- **18.3** Fase de análise: requisitos e especificações
- **18.4** Projeto
- **18.5** Implementação (codificação)
- **18.6** Testes e integração
- **18.7** Manutenção
- **18.8** Princípios de projeto de sistemas de software
- **18.9** Estilo de programação
- **18.10** A documentação
- **18.11** Depuração
- **18.12** Projeto de algoritmos
- **18.13** Testes
- **18.14** Eficiência
- **18.15** Portabilidade
- REVISÃO DO CAPÍTULO
  - Conceitos-chave
  - Resumo

A produção de um programa pode ser dividida em diferentes fases: análise, projeto, codificação e depuração, testes e manutenção. Essas fases são conhecidas como ciclo de vida do software, e são os princípios básicos nos quais se apóia a engenharia de software. Devemos considerar sempre todas as fases no processo de criação de programas, sobretudo quando eles são grandes projetos. A engenharia do software trata da criação e produção de programas de grande escala.

18.1 ABSTRAÇÃO E RESOLUÇÃO DE PROBLEMAS

Os seres humanos converteram-se na espécie mais influente do planeta em razão da sua capacidade de abstrair o pensamento. Os sistemas complexos, naturais ou artificiais, podem ser compreendidos e administrados somente quando são omitidos detalhes que são irrelevantes para nossas necessidades imediatas. O processo de excluir detalhes indesejados ou insignificantes para o problema que devemos resolver é denominado **abstração**, e é algo que fazemos a qualquer momento.

Qualquer sistema de complexidade suficiente pode ser visualizado em diversos *níveis de abstração* dependendo do propósito do problema. Se nossa intenção é conseguir uma visão geral do processo, as características do processo presente em nossa abstração constarão principalmente de generalizações. Entretanto, se tratamos de modificar partes de um sistema, será necessário examinar essas partes com grande nível de detalhe. Consideremos o problema de representar um sistema relativamente complexo, como um carro. O nível de abstração será diferente conforme a pessoa ou entidade que se relaciona com o carro: motorista, proprietário, fabricante ou mecânica.

Assim, do ponto de vista do motorista, suas características são expressas em termos de suas funções (acelerar, frear, conduzir etc.); do ponto de vista do proprietário, suas características são expressas em função do nome, endereço, idade; a mecânica do carro é uma coleção de partes que cooperam entre si para prover as funções citadas, enquanto do ponto de vista do fabricante, interessam preço, produção anual da empresa, duração de construção etc. A existência de diferentes níveis de abstração leva à idéia de uma *hierarquia de abstrações*.

As soluções para os problemas não-triviais têm uma hierarquia de abstrações, de maneira que somente os objetivos gerais são evidentes no nível mais alto. À medida que descendemos em nível, os aspectos diferentes da solução se tornam evidentes.

Desejando controlar a complexidade, os projetistas do sistema exploram as características bidimensionais da hierarquia de abstrações. A primeira etapa, ao se tratar de um problema grande, é selecionar um nível apropriado das ferramentas (*hardware* e *software*) que são utilizadas para resolver o problema. O *problema* é decomposto em *subproblemas,* que podem ser resolvidos independentemente de modo razoável.

A expressão **resolução do problema** se refere ao processo completo de fazer a descrição do problema e desenvolver um programa de computadores que resolva este problema. Tal processo requer passar por muitas fases, partindo de uma boa compreensão do problema a ser resolvido até o projeto de uma solução conceitual, para implementar a solução com um programa de computador.

Realmente: **o que é uma solução?** Normalmente, uma **solução** consta de dois componentes: algoritmos e meios para armazenar dados. Um **algoritmo** é uma especificação concisa de um método para resolver um problema. Uma ação que um algoritmo efetua com freqüência é operar sobre uma coleção de dados. Por exemplo, um algoritmo pode ter de colocar menos dados em uma coleção, retirar dados de uma coleção ou realizar perguntas sobre uma coleção de dados. Quando construímos uma solução, devemos organizar sua coleção de dados para que possamos operar sobre os dados facilmente como requer o algoritmo. Entretanto, não apenas necessitamos armazenar os dados em **estruturas de dados**, mas também operar sobre esses dados.

Diferentes ferramentas ajudam ao programador e ao engenheiro de software a projetar uma solução para um problema dado. Algumas dessas ferramentas são projeto descendente, abstração procedimental, abstração de dados, ocultamento da informação, recursão ou recursividade e programação orientada a objetos.

18.1.1 Decomposição procedimental

Com a introdução dos módulos (procedimentos, funções ou métodos em programação orientada a objetos), vimos que cada programa constava de diversos módulos que se ativavam entre si em seqüência. Um módulo principal ativa outro módulo, este a outros e assim sucessivamente. A estratégia seguida em todo o livro tem sido a *decomposição procedimental* ou *refinamento sucessivo*.

Quando construímos um programa para resolver um problema completo, o moldamos, em primeiro lugar, com um único procedimento. Esse procedimento de nível superior é definido então em termos de ativação de outros procedimentos, que por sua vez são definidos em termos de outros procedimentos, o que cria uma hierarquia de procedimentos. Esse processo continua até que se alcance uma coleção de procedimentos que já não necessitam mais de refinamento, dado que são construídos totalmente em termos de sentenças na linguagem algorítmica (ou melhor, na linguagem de programação escolhida). Esta é a razão de se denominar esse método *"refinamento sucessivo"* ou *"refinamento descendente top-down"*. Um programa completo pode ser composto de um **programa principal** (*main*) e de outros procedimentos, como P1, P2, P3 e P4 (Figura 18.1). Quando executamos o programa, `main` ativa a P2, que por sua vez ativa a P1, e o controle é devolvido a `main`, que na seguinte chamada invoca a P3 e P3 ativa a P4 seguido por P1. Este grafo costuma ser denominado *grafo de ativação* e é utilizado para mostrar que procedimentos são invocados e como são ativados, por sua vez, entre si. Estes grafos costumam ajudar o programador a deduzir o comportamento do programa e sua estrutura em um nível mais abstrato.

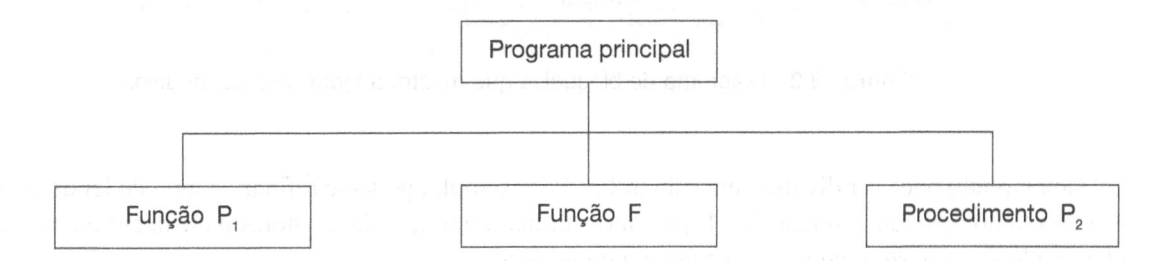

Figura 18.1 Um programa dividido em módulos independentes.

O refinamento descendente utiliza os procedimentos como base do que conhecemos como *programação estruturada*. Esse estilo de programação foi muito popular nas décadas de 1960 e 1970, inclusive nos anos de 1980, e ainda continuamos a utilizá-lo, mas está sendo substituído com maior freqüência pela *programação orientada a objetos*. As linguagens representativas, por excelência, da programação estruturada são Pascal e C. O desenvolvimento de programas estruturados era uma progressão bastante natural da tecnologia e metodologia da programação e se fez muito popular. Entretanto, o conceito de *tipos abstratos de dados e objetos* fez que a programação fosse substituída pela *programação orientada a objetos*. Esse novo paradigma conduziu de maneira maciça à aceitação da linguagem C++, e na segunda metade da década de 1990 a Java, e nos primeiros anos do século XXI à nova linguagem estrela da Microsoft, C#.

Mesmo que seja possível escrever programas C++ ou Java projetados utilizando refinamento descendente, a linguagem realmente não está projetada para suportar esse estilo e é melhor utilizar o enfoque orientado a objetos.

18.1.2 Projeto descendente

Quando são escritos programas de tamanho e complexidade moderados, enfrentamos a dificuldade de escrevê-los. A solução para resolver esses problemas e, naturalmente, aqueles de maior tamanho e complexidade é recorrer à **modularidade** mediante o **projeto descendente**. O que significam projeto descendente e modularidade? A filosofia do projeto descendente reside em decompor uma tarefa em sucessivos níveis de detalhes.

Para isso dividimos o programa em **módulos** independentes — procedimentos, funções e outros blocos de código — como podemos observar na Figura 18.1.

O conceito de solução modular pode ser visto na aplicação da Figura 18.2, que busca encontrar a nota média de um conjunto de notas de uma classe de informática. Existe um módulo do mais alto nível que vai sendo refinado em sentido descendente para encontrar módulos adicionais menores. O resultado é uma hierarquia de módulos; cada módulo é refinado pelos de baixo nível que resolvem problemas menores e contêm mais detalhes sobre eles. O processo de refinamento continua até que os módulos de nível inferior da hierarquia sejam tão simples como para traduzi-los diretamente a procedimentos, funções e blocos de código em Pascal que resolvam problemas independentes muito pequenos. De fato, cada módulo de nível mais baixo deve executar uma tarefa bem definida. Esses módulos são denominados *altamente coesivos*.

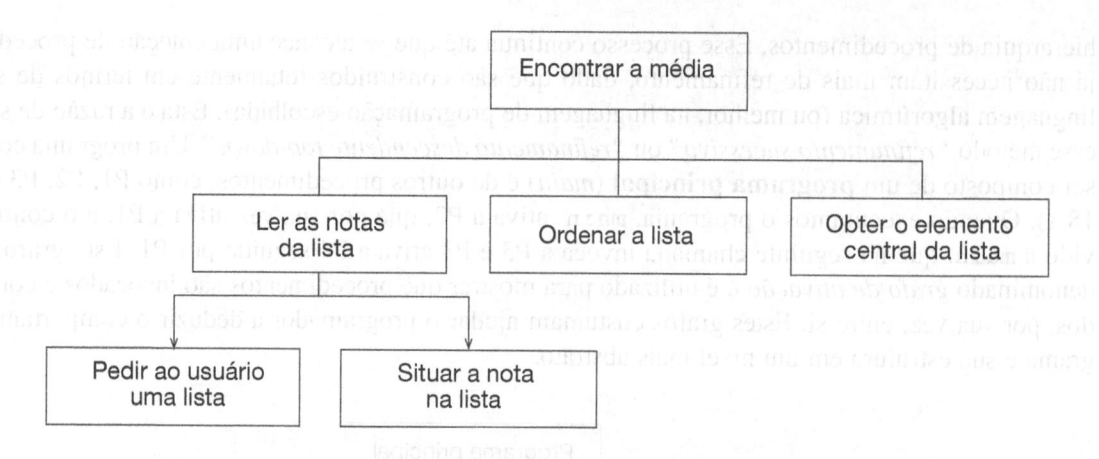

```
                    ┌──────────────────┐
                    │ Encontrar a média│
                    └──────────────────┘
              ┌────────────┼────────────┐
    ┌─────────────┐  ┌──────────────┐  ┌──────────────────┐
    │ Ler as notas│  │Ordenar a lista│  │ Obter o elemento │
    │   da lista  │  │              │  │ central da lista │
    └─────────────┘  └──────────────┘  └──────────────────┘
      ┌──────┴──────┐
┌──────────────┐ ┌──────────────┐
│Pedir ao usuário│ │Situar a nota│
│   uma lista    │ │   na lista  │
└──────────────┘ └──────────────┘
```

Figura 18.2 Diagrama de bloqueios que mostra a hierarquia de módulos.

Cada módulo pode ser dividido em subtarefas. Por exemplo, pode-se refinar a tarefa de ler as notas de uma lista dividindo-a em duas subtarefas. E podemos refinar a tarefa de ler as notas da lista em outras duas subtarefas: *pedir ao usuário uma nota* e *situar a nota na lista*.

18.1.3 Abstração procedimental

Cada algoritmo que resolve o projeto de um módulo equivale a uma caixa preta que executa uma tarefa determinada. Cada caixa preta especifica *o que faz* mas *não como o faz* e, de igual forma, cada caixa preta sabe quantas caixas existem e o que fazem.

Normalmente, essas caixas são implementadas como subprogramas. Uma **abstração procedimental** separa o propósito de um subprograma de sua implementação. Uma vez que um subprograma foi escrito ou codificado, podemos usá-lo sem necessidade de saber seu corpo e bastam seu nome e uma descrição de seus parâmetros.

A modularização e abstração procedimental são complementares. A modularização implica subdividir uma solução em módulos; a abstração procedimental implica a especificação de cada módulo *antes* de sua implementação em Pascal. O módulo implica que seu algoritmo concreto pode ser mudado sem prejudicar o resto da solução.

A abstração procedimental é essencial em projetos complexos, em que possam ser utilizados subprogramas escritos por outras pessoas sem necessidade de saber seus algoritmos.

18.1.4 Abstração de dados

A abstração procedimental significa estar centrado no que um módulo faz em vez de em como são implementados os detalhes de seus algoritmos. De modo semelhante, a **abstração de dados** está centrada nas operações que são executadas sobre os dados em vez de em como serão implementadas as operações.

Como comentamos anteriormente, **um tipo abstrato de dados (TAD)** é uma coleção de dados e um conjunto de operações sobre esses dados. Tais operações podem acrescentar novos dados, ou retirar dados da coleção, ou buscar algum dado. Os outros módulos da solução **saberão** quais operações podem ser realizadas por um TAD. Entretanto, não sabem **como** são armazenados os dados nem **como** são efetuadas as operações.

Cada TAD pode ser implementado utilizando **estruturas de dados**. Uma estrutura de dados é uma construção que pode ser definida dentro de uma linguagem de programação para armazenar coleções de dados. Na resolução de um problema, os tipos abstratos de dados suportam algoritmos e os algoritmos são parte dos que constituem um TAD. Para projetar uma solução, devemos desenvolver os algoritmos e os TAD em uníssono.

18.1.5 Ocultação da informação

A abstração identifica os aspectos essenciais de módulos e estrutura de dados que podem ser tratados como caixas pretas. A abstração é responsável por suas visões externas ou *públicas*, mas também ajuda a identificar os detalhes que deve *ocultar* da visão pública (*privada*). O princípio de **ocultação da informação** não apenas oculta os detalhes dentro da caixa preta, como assegura que nenhuma outra caixa preta pode acessar esses detalhes ocultos. Conseqüentemente, devem ser ocultados certos detalhes dentro de seus módulos e TAD e torná-los inacessíveis para outros módulos e TAD.

Um usuário de um módulo não se preocupa com os detalhes de sua implementação e, ao contrário, o desenvolvedor de um módulo ou TAD não se preocupa com seu uso.

18.1.6 Programação orientada a objetos

Os conceitos de modularização, abstração procedimental, abstração de dados e ocultação da informação conduzem à programação orientada a objetos, com base no módulo ou tipo de dado **objeto**.

As prioridades fundamentais de um tipo são: **encapsulamento**, **herança** e **polimorfismo**. O **encapsulamento** é a combinação de dados e operações que podem ser executadas sobre esses dados em um objeto. Em C++/Java, o encapsulamento em um objeto é codificado mediante uma *classe*.

Herança é a propriedade que permite a um objeto transmitir suas propriedades para outros objetos denominados descendentes; a herança permite a reutilização de objetos que tenham sido definidos anteriormente. O **polimorfismo** é a propriedade que permite decidir em tempo de execução a função a ser executada; ao contrário do que acontece quando não existe polimorfismo, em que a função a ser executada é decidida previamente e sem capacidade de modificação, em tempo de compilação.

18.2 O CICLO DE VIDA DO SOFTWARE

Existem dois níveis na construção de programas: aqueles relativos a pequenos programas (os que normalmente realizam programadores individuais) e aqueles que se referem aos sistemas de desenvolvimento de programas grandes (*projetos de software*) e que, em geral, requerem uma equipe de programadores no lugar de pessoas individualmente. O primeiro nível é denominado *programação em pequena escala*; o segundo nível é denominado *programação em grande escala*.

A programação em pequena escala se preocupa com os conceitos que ajudam a criar pequenos programas — aqueles que variam em comprimento, de poucas linhas a poucas páginas. Estes programas costumam requerer clareza e precisão mental e técnica. Na realidade, o interesse maior, do ponto de vista do futuro programador profissional, está nos programas em grande escala que requerem uns princípios sólidos e firmes do que conhecemos como *engenharia de software* e que constituem um conjunto de técnicas para facilitar o desenvolvimento de programas de computador. Esses programas, ou melhor, projetos de software são efetuados por equipe de pessoas dirigidas por um diretor de projetos (analista ou engenheiro de software) e os programas podem ter mais de 100.000 linhas de códigos.

A técnica utilizada pelos profissionais de software é compreender o melhor possível o problema que está sendo resolvido e criar uma solução de software apropriada e eficiente que é denominada **processo de desenvolvimento de software**.

O desenvolvimento de um bom sistema de software é realizado durante o *ciclo de vida,* que é o tempo que se compreende da concepção inicial do sistema até sua eventual retirada de comercialização ou uso. As atividades humanas relacionadas com o ciclo da vida implicam processos como: análise de requisitos, projeto, implementação, codificação, testes, verificações, documentação, manutenção e evolução do sistema e obsolescência [Hamlet 01]. Essencialmente, o ciclo de vida do software começa com uma idéia inicial, inclui a escrita e depuração de programas e continua durante anos com correções e melhoras ao software original[1].

---

[1] CARRANO et al. *Data structures and problem solving with Turbo Pascal*. The Benjaming/Cumming Publishing, 1993, p. 210.

O ciclo de vida do software é um processo iterativo, de modo que será modificado de acordo com as sucessivas etapas em função da modificação das especificações dos requisitos produzidos na fase do projeto ou implementação, ou uma vez que o sistema tenha sido implementado e testado, podendo aparecer erros que deverão ser corrigidos e depurados e que requerem a repetição de etapas anteriores.

A Figura 18.3 mostra o ciclo de vida do software e a disposição típica de suas diferentes etapas no sistema conhecido como *ciclo de vida em cascata*, que supõe que a saída de cada etapa é a entrada da etapa seguinte.

```
Análise
   ↓
  Projeto
     ↓
   Implementação
       ↓
      Depuração
         ↓
        Manutenção
```

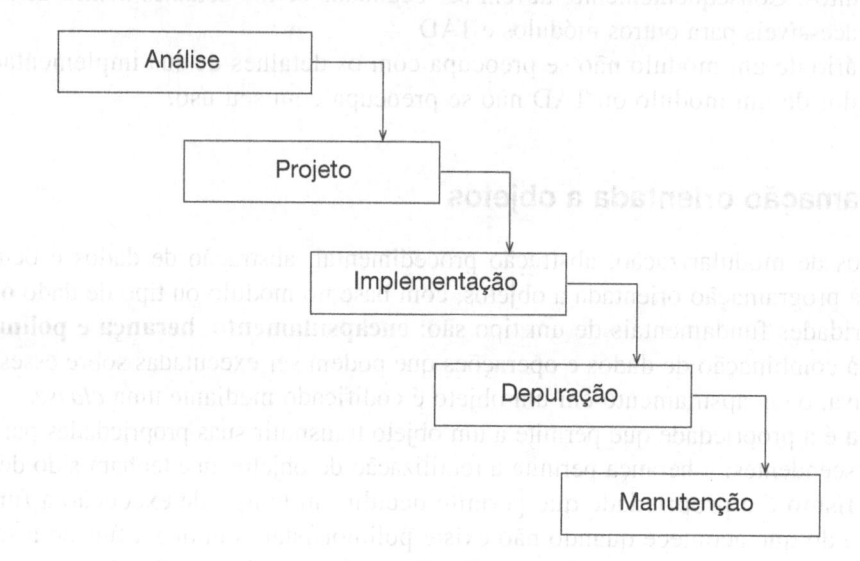

Figura 18.3 Ciclo de vida do software.

18.2.1 Cliente, desenvolvedor e usuário

Antes de prosseguirmos, vamos dar uma série de definições implicadas no desenvolvimento de software [Schach 02]. O *cliente* é o indivíduo ou organização que deseja que seja desenvolvido um produto. Os desenvolvedores são os membros da organização responsáveis pela construção do produto. Eles podem ser os responsáveis por todos os aspectos do processo, da fase de requisitos em diante, ou podem ser responsáveis somente pela implementação de um produto já projetado. A expressão *desenvolvimento de software* engloba (cobre) todos os aspectos da produção do software antes que o produto entre na fase de manutenção. Qualquer tarefa que compreenda uma etapa até a construção de uma peça de software, incluindo especificação, planejamento, projeto, testes ou documentação, constitui o desenvolvimento do software. Depois que tenha sido desenvolvido, o software deve ser mantido.

Tanto os clientes como os desenvolvedores podem fazer parte da mesma organização. Por exemplo, o cliente pode ser o diretor da contabilidade de uma companhia de seguros e os desenvolvedores são uma equipe dirigida pelo diretor de sistemas de informação da companhia. Esse desenvolvimento é denominado *software interno*. Se os clientes e os desenvolvedores são totalmente independentes da organização, então são denominados *software por contrato*.

A terceira parte implicada na produção de software é o usuário. O *usuário* é a pessoa ou pessoas as quais o cliente permite utilizar o produto software gratuitamente ou mediante pagamento de uma licença. Na companhia de seguros, os usuários podem ser os agentes de seguros, os quais utilizam o software para seguir as normas da companhia referentes a apólices de seguros e seguros de vida. Em alguns casos, o cliente e o usuário podem ser a mesma pessoa.

No extremo oposto ao software sob medida escrito para um cliente, podem ser vendidas cópias múltiplas de software, como processadores de texto ou planilhas de cálculo, a preços muito mais baixos, em decorrência essencialmente do grande número de cópias fabricadas e vendidas ao estilo de qualquer produto comercial. Em outras palavras, os fabricantes desse tipo de software (como Microsoft, Oracle ou IBM) recuperam o alto custo de desenvolvimento pela venda de grandes volumes de cópias.

18.3 FASE DE ANÁLISE: REQUISITOS E ESPECIFICAÇÕES

A primeira etapa na produção de um sistema de software é decidir exatamente *o que* se supõe que o sistema faça; essa etapa é conhecida também como *análise de requisitos* ou *especificações* e, por essa circunstância, muitos autores costumam subdividi-la em outras duas etapas:

- Análise e definição do problema (*requisitos*).
- Especificações de requisitos (*especificações*).

A parte mais difícil na tarefa de criar um sistema de software é definir qual é o problema e a seguir especificar o que é necessário para resolvê-lo. Normalmente, a definição do problema começa analisando-se os requisitos do usuário, mas esses requisitos, com freqüência, costumam ser imprecisos e difíceis de descrever. Deve-se especificar todos os aspectos do problema, mas, muitas vezes, as pessoas que descrevem o problema não são programadores e isso torna imprecisa sua definição. A fase de especificação requer, em geral, a comunicação entre os programadores e os futuros usuários do sistema e iterar a especificação até que tanto o *especificador* como os usuários estejam satisfeitos com as especificações e tenham resolvido o problema normalmente.

Na etapa de especificações pode ser bem útil, para melhorar a comunicação entre as diferentes partes implicadas, construir um protótipo ou modelo simples do sistema final; ou seja, escrever um programa protótipo que simule o comportamento das partes do produto software desejado. Por exemplo, um programa simples — inclusive ineficiente — pode demonstrar ao usuário a interface proposta pelo analista. É melhor descobrir qualquer dificuldade ou mudar sua idéia original agora depois de a programação estar em estado avançado ou, inclusive, terminada. O modelo de dados é uma ferramenta muito importante na etapa de definição do problema, e é muito utilizado no projeto e na construção de bases de dados.

Devemos ter presente que o usuário final, via de regra, não sabe exatamente o que deseja que o sistema faça. Portanto, o analista de software ou programador, nesse caso, deve interagir com o usuário para encontrar o que ele *desejará* que o sistema faça. Nessa etapa, devemos responder a perguntas como:

— Quais são os dados de entrada?
— Quais são os dados válidos e quais não são?
— Quem irá utilizar o sistema: especialistas qualificados ou usuários sem formação?
— Que interface de usuário será utilizada?
— Quais são as mensagens de erro e de detecção de erros desejadas? Como deve atuar o sistema quando o usuário cometer um erro na entrada?
— Que hipóteses são possíveis?
— Existem casos especiais?
— Qual é o formato da saída?
— Que documentação é necessária?
— Que melhorias serão introduzidas — provavelmente — no programa no futuro?
— Quão rápido deve ser o sistema?
— De quanto em quanto tempo deve ser mudado o sistema depois que tenha sido entregue?

O resultado final da fase de análise é um documento de *especificação dos requisitos do software*. Diferentemente da fase informal de requisitos, o documento de especificações descreve explicitamente a funcionalidade do produto — ou seja, com precisão, o que supomos que o produto faça — e lista qualquer restrição que o produto deva cumprir. O documento de especificações inclui a entrada ao produto e as saídas requeridas. O documento de especificações do produto constitui um contrato. A fase de especificações tem duas saídas principais. A primeira é o documento de especificações, e a segunda saída é um plano de administração do projeto software.

Exemplo 18.1

Sistema de folhas de pagamento de uma empresa.

As entradas têm de incluir a gama ou as escalas de folhas de pagamento de cada empregado, os dados de períodos de tempo trabalhados na empresa, assim como informação dos arquivos de pessoal, de modo que se possam calcular corretamente os impostos; a saída serão os cheques ou transferências bancárias, assim como informes de deduções de Previdência Social. Além disso, o documento de especificações inclui as estipulações que o produto deve cumprir para manipular corretamente uma ampla quantidade de deduções, como pagamentos de seguro médico, sindicato ou contribuições a planos de pensões do empregado.

- A análise do problema requer assegurar que ele está claramente definido e compreendido. Requer entender quais são as saídas solicitadas e quais são as entradas necessárias.
- Descrição do problema prévia e detalhadamente.
- Protótipos de programas podem classificar o problema.

A etapa seguinte é o projeto ou a codificação do produto.

18.4 PROJETO

A especificação de um sistema indica *o que* o sistema deve *fazer*. A etapa de projeto do sistema indica *como* tem de ser feito. Para um sistema pequeno, a etapa de projeto pode ser tão simples como escrever um algoritmo em pseudocódigo. Para um sistema grande, essa etapa inclui também a fase de projeto de algoritmos, mas inclui o projeto e a interação de um número de algoritmos diferentes, com freqüência apenas esboçados, assim como uma estratégia para cumprir todos os detalhes e produzir o código correspondente.

Começando com as especificações, a equipe de projeto determina a estrutura interna do produto. Os projetistas decompõem o produto em *módulos,* peças independentes de código com interfaces bem definidas ao resto do produto. (Um objeto é um tipo específico de módulo.) A interface de cada módulo, ou seja, os argumentos que são passados ao módulo e os argumentos que são devolvidos ao módulo devem ser especificados detalhadamente.

Uma vez que a equipe tenha completado a decomposição em *módulos* (*projeto arquitetônico*), é efetuado o *projeto detalhado*. Para cada módulo são selecionados os algoritmos e as estruturas de dados escolhidas.

É preciso determinar se podem ser utilizados programas ou subprogramas que já existem ou se é preciso construí-los totalmente. O projeto deve ser dividido em módulos utilizando-se os princípios do projeto descendente. A seguir, devemos indicar a interação entre módulos; um diagrama de estruturas proporciona um esquema claro dessas relações[2].

Neste ponto é importante especificar claramente não somente o propósito de cada módulo, mas também o *fluxo de dados* entre módulos. Por exemplo, devemos responder as seguintes perguntas: quais dados estão disponíveis para o módulo antes de sua execução? O que supõe o módulo? O que fazem os dados depois que o módulo é executado? Conseqüentemente, devemos especificar em detalhes as hipóteses, entrada e saída para cada módulo. Um meio para efetuar essas especificações é escrever uma *precondição*, que é uma descrição das condições que devem ser cumpridas ao princípio do módulo, e uma *pós-condição*, que é uma descrição das condições ao final de um módulo. Por exemplo, podemos descrever um procedimento que ordena uma lista (um array) da seguinte forma:

```
procedimento ordenar (E/S arr:A; E inteiro: n)
  {Ordena uma lista em ordem ascendente
    precondição: A é um array de N inteiros, 1<= n <= Máx.
    pós-condição: A[1] <= A[2] <...<= A[n], n é inalterável}
```

---

[2] Para um estudo ampliado sobre esse tema de diagrama de estruturas, podemos consultar estas obras: *Fundamentos de programación.* 2. ed. McGraw-Hill, 1992; *Problemas de metodología de la programación.* McGraw-Hill, 1992; ou *Programación en C,* de Joyanes e Zabonero, McGraw-Hill, 2001.

Por último, podemos utilizar pseudocódigo[3] para especificar os detalhes do algoritmo; é importante que seja empregado bastante tempo na fase de projeto de seus programas. O resultado final do projeto descendente é uma solução que seja fácil de traduzir em estruturas de controle e estruturas de dados de uma linguagem de programação específica, por exemplo, Pascal ou C.

O projeto é uma atividade *somente da engenharia*. Sua entrada principal é a especificação (ou o documento de requisitos) que será traduzida em um documento de projeto, escrito pelos programadores ou engenheiros de software.

Do ponto de vista estrito da programação, nessa etapa é construído (projetado) o algoritmo que será utilizado para resolver o problema. A solução, em geral, é obtida por uma série de refinamentos que começa com o algoritmo inicial encontrado na fase de análise até que se obtenha um algoritmo completo e aceitável.

> O tempo gasto na fase do projeto será economizado quando se escrever e depurar o programa.

18.5 IMPLEMENTAÇÃO (CODIFICAÇÃO)

A etapa de *implementação* (**codificação**) traduz os algoritmos do projeto em um programa escrito em uma linguagem de programação. Os algoritmos e as estruturas de dados efetuadas em pseudocódigo devem ser traduzidos em uma linguagem que o computador possa entender.

A codificação tem de ser efetuada em uma linguagem de programação. As linguagens clássicas mais populares são PASCAL, FORTRAN, COBOL e C; as linguagens orientadas a objetos mais comuns são **C++**, **Java**, **Visual BASIC .NET**, **Smalltalk** e, recentemente, **C#** etc.

Se um problema é dividido em subproblemas, os algoritmos que resolvem cada subprograma (tarefa ou módulo) devem ser codificados, depurados e testados independentemente.

É relativamente fácil encontrar um erro em um procedimento pequeno. É quase impossível encontrar todos os erros de um programa grande, que foi codificado e testado como apenas uma unidade em vez de como uma coleção de módulos (procedimentos) bem definidos.

As regras de indentação e bons comentários facilitam a escrita do código. O *pseudocódigo* é uma ferramenta excelente que facilita notavelmente a codificação.

> Codificar a solução consiste em escrever o programa e implementar a solução, e é manifestado na tradução do algoritmo em um programa compreensível pelo computador.

18.6 TESTES E INTEGRAÇÃO

A etapa de *testes* requer, como seu nome sugere, testes ou verificação do programa de computador para assegurar o que ele faz, proporcionando uma solução para o problema. Qualquer erro que seja encontrado durante os testes deve ser corrigido. Quando os diferentes componentes de um programa forem implementados e testados individualmente, o sistema completo é montado e integrado.

A etapa de testes serve para mostrar que um programa é correto. Os testes nunca são fáceis. Edgar Dirjkstra escreveu que, enquanto os testes mostram a *presença* de erros, nunca podem mostrar sua *ausência*. Um teste com "êxito" na execução significa apenas que não foram descobertos erros nessas circunstâncias específicas, mas não que não possam existir em outras circunstâncias. Teoricamente, a única forma de os testes mostrarem que um programa é correto é se *todos* os casos possíveis forem testados (é o que conhecemos como *testes exaustivos*); é uma situação tecnicamente impossível inclusive para os programas mais simples. Suponhamos, por exemplo, que temos de escrever um programa que calcule a nota média de um exame. Um teste exaustivo irá requerer todas as combinações possíveis de marcas e tamanhos de classes; pode levar muitos anos para que o teste seja concluído.

---

[3] Para consultar o termo *pseudocódigo,* ver as obras: *Fundamentos de programción. Algoritmos y estructuras de datos.* 2. ed. McGraw-Hill, 1996, de Luis Joyanes, e *Fundamentos de programación. Libro de problemas.* McGraw-Hill, 1996, de Luis Joyanes, Luis Rodrígues e Matilde Fernández.

A fase de testes é uma parte essencial de um projeto de programação. Durante a fase de testes, necessitamos eliminar tantos erros lógicos quanto for possível. Em primeiro lugar, devemos testar o programa com dados de entrada válidos que conduzem a uma solução conhecida. Estando certos, esses dados devem estar dentro de um intervalo, e devemos incluir os valores nos extremos finais do intervalo. Por exemplo, se o valor de entrada de *n* está no intervalo de 1 a 10, temos de assegurar a inclusão de casos de testes nos *n* que estejam entre 1 e 10. Também devemos incluir dados não-válidos para verificar a capacidade de detecção de erros do programa. E testar também alguns dados aleatórios e, por fim, tentar alguns dados reais.

Quando os diferentes componentes de um programa forem implementados e verificados individualmente, o sistema completo se monta e se integra.

18.6.1 Verificação

A etapa de testes deve começar tão prontamente quanto possível na fase de projeto e continuará ao longo da implementação do sistema. Mesmo sendo os testes ferramentas extremamente válidas para proporcionar a evidência de que um programa é correto e cumpre suas especificações, é difícil saber se os testes realizados são suficientes. Por exemplo, como podemos saber se são suficientes os diferentes conjuntos de dados de testes ou que foram executados todos os caminhos possíveis no programa?

Por essas razões, foi desenvolvido um segundo método para demonstrar a correção ou exatidão de um programa. Esse método, denominado *verificação formal*, implica a construção de testes matemáticos que ajudam a determinar se os programas fazem o que é suposto que devam fazer. A verificação formal implica a aplicação de regras formais para mostrar que um programa cumpre sua especificação: a verificação. A verificação formal funciona bem com programas pequenos, mas é complexa quando é utilizada em programas grandes. A teoria da verificação requer conhecimentos matemáticos avançados e não está nos objetivos deste livro; por isso, apenas mencionamos a importância dessa etapa.

O teste de um algoritmo ser correto é como provar um teorema matemático. Por exemplo, testar que um módulo é exato (correto) começa com as precondições (axiomas e hipóteses matemáticas) e mostra que as etapas do algoritmo conduzem às pós-condições. A verificação trata de testar com meios matemáticos que os algoritmos são corretos.

Descobrindo um erro durante o processo de verificação, devemos corrigir seu algoritmo e, possivelmente, as especificações do problema devem ser modificadas. Um método é utilizar *invariantes* (uma condição que sempre é verdadeira em um ponto específico de um algoritmo), o que provavelmente fará que seu algoritmo contenha poucos erros *antes* que comece a codificação. Como resultado, será gasto menos tempo na depuração de seu programa.

18.7 MANUTENÇÃO

Quando o produto software (o programa) estiver terminado, é distribuído entre os possíveis usuários, instalado nos computadores e utilizado (***produção***). Entretanto, e ainda que, *a priori*, o programa funcione corretamente, o software deve ser mantido e atualizado. De fato, o custo típico da manutenção excede, muito, o custo de produção do sistema original.

Um sistema de software produzirá erros que serão detectados, quase com certeza, pelos usuários do sistema e que não foram descobertos durante a fase de testes. A correção desses erros é parte da manutenção do software. Outro aspecto da fase de manutenção é o aprimoramento do software, acrescentando-se mais características ou modificando-se partes existentes que se adaptem melhor aos usuários.

Outras causas que obrigarão à revisão do sistema de software na etapa de manutenção são as seguintes: (*1*) quando um novo *hardware* é introduzido, o sistema pode ser modificado para executá-lo em um novo ambiente; (*2*) mudando as necessidades do usuário, costuma ser menos caro e mais rápido modificar o sistema existente que produzir um sistema totalmente novo. A maior parte do tempo dos programadores de um sistema é gasta em manutenção dos sistemas existentes e não no projeto de sistemas totalmente novos. Por esse e outros motivos, temos de sempre projetar programas que sejam fáceis de compreender e entender (legíveis) e fáceis de mudar.

18.7.1 A *obsolescência*: programas obsoletos

A última etapa no ciclo de vida do software é a sua evolução, passando por sua vida útil até sua *obsolescência* ou fase na qual o software fica antiquado e é preciso atualizá-lo ou escrever um novo programa substituto do antigo.

A decisão de retirar um software por estar obsoleto não é fácil. Um sistema grande representa uma inversão enorme de capital e parece, à primeira vista, mais barato modificar o sistema existente em vez de construir um sistema totalmente novo. Esse critério costuma ser correto e por essa razão os sistemas grandes são projetados para ser modificados. Um sistema pode ser produtivamente revisado muitas vezes. Entretanto, inclusive os programas grandes tornam-se obsoletos por caducidade do tempo ao passar uma data-limite determinada. A menos que um programa grande esteja bem escrito e adequado à tarefa a ser efetuada, como no caso de programas pequenos, costuma ser mais eficiente escrever um novo programa que corrigir o programa antigo.

18.7.2 Iteração e evolução do software

As etapas de vida do software costumam fazer parte de um ciclo, como seu nome sugere, e não são simplesmente uma lista linear. É provável, por exemplo, que durante a fase de manutenção se tenha de voltar às especificações do programa para verificá-las e modificá-las.

Observamos na Figura 18.4 que as diferentes etapas circulam o núcleo documentação. A documentação não é uma etapa independente como podemos esperar, está integrada em todas as etapas do ciclo de vida do software.

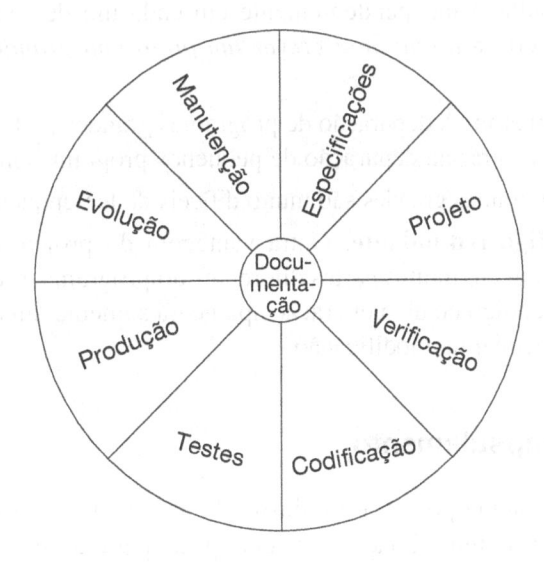

Figura 18.4 Etapas do ciclo de vida do software com a documentação como núcleo aglutinador.

18.8 PRINCÍPIOS DE PROJETO DE SISTEMAS DE SOFTWARE

O projeto de sistemas de software de qualidade requer o cumprimento de uma série de características e objetivos. Em um sentido geral, os objetivos a serem conseguidos e considerados úteis no projeto de sistemas incluem pelo menos os seguintes princípios:

1. Modularização mediante projeto descendente.
2. Abstração e ocultamento da informação.
3. Modificação.
4. Compreensão e confiança.

5. Interfaces do usuário.
6. Programação segura contra falhas.
7. Facilidade de uso.
8. Eficiência.
9. Estilo de programação.
10. Depuração.
11. Documentação.

18.8.1 Modularização mediante projeto descendente

Um princípio importante que ajuda a tratar a complexidade de um sistema é a modularização. A decomposição do problema se efetua por meio de um projeto descendente em que por níveis sucessivos de refinamento se obterão diferentes módulos. Em geral, os módulos de alto nível especificam que ações devem ser realizadas enquanto os módulos de baixo nível definem como são efetuadas essas ações.

A programação modular tem muitas vantagens. À medida que o tamanho de um programa cresce, muitas tarefas de programação ficam mais difíceis; a diferença principal entre um programa modular pequeno e um grande é simplesmente o número de módulos que cada um contém, já que o trabalho com programas modulares é similar e somente devemos ter presente a forma como uns módulos interagem com outros. A modularização tem um impacto positivo nos seguintes aspectos da programação:

- **Construção do programa.** A decomposição de um programa em módulos permite que os diversos programadores trabalhem independentemente em cada um de seus módulos. O trabalho de módulos independentes converte a *tarefa de escrever um programa grande na tarefa de escrever muitos programas pequenos*.
- **Depuração do programa.** A depuração de programas grandes pode ser uma tarefa enorme, de modo que será facilitada ao se centrar na depuração de pequenos programas mais fáceis de verificar.
- **Legibilidade.** Os programas grandes são muito difíceis de ler, enquanto os modulares são mais fáceis.
- **Eliminação de código redundante.** Outra vantagem do projeto modular é que podemos identificar operações que ocorrem em muitas partes diferentes do programa e se implementam como subprogramas. Isso significa que o código de uma operação aparecerá somente uma vez, produzindo como resultado um aumento na legibilidade e na modificação.

18.8.2 Abstração e encapsulamento

A complexidade de um sistema pode ser administrada utilizando-se *abstração*. A abstração é um princípio comum que é aplicado em muitas situações. A idéia principal é definir uma parte de um sistema que possa ser compreendida por si (isto é, como uma unidade) sem conhecimento de seus detalhes específicos e sem conhecimento de como é utilizada essa unidade em um nível mais alto.

Existem dois tipos de abstrações: *abstração procedimental* e *abstração de dados*. A maioria das linguagens de programação suporta a abstração procedimental, aquela em que se separa o propósito de um subprograma de sua implementação. Uma vez que tenha sido escrito um subprograma, podemos utilizá-lo sem necessidade de saber as peculiaridades de seus algoritmos. Supondo que o subprograma esteja documentado adequadamente, poderá ser utilizado apenas conhecendo-se seu cabeçalho e seus comentários descritivos; não será necessário saber seu código.

A modularização — tratada anteriormente — e a abstração procedimental se complementam. A modularização implica a quebra de uma solução em módulos; a abstração procedimental implica a especificação de cada módulo claramente *antes* que seja implementado em Pascal. De fato, o importante é poder utilizar os subprogramas predefinidos, como `Writeln`, `Sqrt` etc., ou os definidos pelo usuário, sem necessidade de saber seus algoritmos.

O outro tipo de abstração é a *abstração de dados,* suportada hoje em dia por diversas linguagens Turbo Pascal, C++, Ada-83, Módula-2 etc. O propósito da abstração de dados é isolar cada estrutura de dados e suas ações associadas, ou seja, centrar a abstração de dados nas operações que são efetuadas sobre os dados no lugar de em como se implementam as operações. Suponhamos, por exemplo, que temos uma estrutura de dados Clientes, que é utilizada para conter informação sobre os clientes de uma empresa, e que as operações ou ações a serem efetuadas sobre esta estrutura de dados incluem *Inserir, Buscar* e *Apagar.* O *módulo, objeto* ou tipo *abstrato de dados,* TipoCliente é uma coleção de dados e um conjunto de operações sobre esses dados. Tais operações podem acrescentar novos dados, buscar ou eliminar dados. Essas operações constituem sua *interface,* mediante a qual se comunica com outros módulos e objetos.

Outro princípio de projeto é a **ocultação da informação**. Os propósitos da ocultação da informação são tornar inacessíveis certos detalhes que não afetam aos outros módulos do sistema. Conseqüentemente, o objeto e suas ações constituem um sistema fechado, cujos detalhes se ocultam aos outros módulos.

A abstração identifica os aspectos essenciais de módulos e estrutura de dados, que podem ser tratados como caixas pretas. A abstração indica especificações funcionais de cada caixa preta, é responsável por sua visão externa ou *pública.* Entretanto, a abstração ajuda também a identificar detalhes do que se deve *ocultar* da visão pública — detalhes que não estão nas especificações, mas devem ser *privados.* O princípio de *ocultação da informação* não apenas oculta detalhes dentro de caixa preta como também assegura que nenhuma outra caixa preta possa acessar esses detalhes ocultos. Portanto, devem ser ocultados certos detalhes dentro de seus módulos e TAD e torná-los inacessíveis aos módulos restantes e TAD.

18.8.3 Modificação

A modificação se refere às mudanças controladas de um sistema dado. Dizemos que um sistema é *modificável* se as mudanças nos requisitos podem adequar-se às mudanças no código, ou seja, uma pequena mudança nos requisitos em um programa modular normalmente requer uma mudança pequena apenas em alguns de seus módulos; os módulos são independentes (fracamente acoplados) e cada módulo realiza uma tarefa bem definida (altamente **coesiva**). A *modularização isola as modificações.*

As técnicas mais freqüentes para fazer que um programa seja fácil de modificar são: uso de subprogramas e uso de constantes definidas pelo usuário.

O uso de procedimentos tem a vantagem, evidente, não somente de eliminar código redundante, também torna o programa resultante mais modificável. Será um sinal de mau projeto de um programa que pequenas modificações a um programa requeriram sua reescrita completa. Um programa bem estruturado em módulos será mais facilmente modificável, ou seja, se cada módulo resolve somente uma pequena parte do problema global, uma mudança pequena nas especificações do problema só afetará uns poucos módulos, e isso facilitará sua modificação.

As constantes definidas pelo usuário ou com nome são outro meio para melhorar a modificação de um programa.

Exemplo 18.2

Os limites do intervalo de um array costumam ser mais bem definidos mediante constantes com nomes do que mediante constantes numéricas. Assim, a declaração de um array e o processamento posterior mediante laço típico são:

```
tipo
   array [1..100] de inteiros:TipoPontos
...
desde i←1 até 100 fazer
   //processamento dos elementos
fim_desde
```

O projeto mais eficiente poderia ser:

```
const
    NúmeroDeItens = 100
tipo
    array [1..NúmeroDeItens] de inteiros:TipoPonto
...
desde i←1 até NúmeroDeItens fazer
    //processamento dos elementos
fim_desde
```

já que, quando desejamos mudar o número de elementos do array, somente será necessário mudar o valor da constante NúmeroDeItens, enquanto no caso anterior supormos mudar a declaração do tipo e o índice do laço, e no segundo caso somente o valor da constante.

18.8.4 Compreensão e confiabilidade

Dizemos que um sistema é *compreensível* se reflete diretamente uma visão natural do mundo[4]. Uma característica de um sistema eficaz é a *simplicidade*. Em geral, um sistema simples pode ser compreendido mais facilmente que um complexo.

Um objetivo importante na produção de sistemas é o da confiabilidade. O objetivo de criar programas confiáveis tem de ser fundamental na maioria das situações.

18.8.5 Interfaces do usuário

Outro critério importante é o projeto da interface do usuário. Algumas diretrizes devem ser levadas em conta:

- Em um ambiente interativo, devemos considerar as perguntas possíveis ao usuário e principalmente aquelas que solicitam entradas de usuário.
- É conveniente que se realizem cópias das entradas de um programa. Sempre que um programa ler dados, ou de usuários por meio de um terminal ou de um arquivo, o programa deve incluir os valores lidos em sua saída.
- Etiquetar (rotular) a saída com cabeçalho e mensagens adequadas.

18.8.6 Programação segura contra falhas

Um programa é seguro contra falhas quando é executado racionalmente por qualquer um que o utilize. Para se conseguir esse objetivo, têm de ser comprovados *os erros em dados de entrada* e na *lógica do programa*.

Suponhamos um programa que espera ler dados inteiros positivos lê –25. Uma mensagem típica a ser visualizada diante desse erro costuma ser:

```
Erro de intervalo
```

---

[4] TRENBLAY et al. *Introduction to Computer Science: An algorithmic approach*. McGraw-Hill, 1989, p. 440.

Entretanto, será mais útil uma mensagem como esta:

```
-25 não é um número válido de anos
Por favor volte a introduzir o número
```

Outras regras práticas a serem consideradas são:

- Não utilizar tipos subintervalo para detectar dados de entrada não-válidos. Por exemplo, se desejamos comprovar que determinados tipos nunca são negativos, não ajuda muito mudar as definições de tipo globais para:

    ```
    tipo
      0..maxent:TipoNãoNegativo
      Baixo..Alto:TipoMilhar
      array[TipoMilhar] de TipoNãoNegativo:TipoTabela
      //um array desse tipo contém somente inteiros não negativos
    ```

- Testar dados de entrada não-válidos:

    ```
    Ler(Número)
    ...
    se Número >= 0
         então agregar Número a total
         senão manejar um erro.
    fim_se
    ```

- Cada subprograma deve comprovar os valores de seus parâmetros. Assim, no caso da função SomaIntervalo que soma todos os inteiros compreendidos entre *m* e *n*,

    ```
    inteiro:função SomaIntervalo (E_inteiro:m,n)
    {
      precondição: m e n são inteiros tais que m <= n
      pós-condição: Devolve SomaIntervalo = m+(m+1)+...+n
                    m e n são inalteráveis
    {
    var inteiro : Soma, Índice
    início
      Soma ← 0
      desde Índice ← m até n fazer
        Soma ← Soma + Índice
      fim_desde
      devolver(Soma)
    fim
    ```

18.8.7 Facilidade de uso

A *utilidade* de um sistema se refere a sua facilidade de uso. Essa propriedade deve estar presente em todas as etapas do ciclo de vida, mas é vital na fase de projeto e implementação.

18.8.8 Eficiência

O objetivo da eficiência é fazer um uso ótimo dos recursos do programa. Tradicionalmente, a eficiência implica recursos de tempo e espaço. Um sistema eficiente é aquele cuja velocidade é maior com o menor espaço de memória ocupada. No passado, os recursos de memória principal e de CPU eram fatores-chave a serem considerados para aumentar a velocidade de execução. Desde 2002, com as CPU (processadores-típicos) dos PCs representados pelo Pentium IV ou Athlon com freqüências de 1,5 GHz a 3 GHz, e memórias centrais de 128 MB a 512 MB e inclusive 1 GB, o fator eficiência já não é medido com os mesmos parâmetros de memória e tempo. Deve existir um compromisso entre legibilidade, modificação e eficiência, ainda que, com exceções, prevalecerão a legibilidade e a facilidade de modificação.

18.8.9 Estilo de programação, documentação e depuração

Essas características são chaves no projeto e na construção de programas, e por esse motivo dedicaremos três sessões para tratarmos desses critérios de projeto.

18.9 ESTILO DE PROGRAMAÇÃO

Uma das características mais importantes na construção de programas, sobretudo de grande tamanho, é o *estilo de programação*. A boa qualidade na produção de programas tem relação direta com a escritura de um programa, sua legibilidade e compreensão. Um bom estilo de programação costuma vir com a prática, mas, com a necessidade de umas regras de escrita dos programas, igualmente ao que acontece com a sintaxe e regras de escrita de uma linguagem natural humana, deve-se buscar essencialmente que não sejam apenas legíveis e modificáveis pelas pessoas que o tenham construído mas também — e essencialmente — possam ser lidos e modificados por outras pessoas. Não existe uma fórmula mágica que garanta programas legíveis, mas existem diferentes regras que facilitarão a tarefa e com as quais praticamente costumam estar de acordo tanto os novos programadores como os engenheiros de software experientes.

As regras de estilo para construir programas claros, legíveis e facilmente modificáveis dependerão do tipo de programação e da linguagem escolhida. No caso das linguagens orientadas a procedimentos como C, Pascal ou Modula-2, é conveniente considerar as seguintes regras de estilo.

Regras de estilo de programação

1. Modularizar um programa em partes coerentes (uso amplo de subprogramas).
2. Evitar variáveis globais em subprogramas.
3. Usar nomes significativos para identificadores.
4. Definir constantes com nomes no início do programa.
5. Evitar o uso do goto e não escrever nunca código *spaghetti*.
6. Escrever sub-rotinas curtas que façam bem somente uma coisa.
7. Uso adequado de parâmetros variável.
8. Usar declarações de tipos.
9. Apresentação (comentários adequados).
10. Manejo de erros.
11. Legibilidade.
12. Documentação.

18.9.1 Modularizar um programa em subprogramas

Um programa grande que resolva um problema complexo sempre tem de ser dividido em módulos para ser mais manejável. Ainda que a divisão não garanta um sistema bem organizado, será preciso encontrar regras que permitam conseguir essa organização.

Um dos critérios-chave na divisão é a independência: isto é, o acoplamento de módulos; outro critério é que cada módulo deve executar somente uma tarefa, uma função relacionada com o problema. Tais critérios fundamentalmente são *acoplamento* e *coesão de módulos,* mas existem outros critérios que não são tratados nesta sessão.

O *acoplamento* se refere ao grau de interdependência entre módulos. O grau de acoplamento pode ser utilizado para se avaliar a qualidade de um projeto de sistema. É preciso minimizar o acoplamento entre módulos, ou seja, minimizar sua interdependência. O critério de acoplamento é uma medida para avaliar como um sistema foi modularizado, sugere que um sistema bem modularizado é aquele em que as interfaces são claras e simples.

Outro critério para julgar um projeto é examinar cada módulo de um sistema e determinar a fortaleza da ligação dentro desse módulo. É a fortaleza interna de um módulo, ou seja, as partes de um módulo estão fortemente (estritamente) relacionadas entre si; esta propriedade é conhecida como *coesão*. Um modelo cujas partes estejam fortemente relacionadas com cada uma das outras é dito fortemente coesivo. Um modelo cujas partes não estão relacionadas com outras é dito fracamente coesivo.

> Os módulos de um programa devem ser fracamente acoplados e fortemente coesos.

Como regra geral, é conveniente utilizar amplamente subprogramas.

Se um conjunto de sentença realiza uma tarefa recorrente, repetitiva, identificável, deve ser um subprograma. Entretanto, uma tarefa não necessita ser recorrente para justificar o uso de um subprograma.

18.9.2 Evitar variáveis globais em subprogramas

Uma das principais vantagens dos subprogramas é que podem implementar o conceito de um módulo isolado. O isolamento se sacrifica quando um subprograma acessa variáveis globais, dado que os efeitos de suas ações produzem os efeitos colaterais indesejáveis, normalmente.

Geralmente, o uso de variáveis globais com subprogramas não é correto. Entretanto, o uso da variável global em si não tem por que ser prejudicial. Assim, se um dado é importante em um programa o qual quase todo subprograma deve acessar, então esse dado deve ser global por natureza.

18.9.3 Usar nomes significativos para identificadores

Os identificadores que representam os nomes de módulos, subprogramas, funções, tipos, variáveis e outros elementos devem ser escolhidos apropriadamente para se conseguir programas legíveis. O objetivo é usar interfaces *significativas* que ajudem o leitor a recordar o propósito de um identificador sem ter de fazer referência contínua a declarações ou listas externas de variáveis. Devemos evitar abreviaturas críticas.

Identificadores longos devem ser utilizados para a maioria dos objetos significativos de um programa, assim como os objetos utilizados em muitas posições, por exemplo, o nome de um programa usado com freqüência. Identificadores mais curtos serão utilizados estritamente para objetos locais: assim, `i`, `j`, `k` são úteis para índices de arrays em um laço, variáveis contadores de laço etc., e são mais expressivos que `Índice`, `VariávelDeControle` etc.

Os identificadores devem utilizar letras maiúsculas e minúsculas. Quando um identificador consta de duas ou mais palavras, cada palavra deve começar com uma letra maiúscula. Uma exceção são os tipos de dados definidos pelo usuário, que costumam começar com uma letra minúscula. Assim, identificadores idôneos são:

```
SalárioMês    Nome    MensagemUsuário    MensangemDadosMal
```

Algumas regras que podem ser seguidas são:

- Usar nomes para nomear objetos de dados, como variáveis, constantes e tipos. Utilizar `Salário` é melhor que `APagar` ou `Pagar`.
- Utilizar verbos para nomear procedimentos. `LerCaractere`, `LerSegCar`, `CalcularSegMov` são procedimentos que efetuam ações melhor que `SegCar` ou `SegMov` (seguinte movimento).
- Utilizar formas do verbo "ser" ou "estar" para funções lógicas. `SãoIguais`, `ÉZero`, `EstáPronto` e `Está vazio` são utilizados como variáveis ou funções lógicas.

```
if SãoIguais (A, B)
```

> Os nomes dos identificadores de objetos devem sugerir o significado do objeto para o leitor do programa.

18.9.4 Definir constantes com nomes

As constantes explícitas devem ser evitadas sempre que possível. Por exemplo, não utilizar 7 para o dia da semana ou 3,141592 para representar o valor da constante π. Em seu lugar, é conveniente definir constantes com nomes permitidos em Pascal, como:

```
const Pi = 3,141592
const NumDiasSemana = 7
const Comprimento = 45
```

Esse sistema tem a vantagem da facilidade para se mudar um valor determinado por necessidade ou por qualquer erro tipográfico.

```
const Comprimento = 200;
const Pi = 3,141592654;
```

18.9.5 Evitar o uso de ir (goto)

Um dos fatores que mais contribuem para projetar programas bem estruturados é um fluxo de controle ordenado que implica os seguintes passos:

1. O fluxo geral de um programa é adiante ou direto.
2. A entrada a um módulo somente é feita no início e sai somente no final.
3. A condição para a terminação de laços tem de ser clara e uniforme.
4. Os casos alternativos de sentenças condicionais têm de ser claros e uniformes.

O uso de uma sentença goto quase sempre viola pelo menos uma dessas condições. Além do que, é muito difícil verificar a exatidão de um programa que contenha uma sentença **goto**. Portanto, devemos evitar o uso de goto. Existem *raras* situações nas quais é necessário um fluxo de controle excepcional. Tais casos incluem aqueles que requerem ou que um programa termine a execução quando ocorre um erro, ou que um subprograma devolva o controle para seu módulo ativador. A inclusão na sentença em algumas linguagens de compiladores modernos como C# não implica o uso da sentença **goto**, e apenas em circunstâncias excepcionais, já comentadas neste livro, deve-se recorrer a ela.

18.9.6 Uso adequado de parâmetros valor/variável

Um programa interage — se comunica — de um modo controlado com o restante do programa mediante o uso de parâmetros. Os *parâmetros valor* passam os valores para os subprogramas, mas nenhuma mudança que o programa faz nesses parâmetros se reflete nos parâmetros reais de retorno à rotina ativadora. A comunicação entre a rotina ativadora e o subprograma é de somente um sentido; por esse motivo, no caso de módulos isolados, devem ser *utilizados parâmetros valor sempre que possível*.

Quando é adequado usar *parâmetro variável*? A situação mais evidente é quando um procedimento necessita devolver valores à rotina ativadora. Entretanto, se o procedimento necessita devolver somente um único valor, pode ser mais adequado usar uma função.

Os parâmetros variáveis, cujos valores permanecem inalterados, tornam o programa mais difícil de ler e mais propenso a erros se são necessárias modificações; não obstante, podem melhorar a eficiência. A situação é análoga a utilizar uma constante no lugar de uma variável cujo valor nunca muda. Conseqüentemente, devemos alcançar um compromisso entre legibilidade e modificação, por um lado, e eficiência, por outro. A menos que exista uma diferença significativa em eficiência, será tomado geralmente o aspecto de legibilidade e modificação.

A passagem por valor implica implicitamente efetuar uma cópia em outro lugar da memória, por isso não se devolvem as mudanças. Em Java, os parâmetros passam sempre por valor, não obstante, quando o que acontece é um tipo referência, os valores armazenados nesse tipo podem ser devolvidos modificados ao programa ativador. A cópia é efetuada da referência, mas não dos dados referenciados.

18.9.7 Uso adequado de funções

No caso de uma função, esta deve ser utilizada sempre que seja necessário obter um único valor. Esse uso corresponde à noção matemática de função. Conseqüentemente, é muito estranho que uma função realize uma tarefa diferente de devolver um valor, e não deve fazê-lo.

> Uma função não deve fazer nada senão devolver o valor requerido, ou seja, uma função nunca tem um *efeito colateral*.

Quais funções têm potencial para efeitos colaterais?

- **Funções com variáveis globais.** Se uma função referencia a uma variável global, apresenta o perigo de um possível efeito colateral. *Geralmente, as funções não devem atribuir valores a variáveis globais.*
- **Funções com parâmetros variáveis.** Um parâmetro variável é aquele em que seu valor mudará dentro da função. Esse efeito é *um efeito colateral. Geralmente, as funções não devem utilizar parâmetros variáveis.* Necessitando de parâmetros variáveis devemos utilizar procedimentos.

18.9.8 Tratamento de erros

Um programa projetado contra falhas deve testar erros nas entradas e em sua lógica e tentar se comportar bem quando os encontra. O tratamento de erros com freqüência necessita de ações excepcionais que constituirão um mau estilo na execução normal de um programa. Por exemplo, o manejo de funções pode implicar o uso de funções com efeitos colaterais.

Um subprograma deve testar certos tipos de erros, como entradas não-válidas ou parâmetros valor. Que ação deve tomar um subprograma quando for encontrado um erro? Um sistema pode, no caso de um procedimento, apresentar uma mensagem de erro e devolver um indicador ou marcador lógico à rotina ativadora para indicar-lhe que foi encontrada uma linha de dados não-válida; nesse caso, o procedimento deixa a responsabilidade de realizar a ação apropriada à rotina ativadora. Em outras ocasiões, é mais adequado que o próprio subprograma tome as ações pertinentes — por exemplo, quando a ação requerida não depende do ponto em que foi ativado o subprograma.

Se uma função manipula erros imprimindo uma mensagem ou devolvendo um indicador, viola as regras contra efeitos colaterais dadas anteriormente.

Dependendo do contexto, as ações apropriadas podem ir de ignorar os dados errôneos a até continuar a execução para terminar o programa. No caso de um erro fatal que invoque a terminação, uma execução de `interromper` pode ser o método mais limpo para abortar. Outra situação delicada pode ser apresentada quando é encontrado um erro fatal em estruturas condicionais `se-então-se` não ou repetitivas `enquanto`, `repetir`. A primeira ação pode ser ativar um procedimento de diagnóstico que imprima a informação necessária para ajudar a determinar a causa do erro; mas depois que o procedimento apresentou toda essa informação, tem-se que terminar o programa. Entretanto, se o procedimento de diagnóstico devolver o controle ao ponto em que foi ativado, deve sair de muitas capas de estruturas de controle aninhadas. *Neste caso, a solução mais limpa é que a última sentença do procedimento de diagnóstico seja* `interromper`.

18.9.9 Legibilidade

Para que um programa seja fácil de acompanhar em sua execução, deve ter uma boa estrutura e um bom projeto, uma boa escolha de identificadores, boa indentação e utilizar linhas em branco em lugares adequados e uma boa documentação.

Como já comentamos, devemos escolher identificadores que descrevam fielmente seu propósito. Distinguir entre palavras reservadas, como `desde` ou `procedimento`, identificadores padrão, como `real` ou `inteiro`, e identificadores definidos pelo usuário. Algumas regras que temos seguido no livro são:

- As palavras reservadas são escritas em minúsculas negras (em letra courier, no livro).
- Os identificadores, funções padrão e procedimentos padrão são escritos em minúsculas, com a primeira letra em maiúsculas (`Escrever`).
- Os identificadores definidos pelo usuário, em letras maiúsculas e minúsculas. Quando um identificador consta de duas ou mais palavras, cada palavra começa com uma letra maiúscula (`LerVetor`, `ListaNúmeros`).

Outra circunstância importante a ser considerada na escrita de um programa é a *indentação* das linhas. Algumas regras importantes a seguir para conseguir um bom estilo de escrita que facilite a legibilidade são:

- Os blocos devem ser indentados suficientemente para que sejam vistos claramente (3 a 5 espaços em branco podem ser uma cifra aceitável).
- Em uma sentença composta, as palavras `início-fim` devem estar alinhadas.

```
início
    < sentença1 >
    < sentença2 >
        .
        .
        .
    < sentenças >
fim
```

- Indentação consistente. Sempre indentar o mesmo tipo de construções da mesma maneira. Algumas propostas podem ser:

```
enquanto <condição> fazer
início
    <sentença>
fim_enquanto
```

Sentença if-then-else

```
se<condição>                          se <condição> então
    então <sentença1>                     <sentença1>
    se_não <sentença2>                se_não
fim_se                                    <sentença2>
                                      fim_se

se <condição>
    então
        <sentenças>
    se não
        <sentenças>
fim_se
```

18.10 A DOCUMENTAÇÃO

Um programa (um pacote de software) de computador necessita sempre de uma documentação que permita a seus usuários aprender a utilizá-lo e a mantê-lo. A documentação é uma parte importante de qualquer pacote de software e, por sua vez, seu desenvolvimento é uma peça chave na engenharia de software.

Existem três grupos de pessoas que necessitam conhecer a documentação do programa: programadores, operadores e usuários. Os requisitos necessários para cada um deles costumam ser diferentes em função das missões de cada grupo:

programadores	*manual de manutenção do programa*
operadores	*manual do operador*
	operador: pessoa encarregada de rodar o programa, introduzir dados e extrair resultados
usuário	*manual do usuário*
	usuário: pessoa ou seção de uma organização que explora o programa, conhecendo sua função, as entradas requeridas, o processamento a executar e a saída que produz.

Em ambientes interativos, como o caso de Turbo Pascal, usuários e operadores costumam ser os mesmos. Assim, a documentação do programa pode ser concretizada em:

- Manual do usuário.
- Manual de manutenção.

18.10.1 Manual do usuário

A documentação de um pacote (programa) de software costuma ser produzida com dois propósitos: "um, explicar as funções do software e descrever a forma de utilizá-las (*documentação do usuário*) porque está projetada para ser lida pelo usuário do programa; dois, descrever o software em si para poder manter o sistema em uma etapa posterior de seu ciclo de vida (*documentação do sistema ou de manutenção*)" [5].

A documentação do usuário é um instrumento comercial importante. Uma boa documentação tornará o programa mais acessível e disponível. Hoje em dia, é uma prática habitual que muitos desenvolvedores de programas contratem redatores técnicos para elaborar essa parte do processo de produção de um programa. Essa documentação adota a forma de um manual que apresenta uma introdução às funções mais utilizadas do software, uma sessão que explica como instalar o programa e uma sessão de referência que descreve os detalhes de cada função do software. É freqüente que o manual seja editado em forma de livro, e é mais freqüente incluí-lo no próprio programa, sendo denominado *manual de ajuda on-line*.

A documentação do sistema ou manual de manutenção é por natureza mais técnica que a do usuário. Antigamente, essa documentação consistia nos programas-fonte finais e em algumas explicações sobre a sua construção. Isso não é mais suficiente, sendo necessário estruturar e ampliar essa documentação.

A documentação do sistema abarca todo o ciclo de vida do desenvolvimento do software, incluídos as especificações originais do sistema e aquelas com as quais verificamos o sistema, os *diagramas de fluxo de dados* (**DFD**), *diagramas entidade-relacionamento* (**DER**), dicionário de dados e diagrama ou cartas de estruturas que representam a estrutura modular do sistema.

O problema mais grave é a construção prática real da documentação e, a seguir, sua atualização. Durante o ciclo de vida do software, mudam continuadamente as especificações, os diagramas de fluxo e de **E/R** (*Entidade/Relacionamento*) ou o diagrama de estrutura; isso faz que a documentação inicial fique obsoleta ou incorreta e, por esse motivo, a documentação requer uma atualização contínua para que a documentação final seja a mais exata possível e se ajuste à estrutura final do programa.

---

[5] BROOKSHEAR, Glen J. *Introducción a las ciencias de la computación.* Addison-Wesley, 1975, p. 272.

O manual do usuário deve cobrir pelo menos os seguintes pontos:

- Ordens necessárias para carregar o programa na memória partindo do armazenamento secundário (disco) e arrancar seu funcionamento.
- Nomes dos arquivos externos aos que o programa acessa.
- Formato de todas as mensagens de erro ou informes.
- Opções no funcionamento do programa.
- Descrição detalhada da função realizada pelo programa.
- Descrição detalhada, preferivelmente com exemplos, de qualquer saída produzida pelo programa.

18.10.2 Manual de manutenção (documentação para programadores)

O manual de manutenção é a documentação requerida para mantermos um programa durante seu ciclo de vida. É dividido em duas categorias:

- Documentação interna.
- Documentação externa.

Documentação interna

Essa documentação cobre os aspectos do programa relativos à sintaxe da linguagem. Está contida nos *comentários*, entre chaves { } ou parênteses/asteriscos (**), ou, em uma linha, precedidos por //. Alguns tópicos a ser considerados são:

- Cabeçalho de programa (nome do programador, data da versão atual, breve descrição do programa).
- Nomes significativos para descrever identificadores.
- Comentários relativos à função do programa, assim como os módulos que compõem o programa.
- Clareza de estilo e formato (uma sentença por linha, *indentação*), linhas em branco para separar módulo (procedimentos, funções, unidades etc.).
- Comentários significativos.

Exemplos

```
var
  real:Raio  //entrada, raio de um círculo
...
//Calcular Área
Área ← Pi * Raio * Raio
```

Documentação externa

Documentação fora do programa-fonte, que se costuma incluir em um manual que acompanha o programa. A documentação externa deve incluir:

- Listagem atual do programa-fonte, mapas de memória, referências cruzadas etc.
- Especificação do programa: documento que define o propósito e o modo de funcionamento do programa.
- Diagrama de estrutura que representa a organização hierárquica dos módulos do programa.
- Explicações de fórmulas complexas.
- Especificação dos dados a serem processados: arquivos externos incluindo o formato das estruturas de registros, campos etc.
- Formatos de telas utilizados para interagir com os usuários.
- Qualquer indicação especial que possa servir aos programadores que devem manter o programa.

18.10.3 Regras de documentação

Um programa *bem documentado* é aquele que outras pessoas podem ler, usar e modificar. Existem muitos estilos aceitáveis de documentação e, com freqüência, os temas a serem incluídos dependerão do programa específico. Não obstante, assinalamos a seguir algumas características essenciais comuns a qualquer documentação de um programa:

1. Um comentário de cabeçalho para o programa que inclui:

    a) Descrição do programa: propósito.
    b) Autor e data.
    c) Descrição de entrada e saída do programa.
    d) Descrição de como utilizar o programa.
    e) Hipótese sobre tipos de dados esperados.
    f) Breve descrição dos algoritmos globais e das estruturas de dados.
    g) Descrição das variáveis importantes.

2. Breves comentários em cada módulo similares ao cabeçalho do programa e que contenham informação adequada desse módulo, incluindo em seu caso *precondições* e *pós-condições*. Descrever as entradas e como as saídas se relacionam com elas.

3. Escrever comentários inteligentes no corpo de cada módulo que expliquem partes importantes e confusas do programa.

4. Descrever claramente e com precisão os modelos de dados fundamentais e as estruturas de dados selecionadas para representá-los, assim como as operações realizadas para cada procedimento.

Ainda que exista a tendência entre os programadores, sobretudo entre os principiantes, de documentar os programas como última etapa, essa não é uma boa prática, o confiável é documentar o programa à medida que se desenvolve. A tarefa de escrever um programa grande pode ser estendida por semanas ou meses. Isso deve fazê-lo considerar que o que resulta evidente agora pode não ser daqui a dois meses; por isso, documentar à medida que se avança no programa é uma regra de ouro para uma programação eficaz.

> **Nota**
>
> Assegurar que sempre os comentários e o código sejam correspondentes. Fazendo uma mudança importante no código, assegure-se de que se faça uma mudança similar no comentário.

18.11 DEPURAÇÃO

Uma das primeiras coisas que descobrimos ao escrever programas é que é raro um programa funcionar corretamente a primeira vez. A lei de Murphy "se algo pode dar errado, dará" parece ter sido escrita pensando-se na programação de computadores.

Mesmo que um programa funcione sem mensagens de erro e produza resultados, pode ser incorreto. Um programa é correto somente *se forem produzidos resultados corretos para todas as entradas válidas possíveis*. O processo de eliminar erros — *bugs* — é denominado **depuração** *(debugging)* de um programa.

Quando o compilador detecta um erro, o computador visualiza *uma mensagem de erro,* que indica se foi produzido um erro e qual pode ser a sua causa possível. As mensagens de erro são, com freqüência, difíceis de serem interpretadas, e, às vezes, enganam. Os erros de programação podem ser divididos em três classes: **erros de compilação** (sintaxe), **erros em tempo de execução** e **erros lógicos**.

18.11.1 Localização e reparação de erros

Mesmo que se sigam todas as técnicas de projeto dadas neste e em outros capítulos, e quaisquer outras que tenham sido obtidas por qualquer outro meio (outros livros, experiências, cursos etc.), é praticamente impossível e inevitável que seu programa careça de erros. Felizmente, os programas modulares, claros e bem documentados são, com certeza, mais fáceis de depurar que aqueles que não têm tais características. É recomendável utilizar técnicas de segurança contra falhas, que protejam contra certos erros e informem quando são encontrados.

Com freqüência, o programador — mas, sobretudo, o estudante de programação — está convencido da qualidade de suas linhas de programa, sem pensar nas múltiplas opções que podem produzir os erros: o estado incorreto de uma variável lógica, a entrada de uma cláusula then ou else, a saída imprevista de um laço por um mau projeto de seu contador etc. O enfoque adequado deve ser seguido à risca da execução do programa utilizando as facilidades de depuração do EID (Ambiente Integrado de Desenvolvimento) ou acrescentar sentenças de escrita que mostrem qual foi a cláusula executada. No caso de condições lógicas, se a condição for falsa quando esperamos que seja verdadeira — como a mensagem de erro pode indicar — então o passo seguinte é determinar como se converteu em falsa.

Como podemos encontrar o ponto de um programa em que algo se tenha convertido em uma coisa diferente do que havíamos previsto? Pode-se fazer o seguimento da execução de um programa ou passo a passo pelas sentenças do programa ou estabelecendo pontos de ruptura (*breakpoint*). Podemos examinar também o conteúdo de uma variável específica estabelecendo inspeções/observações (*watches*) ou inserindo sentenças escrever temporais. A chave para uma boa depuração é simplesmente utilizar as ferramentas que indiquem o que o programa está fazendo.

A idéia principal é localizar sistematicamente os pontos do programa que causam o problema. A lógica de um programa implica que certas condições sejam verdadeiras em pontos diferentes do programa (recorde que essas condições são chamadas *invariantes*). Um erro (*bug*) significa que uma condição que se pensava que seria verdadeira não é. Para corrigir o erro, devemos encontrar a primeira posição do programa onde uma dessas condições difira de suas expectativas. A inserção apropriada de pontos de ruptura e de observação, ou a inspeção ou sentenças escrever em posições estratégicas de um programa — como entradas e saídas de laços, estruturas seletivas e subprogramas — servem para isolar sistematicamente o erro.

As ferramentas de diagnóstico devem informá-lo se as coisas são corretas ou equivocadas antes ou depois de um ponto dado do programa. Conseqüentemente, depois de executarmos o programa com um conjunto inicial de diagnósticos, poderemos seguir o erro entre dois pontos. Por exemplo, se o programa está funcionando bem até a ativação do procedimento ou função P1, mas algo falha quando ativamos o procedimento P2, isso nos permite centrar o problema entre esses dois pontos, a ativação a P2 e o ponto concreto onde foi produzido o erro em P2. Esse método é muito parecido com *aproximações sucessivas*, isto é, delimita-se a possível causa de erro até limitá-la a umas poucas sentenças.

Naturalmente, a habilidade para situar os pontos de ruptura, de observação ou sentenças escrever dependerá do domínio que se tenha do programa e da experiência do programador. Não obstante, damos a seguir algumas regras práticas que facilitam sua tarefa de depuração.

Uso de sentenças escrever

As sentenças escrever podem ser muito adequadas em inúmeras ocasiões. Elas servem para informar sobre valores de variáveis importantes e a posição no programa onde as variáveis assumam esses valores. É conveniente utilizar um comentário para etiquetar a posição.

```
{Posição um}
escrever('Está situado em posição um do procedimento Test')
escrever('A =', a, 'B = ', b, 'C = ', c)
```

18.11.2 Depuração de sentenças `se-então-se não`

Situar uma quebra antes de uma sentença `se-então-se` não e examinar os valores das expressões lógicas e de suas variáveis. Podemos utilizar ou pontos de ruptura ou sentenças `escrever` para determinar qual alternativa da sentença `se` pode-se assumir:

```
//Examinar valores de <condição> e variáveis antes de se
se <condição>
   então
      escrever('Condição'verdadeira: siga caminho');
   ...
   se_não
      escrever('Condição falsa: siga caminho');
fim_se
```

Depuração de laços

Situar os pontos de ruptura no início e no final do laço e examinar os valores das variáveis importantes.

```
//examinar valores de m e n antes de entrar o laço
desde i = m até n fazer
    //Examinar os valores de i e variáveis importantes
fim_desde
//Examinar os valores de m e n depois de sair do laço
```

Depuração de subprogramas

As duas posições-chave para situar os pontos de ruptura são no princípio e no final de um subprograma. Devem ser examinados os valores dos parâmetros nessas duas posições utilizando-se ou sentenças de escrita ou janelas de inspeção ou observação (*watches*).

Leituras de estruturas de dados completos

Pode ser interessante examinar as variáveis cujos valores são arrays ou outras estruturas. Para isso recorremos a escrever rotinas específicas de apresentação em tela ou papel que executem a tarefa. Uma vez projetada a rotina, ela é ativada de pontos diferentes, conforme interessa à seqüência de fluxo de controle do programa e aos dados que sejam necessários em cada caso.

18.11.3 As equipes de programação

Na atualidade, é difícil e raro que um grande projeto de software seja *implementado* (efetuado) por apenas um programador. Normalmente, um projeto grande é designado a uma equipe de programadores, que por antecipação devem coordenar toda a organização do projeto.

Cada membro da equipe é responsável por um conjunto de procedimentos, alguns dos quais podem ser utilizados por outros membros da equipe. Cada um desses membros deverá proporcionar aos outros as especificações de cada procedimento, condições *pré-teste* ou *pós-teste* e sua lista de parâmetros formais, ou seja, a informação que um potencial usuário do procedimento necessita saber para poder ser ativado.

Em geral, um membro da equipe atua como bibliotecário, de modo que, à medida que um novo procedimento é terminado e testado, sua versão atualizada substitui a versão atualmente existente na biblioteca. Uma das tarefas do bibliotecário é controlar a data em que cada nova versão de um procedimento tenha sido incorporada à biblioteca, assim como se assegurar de que todos os programadores utilizam a última versão de qualquer procedimento.

É missão da equipe de programadores criar bibliotecas de procedimentos, que posteriormente podem ser utilizadas em outras aplicações. Uma condição importante que os procedimentos devem cumprir é *estar testados e economizar tempo/memória*.

18.12 PROJETO DE ALGORITMOS

Depois da fase de análise, para podermos solucionar problemas sobre um computador, devemos saber como projetar algoritmos. Na prática, seria desejável dispor de um método para escrever algoritmos, mas, na realidade, não existe nenhum algoritmo que sirva para realizar essa escrita. O projeto de algoritmos é um processo criativo. Entretanto, há uma série de pautas ou linhas a seguir que ajudarão ao projeto do algoritmo (Tabela 18.1).

Tabela 18.1 Pautas a seguir no projeto de algoritmos

1. Formular uma solução precisa do problema que deve solucionar o algoritmo.
2. Ver se já existe algum algoritmo para resolver o problema ou se pode ser adaptado um já existente (*algoritmo conhecido*).
3. Buscar se existem técnicas padrão que possam ser utilizadas para resolver o problema.
4. Escolher uma estrutura de dados adequada.
5. Dividir o problema em subproblemas e aplicar o método a cada um dos subproblemas (*projeto descendente*).
6. Se todos os itens anteriores falharem, começar de novo o passo 1.

De qualquer maneira, antes de iniciar o projeto do algoritmo, é preciso assegurar que o programa esteja bem definido:

- Especificações precisas e completas das entradas necessárias.
- Especificações precisas e completas da saída.
- Como deve reagir o programa diante de dados incorretos?
- Emite mensagens de erro? O processamento se detém? etc.
- Saber quando e como deve terminar um programa.

18.13 TESTES

Ainda que muitos programadores utilizem indistintamente os termos *testes* ou *verificação* (*testing*) e *depuração*, eles são, entretanto, diferentes. A **verificação (testes)** se refere às ações que determinam se um programa funciona corretamente. A **depuração** é a atividade posterior de encontrar e eliminar os erros (*bugs*) de um programa. Os testes de execução de programas — em geral — mostram com clareza que o programa contém erros, ainda que o processo de depuração possa, às vezes, ser difícil de seguir e compreender.

Edsgar Dijkstra escreveu que, enquanto os testes mostram efetivamente a presença de erros, nunca podem mostrar sua *ausência*. Um teste com êxito significa apenas que nenhum erro foi descoberto nas circunstâncias particulares testadas, mas não diz nada sobre outras circunstâncias. Na teoria, o único meio de comprovar que um programa é correto é testar *todos* os casos possíveis (realizar uma *bateria de testes exaustiva*), situação tecnicamente impossível, inclusive para os programas mais simples. Consideremos um caso simples: calcular a média aritmética das temperaturas de um mês; uma bateria de testes exaustiva irá requerer as possíveis cominações de temperaturas e dias de um mês, tarefa árdua, trabalhosa e lenta.

Não obstante, a análise anterior não significa que a verificação seja impossível; ao contrário, existem diferentes metodologias formais para verificar programas. Uma filosofia adequada para testes de programas inclui as seguintes considerações:

1. Supor que seu programa tem erros até que seus testes mostrem o contrário.
2. Nenhum teste simples de execução pode provar que um programa está livre de erro.
3. Submeter o programa a duros testes. Um programa bem projetado manipula entradas "com elegância", ou seja, entendemos que o programa não produz erros em tempo de execução nem produz resultados incorretos; pelo contrário, o programa, na maioria dos casos, visualizará uma mensagem de erro clara e solicitará de novo os dados de entrada.
4. Começar a verificação antes de terminar a codificação.
5. Mudar somente uma coisa de cada vez.

A **verificação de um programa** ocorre quando é executado um programa e se observa seu comportamento.

Cada vez que executamos um programa com algumas entradas, testamos como funciona o trabalho para essa entrada particular. Cada teste ajuda a estabelecer que o programa cumpra as especificações dadas.

Seleção de dados de testes

Cada teste deve ajudar a estabelecer que o programa cumpra as especificações dadas. Parte da ciência de *engenharia de software* é a construção sistemática de um conjunto de entradas de testes que é capaz de descobrir erros.

Para que um conjunto de dados possa ser considerado como bons dados de testes, suas entradas de testes necessitam cumprir duas propriedades.

Propriedades de bons dados de testes

1. Devemos saber qual saída deve produzir um programa correto para cada entrada de testes.
2. As entradas de testes devem incluir aquelas entradas que provavelmente originem mais erros.

Devemos buscar vários métodos para encontrar dados de testes que produzam provavelmente erros. O primeiro método é baseado em identificar e testar entradas denominadas *valores externos*, que são especialmente capazes de causar erros. **Um valor externo** ou **limite** de um problema em uma entrada produz um tipo diferente de comportamento. Por exemplo, supondo que temos uma função `ver_hora` que tem um parâmetro *hora* e uma precondição:

Precondição: Horas está compreendido no intervalo 0–23.

Os dois valores-limite de `ver_hora` são hora igual a 0 (dado que um valor menor de 0 é ilegal) e `hora` igual a 23 (dado que um valor superior a 23-24... é ilegal). Pode ocorrer que a função se comporte de modo diferente para horário matutino (0 a 11) ou noturno (12 a 23), então 11 e 12 serão valores extremos. Caso se espere um comportamento diferente para hora igual a 0, então 1 é um valor extremo. Geralmente, não existe uma definição precisa de valor extremo, mas deve ser aquele que mostre um comportamento-limite no sistema.

Valores de testes extremos

Se não podemos testar todas as entradas possíveis, testamos pelo menos os valores extremos. Por exemplo, se o intervalo de entradas legais é de zero a 1 milhão, assegure-se de testar a entrada 0 e a entrada 1.000.000. É uma boa idéia considerar também 0,1 e –1 como valores-limite sempre que sejam entradas legais.

Outra técnica de testes de dados é a denominada **perfilador**, que basicamente considera duas regras:

1. Assegure-se de que cada linha de seu código seja executada pelo menos uma vez para alguns de seus dados de testes. Por exemplo, pode ser uma parte de seu código que maneje alguma situação rara.
2. Se existe alguma parte de seu código que às vezes salte totalmente, assegure-se, neste caso, de que existe pelo menos uma entrada de testes que salte realmente essa parte de seu código. Por exemplo, um laço em que o corpo seja executado, às vezes, zero vez. Assegure-se de que haja uma entrada de testes que produza que o corpo do laço seja executado zero vez.

18.13.1 Erros de sintaxe (de compilação)

Um *erro de sintaxe* ou *em tempo de compilação* se produz quando existem erros na sintaxe do programa, como sinais de pontuação incorretos, palavras mal escritas, ausência de separadores (sinais de pontuação), ou de palavras reservadas. Se uma sentença tem um erro de sintaxe, não pode ser traduzida e seu programa não será executado.

Os erros de sintaxe são detectados pelo compilador.

```
44 Field identifier expected
```

Normalmente, as mensagens de erro são fáceis de encontrar. O seguinte exemplo (em Object Pascal) apresenta dois erros de sintaxe: o ponto-e-vírgula que falta no final da primeira linha e a palavra *WritaLn* mal escrita deveria ser *WriteLn*.

```
Soma := 0
for I := 0 to 10 do
   Soma := Soma + A[I];
WritaLn (Soma/10);
```

18.13.2 Erros em tempo de execução

Os erros em tempo de execução — ou simplesmente de execução — (*runtine error*) ocorrem quando o programa tenta fazer algo impossível ou ilógico. Os erros de execução somente se detectam na execução. Erros típicos são: a divisão por zero, tentar utilizar um subíndice fora dos limites definidos em um array etc.

$x \leftarrow 1/N$ *produz um erro se N = 0*

As mensagens de erro típicas são do tipo:

```
Run-Time error nnn at xxxx:yyyy
```

nnn   *número de erro em execução.*
xxxx:yyyy   *direção do erro em execução (segmento e deslocamento).*

Os erros de execução se dividem em quatro categorias:

- *erros DOS, 1–99*   (*números de mensagem*).
- *erros I/O, 100–149.*
- *erros críticos, 150–199.*
- *erros fatais, 200–255.*

18.13.3 Erros lógicos

Os erros lógicos são erros do algoritmo ou da lógica do programa. São difíceis de encontrar porque o compilador não produz nenhuma mensagem de erro. São produzidos quando o programa é perfeitamente válido e produz uma resposta.

Calcular a média de todos os números lidos do teclado

```
Soma ← 0
desde i ← 0 até 10 fazer
   Ler (Num)
   Soma ← Soma + Num
fim_desde
Média ← Soma / 10
```

A média está calculada mal, já que existem onze números (0 a 10) e não dez como foi escrito. Desejando-se escrever a sentença

```
Salário ← Horas * Alíquota
```

escreve-se

```
Salário ← Horas + Alíquota
```

Esse é um erro lógico (+ por *), já que, *a priori*, o programa funciona bem e seria difícil, por sua vez, a não ser que o resultado fosse óbvio, detectar o erro.

18.13.4 O depurador

Os **EID** (Ambientes Integrados de Desenvolvimento) têm um *programa depurador* disponível para ajudar a depurar um programa; o programa depurador permite executar seu programa, uma sentença de cada vez, de modo que se possa ver o efeito desta. O depurador imprime um diagnóstico quando ocorre um erro de execução, indica a sentença que produz o erro e permite visualizar os valores de variáveis selecionadas no momento do erro. Assim mesmo, podemos seguir a pista dos valores de variáveis selecionadas durante a execução do programa (*localiza*), de maneira a observar como mudam essas variáveis enquanto o programa se executa. Por último, podemos pedir ao depurador que detenha a execução em determinados pontos (*breakpoints*); nestes momentos, podemos inspecionar os valores das variáveis selecionadas para determinar se são corretas.

O depurador tem a grande vantagem de possibilitar a observação dos diferentes valores que vão assumindo as variáveis dentro do programa.

18.14 EFICIÊNCIA

A *eficiência* de um programa é uma medida da quantidade de recursos consumidos pelo programa. Tradicionalmente, os recursos considerados têm sido o tempo de execução e/ou o armazenamento (ocupação do programa na memória). Quanto menor o tempo utilizado e menor armazenamento, o programa será mais eficiente.

O tempo e o armazenamento (memória) do computador costumam ser custosos e por isso sua economia sempre será importante. Em alguns casos, a eficiência é fundamentalmente importante: controle de uma unidade de vigilância intensiva de um hospital — um atraso de frações de segundo pode ser vital na vida de um paciente; um programa de controle de quebras em uma prensa hidráulica — a não-detecção a tempo poderia produzir grandes inundações etc. Pelo contrário, existirão outros casos em que o tempo não será fator importante: controle de reservas de passageiros em uma agência de viagens.

A melhoria do tempo de execução e a economia da memória costumam ser conseguidas com a melhora dos algoritmos e seus respectivos programas. Em certas ocasiões, uma simples mudança em um programa pode aumentar a velocidade de execução consideravelmente. Como mostra disso, analisaremos o problema seguinte do ponto de vista de tempo de execução.

Buscar em um array ou lista de inteiros uma chave dada (um inteiro)

```
tipo
array[Primeiro..Último] de inteiro:ArrayLista

var
  ArrayLista:Lista
...
J = Primeiro;
enquanto (T<> Lista [J] e (J < Último) fazer
  J := J + 1;
fim_enquanto
se T = Lista [J] então
  escrever('o elemento', T, 'está na lista')
se_não
  escrever('o elemento', T, 'não está na lista')
fim_se
```

O laço vai testando cada elemento da lista até que encontre o valor de T ou alcance o final da lista sem encontrar T.

Supondo agora que a lista de inteiros esteja ordenada:

```
45    73    81    120    160    321    450
```

Nesse caso, o laço pode ser mais eficiente se, em lugar da condição

(T <> Lista[J]) e (J < Último)

utilizar-se

(T > Lista[J]) e (J < Último)

Isso acontece porque, se T é igual à Lista[J], foi encontrado o elemento, e se T é menor que Lista[J], então sabemos que T será menor que todos os elementos que se seguem. Logo após, caso se teste um valor de T e este resulte menor que sua correspondente Lista[J], esta condição será falsa e o laço terminará. Desse modo, e como termo médio, podemos economizar em torno da metade do número de iterações.

No caso de que T não existe na lista, o número de iterações de ambos os algoritmos é igual; ao passo que, se T não existe na lista, o algoritmo 2 (com T > Lista[J]) irá reduzir o número de iterações pela metade e, conseqüentemente, será mais eficiente.

A listagem e a execução do programa com os dois procedimentos mostram como com uma simples mudança (o operador <> pelo operador >) se ganha notavelmente em eficiência, já que se reduz o tempo de execução. Uma aplicação prática que mostra a eficiência é a seguinte escrita em **Object Pascal**, e na qual, após sua execução, observa-se essa propriedade.

```pascal
program Eficiência;
{comparar dois algoritmos de busca}
const
  Primeiro = 1;
  Último = 10;
type
  Índice = Primeiro..Último;
  Itens = array [Índice] of integer;
var
  Lista : Itens;
  J, T : integer;

procedure Busca1 (L : Itens, T : Integer):
var
  I : Índice;
begin
  I := Primeiro;
while (T<> L [I]) and (I < Último) do
  I := I+1;
if T = L[I] then
  WriteLn ('o elemento ',T,'está na lista')
else
  WriteLn ('o elemento ',T,'não está na lista');
WriteLn ('Busca terminada');
WriteLn (I,'iterações')
end;

procedure Busca2 (L : Itens, T : Integer);
var
  I : Índice;
begin
  I:= 1;
  while (T > L[I]) and (I < Último) do
    I := I + 1;
  if T = L [I] then
```

```
        WriteLn ('o elemento', T,'está na lista')
      else
        WriteLn ('o elemento',T, 'não está na lista');
      WriteLn ('Busca terminada');
      WriteLn (I, 'iterações')
    end;

    begin {programa principal}
      WriteLn (Introduzir 10 inteiros em ordem ascendente:');
      for J := Primeiro to Último do
        Read (Lista[J]);
      ReadLn;
      WriteLn ('Introduzir número a buscar:');
      ReadLn (T);
      Busca1 (Lista,T);
      Busca2 (Lista,T)
    end.
```

Execução

```
    Introduza 10 inteiros na ordem ascendente:
    2    5    8    12    23    37    45    89    112    234
    introduzir número a buscar:
    27
    o elemento 27 não está na lista
    Busca1 terminada em
    10 iterações
    o elemento 27 não está na lista
    Busca2 terminada em
    6 iterações
```

18.14.1 Eficiência *versus* legibilidade (Clareza)

As grandes velocidades dos microprocessadores (unidades centrais de processamento) atuais, juntamente com o aumento considerável das memórias centrais (cifras típicas usuais superam sempre os 640 K), fazem que os recursos típicos tempo e armazenamento não sejam hoje em dia parâmetros fundamentais para a medida da eficiência de um programa.

De outra parte, é preciso levar em conta que — às vezes — as mudanças para melhorar um programa podem torná-lo mais difícil de se compreender: pouco legíveis ou claros. Em programas grandes, a legibilidade costuma ser mais importante que a economia em tempo e em armazenamento na memória. Como norma geral, quando a escolha em um programa for entre clareza e eficiência, com freqüência maior se escolherá a clareza ou a legibilidade do programa.

18.15 PORTABILIDADE

Um programa é *transportável* ou *portátil* quando podemos transportá-lo para outro computador sem mudanças ou com poucas mudanças apreciáveis. A forma de tornar um programa transportável é escolher como linguagem de programação a versão-padrão dele, no caso de Pascal: **ANSI/IEEE** padrão e **ISO** padrão, e no caso de C e de C++, os padrões reconhecidos também por ANSI, ou seja, ANSI C++. No caso de Java e de C#, não existe mais problemas que a escolha do provedor, dado que ambas as linguagens estão submetidas a um processo de padronização e de fato seguem as normas estabelecidas por seus fabricantes principais, Sun Microsystems e Microsoft.

REVISÃO DO CAPÍTULO

Conceitos-chave

- Ciclo de vida do software
- Abstração de dados
- Eficiência
- Robustez
- Portabilidade
- Correção
- Reutilização

- Abstração procedimental
- Classe
- Verificação
- Compatibilidade
- Integridade
- Extensão

Resumo

APÊNDICES

Os Apêndices a seguir encontram-se disponíveis na página do livro, no site da Editora: *www.mcgraw-hill.com.br*.

A. Especificações da linguagem algorítmica UPSAM 2.0

B. Prioridade de operadores

C. Códigos ASCII e Unicode

D. Manual de sintaxe da linguagem C

E. Manual de sintaxe da linguagem C++

F. Manual de sintaxe da linguagem Java 2

G. Manual de sintaxe da linguagem C#

H. Palavras reservadas C++, Java, C#

I. Codificação de algoritmo em linguagens de programação: Pascal, Fortran e Modula-2

J. Manual de sintaxe de Pascal (Borland Turbo Pascal 7.0 e Delphi)

K. Recursos de programação: Livros, revistas, Web, leituras recomendadas

ÍNDICE REMISSIVO

abrir um arquivo, 302-303
abs, 93
abstração, 647-650, 658
   de dados, 650
   procedimental, 650
abstrata, 627
   compostas, 605
   declaração, 583, 589
   derivada, 611, 620, 625
   especificação, 591
   hierarquia, 617
   implementação, 589
   representação gráfica, 581
Ada, 25
agregação, 614-615
algoritmo, 36-37, 46-47, 98, 650
   cabeçalho, 99
   características, 46-48
alocação, 103-106, 253
   aritmética, 95
   conversão de tipos, 96
alternativa, 125-126, 131
   múltipla, 131
   simples, 125

AMD, 7, 17
análise de problema, 653
ANSI, 28
Apagador, 277
   arquivos, 304
   cadeias, 277
aplicações, 438
apontador, 412, *Ver* ponteiro
arctan, 93
arquivo(s), 228, 287, 290
   abrir, 302-303
   acesso direto, 293, 320
   acesso seqüencial, 293
   administração, 300
   algoritmos, 306, 313
   apagar, 304
   arco, 487
   área, 295
   aresta, 487
   argumentos, 199
   array, 227, 675
      acesso seqüencial, 233
      armazenamento na memória, 242-244
      atualização, 236

de duas dimensões, 237-238
de estruturas, 246-247
de três dimensões, 237, 240-241
escrita de dados, 233
leitura, 233
matriz, 228-229
multidimensionais, 237-238, 240, 243
nomes, 231-232
operações, 231
unidimensional, 228-229
varredura, 233
vetor, 229
atualização, 297-298, 310
base de dados, 292
bloco, 291
campo(s), 288, 292
caractere, 292
carga, 305, 310
chave, 290, 319
chave-endereço, 319
classificação, 297, 299, 392-400
colisões, 319
conceitos, 288
consulta, 297, 306-308, 315-316
criação, 297, 301-302, 306
de cabeçalho, 604
de classes, 604
definição, 288-289
destruição, 297, 299
diretos(s), 293, 313
fator de bloco, 291
fechar, 303
fim, 312
fusão, 297, 300, 384-387
inserção, 298
key, 290
mistura, 384-387, 392, 395, 405
modificações, 298, 305, 310, 312, 318
operações, 296, 306, 313
ordenação externa, 405
ordenados, 384
organização, 293
partição, 388-392, 404
quebra, 297, 300
random, 293

registro, 289-291, 298, 301
   físico, 291
   lógico, 291
reorganização, 297, 299
reunião, 297, 300
seqüencial(is), 292-293, 306
   indexada, 293, 295, 322
   supressão, 298
   texto, 313
   transformação de chave, 319
transbordamento, 295
arquivo, 228, 287 *Ver* arquivo
arranjo, 247, *Ver array*
árvores, 460-499
   altura, 461
   ascendente 461
   binária 462
   binária completa, 464
   binária de busca, 475-477
   conceito, 460
   degenerada, 464
   descendente, 461
   eliminação, 479
   equilibrada, 463
   filho, 461
   floresta, 461
ASCII, 91, 265
associações, 611-614
   entre classes, 616
   qualificada, 614
   reflexiva, 614
associatividade de operadores. *Ver* prioridade
Atanasoff-Berry, 4
atributos, 575-576, 580, 584

base de dados, 290, 292
BASIC, 25, 33
bifurcação, 122
bit, 9
Booch, Grady, 573
break, 133, 169
busca, 350-364, 383
   binária, 355-360
   colisões, 364
byte, 10-11

C#, 22, 26, 30
C, 22, 26, 27-30
C++, 22-23, 26, 28
cache, 9, 17
cadeia/s, 228, 263, 268, 270
    apagar, 277
    busca, 275-276
    código 264
    comparação, 272
    comprimento, 272
        fixa, 270
        indefinida, 271
        operações, 272
        sub cadeia, 275
        variável, 271
    concatenação, 273-274
    constante, 269-270
    conversão de números, 278-279
    de caracteres, 268
    de comprimento fixo, 270
    de comprimento variável, 271
    desigualdade, 273
    entrada/saída, 271
    especial, 264
    funções, 276
    igualdade, 273
    inserir, 277
    mudar, 278
    nome, 271
case, 121, 133
caso de, 121, 132
CD, 15
CD-R, 15
CD-ROM, 13, 15
CD-RW, 15
chip, 6
ciclo de vida do software, 647, 651-652
circuito integrado, 6-7
classe(s), 571
classificação, *Ver* ordenação
cliente, 652
COBOL, 22, 25
codificação, 36, 76
código, 91, 264
    ASCII, 91, 264

EBCDIC, 264, 266
    fonte, 24
    jogo de caracteres, 6
    máquina, 24
    Unicode, 264, 266-267
coleta de lixo, 606
    método finalize( ), 606
colocar, 433
com ligação dinâmica, 639
comentários, 100
como procedimentos, 196
comparação de métodos, 209
compilação, 24, 36, 42
compilador, 19, 23
compilar, 24
comportamento, 572, 577-578
composição, 615
compreensão, 660
computador, 3, 4, 7-8
    dispositivo, 7-8
    instruções, 20
    pessoal, 4, 17
        ideal, 17
comunicação entre subprogramas, 206
concatenação, 273-274
conceitos, 46-47, 432
confiança, 660
conforme_seja, 121, 125, 131-132
constante/s, 84-86, 269
construtor/es, 579, 598-601
continuar, 122, 169-170
continue, 122, 169-170
conversão de tipos, 96
converte cadeias em número, 278
cós, 93
CPU, 6, 8
criação de um arquivo, 297
CRT 8

dados, 18, 76, 82-84
    booleanos, 84
    cadeia, 84
    caractere, 82, 84
    complexos, 82

definidos pelo programador, 224
dinâmicos, 228
estáticos, 228
lógicos, 82, 84
numéricos, 82
padrão, 224
simples, 228
subintervalo, 228
tipos, 82
DAT, 16
de cadeia de caracteres, 96
lógica, 95-96
operador, 94
de decisão, 138
de entrada/saída, 97, 271
de métodos, 637
de seleção, 334, 342-344
declaração, 98, 99-100, 593
de constantes, 99-100
numéricas, 99-100
de estruturas, 246
de funções, 192
de variáveis, 99
objetos, 571, 589
declarações, 98
Delphi, 22
depuração, 36, 43, 658, 669
depurador, 675
desde, 151, 153, 164-168, 232
desigualdade de cadeias, 273
destrutores, 580, 602
devolver, 192-193
diagrama
de fluxo, 39-40, 50, 52-60, 133
símbolos, 53
de sintaxe, 126
N-S, 50, 62-63, 133
pseudocódigo, 50
Dijkstra, Edgar, 45, 142
algoritmos de, 490
dinâmicas, 636-641
disco, 8, 11-13
disquete, 8, 11
fixo, 14
removível, 14
virtual, 14

flash, 17
óptico, 15-16
zip, 12
dispositivos, 7-8, 12
de armazenamento de informação, 12-13
de cópia branda, 9
de cópia dura, 9
de E/S, 7-8
de saída, 8
periféricos, 8
div, 87
dividir para conquistar, 44
documentação, 36, 42, 43, 663, 667
externa, 42-43
interna, 42-43
regras de, 669
do-while, 154-155, 159-160
DRAE, 36
DRAM, 9
DVD, 11, 13, 15-16
-R, 16
-RAM, 16
-RW, 16

E/S, 7-8
EBCDIC, 264
editor, 25
de textos, 25
EDRAM, 9
EDVAC, 4
efeitos colaterais, 25-27
em funções, 216
em procedimentos, 215
eficiência, 661, 675-677
versus legibilidade, 677
Eiffel, 22
elementos básicos, 80
de um programa, 80-82
encapsulamento, 572, 593, 653
ENIAC, 4
enlace, 42
enquanto, 151, 153-159, 163
entrada, 97
de informação, 97

entrada/saída/s, *Ver também* E/S, 7-8, 97-98
   de informação, 97
   em arquivos, 292
equipe de programação, 671
erros, 43
   compilação, 43, 669, 673
   execução, 43, 669, 674
   lógicos, 43, 669, 674
   sintaxe, 43, 669, 673
escopo, 202-203
`escrever`, 97, 98
escrita, 50, 98-100
   de dados, 97
   do programa, 98
especialização, 617, 620
especificação, 653
estado, 572
estática, 636, 641
estilo de programação, 662
   regras de estilo, 662
estrutura/s, 138, 244-247
   aninhadas, 138
   array, 408
   de controle, 46, 122
      `enquanto`, 151, 154-158, 163
      `repetir`, 151, 161-164
      repetitiva, 46, 121, 151, 171
      seleção, 46, 51
      seletiva, 46, 121, 125
         duplas, 125-126
         múltipla, 125, 131-138
         simples, 125-26
      seqüencial, 46, 122-124
   de dados, 227-247, 408
      classificação, 228
      conceito, 228
      dinâmica, 228, 407, 459
      estática, 228
      linear, 407, 459
      multiligada, 460
      não-linear, 460
   filas, 407, 441-449
execução, 20, 36, 42
   de um programa, 20, 25
executar, 20

`exp`, 93
expressão, 86, 93
   aritmética, 86-87
   caractere, 86
   lógica, 86, 90-93
   prioridade, 88
   procedência, 88
   relacional, 86

facilidade de uso, 661
`fazer`, 132
`fazer-enquanto`, 153, 158-160
fila dupla, 449
fila, 440-449
   implementação, 442
   representação, 441
`fim`, 80
`fim_se`, 125-126
fita de áudio digital DAT, 16-17
fita magnética, 13
fluxos, 304
   controle, 121-122, 151
folha, 461
   geral, 465
`for`, 151, 153, 164-165
FORTRAN, 22
função, 192, 214
função como, 214
função/ões, 93, 189-198
   de cadeia, 268-272, 276
   de conversão de número a cadeia, 276, 278
   declaração, 192
   internas, 93-94
   invocação, 194
   membro, 580
   operador
   virtual, 636-637
fusão, 297, 300, 385-387

GB, 11, 16
generalização, 616, 618
geral de um programa, 81
Gosling, James, 29
`goto`, 45, 121-122, 142-144

grafo, 228, 409, 459, 487
    arco 487
    aresta, 487
    caminho, 489
        comprimento, 489
    completo, 489
    conceito, 487
    conectado, 489
    desconectado, 489
    direcionado, 489
    laços, 488
    lista de adjacência, 490-491
    matriz de adjacência, 490
    múltiplo, 489
    não direcionado, 489
    nulo, 488
    ordem, 488
    representação, 490
    terminologia, 487-493
    vértice, 487, 489

hardware, 3-4
Hejlsberg, Anders, 30
herança, 620, 635, 651
    base, 625
    declaração, 625
    múltiplo, 632-635
    privado, 625, 630
    protegida, 625, 630
    pública, 625, 628
hierarquia de classes, 617

I/O, 7
IBM PC, 4
identidade de um objeto, 578
identificador/es, 80, 203-204
    escopo, 203
`if-then`, 125-126
`if-then-else`, 125-126
igualdade de cadeias, 273
implementação com arrays, 471, 482
implementação, 603, 655
    de classes, 603
    de interfaces, 655
imput/output, 7

início, 80
in-ordem, 473
inserir cadeias, 277
instância, 570, 580
instanciação, 580
instrução/ões, 20, 75-80
    aritmética-lógica, 20
    artméticas, 20
    atribuição, 78
    bifurcação, 78, 80
    entrada, 20, 79
    entrada/saída, 20
    escrita, 78-79
    fim, 78
    início, 78
    leitura, 78
        de dados, 79
    repetitiva, 20
    saída, 79
    seletivas, 20
    tipos, 78
Intel, 7
intercalação, 365-366
interface, 573
    de usuário, 660
    implementação, 655
    integração, 655
    privado, 651
    público, 651
Internet, 30
interpretador, 22
`interromper`, 169
`ir_a`, 122-124, 128, 142-144
iteração, 151-152
`iterar`, 153

Java, 23, 28-30, 585
Jobs, Steve, 4

K&R, 28
KB, 10, 11, 13
Kernigham, Brian, 28

laço(s), 151, 156
   infinito, 157
   interromper, 169
   saída, 168
   sem fim, 157
laço, Ver laço
leitor ZIP, 12
leitura de dados, 233
ler, 97
ligação, 636, 641
linear, 351
linguagem
   baseado em objetos, 611
   de alto nível, 19, 21-23
   de baixo nível, 19, 21-23
   de programação, 19-22, 26, 35
   estruturados, 26, 613
   funcional, 26
   herança, 627
   história, 26
   identificadores, 663
   máquina, 19-20
   Modula-2, 22
   montadora, 19, 21
   orientado a objetos, 26
   Pascal, 25
   tradutor, 22-23
Linguagem C#, 26, 29, 30
   características técnicas, 27
   vantagens, 26-27
Linguagem C++, 27-28
   apontadores, ver ponteiros
   arrays, *ver* arranjo
   breve história, 27-28
Linguagem Java, 28-30
   arranjo, *ver arrays*
   genealogia, 29
   história, 28-29
Linux, 18
lista/s, 409-432
   circulares, 428
   contínua, 411
   de adjacência, 491
   duplamente ligadas, 429-430
   encadeadas, 411
   ligadas, 411, 414-430
   linear, 409
   nó, 412

listas ligadas, 411
ln, 93
lock, 919
log10, 93

manutenção, 36, 43, 305, 658
   de um arquivo, 305
   de um programa, 43, 75
matriz, 237
MB, 11-12
MegaByte, 11-12
membro, 245
memória, 5, 6, 10-11
   auxiliar, 6, 11
   central, 6, 9
mensagem, 573, 578
   reflexiva, 579
   tipos de, 579
método/s, 598
   construtores, 598
   de bolhas, 334-339
   de inserção, 334, 339-341
   de ordenação rápida (*quicksort*) 346-350, 523
MHz, 6
mod, 87
modelado, 618
MODEM, 4, 8
modificações, 659
modificadores, 579
modificadores, 598
Modula-2, 22
modulação, 649, 658
módulo, 38, 44, 649
montador, 20, 25
multiplicidade, 613

não equilibrada, 464
new, 304
nó, 460-461
   nula, 460
   peso, 461
   pós-ordem, 473-475
   pré-ordem, 473
   profundidade, 461
   raiz, 460-461

representação, 462-470
subárvore, 460, 473
terminologia, 463
nó raiz, 461-462
nó terminal, 461
nós, 408
Nygard, Kristin, 571

objeto, 572
atributos, 575
características, 575
definição, 573
enlaces, 583
evolução, 576
identidade, 575, 578
interface, 573
multiplicidade, 613
operação, 577
representação UML, 574
restrições, 615
transitório, 573
ocultação de informação, 651, 659
operações, 94, 231
operador, 851
condicional, 63
de concatenação, 273
operadores, 86-87, 598
aritméticos, 86-87
mod, 88
regras de prioridade, 88, 92
relação, 90-93
ordenação, 331-334
bolhas, 334-336
de tabelas, 333
de vetores, 332-333
externa, 333
interna, 333
métodos, 331-350
ordenação rápida, 346-350, 523
por intersecção, 334, 339-341
por seleção, 334, 342-344, 525
Quicksort, 346-350
troca, 334
ordenação de *Shell*, 345-346
seletores, 598
tipo de, 598
ordenar um arquivo, 384

organização, 4
orientação a objetos paradigma, 571

palavra, 9
palavra/reservada(s), 80
para, 151-153, 164-167
parâmetros, 199
partes de um programa, 75-76
Pascal, 22
passagem, 206-208
Pentium, 7
periféricos, 8
PHP, 22
pilha/s, 432-440
polimorfismo, 637-641
ponteiro/s, 407, 412.*Versus* apontador
pop, 433
por referência, 208, 210-211
por transformação de chaves, 351, 360
por valor, 207, 211
portabilidade, 13
posições de memória, 10
princípios de projeto de sistemas software, 657
prioridade de operadores, 88, 92
procedência, 87-88
procedimento, 189, 198, 214
processador, 5-6
programa, 5, 6, 18
aplicativo, 19
cabeçalho, 99
codificação, 76
compilação, 22, 42
compilador, 19, 24
conceito, 76
declaração de variáveis, 99
depuração, 76
do sistema, 18-19
editor de texto, 18
elementos básicos, 80
enlace, 42
escrita, 98
execução, 18, 42, 76
executável, 24, 42
fonte, 42
linear, 77
manutenção 76
montagem, 42

    não linear, 77
    objeto, 42
    partes, 76
    utilitário, 18-19
    verificação, 43, 76
programação, 18
    estilo, 647, 662
    estruturada, 26, 44-46
        teorema, 46
    ferramentas, 39
    funcional, 26
    imperativo, 26
    linguagens, 26
    modular, 38, 44
    orientada a objetos, 651
    seguro à falhas, 660
projeto, 38, 47, 49, 76, 674
    de algoritmo, 38
    descendente (*top-down*), 38, 45, 651
    modular, 38
pseudocódigo, 39, 50, 61, 134
push, 433

quadrado, 93
quicksort, 346-350, 523

raiz, 93
RAM, 9
    DRAM, 9
    EDRAM, 9
    SDRAM, 9
recursão, 217
recursividade, 217, 502
    busca binária recursiva, 522
    complexidade, 530
    conceito, 502, 530
    direta, 506
    Fibonacci, 508
    indireta, 506, 509
    recursão infinita, 512-516
    recursão versus interação, 510-512
    resolução de problemas complexos, 516
    Torres de Hanói, 516-522
recursos abstratos, 45
rede de área local, 12
redondo, 93
refinamento, 50

registro/s, 245, 289, 291-300, 408
    físico, 291
    lógico, 291
regras, 88, 269
    de prioridade, 88, 92
    de sintaxe, 269
relações, 611-616, 618
    agregação, 611, 614-615
    associação, 611-612
    especialização, 611, 616-620
    é-um, 616, 642, 644
    generalização, 611, 618-620
    herança, 611, 617, 619
    multiplicidade, 613
    restrição, 615
repetir-até que, 122, 151, 161
repetitivas, 46, 121, 152, 161
    aninhadas, 171
representação gráfica, 52-53
requisitos, 653
retirar, 433
Ritchie, Dennis, 27
ROM, 9-10
run, 18
saída de informação, 97
se-então, 122, 124, 126, 139
seletivas, 122-123, 125
sem ligação dinâmica, 638
seno, 93
sentença/s, 19
    alternativa simples, 122, 125
    break, 169
    de salto, 169
    ir_a, 121, 142-144
seqüência/s de escape, 267
seqüenciais, 121-123
seqüencial, 351, 353
síntese, 211
sistema operacional, 18
    multiusuário, 18
software, 3, 5, 18, 651
    endereços, 10
    interna, 6, 9
    permanente, 6
    principal, 6, 9
    RAM, 9, 10
    ROM, 9, 10

somente de leitura, 10
volátil, 10
SQL, 22
string, 268
struct, 289
subalgoritmo, 190
subcódigo. *Ver* pseudocódigo
subprograma, 190
   conceito, 190
   efeitos colaterais, 215-216
   funções, 191
   variáveis globais, 203, 217
sub-rotina, 190-191, 198
superclasse, 617
switch, 122, 125, 133-134

tabela de variáveis, 235
teclado, 7
telefone celular, 4
terminologia informática. *Ver* conceitos-chave de cada capítulo
testes, 647, 655, 672-673
testing, 672-674
tipos, 82
   booleana, 85
   cadeia, 84
   caractere, 84
   complexos, 82
   compostos, 82
   de dados padrão, 82
   lógicos, 82
   numéricos, 82
   simples, 82
   subintervalo, 82
tipos de dados, 245
transbordamento, 433
transportabilidade, 13
trunc, 93

UAL, 5, 6, 8
UC, 5, 6, 8
UML, 571, 572, 574, 580, 613
Unicode, 266-267
unidade CD-ROM, 8, 11

unidade central de processamento, 5-6, 8
unidade de controle, 5-6
unidade de disco, 8
unidade de medida do armazenamento, 10
unidade DVD, 8, 11
unidade, aritmética e lógica, 5-6
UNIVAC, 4

var, 99
variáveis dinâmicas, 407-408
variáveis estáticas, 407
variável, 84-86, 203, 211, 270
   declaração, 99
   global, 203
   local, 203
varredura, 351, 473
   de uma árvore binária, 474
   in-ordem, 473
   pós ordem, 474
   pré-ordem, 473
VB, 22, 142
VB.NET, 142
verificação, 36, 43, 658
versus função, 198
versus registros, 244
vetor, 231, 236
videodisco digital, 16
visibilidade
   das classes, 585-586
   dos métodos, 582, 592
   privada, 585-586, 591
   protegida, 586-588, 591
   pública, 586-588, 591
Visual BASIC, 22, 101

Warth, Cris, 29
while, 51, 151, 153-155
Wintel, 28
Wirth Niklaus, 47
Wozniac, Stephen, 4

ZIP, 12